쿠겔만의

독일경찰법

Polizei- und Ordnungsrecht

Dieter Kugelmann 저 ▌서정범 · 박병욱 역

세창출판사

이 도서의 국립중앙도서관 출판시도서목록(CIP)은 e-CIP 홈페이지 (http://www.nl.go.kr/ecip)에서 이용하실 수 있습니다.(CIP제어번호: CIP2015004938)

Vorwort für die koreanische Ausgabe

Die vorliegende Ausgabe meines Lehrbuchs zum Polizei- und Ordnungsrecht in einer koreanischen Übersetzung ist das Ergebnis der ausgezeichneten Kooperation mit Prof. Jung-Bum Suh von der Korea National Police University. Auf seine Initiative geht die Kooperation zurück, die zu Aufenthalten von Prof. Suh an der Deutschen Hochschule der Polizei und von mir an der Korea National Police University führte und einen äußerst fruchtbaren wissenschaftlichen Austausch zur Folge hatte. Ich danke Herrn Prof. Suh für sein Engagement und sehe der weiteren wissenschaftlichen Zusammenarbeit mit Freude entgegen. Ich bedanke mich bei Herrn Dr. Byungwook Park, der wesentlich zu der Übersetzung beigetragen hat und auch meine Vorträge in Korea übersetzt hat.

Ich hoffe, dass die koreanischen Leserinnen und Leser das Buch genauso gewinnbringend und gerne zur Hand nehmen wie für mich die Fachgespräche mit meinen koreanischen Kollegen gewinnbringend waren und sind. Ich habe einen besonderen Schwerpunkt auf die Erhebung, die Übermittlung und Verarbeitung von Daten gelegt, weil diese Aspekte die Polizeiarbeit in Deutschland immer mehr prägen. Hier sehe ich ein internationales Phänomen, da die digitale Kommunikation keine Staatsgrenzen kennt und damit nicht nur die internationale Kooperation bei der Verhütung und Verfolgung von Straftaten erfordert, sondern Herausforderungen an jede staatliche Polizeiorganisation stellt. Das Schaffen einer Balance zwischen der Nutzung der modernen Kommunikationstechniken und dem Freiheitsanspruch der Bürgerinnen und Bürger ist eine der wesentlichen Herausforderungen an das Polizeirecht des 21. Jahrhunderts.

Die koreanische Ausgabe meines Buches ist auch ein Beitrag zum rechtswissenschaftlichen Austausch zwischen verwandten Rechtsordnungen. Ein vertieftes gegenseitiges Versätndnis für die Rechtsordnung fördert das allgemeine Verständnis füreinander und damit die Freundschaft zwischen der Republik Korea und der Bundesrepublik Deutschland.

Prof. Dr. Dieter Kugelmann
Deutsche Hochschule der Polizei, Münster

한국어판 서문

저자의 경찰-질서법 교과서의 한국어판은 대한민국 국립경찰대학의 서정범 교수와의 빼어난 협력의 결과물이다. 이러한 협력은 서정범 교수의 독일 연방경찰대학원에서의 체류와 저자의 대한민국 국립경찰대학에서의 체류*를 이끌어 낸 서정범 교수의 발상에 기인한 것이었는바, 이와 같은 과정을 통하여 우리는 매우 유익한 학문적 교류를 가질 수 있었다. 서정범 교수의 노력에 다시 한 번 깊은 감사를 표하며 앞으로도 그와의 즐거운 학문적 협력이 계속될 것을 기대한다. 또한 저자의 교과서의 한국어 번역작업에 있어 중요한 역할을 수행하였을 뿐만 아니라 저자의 한국에서의 강의와 발제를 한국어로 통역 · 번역해 준 박병욱 박사**에게도 감사의 마음을 전한다.

저자의 한국 내 학문적 동료들과의 전문영역에 관한 대화가 많은 성과를 가져왔고 지금도 그러한 것처럼, 한국의 독자들이 저자의 교과서의 한국어 번역판을 통하여 많은 성과를 얻고 기꺼이 이 책을 집어 들게 되기를 바란다. 이 교과서에서 저자는 특별히 정보의 수집, 제공과 처리에 중점을 두었는데, 이는 이러한 측면이 오늘날 독일에서의 경찰활동에 있어 점차 중요도를 더해가고 있기 때문이다. 저자는 이러한 정보의 수집, 제공과 처리를 국제적 현상이라고 이해하고 있다. 왜냐하면 디지털 커뮤니케이션은 국경이 없고 따라서 범죄행위의 예방과 소추를 위해서는 국제적인 협력이 요구될 뿐만 아니라, 이는 모든 국가의 경찰기관에 대한 중대한 도전이기 때문이다. 현대적 커뮤니케이션 기술과 시민의 자유에 대한 요구 간에 균형을 유지하는 것은 21세기 경찰법의 핵심적인 도전과제의 하나이다.

---

* 저자인 쿠겔만 교수는 2011년 10월 24일에 개최되었던 국립경찰대학 개교 30주년 기념 학술대회에서 위험과 위험의 전단계(Gefahr und Vorfeld)라는 주제로 발제를 행하였다.

** 저자인 쿠겔만 교수는 2011년 10월 우리나라에서 체제하면서 전술한 발제를 행한 것 외에도 경찰대학, 고려대학교 법학전문대학원 및 경찰청에서 강의와 토론을 행하였던바, 본서의 공역자인 박병욱 박사가 이러한 강의와 토론의 통역과 자료의 번역을 행하였다.

저자의 경찰-질서법 교과서의 한국어판은 또한 유사한 법질서 사이의 법적 교류에 기여하는 결과물이기도 하다. 다른 법질서에 대한 상호간의 깊은 이해는 상호간의 일반적인 사항에 대한 이해를 촉진시킬 뿐만 아니라 대한민국과 독일연방공화국 사이의 우정도 돈독하게 만들 것이라고 생각한다.

디터 쿠겔만
독일 연방경찰대학원, 뮌스터

역자서문

원저자인 쿠겔만(Kugelmann) 교수가 이 책의 한국어판 서문에서 밝혔듯이 이 책의 출간은 쿠겔만 교수와 역자들의 오랜 협력작업의 결과물이다. 쿠겔만 교수는 2011년 8월 우리나라 경찰과 독일 경찰의 교류를 꿈꾸며 Münster에 있는 독일 최고의 경찰교육기관인 독일 연방경찰대학원(DHPol)을 찾은 역자들을 학문적 동료로서 기꺼이 맞아 주었던바, 이 자리를 빌려 그날의 환대에 대한 고마움을 다시금 표하고자 한다. 같은 해 11월 쿠겔만 교수는 역자들의 초청으로 내한하여 국립경찰대학 개교 30주년 기념학술대회에서 "위험과 위험의 전단계(Gefahr und Vorfeld)"라는 주제의 발제를 행하였으며, 고려대학교 법학전문대학원에서는 집회와 관련된 특강을 행한 바 있다. 이러한 역자들과 쿠겔만 교수와의 학문적 인연에 근거하여 역자들은 그의 역저인 경찰법교과서(Kugelmann, Polizei- und Ordnungsrecht, 2. Aufl., 2011)의 한국어판을 번역·출간하기를 원하는 의사를 표하여 그의 승낙을 얻기에 이르렀는바, 이것이 이 책의 출간을 위한 출발점이 되었다.

역자 중 1인(서정범)은 이미 1998년에 독일 경찰법학계의 원로인 쉔케(Schenke) 교수의 경찰법교과서(Schenke, Polizei- und Ordnungsrecht, in: Steiner(Hg.), Besonderes Verwaltungsrecht, 5. Aufl., 1995)를 「독일경찰법론」이란 이름으로 번역·출간한 바 있으며, 이 책은 1998년 초판이 출간된 이래 지금까지 16년 동안 판을 거듭하며 발행되어 우리나라에 독일의 경찰법이론을 소개하는 나름의 기능을 다해 왔다. 그럼에도 불구하고 역자들이 다시 독일의 경찰법교과서를 번역하고자 한 이유는 불행히도 쉔케 교수의 「독일경찰법론」이 출간된 지 오래되어 더 이상 '오늘날의' 독일의 경찰법이론을 소개하기에는 무리가 있다고 판단하였기 때문이다. 그렇다면 역자들이 독일의 많은 경찰법교과서 가운데 쿠겔만 교수의 교과서를 번역 Text로 택한 이유는 어디에 있는가?

이는 무엇보다도 쿠겔만 교수의 경찰법교과서가 오늘날의 독일경찰법이론의 전모를 균형감 있게 가장 잘 보여주고 있기 때문이다. 또한 경찰의 핵심활동영역이 되어 버린 정보의 수집과 처리에 관하여 그 어떤 교과서보다도 상세히 설명함으로써 오늘날의 경찰법이론의 새로운 경향을 잘 반영하고 있다는 점도 고려대상이 되었다. 더욱이 풍부한 내용을 간결한 문체로 서술하고 있을 뿐만 아니라, 서술내용과 관련된 수많은 사례들을 제시함으로써 독자들의 이해를 도모하고 있는 점 역시 빼놓을 수 없는 이유가 된다.

1년에 걸친 힘든 번역작업임에도 불구하고 즐겁게 이 작업에 임할 수 있었던 것은 이 작업이 1990년대 말 경찰대학에서 사제의 연을 맺은 애제자 박병욱 박사(경찰대학 17기, 독일 Humboldt Uni. 법학박사)와의 공동작업으로 행하여진 것에 기인한다. 박병욱 박사의 초벌번역, 이에 대한 역자 중 1인(서정범)의 검토·수정, 박병욱 박사의 재검토 및 반론, 역자 중 1인(서정범)의 반론의 반영과 문장정비로 이어지는 분화된 그러나 일련의 체계를 갖춘 작업방식을 통하여 번역작업을 완료하였다. 이러한 과정을 통하여 현직 경찰의 신분(국립경찰대학 교수요원)을 갖고 있는 박병욱 박사의 실무적 경험과 젊은 감각이 이 책의 곳곳에서 생명력을 발하게 된 것은 참으로 의미 있는 일이라 아니할 수 없다. 지금까지의 서술에서 알 수 있듯이 이 책의 출간에 있어 박병욱 박사의 기여도는 단순한 조력의 정도를 뛰어넘는다. 아니 박병욱 박사가 없었다면 정보처리에 관한 새로운 기술에 기초한 부분이나 독일경찰의 조직에 관한 부분은 제대로 번역되지 못했을 것이다. 이처럼 이 책의 완성도를 높이는 데 있어 그의 공헌도는 사실상 절대적이라고 할 수 있는바, 이것이 본서가 공역(共譯)의 형태를 취하는 이유가 된다.

쿠겔만 교수는 경찰법의 풍부한 내용을 함축적 법학용어를 사용하여 (지나칠 정도로!) 간결하게 설명하고 있다. 그러나 이것이 때로는 행정법이나 경찰법 이외의 다른 법영역에서 사용되는 독일의 법률용어들에 대한 이해가 상대적으로 부족한 역자들을 힘들게 만들기도 하였다. 이러한 난제를 풀어나감에 있어서는 다른 분들의 조력이 절대적으로 필요하였던바, 고려대학교 법학전문대학원의 김규완 교수(민법), 윤재왕 교수(형법 및 법철학), 김경욱 교수(소송법)를 거명하여 고마움을 표하고자 한다. 이들 교수와의 대화를 통하여 역자들이 알게 된 내용은 본문 중에 역주(譯註)의 형태로 반영되어 있다.

이 책의 출간 역시 실로 여러 사람들의 도움이 있었기에 가능하였던바, 이곳에서 거명하여 그 고마움을 표하고자 한다. 먼저 자신의 경찰법교과서의 한국어판 출간에 기꺼이 동의하고 Springer 출판사와의 라이선스계약에도 도움을 준 쿠겔만 교수에게 감사의 마음을 전한다. 쿠겔만 교수는 2008년부터 독일 연방경찰대학원 교수로 재직하고 있으며, 공법일반과 경찰법 및 국제법(유럽법 포함)을 강의하고 있는 독일 공법학계의 중진교수이다. 또한 상품성이라고는 전혀 찾아볼 수 없는 이 책의 출간을 기꺼이 맡아주어 이 책이 빛을 볼 수 있게 하여 준 세창출판사의 이방원 사장님과 역자들의 까다로운 요구를 잘 반영하여 책의 완성도를 높여 준 세창출판사의 편집부 직원들에게도 진심으로 감사를 드린다.

이 책이 이전의 「독일경찰법론」이 그러하였듯이 독일의 경찰법이론을 우리나라에 소개하고, 독일의 경찰법이론에 관한 이해를 높이며, 궁극적으로 우리나라에서의 경찰법이론의 발전을 가져오는 데 조금이나마 기여할 수 있기를 바란다. 그리고 이를 토대로 한국과 독일 양국 간에 경찰법에 대한 이해를 같이하는 데 초석이 될 수 있기를 바란다. 쿠겔만 교수와의 즐거운 협력작업이 앞으로도 계속될 것을 기대하면서 출간의 변에 대신하기로 한다.

2015년 1월

법화산 기슭에서 공역자

차 례

제1장 경찰-질서법 개관

제2장 경찰-질서법의 역사적 발전

제3장 법 원(法源)

제4장 경찰-질서관청의 조직

제5장 경찰-질서관청의 임무

제6장 물리적 성격이 강한 경찰의 권한

제7장 정보와 관련된 경찰-질서관청의 권한

제8장 경찰책임

제9장 경찰의 행위형식

제10장 행정관청의 조치의 적법요건

제11장 집행법과 비용법

제12장 시민의 손해전보청구권

제13장 경찰-질서관청의 조치에 대한 권리구제

약어표

a.A.	anderer Ansicht
ABl.	Amtsblatt der EU
AEUV	Vertrag über die Arbeitsweise der Europäischen Union
AöR	Archiv des öffentlichen Rechts
Art.	Artikel
ATDG	Gesetz zur Errichtung einer standardisierten Antiterrordatei von Polizeibehörden und Nachrichtendiensten von Bunde und Ländern
AtG	Gesetz über die friedliche Verwendung der Kernenergie und den Schutz gegen ihre Gefahren, Atomgesetz
Aufl.	Auflage
AVR	Archiv des Völkerrechts
AWG	Außenwirtschaftsgesetz
Bay	Bayern, bayrisch
BayVBl.	Bayerische Verwaltungsblätter
Bbg	Brandenburg, brandenburgisch
BBodSchG	Bundes-Bodenschutzgesetz.
Bd.	Band
BDSG	Bundesdatenschutzgesetz
Beschl.	Beschluss
BGBl.	Bundesgesetzblatt
BGH	Bundesgerichtshof
BGHSt	Bundesgerichtshof in Strafsachen; Amtliche Sammlung
BGHZ	Bundesgerichtshof in Zivilsachen; Amtliche Sammlung
BImSchG	Bundes-Immissionsschutzgesetz
BKA	Bundeskriminalamt
BKAG	Gesetz über das Bundeskriminalamt und die Zusammenarbeit des Bundes und der Länder in kriminalpolizeilichen Angelegenheiten
Bln	Berlin, berlinisch

BNatSchG	Gesetz über Naturschutz und Landschaftspflege
BPOlG	Gesetz über die Bundespolizei
Brem	Bremen, bremisch
BVerfG	Bundesverfassungsgericht
BVerfGE	Amtliche Sammlung der Entscheidungen des Bundesverfassungsgerichts
BVerfSchG	Gesetz über die Zusammenarbeit des Bundes und der Länder in Angelegenheiten des Verfassungsschutzes und über das Bundesamt für Verfassungsschutz
BVerwG	Bundesverwaltungsgericht
BVerwGE	Amtliche Sammlung der Entscheidungen des Bundesverwaltungsgerichts
BW	Baden-Württemberg
CR	Computer und Recht
DÖV	Die öffentliche Verwaltung
DuD	Datenschutz und Datensicherheit
DVBl.	Deutsches Verwaltungsblatt
DVO	Durchführungsverordnung
EGGVG	Einführungsgesetz zum Gerichtsverfassungsgesetz
EGMR	Europäischer Gerichtshof für Menschenrechte
EGV	Vertrag über die Europäische Gemeinschaft
ELJ	European Law Journal
EMRK	Europäische Menschenrechtskonvention
EU	Europäische Union
EuGH	Gerichtshof der Europäischen Gemeinschaften
EuGRZ	Europäische Grundrechte Zeitschrift
EUV	Vertrag über die Europäische Union
f.	folgende
FEVG	Gesetz über das gerichtliche Verfahren bei Freiheitsentziehungen
ff.	fortfolgende
FG	Festgabe
FGG	Gesetz über die Angelegenheiten der freiwilligen Gerichtsbarkeit

FS	Festschrift
G 10	Gesetz zur Beschränkung des Brief-, Post- und Fernmeldegeheimnisses
GaststättenG	Gaststättengesetz
gem.	gemäß
GenTG	Gentechnikgesetz
GewO	Gewerbeordnung
GO	Geschäftsordnung
GR–Ch	Charta der Grundrechte der Europäischen Union
GüKG	Güterkraftverkehrsgesetz
GVG	Gerichtsverfassungsgesetz
Hbg	Hamburg, hamburgisch
Hess	Hessen, hessisch
Hrsg.	Herausgeber
hrsg.	herausgegeben
InfG	Gesetz zur Verhütung und Bekämpfung von Infektionskrankheiten beim Menschen
i.S.v.	im Sinne von
i.V.m.	in Verbindung mit
LSA	Land Sachsen-Anhalt
LStVG	Gesetz über das Landesstrafrecht und das Verordnungsrecht auf dem Gebiet der öffentlichen Sicherheit und Ordnung (Bayern)
LuftSiG	Luftsicherheitsgesetz
LVwG	Allgemeines Verwaltungsgesetz für das Land Schleswig-Holstein
LVwVfG	Landesverwaltungsverfahrensgesetz
MBl.	Minsterialblatt
MMR	MultiMediaRecht
MV	Mecklenburg-Vorpommern
Nds	Niedersachsen, niedersächsisch
NJW	Neue Juristische Wochenschrift
Nr.	Nummer
NSDAP	Nationalsozialistische Deutsche Arbeiterpartei

NStZ	Neue Zeitschrift für Strafrecht
NW	Nordrhein-Westfalen
NWVBl.	Verwaltungsblätter Nordrhein-Westfalen
OVG	Oberverwaltungsgericht
PassG	Passgesetz
PAusweisG	Gesetz über Personalausweise
PolG	Polizeigesetz
PrOVG	Preußisches Oberverwaltungsgericht
PrPVG	Preußisches Polizeiverwaltungsgesetz
Res.	Resolution
RiStBV	Richtlinien für das Strafverfahren und das Bußgeldverfahren
Rn.	Randnummer, Randnummern
RP	Rheinland-Pfalz
S.	Seite; Siehe
s.	siehe
Saarl	Saarland
Sächs	Sächsisch
SH	Schleswig-Holstein
Slg.	Sammlung
SOG	Sicherheits- und Ordnungsgesetz
StGB	Strafgesetzbuch
StPO	Strafprozessordnung
StV	Der Strafverteidiger
TDG	Teledienstegesetz
Thür	Thüringen, thüringisch
TierSG	Tierseuchengesetz
TKG	Telekommunikationsgesetz
TMG	Telemediengesetz
UN	United Nations
UN–Charta	Charta der Vereinten Nationen
Urt.	Urteil
UZwG	Gesetz über den unmittelbaren Zwang bei Ausübung öffentlicher Gewalt durch Vollzugsbeamte des Bundes

UZwGBw	Gesetz über die Anwendung unmittelbaren Zwanges und die Ausübung besonderer Befugnisse durch Soldaten der Bundeswehr und verbündeter Streitkräfte sowie zivile Wachpersonen
v.	vom, von
VBl.BW	Verwaltungsblätter Baden-Württemberg
VereinsG	Gesetz zur Regelung des öffentlichen Vereinsrechts
VersG	Gesetz über Versammlungen und Aufzüge
VGH	Verwaltungsgerichtshof
vgl.	vergleiche
VN	Vereinte Nationen, Zeitschrift Vereinte Nationen
VO	Verordnung
VVDStRL	Veröffentlichungen der Vereinigung der Deutschen Staatsrechtslehrer
VwKostG	Verwaltungskostengesetz des Bundes
VwVfG	Verwaltungsverfahrensgesetz
VwVG	Verwaltungsvollstreckungsgesetz des Bundes
WHG	Gesetz zur Ordnung des Wasserhaushalts
Z.B.	zum Beispiel
ZaöRV	Zeitschrift für ausländisches öffentliches Recht und Völkerrecht (Heidelberg Journal of International Law)
ZG	Zeitschrift für Gesetzgebung
Ziff.	Ziffer
ZUR	Zeitschrift für Umweltrecht

참고문헌

1. 경찰-질서법 교과서, 주석서(註釋書, Kommentare)

Drews, Bill/Wacke, Gerhard/Vogel, Klaus/Martens, Wolfgang, Gefahrenabwehr, 9. Auflage 1986.

Götz, Volkmar, Allgemeines Polizei- und Ordnungsrecht, 14. Auflage 2008

Gusy, Christoph, Polizeirecht, 7. Auflage 2009.

Knemeyer, Franz-Ludwig, Polizei- und Ordnungsrecht, 11. Auflage 2007.

Lisken, Hans/Denninger, Erhard (Hrsg.), Handbuch des Polizeirechts, 4. Auflage 2007.

Muckel, Stefan, Klausurenkurs zum Besonderen Verwaltungsrecht, 4. Auflage 2009.

Pieroth, Bodo/Schlink, Bernhard/Kniesel, Michael, Polizei- und Ordnungsrecht, 6. Auflage 2010.

Roggan, Fredrik/Kutscha, Martin (Hrsg.), Handbuch zum Recht der Inneren Sicherheit, 2. Auflage 2006.

Schenke, Wolf-Rüdiger, Polizei- und Ordnungsrecht, in: Udo Steiner (Hrsg.), Besonderes Verwaltungsrecht, 8. Auflage 2006.

Schenke, Wolf-Rüdiger, Polizei- und Ordnungsrecht, 6. Auflage 2009.

Schoch, Friedrich, Grundfälle zum Polizei- und Ordnungsrecht, JuS 1994, S. 94, 391, 479, 570, 667, 754, 849, 932, 1026; JuS 1995, S. 30, 215, 307, 504.

Schoch, Friedrich, Polizei- und Ordnungsrecht, in: Eberhard Schmidt-Aβmann/ders. (Hrsg.), Besonderes Verwaltungsrecht, 14. Auflage 2008.

Seidel, Achim/Reimer, Ekkehart/Möstl, Markus, Besonderes Verwaltungsrecht, 3. Auflage 2009.

Tettinger, Peter/Erbguth, Wilfried/Mann, Thomas, Besonderes Verwaltungsrecht: Kommunalrecht, Polizei- und Ordnungsrecht, Baurecht, 10. Auflage 2009.

Wehr, Matthias, Examens-Repetitorium Polizeirecht, 1. Auflage 2008.

Würtenberger, Thomas, Polizei- und Ordnungsrecht, in: Norbert Achterberg/Günter Püttner (Hrsg.), Besonderes Verwaltungsrecht II, 2. Auflage 2000, § 21.

2. 경찰-질서법 이외의 법에 관한 교과서와 주석서

Calliess, Christian/Ruffert, Matthias (Hrsg.), EGV/EUV, Kommentar, 3. Auflage 2011.

Dietel, Alfred/Gintzel, Kurt/Kniesel, Michael, Demonstrations- und Versammlungsrecht, Kommentar, 16. Auflage 2011.

Dreier, Horst (Hrsg.), Grundgesetz, Band 1, 2. Auflage 2004; Band 2, 2. Auflage 2005; Band 3, 1. Auflage 1999.

Ehlers, Dirk (Hrsg.), Allgemeines Verwaltungsrecht, 14. Auflage 2010.

Ehlers, Dirk (Hrsg.), Europäische Grundrechte und Grundfreiheiten, 3. Auflage 2009.

Epping, Volker, Grundrechte, 4. Auflage 2010.

Grabenwarter, Christoph, Die Europäische Menschenrechtskonvention, 4. Auflage 2009.

Hecker, Bernd, Europäisches Strafrecht, 3. Auflage 2010.

Hellmann, Uwe, Strafprozessrecht, 2. Auflage 2005.

Hufen, Friedhelm, Verwaltungsprozessrecht, 8. Auflage 2011.

Jarass, Hans D., Die EU-Grundrechte, 2. Auflage 2007.

Jarass, Hans D., Charta der Grundrechte der Europäischen Union: GRCh, Kommentar, 1. Auflage 2010.

Jarass, Hans D./Pieroth, Bodo, Grundgesetz, 11. Auflage 2011.

Löwe/Rosenberg, Strafprozessordnung, 26. Auflage 2010.

Mangoldt, Hans von/Klein, Friedrich/Starck, Christian (Hrsg.), Grundgesetz, Band 1 und Band 2, 6. Auflage 2010.

Maurer, Hartmut, Allgemeines Verwaltungsrecht, 18. Auflage 2011.

Meyer, Jürgen (Hrsg.), Kommentar zur Charta der Grundrechte der Europäischen Union, 3. Auflage 2011.

Meyer-Goßner, Lutz, Strafprozessordnung, Kommentar, 54. Auflage 2011.

Münch, Ingo von/Kunig, Philipp (Hrsg.), Grundgesetz, Kommentar, Bd. III, 6. Auflage 2011.

Pieroth, Bodo/Schlink, Bernhard, Grundrechte, Staatsrecht II, 26. Auflage 2010.

Sachs, Michael, Grundgesetz, Kommentar, 5. Auflage 2009.

Satzger, Helmut, Internationales und Europäisches Strafrecht, 4. Auflage 2010.

Schenke, Wolf-Rüdiger, Verwaltungsprozessrecht, 12. Auflage 2009.

Schmidt-Aßmann, Eberhard/Friedrich Schoch (Hrsg.), Besonderes Verwaltungsrecht, 14. Auflage 2008.

Steiner, Udo (Hrsg.), Besonderes Verwaltungsrecht, 8. Auflage 2006.

Streinz, Rudolf (Hrsg.), EUV/AEUV, Kommentar, 2. Auflage 2011.

Streinz, Rudolf, Europarecht, 9. Auflage 2011.

Hans J. Wolff/Otto Bachof/Rolf Stober/Winfried Kluth, Verwaltungsrecht, Band I, 12. Auflage 2010; Band II, 7. Auflage, 2010.

3. 사례연습 교과서

Gornig, Gilbert/Jahn, Ralf, Sicherheits- und Polizeirecht, Fälle mit Lösungen, 3. Auflage 2006.

Rüfner, Wolfgang/Muckel, Stefan, Klausurenkurs zum Besonderen Verwaltungsrecht, Polizei- und Ordnungsrecht/Kommunalrecht, mit Bezügen zum Verwaltungsprozessrecht, 4. Auflage 2009.

Stein, Volker; Fälle und Erläuterungen zum Polizei- und Ordnungsrecht, 2. Auflage. 2004.

4. 주요단행본과 논문

Albers, Marion, Die Determination polizeilicher Tätigkeit in den Bereichen der Straftatenverhütung und der Verfolgungsvorsorge, 2001.

Bäcker, Matthias, Terrorismusabwehr durch das Bundeskriminalamt, 2009.

Baldus, Manfred, Transnationales Polizeirecht, 2001.

Kugelmann, Dieter, Polizei und Polizeirecht in der föderalen Ordnung des Grundgesetzes, in: Ines Härtel (Hrsg.) Handbuch des Föderalismus 2011, Band III, § 52.

Kugelmann, Dieter, Einwanderungs- und Asylrecht, in: Schulze/Zuleeg/Kadelbach (Hrsg.), Europarecht, Handbuch der deutschen Rechtpraxis, 2. Auflage 2010, § 41.

Möstl, Markus, Die staatliche Garantie für die öffentliche Sicherheit und Ordnung, 2002.

Preu, Peter, Polizeibegriff und Staatszwecklehre, 1983.

Schöndorf-Haubold, Bettina, Europäisches Sicherheitsverwaltungsrecht, 2010.

Thiel, Markus, Die "Entgrenzung" der Gefahrenabwehr, 2011.

5. 연방과 주의 주요 법률문헌

ㅇ Bundeskriminalamt:

Ahlf, Ernst H./Daub, Ingo/Lersch, Roland/Störzer, Hans U., Bundeskriminalamtsgesetz, 2000.

ㅇ Bundespolizei:

Drewes Michael/Malmberg, Karl M./Walter, Bernd/Blümel Karl H., Bundespolizeigesetz, 4. Auflage 2010.

ㅇ Baden-Württemberg:

Würtenberger, Thomas/Heckmann, Dirk, Polizeirecht in Baden-Württemberg, 6. Auflage 2005.

ㅇ Bayern:

Heckmann, Dirk, Polizei- und Sicherheitsrecht, in: Becker/Heckmann/Kempen/Manssen (Hrsg.), Öffentliches Recht in Bayern, 3. Auflage 2005.

Schmidbauer, Wilhelm/Steiner, Udo, Bayerisches Polizeiaufgabengesetz und Bayerisches Polizeiorganisationsgesetz, 3. Auflage 2011.

ㅇ Berlin:

Pewestorf, Adrian/Söllner, Sebastian/Tölle, Oliver, Polizei- und Ordnungsrecht, 1. Auflage 2009.

ㅇ Hamburg:

Eifert, Martin, Polizeirecht, in: Hoffmann-Riem/Koch, (Hrsg.), Hamburgisches Staats- und Verwaltungsrecht, 3. Auflage 2006.

ㅇ Hessen:

Groß, Thomas, Polizeirecht, in: Hermes/Groß (Hrsg.), Landesrecht Hessen, 6. Auflage 2008.

Meixner, Kurt, Kommentar zum HessSOG, 11. Auflage 2010.

ㅇ Mecklenburg-Vorpommern:

Heyen, Erk Volkmar, Allgemeines Polizei- und Ordnungsrecht, in:

Manssen/Schütz(Hrsg.), Staats- und Verwaltungsrecht für Mecklenburg-Vorpommern, 1999.

ㅇ Niedersachsen:

Ipsen, Jörn, Niedersächsisches Gefahrenabwehrrecht, 4. Auflage, 2010.

Waechter, Kay, Polizei- und Ordnungsrecht, 1. Auflage 2000.

○ Nordrhein-Westfalen:

Dietlein, Polizei- und Ordnungsrecht, in: Dietlein/Burgi/Hellermann (Hrsg.), Öffentliches Recht in NRW, 2. Auflage 2007.

Wagner, Heinz, Kommentar zum Polizeigesetz in Nordrhein-Westfalen, 1987.

○ Sachsen:

Belz, Reiner, Polizeigesetz des Freistaates Sachsen, Kommentar, 4. Auflage 2009.

○ Sachsen-Anhalt:

Kluth, Winfried, in: ders. (Hrsg.), Landesrecht Sachsen-Anhalt, 2. Auflage 2010.

○ Rheinland-Pfalz:

Ruthig, Josef/Fickenscher, Guido, Polizei- und Ordnungsrecht, in: Ley/ Hendler/ Hufen/Jutzi (Hrsg.), Landesrecht Rheinland-Pfalz, 5. Auflage 2009.

○ Thüringen:

Ebert, Frank/Honnacker, Heinz, Thüringer Gesetz über die Aufgaben und Befugnisse der Polizei – PAG, 5. Auflage 2009.

쿠겔만의

독일경찰법

Polizei- und Ordnungsrecht

제1장 경찰-질서법 개관

오랜 역사적 발전을 배경으로 하는 오늘날의 경찰-질서법은 새로운 도전에 직면하고 있는바, 이러한 도전은 경찰-질서법의 발전을 실질적으로 또한 법적으로 지속시키게 만드는 원동력이 되고 있다. 경찰-질서법은 국가기관이 국민의 법적 지위를 보호하고 보장할 수 있게 하는 사회적 · 규범적 전제조건이며, 개인적 법익의 보호야말로 경찰-질서법의 출발점이자 최종 목표이다. 한편 이러한 개인적 법익의 보호를 위하여는 법익에 대한 침해를 방지하여야 할 뿐만 아니라, 국가의 적극적 활동과 경찰-질서관청의 설치와 같은 조직적인 대책이 요구된다. 1

연방 및 주(Land)의 다양한 법들이 경찰-질서법의 내용과 구조를 형성하고 있다. 이러한 법을 근거를 경찰-질서법의 기본구조가 형성되고 개념적 구별이 행해지게 되는바, 이것들이 앞으로의 설명을 이해하기 위한 기초를 이룬다. 물론 여러 개념들을 정확히 구분하기 위한 노력들이 때로는 한계에 직면하기도 한다. 그 이유는 경찰-질서법이 역동적인 법영역으로서 복잡성을 지니고 있다는 점과, 예기치 못한 상황에 신속하게 대처할 수 있기 위한 융통성을 필연적으로 갖고 있다는 점에서 찾을 수 있다. 경찰-질서법은 통일성을 지니고 있다기보다는, 규범적 다양성과 내용적 개방성을 그 특징으로 하고 있다고 할 수 있다. 경찰-질서법이 대상으로 하는 영역 자체의 다양성 내지 개방성으로 인하여 경찰-질서법에 대한 설명에는 한계가 있기 마련이다. 2

경찰-질서법은 위험의 방지(Gefahrenabwehr)를 그 대상으로 한다.[1] 경찰-질서법 영역 3

1) § 1 Abs. 1 PolG BW; Art. 2 Abs. 1 BayPAG und Art. 6 BayLStVG; § 1 Abs. 1 ASOG Bln.; § 1 Abs. 1 Satz 1 BbGPolG und § 1 Abs. 1 BbGOBG; § 1 Abs. 1 Satz 1 BremPolG; § 3 HbgSOG; § 1 Abs. 1 Satz 1 HessSOG; §§ 1 Abs. 1 und 2 Abs. 1 SOG MV; § 1 Abs. 1 Satz 1 NdsSOG; § 1 Abs. 1 Satz 1 PolG NW und § 1 Abs. 1 OBG NW; § 1 Abs. 1 Satz 1 POG RP; § 1 Abs. 2 SaarPolG; § 1 Abs. 1 SächsPolG; § 1 Abs. 1 Satz 1 SOG LSA; § 162 Abs. 1 LVwG SH; § 2 Abs. 1 Satz 1 ThürPAG und § 2 Abs. 1 ThürOBG.

의 본질적 내용들은 그의 목적, 그리고 그와 유사한 법영역과의 구분을 통하여 결정된다. 이와 관련하여 구체적인 문제들에 관하여는 다툼이 있다.[2] 한편 이러한 구분은 다양한 주법(州法)들의 규정을 통하여 행해질 수 있는바, 이러한 규정들은 단지 권한규범의 전제조건이 될 뿐만 아니라 행정청의 조직과 관할, 그리고 다른 주들과의 네트워크와 관련된 여러 가지 차이점을 잘 보여주고 있다.

1. 기본원리, 범주 그리고 오늘날의 발전

4 경찰-질서법의 구조적 특징은 경찰관청이 직면하게 되는 정보환경과 경찰관청이 취하는 침해적 조치에 의해 결정된다. 경찰관청이 관계인의 권리영역을 침해하는 것은 제재를 위한 것이 아니라 예방을 위한 것이다. 왜냐하면 위험의 발생은 저지되어야 하기 때문이다. 예방은 손해가 발생할 때를 기다리는 것이 아니라, 위험의 단계에서부터 대처하고 그를 통해 손해의 발생을 방지함으로써 일반 국민을 그들의 권리영역에 대한 침해로부터 보호하는 것을 그 목적으로 한다.[3]

5 일반(allgemein) 경찰-질서법은 위험방지와 관련된 일반적 규정과 기본원칙을 그 내용으로 하고 있다.[4] 특별한 영역에서의 위험방지와 관련된 규정들은 특별(besonder) 경찰-질서법의 대상이다. 역사적인 발전과정 속에서 계속하여 세분화(細分化)가 이루어져 왔으며, 이로 인하여 위험방지를 목적으로 하는 다양한 규정들이 생겨나게 되었다. 즉, 집회로 인하여 야기되는 위험의 방지는 집회법이 규율하고, 환경법상의 위험은 연방임미씨온방지법(Bundes-Immissionschutzgesetz)과 관련되며, 건축법상의 위험은 주의 건축법규정으로 대처하고 있는 것이다.[5] 만약에 특별법적 규정이 없는 경우에는 일반원칙을 원용할 수 있다. 예컨대 집회법에 특정인의 (경찰상) 책임에 관련된 규정이 결여되어 있는 경우에는, 주의 경찰-질서법의 관련규정이 원용될 수 있는 것이다.[6]

---

2) Vgl. *Gusy*, POR, Rn. 2.

3) 헌법적 근거에 관하여는 제5장 Rn. 1 ff.

4) Vgl. BVerfGE 109, 190 (215).

5) *Knemeyer*, POR, Rn. 476 ff.; *Drews/Wacke/Vogel/Martens*, Gefahrenabwehr, § 11, Ziff. 2

6) *Dietel/Gintzel/Kniesel*, Versammlungsgesetz, §. 1 Rn. 249.

실질적(materiellem) 의미의 경찰-질서법은 직무와 권한에 관한 규정들을 의미한다. 이에 대하여 형식적(formelle) 의미의 경찰-질서법은 경찰관청의 조직, 따라서 그의 관할 및 경찰작용의 형식을 포괄하게 되는 것이다.[7] 6

경찰-질서법과 유사한 법영역으로는 우선 범죄행위에 대한 제재와 그 밖의 국가적 대응과 관련된 형법과 형사소송법을 들 수 있다.[8] 다음으로 행정법상의 특별영역인 환경법이나 집회법과 같은 특별행정법 또한 ―역사적으로 볼 때― 이들의 선행법인 경찰-질서법과 구분될 수 있다. 이와 같은 특별행정법의 영역은 그의 성립과 발전에 있어서 일반적인, 즉 (특별행정법상의 위험을 포함한) 모든 위험과 관련된 경찰-질서법에 따르고 있다. 특별행정법의 영역은 예컨대 환경에 대한 위험과 같은 특별한 위험과 관련이 있기 때문에 경찰법상의 수단들을 더욱 발전시켰을 뿐만 아니라, 부분적으로는 그에 고유한 수단들을 발전시켜 왔다. 7

경찰-질서법의 최근의 발전은 경찰-질서법과 형법 및 형사소송법과의 구분을 어렵게 만들었는바, 그 이유는 경찰관청의 직무(Aufgaben)가 구체적 위험이 발생하기 전단계(前段階, Vorfeld)로까지 확장되는 경향이 있기 때문이다.[9] 위험방지의 측면에서 범죄행위에 대하여 예방적으로 대처하고 장래의 형사소추를 위하여 사전에 배려하여야 할 직무가 나타나게 되었는바(예컨대 노르트라인-베스트팔렌주 경찰법 제1조 제1항 제2문 참조), 이러한 '위험에 대한 사전배려'를 경찰법과 형사법[10] 중 어느 법의 관할영역으로 귀속시킬 것인지의 문제를 둘러싸고 의견이 분분하다.[11] 8

이처럼 경찰의 직무영역이 확대되게 된 것은 정보와 정보의 제공이 디지털화(Digitalisierung)됨으로 인하여 경찰관청이 그러한 직무를 수행할 수 있는 가능성이 확대된 것과 밀접한 관련이 있다. 정보의 수집은 이미 예전부터 경찰활동의 중요한 부분이었지만, 현대적인 정보통신기술로 인하여 오늘날에 있어서는 정보의 수집과 9

---

7) *Schenke*, POR, Rn. 22.

8) 형법의 개념에 관하여는 BVerfGE 109, 190 (212 f.).

9) Vgl. *Waechter*, JZ 2002, 854 (855).

10) BVerfGE 113, 348을 보라; 이에 관하여는 *Gusy*, NdsVBl. 2006, 65.

11) 이에 관하여는 제5장 Rn. 172 ff. 보다 상세한 것은 *Albers*, Straftatenverhütung, S. 121 ff.; *Aulehner*, Informationsvorsorge, S. 47 ff.; *Möstil*, DÖV 2007, 581. 주법에서 사용되고 있는 여러 개념들에 관하여는 Rachor, in: *Lisken/Denninger*, F Rn. 164 ff.

처리가 경찰업무의 중점이 되어 버렸다(노르트라인-베스트팔렌주 경찰법 제1조 제5항 제2문 참조).[12] 정보화사회에서의 경찰법은 많은 부분이 정보처리와 정보처리로 인한 침해와 관련된 규정으로 이루어져 있다[통일경찰법모범초안(MEPolG) 제8a조 이하 참조].[13] 그 당연한 결과로 정보보호의 의미가 증대되었는데, 그에 관하여는 경찰법 스스로 광범위하게 규율하고 있다(예컨대 연방경찰법 제29조 이하; 노르트라인-베스트팔렌주 경찰법 제22조 이하; 바덴-뷔르템베르크주 경찰법 제37조 이하; 통일경찰법모범초안 제10a조 이하).

10 경찰-질서법의 경우 국내법에 중점이 두어지기는 하지만 경찰작용의 국제적 관계, 특히 유럽국가들과의 관계 또한 주목할 만하다.[14] 국내 법질서 전체가 유럽화(Europäisierung)되면서, 그것이 경찰-질서법에도 영향을 미치게 되었다. 유럽경찰기구인 유로폴(Europol)*은 유럽 차원에서의 정보처리와 정보보호의 연관성을 제도적으로 구현한 것이다.[15] 테러방지는 국내에서도 문제되지만 특히 국제적 차원에서 중요한 주제의 하나인바, 테러방지의 문제는 법치국가의 원리라는 기반 위에서 자유와 안전간의 관계를 어떻게 설정해야 할 것인지에 관한 시험대에 올라와 있다.

2. 경찰-질서법을 통한 위험방지

11 경찰-질서법은 위험방지법(Recht der Gefahrenabwehr)의 핵심이다. 경찰-질서법은 법익에 대한 위험을 방지하는 것, 즉 장해를 제거하고 더 이상의 새로운 손해가 발생

---

12) *Kugelmann*, DÖV 2003, 781 (783); *Kutscha*, LKV 2008, 481; *Thiel*, Die "Entgrenzung" der Gefahrenabwehr, 2010, S. 24 ff.

13) 이하의 제7장 Rn. 1 ff.를 보라.

14) 이하의 제14장과 제15장을 보라(이하는 역주: Kugelmann교수의 원저는 제14장에서 유럽의 경찰법-안전법, 제15장에서 경찰작용을 둘러싼 국제법적 문제에 대하여 상설하고 있다. 그러나 이들 내용은 경찰법을 처음 대하는 우리나라의 독자들에게는 불요불급한 부분이라고 생각되어 Kugelmann교수의 동의를 얻어 본 역서에서는 번역을 생략하였다).

* **역주** Europol은 European Police Office의 약자로 1995년 7월 26일 유럽연합조약에 근거하여 네덜란드 헤이그에 본부가 설치되었으며, 실질적인 활동은 1999년 7월 1일부터 시작되었다. Interpol의 유럽버전으로 이해될 수 있는 Europol에 관한 국내학자의 저술로 대표적인 것으로는 Hong-Jae Sung, Europol im Recht der Europäischen Union, 2005). 이하에서 역주 표시가 없는 것은 원저자인 Kugelmann교수의 원주(原註)이다.

15) 유로폴(Europol)에 관하여는 이하의 제14장 Rn. 132 ff.를 보라.

하지 않도록 하는 것을 그 목표로 한다. 이러한 직무는 전통적으로 공공의 안녕과 질서의 유지라고도 표현되어 왔다.[16] 이러한 직무에 대한 설명은 모든 주의 (경찰) 법규정의 기본을 이루고 있다.[17]

사 례: 12

A가 순찰 중인 두 명의 경찰관의 눈에 띄었다. 왜냐하면 그가 몇 분 동안이나 시내의 시계-보석상 쇼윈도 앞에 서 있고, 손에는 스패너를 가지고 있기 때문이다. 경찰관들은 그의 신원을 확인하기 위해 그를 정지시킨다. 신원확인을 위한 법적 근거는 경찰관에게 신원을 확인할 권한을 부여하고 있는 주(州)의 경찰법이다(예컨대 노르트라인-베스트팔렌주 경찰법 제12조). 그 목적은 소유권을 보호하는 법규범의 위반을 방지하는 것, 즉 공중을 보호하는 것이다.

위와 같은 상황에서 추가적인 혐의점이 발견될 수도 있다: A에게서 술냄새가 나고, 13
격투용 반지(Schlagring)*를 끼고 있거나 마약견이 그를 향해 짖어댄다. 그와 같은 상황이라면 법규범의 위반이 존재함으로 장해가 이미 발생하였을 수도 있고, 또는 다른 법규범의 위반의 문제가 발생할 우려가 있을 수도 있다. 이미 손해가 발생하였거나 장래에 손해가 발생하는 것을 미연에 방지할 필요가 있는 경우에는 경찰의 추가적 조치가 정당시된다. 직무질문(Befragung), 신체의 수색, 감식조치 등이 침해적인 조치로서 고려될 수 있는바, 그러한 조치들은 (위와 같은 조치를 위하여 정지된) 사람의 권리영역을 침해하게 된다. 헌법상의 법률유보원칙에 따를 때 모든 침해적

16) 그러나 법적 개념으로서의 공공의 질서의 개념은 헌법적으로 제한될 필요성이 있는바, 이에 관하여는 제5장 Rn. 76 ff.

17) 註 1을 보라.

* 역주 '격투용반지'는 독일어의 Schlagring을 직역한 것인데, Ring(반지)의 형태를 갖고 있을 뿐 용도를 고려하면 사실상 무기에 해당한다. 아래의 왼쪽 사진이 초기 형태이고, 근래에는 무기로서의 용도가 강화된 오른쪽 사진과 같은 형태의 것도 나타나고 있다.

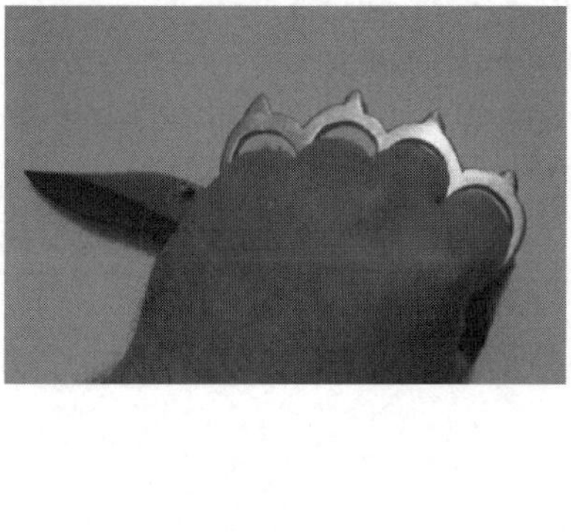

조치는 법적 근거가 필요하며, 그것은 적법하게 적용되어야 한다.[18] 법적 근거가 존재하지 않거나 법적용을 잘못 하였을 경우, 그러한 조치는 위법한 것이 된다. 그리고 그러한 조치에 대하여는 권리구제가 반드시 보장되어야 한다.

14 **Tip**[19] 경찰-질서법 과목의 중간 및 기말고사와 리포트의 주제는 일반적으로 경찰-질서관청이 취하는 조치의 적법성에 대한 평가이다.[20]

15 경찰-질서관청은 국가행정의 일부이고, 따라서 기본법 제20조 제2항 제2문상의 권력분립의 원칙의 요구에 따라야 한다.[21] 집행권과 사법권(司法權, Rechtsprechung)과의 관계는 다음과 같이 설명될 수 있다: 즉, 행정작용이 법률을 집행하는 것에 반하여, 사법작용은 분쟁이 있는 경우 법을 해석하고 (집행권에 의한) 법적용을 통제한다. 양자는 원칙적으로 구체적인 경우를 규율한다. 경찰의 조치는 적법성통제에 따르며, 효과적인 권리구제의 필요성은 기본법 제19조 제4항에 규정되어 있다.[22] 따라서 사법적 통제가 가능하다는 것은 합헌적이다.[23]

16 경찰의 입법에 대한 관계는 구조적으로 강한 긴장관계를 나타내는데, 그 이유는 경찰은 인기 없는, 심지어 불합리한 법률도 집행하여야 하기 때문이다. 단지 판례만이 불합리한 법률을 적용될 수 없는 것으로 판시하거나, 심지어 비판할 수 있다. 물론 행정도 법적용에 있어서 '활동의 여지(Spielräume)'가 있으며, 이로 인하여 이성적(理性的) 법집행이 허용된다. 그러나 이러한 활동의 여지는 법률의 문언과 그 의미에 따른 제한을 받는다. 행정은 법을 집행하여야 한다. 행정이 법을 통제하여서는 아니 되며, 민주적 정당성이 부여되어 있는 입법자의 지위에 있어서도 아니 된다.

---

18) 법률유보의 원칙에 관하여는 BVerfGE 49, 89(126 f.); *Gusy*, JA 2002, 610(612 f.); *Voßkuhle*, Jus 2007, 118.

19) 사례연습의 방법에 관하여는 Vgl. *Haug*, Staats- und Verwaltungsrecht, Fallbearbeitung, Übersichten, Schemata, 7. Aufl., 2008; *Schwerdtfeger*, Öffentliches Recht in der Fallbearbeitung, 13. Aufl., 2008; *Tettinger/Mann*, Einführung in der juristische Arbeitstechnik, 4. Aufl., 2009.

20) 사례연습에 관하여 자세한 것은 이하의 제1장 Rn. 80 ff.

21) Vgl. *Pieroth/Schlink/Kniesel*, POR, § 2, Rn. 47 ff.

22) BVerfGE 35, 263 (274); 41, 23 (26); 60, 253 (269)

23) BVerfGE 40, 272 (274 f.); *Jarass*, in: Jarass/Pieroth, GG, Art. 19, Rn.22, 35a.

경찰-질서법에 있어서 이러한 긴장관계가 실질적인 활동을 어렵게 만들 수 있다. 17
왜냐하면 경찰은 권력적 수단의 사용에까지 이르는 광범위한 강제권한을 행사할 수 있기 때문이다. 경찰이 법을 관철시키기 위한 이러한 권한을 ―비례의 원칙이라는 기준에 따라― 행사할 수 있기 때문에 국민들에게는 경찰이 국가권력의 화신(化身)으로 다가오고, 경우에 따라서는 불만을 불러일으키기도 한다. 또한 사회적 문제를 인식하고 해결하는 것과 관련된 정책 또는 다른 행정청의 잘못이 경찰에게 전가될 수도 있다.

원자력에너지의 이용과 그 위험에 대한 사회적인 논의가 진행되어 왔으며, 현재도 18
진행되고 있다. 그러나 경찰의 직무는 현행법을 집행하는 것이다. 그것이 원자력에너지의 장려를 내용으로 하는지, 아니면 2002년의 원자력법 개정 이후에서 보듯이 원자력에너지의 이용중단을 내용으로 하는지 여부는 문제되지 않는다.[24] (2010년의 경우처럼) 원자력발전소의 가동기간연장이 결정되고 (2011년의 경우처럼) 다시 그것이 부분적으로 철회되거나, 원자력법의 목적이 새로이 변경된다면 그 또한 민주주의제도하에서의 투표를 통한 결정의 산물이며,* 경찰-질서관청은 그를 알고 있어야 한다. 이른바 Castor**-Transporte, 즉 연소된 핵연료봉을 재처리시설이나 중간처리시설로 수송하는 것은 경찰에 의해서 그 안전이 확보되어야 한다. 국민 중의 일부가 그를 수용하지 않는다고 할지라도 경찰은 그 직무를 수행하여야만 한다. 그러나 국민들이 적극적으로 저항을 하는 상황에서 법을 집행하게 되면, 경찰 스스로 (내부적으로) 그와 같은 법집행을 요구하는 정책에 대하여 국민이 불만을 갖게 하는

24) 독일 원자력법 제1조 제1호에 따르면 동법은 상업적 발전을 위한 원자력에너지의 이용을 적절한 시점에서 중단시키고, 그것이 중단될 시점까지 경영합리화를 보장하는 것을 그 목적으로 한다. 2002.4.22.의 「상업적 발전을 위한 원자력에너지이용의 적절한 중단에 관한 법률」 제1조, BGBl. I 2002, S. 1351 참조.

* **역주** 공역자가 번역텍스트로 삼고 있는 *Kugelmann*, Polizei- und Ordnungsrecht, 2. Aufl.은 2011년에 저술된 관계로 2011년 3월의 후쿠시마 사태 이후 원자력발전에 관한 독일 내에서의 논의가 반영되어 있지 않다. 주지하는 것처럼 후쿠시마 사태 이후 독일 연방의회는 2022년까지 모든 원자력 발전소 가동을 중단하는 결정을 내렸는데, 이러한 사정 및 그 이후의 독일 내에서의 논의에 관하여는 vgl. *Bruch/Grebe*, Atomausstieg 2011 als Verletzung der Grundrechte der Kernkraftwerksbetreiber, DÖV 2011, 794 ff.; 문병효, 독일의 원자력에너지 리스크관리법제, 행정법연구 제30호, 2011, 1쪽 이하. 한편 원자력발전의 안전성에 관한 문제에 관하여는 김태호, 원자력발전의 안전성담보시스템에 대한 법적 검토, 행정법연구 제30호, 2011, 39쪽 이하 참조.

** **역주** 여기서 Castor란 “Cask for storage and transport of radioactive material”의 약어(略語)로, 원자력폐기물의 저장 및 수송용기를 말한다.

결과를 초래할 수 있다.[25] 독일 슈투트가르트 역의 철도역사 개축계획인 "슈투트가르트 21(Stuttgart 21)"* 프로젝트에 대한 반대시위에 경찰력을 투입한 것과 관련하여 이러한 문제에 대한 집중적 논의가 행해지게 되었다. 특히 슈투트가르트 궁전공원(宮殿公園, Schlosspark)에서의 작업을 보호하기 위하여 부분적으로 과도한 조치가 행해졌다는 것 때문에 경찰력의 투입이 일부 시민들로부터 비판을 받기도 하였다.**

19 경찰-질서관청은 법률의 개정을 알고 있어야 할 뿐만 아니라, 판례의 변경 또한 고

---

25) *Gusy*, PolR, Rn. 10.

* **역주** '슈투트가르트 21' 반대시위는 1994년 독일철도, 당시 바덴-뷔르템베르크 주총리, 슈투트가르트시장, 연방교통부장관(기독민주당)이 발표한 슈투트가르트 신중앙역 건설사업인 '슈투트가르트 21'에 대하여 바덴-뷔르템베르크 주민들이 기차역사 주변의 벌목, 인근의 검은 숲(Schwarzwald) 환경훼손 등 환경파괴와 사업절차상 주민의견수렴과정을 무시하였다는 것을 이유로 2009년부터 2011년 말까지 이에 대해 반대한 지속적인 대규모 환경시위를 말한다. 특히 2010년 9월 슈투트가르트시 궁전공원의 강제철거에 항의하여 중·고등학생, 대학생, 일반시민이 참여한 철거반대시위에 슈투트가르트 경찰이 물대포, 최류탄 등으로 강경진압하여 시위참가자 수백 명이 부상당하고 시위에 참가한 퇴직 엔지니어가 경찰의 물대포에 실명을 당하는 일이 발생하였는바(소위 '검은 목요일'사건), 이로 인하여 당시 경찰투입과정에 참여하였던 많은 현장경찰관, 중간급 지휘관들이 행정소송을 당하고 2011년 4월 슈투트가르트 경찰청장이던 지그프리트 스툼프(Siegfried Stumpf)가 청장직에서 물러나기도 하였다. 슈투트가르트 21 사업 자체는 2011년 11월 29일 이 사업의 지속과 관련된 주민투표를 거쳐 지속되게 되었지만 일본 후쿠시마 핵누출사고와 '슈투트가르트 21 사업' 반대시위의 영향으로 보수성향이 강하던 바덴-뷔르템베르크 주에서 2011년에 최초로 녹색당의 크레치만(Kretschmann)이 도지사로 당선되고 2012년 바덴-뷔르템베르크 주의 주도(州都)인 슈투트가르트시의 시장으로 녹색당의 쿤(Kuhn) 후보가 당선되는 등 독일의 녹색당을 중심으로 한 환경보호사상이 현실에서도 인정받게 되었다. 이런 점에서 '슈투트가르트 21' 시위는 독일 환경운동역사에 있어 큰 반향을 남겼다고 할 수 있는바, '슈투트가르트 21' 사건의 경과에 대해서는 신진욱, 2010년 독일 '슈투트가르트 21' 사업반대시위 – 제도정치에 대한 시민사회의 도전, FES Information Series 2011-08 참조.

** **역주** 2010년 9월 30일에 있었던 궁전공원의 수목들에 대한 벌목작업을 반대하는 시위의 참가자들에 대하여 경찰은 경찰봉, 물포, 자극스프레이를 사용하였는데, 이로 인해 참가자 중 두 명이 눈에 크게 상처를 입었고 엔지니어인 디트리히 바그너 씨가 실명을 하였다. 다음 날인 31일에는 경찰추산 약 5만 명(시위대 추산 약 10만 명), 10월 9일에는 경찰추산 약 6만 3천 명(시위대 추산 약 15만 명)이 반대시위에 참여하였다. Stuttgart 21 반대시위와 관련하여 경찰관을 상대로 380건, 시위대에 대해서 121건의 고소가 있었던바, 그 가운데 정식 공소절차가 진행된 것은 104건(경찰관을 상대로 한 것은 19건)이다. 그 결과 한 명의 경찰관이 징역 7월의 집행유예를, 다른 한 명이 120일의 구류에 해당하는 벌금을 선고받았다. 한편 2013년 3월에는 경찰지휘관 2명을 상대로도 고소가 행해졌는데, 2014년 현재 재판을 받고 있는 중이라고 한다.

려하여야 한다.

사 례:

20

기본법 제104조 제2항(과 유럽인권협약 제5조)에 따를 때, 자유의 박탈은 판사의 결정에 근거하여서만 행해질 수 있다.[26] 자유의 박탈이 판사가 아닌 자, 예컨대 경찰의 명령에 의하여 행해진 경우에는 지체없이 판사의 결정이 행해져야 한다. 그러나 지체없이 판사의 결정이 행해져야 한다는 헌법규정은 주말이나 공휴일에 당직판사도 없어서 판사의 결정이 어느 정도의 시간이 지난 후에야 비로소, 예컨대 다음 근무일(Werktag)이나 되어서야 행해지게 됨으로써 많은 법원관할구역에서 부분적으로 형해화(形骸化)되고 있다. 연방헌법재판소는 2001년 2월 20일 판사가 그의 권한을 시간적으로 그리고 물적으로 행사하기 위한 조직적 차원의 전제조건을 만들어야 한다고 결정하였다.[27] 헌법에 위배되는 실무는 헌법이 지배하는 곳에서는 변경되어야만 한다.

법질서에 의해 보호되는 법익에 대한 위험방지는 경찰관청과 질서관청(Ordnungsbehörden)의 관할에 속한다.[28] 한편 질서관청은 주법(洲法)에 따라 안전관청(Sicherheitsbehörden, 예컨대 바이에른주), 위험방지관청(Gefahrenabwehrbehörden, 예컨대 헤센주), 또는 행정관청(Verwaltungsbehörden, 예컨대 니더작센)이라고도 불리운다. 경찰관청은 국민들에게는 제복을 입은 경찰로서 등장하는 것이 전형적이다. 이를 통하여 경찰은 그들이 —시각적으로 경찰이 존재한다는 것을 포함하여— 안전의 보장을 그의 직무로 한다는 것을 외부에 대해서도 보여준다. 또한 경찰활동은 긴급상황하에서 행해지는데, 위의 사례에서 볼 수 있는 것처럼 조치의 선택과 그의 실행에 있어서는 융통성이 요구된다. 긴급상황하에서 행해지는 이러한 경찰활동에 대하여는 청문의 생략(행정절차법 제28조 제2항 제1호), 서면을 통한 이유제시의 생략(행정절차법 제39조 제2항 제2호)과 같이 예외적 성격을 띠고 있는 행정절차에 관한 규정들이 적용된다. 그 배경은 시간적 요소인데, 왜냐하면 경찰작용은 엄청난 신속성을 그 특징으로 하기 때문이다. 21

이에 반하여 질서관청은 법익보호라는 그의 임무를 원칙적으로 일반적인 행정의 22

26) 자세한 것은 「자유박탈에 있어서의 사법적 절차에 관한 법률, FEVG」(Sartorius Nr. 617).

27) BVerfGE 105, 239(248 f.); 또한 BVerfGE 103, 142(152 f., 156)을 보라.

28) 이하의 제4장 Rn. 48 ff.를 보라.

행위수단을 통하여 수행한다. 즉, 질서관청은 예컨대 행정행위를 발하거나 당사자에게 관련된 통지를 하는 경우에 볼 수 있는 것처럼 일반적으로 문서를 통하여 국민들과 만나게 된다. 질서관청의 이러한 행위에 대하여는 예컨대 조언(Beratung, 행정절차법 제25조), 관계인(Beteiligte)* 에 대한 청문(행정절차법 제28조), 문서열람(행정절차법 제29조, 제30조) 또는 행정행위의 통지(행정절차법 제41조) 등과 같은 행정절차에 관한 일반규정이 적용된다. 질서관청의 행위는 시간적으로 다소 오래 걸리고, 행정관청의 전형적인 업무처리방식을 취한다.

23 **사 례:**

시(市)의 관할 질서관청은 자동차 도색업체를 운영하고 있는 A에게 관련 기계설비의 연기배출장치에 새로운 필터를 장착할 것을 명령하였다. 그의 법적 근거는 이미 설치된 기계설비에 대한 사후적 하명을 발할 수 있다고 규정하고 있는 연방임미씨온법(BImSchG) 제17조이다. A에게 정상적으로 송달되어야 할 적법한 결정을 하기 위해서는, 해당 관청은 모든 절차법적 요구를 준수하여야 하며, A의 권리를 보장하여야만 한다.

24 **Tip** 경찰-질서관청이 행하는 작용의 전형적 (발동)형태가 일반화되어서는 아니 되며, 검증절차를 거치지 않고 모든 유형의 사례에 적용되어서도 아니 된다. 특히 대학에서의 연습문제에 있어서는 대학생들의 이 문제에 대한 지식뿐만 아니라 응용력도 테스트하기 위하여 종종 비전형적인 형태에 대하여 묻기도 한다.

25 위험방지라는 개념에 대한 이해는 명확하지 않은 면이 있는데, 그 이유는 보호법익에 관한 견해가 변경될 수 있기 때문이다. 즉, 어떠한 법익이 보호받을 가치가 있는 것인지, 그리고 그러한 보호가 얼마나 중요한 것인지의 문제에 대하여는 그 시대와 사회에 따라서 다르게 답해질 수 있는 것이다.

26 환경보호는 20세기 중후반 이후에야 비로소 다양한 방면에서 법적으로 주목할 만한 목표가 되었는바, 1994년 기본법 제20a조에 환경보호에 관한 규정이 도입된 것은 이러한 사실을 잘 증명하고 있다.[29] 테러로 인한 위험을 방지하기 위하여 개인

* **역주** 여기서 관계인이라 함은 청구인과 피청구인, 행정청이 발하려고 하거나 발한 행정행위의 상대방, 행정청이 그와 공법상계약을 체결하려고 하거나 체결한 자 및 행정청이 절차에 참여시킨 자를 말한다(연방행정절차법 제13조 참조).

29) 1994년 10월 27일 연방법관보(聯邦法官報, BGBl) I, 3146쪽 참조.

적 법익을 제한하는 것이 정당화될 수 있는지, 정당화될 수 있다면 어느 정도까지 그러한 제한이 행해져야 하는지는 구체적인 상황하에서 관련 법익들간의 관계에 대한 평가에 따라 달라지게 된다. 달성해야 될 목표의 불확실성은 그를 위하여 사용하는 수단의 불확실성에도 영향을 미치게 된다.

대부분의 주법(州法)은 위험방지를 공공의 안녕과 질서의 보호로 이해하고 있다.[30] 27
위험의 방지는 공공의 안녕, 즉 특히 법질서의 불가침성을 보호하는 것을 그 목적으로 한다.[31] 민주적 정당성을 부여받은 입법자가 창조하고 형성한 법질서는 그 전체로서 수호되어야만 한다. 이와 관련하여 공공의 질서의 보호에 어떠한 의미를 부여할 것인지가 논란이 되고 있다.[32]

위험방지를 행하는 경찰-질서관청의 임무는 경찰-질서관청이 위험방지 이외에 다 28
른 임무를 수행할 수도 있다는 것을 배경으로 하여 고찰되어야 한다. 특히 위험방지를 위한 경찰활동과 형사소추를 위한 활동을 구분하는 것은 실무적으로도 중요하며, 시험과 관련하여서도 중요하다.

3. 위험방지와 형사소추

경찰은 경찰법을 근거로 하여 활동할 뿐만 아니라, 형사소추를 위한 권한(형사소송 29
법 제163조 제1항 제1문)을 근거로 하여서도 활동한다. 질서관청의 조치가 일의적(一義的)으로 관련 법적 근거에 따라 행해지는 행정활동의 성격을 갖는 것이 일반적인 것에 반하여, 경찰관청의 조치는 상이한 목적을 위하여 행해질 수 있다. 즉, 위험방지를 목적으로 하는 경우라면, 그 조치는 경찰법적 성격을 갖게 되고 따라서 경찰법상의 법적 근거를 기준으로 판단되어야 한다. 이에 반하여 형사소추를 목적으로 하는 경우라면, 형사소송법이 그 법적 근거가 된다.

30) 註1의 규정들 참조. 브레멘(경찰법 제1조 제1항)과 슐레스비히-홀슈타인(슐레스비히-홀슈타인 주행정법 제162조 제1항)의 경우 "공공의 질서"는 직무규정의 구성요소가 아니다. 노르트라인-베스트팔렌의 경우 2010년 경찰법의 개정으로 인해 "공공의 질서"의 보호는 질서관청의 임무일 뿐만 아니라 경찰의 임무이기도 한 것이 되어 버렸다(노르트라인-베스트팔렌주 경찰법 제1조 제1항, 노르트라인-베스트팔렌주 질서관청법 제1조 제1항).

31) 이에 관해서는 본서 제5장 Rn. 35 이하 참조.

32) 이에 관해서는 본서 제5장 Rn. 76 이하 참조.

3.1. 범죄행위와 질서위반행위의 소추를 위한 경찰의 권한

30 형사소송법과 경찰법은 유사한 내용의 수권규범(parallele Ermächtigungsnormen)을 많이 갖고 있다. 가택의 수색, 신원확인 또는 감식조치(鑑識措置, erkennungsdienstliche Behandlung)는 형사소추를 위해서도 또한 위험방지를 위해서도 필요한 것이다. 그러나 비록 때로 그러한 조치를 취하기 위한 전제조건이 비슷하다고 할지라도 양자는 그 법적 효과에 있어 현저한 차이가 있는바, 특히 그 조치에 대하여 누가 책임을 지며, 그 조치에 대한 권리구제는 어떻게 이루어지는가의 문제와 관련하여 그러하다.[33]

31 형사소추에 있어서 경찰은 수사절차를 지휘하는 검찰과 함께 수사를 행한다(형사소송법 제161조).[34] 특히 국민의 자유를 제한하는 조치를 취하기 위하여서는 영장(令狀, gerichtlichen Anordnung)을 필요로 한다. 가택수색(기본법 제13조 제2항)이나 자유박탈의 허용성과 그의 지속을 위하여(기본법 제104조 제2항) 영장이 필요하다는 것은 헌법이 명문으로 요구하는 바이다. 급박한 위험이 존재하는 경우에(예컨대, 형사소송법 제98조 제1항 제1문, 제105조 제1항 제1문, 제111e조 제1항 2문) 검찰이나 법원과 연락이 되지 않을 때에는 경찰에게 긴급권이 인정된다.[35]

32 형사소송법상의 권한은 특히 정보의 수집(Informationserhebung)과 관련하여 기본권적으로 민감한 영역에까지 확장되어 왔다.[36] 형사소송법 제81a조에 따른 피의자의 신체검사의 경우 DNA-분석("유전자 지문")은 신체검사를 통하여 얻어진 물질에 대하여 행해진다(형사소송법 제81e조). DNA-신원확인표본(DNA-Identifizierungsmuster)을 확인하여 그것을 장래의 형사절차에서 사용할 목적으로 체세포를 채취하는 것은(형사소송법 제81g조)[37] 기본권을 침해하는 것이 될 수 있다. 연방헌법재판소는 그 경우에 있어 형사소송법에 주목하고 있다.[38] 그러한 정보들은 연방수사청(聯邦

---

33) 이에 관해서는 이하의 제1장 Rn. 54 이하 참조.

34) *Hellmann*, Strafprozessrecht II, § 3, Rn. 1; *Meyer-Goßner*, StPO, § 163, Rn. 3 및 17.

35) 다툼이 있음. *Schäfer*, in: Löwe-Rosenberg, StPO, § 98, Rn. 31, 43; § 105, Rn. 21 및 §11e Rn. 3; 다른 견해로는 법원과 연락이 되지 않는 경우에 검찰 이외에 경찰의 관할권을 인정하는 *Meyer-Goßner*, StPO, § 98, Rn. 6f; § 105 Rn. 2, § 111e Rn. 3.

36) *Knemeyer*, POR, Rn. 405 이하.

37) 본서 제5장 Rn. 223, 225 참조.

搜査廳, BKA)에 파일로 저장된다(형사소송법 제81g조 제5항 및 연방수사청법 제8조 제6항).

원거리통신(遠距離通信, Fernmeldeverkehr)에 대한 감청(監聽)은(형사소송법 제100a조, 제100b조) 통신사업자가 갖고 있는 통신연결자료에 관한 정보를 요구할 권한을 그 내용으로 한다(형사소송법 제100g조 이하).[39] 이 경우 수사의 대상은 이동통신 및 컴퓨터를 기반으로 하는 통신, 즉 휴대전화와 인터넷연결통신이다. 비밀리에 사진을 촬영하고 영상을 촬영·녹화할 권한(형사소송법 100h조)과 대화를 감청하고 녹음할 권한(형사소송법 100c조) 또한 그 맥락을 같이 한다.[40] 형사소송법 100g조 제1항 제1문이 전화통신법(TKG, Telekommunikationsgesetz) 제113a조에 따라 저장된 자료의 수집을 허용하는 한[소위 통신사실확인자료의 예비적 저장(sog. Vorratsdatenspeicherung)*] 그 규정은 2010년 3월 2일의 연방헌법재판소의 결정에 따를 때 기본법 제10조 제1항과 합치되지 않으며, 따라서 무효이다(이에 관하여는 본서 제7장 Rn. 179 이하를 보라).[41] 33

그것이 달리 규정하지 않고 있는 한 형사소송법의 규정을 적용하도록 규정하고 있는 질서위반법(Ordnungswidrigkeitenrecht, OWiG)은 유사한 내용의 특별규정을 가지고 있다(질서위반법 제46조 제1항).[42] 질서위반법 제53조 제1항 제1문에 따를 때, 경찰은 의무적합적 재량에 따라 질서위반행위를 조사하고, 사안의 은폐를 방지하기 위하여— 그에 대하여 행정소송이 제기되어도 집행정지효가 인정되지 않는 —긴급명령을 발하는 것을 그의 직무로 한다. 형사소추에 있어서는 합법주의(合法主義, Legalitätsprinzip)가 지배하므로 (형사사건이 발생한 경우에는) 경찰은 수사를 행하여야 한다. 그러나 질서위반법에서는 편의주의가 지배하므로 경찰은 조치를 취할 수 있으며, 그의 재량권의 행사가 침해되어서는 아니 된다. 질서위반법이 경찰에게 특 34

---

38) BVerfG(3. Kammer des 1. Senats), DVBl. 2001, 454.

39) BVerfGE 125, 260.

40) 연방헌법재판소의 2004년 3월 3일의 결정을 반영하기 위한 2005년 6월 24일 개정법률, BGBl. I, S. 1841.

* **역주** '통신사실확인자료의 예비적 저장(Vorratsdatenspeicherung)'이란 장래에야 비로소 사용할 목적으로 통신사실확인자료를 수집저장하는 것을 말하는바(*Möllers*, Wörterbuch der Polizei, 2. Aufl., 2010, S. 2203), 전화통신법과 통신사실확인자료의 예비적 저장의 문제에 관하여 자세한 것은 vgl. *Graulich*, Telekommunikationsgesetz und Vorratsdatenspeicherung, NVwZ 2008, 485.

41) BVerfG, NJW 2010, 833 = DVBl. 2010, 503 = JZ 2010, 611.

42) *Schenke*, POR, Rn. 428 ff.

별한 권한을 부여하지 않고 있는 경우에는, 경찰은 형사소송법에 따라 권한을 갖게 된다(질서위반법 제53조 제1항 제2문, 제2항).

35 형사소추와는 반대로 질서위반행위의 소추에 대하여는 행정관청이 우선적 관할권(vorrangige Zuständigkeit)을 갖는다(질서위반법 제35조). 검찰이 질서위반행위와 관련된 범죄를 소추하는 경우에 한하여 검찰에게 소추권한이 이전된다(질서위반법 제42조). 과태료(Bußgeld)의 부과절차에 있어서 행정관청은 범죄행위의 소추에 있어서 검사가 갖는 것과 동일한 권한과 의무를 갖는다(질서위반법 제46조 제2항). 외근근무를 함에 있어 행정관청의 권한을 수행하는 경찰관은 경고를 발할 수 있고, 경고금(警告金, Verwarngeld)* 을 징수할 수 있다(질서위반법 제56조-58조).

36 개별 질서위반행위에 관한 규정들을 질서위반법 자체에서 찾아볼 수 있는데, 허용되지 않는 소음 —예컨대 학생들의 야간파티로 인한 소음— 에 관한 질서위반법 제117조가 그러한 예에 해당한다. 또한 일반 공중을 귀찮게 하거나 위험에 처하게 하고, 공공의 질서를 침해하는 거친 행동을 행한다면, 그것은 질서위반법 제118조상의 질서위반행위를 한 것이 된다. 이와 같이 넓은 구성요건은 헌법합치적으로 해석되어야 한다.[43] 인종차별적인 음식점 출입금지(예컨대 "흑인 출입금지")나 경찰차량의 출동을 야기하는 허위신고 등이 이러한 질서위반행위의 구성요건에 해당하는 것이 될 수 있다.[44]

37 많은 시민들은 도로교통법 제23조 이하의 교통질서위반행위를 범하게 되어 질서위반법과 만나게 된다. 혈중알콜농도의 허용치를 규정하고 있는 도로교통법 제24a조와 같은 직접적인 법률규정 이외에도 도로교통법에 근거하여 제정된 많은 중요한 법규명령이 있는바, 도로교통법시행령(StVO)이 그 대표적 예이다.

---

* **역주** 독일의 질서위반법 제56조 제1항은 경미한 질서위반행위에 대하여 경고를 발하고, 5유로~55유로의 경고금을 징수할 수 있다고 규정하고 있는바, 여기서의 경고금은 그 명칭에도 불구하고 그 실질은 과태료이다. 이에 관한 설명은 다음의 독일의 인터넷사이트 참조: http://de.wikipedia.org/wiki/Verwarnungsgeld.

43) BVerfGE 6, 41(43) 판결이 "공공의 질서를 문란케 하는 행위(grober Unfug)"를 처벌하는 선구자적 규정인 형법 제360조 제1항 제11호를 합헌으로 간주하였기 때문에 질서위반법 제118조의 구체적 규정은 헌법적으로 유지될 수 있다.

44) BGHSt 13, 241.

법률규정에 위반하는 경우에 대한 제재를 확정하기 위하여 많은 법률이 (종결규정으로서) 질서위반행위에 대한 규정을 갖고 있다. 그와 같은 규정으로는 연방주민등록법 제5조를 들 수 있는데, 동조에 따르면 관할관청의 신분증명서제시요구에도 불구하고 그를 거부하는 사람은 질서위반행위를 한 것으로 취급된다(연방주민등록법 제5조 제1항 제2호). 또한 예컨대 연방정보보호법(BDSG) 제43조, 연방임미씨온보호법(BImSchG) 제62조 또는 무기법(WaffG) 제53조 역시 질서위반행위의 목록을 포함하고 있는데, 이 규정들은 중대한 법위반이 있는 경우에는 형벌규정 이외에 더 강력한 제재를 허용하고 있다. 38

질서위반행위에 관한 많은 규정은 국가가 과태료부과권을 가지게 될 여지가 있는 것으로부터 나오는 한계에 부딪치게 되는바, 왜냐하면 과태료의 부과는 그 자체가 목적이 되어서는 아니 되고 해당 법률의 목적을 달성하기 위한 것이어야 하기 때문이다.[45] 질서위반법에 있어서의 적법한 재량행사는 이와 같은 사정을 배경으로 평가되어야 한다. 39

3.2. 예방적 활동과 진압적 활동

형사소추는 이미 행해진 범죄를 전제로 한다. 이 경우에 있어서의 경찰의 조치는 이미 행해진 범죄의 수사와 소추를 위한 것이므로 진압적(repressiv)이다. 형사소송법 제163조 제1항 제1문에 따르면 경찰관은 범죄행위를 탐지해야 하고(진실규명의무), 증거인멸을 방지하기 위하여 긴급명령을 발하여야 한다(증거보전의무). 진실규명의무(Aufklärungsaufgabe)는 범죄행위와 관련이 있으며, 증거보전의무(Sicherungsaufgabe)는 형사절차와 관련이 있다.[46] 이와 같은 임무의 수행에 있어서 주법(洲法)이 지정하는 경찰공무원은 검사의 보조공무원(Hilfsbeamte)으로 활동하게 된다(법원조직법 제152조).[47] 정치적으로는 주정부가 책임을 진다.[48] 경찰공무원을 검사의 보조공무원으로 규정하고 있는 점에서는 주법의 규정들은 거의 일치되어 있다. 40

---

45) 이에 대한 비판적인 의견으로는 *Gusy*, POR, Rn. 153.

46) *Gusy*, POR, Rn. 16.

47) 법원조직법 제152조에 관하여는 Fundestelle des Landesrechts im Schönfelder.

48) *Boll*, in: Löwe-Rosenberg, § 152 GVG, Rn. 22 ff., 33 ff.

41 이에 반하여 경찰법 영역에서의 경찰의 조치는 —법익에 대한— 아직 발생하지 않은 위험을 방지하는 것이므로 예방적(präventiv)이며, 따라서 법익침해가 발생하기 이전에 행해지는 것이 이상적이다. 경찰공무원은 행정계선(Verwaltungshierarchie)에 근거하여 독립하여 활동하며, 이 경우 그에 대한 전문적 (감독)책임은 최종적으로 주의 경찰청장이 지고, 정치적 책임은 주의 내무부장관이 지게 된다(작센주 경찰법 제72조 참조).

42 **사 례:**

초기혐의(Anfangsverdacht)에 따를 때 강도죄를 범한 혐의를 받고 있는 사람의 주거에 장물이 있는 것으로 추정되는 경우라면, 가택의 수색은 진압적인 성격을 지닌다. 검찰은 형사소송법 제102조 및 제105조 1항에 따라 판사의 수색영장(Durchsuchungsbefehl)을 청구하게 되는바, 이 영장이 수색의 구체적 법적 근거를 제공하게 된다.

43 **사 례:**

경찰이 입수한 정보에 따를 때 내일 있을 시위에서 폭력행사를 위해 사용될 무기가 특정 주거에 있을 것으로 추정되는 경우, 경찰이 그를 근거로 행하는 가택수색은 예방적인 성격을 지닌다. 그러한 수색의 법적 근거는 주경찰법의 관련규정들이다(예컨대, 바덴-뷔르템베르크주 경찰법 제31조, 노르트라인-베스트팔렌주 경찰법 제41조). 이와 같은 경찰의 가택수색결정은 판사의 영장을 통하여 확인될 것을 요한다.

44 예방적 활동과 진압적 활동은 그에 대한 입법권의 귀속에 차이가 있다. 기본법 제74조 제1항 제1호에 따를 때, 사법적 절차의 일부분을 이루고 있는 형법 및 형사소송법에 대하여는 연방이 입법권을 가지고 있다.[49] 따라서 형사소송법은 이미 행해진 범죄행위에 대한 진실규명과 판단에 관한 법으로 이해된다.[50] 이에 반하여 경찰-질서법에 대해서는 연방에 입법권을 부여하는 헌법규정이 없으므로 주가 입법권을 갖는다(기본법 제70조 제1항).

45 따라서 시간(Zeit)이라는 기준이 양자를 구분하는 출발점이 된다. 형사소송법상의 조치들은 과거에 행해진 범죄와 관련있다. 기본법 제103조 제2항과 비교해 보면, 단

49) BVerfGE 109, 190, 211.

50) *Kunig*, in: v. Münch/Kunig, GG Art. 74 Rn. 12; *Oeter*, in: v. Mangoldt/Klein/Starck, GG, Art. 74, Rn. 14; jeweils m.w.N. Vgl. BVerfGE 27, 18 (32, 42); 85, 134, 142.

지 이미 행하여진 범죄만이 형벌의 대상이 될 수 있다는 것을 알 수 있다. 사법적 절차는 형벌을 실현하는 과정이다. 형사소송법 제163조의 임무지정은 범죄가 행해지고 수사가 행해진 이후에야 비로소 제기될 수 있는 공소(公訴, öffentliche Klage)에 관한 형사소송법 규정에서도 발견된다.

형사소추의 영역에서는 침해적 조치가 행해지기 전에 형법상의 구체적 범죄행위와 관련한 초기혐의(형사소송법 제152조 제2항)가 필요하다. 무혐의자에 대해서는 형사소추를 위한 어떠한 조치도 취해져서는 아니 되며, 이 경우 유럽인권협약(EMRK) 제6조 제2항의 무죄추정(Unschuldsvermutung)의 원칙에 따라서 의심스러울 때에는 그 사람은 혐의가 없는 것으로 취급되어야 한다.[51] 46

경찰조치의 상대방이 범죄행위를 행한 경우에도 경찰작용이 예방적 성격을 가질 수 있다. 위에서 제시된 가택수색의 예는 어떠한 조치의 외적인 양상만을 근거로 당해 조치가 진압적인 성격을 갖는지, 아니면 예방적인 성격을 갖는지를 결정할 수는 없다는 것을 명확하게 보여준다. 수색 그 자체는 당사자인 주택소유자의 관점에서는 마찬가지로 보인다. 아직까지 초기혐의가 발견되지 않은 강도(强盜)가 집회의 참가자로서 예방적 수색을 받을 수도 있는 것이다. 47

따라서 단지 시간적인 요소가 유일한 기준이 되는 것이 아니라, 그 조치의 목적을 판단하기 위한 전제조건이 기준이 될 수 있다. 즉, 그 조치의 목적이 그것을 예방적 경찰활동 또는 진압적 경찰활동 중 어느 하나에 귀속시키는 것을 가능하게 한다. 조치의 **목적**(Zweck)이 중요한 요소로 기능한다.[52] 즉, 그 조치가 형사소추를 위한 것이라면 그것은 진압적인 것이 될 것이고, 그 조치가 위험방지를 위한 것이라면 그것은 예방적인 것이 될 것이다. 48

목적을 확인하는 것이 어려울 수도 있다. 어떠한 조치의 실행에 앞서 또는 실행하는 동안에 당사자에게 조치의 목적을 알려주는 것이 항상 가능한 것은 아니다. 은밀하게 수사(조치)를 행하는 경우에는 이러한 당사자에의 통보는 처음부터 고려대상이 아니다. 구체적 조치를 취하는 경찰공무원들이 그들이 어떠한 작용을 행하여 49

---

51) *Hellmann*, Strafprozessrecht I, § 1 Rn. 8; *Roxin*, Strafverfahrensrecht, § 11 Rn. 3 f.

52) 상세한 것은 *Würtenberger/Heckmann*, Polizeirecht BW, Rn 178-192.

야 하는지를 안다고 할지라도, 그 작용의 목적이 예방과 진압 중 어디에 속하는지가 그들에게는 명확하지 않을 수도 있다.[53] 따라서 객관적으로(objektiv) 추구하는 목적이 중요한 기준이 되는데,[54] 예컨대 특정한 경찰의 조치가 강도행위에서 얻어진 장물을 영치하기 위하여 진압적으로 행해지는지, 아니면 장래의 집회에 있어서 폭력행위를 방지하기 위하여 예방적으로 무기를 영치하는 것인지 여부가 중요한 기준이 된다. 경찰공무원의 의도는 단지 객관적 목적을 판단함에 있어서 고려될 수 있는 구성요소의 하나일 뿐이다.[55]

50 어떠한 조치의 시행전에 그 조치의 상대방에게 그 조치의 목적이 알려지지 않는 경우가 종종 있지만, 그에게는 적어도 사후적으로는 '목적을 통지해 줄 것을 청구할 주관적 권리(subjektiv-rechtlichen Anspruch auf Mitteilung des Zwecks)' 즉, 목적통지청구권이 인정된다.[56] 그 조치의 상대방에게 있어 이러한 정보는 효과적인 권리구제를 위하여, 특히 관련된 쟁송수단의 선택을 위하여 필요하다(관할권을 일반법원이 갖는지, 아니면 행정법원이 갖는지의 문제에 관하여는 이하의 1.3.4를 보라).

51 목적을 통지해 줄 것을 청구할 수 있는 개인적 권리는 —기본법 제19조 제4항과 관련하여— 그를 관철하기 위한 명령을 내용으로 하는 기본권(규정)에 근거한다.[57] 그에 더하여 법치국가의 원리 또한 그 근거로 들 수 있다. 법치국가의 원리는 권리구제기능 및 행정의 법률적합성의 원칙을 그 내용으로 하는바, 그에 의하면 국민은 자신의 권리의 실현을 위하여 부담적 결정에 대하여는 이유제시를 요구할 수 있다.[58] 이유제시의 흠결은 사후통지를 통하여 치유될 수 있다(행정절차법 제45조 제1항 제2호 및 관련된 주법의 유사한 규정들).

---

53) *Gusy,* POR, Rn. 155.

54) *Knemeyer*, POR, Rn. 122.

55) Vgl. *Pieroth/Schlink/Kniesel*, POR, § 2 Rn. 14.

56) *Schenke*, POR, Rn. 420.

57) 이에 관하여 일반적인 것은 *Bethge*, NJW 1982, 6; Lorenz, AöR 105 (1980), 629; 또한 *Kugelmann*, Die informatorische Rechtsstellung des Bürgers, 2001, 42 f.를 보라.

58) 이에 관하여 일반적인 것은 *Grzeszick*, in: Maunz/Dürig, Art. 20, Erl. VII, Rn. 22 ff.; *Lücke*, Begründungszwang und Verfassung, 1987, S. 50; *Kugelmann*, Die informatorische Rechtsstellung des Bürgers, 2001, 36 f.

예컨대 베를린,[59] 브란덴부르크,[60] 노르트라인-베스트팔렌,[61] 슐레스비히-홀슈타인[62] 등과 같은 몇몇 주들은 일반법으로서 정보자유법(Informationsfreiheitsgesetz)을 가지고 있다. 따라서 그들 주에서는 국가기관의 활동에 관한 정보(의 공개청구)에 대하여 주관적 청구권이 인정되어 있다.[63] 연방차원에서는 정보자유법(IFG)이 2006년 1월 1일 발효가 되었다.[64] 경찰-질서법과 관련하여서는 예컨대 집행이 필요한 경우 정보공개의 거절을 허용하는 예외규정이 적용될 수도 있다. 그러나 관련 법규범은 기본권과 법치국가의 원리에 관한 규정과 관련하여 헌법합치적으로 해석되어야 한다. 경찰이 취하는 조치의 목적을 사후에 통지해주는 것은 일반적으로 정보공개의 거절을 허용하는 예외규정의 구성요건에 해당되지 않으며, 따라서 그와 같은 조치의 상대방은 특별한 주법을 근거로 경찰-질서관청에게 정보(공개)를 청구할 권리를 갖는다. 52

그러나 목적을 분명히 하는 것만으로는 조치의 성격을 명백하게 규정짓기에 불충분한 것일 수도 있다. 시간과 목적을 결합시키는 것 또한 경찰의 조치의 성격을 명백하게 규정짓지 못하는바, 왜냐하면 실무적으로는 —장래의 위험에 대한 대처와 관련하여— (진압과 예방의) 공통부분이 존재하기 때문이다. 만약 경찰의 조치가 예방과 진압의 두 가지 목적을 모두 추구하고, 따라서 그 조치가 기능에 있어 이중적 53

---

59) 1999.10.15의 「베를린 정보자유촉진법」(Gesetz zur Förderung der Informationsfreiheit im Land Berlin vom 15.10.1999), GVBl. I, S. 46.

60) 1998.3.10.의 「문서열람 및 정보법」(Akteneinsichts- und Informationsgesetz vom 10.3.1998), GVBl. I, S. 46.

61) 2001.11.27의 「노르트라인-베스트팔렌 정보에의 접근자유에 관한 법률」(Gesetz über die Freiheit des Zugangs zu Informationen für das Land Nordrhein-Westfalen vom 27.11.2001), GVBl. NW, S. 806.

62) 2000.2.9의 슐레스비히 홀슈타인 「정보에의 접근자유에 관한 법률」(Gesetz über die Freiheit des Zugangs zu Informationen für das Land Schleswig-Holstein vom 9.2.2000), GVBl., S. 166.

63) 베를린 정보보호 및 정보자유청 웹사이트(www.informationsfreiheit.de)는 독일 및 세계의 현행 정보자유법에 대한 최신의 개괄적 정보를 제공하고 있다.

64) 연방의 「정보에의 접근에 관한 법률」[Gesetz zur Regelung des Zugangs zu Informationen des Bundes (Informationsfreiheitsgesetz-IFG)], BGBl. I 2005, S. 2722; 이에 관하여는 *Kloepfer/v.Lewinski*, DVBl. 2005, 1277; *Kugelmann*, NJW 2005, 3609; *Schmitz/Jastrow*, NVwZ 2005, 984; 정보자유법에 관하여 일반적인 것은 die Kommentare von *Rossi*, IFG, 1. Aufl. 2006 und *Schoch*, IFG, 1. Aufl. 2009.

성격을 갖는 경우에는 목적에 따른 구분은 경찰활동을 진압적 영역과 예방적 영역 중 어디에 귀속시킬 것인가의 문제를 명백하게 해결해 주지 못한다.

3.3. 이중기능적(二重機能的) 조치

54 위험방지뿐만 아니라 형사소추를 목적으로 하는 경찰의 조치, 즉 소위 이중기능적 조치(sog. doppelfunktionelle Maßnahmen)가 어느 영역에 귀속되는지를 판별하는 것은 매우 어렵다. 이러한 이중기능적 조치의 경우에는 경찰법에 따른 권한의 행사와 형사소송법에 따른 권한의 행사가 충돌하게 된다. 구체적인 경우에 있어 예방적 조치와 진압적 조치를 어떤 기준에 따라 구분하여야 하는가라는 문제에 관한 논의는 이 경우에 가장 중요한 의미를 갖는다.

55 경찰의 조치가 이중기능적 성격을 갖는 것으로 볼 수 있는 상황은 일반적으로 주거침입죄(형법 제123조)와 같은 계속범(Dauerdelikten)과 관련하여 발생한다. 수사과정에서의 조치는 행해진 범죄와 관련해서는 형사소추이지만, 그와 동시에 그 범죄행위가 장래에 향하여 계속되는 것과 관련해서는 예방이 될 수 있는 것이다.

56 **사 례:**[65)]

B는 방화혐의를 받고 있다. 그의 집은 비디오 카메라를 통해서 감시를 받게 된다. 이를 통하여 한편으로 감시받는 피의자의 유죄가 인정되어야 하며, 다른 한편으로 더 이상의 방화도 방지되어야 한다. 이런 점에서 비디오감시라는 조치는 2가지의 목적(즉, 형사소추 및 위험방지) 모두에 기여한다.

57 **사 례:**[66)]

X는 국가교회제(Amtskirche)* 에 반대하는 항의의 일환으로 자신과 동일한 신념을 가진 사람들과 함께 뮌헨에 있는 성모교회(聖母教会, Liebfrauendom)** 를 '점거'하였다.

---

65) BGH, NJW 1991, 2651에 따른 이와 관련된 사례연습에 관하여는 *Hantschel*, Jura 2001, 472.

66) BayVGH, NVwZ 1986, 655.

* **역주** Amtskirche란 국가교회제(國家教會制, Staatskirche), 즉 세속의 주권자(예전의 경우 군주/영주)가 자신이 믿는 종교를 국교로 한다는 제도를 말한다. 이에 관하여 자세한 것은 다음의 인터넷문헌 참조. http://de.wikipedia.org/wiki/Amtskirche.

** **역주** Liebfrauendom은 뮌헨 시내 중심에 위치하고 있는 성당으로 뮌헨의 상징역할을 하고

그들은 교회집사의 요구에도 불구하고 바닥에 앉아 노래를 부르면서, 교회를 떠나지 않았다. 이 문제로 출동한 경찰관들은 X를 교회밖으로 끄집어 낸다. 이를 통하여 경찰관들은 형법 제123조(주거침입)를 근거로 형사소추를 할 수 있으며, 그와 동시에 그 이후의 다른 법익침해를 방지하게 된다.

지배적 견해와 판례에 따르면 조치의 중점(重點, Schwerpunkt)을 기준으로 그 귀속 58
이 정해지게 되는바, 이는 '전체적인 인상(Gesamteindruck)'에 따라 탐구되어야 한다.[67] 이 경우 사전적 관점에서 객관적 평가가 행해져야 한다.[68] 조치를 취하는 경찰관의 의사가 중요한 기준이 되어서는 아니 된다. 권한규범이 그러한 조치를 규정하고 있으면, 그러한 조치는 이미 적법한 것이다.[69] 결론적으로 경찰의 조치는 전체로서 양 직무영역 중 어느 하나에 귀속되며, 그에 대하여는 관련규정이 적용된다.

다른 견해에 따르면 하나의 동일한 조치가 법적으로 분리되어 양 직무영역에 각각 59
귀속될 수 있으며, 그러한 조치는 예방적이기도 하고 진압적이기도 할 수 있다. 경찰은 법적 근거와 관련하여 선택권을 가지게 된다. 그 조치가 양 목적 모두에 기여한다면, 양 권한규범의 전제조건 또한 충족되어야 한다. 결론적으로 쟁송수단은 두 가지 방법으로 나타날 수 있다. 즉, 당사자는 그 조치를 행정법원 혹은 일반법원에서 다툴 수 있거나 다투어야만 한다.

있는데(아래의 사진 참조), Munich Frauenkirche라고도 불리운다.

67) BVerwGE 47, 255 (262 f.); VGH BW DÖV 1989, 171; BayVGH NVwZ 1986, 655 및 BayVBl. 1991, 657 f.와 BayVBl. 1993, 429 (430); OVG NW NJW 1980, 855; *Knemeyer*, POR, Rn. 122; *Pieroth/Schlink/Kniesel*, POR, § 2, Rn. 15; *Würtenberger*, in: Achterberg/Püttner, § 21, Rn. 101.

68) *Knemeyer*, POR, Rn. 122.

69) *Götz*, POR, § 18 Rn. 18.

60 경찰이 이중기능적 조치를 실질적으로 수행함에 있어서의 불명확성이 법적 판단에 있어서의 불명확성의 배경을 이룬다. 다양한 생활관계와 그로 인한 복잡성을 고려할 때, 법원이 구체적 사건을 적절하게 처리하기 위하여 —중점을 기준으로 하는 판단을 통해— 법적 평가와 관련하여 보다 많은 판단의 여지를 갖는다는 것이 인정될 수 있다. 그렇지만 중점이라는 척도에 따라 그 조치의 전체적 인상을 획일적으로 판단하는 것은 양자간에 존재할 수밖에 없는 법적 차이를 모호하게 만든다. 그러나 법적인 명확성은 필요한 것이며, 그것은 다양한 판단을 통해서 얻어질 수 있다.

61 구체적 상황에서 여러 조치가 함께 행해진 경우에도 모든 조치는 개별적으로 판단되어야 한다.[70] 예컨대 소위 일제검문(sog. Razzia)은 수많은 경찰의 조치들에 대한 상위개념일 뿐인데, 그것이 형사소추를 위한 것인지 또는 위험방지를 위한 것인지 여부는 —당해 조치를 위한 개별적인 전제조건의 충족여부가 심사되어야 하는 것과 마찬가지로— 개별적으로 판단되어야 한다. 결과적으로 일제검문에 있어서의 여러 조치 중 어떤 조치에 대하여는 행정법원이, 또 다른 조치에 대해서는 일반법원이 관할권을 갖게 될 것이다.

62 이중기능적 조치의 수행에 있어서도 그의 법적 근거는 명확하여야 하며, 그것은 목적에 따라 탐구되어야 한다.[71] 이 문제와 관련하여 많은 견해가 주장되고 있지만, 이들 견해들은 근본적으로는 일치하고 있다.[72] 객관적인 판단을 통하여 어떤 결론에 이르기 위하여서는, 그러한 목적은 경찰(관)의 의도와 당사자의 관점을 고려하여 탐구되어야 한다. 이것이 위험방지 또는 형사소추를 목적으로 하는 경찰조치의 기능적인 성격과 부합한다.

63 결국 이중기능적 조치의 경우에는 주된 목적이 어떤 것인지, 따라서 그것이 해당 조치에 대한 단일한 평가에 이를 수 있는지가 중요하다.[73] 그러나 기본법 제74조 제1항 제1호의 입법권의 관할에 근거할 때, 목적을 구분할 것이 요구된다. 사실상

70) 이러한 점에 있어서는 *Götz*, POR, Rn. § 18 Rn. 19; *Würtenberger*, in: Achterberg/Püttner, § 21, Rn. 102도 같은 입장을 취하고 있다.

71) BVerwGE 47, 255(264 f.).

72) 다른 견해로는 *Gusy*, PolR, Rn. 23과 487.

73) BVerwGE 47, 255(264 f.).

하나의 경찰작용에 2가지의 조치, 즉 진압적 조치와 예방적 조치가 함께 존재할 수 있다. 이 경우 각각의 조치의 적법성을 판단하기 위하여는 법적 분석을 통하여 여러 가지 성격의 조치가 엉켜 있는 것을 풀어낼 수 있어야 한다.

경찰은 특정한 조치에 있어서 형사소송법뿐만 아니라 경찰법에 근거할 수 있다.[74] 64
법적으로 구분되어야 할 행위가 사실상 하나의 경찰작용에 혼재하는 경우에 진정한 이중기능적 조치가 존재한다.[75] 이 경우에는 두 가지 법적 근거의 전제조건이 모두 충족되어야 한다. 따라서 경찰법 또는 형사소송법상의 전제조건 중 어느 하나가 충족된다고 하여 이중기능적 조치가 바로 적법한 것이 되는 것은 아니다.[76]

해당 조치의 목적에 의문이 있는 경우에는, 그것은 우선적으로 위험방지를 위한 것 65
이라고 판단되어야 한다. 왜냐하면 기본법 제70조 및 제74조 제1항 제1호의 규정에 따를 때 범죄행위에 대한 형사소추를 위한 권한은 상황에 신속하게 대처해야 하는 위험방지를 위한 권한보다 엄격한 전제조건에 구속되기 때문이다.[77] 학생들의 연습문제에 있어서는 위험방지의 성격을 갖는 것으로 보는 것이 행정법원법 제40조에 따라 행정소송절차가 개시되고, 사실관계에 대한 지속적 심사가 가능해지게 하는 장점을 갖는다.

사 례: 66

A는 은행강도 도중에 인질 2명을 잡고서 이들과 함께 도주하려고 한다. 이를 위하여 그는 은행을 뛰쳐나와 승용차를 탈취하였다. 30분에 걸친 추적이 있은 후에 경찰의 현장책임자는 투입 경력(警力)에게 폭력적 수단을 사용하여서라도 인질을 구출할 것을 명령한다. 경찰은 경찰차로 도주차량을 들이받고, 짧은 총격전 후에 인질을 구출한다. A는 심하게 부상을 입었다.

형법 제211조, 239a조, 239b조의 범죄를 추적하기 위한 것이었으므로 이 조치는 진압

74) *Erichsen*, Jura 1993, 49; *Götz*, NVwZ 1994, 658.

75) *Schoch*, POR, Rn. 11; Wolter, Jura 1992, 526; 이러한 점에 관해서는 또한 *Albers*, Straftatenverhütung, S. 96; *Schenke*, POR, Rn. 424.

76) *Rüfner/Muckel*, BesVerwR, Fall 3 a.E.; 다른 견해로는 *Wolffgang/Hendricks/Merz*, POR NW, Rn. 45 m.w.N.

77) *Pieroth/Schlink/Kniesel*, POR, § 2, Rn. 15의 견해에 따르면 위험방지가 형사소추보다 더 중요하다.

적 성격을 가진다고 할 수 있다. 다른 측면에서 보면 이 경우의 경찰의 조치는 그와 동시에 인질에 대한 더 이상의 위험을 방지하는 것을 목적으로 하고 있다. 이와 같은 상황이 진정한 이중기능적 조치와 관련된 것이다. 이를 위하여는 경찰법상의 전제조건뿐만 아니라 형사소송법상의 전제조건도 존재하여야 한다. 경찰법적으로는 직접강제와 물리적 폭력의 행사가 문제된다(예컨대, § 55 HSOG, §§ 56, 60, 61 HSOG).

중점을 기준으로 하게 되면, 이 조치의 우선적 목적은 인질을 구출하는 것이다. 따라서 장래의 위험이 방지되어야 한다. 이미 실현된 형법상의 전제조건에 대한 수사는 부차적 문제일 뿐이다. 따라서 이 조치는 주로 예방적 성격을 갖는 것으로 판단되어야 한다.

경찰이 예방적 이유와 진압적 이유에서 조치를 취하는 경우, 단지 한명의 현장책임자 특히 경찰서장이 경력의 투입 전체에 대한 권한을 가질 수도 있다. 실무적으로는 검찰이 관여하기도 한다.

3.4. 구분의 실익

67 어떤 조치가 예방적 성격을 갖는지 진압적 성격을 갖는지를 구분하는 것은 여러 가지 측면에서 중요한 의미를 갖는다.[78] 구체적 조치가 어떤 성격을 갖는지를 결정하는 것이 어려움에도 불구하고 구조적 관점에서 구분이 확정되어야 하는바,[79] 그러한 구분은 무엇보다도 기본법상의 입법권의 관할에 관한 규정(제70조 및 제74조 제1항 제1호)에 근거하여 행해진다.

68 대학에서의 연습문제의 경우 양자의 구분이 갖는 가장 중요한 법적 효과는 쟁송수단에 관한 것이다.[80] 단지 예방적 조치가 문제되는 경우에는 행정법원법 제40조에 따른 행정소송절차가 개시된다. 진압적 조치는 「법원조직법시행에 관한 법률」(EGGVG) 제23조의 특별관할지정에 따라 형사법원의 관할이 되고, 행정법관련 사례연습에 있어서는 더 이상 언급할 필요가 없다.[81]

---

78) *Gusy*, PolR, Rn. 17; *Schenke*, POR, Rn. 412.

79) *Denninger*, in: Lisken/Denninger, E Rn. 157 und 192; *Trute*, Die Verwaltung 32(1999), 73(75); 반대의 견해로는 *Albers*, Straftatenverhütung, S. 93 f.

80) *Gusy*, PolR, Rn. 484 f.; *Schenke*, POR, Rn. 509.

81) *Drews/Wacke/Vogel/Martens*, Gefahrenabwehr, § 30, Ziff. 1.

Tip 사례연습에 있어서는 −모든 경찰조치에 대하여− 예방적 조치와 진압적 조치의 구분은 쟁송수단의 개시, 따라서 그의 허용성에 대한 심사단계에서 이미 이루어져야 한다. 69

「법원조직법시행에 관한 법률」 제23조 제1항 제1문의 규정은 다음과 같다: "상법과 민법, 민사소송, 비송사건(非訟事件, freiwillige Gerichtsbarkeit) 그리고 형사소송의 영역에서의 개별적 문제를 규율하기 위하여 사법관청이 발하는 명령, 처분, 그 외의 조치의 적법성에 대하여는 신청에 따라 일반법원이 결정한다". 70

〈참고〉 독일의 법원조직체계

Rn. 70 이하의 설명을 이해하기 위하여는 독일의 법원조직체계에 관한 이해가 필요하다고 생각되어 이를 간략히 소개하기로 한다. 독일의 법원조직체계에 관하여 보다 자세한 것은 다음의 인터넷문헌 참조: http://www.dr-bosman.de/seiten/ratgeber/gerichts-system.htm.

<table>
<tr><th colspan="2">민사재판</th><th>형사재판</th></tr>
<tr><td>소송사건
(Streitige Gerichtsbarkeit)</td><td>비송사건
(freiwillige Gerichtsbarkeit)</td><td rowspan="2">절도, 마약거래, 상해, 살인과 같은 범죄행위를 범한 자에 대한 책임에 관한 재판을 행한다.</td></tr>
<tr><td>손해배상, 비용상환 등과 같은 민법상의 청구권에 관한 재판을 행한다.</td><td>등기, 공증, 후견 등과 같은 민사관계를 규율한다.</td></tr>
<tr><td colspan="3">법원조직체계(Gerichtsaufbau)</td></tr>
<tr><td colspan="3">구법원(區法院, Amtsgerichte), 지방법원(Landgerichte), 상급지방법원(Oberlandesgerichte)
연방최고법원(Bundesgerichtshof)</td></tr>
</table>

위에서 언급한 연방최고법원(민사, 형사관할, 칼스루에 소재) 이외에 다른 영역을 관할하는 최고(3심)법원으로 연방행정법원(Bundesverwaltungsgericht, 라이프치히 소재), 연방노동법원(Bundesarbeitgericht, 에어푸르트 소재), 연방재정법원(Bundesfisanzhof, 뮌헨소재), 연방사회법원(Bundssozialgericht, 카셀 소재)이 있다. 우리나라는 최종심(3심)으로 대법원만 존재하는 데 비해 독일에는 최종심으로 총 5개의 법원이 존재한다.

71 '사법적 행정행위(司法的 行政行爲, Justizverwaltungsakte)*'에 대한 쟁송수단의 개시는 형사절차와 함께 형사소송법상의 조치와도 관련이 있다. 경찰이 형사소송과 관련된 임무를 수행하는 경우, 즉 진압적으로 활동하는 경우에는 경찰은 기능적으로는 사법관청이 된다.82) 이에 대하여는 상급지방법원(Oberlandesgericht)이 관할권을 갖는다(「법원조직법시행에 관한 법률」 제25조). 다른 규정에 근거하여 이미 일반법원에 소송을 제기할 수 있는 경우에는 상급지방법원 이외에 다른 법원도 관할권을 가질 수 있다(「법원조직법시행에 관한 법률」 제22조 제3항).

72 형사소송법 제98조 제2항은 특별관할의 지정에 관한 사항을 규정하고 있는바, 그에 따르면 압수의 당사자는 언제든지 판사의 결정을 신청할 수 있으며, 이에 대하여는 구법원(區法院, Amtsgericht)이 관할권을 갖는다(제98조 제2항 제3문). 물론 논란의 여지가 없지는 않지만83) 형사법원의 판례에 따르면84) 해당 규정들은 이미 소멸된 다른 진압적 조치들에 대한 사후적 심사에도 준용될 수 있다.

73 일반법원이 명시적 명령을 근거로 예방적 조치에 대한 권리구제에 대해서도 관할권을 가질 수 있다. 경찰법에 근거하여 자유를 제한하거나 박탈하는 조치가 취해질 수 있다[통일경찰법모범초안(MEPolG) 제14조, 노르트라인-베스트팔렌주 경찰법 제36조, 니더작센주 안녕질서법 제19조]. 자유박탈의 명령은 단지 구법원만이 할 수 있다[독일기본법 제104조 제2항의 실현을 위한 「자유박탈에 있어서의 사법적 절차에 관한 법률」(FEVG)** 제3조 제1문, 전술한 Rn. 20을 보라]. 이에 대하여는 즉시항고(卽時抗告, sofortige Beschwerde)가 허용되며(「자유박탈에 있어서의 사법적 절차에 관한 법률」 제7조 제1항), 이에 대하여는 지방법원이 결정하게 된다(「자유박탈에 있어서의 사법적

---

* **역주** 사법적 행정행위란 상법과 민법, 민사소송, 임의관할(freiwillige Gerichtsbarkeit) 그리고 형사소송의 영역에서의 개별적 문제를 규율하기 위하여 사법관청이 발하는 명령, 처분 등을 말한다. 이에 관하여 자세한 것은 다음의 인터넷문헌 참조: http://de.wikipedia.org/wiki/Justizverwaltungsakt.

82) *Schenke*, POR, Rn. 419.

83) 이에 대한 비판에 관하여는 *D. Dörr*, NJW 1984, 2258 (2259 f.) 참조.

84) BGHSt 28, 57(58); 28, 160(161); 28, 206(207 f.); 37, 79(82); 이것은 쟁송의 유형이나 수행방식에도 적용되어야 한다. 이와 관련된 판례로는 BGHSt 44, 265(267 f.); 45, 183(184). Vgl. *Meyer-Goßner*, StPO, § 98, Rn. 23 m.w.N.

** **역주** FEVG는 'Gesetz über das gerichtliche Verfahren bei Freiheitsentziehungen'의 약어로, FreihEntzG라고도 표현된다.

절차에 관한 법률」 제19조 제2항).

해당 조치의 목표가 예방적인지 진압적인지 여부에 따라 양자를 구분하는 것이 기본원 74
리이다. 형사소추에 있어서는 합법주의(合法主義, Legalitätsprinzip)의 원칙이 지배하며, 따라서 경찰공무원은 범죄행위를 수사"하여야만 한다"(형사소송법 제163조 제1항). 이에 반하여 경찰-질서법에서는 재량에 관한 경찰법규정에 명시적으로 표현되어 있는 편의주의(便宜主義, Opportunitätsprinzip)의 원칙이 지배하는바, 그에 따르면 경찰관청은 경찰권의 발동 여부에 대하여 결정재량(Entschließungsermessen)을 갖는다(예컨대, 연방경찰법 제16조 제1항).[85] 즉, 경찰관청은 조치를 취할 수 있는 것이지, 취하여야만 하는 것이 아니다.

예방적 조치와 진압적 조치를 구분하는 것은 경찰의 검찰에 대한 관계에도 영향을 미 75
친다.[86] 즉, 형사소추의 영역에서는 검사가 경찰관청 및 경찰공무원으로 하여금 수사를 하게 할 수 있으며, 이와 관련하여 경찰공무원은 검사가 요구하거나 위임한 사항을 수행하여야만 한다(형사소송법 제161조).

경찰의 조치가 진압적 성격을 가지고 있는 경우에는 검사는 해당 조치에 대한 지휘 76
권을 갖는다. 이에 반하여 예방적 조치가 문제되는 경우에는 경찰서장이 지휘권을 갖게 된다. 이중기능적 조치에 있어서는 양자의 협력이 요구된다.[87] 긴급을 요하는 경찰작용의 경우에는 급박한 위험이 있는 경우 경찰에게 개입할 권한을 부여하고 있는 형사소송법의 규정이 적용될 수 있다. 주의 (경찰)법 또한 형사소송법과 유사한 내용이 규정되어 있는바, 그에 따르면 그와 같은 조치를 취할 권한이 다른 행정청에게 있는 경우에도 긴급상황하에서는 경찰관청이 직접 위험방지를 위한 조치를 취할 수 있다(예컨대 바덴-뷔르템베르크주 경찰법 제2조 제1항; 노르트라인-베스트팔렌주 경찰법 제1조 제1항 제3문). 직접강제의 시행에 관한 지체없는 결정 ―예컨대 총기의 사용에 관한 명령― 은 집행행위이므로 경찰이 직접 내리게 된다.[88]

85) 이하의 본서 제10장, Rn. 8을 보라.

86) Vgl *Firster* in, Lisken/Denninger, G Rn. 11 f.

87) 검찰실무에서도 매우 중요하게 취급되는 「형사절차와 과태료부과절차에 관한 준칙」(RiStBV, Richtlinien für das Strafverfahren und das Bußgeldverfahren), Anlage A, B III 참조; 이러한 준칙의 법적 성격은 행정규칙이다.

88) RiStBV, Anlage A, B III; *Schenke*, POR, Rn. 413 a.E. und 417.

77 진압적 조치와 예방적 조치의 구분은 개인정보의 처리와 관련하여 특히 중요한 의미를 갖는다. 개인정보가 진압적 조치를 위하여 수집된 경우, 그것이 아무런 제한없이 예방적 목적을 수행하기 위하여 저장되어서는 아니 된다. 왜냐하면 그와 같은 목적변경은 법률이 명시적으로 허용하는 경우에 한하여 인정되어야 하기 때문이다. 감식조치(鑑識措置)와 관련된 자료의 보관은 정보의 저장으로서, 단지 관련 경찰법 규정에 따라서만 허용된다(통일경찰법모범초안 제10a조, 노르트라인-베스트팔렌주 경찰법 제24조).[89] 지배적 견해에 따를 때 감식조치와 관련된 자료의 보관은 경찰법의 일부를 이루는 '범죄행위에 대한 예방적 대처'에 속하며, 그 한도에서 그것은 범죄의 예방과 관련된다.[90]

78 **사 례**:

시장광장에서 공개집회를 하던 중에 인근 상점들의 유리창이 깨졌다. 집회참가자 X와 Y는 손괴죄를 이유로 하는 형사소추를 위하여 형사소송법 제81b조에 따라 감식조치를 받게 되었다. 후속적 형사절차에서 X는 벌금을 선고받았고, Y는 무죄를 선고받았다. 경찰은 X에 대한 형사절차의 종료후에 X와 Y의 지문을 그들과 관련된 자료로 저장하였다.

X에 관하여 경찰은 이와 같은 저장의 이유로 —내부 메모사항으로— 장래의 범죄행위의 석명을 용이하게 하기 위한 것이라고 기재하였다. Y에 관해서도 경찰은 장래의 폭력적인 집회에 그를 인식하기 위하여 지문을 보관하고 있다. X와 Y가 그들의 개인정보의 저장에 대하여 다투고자 하는 경우, 먼저 그들이 어떠한 쟁송수단을 거쳐야 하는가라는 문제가 제기된다.[91] 자료의 폐기 및 삭제에 대한 그들의 청구와 관련하여서는 행정소송절차가 개시된다.[92]

79 경찰관청의 진압적 조치와 예방적 조치의 구분은 —감식조치의 예가 보여주는 것처럼— 범죄행위에 대한 예방적 대처와 위험에 대한 사전대비(Gefahrenvorsorge)와 관련하여 중요한 역할을 한다.[93] 이러한 범주, 즉 감식조치의 내용과 그의 성격을 어떻게 볼 것인가의 문제는 매우 논란이 되고 있다.[94] 중요한 것은 장래의 위험상황

89) 본서 제7장 Rn. 107 이하 참조.
90) 본서 제5장 Rn. 172 이하 참조.
91) 실질적인 문제에 대해서는 이하의 제7장 Rn. 107 ff. 참조.
92) Vgl. BVerwGE 26, 169(170); 69, 192(193 ff.).
93) 이에 관하여보다 상세한 것은 제4장 Rn. 172 ff.

에 대비하고 장래의 범죄행위를 효율적으로 소추하기 위하여 경찰이 정보를 수집하고 보관한다는 것이다. 이와 같은 복잡한 문제의 판단은 진압적 임무와 예방적 임무와의 구분에 근거하여 행하게 되는바, 이 경우 형사소추를 위한 사전대비와 관련하여서는 양자의 성격을 모두 갖는 경우가 존재한다. 연방과 주 사이에 입법권이 배분되기 때문에(기본법 제70조, 제72조, 제74조 제1항 제1호) 그와 같은 구분은 꼭 필요한 것이다.

4. 시험에 있어서 전형적인 경찰-질서법 사례유형

경찰- 질서법은 대학생들의 시험에 있어 침해행정의 법적 문제에 관한 전형적 사례 80
에 해당된다. 그것은 국민이 행정관청에게 요구하는 ―예컨대, 사회법에 있어서처럼― 급부와 관련된 것이 아니다. 오히려 경찰관청은 국민에게 부담적 조치를 취하게 된다. 구체적인 사례해결에 있어서 결정적 의미를 갖는 것은 시험문제가 어떠한 사례문제에 착안하여 구성되었는가 하는 것이다.[95] 여기에서는 몇 가지 Tip을 통하여 단지 전형적인 사례구성의 몇 가지 기본구조만을 설명할 수 있는바, 이하에서 이에 관해 설명하고자 한다.

이 경우 사례가 포함하고 있는 세 가지 단계를 구별하여야 한다. 81

(1) 첫 번째 단계는 문제되는 조치에 관한 것으로, 여기서는 그 조치가 경찰의 직무영역에 해당하는지 여부, 권한규범의 전제조건 그리고 경찰관청 또는 질서관청의 활동의 일반적 전제조건이 충족되었는지 여부가 논해져야 한다(작용의 단계). 심사되어야 할 것은 조치의 적법성이다.
(2) 두 번째 단계는 집행에 관한 것으로, 여기서는 첫 번째 차원에서의 조치를 관철하는 집행조치의 적법성이 문제된다(집행의 단계).
(3) 세 번째 단계는 비용에 관한 것인데, 여기서는 경찰조치에 대한 손실보상이나 비용상환이 문제된다(비용의 단계).

시험이나 리포트에서 첫 번째와 두 번째 단계에 대한 심사는 대부분 전형적인 과정 82

---

94) *Di Fabio,* Jura 1996, 566; *Waechter,* JZ 2002, 855.

95) *S. Peine*, Klausurenkurs im Verwaltungsrecht, 4. Aufl. 2010.

을 거쳐 이루어지는데, 먼저 —일반적으로 이의신청이나 소송의 형태를 취하는— 권리구제의 허용성이 논해지게 된다. 당사자는 해당 조치의 위법성을 주장하므로, 그는 그 조치를 소송을 통하여 취소하는 것을 그 목적으로 한다. 이의신청절차가 규정되어 있는 경우에는, 그러한 소송은 이의신청을 거칠 것을 그 전제로 한다(행정법원법 제68조 이하). 몇몇 주에서는 그러하지 아니한 경우도 있다. 따라서 사례문제는 이의신청이 허용될 수 있는지 여부와 청구가 타당한지 여부에 대한 심사를 목표로 한다. 사법적(司法的) 권리구제에 관한 문제가 제시되는 경우에는, 행정법원법에 따른 권리구제의 유형이 중요하다(구체적 사항에 대해서는 본서 제11장을 보라). 경찰-질서법사례에서 소송형태는 대부분 취소소송(행정법원법 제42조 제1항)이나 계속적 확인의 소(Fortsetzungsfeststellungsklage, 행정법원법 제113조 제1항 제4문 유추)가 된다. 이처럼 유추를 인정하는 이유는 법률의 규정(즉, 행정법원법 제113조 제1항 제4문)은 소제기가 있은 후에 행정행위의 효력이 소멸(Erledigung)된 경우를 규율하고 있는데, 이 경우는 소제기 이전에 행정행위의 효력이 이미 소멸되어 있다는 것에서 찾을 수 있다[96]

83 일반적으로 장기간에 걸친 절차를 요하는 **질서법**(Ordnungsrecht)에서는 원고가 질서관청의 부담적 행정행위를 취소소송을 통하여 다툴 수 있다. 소송의 목표는 질서관청의 부담부 행정행위를 취소하여 그와 같은 부담을 제거하는 것이다(행정법원법 제113조 제1항 제1문). 특별법의 규율대상이 광범위하기 때문에 질서관청의 조치에 관한 법적 근거를 찾는 것은 특히 중요한 의미를 갖는다.[97] 질서관청의 행위를 규율하는 특별법이 없는 경우에야 비로소 일반법 규정이 적용될 수 있다. 이러한 일반법 규정은 흠결을 메우는 성격을 지니고 있는데, 따라서 특별법이 예컨대 책임이나 재량행사와 관련하여 아무런 규정을 갖고 있지 않은 경우에 일반법 규정이 적용될 수 있다.

84 이러한 조치에 대한 취소소송은 당사자에게 그의 목적을 적시에 달성할 수 있게 해준다(행정법원법 제42조 제1항). 효율적 권리구제의 필요성을 고려할 때, 취소소송은 적절한 권리구제의 유형이다(기본법 제19조 제4항). 또한 행정법원법 제80조에 따른

96) *Schenke*, POR, Rn. 522. 자세한 것은 Hufen, Verwaltungsprozeßrecht, § 14, Rn. 12, § 18, Rn. 53 ff.; *Schenke*, Verwaltungsprozeßrecht, Rn. 306 ff.

97) *Knemeyer*, POR, Rn. 429.

가구제(假救濟, einstweiliger Rechtsschutz)도 고려될 수 있다. 이러한 소송을 통한 권리구제가 이루어질 수 있는지의 문제는 궁극적으로 청구가 이유 있는지 여부에 달려 있다.

사 례: 85
고철하치장을 운영하고 있는 A에게 질서관청은 기름이 새어 나오고 있는 자동차 잔해를 적법하게 처리할 것을 명하였다. 이의신청이 받아들여지지 않게 되자, A는 이러한 부담적 행정행위에 대하여 소송을 제기하게 된다. 이 경우 취소소송이 적절한 권리구제형태가 된다.

목전에 급박한 위험을 방지하기 위하여 경찰조치가 매우 신속하게 행해져야만 하 86
는 많은 경우에 있어 경찰의 조치에 대한 권리구제는 어려움에 부딪치게 된다. 해당 조치는 이미 집행이 되어 버렸기 때문에 더 이상 저지될 수는 없다. 그와 같은 경우에 행정행위의 효력은 이미 소멸되었고, 행정행위의 법적 효과는 이미 발생하였다. 이런 경우에는 계속적 확인의 소가 고려될 수 있다. 원고는 행정행위가 소멸된 이후에 그것이 위법하였다는 것을 법원으로 하여금 확인하게 할 수 있다. 이러한 확인이 있게 되면, 원고는 이후의 절차에서 손해배상을 청구할 수 있게 된다.

사 례: 87
시내에서의 자동차사고 이후에 의사의 긴급처치업무와 소방관의 업무가 사고장소에의 진입을 가로막는 구경꾼들에 의하여 방해를 받았다. 경찰은 구경꾼들에게 진입구 부근을 떠날 것, 즉 진입구를 확보하기 위하여 그로부터 퇴거할 것을 명하였다(이에 관하여는 본서 제6장 7. 참조). 구경꾼 S는 경찰의 퇴거명령으로 인하여 자신이 원하는 곳에 머무를 수 있는 그의 권리가 침해되었다고 느낀다. 그는 경찰의 퇴거명령의 법적 효과가 이미 종료된 이후에야 경찰의 그와 같은 조치에 대하여 소송을 제기할 수 있다. 적절한 권리구제형태는 행정법원법 제113조 제1항 제4문의 유추에 따른 계속적 확인의 소가 될 것이다.

경찰-질서법상의 작용의 두 번째 단계에서는 발해진 조치의 관철 또는 집행에 관한 88
다툼이 있을 수 있다. 특히 집행조치, 예컨대 이행강제금의 적법성에 관한 문제가 이러한 다툼의 대상이 될 수 있다. 이러한 사례에 있어서는 해당 조치(작용단계)와 그의 관철을 분명하게 구분하는 것이 특히 중요하다.

89 세 번째 단계는 누가 비용을 부담하는가?, 또는 당사자가 자신이 위법하다고 생각하는 경찰관청의 행위에 대하여 손해배상을 청구할 수 있는가? 라는 문제와 관련된 것이다. 적법한 경찰조치에 대해서만 비용상환을 청구할 수 있기 때문에 해당 조치의 적법성이 언급되어야만 한다. 예컨대 경찰관청이 사견인업체(私牽引業體)가 행한 차량견인비용을 소유자나 운전자에게 청구하는 경우가 이러한 경우에 해당한다. 질서관청의 비용이 문제되는 경우에는 비용법의 규정들이 적용될 수 있다.

복습문제

1. 일반 경찰-질서법과 특별 경찰-질서법은 무엇인가? (Rn. 5)
2. 경찰의 예방적 조치와 진압적 조치의 차이점은 무엇인가? (Rn. 40 ff.) 무엇을 기준으로 하여 양자를 구분할 수 있는가? (Rn 44 ff.)
3. 경찰-질서법 사례에서 전형적인 권리구제의 유형은 어떤 것이 있으며, 그 이유는 무엇인가? (Rn. 82 ff.)

제2장 경찰-질서법의 역사적 발전

1 경찰-질서법의 역사는 국가의 책무 및 국가의 목적과 밀접한 관련을 맺고 있다.[1] 근대국가 성립 이전부터 통치권의 행사는 신민(臣民)의 보호와 필연적으로 연관되어 있었다.[2] 역사적으로든 국가론적이든 국가의 정당성은 본질적으로 국가의 외적 안전, 즉 다른 국가에 대한 안전과 내적 안전, 특히 시민의 법익보호에 기원을 두고 있다.[3] 근래에 대두되고 있는 문제들과 논의는 이와 같은 경찰-질서법의 역사적 발전의 관점에 비추어 보는 경우에만 이해할 수 있는 경우가 많다.[4]

1. 경찰-질서법의 기원

2 독일어에서 경찰을 의미하는 'Polizei' 또는 (예전의) 'Policey'라는 개념은 그리스어의 'Politeia', 라틴어의 'Politia' 라는 단어를 그 기원으로 하는바, 그것은 또한 Politik(정치)이라는 개념의 어원이기도 하다. 독일에서 이러한 용어는 15세기 중반 이후에 관방용어(官房用語, Kanzleisprache)로 사용되기 시작하였고 1530년, 1548년, 1577년 제국경찰법(Reichspolizeiordnungen)에서도 자주 사용되었다.

3 그러한 경찰법은 공공의 안녕과 복지라는 광범위한 영역을 규율하고 있었다.[5] 'Gute Policey(좋은 경찰)'는 직업의 수행, 종교, 공중도덕에 관한 규율뿐만 아니라 독점, 관세, 시장가격과 같은 경제행정의 영역에 관한 규율까지도 포함하고 있었

1) Vgl. *Brugger*, VVDStRL 63(2004), S.101(111ff.); *Preu*, Polizeibegriff, passim.

2) 이에 관하여 기본적인 것은 *Gusy*, DÖV 1996, S. 573 m.w.N.

3) *Georg Jellinek*, Allgemeine Staatslehre, 3. Aufl., Neudruck 1960, S. 246 ff.; *Preuß*, Risikovorsorge als Staatsaufgabe, in: Grimm(Hrsg.), Staatsaufgaben, Baden-Baden 1990, S. 523.

4) 이를 잘 요약해 놓고 있는 것으로는 *Boldt*, in: Lisken/Denninger, A Rn. 1 ff.

5) 근대국가 초기의 경찰법(Policeyordnungen)의 내용에 관하여는 vgl. *Härte/Stolleis*(Hg.), 5 Bände, Frankfurt ab 1996.

다. 또한 후견이나 토지에 관한 법, 상속법과 같이 오늘날에는 사법적으로 규율되는 영역에 관한 규정들도 포함하고 있었다. 'Policey'라는 개념에는 절대군주가 규율하고자 하는— 그러나 외적 안전에 해당하지는 않는 —모든 영역이 포함되어 있었다.[6] 이 경우 신민을 위한 배려 또한 중요한 역할을 한다.[7] 봉건적인 사회구조를 강화하기 위한 특정한 사회질서의 도입이 중요하였다.

4 영주는 경찰권, 즉 국가권력을 가지고 있다. 시민의 행위는 위험을 방지하고 복지를 증진하기 위하여 법규, 즉 경찰법에 의해서 조정되어야 했다. 법규정은 질서 있는 공동체의 상태, 그리고 그러한 상태의 형성 및 유지와 관련되어 있었다. 결론적으로 경찰법은 국가 내부에서 효력이 있는 모든 법규범의 총체라고 할 수 있었다. 중세 후기, 특히 절대주의시대에는 "국가란 곧 경찰국가(Polizeistaat)이다"라는 말이 통용되었다.[8]

5 통치권이 강화됨과 더불어 국가의 재정수요가 증가하였다. 국가가 더 많은 임무를 수행하면 할수록, 경제발전이라는 책무가 더 한층 중요해져 갔다.[9] 그러나 절대국가에서 많은 규제는 시민의 개인적 자유의 발전을 저해하고, 시민이 그의 경제적 자유를 행사하는 것을 억제하였다. 그리하여 이미 1770년에 퓌터(Johann Stephan Pütter)는 복지증진을 경찰의 임무에서 제외할 것을 주장하였다.[10]

6 계몽주의의 등장과 더불어 변화가 찾아왔다. 자유주의적 국가관이 대두되면서 경찰국가는 야경국가(夜警國家, Nachtwächterstaat)로 변경되어야만 했다. 사회를 적극적으로 형성해 나가는 것이 아니라 내적 · 외적으로 안전을 보장하는 것이 경찰의 임무가 되어야 했다.[11] 시간이 지나 18, 19세기에는 재정과 사법(司法) 등의 영역이 '경찰'로부터 분리되었다. 이로써 경찰행정은 내무행정을 의미하게 되었다.[12]

---

6) *Knemeyer*, POR, Rn. 2.
7) *Brugger*, VVDStRL 63 (2004), S. 101 (121).
8) *Gusy*, PolR, Rn. 5.
9) *Boldt*, Deutsche Verfassungsgeschichte, Band I, München 1990, S. 254, 271.
10) *Schenke*, POR, Rn. 3.
11) *Friauf*, POR, Rn. 3.
12) *Knemeyer*, POR, Rn. 3.

이와 같은 과정이 계속적으로 이루어진 것은 아니며, 여러 국가에서 상이한 속도로 진행되었다. 그러한 과정을 거쳐서 위험방지와 복지증진이 구분되게 되었으며, 경찰의 임무는 공공의 안녕과 질서의 보장에 국한되게 되었다. 7

경찰에 관한 고전적 정의는 1794년의 프로이센 일반란트법(Preußischen Allgemeinen Landrecht) 제2장 제17절 제10조에 의하여 획기적으로 변화되게 되는바, 동조는 "공공의 평온, 안녕과 질서를 유지하고 공중이나 그 개별구성원들에 대한 위험을 방지하기에 적합한 조직이 경찰(관청)이다."라고 규정하고 있었다.[13] 8

2. 크로이츠베르크 판결부터 프로이센 경찰행정법까지

1882년 프로이센 상급행정법원의 크로이츠베르크(Kreuzberg) 판결은 경찰-질서법의 발전을 위한 결정적 전환점을 형성하게 된다.[14] 프로이센 상급행정법원은 프로이센 일반란트법 제2장 제17절 제10조를 적용하여 경찰-질서법의 대상을 전체적으로 제한하였고, 그럼으로써 당시의 사회적 그리고 법적 발전을 고려하였다. 9

헌법개정과 자유주의적 사상가들에 대한 프로이센제국의 투쟁의 결과, 프로이센 일반란트법에도 불구하고 19세기에는 경찰의 권한은 넓게 해석되었다.[15] 경제적으로 볼 때 현대적, 시민적 사회의 발전이 이미 상당한 정도로 진척되었음에도 불구하고 프로이센에서의 왕정복고는 경찰의 임무를 (공공의 안녕 또는 질서의 유지로) 제한하는 것을 부정하는 결과를 가져왔다. 1871년 독일제국이 탄생한 이후 제국의회와 주의회가 갖는 의미가 증대하였으며, 그와 함께 자유주의 정당의 의미 또한 증대하였다. 프로이센의 부처행정(部處行政, Ministerialverwaltung)은 그 근본적인 개념에 따를 때 제국차원에서도 행해져야만 했던바, 그로 인하여 행정이 분화되게 되었다.[16] 자유주의적 법치국가의 원칙에 근거한 크로이츠베르크 판결을 통하여 10

13) 이 규정은 경찰국가적 사상의 영향과 경찰권한의 축소를 확고히 하는 것과 관련하여 다양한 의미를 가지고 있는바, 이에 관하여는 vgl. *Boldt,* in: Lisken/Denninger, A Rn. 20; *Preu,* Polizeibegriff, S. 274 ff.; *Gusy*, PolR, Rn. 5, jeweils m.w.N.

14) PrOVGE 9, 353. Neu abgedruckt in DVBl. 1985, 219 und VBlBW 1993, 271, 이에 관하여는 *Rott,* NVwZ 1982, 363; *Walther,* JA 1997, 287.

15) *Schenke*, POR, Rn. 4.

경찰의 임무가 축소된 것은 이러한 상황에 부응하는 것이었다.

11 크로이츠베르크 판결의 경우 실제로는 건축경찰이 문제되었다. 베를린의 크로이츠베르크에 있는 황제기념비(Kaiserdenkmal)* 에 대한 조망을 건축물의 고도제한을 통하여 유지하여야 한다는 이유로 일정한 건축계획이 경찰명령을 통하여 금지되었다. 그러나 프로이센 상급행정법원은 그와 같은 금지를 다음과 같은 이유로 허용되지 않는 것으로 판단하였다: 그 문제는 복지증진사무와 관련된 것이다. 위험방지가 아니라 공공복리의 증진이 문제되는 것이라면, 그것은 이미 건축경찰의 (관할권의) 한계에 달한 것으로 보아야 한다.[17)]

12 크로이츠베르크 판결을 통하여 프로이센 상급행정법원은 경찰의 권한을 위험방지

16) *Stolleis*, Verwaltungsrechtswissenschaft und Verwaltungslehre 1866-1914, in: *Jeserich*(Hrsg.), Deutsche Verwaltungsgeschichte, Bd. III, Stuttgart 1984, S. 85 ff., 91.

* **역주** 여기서의 황제기념비는 유럽 여러 나라가 동맹하여 나폴레옹 체제를 타파한 전쟁을 말하는 해방전쟁(Befreiungskrieg)에서의 전승기념비를 말하는바, 해방전쟁이란 이름은 나폴레옹에 의해 인위적으로 결성된 독일의 라인동맹이 붕괴하여 각국이 모두 나폴레옹의 군사지배로부터 벗어났다는 사실때문에 붙여지게 되었다. 총 12개의 면으로 되어 있는 황제기념비는 당시 프로이센 제국의 왕 빌헬름 3세의 명을 받은 당대의 유명건축가 쉉켈이 1821년에 축조하였다. 현재 이 기념비는 독일문화재로 지정되었고, 크로이츠베르크산(언덕)은 해방전쟁 승리를 상징하는 의미에서 1830년 빅토리아(승리의 여신) 공원으로 조성되었다. 왼쪽 사진이 황제기념비의 모습이며, 오른쪽 사진은 빅토리아 공원입구에서 바라본 황제기념비의 모습이다.

17) PrOVGE 9, 353 (376 f.). 이 판결을 통한 법적용은 그 타당성과 관련하여 의문이 제기되었다. 왜냐하면 프로이센 일반란트법 제10조 제2항 제17호는 '법원의 관할'이란 제하의 절에 위치하고 있으며, 따라서 그 전제로서 경찰의 개념을 규정한 것이 아니기 때문이다. 프로이센 일반란트법이 경찰의 개념으로부터 복지증진을 제외시켰다고 볼 수는 없다. 같은 취지의 주장으로는 *Götz*, POR, Rn. 11; *Preu*, Polizeibegriff, S. 303 ff.

에 국한시켰으며, 복지증진을 경찰의 임무에서 제외시켰다. 그 결과 법질서와 국가의 관청조직의 분화가 이루어졌다. 왜냐하면 임무영역의 구분은 행정영역의 구분을 그 전제로 하기 때문이다. 경찰은 여전히 많은 국가의 행정관청 중의 하나일 뿐이었다. 따라서 프로이센 제국이 적극적으로 사회를 형성할 국가의 임무를 포기한 것은 아니었다. 경찰관청은 단지 위험방지만을 그의 임무로 하였으며, 경찰관청이 그의 강제권한을 수행하기 위하여는 명시적인 법률의 근거를 필요로 하였다.

1931년 7월 1일의 프로이센 경찰행정법(prPVG) 제14조는 프로이센에서의 경찰개 13
념 발전의 최종단계에 해당하는바, 그에 따르면 경찰관청은 공공의 안녕과 질서를 위협하는 위험을 방지하는 것을 그의 임무로 한다. 북부독일 지역은 이와 같은 특징을 갖고 있었으며, 프로이센은 독일제국의 약 60%를 차지하고 있었다.

남부독일의 경우 경찰법은 형사법과 밀접한 관계를 지니는 특징을 가지고 있었다. 14
경찰의 임무설정과 권한은 경찰형법전을 통하여 도출되었다. 입법은 법치국가적인 경찰개념으로의 이행과정에 있어서 북부독일에서보다 더 커다란 역할을 수행하였다. 부분적으로 개별적 수권조항을 통하여 개별적인 경우를 규율하는 경우가 있었으며, 이것이 개별적 수권조항이 개괄적 수권조항과 어떠한 관계에 있는지에 관한 지속적인 논쟁을 야기하였다. 그러나 경찰의 임무를 위험방지에 국한하는 것이 남부독일 전역에서 경찰권한의 기초를 이루고 있었다.[18)]

3. 나치즘하에서의 경찰법의 남용과 왜곡

나치주의자들은 경찰을 권력을 획득, 행사하고 그를 유지하기 위한 강제도구로 간 15
주했다.[19)] 경찰에 대한 그들의 생각에 있어서 중요한 것은 나치의 이데올로기에 상응하는 “민족공동체의 질서”의 실현이었다. 경찰은 아무런 법률적 근거도 없이 시민의 권리영역을 침해할 수 있었으며, 법적 안정성에 대한 신뢰는 붕괴되었다.

경찰을 권력을 획득하기 위한 도구 내지 결과를 창출하기 위한 수단으로 보는 나치 16

18) *Knemeyer*, POR, Rn. 9; *Schenke*, POR, Rn. 6.
19) Götz, POR, Rn. 16.

주의자들의 시각은 나치가 권력을 획득하는 과정에서 이미 뚜렷하게 나타나고 있었다. 선거를 통하여 성립되었던 프로이센 정부가 1932년 7월 20일의 소위 "프로이센 쿠테타(Preußenschlag)", 즉 헌법에 반하여 프로이센 제국위원회가 설치되는 것을 통하여 전복된 이후에,[20] 헤르만 괴링(Hermann Göring)이 곧바로 프로이센 내무부를 접수함으로써 독일제국 영토의 거의 3분의 2에 해당하는 지역에서 경찰에 대한 명령권을 갖게 되었다. 1933년 아돌프 히틀러가 제국의 수상이 되었을 때 독일 국가사회주의 노동당(NSDAP)*은 단지 두 명의 장관**만을 갖고 있었으므로 당시의 다른 정당들은 히틀러(Hitler)를 견제하고 조정할 수 있다고 생각하였다. 프릭(Frick)이 내무부장관이 되어 제국 내에서의 경찰권을 장악하였고, 괴링은 무임소(無任所)장관이지만 그와 동시에 제국의회의 의장이 되었다가 나중에 프로이센 내무부장관이 되었다. 경찰과 관련된 명령권의 축적이 권력의 획득에 기여하게 되었다.

17 민주주의와 법치국가가 급격하게 파괴된 이후 1933년에 방화명령(放火命令, Brandverordnung)[21]*** 및 수권법률(Ermächtigungsgesetz)[22]****을 통하여 법치국가

20) "Preußenschlag"에 관해서는 *H. A. Winkler*, Weimar 1918-1933, 1993, S. 491 ff. 그 이후의 독일제국 국가법원에서의 절차에 관하여는 *E. R. Huber*, Deutsche Verfassungsgeschichte seit 1789, Bd. VII, S. 1120 ff., 1127.

* 역주 NADAP는 Nationalsozialistische Deutsche Arbeiterpartei의 약어이다.

** 역주 즉, Frick과 Göring.

21) Abgedruckt in: *Dürig/Rudolf*, Texte zur Deutschen Verfassungsgeschichte, 3. Aufl., München 1996, S. 213.

*** 역주 바이마르헌법은 제48조에서 제국수상에게 법원의 통제를 받지 않는 긴급명령(Notverordnung)을 발할 권한을 부여하고 있었던 바, 이에 근거하여 1933년 2월 28일에 힌덴부르크 수상이 제정한 것이 방화명령(「민족 및 국가보호를 위한 명령」 = Verordnung des Reichspaesidenten zum Schutz von Volk und Staat vom 28. Februar 1933, RGBl. I, S. 33)이다. 그리고 이 방화명령 제1조는 모든 가능한 이유로 자의적으로 기간에 구속받지 않고 집단수용소에 체제의 적을 보호유치할 권한을 게슈타포에 허용함으로써 제국정부가 국민의 기본권을 마음대로 제한할 수 있게 하였다. 이러한 사정에 관하여 자세한 것은 박병욱, 독일 나치시대 제국안전중앙청(Reichssicherheitshauptamt)의 긴 그림자 – 경찰과 정보기관간의 분리의 원칙, 경찰법연구 제11권 제2호(통권 제18호), 2013, 249쪽 이하 참조. 또한 http://cafe.daum.net/sonlaw/Mp4e/3?q=Brandverordnung&re=1; http://www.gutefrage.net/frage/brandverordnung-und-ermaechtigungsgesetz#answers 참조.

22) Abgedruckt in: *Dürig/Rudolf*, Texte zur Deutschen Verfassungsgeschichte, 3. Aufl., München 1996, S. 215.

**** 역주 수권법률은 1933년 3월 24일에 발해진 것으로 제국정부에게 스스로 법률을 제정할 권한, 심지어 헌법에 반하는 내용의 법률을 제정할 권한을 부여하는 것을 그 내용으로 한다. 이

원리에 따르는 경찰법은 그 기반을 완전히 상실하게 되었다. 정부 또한 법률을 제정할 수 있게 되었으며, 개인의 기본권보호는 무시되게 되었다. 물론 정치적 관련성이 없는 경우에는 전적으로 바이마르 제국의 법치국가적 경찰법이 적용되었다.[23] 그러나 독일 국가사회주의 노동당이나 당의 결정권자의 이익과 관련된 경우라면 보호시스템은 언제든지 포기될 수 있었다. 그러한 경우에 있어서 경찰법을 적용하는 것은 사실상 법원을 통한 임무수행이 있는 것과 마찬가지라고 할 수 있었다. 제2차 세계대전이 발발하기 이전까지는 법치국가적 경찰작용이나 공정한 사법절차의 예가 발견된다. 그러나 법적 시스템은 내부로부터 공동화(空洞化)되어 갔는데, 이는 그러한 시스템이 정치적이거나 권력역학적인 이유로 언제라도 무시될 수 있었기 때문이다.

나치체제하에서 국가내적으로 권력을 유지하기 위한 가장 중요한 도구 중의 하나는 국가비밀경찰(Gestapo, 게슈타포)이었다. 비밀국가경찰의 조치에 대하여는 권리구제를 위한 어떠한 법적 수단도 존재하지 않았다. 비밀국가경찰은 자유와 생명에 관한 주재자였다. 법규범에 내재하는 개념은 원하는 결론을 도출하기 위하여 임의적으로 왜곡하여 해석되거나 혹은 완전히 무시되었다. '경찰의' 개입은 더 이상 안전을 보장하기 위한 것이 아니라, —자의적(恣意的) 행위가 행해질 수 있다는 가능성 때문에— 불안전에 대한 위협으로 변질되었다. 비밀국가경찰은 나치주의자들이 건설한 비법치국가(非法治國家, Unrechtsstaates)의 가장 중요한 구성요소였다.[24] 18

4. 1945년 이후의 탈경찰화, 그리고 분리시스템과 단일시스템의 구분

제2차 세계대전이 종료된 이후에 서방 점령국들은 독일을 재건함에 있어 독재자 또는 어느 한 정당의 손에 권력이 집중되는 것을 방지하기 위한 안전대책을 마련하고자 하였다. 이에 반하여 (구) 소련 점령지역, 즉 1949년에 동독이 성립된 이후의 동독에서의 발전은 다른 방향을 취하게 되는바, 그것은 사회주의적 지배시스템의 19

러한 사정에 관하여 자세한 것은 http://cafe.daum.net/sonlaw/Mp4e/3?q=Brandverordnung&re=1; http://www.gutefrage.net/frage/brandverordnung-und-ermaechtigungsgesetz#answers 참조.

23) *Schenke*, POR, Rn. 7.

24) *Boldt*, in: Lisken/Denninger, A Rn. 63 f.

구축과 유지를 그 특징으로 한다.

20 서방국가의 점령지역에서의 독일의 재건은 밑에서부터 위로 진행되었다. 즉, 먼저 각 주들이 설치되고 1949년에 이르러서야 비로소 기본법의 제정과 함께 연방이 설립되었다. 연방주의(聯邦主義, Föderalismus)는 권력의 분배를 위한 수단임과 동시에 민주주의를 확립하기 위한 수단이었다.[25] 경찰-질서법은 주의 권한으로 인정되었는바, 이는 독일의 전통과도 일치하는 것이었다. 그러나 행정체계의 구축에 있어서는 (그 지역을 관할하는) 각각의 점령국의 전통이 영향을 미치게 되었다.[26] 미국과 영국의 점령지역에서는 1949년부터 점령법의 규정을 근거로 하여 특정한 행정업무가 경찰관청의 관할로부터 분리되었다. 행정경찰과 집행경찰이 분리되는 사실상의 발전은 20세기 초부터 법률규정에 명시적으로 반영되었다.[27]

21 건축경찰, 건강경찰, 영업경찰과 같은 직무영역은 경찰의 권한으로부터 분리되었다. 영국과 미국의 영향 아래 독일의 많은 지역에서 질서법이 경찰법으로부터 분리되었다. 바이에른, 베를린, 함부르크, 헤센, 니더작센, 노르트라인-베스트팔렌, 슐레스비히-홀슈타인 등이 그러한 지역에 해당한다. 이에 반하여 전부 혹은 부분적으로 프랑스가 관할하는 지역에서는 개념적으로 훨씬 광범위한 통일적인 경찰행정이 유지되었는바, 바덴-뷔르템베르크, 라인란트-팔츠 및 자를란트 등이 그러한 지역에 해당한다.

22 탈경찰화(脫警察化, Entpolizeilichung)* 의 과정에서 국가임무의 분화가 나타난다. 질

---

25) *Kugelmann*, in: Festschrift für Rudolf, 2001, S. 157(167); 자세한 것은 *Oeter*, Integration und Subsidiarität im deutschen Bundesstaatsrechts, 1998, S. 131 ff.

26) *Drews/Wacke/Vogel/Martens*, Gefahrenabwehr, § 1, Ziff. 9.

27) *Gusy*, PolR, Rn. 54 ff.

* **역주** 독일의 경찰법교과서에서 사용되는 '탈경찰화'라는 개념을 이해함에 있어서는 이러한 탈경찰화가 3번에 걸쳐 이루어졌음을 이해할 것이 필요하다. 즉, 경찰의 개념에서 복리증진이 탈락되어 가는 과정을 '제1차 탈경찰화'라고 하며, 제2차 세계대전 이후 영국과 미국의 점령지역이었던 바이에른 등에서 경찰행정청과 일반질서행정청의 구분을 전제로 양자가 모두 위험방지를 위하여 활동하는 과정에서 경찰권한의 축소를 가져오게 된 과정을 '제2차 탈경찰화'라고 한다. 한편 제3차 탈경찰화는 1990년대 이래 위험방지의 영역에서 국가가 경찰권을 독점하던 것이 깨어지고 종래 경찰의 직무로 간주되어 오던 영역의 일부가 사인에 의해 행사되게 되어 가는 과정, 즉 이른바 경찰의 민영화(또는 私化, Privatisierung)를 말한다(이상의 논의에 관하여

서관청이나 안전관청이 일반적인 행정수단을 사용하여 직무를 수행하는 것에 반하여, 경찰은 시민과의 직접적 접촉을 통하여 공공의 안녕을 보장한다. 많은 측면에서의 공통점에도 불구하고 양자는 행위수단에서의 분명한 차이를 나타내는바, 이는 단지 경찰관청만이 일련의 특별한 강제수단을 사용할 권한을 갖고 있기 때문이다.

주법(州法)이 상이하게 발전된 결과 각 주의 경찰법은 그 내용을 달리하게 되었다. 23
1977년 11월 25일 「연방과 주의 내무부장관 및 상원의원 정기회의」는 실질적 경찰법의 단일화를 위한 모범초안(模範草案, Musterentwurf)을 의결하였다.[28] 지나치게 광범위한 권한이 논의되는 것에 대한 반작용으로 민간의 '경찰법 연구회'에서 모범초안에 대한 대안(代案, Alternativentwurf)이 만들어지기도 하였다.[29] 점차적으로 각 주들이 그들의 경찰법을 개정하였으며, 그 결과 실질적 경찰법 규정들은 거의 유사한 내용을 갖게 되었다. 반면에 형식적 경찰법의 다양성은 그대로 유지되었다. 1986년에는 연방헌법재판소의 인구조사판결(Volkszählungsurteil)[30]과 동 판결의 산물인 정보의 자기결정권(Rechts auf informationelle Selbstbestimmung)의 영향을 받아 모범초안에 대한 보충안(補充案, VEME)[31]이 만들어졌는데, 그것은 주경찰법에 통일된 내용의 정보수집과 정보처리에 관한 규정을 마련하는 것을 그 목표로 하였다.[32]

1970년대 말 이후의 경찰법의 새로운 세대에서는 구조적으로 두 가지 시스템이 구 24
분되는바, 바로 단일시스템(Einheitssystem)과 분리시스템(Trennungssystem)이 그것이다(이하의 제4장 Rn. 49 ff.를 보라). 분리시스템은 탈경찰화의 필연적 결과로서,

---

는 *Knemeyer*, a.a.O., Rn.6, 10, 16). 한편 경찰의 민영화에 관하여 자세한 것은 vgl. *Sung Yong Lee*, Die Privatisierung der Inneren Sicherheit durch das Bewachungsgewerbe, Diss. 2007.

28) *Drews/Wacke/Vogel/Martens*, Gefahrenabwehr, § 2, Ziff. 2; *Knemeyer*, POR, Rn. 11 f. m.w.N. 비판적인 견해로는 *Staats*, DÖV 1979, 155(161).

29) *Denninger* u.a., Alternativentwurf einheitlicher Polizeigesetze des Bundes und der Länder, 1979.

30) BVerfGE 65, 1.

31) 1986년 3월 12일의 경찰법개정을 위한 초안(Vorentwurf zur Änderung des Musterentwurfs eines Polizeigesetzes, VEME).

32) *Knemeyer*, POR, Rn. 14; *ders.*, NVwZ 1988, 193; und *ders.*, in: Festschrift für Rudolf, 2001, S. 483(486).

경찰관청이 질서관청(Ordnungsbehörden)과 조직적으로는 분리되지만 질서관청 또한 실질적 경찰기능을 수행한다는 것을 그 특징으로 한다. 질서관청은 기본적으로 위험방지에 대한 권한을 갖는다. 경찰의 권한은 긴급한 경우에 있어서의 위험방지, 범죄행위 및 질서위반행위의 소추에 있어서의 협력, 집행원조(Vollzugshilfe)와 그 밖에 법률이 열거하는 임무에 국한된다.[33] 전문관청(Fachämter)은 자신의 권한에 속하는 영역에 있어서는 동시에 질서관청이 된다; 즉, 교통관청이나 보건관청은 동시에 해당 영역에서의 질서관청인 것이다.[34] 그러나 그의 임무는 단지 위험방지에만 국한되는 것은 아니다. 일반적인 행정기능은 공공의 안녕 또는 질서의 유지와 관련되어 있다.

25 베를린, 브란덴부르크, 메클렌부르크-포어포먼, 노르트라인-베스트팔렌, 라인란트-팔츠, 슐레스비히-홀슈타인은 '질서관청'이란 개념을 사용하여 분리시스템을 따르고 있다. 함부르크, 니이더작센, 작센-안할트에서는 '위험방지관청'이라는 표현이 사용되고 있다. 바이에른은 '안전관청'이란 개념을, 헤센은 '위험방지관청'이라는 개념을 사용한다. 바이에른, 브란덴부르크, 노르트라인-베스트팔렌 및 튀링엔에서는 형식적 의미의 경찰법은 단지 제도적 의미의 경찰, 즉 집행경찰에만 적용된다. 따라서 그들 주에서는 질서관청이나 안전관청을 위한 고유한 개별법이 존재한다. 다른 주에서는 질서관청과 집행경찰에 동일한 법률이 적용된다.[35]

26 단일시스템은 예전의 프로이센시스템에 그 기반을 두고 있다. 프로이센 경찰행정법은 위험방지라는 실질적 경찰임무를 경찰관청에 위임하고 있었으며, 형식적 의미의 경찰개념과 실질적 의미의 경찰개념은 광범위한 영역에서 일치하고 있었다. 따라서 경찰관청은 위험방지의 임무를 수행하는 모든 관청이었다. 모든 제도적 의미의 경찰관청이 실질적 의미의 경찰임무를 수행하였다. 오늘날 바덴-뷔르템베르크, 브레멘, 자를란트 및 작센주가 기본적으로 단일시스템을 택하고 있다.[36] 그러나 이러한 주들도 경찰(행정)관청과 경찰집행기관(특히, 자를란트에서는 집행경찰)의 분리를 알고 있다.[37]

---

33) *Schenke*, POR, Rn. 14.

34) *Gusy*, PolR, Rn. 57.

35) *Knemeyer*, POR, Rn. 44.

36) 이들 주의 경찰법 제1조를 보라.

5. 경찰의 개념

위험방지라는 국가임무의 수행을 특정한 관청으로 하여금 행하도록 지정하는 것은 경찰이 무엇을 의미하는가라는 것에 대한 이해와 관련되어 있다. 독일의 각 주들에서, 그리고 1949년 이후에는 독일연방공화국에서 경찰개념의 개념적 구분이 행해지게 되었다. 이와 같은 경찰개념의 구분은 '경찰'을 넓은 의미로 이해하여 오던 것으로부터의 탈피를 의미한다. 오늘날에는 세 가지의 경찰개념이 사용되고 있는바, 이것이 —그들이 어떻게 조합되는지에 따라— 독일의 여러 주에서 경찰-질서법이 상이한 구조를 취하게 되는 결과를 초래하고 있다.[38] 27

실질적 의미의 경찰개념

28 실질적 의미의 경찰개념의 기준이 되는 것은 조치의 내용과 목적이다. 즉, 국가활동이 내용적으로 어떠한 성격을 갖는지 그리고 그의 목표는 무엇인지가 결정적 기준이 된다. 따라서 위험방지의 측면이 우선적으로 고려된다. 경찰은 위험방지를 목적으로 하는 국가활동이다. 이 경우 어떤 관청이 구체적으로 조치를 취하는지는 중요하지 않다.

형식적 의미의 경찰개념

29 형식적 의미의 경찰개념은 무엇이 경찰인가를 규정함에 있어 물적 관할(sachliche Zuständigkeit)에 주목한다. 그에 따르면 경찰법은 경찰관청을 조직하고, 경찰관청에게 권한을 부여하거나 의무를 부과하는 모든 법규범의 총체이다. 형식적 의미의 경찰은 경찰관청이 관할권을 갖고 있는 모든 임무를 말한다. 따라서 경찰법은 경찰관청에게 권한을 부여하고 의무를 부과하는 모든 법규범의 총체이다. 여기에는 형사소추도 포함된다.

제도적 의미의 경찰개념

30 제도적 의미의 경찰개념은 관청의 조직을 기준으로 한다. 즉, 조직적인 개념규정이

37) § 1 Abs. 1 und §§ 82 ff. PolG Saarl.

38) *Hilse*, in: Lisken/Denninger(Hrsg.), B Rn. 3 ff.; *Knemeyer*, POR, Rn. 21 ff.; *Schoch*, POR, Rn. 7.

중요하다. 행위를 행하는 관청이 경찰관청에 속하는지 여부가 결정적 기준이 된다. 단일시스템에서는 경찰관청에 해당하는 모든 기관이 제도적 의미의 경찰개념에 포함된다. 분리시스템에서는 집행경찰의 임무를 수행하는 경찰공무원이 제도적 의미의 경찰개념에 해당한다.

31 위에서 언급한 3가지 경찰의 개념은 —그 개념에 특별한 의미가 부여되지 않고서도— 각 주의 (경찰)법이 다양한 형태를 띠고 있는 것을 설명하는 데 도움이 될 수 있다.[39] 실질적 의미의 경찰개념과 형식적 의미의 경찰개념은 두 개의 서로 다른, 그러나 때로 일치하기도 하는 관계에 있다.[40] 실질적 경찰임무의 일부를 경찰관청이 수행하는 경우에는 실질적 의미의 경찰개념과 형식적 의미의 경찰개념이 일치하게 된다. 그러나 (형식적 의미의) 경찰이 위험방지 이외의 임무도 수행을 하는 경우가 있으며, 경찰관청이 아닌 다른 관청들이 위험방지의 임무, 즉 실질적 의무의 경찰임무를 수행하는 경우도 있다.

6. 정보화사회에서의 리스크 조정과 리스크에 대한 사전배려

32 위험방지가 단순히 위험에 대한 반작용을 그 내용으로 하는 한, 많은 사건들이 매우 신속하게 처리되는 오늘날의 정보사회에서는 더 이상 위험방지만으로는 충분하지 않다. 복잡한 경제질서와 사회질서에 대한 근본적인 위기상황은 사전에 대비하여야 하며, 리스크는 감소되어야만 한다.[41] 이러한 사정으로 인하여 '위험에 대한 사전배려(Gefahrenvorsorge)'가 필요하게 되었다. 위험에 대한 사전배려는 특별법의 규율대상이다. 이와 같은 발전은 환경법에서 중요한 의미를 가진다.[42] 그러나 리

---

39) 실질적 의미의 경찰개념에 대한 비판적인 견해로는 *Götz*, POR, Rn. 20 ff.; 이에 반대하는 견해로는 *Pieroth/Schlink/Kniesel*, POR, § 1, Rn. 27 f.; *Schoch*, POR, Rn. 7.

40) *Friauf*, POR, Rn. 12.

41) 사회학적 관점에서 리스크의 개념을 확고히 한 것으로는 *U. Beck*, Risikogesellschaft, 1986. 법학적 관점에서 리스크에 관한 논의는 *di Fabio*, Risikoentscheidungen im Rechtsstaat, 1994; *Jäckel*, Gefahrenabwehrrecht und Risikodogmatik, 2010; *Murswiek*, Die staatliche Verantwortung für die Risiken der Technik, 1985; *Steinberg*, Der ökologische Verfassungsstaat, 1998, S. 23ff.; zusammenfassend *Kahl*, DVBl. 2003, 1105(1107); *Scherzberg*, VVDStRL63(2004), S. 214; 비판적인 견해로는 *Lepsius*, VVDStRL 63(2004), S. 264.

42) *Breuer*, in: Schmidt-Aßmann(Hrsg.), BesVerwR, 5. Kap, Rn. 2 ff.

스크는 정보통신기술 혹은 바이오테크놀로지(생명공학)의 발전을 통하여서도 생겨난다.[43)]

구체적 위험의 존재를 인식한 시점에서는 법익이 이미 회복될 수 없을 정도로 침해될 때가 있는데, 그러한 경우에는 '리스크에 대한 사전배려'(Risikovorsorge)가 기본권 보호의무를 통하여 요구될 수 있다. 그러나 사전배려는 탈개인화, 집합적 귀속과 책임을 의미한다. 위험방지법이 그를 허용하는 경우에는 개인에게도 경찰권이 발동될 수 있다. 그로 인하여 개인의 권리영역에 대한 위험이 발생할 수 있다는 것이 고려되어야 한다. 따라서 리스크 및 위험에 대한 사전배려와 개인의 법익보호를 조정할 것이 요구된다. 33

리스크에 대한 사전배려가 특별법에 따라 행해지는 경우, 그 문제는 경찰-질서법을 넘어서는 것이다. 위험에 대한 사전배려는 좁은 의미로는 범죄행위에 대한 예방적 대처의 측면에서 이해되고 있으며, 경찰법에서도 사용되고 있다(예컨대 베를린 일반안녕-질서법 제1조 제3항; 노르트라인-베스트팔렌주 경찰법 제1조 제1항 제2문; 튀링엔주 경찰직무법 제2조 제1항 제2문). 경찰의 임무는 구체적 위험의 전단계로까지 확장되었다.[44)] 조직범죄 또는 테러리즘에 대처하기 위하여 경찰은 특히 정보를 수집, 처리하고 자료를 저장할 수 있다.[45)] 각 주의 경찰법이 그에 대한 법적 근거가 된다.[46)] 또한 연방경찰법도 전산자료에 개인정보를 저장하는 것을 규정하고 있다. 막연한 가능성을 이유로 행해지는 리스크에 대한 사전배려가 기술적-사회적 발전으로 인하여 발생하는 위해의 감소를 의미하는 것에 반하여, 이러한 활동은 구체적 위험의 전단계에서의 사전배려가 문제되는 것이다. 해당 사항에 관한 규정들이 그러한 활동의 법적근거가 된다. 34

리스크에 대한 사전배려를 하여야 할 국가의 책무는 기술안전법의 영역에서 중대한 의미를 가지고 있는바, 그 때문에 예컨대 원자력법과 연방임미씨온보호법은 위험방지와 위험에 대한 사전배려를 위한 일련의 규정을 가지고 있다. 유전자법에서 35

---

43) 형사소송법 제81g조 제1항에 따른 DNA 시료의 추출.

44) *Albers*, Straftatenverhütung, S. 97 ff.

45) 구체적인 것은 제7장 참조.

46) 예컨대 § 24 Abs. 1 PolG NW, § 20 Abs. 1 HessSOG, Art. 37 Abs. 1 BayPAG.

는 단순한 위험방지 대신에 절차를 통한 권리획득이란 방식으로 리스크관리가 행해진다.[47]

36 위험방지는 국가임무의 수행에 있어서 더 이상 예전과 같은 중요한 의미를 갖지 못한다. 경찰-질서법에 따라 경찰이 개입하기 위한 수단으로서 계획과 사전배려, 정보(의 처리) 그리고 자기통제라는 수단이 나타났다. 그러나 리스크에 대한 사전배려는 종종 거시적 영역에 해당되고, 이와 관련하여 국가기관은 자유로이 활동할 수 있는 영역을 갖는다. 이에 반하여 미시적 영역에서는 구체적인 경우에 있어서의 위험에 대하여 위험방지를 통하여 대처하여야 한다. 기술과 문명의 발현형태가 다양한 새로운 위험원(危險源, Gefahrenquellen)을 야기하였다. 이러한 위험원은 완전히 지배할 수 있는 것은 아니다. 따라서 현대사회는 —제한적이기는 하지만— 미리 예측할 수 있는 기술혁신의 (부수적) 결과를 리스크로 인식하고 받아들일 수밖에 없다. 잔존리스크(殘存리스크, Restrisiko)는 문명이 짊어지고 있는 부담이다.[48]

37 예전에 특별경찰법에 속하였던 영역에서는 법률의 규정이 위험방지를 넘어서는 내용까지도 광범위하게 규율하고 있다. 그들 법률규정은 리스크에 대한 사전배려와 리스크조정을 위한 다양한 수단과 요소를 갖고 있다. 그와 함께 그들 법률규정은 그들 영역간의 관련성이 높아져 가고, 상호의존성이 증대하고 있다는 것을 고려하고 있다. 국제적 차원 그리고 유럽적 차원이 추가됨으로 인하여 상황은 한층 복잡하고 어려워졌는바, 왜냐하면 특히 유럽연합의 지침과 명령들이 국내법에도 영향을 미치게 되었기 때문이다. 유럽연합 차원의 법이 연방국가에서의 주와 연방에서도 (국내법과) 동일한 구속력을 갖는 법규범이 되었다.[49] 그 결과 안전행정의 영역에서도 복잡하고 다층적(多層的)인 체계를 가진 다원적 시스템(多元的 시스템, Mehrebenensystem)이 도입되게 되었다.[50]

---

47) *Köck*, AöR 121 (1996), 1; 또한 Enquête-Kommission, Chancen und Risiken der Gentechnik, BT-Drs. 10/6775을 보라.

48) *Scherzberg*, VerwArch 84 (1993), 484.

49) 예컨대 2004년 3월 31일의 「선박과 항구에서의 위험방지를 제고하기 위한 유럽의회명령」(Verordnung des Europäischen Parlaments und des Rates zur Erhöhung der Gefahrenabwehr auf Schiffen und in Hafenanlagen), ABl. L 129, 6.

50) *Schöndorf-Haubold*, Europäisches Sicherheitsverwaltungsrecht, 2010의 개관(Überblick)부분 참조.

복습문제

1. 프로이센 고등행정법원의 크로이츠베르크 판결은 어떠한 의미를 갖는가? (Rn. 9 ff.)
2. 제2차 세계대전 이후에 일어난 탈경찰화를 설명해 보라. (Rn. 19 ff.)
3. 실질적 의미의 경찰개념과 형식적 의미의 경찰개념은 무엇을 통하여 구분될 수 있는가? (Rn. 28 f.)

제3장 법 원(法源)

1 위험방지목적을 달성하기 위하여는 경찰-질서관청에게 권한을 적정하게 배분하는 것이 필요한데, 이러한 권한의 배분은 해당 법영역에 대한 권한을 부여하고 있는 다양한 법원(法源, Rechtsquellen)에 그 근거를 두고 있다. 경찰-질서법에 관한 규정은 각주의 경찰법에서뿐만 아니라 위험방지와 위험의 사전배려라는 임무의 수행을 대상으로 하는 많은 연방법, 주법에서 발견된다.

1. 기본법

2 기본법(Grundgesetz, GG) 제30조*에 따를 때 —그 사무가 연방의 권한에 속하는 것이 명백하지 않는 한— 경찰(사무)에 관하여는 각 주가 관할권을 가진다. 입법과 관련해서는 기본법 제70조 제1항이, 행정집행과 관련해서는 기본법 제80조가 이러한 내용을 반복하여 규정하고 있다. 따라서 특히 기본법 제73조, 제74조 또는 제87조 제1항 제2문이 그 사항에 대한 권한을 연방에게 부여하고 있는 경우에 한하여 연방의 입법권자가 경찰-질서법에 대한 입법권을 갖게 된다.

1.1. 명시적 권한

3 연방이 해당영역에 대해 입법권을 가지는 경우, 그 한도에서 연방은 공공의 안녕 또는 질서의 유지를 위한 규정을 정립할 수 있다.[1] 이와 같은 원칙은 모든 형태의

---

* 역주 독일기본법 제30조는 "Die Ausübung der staatlichen Befugnisse und die Erfüllung der staatlichen Aufgaben ist Sache der Länder, soweit dieses Grundgesetz keine andere Regelung trifft oder zuläßt.(기본법에 다른 규정이 있는 경우가 아닌 한, 국가적 권한의 행사와 국가임무의 수행은 각 주의 관할에 속한다.)" 라고 규정하고 있다.

1) BVerfGE 8, 143 (149 f.); 78, 374 (386 f.).

입법권에 적용되는바, 특히 해당 영역을 경찰-질서법으로 규율할 필요성이 높다는 것이 인식될 때에 그러하다.

이와 관련하여 연방의 전속적 입법권(專屬的 立法權, Ausschließliche Gesetzgebungskompetenzen)*을 특별히 인정하고 있는 것은 다음과 같다.[2] 4

- 관세보호(관세법), 국경보호(연방경찰법) 및 해외경제에 관한 기본법 제73조 제5호;
- 항공교통에 관한 기본법 제73조 제 6호(항공교통법 및 동 시행령; 항공안전법[3]);
- 연방철도와 선로의 운영(연방경찰법)에 관한 기본법 제73조 6a호, 이에는 연방경찰이 행하는 철도경찰업무가 포함된다;
- 연방수사청(聯邦搜查廳, Bundeskriminalpolizeiamt)이 행하는 국제적 테러로 인한 위험의 방지, 특히 하나의 주경찰관청의 권한으로 인정될 수 없거나 주의 최상급관청이 연방에 사무처리를 요구하는 경우처럼 여러 주에 걸친 위험이 존재하는 경우에 관한 기본법 제73조 제1항 제9a호(연방수사청법);
- 사법경찰(司法警察, Kriminalpolizei)**과 헌법보호에 있어서의 연방과 주의 협

---

* 역주 연방국가인 독일의 경우 연방이 갖는 입법권의 범위가 중요한 의미를 갖는바, 독일 기본법 제71조 내지 제74조는 연방에게 2종류의 입법권한, 즉 ① 전속적 입법권(專屬的 立法權, ausschließlicher Gesetzgebung)과 ② 경합적 입법권(競合的 立法權, konkurrierender Gesetzgebung)을 인정하고 있다. 여기서 전속적 입법권이란 연방만이 입법권을 갖는 것을 말하며, 경합적 입법권이란 연방과 란트가 모두 입법권을 갖는 사항에 대한 연방의 입법권을 의미한다.

2) 법률의 정식명칭은 —여기에서 그를 언급하지 않고 있는 경우에는— 약어표(略語表)에서 찾아볼 수 있다.

3) 2005.1.11의 항공안전법(Luftsicherheitsgesetz), BGBl. I, S. 78.

** 역주 우리나라의 경우 행정경찰과 사법경찰을 구분하고, 후자는 범죄의 수사와 피의자체포를 목적으로 하는 '진압적' 작용이라는 점이 강조되고 있음이 일반적이다. 또한 독일어의 Kriminal-polizei를 사법경찰이라고 번역하고 있는 점에서도 사실상 의견이 일치되어 있다고 할 수 있다. 이러한 설명은 대체로 타당하다고 볼 수 있지만, 공역자들은 이 같은 용어례가 적확하지 않은 면이 있다고 생각한다. 왜냐하면 독일의 Kriminalpolizei가 진압적 작용 외에 일부 예방적 작용까지 행하고 있음을 고려할 때, 이러한 설명은 자칫 독일의 Kriminalpolizei가 진압적 작용에 시종하는 것으로 오해할 소지를 제공하기 때문이다. 실제로 이런 이유로 Kriminalpolizei를 수사경찰(搜查警察)이라고 번역할 것이 제안되고 있기도 하며, Bundeskriminalpolizeiamt는 연방수사청(聯邦搜查廳)이라고 번역되는 것이 오히려 일반적이기도 하다. 그럼에도 불구하고 경찰의 분류에 있어 아직까지 '수사경찰'이라는 용어가 보편화되어 있지 않음을 고려하여 여기서는 일단 Kriminal- polizei를 '사법경찰'이라고 번역하기로 한다.

력, 연방수사청의 설치, 국제범죄퇴치에 관한 기본법 제73조 제10호(연방수사청법, 연방헌법보호청법).

5 연방의 경합적 입법권(競合的 立法權, Konkurrierende Gesetzgebungskompetenzen)을 특별히 인정하고 있는 것은 다음과 같다.[4)]

- 결사의 자유(결사법)와 집회의 자유(집회법)에 관한 기본법 제74조 제3호;
- 외국인법에 관한 기본법 제74조 제4호;
- 영업법에 관한 기본법 제74조 제11호.

6 연방은 전술한 사항에 관한 것 이외에도 경찰을 통한 진압적 임무의 수행에 관한 것을 규율할 수 있다.[5)] 기본법 제74조 제1호에 따르면 연방은 형법의 영역과 형사소송법 및 질서위반법에 근거한 사법절차(司法節次)의 영역에서 권한을 갖는다.

7 행정집행은 기본법 제83조 이하의 규정에 따를 때 주의 관할에 속하는 사항이다.[6)] 이것은 주법과 관련있기는 하지만, 기본적으로 연방법의 시행과도 관련이 있다. 따라서 주의 행정관청은 예컨대 외국인법이나 (외국인의) 거소등록법상의 임무를 수행한다.

8 기본법 제87조 제1항 제2문의 입법권에 따라 인정되는 연방의 행정권한은 행정에 대한 주의 권한에 대한 실질적이고 의미있는 예외를 형성하고 있다. 연방법에 따라 연방국경보호관청, 경찰의 정보처리와 사법경찰을 위한 중앙관청, 그리고 헌법의 보호와 폭력의 행사 또는 그를 행사하기 위한 준비활동을 통하여 독일연방공화국의 외적 이익을 위협하는 연방국경 내에서의 활동으로부터 독일연방공화국을 보호하기 위하여 필요한 자료를 수집하기 위한 중앙관청이 설치될 수 있다.[7)] 그에 따라 설치된 연방수사청이나 연방헌법보호청과 같은

---

4) 연방의 경합적 입법권이 인정되는 그밖의 예에 관하여는 *Schenke*, POR, Rn. 27.

5) 진압적 임무와 예방적 임무의 구분에 관하여는 제1장 Rn. 40 ff. 참조.

6) BVerfGE 97, 198 (218).

7) 구체적인 경우에 있어서의 연방관청에 관하여는 제4장 Rn.3 ff.를 보라.

연방관청의 행정권한은 연방의 입법권이 인정하는 영역을 초과하여서는 아니 된다.[8]

1.2. 부대적(附帶的) 입법권의 한계

연방헌법재판소의 일관된 판례에 따르면 연방은 그에 대하여 자신이 일반적 입법권을 갖고 있는 영역의 경찰-질서법 측면을 규율하기 위한 부대적 입법권(附帶的 立法權, Annexkompetenz)을 가지고 있다.[9] 일반적인 경찰-질서법과 ―기본법 제74조 제1항 제1호에 따라 연방이 입법권을 갖고 있는― 형사법과의 구분과 관련하여 연방헌법재판소는 입법권의 배분에 관한 기본원칙을 다음과 같이 제시하고 있다: 9

"연방과 주 사이의 입법권의 기본법적인 배분이란 관점에서 볼 때, 공공의 안녕과 질서의 유지에 기여하는 규범 전부가 독립한 (사물)영역을 형성하고 있는 것은 아니다[BVerfGE 8, 143(149 f.) 참조]. 오히려 공공의 안녕과 질서의 유지에 기여하는 규범들은 입법권의 구분에 있어서는 그와 필연적 관계에 있는 (사물)영역에 귀속되어야 한다. (…) 단지 공공의 안녕과 질서의 유지가 연방법으로 규율되는 (사물)영역의 일부라고 법률이 규정하지 않고 있는 규정들만이 독립한 (사물)영역을 형성할 수 있다. 이러한 영역은 일반경찰법이라고 표현되며, 그에 대하여는 주가 입법권을 갖는다."[10] 10

그러나 공공의 안녕과 질서의 개념의 적용영역이 매우 광범위하므로 그에 상응하는 부대적 입법권은 좁게 이해되어야만 한다. 왜냐하면 그렇지 않게 되면 주를 위하여 존재하는 기본적인 입법권의 배분이 사실상 형해화(形骸化)되기 때문이다. 단순히 연방의 행정관청의 기능이나 연방의 제도와 관련있다는 것만으로는 연방의 권한, 경우에 따라 연방의 행정관청의 권한을 정당화하기에 충분하지 않다.[11] 침해적 조치에 대하여도 권한을 가질 수 있는 연방의 행정권한은 입법권의 측면에서도 11

8) BVerfGE 12, 205 (229); 15, 1 (16 f.); *Schoch*, POR, Rn. 41.

9) BVerfGE 3, 407 (421); 8, 143 (150); 41, 344 (355); 78, 374 (386 f.).

10) BVerfGE 109, 190 (215). 또한 BVerfGE 100, 313 (369)를 보라.

11) *Gusy*, POR, Rn. 41.

유지되어야 한다.

12 **사 례:**

연방군(聯邦軍)이 S시(市)의 시장광장에서 대규모의 열병식을 거행하려고 한다. 도심에서 행사가 거행됨으로 인하여 시와 연방군과의 유대가 외부에 표시되게 된다. 그리하여 행사전에 시장광장이 "군사안전구역(militärischen Sicherheitsbereich)"으로 지정되었다. 그에 근거하여 연방군의 헌병들이 시장광장의 시민들에게 그 장소를 떠날 것을 명령한다.12)

13 퇴거명령(Platzverweis)은 모든 주의 경찰법에 규정되어 있는 경찰-질서법상의 조치이다(바이에른주 경찰직무법 제16조; 노르트라인-베스트팔렌주 경찰법 제34조; 슐레스비히-홀슈타인주 일반행정법 제201조) 연방국방부는 연방군직접강제법(UZwGBw)* 제2조 제2항에 따라 자기보호목적으로 군사안전구역을 지정할 수 있다. 그러나 일반적 명령을 허용하는 연방군직접강제법 제2조 제3항**을 근거로 퇴거명령을 통하여 군사안전구역으로부터 사람들을 퇴거시킬 권한이 연방군에게 인정될 수 있는 것인지에 관하여는 의문이 있다. 생각건대 연방군직접강제법 제2조 제2항 제2문에 따른 차단조치는 그것이 연방군의 임무수행을 위하여 필요불가결하고, 가장 가까운 경찰관서가 지체없이 이에 관하여 통보받을 수 있는 경우에 한하여 행해져야 할 것이다.

14 상급행정법원은 위에 제시된 사례에서 그러한 권한을 인정하였는바, 그 이유로는 연방군은 공적 업무를 수행하고 공개적인 대규모의 열병식에 있어서 폭력적 행위가 행해질 위험을 방지할 수 있다는 것이 제시되었다.13) 군사안전구역의

---

12) 이 사례에 관하여는 VG Schleswig, NJW 1987, 87; BVerwGE 84, 247.

* **역주** UZwGBw의 정식명칭은 「연방군과 연합군의 군인 및 의용경비대에 의한 직접강제와 특별권한의 행사에 관한 법률」(Gesetz über die Anwendung unmittelbaren Zwanges und die Ausübung besonderer Befugnisse durch Soldaten der Bundeswehr und verbündeter Streitkräfte sowie zivile Wachpersonen)인데, 여기서는 「연방군직접강제법」이라고 약하여 칭하기로 한다.

** **역주** 연방군직접강제법 제2조 제3항은 "관할 연방군기관은 군사안전구역 내에서의 안녕과 질서를 유지하기 위하여 사람의 행위에 대한 일반적 명령을 발할 수 있고, 이 법에 따라 권한을 부여받은 자는 개별적 지시를 발할 권한을 갖는다"라고 규정하고 있다.

13) OVG Lüneburg, NJW 1988, 3280.

지정은 군사적 안전의 보장을 위하여 필요불가결한 조치이다.

그러나 연방군직접강제법 제2조의 규정은 연방군에게 —경찰법적 의미의— 공공의 안녕을 일반적으로 유지하기 위한 권한을 부여하고 있는 것이 아니라, 군사안전구역에서의 안녕과 질서를 특별하게 유지하기 위한 권한을 부여하고 있을 뿐이다. 따라서 연방행정법원은 기본법 제87a조 제1항의 부대적 입법권을 근거로 연방군이 자기보호를 위하여 위험을 방지할 권한을 부여받았다는 점을 확인하였다. 연방군은 대규모 열병식의 차질없는 진행을 보장하기 위한 조치를 취할 수 있다. 그러나 그럼에도 불구하고 연방군의 권한은 좁게 해석되어야 한다. 구체적인 퇴거명령은 위법한 것이었다.[14) 15

2. 연방의 법(률)

기본법에 규정된 입법권의 배분을 근거로 연방의 경찰관청으로 하여금 경찰-질서법적 성질을 가진 임무를 담당하도록 하고 있는 연방의 법(률)규정이 존재한다. 그리하여 연방경찰(Bundespolizei)은 연방고유의 행정으로 수행되고, 연방 내무부의 사무범위 내에 포함된다(연방경찰법 제1조). 16

다른 한편으로 연방의 법(률)상의 많은 규정들은 주의 경찰관청이 수행하는 실질적 의미의 경찰-질서법의 내용을 담고 있다.[15) 이러한 점을 고려하여 주법(州法)은 경찰-질서관청이 다른 법률에 의하여 위임된 그와 같은 임무를 수행한다는 점을 분명히 하고 있다(헤센주 「공공의 안녕과 질서에 관한 법률」 제1조 제2항; 노르트라인-베스트팔렌주 질서행정청법* 제1조 제3항; 노르트라인-베스트팔렌주 경찰법 제1조 제4항). 17

그것이 경찰-질서법적인 규정을 포함하고 있는 경우에는 관련 연방법은 특별법의 18

---

14) BVerwGE 84, 247 (255 ff.).

15) 이에 관한 전반적 논의에 관하여는 *Lisken*, in: Lisken/Denninger, C Rn. 1 ff.와 *Denninger*, in: Lisken/Denninger, E Rn. 6 ff.

* **역주** 질서행정청법은 Ordnungsbehördengesetz를 번역한 것인데, 이 법률의 정식명칭은 「질서행정청의 조직과 권한에 관한 법률」(Gesetz über Aufbau und Befugnisse der Ordnungsbehörden)이다.

지위에 있으며, 주법보다 우선적으로 적용된다. 따라서 당해 영역에 관한 특별한 규정이 존재하는 경우에는 경찰-질서법상의 개괄적 수권조항을 적용하는 것은 더 이상 고려되지 않는다.[16) 이에 반하여 연방법이 존재하지 않는 경우에는 개별사안에 따라 일반법인 주법이 적용될 수 있다(예컨대 헤센주 「공공의 안녕과 질서에 관한 법률」 제1조 제3항). 그것은 종종 장해(Störung)에 대한 책임과 일반적 행위기준(예컨대 비례의 원칙)에 관한 규정과 관련되어 있다.

19 위험의 방지에 기여하는 권한규범은 예컨대 경제법에서도 발견된다. 영업법(GewO) 제35조 제1항 제1문에 따르면 영업주를 신뢰할 수 없는 사실이 존재하는 경우에는 영업을 금지시킬 수 있다. 신청인의 신뢰성이 결여되어 있거나 영업으로 인하여 환경에 유해한 영향이 발생할 우려가 있는 경우에는, 요식업법(料食業法, GaststättenG) 제4조에 따라 요식업영업허가의 발급이 거부될 수 있다.[17)]

20 연방임미씨온보호법(BImSchG) 제17조 제1항에 따르면 허가가 발급된 이후에도 법적인 의무의 이행을 위하여 사후적으로 명령이 발해질 수 있다. 그와 같은 행정행위는 —환경에 대한 위험이 방지되어야 하기 때문에— 기본적으로 질서법적 성격을 띠게 된다. 그러나 환경에 대한 위험방지를 위한 환경법상의 수단들은 매우 다양하며, 명령이나 금지에 국한되지 않는다. 즉, 명령이나 금지 이외에도 사전배려, 계획과 배분, 정보(의 제공) 혹은 조세법적 유인책이 고려된다.[18)] 정보화사회에서 오늘날의 법이 지향하는 법규정을 단지 질서법적 범주만으로 이해하여서는 아니 된다. 다른 한편 환경법을 위반하는 것은 공공의 안녕을 침해하는 것으로서, 그에 관하여 다른 특별한 권한규정이 없다면 일반 경찰-질서법에 근거한 조치를 정당화시킬 수도 있다.

21 그러나 일반규정에 근거하는 것은 그것이 특히 기본권과 관련있는 경우에는 매우 엄격한 한계 내에서만 가능하다. 집회법(VersG)*은 기본법 제8조 제2항을 구체화하고 있다.[19)] 그것은 옥내집회의 금지(집회법 제5조)와 옥외집회의 금지(집회법 제15조

16) 개괄적 수권조항(Generalklausel)에 관하여는 제6장 Rn. 8 ff.

17) *Maurer*, Allgemeines Verwaltungsrecht, § 7, Rn. 2.

18) Vgl. Hoffmann-Riem, in: ders./Schmidt-Aßmann/Voßkuhle (Hg.), Grundlagen des Verwaltungsrechts, Band Ⅱ, 2008, § 33 Rn. 9 ff.

제1항), 집회의 해산(집회법 제13조, 제15조 제2항), 집회에의 참가배제(집회법 제18조 제3항, 집회법 제19조 제4항)에 관한 권한을 내용으로 하고 있다. 관할은 주법에 따라 정해진다.[20] 집회법 제13조와 제15조에 따른 집회의 금지는 직접적으로 기본권과 관련이 있으므로, 이들 규정은 집회법상의 다른 침해권한과 마찬가지로 종국적 성질을 갖는다.[21] 기본법 제9조 제2항과 결사의 금지에 관한 종국적 규정인 결사법(結社法, VereinsG) 제3조의 관계 또한 같은 방식으로 이해될 수 있다.[22]

3. 주(州)의 법

경찰-질서법은 주가 고유한 입법권을 갖는 영역에 속한다. 기본법 제70조에 따라 이에 대하여는 주에게 입법권이 부여되어 있고, 주는 이러한 입법권을 다양한 형태로 행사한다. 통일경찰법모범초안을 기초로 하여 제정된 (연방 각주의) 실질적 규정들은 서로 유사하다. 그러나 행정관청의 조직과 관할의 관점에서 보면, 매우 다양한 유형이 존재한다. 많은 주들은 통일적 규정을 선호하고, 다른 주들은 경찰의 임무와 경찰의 조직에 관하여 많은 법률을 갖고 있거나(예컨대 바이에른주) 경찰-질서관청(예컨대 노르트라인-베스트팔렌주)이나 안전관청(Sicherheitsbehörden)에 관한 많은 법률을 제정하고 있다. 22

경찰-질서법 이외의 주법(州法, Landesrecht)을 시행하고 관철시키는 것 또한 경찰-질서관청의 임무임은 너무도 당연하다. 건축법은 건축시설에 관한 실질적 조건을 규율하는바, 이 경우 최소기준을 확정하는 것 외에 위험방지 또한 주 건축법의 중요한 목적이다.[23] 전술한 프로이센 상급행정법원의 크로이츠베르크 23

---

* 역주 집회법은 Versammlungsgesetz를 번역한 것인데, 이 법률의 정식명칭은 「집회와 행진에 관한 법률」(Gesetz über Versammlungen und Aufzüge)이다. 한편 2006년의 연방주의적 기본법 개정으로 인하여 집회에 관한 규정을 정립할 권한이 주에게 사실상 이전됨으로 인하여 연방의 각 주에서 집회에 관한 법률들이 제정되고 있는바, 여기서의 집회법은 종래의 연방법으로서의 집회법을 말한다.

19) 이에 관하여 일반적인 것은 BVerfGE 69, 315.

20) *Knemeyer*, POR, Rn. 543.

21) VGH BW, NVwZ 1998, 761 (762 f.); *Dietel/Gintzel/Kniesel*, Versammlungsrecht, § 15, Rn. 4.

22) *Löwer*, in: v. Münch/Kunig, Art. 9, Rn. 53 f.

판결이 '건축경찰'과 관련된 것이었다. 건축법의 측면에서 보면 경찰-질서법의 규정은 (건축법의) 흠결을 메우는 기능을 한다.[24] 주법의 규정을 위반할 우려가 있거나 이미 주법의 규정을 위반한 것은 경찰-질서법상의 조치를 정당화할 수 있다. 왜냐하면 주법의 규정을 위반하는 것은 공공의 안녕을 침해하는 것이고, 그로 인하여 경찰-질서법의 임무영역이 시작되기 때문이다.

4. 행정규칙

24 행정규칙(行政規則, Verwaltungsvorschriften)은 실무에 있어 매우 중요한 의미를 갖는다. 행정규칙을 나타내는 용어는 여러 가지가 있을 수 있는바, 예컨대 '지침(Richtlinien)', '일반적 지시(allgemeine Anweisungen)' 또는 '근무규칙(Dienstvorschriften)' 등과 같은 것이 그것이다. 행정규칙은 일반적-추상적 법률을 구체화하고 세부적인 사항에 대하여 지시를 행함으로써 행정이 법률을 집행할 수 있도록 하여 준다. 집행실무에 있어서는 행정규칙이 법률보다 더 중요한 의미를 갖는 경우가 종종 있다.

25 지배적 견해에 따르면 행정규칙은 법률의 수권 없이도 제정할 수 있는바, 왜냐하면 행정규칙은 국민들에 대하여 직접적으로 외부적 효과를 미치지 않는 것이 원칙이기 때문이다.[25] 행정규칙을 제정할 권한은 입법권에 속하는 것이 아니라 집행권에 속하는 것이다(기본법 제84조 제2항, 제85조 제2항 1문, 제86조 제1문 참조).

26 행정규칙은 행정기관이 스스로 그의 고유한 (규율)권한에 근거하여 제정하는 대내적(對內的) 법규범이다. 따라서 그 효력을 발생하기 위하여 반드시 공표될 필요는 없다.[26] 권한규범의 적용은 간명하여야 하기 때문에 행정규칙은 구체화기능을 가진다. 경찰-질서법은 원칙적으로 평등하게 집행되어야 하기 때문에 행정규칙은 평등기능을 가진다(기본법 제3조 제1항). 각 주(州) 간의 협력이

---

23) 예컨대 바이에른 건축법 제3조 참조.

24) BVerwGE 11, 95 (96).

25) *Maurer*, Allgemeines Verwaltungsrecht, § 24, Rn. 20 ff. m.w.N.

26) BVerwGE 61, 15 (40); 반대의 견해로는 *Gusy*, DVBl. 1979, 720.

필요한 경우에는 그 법적 근거가 유사하여야 할 필요가 있으므로, 행정규칙은 여러 주(州) 간에 조정기능을 가진다.[27]

행정규칙은 그 목적에 따라 여러 유형으로 세분될 수 있다.[28] 행정관청의 구조나 조직과 관련된 행정규칙이 대내적이라는 것은 명백하다. 행정규칙이 법률의 흠결을 메우고 법률의 유보를 침해하지 않는 한 행정규칙은 행정적 보충법(administratives Ergänzungsrecht)의 성격을 갖는다고 할 것인데, 「형사절차와 과태료부과절차를 위한 지침」(RiStBV)* 같은 것이 그 예이다.[29] 법률규정을 용이하게 적용할 수 있도록 해주는 행정규칙은 행위를 유도하는 성격을 가진다. 그러한 행정규칙은 특히 규범을 해석하거나 재량행사의 기준을 제공한다. 27

행정규칙의 외부효(外部效, Außenwirkung)는 일반행정법에서 아주 많이 다투어지고 있는 주제이다.[30] 판례는 외부효를 부인하며, 단지 행정규칙의 수범자인 행정관청 및 공무원에 대한 구속력만을 인정하고 있다.[31] 그러나 행정의 자기구속은 고려될 수 있다. 법적용이 통상적인 경우와 다른 경우에는 국민은 일반적인 행정관행이 근거하고 있는 행정규칙을 자신의 주장의 근거로 끌어들일 수 있다.[32] 행정규칙은 더 나아가 민법 제839조 및 기본법 제34조에 따른 공무원의 직무상 불법행위를 원인으로 하는 국가배상청구권(Amtshaftungsanspruch)을 발생시킬 수도 있다.[33] 위법한 국가의 작위나 부작위가 행정규칙으로 인하여 야기되었다면 국가책임이 발생하게 된다. 28

---

27) *Gusy*, POR, Rn. 32 ff.

28) *Ossenbühl*, Verwaltungsvorschriften und Grundgesetz, 1968, insbesondere S. 362 ff., 438 ff., 449 ff.

* **역주** RiStBV는 'Richtlinien für das Strafverfahren und das Bußgeldverfahren'의 약어인데, 그의 구체적 내용에 관하여는 이하의 인터넷문헌 참조: http://www.verwaltungsvorschriften-im-internet.de/bsvwvbund_01011977_420821R5902002.htm.

29) *Meyer-Goßner*, StPO, A 15에 게재되어 있다.

30) BVerwGE 15, 19, 34; BVerwGE 122, 264 - 271; DOV 2005, 602-604; *Maurer*, Allgemeines Verwaltungsrecht, § 9, Rn. 26 ff.

31) BVerwGE 61, 15 (40).

32) BVerwGE 52, 193 (200).

33) BGHZ 10, 389 f.; 27, 278 (282).

복습문제

1. 기본법의 어떤 규정들이 경찰법 영역에서 연방의 입법권을 발생시키거나 제한하는 것과 관련하여 특히 중요한가? (Rn. 2)
2. 경찰에 관한 주의 입법권의 적용범위를 설명하시오. (Rn. 22 f.)

제4장 경찰-질서관청의 조직

경찰-질서법에 따른 경찰의 임무는 기본법상의 연방적 질서의 기준에 따라 수행된 다.[1] 따라서 경찰의 임무는 기본법 제30조, 제70조 이하 및 제83조 이하의 규정에 따른 연방과 주 사이의 권한배분에 관한 일반원칙에 따르게 된다. 주와 연방의 권한의 귀속과 관련하여 연방헌법재판소는 본질적으로 규정의 목적과 기본법상의 관할규정과의 사물적 관련성을 기준으로 양자를 구분하고 있다.[2] 1

이와 같은 사물적 권한에 더하여 연방은 경찰의 임무를 수행하는 관청을 설립할 권한을 갖는다. 이러한 경향은 일련의 임무의 중앙집권화, 종국적으로는 연방경찰의 강화라는 결과를 가져오게 된다. 그 이유로는 다음의 2가지를 들 수 있다: 즉, 한편으로는 중앙기관이 처리하는 경찰업무의 국제화의 과정에서 외국의 경찰관청과의 협력때문이고, 다른 한편으로는 특히 기술적이고 전문적 역량이 요구되어 단지 몇몇의 기관만이 그를 처리할 준비가 되어 있는 정보처리의 영역에서의 전문화 때문이다. 2

1. 연방의 경찰-질서관청

연방의 경찰관청은 연방법(률)을 근거로 하여 활동한다(기본법 제86조 이하 참조). 연방의 경찰관청은 기본법으로부터 도출되는 특정한 영역에서의 위험방지임무를 담당하고 있다. 연방의 경찰관청은 그 외에도 제한된 범위 내이기는 하지만 형사소추의 임무 또한 담당하고 있다. 이 밖에도 안전보장의 영역에서 임무를 수행하는 연방관청, 따라서 안전관청(Sicherheitsdienste)*이라고 할 수 있는 연방관청이 있다.[3] 권 3

1) *Kugelmann*, in: Handbuch des Föderalismus 2011, § 52.

2) BVerfGE 109, 190 (215); 98, 265 (300).

* 역주 검찰이나 정보기관 등이 이에 해당한다고 할 수 있다.

3) 이러한 내용에 대해 개괄적인 것은 *Kretschmer*, Jura 2007, 336; 또한 *Gröpl*, Die

한에 관한 (기본법상의) 근거규정은 임무의 할당을 명확히 규정함과 동시에 연방관청이 담당할 수 있는 활동의 한계 또한 명확히 규정하고 있다. 연방에게 특별한 관청과 중앙기관을 설립할 권한을 부여하고 있는 기본법 제87조 제1항 제2문은 특별한 의미를 갖는다.[4] 이 규정에 근거하여 연방수사청, 연방헌법보호청 및 연방경찰이 설립되었는바, 이들에게는 다른 관할규정(예컨대, 기본법 제73조 제6a호 및 제10호)에 따라 광범위한 임무가 부여되어 있다. 설립을 위한 전제조건이 충족되는 경우 연방은 기본법 제87조 제3항 제1문에 따라 중앙기관을 설립할 것인지 아니면 독립적인 연방상급관청*을 설립할 것인지에 대한 선택권을 갖는다. 연방헌법재판소는 대외경제법(Außenwirtschaftsgesetz)과 관련된 관세수사청(Zollkriminalamt)의 설립에 대한 결정을 내린 바 있다.[5]

1.1. 연방경찰

4 1951년에 창설된 연방국경수비대(Bundesgrenzschutz)[6]는 시간이 흘러감에 따라 그 임무가 현저하게 확장되었는바, 연방국경수비대는 그처럼 확장된 임무를 그대로 유지하면서 2005년 6월 21일의 법률에 의해 그 명칭이 연방경찰(Bundespolizei)로 변경되었다.[7] 개정법률이 49개의 법률과 수많은 법규명령과 관련되어 있다는 사실은 그것만으로도 연방경찰이 담당하는 임무가 다양하다는 것을 잘 보여주고 있다.[8] 연방국경수비대법은 1994년의 개정을 통하여 내용에 많은 변화가 있었던바,

---

Nachrichtendienste im Regelwerk der deutschen Sicherheitsverwaltung, 1993; *Zöller*, Informationssysteme und Vorfeldmaßnahmen von Polizei, Staatsanwaltschaften und Nachrichtendiensten, 2002.

4) BVerfGE 97, 198 (214 f.).

* **역주** 연방상급관청이란 주의 상급관청에 상응하는 연방의 상급관청을 말하는 것으로 연방장관에 직속되어 있다. 연방상급관청은 사물적으로는 특정한 행정임무에 대하여, 장소적으로는 연방의 전영역에 대하여 관할권을 가지고 있다. 한편 연방상급관청 중 상당수는 그 하부기관을 갖고 있지 않은 경우가 많은데 연방수사청, 연방환경청, 연방헌법보호청, 독일특허청, 국방기술청, 청소년유해미디어검사청 등이 이에 해당된다. 이러한 점에 관하여 보다 자세한 것은 vgl. *Maurer*, Allgemeines Verwaltungsrecht, 16. Aufl., 2006, S. 568 f.

5) BVerfGE 110, 33, LS 1.

6) 연방국경수비대에 관하여는 vgl. *Drews/Wacke/Vogel/Martens*, Gefahrenabwehr, § 5 Ziff. 1b.

7) 「연방국경수비대의 연방경찰로의 명칭변경에 관한 법률」 Gesetz zur Umbenennung des Bundesgrenzschutzes in Bundespolizei, BGBl. I, S. 1818.

8) *Winkeler*, Von der Grenzpolizei zur multifunktionalen Polizei des Bundes?, 2005.

특히 정보보호법적인 요구가 고려되었다.[9)]

기본법 제73조 제5호에 의하여 국경수비대의 본래의 임무외에 보다 넓은 일련의 경찰활동이 (연방경찰의 임무로) 추가되었는데, 특히 연방철도의 안전(기본법 제73조 제6a호)과 항공교통의 안전(기본법 제73조 제6호)의 임무를 그 예로 들 수 있다. 연방헌법재판소는 「연방경찰은 국경에서의 안전확보를 위하여, 그리고 철도시설과 관련하여 예방적-경찰권한을 행사할 수 있다. 그러나 다른 한편으로는 연방경찰이 주경찰과 경합하여 광범위한 임무를 수행하는 정도로 확장되어서는 안 된다」는 점을 명백하게 확인한 바 있다.[10)] 연방경찰은 연방고유의 행정을 수행하며(기본법 제87조), 연방내무부의 직무범위 내에서 활동하는 연방의 경찰관청이다(연방경찰법 제1조 제1항). 5

연방경찰의 임무는 연방경찰법 제2조 이하를 통하여 구체적으로 확정된다. 연방경찰에게는 연방의 국경보호라는 임무가 부과되어 있다(연방경찰법 제2조). 국경경찰의 구체적 임무는 주(경찰)에게 이양될 수도 있다. 실제로 브레멘, 함부르크, 바이에른과의 관계에 있어서 연방과 주간의 행정협약(Verwaltungs-abkommen)을 통하여 이러한 일이 행해졌다.[11)] 유럽연합 영역 내에서 국가 간의 경계가 없어짐으로써 국경보호의 임무와 그와 관련된 여행의 자유에 변화가 일어났다. 그 결과가 FRONTEX,* 즉 「유럽연합가입국의 (비가입국과의) 외부경계에 있어서의 효과적 협력을 위한 유럽공동기구(Europäischen Agentur für die operative Zusammenarbeit an den Außengrenzen)」를 통한 유럽연합가입국 간의 협력이다. 국경에서의 통제가 없어지면서 특별한 불심점(不審點)없이도 국경지역으로부터 30km에 이르는 영역에서 신원확인을 할 수 있는 권한이 인정되게 되었다 — 소위 "무작위적 신원확인(無作爲的 身元確認, Schleierfahndung)".** 6

---

9) Neufassung des Bundesgrenzschutzgesetzes vom 19.10.1994, BGBl I, S. 2978; 이에 관하여는 *Schreiber*, NVwZ 1995, 521과 *Gröpl*, DVBl. 1995, 329.

10) BVerfGE 97, 198 (218 ff.); 이에 관하여는 *Hecker*, NVwZ 1998, 707.

11) *Knemeyer*, POR, Rn. 29 m.w.N.

* **역주** FRONTEX라는 약어는 프랑스어의 Agence européenne pour la gestion de la coopération opérationnelle aux <u>front</u>ières <u>ex</u>térieures의 밑줄친 부분을 통하여 만들어진 것이다.

** **역주** Schleierfahndung이란 범죄의 혐의나 구체적 위험의 존재가 증명되지 않은 경우에 있어

연방경찰법 제3조에 따르면 연방경찰은 연방철도시설 내의 영역에서 위험방지의 임무를 수행한다. 항공안전의 보장을 위하여 유사한 임무가 연방경찰에 부여되어 있다(항공안전법 제5조 및 연방경찰법 제4조 참조). 이것은 항공을 통한 사람의 입국과 관련하여 국경경찰의 임무를 수행하는 것과 관련이 있다. 해상경계에서의 안전확보와 연방경찰법 제6조에 따른 해상에서의 그 밖의 임무 간에도 이와 유사한 관계가 존재한다.

7 **사 례:**

연방경찰은 독일과 폴란드의 국경 바로 뒤에서 폴란드로부터 오는 작은 운송차량이 불법적으로 입국하는 사람을 태우고 있다고 생각하고 멈추게 하였다(연방경찰법 제44조). 연방경찰의 경찰관은 공항의 안전지역으로부터 승객을 추방하였다(항공안전법 제5조 제2항, 연방경찰법 제4조). 연방경찰은 위험방지를 위하여 철길건널목 차단기를 조작하거나 철도시설 위에서 다른 조치를 취할 수 있다(연방경찰법 제14조).

8 연방경찰은 그 밖에도 연방기구의 보호(연방경찰법 제5조), 해상에서의 임무(연방경찰법 제6조) 및 비상상황 및 군사상황에서의 임무(연방경찰법 제7조)를 행할 권한을 갖는다. 연방경찰은 연방경찰의 특수부대가 투입되어야 하는 인질극과 같은 특별한 의미가 있는 경우, 자연재해 또는 특별히 중대한 사고가 있는 경우 그리고 자유민주적 기본질서에 대한 긴급한 위험을 방지할 필요가 있는 경우 주의 관청을 지원할 수 있다(연방경찰법 제11조). 이와 같은 지원활동은 기본법 제35조에 따른 행정응원(Amtshilfe)에 근거한다.

서의 신원확인(조치)를 말하는 것이다. 이는 구체적 사정하에서 어떤 사건과의 관련성 여하를 묻지 않고(사건무관계), 또한 특별한 의심의 존재여부도 묻지 않고(의심무관련) 행해지는바, 이 점을 고려하면 Schleierfahndung은 '사건무관계, 의심무관련 신원확인조치'라고 번역할 수 있을 것 같다. 다만 이러한 용어가 지나치게 긴 듯한 인상이 짙어 본서에서는 이를 '무작위적 신원확인(조치)'라고 번역하기로 한다. 독일의 연방경찰법(BPolG) 제22조는 「직무질문과 정보제공의무」라는 제하에 제1a항에서 「국경 내의 허가되지 않는 입국을 방지하기 위하여 연방경찰은 열차의 객실 내에서 … 국경경찰상의 경험상 혹은 장소적 특성상 … 또한 국경을 통과하는 데 이용되는 항공기 내 혹은 공항의 시설 내에서 … 누구나 잠시 정지시키고 직무질문을 할 수 있으며 소지하고 있는 신분증 및 국경통과증명서(여권, 비자 등)를 검사를 위하여 제시할 것을 요구할 수 있고 소지하고 있는 물건을 육안으로 확인할 수 있다」고 규정하고 있다.

한편 무작위적 신원확인(조치)에 관한 규정은 독일의 각주의 경찰법에서도 발견되는바, 대표적 예로는 §18 Abs.7 ASOG Bln; §26 Abs.1 Nr.6 PolG BW; Art.13 Abs.1 Nr.5 BayPAG 등을 들 수 있다.

연방경찰의 해외파견은 특히 UN이 취하는 국제적 조치와 관련하여 허용된다(연방경찰법 제8조). 따라서 연방군의 투입과는 달리 연방경찰의 비군사적인 활동에 대하여는 명문의 법률 규정이 존재한다. 1994년의 법률개정을 통하여 이와 같은 규정을 도입한 것에 대하여는 정치적으로 논란이 있었던바, 왜냐하면 당시에 연방군의 해외파병 또한 정치적 논란의 대상이었기 때문이다. 연방헌법재판소는 같은 해인 1994년에 북대서양조약기구(NATO) 및 유엔활동의 차원에서 연방군을 (해외)파병하는 것은 연방하원(Bundestag)이 그에 동의한 경우에는 합헌이라고 결정한 바 있다.[12] 연방경찰의 해외파견과 관련해서는 이와 같은 의회유보(Parlamentsvorbehalt)가 존재하지 않는다. 그러나 연방정부가 (해외)파견을 결정한 경우에도 연방정부는 그 사실을 연방하원에 통보하여야 하며 연방하원은 의결을 통하여 파견을 종료할 것을 요구할 수 있는바, 그러한 한도에서 의회의 관여가 행해지고 있다(연방경찰법 제8조 제1항 제3문). 9

연방경찰법 제8조 제1항 제4문에 따른 연방하원의 철수(요구)권의 합헌성에 대하여는 의문이 제기되고 있는바, 왜냐하면 그것은 입법부가 행정부의 고유한 활동영역을 침해하는 것이며, 그러한 권한을 연방하원에게 부여하는 헌법규정이 존재하지 않기 때문이다.[13] 그러나 그러한 규정은 현재 법률유보 또는 의회유보가 존재하지 않으므로 단지 선언적 목적을 추구할 뿐이다.[14] 이와 같은 기준에 따르면, 동 규정은 합헌적이다. 10

연방경찰의 외국에서의 활동은 파견국의 공공기관과의 협력, 교육과 자문을 포함한다. 구체적인 활동은 이른바 '법적 회색지대(Grauzone)', 즉 위법인지 적법인지가 불명확한 영역에서 행해지는데, 왜냐하면 연방경찰법 제65조 제2항의 개방조항(開放條項, Öffnungsklausel)*이 불명확하기 때문이다. 개방조항은 —그것이 집행권한의 행사를 수반하지 않는 한— 연방경찰의 구성원의 활동을 가능하게 하며,[15] 연방 11

---

12) BVerfGE 90, 286 (383), Urteil vom 12. Juli 1994. 연방군의 해외파병에 관하여는 *Brenner/Hahn*, JuS 2001, 729; *Hölscheidt/Limpert*, JA 2009, 86.

13) *Drewes/Malmberg/Walter*, BPolG, § 8 n. 6; *Wiefelspütz*, Die Polizei, S. 189 (195).

14) BR-Drucks. 418/94, S. 42.

* **역주** 개방조항이란 「법규범과 일치하지 않는 예외적 합의에 대하여 그 효력을 인정해 주는 법률이나 조약상의 조항」을 말하는 것으로, 예외조항이라고도 한다.

15) *Drewes/Malmberg/Walter*, BPolG, § 65, Rn. 5.

내무부와의 합의나 그의 동의가 그 전제조건을 이룬다. 의회의 통제는 곤란한 것으로 드러났다. 따라서 연방경찰의(또한 주경찰 또는 연방경찰을 위하여 주경찰이 파견한 공무원의) 외국에서의 모든 활동에 대하여 연방하원의 동의를 규정하는 파견법(派遣法, Entsendegesetz)에 따를 것이 요구된다는 견해가 대두되고 있다.

12 특별히 유엔이나 유럽연합의 임무와 관련된 경찰상의 임무에 대한 협력을 위한 경우뿐만 아니라 연방경찰은 구체적인 경우에 있어서의 구조활동을 위하여서도 (해외)파견될 수 있다(연방경찰법 제8조 제2항). 이 규정은 알바니아 내전(內戰)* 당시 1997년 3월 14일 연방군이 엄호사격을 받으면서 티라나의 독일대사관으로부터 사람들을 구출하던 때의 헬리콥터의 투입과 같은 상황과 관련 있다.[16)]

13 연방경찰의 권한은 주경찰관청의 권한과 유사하다. 연방경찰법 제14조는 개괄적 수권조항을 규정하고 있다. 연방경찰은 자신의 임무수행을 위하여 개인정보를 수집할 수 있고(연방경찰법 제21조), 사진촬영을 할 수 있으며(동법 제26조, 제27조), 보호조치를 취하거나(동법 제39조) 신체를 수색할 수 있다(동법 제43조). 또한 연방경찰은 주경찰법에서도 규율하고 있는 일련의 조치를 행할 수 있다. 연방경찰은 연방경찰법 제12조의 기준에 따라 —예컨대 철도시설에서의 범죄행위의 수사와 같은— 형사소추의 영역에서 경찰상 임무를 수행한다. 연방경찰이 발하는 명령의 집행은 연방의 행정집행법(VwVG)에 따라 행해지며, 강제조치는 연방의 「직접강제에 관한 법률」(UZwG)에 근거하여 행해진다.

14 연방국경수비대의 창설 이후 그 임무는 지속적으로 확장되었으며, 그로 인하여 연방국경수비대의 성격 또한 변화되었다. 오늘날 연방경찰은 제한된 범위의 임무만을 수행하는 경찰이다. 그러나 그 제한된 범위 내에서는 광범위한

---

* **역주** 알바니아 내전은 1997년 2월 금융 피라미드사기사건과 이를 계기로 사임한 전 베리샤 대통령과 집권당 나노총리의 대립, 지역갈등에 따른 정부의 지방에 대한 통치력 약화 등 잠재적 갈등요인이 야당지도자 하즈다리 피살사건을 계기로 표면화되면서 발생한 분쟁이다. 내전 초기에는 시민들의 (폭력을 동반한) 단순한 시위형태였으나 1997년 3월 들어 내전형태로 비화되었으며, 사망자만 2천여 명에 이르렀다. 알바니아 내전의 원인, 전개양상 등에 관하여 자세한 것은 다음의 인터넷문헌 참조: http://lemonmk.tistory.com/63.

16) *Fischer*, in: Ipsen, Völkerrecht, 5. Aufl., 2004, § 59, Rn. 33, 국제법적 관점에서 바라보면 이것은 (실력행사를 포함하는) 자국민의 보호를 위한 개입으로 원칙적으로 허용될 수 있다.

권한을 행사한다.[17] 기본법이 규정하고 있는 그의 권한근거에 따를 때, 연방경찰이 지나치게 광범위한 임무를 수행하여서는 아니 된다. 왜냐하면 그렇지 않다고 하게 되면 연방경찰이 소위 독일식 FBI라는 의미에서 주경찰과 경합할 수 있기 때문이다.[18] 이는 위헌이 될 수도 있다.[19] 그러나 실무적으로 연방경찰이 갖는 의미는 점점 증가되고 있다.[20] 조직범죄나 테러에의 대처, 안전보장(임무)의 유럽화와 같은 도전이 중앙집권화의 경향을 초래하고 있으며, 그로 인하여 연방수사청과 연방경찰이 강화되고 있다.[21] 결과적으로 주경찰관청이 연방경찰과의 협력을 점점 더 요구하고 있으며, 주경찰관청의 활동영역은 축소되고 있다.[22] 연방경찰의 임무증가에 대한 최근의 예로는 2002년 1월 9일 제정된 대테러방지법에 의하여 연방경찰이 독일국적 항공기에의 탑승과 관련된 위험방지를 위한 임무를 수행하게 된 것을 들 수 있다(연방경찰법 4a조).[23]

관할(권)의 충돌에 관하여는 연방경찰법 제64조 이하가 규율하고 있다. 주경찰의 관할과의 구분과 관련하여서는 어려운 문제가 제기될 수 있다. 연방경찰법 제65조에 따르면 주법이 그에 관하여 규정하고 있는 경우에는 연방경찰의 경찰집행공무원이 주의 관할권이 미치는 범위 내에서도 활동할 수 있다(예컨대 바덴-뷔르템베르크주 경찰법 제78조 제3항 제1문; 라인란트-팔츠주 경찰질서법 제86조 제3문). 연방경찰은 장소적으로 철도시설에서의 위험방지 및 형사소추 업무에 대한 관할권을 가진다. 철도시설이란 철도를 운영하기 위하여 필요한 모든 시설물, 즉 철도역사, 철도선로 및 기타 시설물을 말한다(철도운영규정 제4조). 위험을 야기한 자 또는 범죄혐의자가 철도시설을 벗어나고 있는 경우에 그를 추적하여야 한다면, 현행범체포를 위한 추적 이외에 행정응원에 대한 요 15

17) BVerfGE 97, 198 (215)는 *Bull*, in: Alternativ kommentar zum GG, 2. Aufl., 1989, Art. 87, Rn. 79.에 따라 "다기능(多技能)적으로 투입가능한 연방의 경찰"이라고 하고 있다.

18) *Schenke*, POR, Rn. 442.

19) Vgl. BVerfGE 97, 198 (218); *Trute*, DieVerwaltung 32 (1999), 74 f.

20) *Lisken*, in: Lisken/Denninger, C Rn. 146을 보라.

21) *Mehde*, JZ 2005, 815 (817).

22) *Schoch*, POR, Rn. 42.

23) BGBl. 2002 I, S. 361. 자세한 것은 *Denninger*, StV 2002, 96; *Nolte*, DVBl. 2002, 573; 외국에 거주하는 국민에 대한 영향에 관하여는 *Kugelmann*, ZAR 2003, 96.

청이 필요할 수 있다. 철도경찰의 관할(권)은 철도이용승객이 아닌 사람, 예컨대 철도역사 내의 음식점이나 서점의 고객에 대해서도 미친다.

16 **사 례:**

기차역앞 광장에서의 교통질서유지라는 문제는 연방경찰법, 주의 질서법 그리고 공물법이 교차하는 지점에 놓여 있다. 연방경찰공무원이 기차역 앞의 주차장에서 주차시간 표시시계*를 검사할 수 있는가? 도로법에 따라 공용지정(公用指定, Widmung)이 있는 경우에는 일반적으로 시(市)의 질서관청이 그에 대하여 관할권을 갖는다. 이와 같은 (관할권의) 중첩은 토지관할범위를 넘어서는 다른 조치와 관련하여서도 발생할 수 있다.

17 연방경찰은 계층적(階層的, hierarchisch)으로 조직되어 있다. 연방경찰본부(Bundespolizeipräsidien), 연방경찰지부(聯邦警察支部, Bundespolizeidirektion), 연방경찰교육원(Bundespolizeiakademie), 연방경찰서(Bundespolizeiämtern)로 구성되어 있던 연방경찰의 옛날 조직은 2008년 3월 1일에 「연방경찰의 신조직을 위한 법률(Gesetz zur Neuorganisation der Bundespolizei)」이 시행됨으로 인하여 사라지게 되었다.[24] 그 이후로 뤼벡(Lübeck)에 있는 연방경찰교육원, 상크트 아우구스틴(Sankt Augustin)에 있는 연방경찰의 대테러 특공부대인 GSG 9**, 연방경찰항공대(Bundespolizeiflieger-

---

* 역주 주차시간 표시시계(아래 사진 참조)란 차량을 주차시킨 시간을 나타내는 것으로 독일의 모든 운전자들이 차량에 비치해두고 있는데, 따로이 주차미터기가 없는 도로의 경우 독일의 차량운전자는 주차표시시계를 자신이 차량을 떠나기 직전의 시간으로 맞추어 놓고 당해 도로에서 주차가 허용되는 시간 내에 돌아와야 한다.

24) BGBl. I. S. 215.

** 역주 GSG 9은 'GSG 9 der Bundespolizei'의 약어로 독일 연방경찰의 대테러특공부대이다. GSG의 임무와 GSG가 Grenzschutzgruppe의 약어라는 점을 고려하여 '국경수비특공대'라고 번

gruppe) 외에 지역을 단위로 하는 9개의 연방경찰지부*가 포츠담에 위치하는 연방경찰본부 직속으로 되었고, 연방경찰지부의 하부조직으로 연방경찰파출소(Bundespolizeiinspektionen)**가 있다. 다른 연방경찰지부에 비하여 특별한 지위를 가지는 연방경찰지부가 있는바, 풀다탈(Fuldatal)에 있는 연방기동경찰본부(Direktion der Bundesbereitschaftspolizei)가 그것이다. 독일연방 전 영역에 걸쳐 기동경찰임무에 대한 권한을 갖고 있는 10개의 연방경찰기동대(Bundespolizeiabteilungen)가 연방기동경찰본부 산하에 있다. 연방경찰본부는 상급관청으로서 이와 관련하여 근무감독, 전문적 감독 및 연방경찰의 전략조정에 대한 권한을 갖는다. 연방경찰의 경찰공무원의 법률관계에 대하여는 연방경찰공무원법(Bundespolizeibeamtengesetz, BPolBG)이 규율하고 있다.[25)]

연방내무부가 설치한 "안전관청 평가위원회(소위 Werthebach위원회)"가 2010년 12 **18**
월 9일에 제출한 "새로운 안전구축구조***를 위한 신호"라는 보고서의 대상은 연방경찰과 연방차원의 다른 경찰관청의 발전이다.[26)] 동 위원회는 현재의 안전구축구

역하거나 '9'라는 숫자에 착안하여 '독일연방경찰 9부대'라고 번역되기도 하지만, 독일 내에서 이 부대를 지칭할 때 아무런 설명 없이 GSG 9이라고 함을 고려하여 본서에서도 GSG 9이란 용어를 그대로 사용하기로 하겠다.

한편 GSG 9의 설립배경은 다음과 같다: 1972년 뮌헨 올림픽 당시에 팔레스타인 게릴라단체인 「검은 9월단」이 이스라엘선수단 중 14명을 납치한 사건이 있었는데 이 이스라엘 인질구출작전에서 11명의 선수가 사망하면서 인질구출작전은 사실상 실패로 돌아갔던바, 그 원인을 대테러방지에 대한 전문인력의 부족이라고 판단한 당시 독일수상 빌리 브란트가 대테러전문부대의 창설필요성을 역설하면서 창설되었다. GSG 9에 관한 보다 자세한 설명에 관하여는 http://de.ikipedia.org/wiki/GSG_9_der_Bundespolizei 참조.

* **역주** 현재 설치되어 있는 9개의 연방경찰지부는 다음과 같다: ① 베를린 지부(베를린 관할), ② 브란덴부르크 지부(브란덴부르크주 관할), ③ 뮌헨 지부(바이에른주 관할), ④ 프랑크푸르트 공항지부(프랑크푸르트 공항 관할), ⑤ 슈투트가르트 지부(바덴-뷔르템베르크주 관할), ⑥ 코블렌츠 지부(자를란트주와 라인란트-팔츠주 관할), ⑦ 장크트 아우구스틴 지부(노르트라인-베스트팔렌주 관할), ⑧ 하노버 지부(브레멘, 함부르크, 니더작센주 관할), ⑨ 피르나 지부(작센주, 작센-안할트주, 튀링엔주 관할).

** **역주** 현재 독일 전역에 67개의 연방경찰파출소가 설치되어 있다.

25) Sartorius I, Nr. 200.

*** **역주** 유럽화, 국제화가 진행되면서 안전기관의 임무와 권한에 변화가 일어났으며, 이로 인하여 안전기관의 조직구조 또한 근본적으로 새로이 구축될 필요가 생겨났다. 그리고 이러한 점에 착안하여 '구축구조'라는 용어가 사용되고 있다.

26) 이 보고서는 곧바로 Sicherheit(안전)을 주제로 하는 출판물시리즈로 출간되었는바, 그 내용은 http://www.bmi.bund.de/cln_156/SharedDocs/Downloads/DE/Themen/Sicherheit/Bundespolizei

조의 문제점을 탐구하고, 연방수사청과 연방경찰 및 관세청 간의 협력에 있어서의 결점을 규명하고 있다. 결론적으로 보고서는 무엇보다도 연방수사청과 연방경찰을 점진적으로 하나의 (새로운) 연방경찰로 통합할 것을 권고한다. (새로운) 연방경찰로의 통합의 장점은 물자의 조달, 인원채용, 교육/재교육에서 기대될 수 있다. 연방수사청 및 (새로운) 연방경찰에게 특별한 사정하에서 연방의 관할영역 내에서 개시되는 수사절차를 스스로 진행할 권한, 즉 문제가 된 사건의 수사권한에 대한 사건이송요구권(事件移送要求權, Evokationsrecht)을 인정할 것을 제안한 것은 법적으로 특별한 의미를 갖는다.

19 이와 같은 제안은 연방의 정계(政界) 일각에서 그리고 일련의 주에서 반대에 부딪히고 있다. 그것이 현실적으로 실현될 가능성 또한 그리 높아 보이지 않는다. 주는 연방수사청 및 연방경찰이 통합되게 되면 강력한 연방경찰이 생겨나고, 그로 인하여 주의 경찰고권(警察高權, Polizeihoheit)이 —헌법적으로 문제있는 방식으로— 유명무실하게 될 것을 두려워한다. 이러한 의심은 충분히 설득력이 있다. 왜냐하면 이러한 의심은 「연방경찰관청의 개혁은 연방과 주의 권한배분의 관점에서 볼 때 현재의 실정법 상황 및 헌법적 상황과 부합될 수 없으며, 그 결과 개별적 조치들 또한 연방차원에서의 통합적 경찰활동시스템으로 이행되는 결과를 야기할 수 있다」는 측면을 고려하고 있기 때문이다.

1.2. 연방수사청

20 연방은 기본법 제87조 제1항 제2문에 따라 경찰의 정보관련업무와 사법경찰을 위한 중앙기관을 설립할 권한을 가지며, 기본법 제73조 제10호에 따라 사법경찰업무의 수행에 있어 연방과 주의 협력을 위한 규율을 제정할 권한을 가진다. 연방은 1951년 3월 8일에 「연방수사청의 설립에 관한 법률(BKAG)」을 제정함으로써 이러한 권한을 처음으로 행사하였는바, 동법은 법률이 규율하는 임무를 확장함과 동시에 정보보호의 요청을 고려하기 위하여 1969년에 보충되고 1973년과 1997년에 새로이 개정되었다.[27] 몇몇의 임무는 연방이 갖는 다른 관할권을 그 근거로 하고 있

에서 찾아볼 수 있다(Referenz 2.5.2011).

27) 1997년 7월 7일의 법률, BGBl. I 1650; Auszüge in Sartorius I, Nr. 450; 이에 관하여는 *Schreiber*, NJW 1997, 2137; *Riegel*, NJW 1997, 1408; 이에 대하여 이미 비판적 견해를 제시한

다.[28] 연방수사청(聯邦搜査廳, Bundeskriminalamt: BKA)은 그 본부를 비스바덴(Wiesbaden)에 두고 있다.

안전확보라는 임무의 중앙집권화경향은 연방경찰의 경우와 마찬가지로 연방수사청도 강화시키는 결과를 가져왔다.[29] 그 이유는 특히 정보를 중앙에서 수집하고 평가하는 연방수사청의 기능, 그리고 국제협력을 위한 대화파트너와 중심기관으로서의 연방수사청의 역할에서 찾을 수 있다(연방수사청법 제3조). 연방수사청에 임무를 할당하는 것은 몇몇 영역에서 안전관청의 진압적 활동과 예방적 활동의 구분이 불명확하다는 것을 분명하게 보여준다.[30] 21

연방수사청법 제1조에 따를 때 연방수사청은 주와의 협력을 위한 중앙기관으로서 기능한다. 경찰영역에 있어서 중앙기관이라는 지위는 주의 권한과의 긴장관계에 있다. 따라서 연방수사청법 제1조 제3항은 위험방지가 주의 권한이라는 것을 명백히 하고 있다. 연방수사청법 제2조는 중앙기관의 기능이 무엇보다도 정보의 수집과 이용을 목적으로 하고 있음을 분명히 하고 있다.[31] 그 밖에도 연방수사청은 조정 및 지원의 임무를 담당하고, 감식기관을 보유하고 있으며, 범죄행위에 대하여 학문적 조사를 행하고, 범죄기술 전문감정서를 작성한다. 연방수사청은 연방과 주간의 전자정보통합망의 중앙기구로서 매우 민감한 개인정보를 포함하는 자료를 작성하고 관리한다(연방수사청법 제8조).[32] 더 나아가서 연방수사청은 주가 처리를 위임하는 경우에는 자료를 저장하고 보유할 수 있다. 22

사 례: 23

연방수사청은 'DNA 신원확인표본'(DNA-Identifizierungsmuster)이 저장되어 있는 파일(소위 유전자정보)을 관리한다. 형사소송법 제81g조[33]에 따라 중대범죄행위 또는

것으로는 *Denninger*, CR 1988, 51.

28) *Gusy*, POR, Rn. 51, 52.

29) *Mehde*, JZ 2005, 815 (817).

30) *Bull,* in: Festschrift für Götz, 2005, S.341과 *Martinez Soria*, ebd., S. 359를 보라.

31) 또한 연방수사청법 제11조, 제12조를 보라.

32) *Denninger*, CR 1988, 51.

33) 2005년 8월 12일의 「포렌식 DNA분석의 수정을 위한 법률」에 의해 개정되었다, BGBl. I, S. 236; 이에 관하여는 *Senge*, NJW 2005, 3028.

성적 자기결정권에 대한 범죄행위를 범하였다는 혐의를 받고 있는 피의자는 신원확인을 위하여 체세포가 채취되고, DNA 신원확인표본확인을 위하여 유전자검사를 받게 된다. 수집된 정보는 연방수사청에 저장되고 연방수사청법이 정하는 기준에 따라 사용될 수도 있다(형사소송법 제81g조 제5항). 자료는 형사소추의 목적을 위하여 사용될 수 있으며, 또한 위험방지 및 국제 사법공조(司法共助)를 위하여서도 사용될 수 있다 (형사소송법 제81g조 제5항 제2문).[34]
매우 민감한 정보는 향후의 사건에 있어 ―예방적으로 또는 진압적으로― 신속하게 접근할 수 있도록 하기 위하여 연방수사청이 관리하고 보유한다. 정보의 자기결정권 및 신체의 불가침성에 대한 침해는 특히 비례의 원칙이란 관점에서 심사되어야 한다 (이하 제10장 Rn. 32 이하를 보라).

24 1997년의 법률개정으로 인하여 연방수사청은 범죄행위에 대한 예방적 대처에 관하여 어떠한 권한도 갖지 못하게 되었는바, 그 이유는 연방수사청이 구체적 범죄행위의 전 단계에서 정보수집권한을 갖는 것에 대해 주가 회의적인 입장을 취하였기 때문이다.[35] 그러나 정보풀(Informationspool)로서의 연방수사청의 활용은 매우 중요하다. 1997년의 법률개정 이유는 특히 개인정보의 수집과 처리가 연방수사청의 활동이라는 것을 분명히 하기 위한 것이라는 데에 있다. 따라서 그 영역에 고유한 특별규정인 연방수사청법 제7조 및 제10조 및 다른 특별규정이 도입되었으며, 그로 인하여 주의 경찰법과 연방경찰법이 조화를 이루게 되었다. 그 후 연방과 주가 공동으로 운영하는 경찰정보시스템인 INPOL*이 법률로 규정되었는바, 그의 유지는 연방수사청이 행한다(연방수사청법 제2조 제3항). INPOL은 연방차원에서 경찰이 보유하고 있는 정보를 비교해 보는 것을 가능케 하며, 특히 수배자료(Fahndungsdaten), 구금 및 체포자료(Haftdatei), 범죄흔(犯罪痕)자료시스템(Spurendokumentationssysteme) 및 중요범죄수법자료(zentrale Tatmittelnachweis)를 포함한다.[36]

25 연방수사청은 위험방지와 형사소추 영역에서의 국제협력을 위한 핵심기구이다(연방수사청법 제3조). 위험방지에 대하여는 주가 관할권을 갖고 있다. 그러나 그럼에

---

34) *Rackow*, Das DNA-Identitätsfeststellungsgesetz und seine Probleme 2001, S. 173 ff.

35) *Schreiber*, NJW 1997, 2127 (2142).

* **역주** 독일경찰의 정보시스템인 INPOL의 성립배경 및 역사, 그 내용 등에 대하여 보다 자세한 것은 다음의 인터넷문헌 참조: http://de.wikipedia.org/wiki/INPOL.

36) *Schenke*, POR, Rn. 211.

도 불구하고 —연방수사청이 연방 및 주의 경찰과 다른 국가의 권한 있는 기관과의 업무교류를 담당하도록 함으로써— 위험방지의 임무가 분산되는 것은 피하여야 할 것이다(연방수사청법 제3조 제2항 제1문). 지역적 차원에서, 특히 국경지역에서는 인근국가의 경찰과 주경찰관청의 직접적인 교류도 행해질 수 있다(연방수사청법 제3조 제3항). 연방수사청은 국제형사경찰기구(Internationale Kriminalpolizeiliche Organisation, IKPO)* 에 대한 독일연방의 국가중심사무국이며(연방수사청법 제14조 제5항 참조), 「쉥엔협약시행을 위한 협약」(Schengen-Durchführungsübereinkommen, SDÜ) 제46조에 따라 경찰협력차원에서 정보교류를 관장하는 기관이다.** [37]

26 형사소추영역에 있어서 연방수사청이 독자적으로 기획수사적 임무를 수행하는 경향이 증대하고 있다(연방수사청법 제4조). 특히 무기, 마약거래, 위조화폐의 제조 및 배포와 같은 국제적인 조직범죄뿐만 아니라 헌법기관에 대한 공격 또한 형사소송법 제161조, 제163조에 따른 형사소추의 대상이다. 연방수사청은 그 밖에도 형사소송법 제129a조에 따른 국제조직 테러리즘과 관련된 특정한 영역에 대하여 독자적인 수사권을 가진다. 연방수사청은 연방수사청법 제4조가 열거하고 있는 몇몇 범죄군(犯罪群)***과 관련하여 증인보호를 그 임무로 한다(연방수사청법 제6조, 제26조). 연방관청의 자기보호를 위한 부수적 권한의 결과로서[38] 연방수사청은 헌법기관에 대한 시설보호와 헌법기관구성원에 대한 요인경호업무를 행한다(연방수사청법

---

* **역주** IKPO는 Interpol(International Criminal Police Organization)을 말한다.

** **역주** 쉥엔협약(Schengener Abkommen)은 국경에서의 통제폐지를 내용으로 하는 협약으로 1985년 7월 14일 룩셈부르크의 쉥엔에서 체결되었다. 그리고 그에 기초하여 1990년 7월 19일에 베네룩스3국, 독일, 프랑스가 동 협약의 시행을 위한 협약을 체결하게 되는데, 이것이 「쉥엔협약시행을 위한 협약」이다. 한편 수에엔협약의 체결과 그후의 발전, 체결국가, 규율대상 및 쉥엔협약 관련법규 등에 관하여 자세한 것은 다음의 인터넷문헌 참조: http://www.auswaertiges-amt.de/DE/EinreiseUndAufenthalt/Schengen_node.html.

37) 「쉥엔협약시행을 위한 법률」 제6조 제1호, BGBl. 1993 II, S. 1011.

*** **역주** 연방수사청법 제4조가 정하고 있는 범죄군은 다음과 같다.

1. 국제조직에 의한 무기, 탄약, 폭발물, 마취제, 의약품거래와 국제조직에 의한 위조지폐의 제작 또는 배포 및 그와 관련된 돈세탁
2. 연방대통령, 연방정부의 구성원 등의 생명이나 자유에 대한 범죄
3. (독일)형법 제129a조에 따른 국제조직범죄
4. (독일)형법 제129a조 제1항 제1호와 제2호가 열거하고 있는 범죄와 그와 관련된 범죄
5. (독일)형법 제303b조에 따른 범죄

38) *Gusy*, POR, Rn. 52.

제5조 및 제21조 이하).

27 연방수사청은 오랜 기간동안 명시적으로 위험방지를 그 임무로 하지 않았으며, 단지 연방수사청법 제5조, 제6조에 따라 매우 제한된 범위 내에서만 위험방지의 임무를 수행하여 왔다. 제2차 연방주의적 개혁의 과정에서 기본법 제73조 제1항 제9a호 및 제2항이 도입됨으로써 연방수사청에 국제테러리즘으로 인한 위험방지의 영역에 국한되기는 하지만, 광범위한 예방적 경찰권한(즉, 위험방지 권한)이 부여되었다.[39]

28 연방은 기본법 제73조 제1항 제9호 및 제2항에 근거하여 2000년 12월 25일에 「연방수사청에 의한 국제적 테러리즘으로 인한 위험방지를 위한 법률」을 제정하였다.[40] 기본법 제73조 제1항 제9a호의 요구에 따르고 있는 연방수사청법 제4a조상의 국제적 테러리즘의 위험방지라는 새로운 임무의 수행을 위하여 연방수사청법 제20a조 내지 동법 제20x조에 의하여 —이러한 권한규정이 없었다면 주의 경찰관청이 행사할— 예방경찰적 권한들이 연방수사청에 광범위하게 부여되었다.

29 이것은 특히 정보에 관한 권한과 관련있는바, 이와 관련하여 연방수사청법 제20k조는 정보기술적 시스템에 대한 은밀한 접근, 즉 소위 온라인 수색(sog. Online-Durchsuchung)도 규정하고 있다(이러한 권한에 관하여는 이하의 제7장 참조). 이와 같은 권한은 헌법소원의 대상이 되는바, 그에 관하여는 연방헌법재판소가 2011년에 결정하려고 한다.*

30 매우 제한된 영역 내에서 강력한 권한을 보장하고자 하는 시도는 그 실현가능성에 대하여 실무적 차원에서 점검되어야 한다. 어떠한 경우에도 테러리즘의 퇴치 이외의 다른 영역에까지 이러한 시도를 그대로 응용할 수는 없다.

---

39) 이에 관하여는 *Bäcker*, Terrorismusabwehr, S. 65 ff. m.w.N.

40) BGBl. I 3083.

* **역주** 원저자인 Kugelmann교수는 연방헌법재판소가 이러한 헌법소원에 대한 결정(제2차 온라인 수색판결)을 2011년에 행할 것으로 예상하였으나, 2014년 현재까지 아직 이와 관련된 결정은 행해지지 않고 있다.

1.3. 연방헌법보호청, 국군기무부대 및 연방해외정보부

1.3.1. 설치와 임무

연방헌법보호청(Bundesamt für Verfassungsschutz, BfV)은 연방내부무 소속의 연방고등관청이다(연방헌법보호청법 제2조 제1항).[41] 주 또한 헌법보호청을 둘 수 있다. 연방과 주는 자유민주적 기본질서, 연방과 주의 존속과 안전을 보호하기 위하여 협력할 의무를 지고 있다(연방헌법보호청법 제1조). 31

주의 헌법보호청(Landesämter für Verfassungsschutz, LfV)과 마찬가지로 연방헌법보호청은 동적인, 사람에 대한 신체적 접촉을 목적으로 하는 표준적 직무조치(Standardmaßnahmen)를 행할 경찰상의 권한을 갖고 있지 못하다(연방헌법보호청법 제8조 제3항). 다수의 견해에 따르면 연방헌법보호청은 경찰관청이 아니다.[42] 연방헌법보호청은 정보의 수집과 분석을 그 임무로 한다(연방헌법보호청법 제3조). 이 경우 헌법적대적인 활동, 비밀정보기구의 활동, 독일연방공화국의 외교적 이익을 폭력적으로 위협하는 활동 또는 국민들간의 상호이해나 국민의 평화로운 공동생활에 반하는 활동에 대한 정보가 문제된다(연방헌법보호청법 제3조 제1항). 여기서 국민의 평화로운 공동생활에 반하는 활동이란 특히 테러활동을 의미한다. 법익에 위해를 가하는 활동들은 석명되어야 하기 때문에 그러한 임무는 예방적 성격을 띠게 된다.[43] 그 외에도 연방헌법보호청은 비밀유지가 요구되는 사실에 대한 접근권을 갖고 있거나 중요시설의 안전과 밀접한 관련있는 기관에 근무하는 개인의 신원확인에도 협력한다(연방헌법보호청법 제3조 제3항). 32

연방헌법보호청은 정보에 대한 침해, 특히 정보의 자기결정권(기본법 제1조 제1항과 연계된 제2조 제1항)과 기본법 제10조의 우편 및 원거리통신의 비밀에 33

---

41) 1990년 12월 20일의 「헌법보호에 있어 연방과 주의 협력과 연방헌법보호청에 관한 법률」, BGBl. I, S. 2954.

42) *Götz*, POR, § 16 Rn. 32; *Gusy*, POR, Rn. 37; *Knemeyer*, POR, Rn. 40; 정보에 대한 침해와 관련된 반대의 견해로는 *Schenke*, POR, Rn. 444.

43) *Schoch*, POR, Rn. 43; vgl. SächsVGH NVwZ 2005, 1310 (1312).

대한 침해와 관련된 권한을 가지고 있다. 기본법 제13조 제1항의 주거의 자유에 대한 침해도 정보수집을 위하여 엄격한 한계 내에서 허용된다. 연방헌법보호청의 이러한 권한은 연방헌법보호청법 제8, 제9조 및 「기본법 제10조에 관한 법률」(G 10-Gesetz)* 에 근거하고 있다. 연방 및 주의 헌법보호청은 이러한 활동을 행하는 과정에서 앞에서 열거한 기본권 이외의 다른 권리를 침해하기도 한다. 극우 또는 극좌적 성향의 정당에 대한 감시는 기본법 제21조의 정당의 자유를 고려하여 판단될 수 있는데,[44] 판례의 주류는 허용되는 것으로 보고 있다.[45] 이와 달리 특정한 잡지를 헌법보호보고서(Verfassungsschutzbericht)** 에 수록하는 것은 언론의 자유에 간접적 영향을 미치는 것으로서 기본법 제5조 제1항 제2문의 언론의 자유에 반할 수도 있다.[46]

34 국군기무부대(Militärische Abschirmdienst, MAD)는 연방군의 안전기관이다.[47] 국군기무부대법[48]은 그의 임무와 권한과 관련하여 연방헌법호청법을 많이 참고하고 있다. 정보의 수집과 분석의 임무는 단지 연방 또는 주의 안전에 반하는 활동뿐만 아니라, 연방국방부의 사무영역 내에 있는 사람이나 시설에 대한 활동과 관련 있다(국군기무부대법 제1조). 그 밖에도 국군기무부대에는 안전상황에 대한 판단이라는 (구체화되지 않은) 임무가 부여되어 있는바, 이로 인하여 국군기무부대에 상당한 활동의

* 역주 여기서 「기본법 제10조에 관한 법률」(G 10-Gesetz)이란 「우편과 원거리통신비밀의 제한에 관한 법률」Gesetz zur Beschränkung des Brief-, Post- und Fernmeldegeheimnisses)을 말하는바, 이하에서는 이 법률이 인용되는 경우 독자들의 이해를 위하여 「우편과 원거리통신비밀의 제한에 관한 법률」이라고 번역하기로 한다. 한편 이러한 용어례와 동법의 내용에 관하여 자세한 것은 다음의 인터넷문헌 참조: http://de.wikipedia.org/wiki/Gesetz_zur_Beschr%C3%A4nkung_des_Brief-,_Post-_und_Fernmeldegeheimnisses.

44) Vgl. *Hesse*, Grundzüge des Verfassungsrechts der Bundesrepublik Deutschland, 20. Aufl., 1995, Rn. 174.

45) BVerwGE 110, 126; BVerwG, Urt.v.21.07.2010, 6 C 22/09 in DVBl 2010, 1370.

** 역주 헌법보호보고서는 연방과 주의 헌법보호청이 헌법보호와 관련된 기관과의 협력을 통해 매년 발행하는 것이다. 한편 독일에서의 헌법보호보고서의 발간배경 및 역사, 헌법보호보고서가 갖는 법적 문제 그리고 오스트리아와 스위스의 헌법보호보고서 등에 관하여 자세한 것은 다음의 인터넷문헌 참조: http://de.wikipedia.org/wiki/Verfassungsschutzbericht.

46) BVerfGE 113, 63; 자세한 것은 Murswiek, NVwZ 2006, 121; OVG Berlin-Brandenburg, NVwZ 2006, 838.

47) 자세한 것은 *Dau*, DÖV 1991, 661.

48) 1990년 12월 20일의 국군기무부대법(MAD-Geetz), BGBl. I, S. 2954 (2977).

여지가 인정되게 된다(국군기무부대법 제1조 제2항). 국군기무부대법의 개정은 개인정보의 수집[49]과 특히 해외파병의 경우에 있어서의 국군기무부대의 활동과 관련되어 있다.[50] 연방군의 해외파병증가는 이와 관련된 국군기무부대의 활동에 대한 법적 근거를 필요하게 만들었다. 국군기무부대는 외국에서도 (파병)부대를 보호하여야 하고, 그에 더하여 외국에서와 마찬가지로 국내에서도 정보를 수집할 수 있다(국군기무부대법 제14조).

연방해외정보부(Bundesnachrichtendienst, BND)는 연방수상실(聯邦首相室, Bundeskanzleramt) 35
실장에 소속되어 있으며, 현재 뮌헨의 플라흐(Pullach)에 있다. 연방해외정보부의 베를린으로의 이전은 2013년으로 예정되어 있는바, (이전 후에도) 해외정보부의 일부부서는 여전히 바이에른 주에 그대로 남아 있어야 한다. 연방해외정보부의 임무는 외교정책적, 안전정책적으로 중요한 정보를 해외에서 수집하는 것이다(연방해외정보부법 제1조 제2항).[51] 헌법보호청의 활동영역이 국내인 것과 달리, 연방해외정보부는 외국에 관한 정보를 수집하기 때문에 원칙적으로 외국과 관련하여 활동을 하게 된다(연방해외정보부법 제1조 제2항).[52] 「우편과 원거리통신비밀의 제한에 관한 법률」 제5조 이하에 따르면 연방해외정보부에는 전략적 원거리 감시를 위한 권한이 부여되어 있다. 연방헌법재판소는 이러한 권한의 헌법적 한계를 설정하였었던바, 현행법은 그를 고려하고 있다.[53]

1.3.2. 업무권한의 축소와 확대

연방헌법보호청, 국군기무부대 및 연방해외정보부는 그 법적 근거를 1990년 12월 36
20일의 법에 두고 있다.[54] 연방의 권한은 기본법 제73조 제10호와 기본법 제87조 제1항 제2문으로부터 도출된다. 그 외에도 이들 정보기관의 활동과 통제에 관한 규

---

49) 연방헌법보호청법 제89조 이하 및 국군기무부대법 제4조, 제5조.

50) 「국군기무부대법 개정을 위한 2004년 3월 8일의 1차개정법률」(Erstes Gesetz vom 8. März 2004 zur Änderung des MAD-Gesetzes, 1. MADÄndG), BGBl. I, S. 334.

51) 1990년 12월 20일의 연방해외정보부법, BGBl. I, S. 2954 (2979).

52) 또한 *Soiné*, DÖV 2006, 204를 보라.

53) BVerfGE 100, 313.

54) *Bäumler*, NVwZ 1991, 634; *Kornblum*, Rechtsschutz gegen geheimdienstliche Aktivitäten, 2011을 보라.

정은 「우편과 원거리통신비밀의 제한에 관한 법률」에서 찾아볼 수 있는바, 동법은 특히 원거리통신에 대한 침해에 관한 수권규정을 갖고 있다. 「우편과 원거리통신비밀의 제한에 관한 법률」은 기본법 제10조 제2항 제2문에 근거하여 원거리통신비밀에 대한 침해가 허용되는 전제조건을 규정하고 있다.

37 2001년 6월 26일의 신 「우편과 원거리통신비밀의 제한에 관한 법률」은[55] 위의 세 정보기관의 활동 모두를 제한하는 결과를 가져왔다. 연방헌법재판소가 구법에 대하여 일부위헌을 확인하는 결정[56]을 행하였기 때문에 새로운 규정의 정립은 필수불가결한 것이었다. 연방헌법재판소는 기본법 제10조의 적용범위를 전략적 원거리감시에까지 확장하였다. 그러나 연방헌법재판소는 그의 헌법적 한계를 설정하였는바, 그것은 조직과 절차에 대한 요구에 잘 표현되어 있다.

38 연방해외정보부를 통한 무선국제통신에 대한 전략적 원거리감시(strategische Fernmeldeüberwachung)는 독일연방공화국 내의 사용자와 연방외무부가 의회통제위원회의 동의를 얻어 지정하는 국가 내의 사용자 간의 전화통신(Telekommunikation)을 광범위하게 감청하는 것이다(「우편과 원거리통신비밀의 제한에 관한 법률」 제5조 제1항).[57] 이는 예컨대 국제테러범죄에 대한 위험이나 전쟁무기의 국제적인 배포와 관련된 위험과 같이 특히 고차원의 법익에 대한 위험을 적시에 발견하는 데 기여한다. 마약의 반출이나 자금세탁의 위험은 종종 국내와도 강한 관련성을 갖는바, 이 것 또한 연방해외정보부의 활동을 가능하게 만든다.[58] 위험방지 및 형사소추의 임무를

55) 「우편과 원거리통신비밀의 제한에 관한 법률」(Artikel 10-Gesetz - G 10), BGBl. I 2001, 1254; 이에 관하여는 *B. Huber*, NJW 2001, 3296.

56) BVerfGE 100, 313; 이에 관하여는 *B. Huber*, NVwZ 2000, 393. 또한 *Riegel*, ZRP 1995, 176. 당시의 법률내용을 이유로 「우편과 원거리통신비밀의 제한에 관한 법률」에 대하여 일부위헌확인을 한 BVerfGE 93, 181과 그에 따라 입법자가 제정한 「우편과 원거리통신비밀의 제한에 관한 법률의 개정을 위한 2차법률」, BGBl. 1997 I, S. 966. 또한 EGMR, Urt. v. 6. 9. 1978(Klass), EuGRZ 1979, 278 = NJW 1979, 1755를 보라: 「우편과 원거리통신비밀의 제한에 관한 법률」에 대한 독일법학자들의 헌법소원이 기각된 이후에(BVerfGE 30, 1) 유럽인권법원(EGMR)은 「우편과 원거리통신비밀의 제한에 관한 법률」이 「인권과 기본적 자유의 보호를 위한 협약」 제8조를 침해한다는 것을 긍정하였다. 그러나 동 법원은 개개 국가의 입법기관에게 광범위한 재량의 여지가 인정되는 것을 근거로 「우편과 원거리통신비밀의 제한에 관한 법률」이 정당한 것으로 간주하였다.

57) 자세한 것은 *Schafranek*, DÖV 2002, 846.

58) 이러한 범죄는 오히려 외국과의 관련성이 막연함에도 불구하고 연방해외정보부에 감청과 같

수행하기 위하여 구체적인 혐의가 없어도 전화통화가 감청될 수 있다.[59] (전화통화에의) 대다수의 접근은 우연의 법칙(Zufallsprinzip)에 따라 행해진다.[60] 나아가서 컴퓨터 프로그램은 이전에 입력한 특정한 검색어를 인지하고, 통화내용을 녹음하게 된다. 검색어는 원칙적으로 신원을 확인할 수있는 징표를 포함해서는 안 되며, 예외적으로 독일인이 아닌 자의 해외에서의 전화연결이 의도적으로 감시될 수 있다(「우편과 원거리통신비밀의 제한에 관한 법률」 제5조 제2항 제3문).[61]

2001년 9월 11일 테러 이후에 안전관청은 테러방지와 관련된 임무를 강력하게 수행할 권한을 부여받았다. 2002년 1월 9일의 대테러방지법(Terrorismusbekämpfungsgesetz)은 안전관청의 권한을 확장시키는 결과를 가져왔다.[62] 이제 연방해외정보부는 연방헌법보호청과 마찬가지로(연방헌법보호청법 제8조 제5항) 은행과 금융기관으로부터 개인구좌와 구좌소유주에 관한 정보를 받을 권한, 항공사 또는 우편이나 전화통신서비스를 제공하는 기업에게 필요한 정보를 요구할 수 있는 권한을 보유하게 되었다(연방해외정보부법 제2조 제1a항, 제8조 제3a항). 39

국군기무부대에게 전화통신서비스 사업자를 상대로 기술적 수단을 은밀하게 사용하여 정보를 수집할 수 있는 권한이 부여되었다. 그러한 권한을 행사하기 위하여는 「우편과 원거리통신비밀의 제한에 관한 법률」 제3조 제1항의 전제조건 ―즉, 중대한 범죄행위가 예견되거나 범해졌다는 혐의를 인정할 사실적인 근거가 존재할 것― 이 충족되어야 한다.[63] 테러방지에 있어서는 테러단체의 설립이나 지원과 40

은 권한을 인정하는 법률에 대하여 비판을 가하는 논문으로는 *B. Huber*, NVwZ 2000, 393 (394).

59) *B. Huber*, NVwZ 2000, 393(394).

60) 연방헌법재판소에서의 심리절차에서의 진술에 따르면, 1998년의 경우 전체통신수의 0.1 프로밀(천분의 일을 나타내는 단위)도 안 되는 수의 원거리통신이 자동적으로 선택되어 감청되었고, 0.01 프로밀도 안 되는 수의 원거리통신만이 연방해외정보부의 직원이 인식하였다; 끊임없이 하루 15,000 회선이 감청되고 있으며, 그 가운데 14,000건은 「우편과 원거리통신비밀의 제한에 관한 법률」과 관계도 없는 것이다, BVerfGE 100, 313 (337 f. 380).

61) 또한 외국에 있는 사람의 생명에 대한 위험이 존재하는 경우(특히 납치의 위험) 구체적인 활동권한을 규정하고 있는「우편과 원거리통신비밀의 제한에 관한 법률」 제8조를 보라.

62) BGBl. 2002 I, S. 361. 자세한 것은 *Denninger*, StV 2002, 96; *Nolte,* DVBl. 2002, 573; 외국인에 대한 영향에 관하여는 *Kugelmann*, ZAR 2003, 96.

63) 동지: *Schafranek*, DÖV 2002, 846.

같은 범죄행위와 자유민주적 기본질서에 반하는 일반적인 범죄행위가 중요하다(「우편과 원거리통신비밀의 제한에 관한 법률」 제3조 제1항 제6호). 효과적인 테러방지를 위하여는 안전관청 상호간의 고도의 협력이 요구되며, 이 경우 정보보호가 중요한 역할을 한다.[64]

41 정보기관은 경찰관청이 아니며, 또한 경찰관청과 (조직상) 통합되어서도 아니 된다.[65] 정보기관에게는 어떠한 집행경찰상의 권한도 부여되지 않는다.[66] 이와 같은 분리의 원칙(Trennungsgebot)* 은 법치국가의 원리와 연방국가의 원리 및 기본권에 근거하고 있으며, 따라서 헌법적 차원의 지위를 누리고 있다.[67] (경찰관청과 정보기관이) 그 기능에 있어 서로 관련성이 있음에도 불구하고 이와 같은 기본원칙은 준수되어야 하며,[68] 국군기무부대법 제1조 제4항 및 연방해외정보부법 제1조 제1항 제2문은 그러한 기본원칙을 명시적으로 확인하고 있다. 서독의 헌법보호관청은 제2차 세계대전 이후 서방연합국의 지시하에 탄생되었으며, 어떠한 경찰상의 권한도 행사하여서는 아니 되었다.[69] (정보기관인) 헌법보호청과 경찰관청을 분리한 것은 나치 독재시대에 국가비밀경찰(Geheime Staatspolizei, GeStapo)과 제국안전중앙청(Reichssicherheitshauptamt)** 이 자의적으로 법을 집행했던 결과이다.[70] 독일의 통일

---

64) *Mehde*, JZ 2005, 815(819 f.).

65) BVerfGE 97, 198 (217).

66) *Knemeyer*, POR, Rn. 44.

* **역주** 분리의 원칙에 관하여 자세한 것은 박병욱, 독일 나치시대 제국안전중앙청의 긴 그림자 – 경찰과 정보기관간의 분리의 원칙, 경찰법연구 제11권 제2호, 2013, 249-287쪽 참조.

67) BVerfGE 97, 198 (217); *Bull*, in: Festschrift für Götz, 2005, S. 341; *Schoch*, POR, Rn. 43; *Stubenrauch*, Gemeinsame Verbunddateien von Polizei und Nachrichtendiensten, 2009, S. 37; 반대의 견해로는 *Klee*, Neue Instrumente der Zusammenarbeit von Polizei und Nachrichtendiensten, 2010, S. 64.

68) *Trute*, Die Verwaltungs, 32 (1999), 75; 유럽연합 내에서의 전개에 관하여 회의적인 것으로는 *Martinez Soria*, in: Festschrift für Götz, 2005, S. 359 (375 f.).

69) 1949년 4월 14일의 서방연합국 군정청의 '경찰서신(Polizeibrief)'에 관하여는 BVerfGE 97, 198 (215); abgedruckt in *Nehm,* NJW 2004, 3289. 또한 *Kornblum*, Rechtsschutz gegen geheimdienstliche Aktivitäten, 2011을 보라. 이하는 역주: 여기서의 Polizeibrief에 관하여 자세한 것은 http://de.wikipedia.org/wiki/Polizeibrief 참조.

** **역주** 제국안전중앙청에 관하여 자세한 것은 다음의 인터넷문헌 참조: http://de.wikipedia.org/wiki/Reichssicherheitshauptamt.

70) *Mehde*, JZ 2005, 815 (818).

이후에는 구 동독지역의 주(작센, 브란덴부르크 주 등)에 설립될 주의 헌법보호청과 경찰관청을 엄격히 분리함으로써 구 동독시절의 국가안전국(Ministerium für Staatssicherheit, Stasi)의 역사적 경험*과 해당 주의 경찰법을 고려하는 기능 또한 분리의 원칙에 주어졌다.[71] 그러나 실무에 있어서는 분리의 원칙은 많이 깨어졌는데, 특히 정보의 교환에 있어서 그러하다. 왜냐하면 지배적 견해에 따를 때 분리의 원칙이 완전한 정보상의 분리를 의미하지는 않기 때문인데, 완전한 정보상의 분리는 정보와 관련된 협력에 반하는 것이 될 수 있다.[72]

정보기관은 특별히 설립된 **의회통제위원회**(Parlamentarische Kontrollgremium)의 특별한 통제를 받는다.[73]** 의회통제위원회는 주택 내에서의 대화에 대한 감청이나 녹음에 관하여 연방헌법보호청으로부터 보고를 받는다(연방헌법보호청법 제9조 제3항).[74] 관련 연방부처는 6개월마다 「우편과 원거리통신비밀의 제한에 관한 법률」의 집행에 관하여 의회통제위원회에 보고하여야 한다(「우편과 원거리통신비밀의 제한에 관한 법률」 제14조). 관련 연방부처가 전략적 원거리 감시에 포함시킬 국가를 지정함에 있어서는 의회통제위원회의 동의를 얻어야 한다(「우편과 원거리통신비밀의 제한에 관한 법률」 제5조 제1항 제2문). 「우편과 원거리통신비밀의 제한에 관한 법률」에 따른 조치에 대한 통제기구로서 **G-10 위원회**(G10-Kommission)가 설립되었다(「우 42

* 역주 경찰관청으로서의 권한과 정보기관으로서의 권한이 구분됨이 없이 국가안전국(슈타지)이 ―나치시대의 국가비밀경찰(게슈타포)과 마찬가지로― 양 권한을 모두 가짐으로 인하여 전횡을 일삼았던 쓰라린 경험을 말한다.

71) SächsVerfGH NJW 2005, 1310, 1311.

72) *Lisken*, in: Lisken/Denninger, C Rn. 10 ff.; 구체적인 것은 *Klee*, Neue Instrumente der Zusammenarbeit von Polizei und Nachrichtendiensten, 2010, S. 111; 反테러정보에 관하여는 *tubenrauch*, GemeinsameVerbunddateien von Polize iund Nachrichtendiensten, 2009, S. 214.

73) 1978년 4월 11일의 「연방해외정보부의 활동에 대한 의회의 통제에 관한 법률」(Gesetz über die parlamentarische Kontrolle nachrichtendienstlicher Tätigkeiten des Bundes), 약칭하여 통제위원회법(Kontrollgremiumgesetz-PKGrG)이라고 한다, BGBl. I, S. 453 (Sartorius I, Nr. 81).

** 역주 의회에 의한 정보기관의 통제에 관하여는 국내에서도 이미 많은 연구가 행해진 바 있는데, 이 문제에 관하여 자세한 것은 이계수, 의회에 의한 비밀정보기관 통제방안에 관한 연구, 민주법학 제24호, 2003, 247-278쪽; 이계수, 군사안보법연구, 2007, 119-169쪽; 이계수, 행정의 민주화, 공개화를 위한 국회의 역할: 비밀정보기관에 대한 국회의 통제권 강화방안에 관한 연구를 중심으로, 국회연구용역과제 연구보고서, 2002; 염돈재, 의회의 정보기관 통제제도와 운영실태에 관한 비교연구 – 미국, 독일, 한국 사례를 중심으로, 행정논총 제41권 제1호, 2003, 163쪽 이하; 국가정보위원회, 주요국의 정보기관과 의회의 통제, 2004 참조.

74) *Schenke*, POR, Rn. 445a.

편과 원거리통신비밀의 제한에 관한 법률」 제15조). 동 위원회는 전문가들로 구성되어 있으며, 제한조치의 허용성과 필요성에 대하여 결정을 행한다(「우편과 원거리통신비밀의 제한에 관한 법률」 제15조 제5항).*

43 정보기관의 조치에 대한 (법원을 통한) 권리구제는 단지 제한적으로만 허용된다. 우편과 원거리통신의 비밀에 대한 제한이 자유민주적 기본질서의 보호에 기여한다면, 당사자에게 (감시사실 등을) 통보하지 않을 수 있다는 것을 법률로 규정할 수 있다. 그 경우에 있어서의 권리구제는 별도의 기관에 의한 통제로 대체된다(기본법 제10조 제2항 제2문). 「우편과 원거리통신비밀의 제한에 관한 법률」은 기본권에 대한 중대한 침해와 관련된 복잡한 사안에 관한 문제를 규율한다. 연방헌법재판소는 「우편과 원거리통신비밀의 제한에 관한 법률」이 기본법 제79조 제3항과 합치된다고 판단하기는 하였지만,[75] 그 이후의 다른 결정에 있어서는 「우편과 원거리통신비밀의 제한에 관한 법률」의 개별적인 규정들을 위헌이라고 판단하고 비례에 원칙에 맞게 조정할 것을 독촉하였다.[76] 의회통제위원회와 G-10 위원회는 (법원을 통한) 권리구제가 제한됨으로 인하여 발생하는 법치국가원리의 공백을 메꾸어야 한다.

1.4. 그 밖의 연방관청

44 그 밖에도 일련의 연방관청들이 위험방지의 임무를 부여받고 있다. 기본법상의 관할규정에 따를 때 위험방지에 대하여는 주가 원칙적으로 관할권을 갖지만 그에 대하여 제한적이나마 예외가 인정될 수 있는바, 당해 사안의 특성상 연방이 관할권을 갖는 것이 정당화될 수 있는 경우가 그러하다.

---

* **역주** 독일은 정보기관에 의한 우편, 통신비밀과 관련된 사항(소위 독일 기본법 제10조 G-10 관련사항)의 감청 등에 대해서는 사법부에 의한 감청영장심사가 아니라 연방하원 소속의 위원회인 G-10 위원회에서 감청영장심사를 하도록 하고 있으며, 대상자가 자신의 감청을 받고 있을지도 모른다는 의심을 가지는 경우 동 위원회에 이의를 제기하면 이에 대하여 심사할 수 있도록 함으로써 대상자를 위한 소위 대위적 권리구제(kompensatorische Repräsentation) 활동을 강조하고 있다. G-10 위원회는 정보기관의 통신감청 영장허가와 관련된 업무 외에도 개인의 통신, 우편의 비밀(기본권 10조)이 허용되지 않는 방법으로 제한되었는지를 구체적으로 심사하는 권한을 가진다.

75) BVerfGE 30, 1 (26 ff.).

76) BVerfGE 67, 157; 100, 313; 자세한 것은 *Gusy*, in: v. Mangoldt/Klein/Starck, GG, Art. 10, Rn. 97ff. m.w.N.

연방의 특별경찰관청으로 연방하원경찰(聯邦下院警察, Polizei beim Deutschen Bundestag) 이 있다.[77] 기본법 제40조 제2항 제1문에 따라 연방하원의장은 연방하원 의사당 내에서 공법상의 가택권(家宅權, Hausrecht)을 갖는다. 이러한 임무를 수행하기 위하여 연방하원의장은 지역경찰에게 기본법 제40조 제2항 제1문에 근거하여 행정응원을 요청할 수 있다. 연방하원의장의 고유한 경찰권의 범위는 명확하게 설명될 수 없으며, 그는 연방하원의 업무력을 유지하기 위하여 필요한 모든 예방적 조치를 취할 수 있다. 연방하원경찰은 형사소송법 제163조에 따라 범죄행위와 질서위반행위를 조사할 권한, 즉 독자적 수사권을 갖는다. 초동수사권(初動搜査權)을 행사하는 한, 연방하원경찰은 형사소송법상의 조치를 취할 권한이 있다.[78] 이는 의회의 경찰권은 다른 관청의 지시로부터 자유로워야 하므로 연방하원경찰은 검사의 (절차적) 지배하에 놓여 있지 않기 때문이다. 45

수상경찰(水上警察, Strom- und Schifffahrtspolizei)은 연방의 수로(水路)행정의 일부를 이루고 있다(기본법 제87조 제1항 제1문, 제89조 제2항의 제1문).[79] 해양에서의 항해와 마찬가지로 내륙에서의 항해에 있어서도 그와 관련된 공공의 안전을 유지할 임무는 연방에 부여되어 있다(기본법 제74조 제1항 제21호의 입법관할권 참조). 장거리화물운송에 대한 감독과 관련하여서는 연방장거리화물운송청(Bundesamt für den Güterfernverkehr)이 경찰-질서법상의 임무를 수행하게 된다(장거리화물운송법 제11조).[80] 46

해외경제법의 영역에서 경찰의 임무를 규율한 권한은 연방에 주어져 있다. 연방이 입법권을 갖는 경우, 그 한도에서 연방은 독립적인 연방상급관청(聯邦上級官廳, Bundesoberbehörden)*을 둘 수 있다(기본법 제87조 제3항 제1문). 기본법 제73조 제5호 때문에 해외경제법의 경우가 그러하다. 따라서 연방은 기본법 제87조 제1항 제2문에 따른 중앙관청을 설립할 것인지, 아니면 독립적인 상급관청을 설립할 것인지 47

77) *Ramm*, NVwZ 2010, 1461.

78) 구체적인 면에서는 다툼이 있는바, 상세한 것은 *Köhler,* DVBl. 1992, 1584; 부정적인 것으로는 *Ramm*, NVwZ 2010, 1464.

79) BVerwGE 87, 181 (185 f.)이 한정적인 범위에서 다루었었다.

80) *Knemeyer*, POR, Rn. 37, 39

* **역주** 독일의 경우 행정관청은 3단계의 구조, 즉 상급관청/중급관청/하급관청의 구조를 취하고 있는데, 여기서 상급관청이라고 하면 주로 부(部, Ministerium)를 말한다.

를 선택할 권한을 갖는다.[81] 해외경제통상에서 독일연방공화국의 안전보장은 예방경찰적 임무 또한 포함하고 있다. 새로운 법률규정에 따라서 이제는 중급관청(中級官廳, Mittelbehörde)*이 된 관세수사청(Zollkriminalamt)은[82] 광범위한 침해권한을 가지는바, 그러한 권한들은 불법적인 기술이전과 무기이전의 방지를 그 목적으로 한다.[83] 연방헌법재판소는 전화통신의 감청을 통하여 기본법 제10조를 제한하는 몇몇 규정을 헌법에 위배되는 것으로 판단하였다.[84]

2. 주(州)의 경찰-질서관청

48 경찰-질서관청의 조직은 그 효율성을 고려하여 주(州)가 정하도록 되어 있다. 실질적 의미의 경찰법에 있어서는 어느 정도 내용의 동질화(同質化)가 광범위하게 이루어져 있는 것에 반하여, 조직법적인 측면에서는 각각의 주들 간에 커다란 차이가 존재한다.[85] 왜냐하면 신원확인이나 퇴거명령을 위한 권한규범을 효과적으로 정립하는 것은 (어느 주를 막론하고) 동일한 적법성을 따르는 것에 반하여, 관청의 설립필요성이나 조직 및 관청간의 협력은 각각의 주의 전통이나 규모에 따라 커다란 차이가 있기 때문이다. 조직법은 연방국가에서 주의 다양성이 분명하게 드러나는 중심적 영역의 하나이다. 이런 차이들은 특히 경찰관청과 질서관청의 관계에 있어 명백하게 나타난다.

2.1. 단일시스템과 분리시스템

49 임무의 분배에 대한 모델로서 단일시스템(Einheitssystem)과 분리시스템(Trennungs-

---

81) BVerfGE 110, 33, LS 1.

* **역주** 여기서 중급관청이란 상급관청(부)과 하급관청(세무서 등) 사이에 위치하는 행정청을 말하는바, 이에 관하여 자세한 것은 다음의 인터넷문헌 참조: http://de.wikipedia.org/wiki/Mittelbeh%C3%B6rde.

82) 2002년 8월 16일의 「관세수사를 위한 새로운 법률」에 따라 개정된 재무행정법 제1조 제3호, BGBl. I, S. 3202, 「관세수사청(Zollkriminalamt)과 세관수색사무소(Zollfahndungsämter)에 관한 법률」.

83) *Knemeyer*, POR, Rn. 32.

84) BVerfGE 110, 33 (52 ff.).

85) *Friauf*, POR, Rn. 151.

system)이 고려될 수 있다(이러한 시스템의 역사적 발전에 대해서는 제1장 2.4를 보라). 물론 조직적인 현실은 매우 복잡하고, 각각의 주마다 다르다.86) 구체적인 주법상의 조직구조의 관점에서 바라보면 각각의 주간의 차이는 그렇게 크지는 않다. 그러나 각각의 주간의 차이는 조직법에 접근을 함에 있어서는 도움을 줄 수 있다.

단일시스템(Einheitssystem)에 있어서 위험방지의 임무는 단일의 관청에 귀속된다. 단 50
일시스템하에서는 "경찰(die Polizei)"이라고 하는 경우 형식적 의미의 경찰개념과 실질적 의미의 경찰개념이 일치한다(전술한 제1장 2.5를 보라).87) 모든 제도적 의미의 경찰관청이 실질적 의미의 경찰임무를 수행한다. 바덴-뷔르템베르크, 브레멘, 자를란트, 작센의 경찰조직은 단일시스템에 그 기초를 두고 있다.88) 경찰은 경찰관청과 경찰집행기관으로 조직되어 있다. 자를란트에서는 프로이센에서의 용어례에 따라 "경찰행정관청"과 "집행경찰"이란 개념이 한 쌍으로 사용되고 있다(자를란트주 경찰법 제1조 제1항). 모든 주법은 그 밖의 하부조직에 대하여도 규정하고 있는데, 예컨대 경찰집행기관은 다시 보안경찰, 사법경찰, 기동경찰과 수상경찰로 나뉘어져 있다.89)

경찰관청은 다시 일반경찰관청과 특별경찰관청으로 구분된다.90) 경찰관청은 경찰 51
임무를 수행할 권한을 갖는다(브레멘주 경찰법 제64조). 경찰집행기관은 그에게 명시적으로 부여된 임무를 수행하며, 긴급한 경우에 관할권을 가진다. 경찰집행기관은 보호조치, 수색, 압수 또는 직접강제와 같은 집행행위를 통하여 집행원조를 행한다.91)

분리시스템(Trennungssystem)에서는 경찰관청이 질서관청(Ordnungsbehörden)과 제도 52
적으로 구분되어 있는바, 이를 탈경찰화라고 한다(제1장 2.4를 보라). 위험방지에 대하여는 질서관청이 권한을 갖는다. 경찰의 임무는 긴급한 경우에서의 위험방지,

86) Vgl. *Drews/Wacke/Vogel/Martens*, Gefahrenabwehr, §§ 5 und 6.

87) *Schoch*, POR, Rn. 49.

88) 이에 관하여는 각 주의 경찰법 제1조 또는 유사규정 및 § 59 PolG BW; § 59 SächsPolG.

89) §§ 70 ff. PolG BW; §§ 65 Abs. 1, 70 Abs. 1 BremPolG; § 82 SaarlPolG 및 그와 관련된 행정규칙; § 73 SächsPolG 및 그와 관련된 법규명령.

90) §§ 61 ff. PolG BW; §§ 65 f. BremPolG; §§ 75 ff. SaarlPolG; § 64 SächsPolG.

91) Vgl. *Schenke*, POR, Rn. 448; *Schoch*, POR, Rn. 49.

범죄행위와 질서위반행위에 대한 소추에의 협력, 그 밖에 법률이 열거하고 있는 임무에 국한된다. 물론 질서관청도 실질적 의미의 경찰기능을 수행한다. 전문관청(Fachämter)은 자신의 임무와 관련하여서는 질서관청의 지위를 동시에 갖는다; 다시 말해 도로교통관청이나, 보건관청도 동시에 질서관청인 것이다.[92] 그러나 이들 관청들의 임무가 위험방지에만 국한되는 것은 아니다. 일반적인 행정기능은 공공의 안녕 또는 질서의 유지와 밀접하게 관련되어 있다.

53 베를린, 브란덴부르크, 메클렌부르크-포어포먼, 노르트라인-베스트팔렌, 라인란트-팔츠, 슐레스비히-홀슈타인주가 "질서관청"이라는 개념을 사용하여 분리시스템에 따르고 있다. 함부르크, 니더작센, 작센-안할트에서는 "위험방지(임무를 수행하는)행정관청(Verwaltungsbehörden der Gefahrenabwehr)" 이라는 표현이 사용된다. 바이에른은 "안전관청(Sicherheitsbehörde)", 헤센은 "위험방지관청(Gefahrenabwehrbehörde)"이라는 개념을 사용한다. 바이에른, 브란덴부르크, 노르트라인-베스트팔렌, 튀링엔주의 경우 형식적 의미의 경찰법은 단지 제도적 의미의 경찰, 즉 집행기관에 대하여만 적용된다. 따라서 그들 주에서는 질서-안전관청을 위한 고유한 법이 존재한다. 그밖의 주에서는 질서관청과 집행경찰에 동일한 법이 적용된다.[93]

54 **사 례: 헤센주의 경우**

헤센주의 법은 기본적으로 분리의 원칙에 따르고 있다. 위험방지관청과 경찰관청은 분리되어 있다(헤센주 안전질서법 제1조 제1항). 이 두 관청은 서로 상이한 권한을 가진다. 그래서 헤센주 안전질서법 제14조, 제14a조, 제15조, 제15a조, 제15b조, 제16조, 제17조 또는 직접강제를 행할 권한을 부여하는 헤센주 안전질서법 제54조 이하는 단지 경찰관청에만 권한을 부여한다. 주의 임무인(헤센주 안전질서법 제81조) 위험방지는 지시에 따라 수행되는 임무로서 군(郡) 및 읍(면)* 에 부여되어 있다(헤센주 안전질서법 제82조 제1항).

55 단일시스템에서의 경찰(행정)관청의 임무와 권한은 그들이 위험방지의 임무를 수

---

92) *Gusy*, POR, Rn. 57.

93) *Knemeyer*, POR, Rn. 47; *Schenke*, POR, Rn. 449, 450.

* **역주** 여기서의 군은 독일어의 Landkreise, 읍(면)은 Gemeinde를 번역한 것이다. Landkreisen와 Gemeinden는 독일의 지방행정단위로서 그를 우리나라의 군이나 읍(면)과 동일시할 수는 없는 것이지만, 독일의 지방행정체계나 규모를 고려하여 이와 같이 번역하기로 한다.

행하는 한에서는 분리시스템에서의 질서관청의 그것과 동일하다. 그들은 서면처분을 통하여 "책상에서" 위험방지임무를 수행한다. 그리고 단일시스템에서의 경찰집행기관은 분리시스템에서의 "경찰"에 해당된다. 그들의 업무방식의 특징은 외근업무에 있어서 유동적으로 그리고 일정한 틀에 얽매이지 않고 위험에 대처한다는 것에서 찾을 수 있다.[94] 전형적인 경찰법 시험에서는 주로 현장에서의 경찰법상의 조치가 중요하게 다루어지고, 따라서 경찰집행기관 및 경찰의 활동이 중요하다.

> **Tip** 주법에 있어서 경찰-질서법상의 임무를 수행하는 관청, 특히 경찰관청 및 경찰집행기관의 중요한 권한에 관한 규정을 공부해 두라. 56

대학에서의 사례연습과 실무에 있어서는 현행법을 정확하게 조사하여, 구체적인 경우에 있어서 (경찰)관청의 권한의 근거가 되는 규정을 가능한 한 구체적으로 언급하는 것이 중요하다. 다양한 관청들이 다양한 권한들을 가지고 있다. 정당한 권한을 갖지 못하는 관청의 행위는 당해 조치를 형식적으로 위법하게 만드는 결과를 초래한다. 분리시스템과 단일시스템의 구분은 기껏해야 이와 같은 형식적 위법성과 관련하여 결론에 대한 이유제시에 있어 효용이 있을 뿐이다. 57

2.2. 경찰-질서관청의 조직

경찰-질서관청의 조직에 관한 개괄적 설명은 경찰-질서관청의 권한의 경우와 마찬가지로 단지 몇 가지 특징과 관련하여 행해질 수 있을 뿐이다. 이에 더하여 개별 주법의 특별성이 언급되어야 한다. 58

경찰관청 내지 경찰집행기관의 조직은 효율적인 임무수행에 기여한다. 그러나 효율성이란 측면에서 볼 때 어떠한 조직구성이 가장 적합한 것인지는 각 주마다 다르게 평가될 수 있다. 보다 커다란 조직에서는 인사정책이나 입지선정정책 또한 중요한 역할을 한다. 예컨대 바이에른[95]이나 노르트라인-베스트팔렌[96]과 같이 커다란 주* 59

---

94) Vgl. *Gusy*, POR, Rn. 56; *Schoch*, POR, Rn. 51.

95) 「바이에른 국가경찰의 조직에 관한 법률」(Gesetz über die Organisation der Bayerischen Staatlichen Polizei), BayRS(Bayerische Rechtssammlung) 2012-2-1-I, 동법은 Gesetze vom 24. August 1990 GVBl. S. 329, vom 23. Dezember 1994 GVBl. S. 1050, vom 26. Juli 1997

에서는 경찰의 조직과 권한에 관하여 특별법이 규율하고 있다. 그러나 예컨대 메클렌부르크- 포어포먼과,[97] 튀링엔[98]주도 특별한 경찰조직법을 가지고 있다. 다수의 주들은 일반경찰법의 테두리내에서 그들의 주경찰(Landespolizei)의 조직에 관한 규정을 갖고 있다.

60 **사 례: 헤센과 라인란트-팔츠주**[99]

헤센에서는 경찰관청이 경찰임무에 대한 관할권을 가지며, 주의 경찰업무를 담당하는 기관과 함께 주의 경찰기관을 형성하고 있다(헤센 안전질서법 제91조 제1항, 제2항). 경찰관청은 헤센안전질서법 제91조 제3항에 따라 수직적인 조직구조를 띠고 있으며, 경찰본부, 주수사청, 경찰기동대(Bereitschaftspolizei), 기술국, 장비국(裝備局, Präsidium für Logistik), 경무국(Präsidium für Verwaltung)으로 구성되어 있다. 경찰을 보안경찰, 경비경찰, 수상경찰 및 사법경찰의 넷으로 구분하던 종래의 4분적 구분(방법)은 폐지되었다. 헤센 주 경찰조직법시행령 제1조 제1항에 따르면 단지 (제복을 입고 있는) 보안경찰과 사법경찰의 업무분야가 있을 뿐이다.

이와 달리 라인란트-팔츠의 경우에는 경찰본부, 주 수사청, 수상경찰청이 경찰관청이다. 경찰기관으로는 경찰기동대, 행정전문학교의 경찰학부, 주 경찰학교, 중앙경찰기술국 등이 있다.

헤센주 안전질서법 제92조에 따르면 헤센 주 수사청은 주의 사법경찰의 중심기관이다. 헤센주 안전질서법 제96조 제2항에 따르면 주 수사청은 주 경찰본부 산하의 경찰

GVBl. S. 342, vom 27. Dezember 1999 GVBl. S. 541, vom 25. Oktober 2004 GVBl. S. 400에 의하여 개정되었다.

96) 2002년 7월 5일에 공포된 「노르트라인-베스트팔렌 경찰조직과 권한에 관한 법률」(Gesetz über die Organisation und die Zuständigkeit der Polizei im Lande Nordrhein-Westfalen), GV NW, S. 308, ber. S. 629. 동법은 Gesetz vom 29.3.2007, GV. NRW, 2007 S. 140에 의하여 개정되었는바, 이에 관하여는 *Wesseler/Kamp*, NWVBl. 2009, 374.

* **역주** 베를린, 함부르크 그리고 브레멘과 같은 대도시로서 독일 주인 소위 대도시 주를 말하는 것이 아니라, 독일연방공화국의 주들 가운데 규모가 큰 주를 말한다.

97) 2001년 7월 10일의 「메클렌부르크-포어포먼 주경찰조직에 관한 법률」Gesetz zur Organisation der Landespolizei in Mecklenburg-Vorpommern) GVOBl. S. 254. 2010년 「메클렌부르크-포어포먼 주 경찰의 새로운 조직에 관한 법률」(des Gesetzes zur Neuorganisation der Landespolizei in Mecklenburg-Vorpommern), GVOBl. S. 318이 2011년 3월 1일에 발표하였다.

98) 1998년 1월 6일에 공포된 「튀링엔주 경찰조직에 관한 법률」(Gesetz über die Organisation der Polizei des Landes Thüringen), GVBl. S. 1, 동법은 Gesetz vom 29. Januar 2002, GVBl. S. 148에 의하여 최종 개정되었다.

99) 라인란트-팔츠에 관하여는 *Stein*, Fälle und Erläuterungen zum POR Rheinland-Pfalz, S.277 ff.

기관이 범죄에의 대처라는 임무를 수행하는 한, 그에 대한 전문적 감독권을 행사한다. 헤센주 안전질서법에 따르면 헤센 경찰기동대는 경찰기관을 지원하는 권한과 수상경찰로서의 권한을 갖는다. 기술-장비-경무국은 헤센주 안전질서법 제95조 제1항에 따를 때 경찰의 정보-통신기술 및 그 밖의 투입기술과 장비와 그 조달, 그리고 행정을 담당하는 중심기관이다.
라인란트-팔츠 경찰-질서법 제79조 내지 제83조는 기본적으로 헤센과 유사한 규정을 두고 있다. 그러나 많은 세세한 부분에서 헤센의 규정과는 상이한데, 예컨대 라인란트-팔츠에는 라인란트-팔츠주 경찰-질서법 제80조에 따라 독립한 수상경찰청이 존재한다.

질서관청(= 안전관청 = 위험방지관청)[100]의 조직은 일반질서관청법(allgemeine Ordnungsbehördengesetze)의 대상이 되며, 많은 주에서는 동일한 법률이 경찰관청의 조직 또한 규율하고 있다. 일반질서관청은 전적으로 질서임무를 수행하는 기관이다. 건축관청, 외국인관청, 주민등록관청(Meldebehörde) 여권 등 신분증명서발급관청(Ausweis-Passbehörde)이 여기에 해당된다. 중요한 특별법의 집행이 그들의 임무로 부여되어 있다. 일반질서관청은 행정법상의 일반적인 수단들, 예컨대 행정상 계약(행정절차법 제54조 이하)과 허가나 거부처분과 같은 다양한 유형의 행정행위(행정절차법 제35조)를 사용한다. 일반질서관청이 행한 결정의 시행은 경찰의 집행원조에 의해 행해진다.[101] 61

일반 질서관청의 위험방지 임무는 일반적으로 지방자치단체에 맡겨져 있다.[102] 이 경우 위임받은 범위 내의 임무, 즉 위임사무 또는 지시에 따라 수행하여야 하는 필요사무(必要事務, Pflichtaufgaben)가 중요하다. 읍면은 지역적 질서관청으로 기능하게 되고, 군(郡)과 군이 없는 시들은 군단위 질서관청으로 기능하게 된다(노르트라인-베스트팔렌주 질서관청법 제3조). 대학생들의 사례연습문제에서 지방자치법의 기본지식에 대한 평가를 가능하게 하는 흥미로운 사례유형이 질서법과 지방자치법이 교차하는 지점에 나타나고 있다. 62

---

100) 용어는 주에 따라 상이하다: 예컨대 바이에른에서는 안전관청(Sicherheitsbehörden, Art. 1 BayPAG; Art. 6 BayLStVG); 니더작센에서는 행정관청(Verwaltungsbehörden, § 1 Abs. 1 Satz 1 NdsSOG); 노르트라인-베스트팔렌에서는 질서관청(Ordnungsbehörden, § 1 OBG NW); 튀링엔에서는 질서관청(Ordnungsbehörden, § 1 Abs. 1 Satz 1 ThürOBG).

101) § 60 Abs. 4 PolG BW; § 82a SOG MV; § 2 OBG NW i.V.m. § 47 PolG NW를 보라.

102) 예컨대 § 97 Abs. 1 NdsSOG; § 84 SOG LSA; § 75 Abs. 2 POG RP.

63 특별질서관청(브란덴부르크주 질서관청법 제11조; 라인란트-팔츠주 경찰질서법 제88조 제2항) 또는 특별행정관청(작센-안할트주 안전질서법 제85조)은 중점을 달리하는 임무를 수행하는데, 그런 임무수행과 관련있는 한도에서는 질서임무 또한 수행한다.[103] 그 이유는 그들이 당해 임무에 대하여 특별한 전문지식을 갖고 있기 때문이다. 그들에 특유한 법인 전문법(專門法, Fachrecht)이 우선적으로 적용되고, 일반질서법은 단지 보충적으로만 적용된다. 이러한 특별질서관청 내지 특별감독관청의 예로는 영업감독청, 보건청, 광산감독청, 산림청, 또는 도량형 검정청(度量衡 檢定廳) 등이 있다(노르트라인-베스트팔렌주 질서관청법 제49조).

64 **사 례: 헤센(Hessen)주**

4단계의 조직체계를 규정하고 있는 헤센주 안전질서법 제85조 제1항은 일반질서관청을 규율하고 있다. 이러한 4단계의 조직체계는 감독과 관련하여 특별한 의미를 가진다. 헤센주의 질서관청은 다음과 같다. 즉,

1. 주질서관청으로서 전문적 관할권을 가지고 있는 장관,
2. 구(區, Bezirk)* 질서관청으로서의 구(區)의 행정수반,
3. 주행정관청으로서의 군수, 군(郡)이 없는 시의 경우에는 군질서관청으로서 (중대도시의) 시장,
4. 지역질서관청으로서의 시장 또는 (중대도시의) 시장

헤센주 안전질서법 제90조상의 특별질서관청은 특별법에 근거하여 활동한다.

65 행정관청의 조직은 감독의 조직에 있어 결정적 기준이 된다.[104] 하급관청은 상급관청의 감독을 받는다. 단지 "감독"에 대해서만 규정하고 있는 법률이 있는가 하면(바덴-뷔르템베르크주 경찰법 제63조, 64조; 브란덴부르크주 질서관청법 제7조; 노르트라인-베스트팔렌주 질서관청법 제7조), 전문적 감독(Fachaufsicht)과 근무감독(Dienstaufsicht)을 구분하여 규정하고 있는 법률도 있다(니더작센주 안전질서법 제94조; 라인란트-팔츠주 경찰질서법 제92조 제2항; 작센주 경찰법 제65조). 전문적 감독이 합법성과 합목적성의 심사와 관련있는 것에 반하여, 근무감독은 행정관청의 내부질서, 일반적인

103) *Gusy*, POR, Rn. 69.

* **역주** 여기서의 구(區)는 독일어의 Bezirk를 번역한 것으로, 우리나라의 시나 광역시에 설치되어 있는 구를 의미하는 것이 아니라, 독일의 행정단위이다. 전체적인 조직체계를 고려하면 알 수 있듯이 구(區)는 시(市)나 군(郡)보다도 더 상위의 행정단위이다.

104) 상세한 것은 *Kahl,* Staatsaufsicht, 2000.

사무수행과 인사문제에 대한 감독을 그 목적으로 한다. 읍(면)과 군(郡), 군이 없는 시가 질서관청의 임무를 우선적으로 수행하기 때문에 지방자치법상의 감독수단은 질서관청법의 규정에 보충적으로만 덧붙여 사용할 수 있다(브란덴부르크주 질서관청법 제10조; 노르트라인-베스트팔렌주 질서관청법 제11조).[105)]

특히 보고수령권(報告受領權, Unterrichtungsrecht)과 지시권(Weisungsrecht)은 질서법에 있어서 감독관청의 하급관청에 대한 감독수단이 되며(바덴-뷔르템베르크주 경찰법 제65조 제1항; 작센주 경찰법 제67조 제3항), 몇몇 법률들은 하급관청에게 보고의무(Unterrichtungspflicht)를 부과하고 있다(바덴-뷔르템베르크주 경찰법 제65조 제1항; 브란덴부르크주 질서관청법 제8, 9조; 노르트라인-베스트팔렌주 경찰질서법 제8,9조). 지시는 구체적인 경우에 있어서 특정한 결과를 도출하기 위하여 하급관청의 재량결정이 인정되는 범위 내에서도 발해질 수 있다(브란덴부르크주 질서관청법 제9조 제2항 b, 헤센주 안전질서법 제97조 제1항; 노르트라인-베스트팔렌주 질서관청법 제9조 제2항 b) 감독관청의 가장 강한 감독수단으로서 자기개입(自己介入, Selbsteintritt)* 이 고려된다. 이 경우 감독관청은 하급 질서관청의 권한을 자기 스스로 행사하거나, 그러한 권한을 제3자에게 위임한다(헤센주 안전질서법 제88조 제1항 제1문; 노르트라인-베스트팔렌주 질서관청법 제10조; 라인란트-팔츠주 경찰질서법 제93조 제2항). 66

2.3. 경찰-질서관청의 관할

경찰-질서관청의 관할분배를 명확하게 하는 것은 시민을 위한 것이며, 따라서 법치국가원리는 이를 요구하고 있다. 시민은 구체적 사안에 있어서 누가 자신의 대화파트너인지를 알고 싶어한다. 하나의 사안과 관련하여 많은 국가기관의 활동이 제대로 조정되지 않은 채 이루어지는 것은 방지되어야 한다. 더욱이 관할권을 올바르게 정하는 것은 효과적인 권리구제의 보장과 관련하여 매우 중요하다. 사례연습에 있 67

---

105) 감독에 관하여는 *Hueber*, in: Hoffmann-Riem/Schmidt-Aßmann/Voßkuhle(Hg.), Grundlagen des Verwaltungsrecht, Band III, 2009, § 45 Rn. 11 ff.

* **역주** 상급관청이 하급관청의 권한에 속하는 사항을 스스로 처리할 수 있는지 여부에 관하여는 논란이 있는데, —법률이 그에 관하여 특별한 규정이 있는 경우 외에도— 목전에 급박한 위험이 존재하거나 하급관청이 상급관청이 발한 지시를 따르지 않은 경우에는 허용될 수 있다는 것이 지배적 견해이다(이러한 사정에 관하여는 vgl. *Maurer*, Allgemeines Verwaltungsrecht, 17. Aufl., 2009, § 21, Rn.49). 그리고 이러한 상급관청의 권한을 자기개입(Selbsteintritt)이라고 한다.

어서는 절차규정과 그때 그때 요구되는 형식적 요건을 준수하는 것 외에 관할이 어떠한 조치의 형식적 합법성이 인정되기 위한 전제조건이 된다.[106] 단지 관할권을 갖고 있는 관청만이 조치를 취할 수 있으며, 그렇지 않은 경우 그 조치는 위법한 것이 된다. 따라서 모든 개별 조치에 대한 관할은 ―그것이 의문의 여지없이 긍정되는 경우라고 할지라도― 언급을 요한다. 관련된 규정을 찾고 그것을 언급하는 것은 당해 조치와 관련있는 규범이 어떤 것인가에 관한 복잡한 문제를 다루는 사례연구자의 능력을 증명한다.

68 **Tip** 관할권의 문제를 항상 언급하라.

69 경찰-질서관청의 관할권은 여러 가지 관점에서 구분될 수 있다. 심급관할, 토지관할 그리고 사물관할의 구분이 그것이다.[107]

70 **심급관할**(審級管轄, Die instanzielle Zuständigkeit)은 상하관계에 있는 여러 (경찰)관청이 단계적 구조를 이루고 있는 경우에 어느 (경찰)관청이 사물관할권을 갖는지, 특히 상급관청이 결정권을 갖는지의 문제와 관련 있다. 가장 낮은 심급의 (경찰)관청, 따라서 일반적으로 사물적으로 가장 밀접한 관계에 있는 (경찰)관청이 관할권을 갖는다고 추정할 수 있다. 대개 기초자치단체(Kommune)가 하급질서관청이고,[108] 계층제 구조하에서 하위에 있고 양적으로 가장 많이 분포되어 있는 파출소가 하급경찰집행관청이다.[109]

71 **토지관할**(土地管轄, Die örtliche Zuständigkeit)이란 어떤 (경찰)관청이 행위를 할 권한이 인정되는 지역적 활동범위를 말한다. 질서관청의 관할권은 그의 직무영역 또는 사무구역에 한정된다(헤센주 안전질서법 제100조 제1항; 라인란트-팔츠주 경찰법 제91조 제1항). 질서관청이 자신의 행정사무를 수행하는 전형적인 유형과 방법이 그것에 달려 있다. 시간적 간격을 두고 행해지는 서면결정은 일반적으로 특정한 지역적 범위와 관련이 있다. 이에 반하여 신속성과 효율성이 강조되

---

106) 사례연습에 관하여는 위의 제1장 1.4.를 보라.
107) *Schenke*, POR, Rn. 452 ff.
108) Vgl. z.B. Art. 6 BayLStV; § 97 Abs. 1 NdsSOG; § 84 SOG LSA; § 75 Abs. 2 POG RP.
109) 노르트라인-베스트팔렌에서는 지방경찰청. 군경찰관청으로서의 군수, § 2 POG NW.

는 집행경찰관청의 전형적인 활동은 매우 엄격한 지역적 제한과 배치되는 면이 있다. 따라서 원칙적으로 토지관할이 존재한다고 할지라도, 그것은 긴급한 상황이나 목전에 급박한 위험이 있는 경우에는 확장될 수 있다(노르트라인-베스트팔렌주 경찰질서법 제7조). 헤센주 안전질서법 제101조 제1항에 따르면 파출소가 주의 영역 전체에서 시원적으로 관할권을 갖는다. 예외적으로 질서관청 또한 목전에 급박한 위험이 있는 경우에는 다른 관청의 토지관할이 인정되는 범위 내에서도 조치를 취할 수 있다(헤센주 안전질서법 제100조 제2항; 라인란트-팔츠 경찰질서법 제91조 제2항).

다른 주의 (경찰)관청 및 연방경찰관청과의 관계에 있어서의 관할권은 주법이 명시적으로 규율하고 있다(베를린주 일반안전질서법 제7조, 제8조; 헤센주 안전질서법 제102조, 제103조; 노르트라인-베스트팔렌주 경찰질서법 제8조, 9조) 다른 국가와 국경을 맞대고 있는 주에서는 그의 활동가능성이 연방의 경계를 넘어서까지 확장되는 것이 고려될 수 있다. 이 경우에는 다른 국가영역에서 고권력을 행사하는 것이 문제되므로 다른 국가가 그에 동의하여야만 한다. 상호주의를 바탕으로 하여 체결된 관련 행정협정은 독일 연방영역 내에서 다른 국가의 관청이 활동할 수 있는 가능성을 열어준다(브란덴부르크주 경찰질서법 제76조 제1항 제2문 및 제77조 제3항 제2문; 라인란트-팔츠주 경찰질서법 제87조 제1항 제2문 및 제86조 제3항). 범죄를 저지르고 도주하는 혐의자를 주의 경계를 넘어서서 추적하는 경우가 그의 전형적 예이다. 주의 경계를 넘어서게 되면 해당 주의 법이 적용될 수 있다. 72

사물관할(事物管轄, Die sachliche Zuständigkeit)은 수행되어야 할 ‘사물적 임무(Sachaufgabe)’가 어떤 (경찰)관청에 부여되어 있는지에 따라 결정된다. 임무는 법률 또는 법규명령을 통하여 부여된다. 질서관청 상호간에 있어서 일반적 포섭관할권(包攝管轄權, Auffangzuständigkeit)은 그 장소를 관할하는 질서관청에 부여된다(헤센주 안전질서법 제89조 제2항). 경찰관청 상호간의 관계에 있어서 일반적 포섭관할권은 하급경찰관청이 행사한다(바덴-뷔르템베르크주 경찰법 제66조 제2항; 브란덴부르크주 경찰질서법 제78조 제1항; 노르트라인-베스트팔렌주 경찰질서법 제10조). 73

관할권에 관한 규정들은 목전에 급박한 위험이 존재하는 경우에 있어서의 (예외적)관 74

할권으로 인하여 그 의미를 상실하게 된다. 즉, 목전에 급박한 위험이 존재하는 경우에는 —원래는 관할권을 갖지 않는— 다른 경찰관청이 관할경찰관청의 임무를 수행할 수 있게 된다(브란덴부르크주 경찰질서법 제81조; 노르트라인-베스트팔렌주 경찰질서법 제14조; 작센주 경찰법 제70조 제3항; 작센-안할트주 안전질서법 제88조 제4항). 질서관청 또한 목전에 급박한 위험이 있는 경우에 예외적 관할권(außerordentliche Zuständigkeiten)을 갖게 되는바, 그로 인하여 다른 질서관청의 관할범위 내에서의 활동이 허용된다(헤센주 안전질서법 제100조 제2항; 노르트라인-베스트팔렌주 질서관청법 제6조; 작센-안할트주 안전질서법 제88조 제2항; 라인란트-팔츠주 경찰질서법 제90조 제2항).

75 실무에 있어서 그리고 대학생들의 시험에 있어서는 질서관청과의 관계에 있어서 경찰(집행)관청의 긴급관할권(Eilfallzuständigkeit)이 특별히 중요하다. 야간이나 주말에 위험상황과 직면하게 되는 현장의 경찰공무원은 목전에 급박한 위험에 대처하기 위한 작용을 행할 권한을 행사할 수 있어야 한다. 긴급한 경우에는 경찰관청이 질서관청보다 우선적으로 위험을 방지할 권한을 갖는다. 위험방지가 지체될 수 없는 경우가 종종 있으며, 그 경우 어떠한 경우에도 권한의 흠결이 있어서는 아니된다. 그러나 질서관청이 효과적으로 활동을 할 수 있게 되면 경찰관청의 긴급관할권은 소멸된다. 주의 경찰법들은 임무의 할당과 관련하여 이러한 내용을 규율하고 있다(바덴-뷔르템베르크주 경찰법 제2조 제1항; 베를린주 안전질서법 제4조 제1항; 노르트라인-베스트팔렌주 경찰법 제1조 제1항 제3문; 작센주 경찰법 제2조 제1항).

76 **사 례:**

오순절 일요일에 금지된 결사인 PKK* 의 구성원들이 대체조직(Ersatzorganisation)을 구성하기 위하여 대학 구내에서 만나려고 한다. 쿠르드인의 정보제공을 통하여 경찰은 토요일 저녁에 그러한 사실을 알게 된다. 결사법(結社法, VereinsG) 제3조 제2항에

---

* **역주** PKK는 쿠르드 노동자당(Die Arbeiterpartei Kurdistans)을 지칭하는 "Partiya Karkerên Kurdistan"의 약어이다. 쿠르드 노동자당은 터키 내의 쿠르드족 거주지역 내의 쿠르드족 분리독립운동단체의 하부조직인바, 이에 관하여 자세한 것은 다음의 인터넷문헌 참조: http://de.wikipedia.org/wiki/Arbeiterpartei_Kurdistans; http://terms.naver.com/entry.nhn?docId=1053831&cid=42147&categoryId=42147.

왼쪽 사진은 초창기의 PKK의 로고이고, 오른쪽 사진은 2002년 이후부터 사용되고 있는 PKK의 로고이다.

따를 때 결사의 금지에 대한 관할관청은 주의 최상급관청, 즉 일반적으로 내무부이다. 지금 대체조직의 구성을 금지시키기 위하여 이에 대하여 원래의 관할권을 가지는 관청(즉, 내무부)와 연락하는 것은 사실상 거의 불가능하다.

그러나 경찰관청은 결사법 제8조 제2항 제3문에 따라 목전에 급박한 위험이 있는 경우에는 잠정적인 조치를 취할 수 있다. 관할 경찰집행관청은 결사법 제14조에 따라 외국인단체의 경우에도 그들의 회합과 대체조직에 대한 긴급조치를 취할 권한을 갖는다. 주법상의 긴급관할권의 결과 경찰관청은 대학행정당국과 연락이 되지 않는 경우에는 —그렇지 않으면 대학당국의 동의가 있어야만 진입할 수 있는 대학 구내에서— 활동할 수 있다.

복습문제

1. 연방경찰의 임무를 몇 가지 열거하여 보라! (Rn. 6이하)
2. 연방수사청은 기획수사에 관한 권한을 갖는가? (Rn. 26)
3. 헌법보호청의 임무는 연방해외정보부의 임무와 어떻게 구분되는가? (Rn. 32 이하, 35)
4. 경찰집행관청과 질서관청의 임무수행방식은 어떻게 구분되는가? (Rn. 73 이하)
5. 목전에 급박한 위험이 있는 경우에 질서관청의 관할권을 침해할 수도 있는 —법률이 규정하고 있는— 경찰관할권을 인정할 필요성에 대한 이유를 제시하라. (Rn. 75 이하)

제5장 경찰-질서관청의 임무

1 임무는 권한과는 구분되어야 한다.[1] 이러한 구분은 경찰-질서법의 가장 근본적인 특질로서 경찰-질서법의 구조, 따라서 사례풀이목차에 있어서도 상당히 중요한 결과를 가져온다. 모든 주의 경찰법은 이러한 구분에 근거하고 있으며, 그들 경찰법은 일반적으로 법률 제1조 또는 그에 해당하는 유사규정에 일반적인 임무지정에 관한 규정과 많은 구체적인 권한규범을 갖고 있다.

2 경찰-질서관청의 작용은 침해행정에 속한다. 경찰-질서관청은 구체적인 법적 권한을 근거로 하여서만 시민의 권리를 침해하는 조치를 취할 수 있다. 단순히 임무의 할당이 있는 것만으로는 충분하지 않다. 이러한 원칙은 주 단위의 경찰-질서관청뿐만 아니라 연방 차원의 경찰-질서관청에도 적용된다. 그것은 개별적-구체적 조치, 특히 행정행위에 대해서만 적용되는 것이 아니라 경찰관청이 불특정 다수의 사례를 규율하기 위하여 일반적-추상적 조치, 특히 경찰명령(Polizeiver- ordnungen)*을 발하는 경우에도 적용된다.

3 **반드시 알아두어야 할 공식** 법률 없으면 침해 없다!

4 경찰관청의 조치가 침해적 성격을 갖지 않는 경우에는, 경찰의 활동이 해당 주경찰법에 따른 임무영역에 속하는 것만으로 충분하다. 직무규범(Aufgabennormen)은 경찰에게 그의 관할권의 영역에서 법률상의 수권근거를 요구하지 않는 모든 작용을 행할 권한을 부여한다. 직무규범과도 관련되어 있지 않다면, 경찰은 활동을 하여서는 아니 된다. 그러나 경찰의 임무를 법률로 규정하는 것만으로 경찰-질서관청이

---

1) *Drews/Wacke/Vogel/Martens*, Gefahrenabwehr, § 8; *Gusy*, POR, Rn. 11 ff.; *Schoch*, POR, Rn. 32; *Tettinger/Erbguth/Mann*, BesonderesVerwaltungsrecht, Rn. 422.

* **역주** 여기서 경찰명령(Polizeiverordnungen)이라고 함은 경찰목적을 위하여 제정된 법규명령을 의미한다.

광범위한 활동을 하는 것을 가능케 하기에 충분하다.

임무로부터 법률이 명시적으로 부여하고 있지 않은 권한을 도출하는 것은 허용되지 않는다.[2] 왜냐하면 법률유보의 원칙은 침해권한은 명백한 법률상의 근거규정에 근거하여야 할 것을 요구하기 때문이다.[3] 그러나 글리콜에 감염된 포도주나 청소년샴페인의 위험성에 대한 국가관청의 경고(Warnungen)와 관련하여 연방헌법재판소는 그러한 경고가 기본권을 침해하는지 그리고 어떠한 점에서 기본권을 침해하는지라는 문제에 대하여 남김없이 명백하게 답하지는 않았지만, 최소한 국가의 지도라는 임무로부터 경찰관청의 권한을 도출하는 것을 배제하지는 않았다.[4] 불명확성은 사실상 기본권을 침해하는 조치가 정당화되기 위한 요구조건과 관련 있다.[5] 국가가 기본권을 침해하는 일반적 경우에 있어서는 —정보상의 침해의 관점에 있어서도— 법률에 의한 수권이 필요하다.[6] 경찰법에 있어서 이러한 법률상의 수권(규정)은 특정한 사물영역에 관한 특별법상의 개별적인 권한규범 또는 주경찰법에서 발견된다. 5

사 례: 6

경찰이 긴급전화를 운영하고 있으며, 도움을 청하는 자동차운전자를 직접 돕기 위하여 자동차정비소나 차량견인업체의 공적으로 접근가능한 주소지를 그들에게 안내해준다.* 이것은 개별 주경찰법 제1조에 따른 경찰의 임무범위에 해당된다. 이에 반하여 경찰이 스스로 자동차의 견인을 명령할 수 있기 위해서는 명시적인 권한규범을 필요로 한다.

미아(迷兒)를 찾기 위하여 공공부지를 수색하는 것은 직무규범만으로 충분하다. 그러

2) *Knemeyer*, POR, Rn. 78; *Pieroth/Schlink/Kniesel*, POR, § 1 Rn. 12와 § 2 Rn. 2.

3) 법률유보의 원칙에 관하여는 *Gusy*, JA 2002, 610; 보다 상세한 것은 *Lerche*, in: Merten/Papier(Hg.), Handbuch der Grundrechte III/II, 2009, § 62.

4) BVerfGE 105, 252; 105, 279.

5) *Bethge*, Jura 2003, 327(332 f.); *v. Coelln*, JA 2003,118; *H.-J. Cremer*, JuS 2003, 747; *P. M. Huber*, JZ 2003, 290; *Murswiek*, NVwZ 2003, 1(2) 기본권침해에 관하여 일반적인 것은 *Bethge* und *Weber-Dürler*, VVDStRL 57(1998), S. 7과 57.

6) *Schenke*, POR, Rn. 41.

* **역주** 경찰이 이렇게 자동차정비소나 차량견인업체의 주소나 전화번호 등에 관한 정보를 갖고 있게 되면, 긴급전화안내시 자동차 사고 등으로 도움을 청하는 운전자에게 ○○ 자동차정비소나 ×× 차량견인업체에 직접 전화해서 도움을 얻으라는 음성안내나 문자안내서비스를 제공할 수 있게 될 것이다.

나 부동산소유자의 의사에 반하여 그의 토지에 진입을 해야 하는 상황이라면 권한규범이 필요하다.

1. 헌법적 근거

7 경찰-질서법이 가장 오래되고 중요한 행정법영역에 속함에도 불구하고, 그를 헌법에서 규정하는 것에 대하여는 부분적으로 논란이 있다. 이러한 논란은 경찰-질서법의 전헌법적(前憲法的, vorkonstitutionellen) 성격에 근거하는바, 즉 이미 기본법이 공포되기 이전부터 각 주들에는 (부분적으로) 그 기원을 바이마르 공화국에 두고 있던 경찰-질서법이 이미 존재하고 있었기 때문이다. 경찰-질서법은 헌법이 없던 시대에 발전된 것이 아니라, 특별한 헌법적 구조, 즉 바이마르(Weimar)헌법하에서 발전된 것이다. 바로 그것 때문에 그 근거에 관하여, 특히 경찰-질서법의 임무와 국가의 일반적 임무와의 관계에 대하여 논란이 있는 것이다.[7] 경찰-질서법에 대한 관할권의 헌법적 귀속 및 경찰-질서관청의 조치와 기본권과의 합치 여부는 그다지 복잡하지는 않지만 중요한 문제이다. 기본법과 주헌법이 규율하고 있던 차원에 유럽법이 추가되게 되었다.

1.1. 개관 및 기본구조

8 먼저 연방과 주 사이의 관할배분에 관한 규정이 경찰-질서법의 헌법적 근거를 구성한다. 경찰법은 일반적으로 주법이다.[8] 그러나 기본법은 연방수사청과 같이 고유한 권한을 가진 연방관청의 설립(기본법 제73조 제10호 – 위의 제4장 1.2를 보라) 또는 결사법 및 집회법과 같은 특별한 사물영역에 대한 특별한 질서법적 규정의 정립을 위한 몇 가지 특별한 관할규정을 갖고 있다(기본법 제74조 제3호).

9 개인의 관점에서 바라보면 경찰작용의 기본법적 한계가 중요하다. 기본권은 개인적 자유와 개인의 권리영역을 국가기관의 침해로부터 보호해준다. 경찰-질서관청의 조치들은 대부분 침해적 성격을 띠고 있으며, 따라서 경찰이 취하는 조치의 상

---

7) *Schewe*, Das Sicherheitsgefühl und die Polizei, 2009 m.w.N.

8) BVerfGE 100, 313 (369); vgl. BVerfGE 109, 190 (215).

대방의 기본권과 충돌하게 된다. 이러한 충돌문제의 해결은 어떤 침해권한이 어떠한 기본권과 충돌하는지에 따라 좌우된다. 주거에 대한 감청(監聽, Lauschangriff)의 권한은 주거의 불가침이란 기본권(기본법 제13조)과 충돌하고,[9] 개인에 대한 체포나 수색권한은 일반적 행동의 자유권(기본법 제2조 제1항) 및 신체의 자유(기본법 제2조 제2항 제2문)와 충돌한다. 이와 같은 양자의 긴장관계에 대하여는 개개의 권한규범과 관련하여 상세하게 논의하기로 하겠다(이하의 제6장과 제7장 참조).

1.2. 안전 보장장치로서의 국가

경찰-질서관청의 작용에 기본법에 따른 한계가 존재한다는 것은 명확하다. 그러나 10
헌법에 근거하는 경찰-질서관청의 임무의 존재와 그 범위는 그다지 명확하지 않다. 따라서 경찰-질서관청이 무엇을 하여서는 안 되는지는 해석과 형량을 통하여 헌법적으로 정할 수 있지만, 경찰-질서관청이 무엇을 당연히 하여야 하고 심지어 무엇을 하여야만 하는지는 헌법적으로 규정하기가 매우 어렵다. 국민의 안전보장이라는 국가적 임무의 근거, 존재 및 범위가 문제된다.[10]

국가적 과제인 안전의 존재와 범위를 고려할 때[11] 헌법적 차원의 안전과 국가론적 11
차원의 안전은 구분되어야 한다. 일반국가론(一般國家論, Allgemeinen Staatslehre)에 따를 때 국가가 시민의 안전을 보장하는 것을 그 임무로 한다는 것은 의문의 여지가 없다.[12] 국가론적인 관점에서 보면 안전보장의 임무가 국가의 가장 중요한 임무라는 것은 명백하다. 근대국가의 본질적 표지에 속하는 국가의 권력독점(사상)에 근거하는 경우 국가는 안전보장을 절대로 포기할 수 없다. 시민이 권력을 행사하는 것은 원칙적으로 금지되기 때문에 한편으로는 국가의 권력독점이 깨어져서는 안 된다는 것, 다른 한편으로는 필요한 경우 국가기관은 권력을 행사할 수 있다는 것이 고려되어야만 한다. 국가는 적정한 권한을 가진 경찰-질서관청을 보유하여야만 한다. 주법이 경찰을 주의 사무로 규정하는 경우, 그것은 이를 확인하고 있는 것이다.[13]

9) BVerfGE 109, 279.

10) 이에 대하여 포괄적인 내용은 *Gusy*, VVDStRL63(2004), S. 151(174 ff.) m.w.N.

11) 이에 관하여 일반적인 것은 *Gramm*, Privatisierung und notwendige Staatsaufgaben, 2001, S. 40 ff.; *Möstl*, Garantie, S.37 ff.; *Stoll*, Sicherheit als Aufgabe von Staat und Gesellschaft, 2003, S. 190 ff.

12) BVerfGE 49, 24 (56 f.).

12 기본법에 (안전기본권에 관한) 명시적 규정이 결여되어 있기 때문에 국가임무로서의 안전이 기본법에 따라 규범적으로 인정된 것인지, 인정된다면 어느 정도까지 인정되는 것인지에 대하여는 의문이 존재한다. 기본법 제20조 제1항의 국가의 조직에 관한 기본원리로부터 법치국가의 원리 또는 사회국가의 원리를 실현하기 위하여 특정한 권한을 행사할 필요성이 도출된다.[14] 국가는 위험원(危險源, Gefahrquelle)에 대한 허가나 그 밖의 결정을 통하여 그러한 위험원이 법질서와 합치될 수 있도록 할 의무를 갖는다. 그렇다면 허가를 요하는 설비의 가동은 유전자변형조직의 분리와 마찬가지로(유전자기술법 제25조) 감시되어야만 한다(연방임미씨온보호법 제52조). 그러나 이와 같은 객관적 법적 사정으로부터 —주관적인 법적 효과를 가져올 수 있는— 안전이라는 광범위한 국가임무가 발생되는 것은 아니다.[15]

13 이러한 결론은 단지 기본권과 그의 보호의무차원(Schutzpflichtendimension)에 근거함으로써만 얻어질 수 있다.[16] 이와 같은 견해에 찬동하는 학자들은 기본권은 제3자에 의한 침해를 받아들일 것을 개인에게 (부당하게) 요구하는 법질서에 대하여도 보호받아야 한다고 주장한다. 제3자에 의한 침해를 받아들여야 할 수인의무는 단지 기본권의 한계 내에서만 허용되는바, 그것은 장래의 위험에 대하여서도 그러하다. 기본권적인 보호의무는 자유의 확보에 대한 국가의 보장, 따라서 자유권을 행사하기 위한 전제조건으로서의 안전의 확보를 국가가 보장하여야 한다는 결과를 가져온다.[17]

14 안전이란 국가의 임무를 인정하는 것에 대한 비판론은 기본법상의 다양한 책임질서를 그 근거로 하는바,[18] 비판론의 내용은 다음과 같다. 「자유가 중요한 것이라면 자신과 타인의 자유권행사로 인한 리스크 또한 "자유에 귀속되며, 안전에 대한 책임을 국가가 부담하도록 하는 것은 자유를 촉진하는 것이 아니라 자유를 침해하는 것이다. 국가의 책임은 기본권적 자유의 한계를 이루는 것이지 기본권적 자유가

---

13) § 87 Abs. 1 NdsSOG; § 1 PolG NW; § 76 Abs. 1 SOG LSA.

14) 이에 관하여 기본적인 것은 *Volkmann*, JZ 2004, 696.

15) 다른 경향은 *Robbers*, Sicherheit als Menschenrecht, 1987 참조; 그러나 권력독점(사상)으로부터 특정한 권한을 도출하는 것은 사회학적 개념과 법적 개념을 혼동하는 것이다. 이에 대해서는 *Tettinger*, in: Festschrift für Kirchhof, 2002, S. 281(285 ff.) m.N.를 보라.

16) *Isensee*, Grundrecht auf Sicherheit, 1982; *Möstl,* Garantie, 84 ff.

17) *Schoch*, POR, Rn. 21; *Würtenberger/Heckmann*, PolRBW, Rn. 23.

18) *Gusy*, DÖV 1996, 573 (578).

인정되는 것의 결과가 아니며,[19] 안전을 요구할 기본권은 존재하지 않는다.[20] 국가의 안전기능은 개별법의 영역에서 수행되거나, 적어도 개별법을 통하여 구체화된다".[21]

기본권을 근거로 하는 국가적 보호의무가 존재한다는 것은 대체로 인정된다.[22] 그러나 다양한 범위를 가진 보호의무가 다양한 기본권으로부터 도출된다.[23] 따라서 이러한 보호의무가 안전기본권(Grundrecht auf Sicherheit)이란 단일한 기본권으로 요약되거나 평준화될 수는 없다. 그럼에도 불구하고 안전의 보장은 국가의 중요한 임무인바, 그것은 객관적 원칙으로서 기본법 제20조 제1항과 기본권적 보호의무의 존재로부터 도출될 수 있다. 그에 따르면 입법부와 집행부는 임무의 수행에 있어서 광범위한 자유를 갖는다. 임무수행에 사인이 관여하는 것이 배제되지는 않는다.[24] 개인의 자유권행사의 전제가 되는 안전을 보장하여야 할 필요성으로부터 —일반적인 경우에 헌법적으로— 행정관청의 재량이 일정한 구속을 받는다는 결론이 도출되지는 않으며, 개인이 국가에 대하여 일정한 조치를 취해 줄 것을 요구할 주관적 권리가 도출되지도 않는다. 이러한 주관적 권리는 단지 개별법에 근거하여서만 인정될 수 있다.[25] 15

1.3. 헌법에 근거한 국가작용의 필요성

임무를 지정하는 것은 권한규범을 근거로 한 불특정한 조치의 가능성을 해석상으로 구체화하는 것에 기여할 수 있다. 이것은 집행권의 일부로서 경찰-질서관청에게는 재량이 수축되는 경우에 의미를 가질 수 있다(이하의 제10장 Rn. 22를 보라). 양극적(兩極的) 법률관계에 있어서 이처럼 재량권이 수축되는 경우에 시민은 경찰에게 16

---

19) 보호의무의 법적 결과에 대하여 일반적인 것은 *Wahl/Masing,* JZ 1990, 553.

20) *Gusy*, VVDStRL 63 (2004), S. 151 (170).

21) *Gusy*, POR, Rn. 76.

22) *Calliess*, in: Merten/Papier (Hg.), Handbuch der Grundrechte II, 2009, § 44, Rn. 4.

23) 전반적인 설명은 *Szczekalla*, Die sogenannten grundrechtlichen Schutzpflichten im deutschen und europäischen Recht, 2002 참조.

24) 원자력발전에 관하여는 BVerfGE 49, 89 (143) 참조. 원자력발전소나 공항운영자의 자기보호의무에 대하여는 BVerwGE, DVBl. 1989, 517; 사인과의 행정파트너 관계에 따르는 요구에 대하여는 또한 *Pitschas*, DÖV 2004, 231을 보라.

25) 유사한 견해로는 *Pieroth/Schlink/Kniesel*, POR, § 10, Rn. 13.

특정한 조치를 취해 줄 것을 요구한다. 그 이유는 그와 같은 조치가 행해지지 않으면 기본권이 침해될 것이 예견된다는 점에서 찾을 수 있다.

17 보호의무가 단지 특정한 방식, 즉 규범정립을 통하여서만 충족될 수 있는 경우에는 입법자(법률과 법규명령의 제정자)가 입법을 행할 필요성이 인정될 수 있다.[26] 만일 그와 같은 경우에 입법자가 입법을 행하지 않는다면, 그것은 과소금지(過少禁止, Untermaßverbot)의 원칙*을 위반하는 것이 된다.[27]

18 그러나 그러한 입법을 행할 의무는 단지 극히 예외적인 경우에 한하여 고려의 대상이 된다. 왜냐하면 입법자(법률과 법규명령제정자)에게는 광범위한 자유영역이 인정되기 때문이다. 입법자에게는 선택을 통하여 결정을 행할 권한이 부여되어 있다. 이와 같은 결정의 내용은 정치적 의사형성과정의 결과이며, 따라서 처음부터 확정되어 있는 것은 아니다. 입법자가 무엇인가를 하는 경우, 그러한 작용을 행함에 있어 입법자는 원칙적으로 특정한 조치에 국한되지 않는다. 물론 기본권이 일정한 한계를 설정하기는 한다. 그러나 기본권은 극히 예외적인 경우에만 입법자의 특정한 행위를 요구할 권리를 가져온다.

19 연방헌법재판소의 판례 또한 생명과 신체의 불가침성이란 기본권(기본법 제2조 제2항)이 침해된다고 주장되는 경우에, 시민이 특정한 법규범을 정립하여 줄 것을 요구할 수 있다고 한다. 시민의 관점에서 보면 단지 대기오염에 대한 특정한 한계치 설정, 특정한 소음방지조치 또는 도로교통에 대한 특정한 규율을 통해서만 유지될 수 있는 환경보호, 따라서 건강보호를 위한 법규범의 정립이 중요하다. 판례는 그 결론에 있어 이와 같은 요구를 계속하여 부정하고 있다.

20 **사 례:**[28]

B는 도로상에서 강력한 속도규제를 도입하지 않는 것이 기본법 제2조 제2항에 따른

26) 기본권적 보호의무에 대해서는 *Hermes*, Das Grundrecht auf Schutz von Leben und Gesundheit, 1987; *Dietlein*, Die grundrechtlichen Schutzpflichten, 1992 참조.

* **역주** 과소금지의 원칙에 관한 우리나라에서의 논의로는 이부하, 비례성 원칙과 과소보호원칙, 헌법학연구 제13권 제2호, 2007, 275면 이하 참조.

27) *Hain*, DVBl. 1993, 982.

28) BVerfG, NJW 1996, 651.

자신의 기본권을 침해한다며 헌법소원을 제기한다. 헌법재판소는 입법자의 입법개선을 위한 의무는 단지 기본권이 명백하게 침해되는 경우에만 존재한다는 것을 이유로 헌법소원을 각하한다. 입법자는 교통안전을 고양하기 위한 조치를 취하였고, 어떠한 행위도 하지 않은 것은 아니다. 과소금지의 원칙을 위반한 것은 아니다.

연방헌법재판소는 형사소추(Strafverfolgung)의 경우에는 다른 점을 강조하고 있다.[29] 21
범죄행위가 행하여진 경우라면, 형사소추는 그의 수행 여부를 마음대로 결정할 수 없는 국가의 임무이다. 국가는 개시된 형사절차를 관철하고 형벌의 집행을 담보할 의무가 있다. 연방헌법재판소는 그 이유로 형사(소송)절차가 정상적으로 기능하는 것에 대한 일반공중의 이익을 들고 있는바, 이는 결국 법치국가의 원리가 요구하는 것이다. 국가는 시민의 안전과 국가제도의 기능에 대한 시민의 신뢰를 보호하여야 한다. 경찰의 진압적 활동의 영역에서는 모든 범죄는 소추되어야 한다는 합법주의(合法主義, Legalitätsprinzip)가 지배한다. 이와 같은 판례는 재량이 인정되는 편의주의(便宜主義, Opportunitätsprinzip)가 지배하는 경찰-질서관청의 예방적 활동영역에는 적용될 수 없다.

1.4. 테러위협의 시대에서의 자유와 안전

경찰-질서법은 자유와 안전 간의 긴장영역에 놓여 있다. 테러리즘에 대한 대처에 22
있어서는 이와 같은 긴장관계를 조절하는 것이 관심의 초점이 된다.[30] 여기에서 자유는 기본법상의 자유권으로 보장되는 영역에서의 개인의 자유로운 결정권에 대한 상위개념으로 이해되어야 한다. 한편 여기서의 안전을 법익보호의 의미에서의 공공의 안녕이라는 개념과 혼동하여서는 아니 된다.* 여기서 말하는 안전이란 자유(권)의 행사에 대한 전제조건을 보장하는 것, 즉 위험이나 리스크가 실제로 또는 추

29) BVerfGE 46, 214 (222 f.).

30) *Riescher* (Hg.), Sicherheit und Freiheitstatt Terror und Angst, 2010; 2001년의 9.11사태 이후의 이와 같은 긴장관계에 대해서는 *Hoffmann-Riem*, ZRP 2002, 497; 1970년대 적군파(赤軍派, Rote Armee Fraktion)를 통한 위협과 관련된 긴장관계에 대하여는 *Hoffmann-Riem*, JZ 1978, 335. 기본적인 것으로는 *Volkmann*, JZ 2004, 696.

* **역주** 원저자인 Kugelmann 교수의 이러한 설명은 독일에서는 안전을 'Sicherheit', 공공의 안녕을 'öffentliche Sicherheit'라고 하여 두 용어에 모두 'Sicherheit'가 사용되고 있기 때문인 것으로 이해된다.

정적으로 존재하지 않는 상태를 의미하는데, 그러한 상태는 결코 도달될 수 없다. 안전이란 개념 또는 그 보다 훨씬 모호한 내적 안전(內的 安全, inneren Sicherheit)[31]이란 개념이 명확성을 결하고 있다는 사실은 공공의 안녕과 안전을 구분함에 있어서 어려움을 초래할 수 있다.[32]*

1.4.1. 법상황의 발전

23 2011년 9월 11일의 뉴욕과 워싱턴에 대한 테러공격의 결과, 테러단체 및 테러분자에 대한 효율적 대처를 위하여 경찰관청 및 정보기관의 권한이 확장되기에 이르렀다. 특히 이들 안전관청의 정보의 수집 · 처리 권한을 확장하기 위하여 관련 법률이 개정되었다. 그리하여 2001년 12월 22일의 대테러방지법[33]은 연방헌법보호청이 자금세탁과 전기통신과정에 대한 정보를 취득하는 것을 가능하게 하고, 연방수사청으로 하여금 정보망범죄(情報網犯罪, Datennetzkriminalität)를 수사할 수 있도록 하는 규정을 담고 있다.[34] 2004년 3월 11일 마드리드와 2005년 7월 7일 런던에서의 테러공격은 복잡하고 유동적인 사회가 갖는 약점을 다시금 분명하게 부각시켰으며, 유럽연합이 (입법에 있어서의) 주도권을 갖고 조치를 취하게 되는 결과를 초래하였는바, 그러한 조치는 국가 내의 법에도 영향을 미친다.[35] 비록 실패하기는 하였지만 독일에서의 테러공격시도는 테러에 상응하는 반작용의 필요성을 분명하게 해주었다. 그러나 그와 같은 시도 자체가 실패한 것은 현재의 대테러방지수단이 상당히 효과적이라는 점을 잘 보여주고 있다.

---

31) 그 개념에 대해서는 *Götz*, Innere Sicherheit, in: Isensee/Kirchhof (Hg.), Handbuch des Staatsrechts, Band III, 2. Aufl. 1996, § 79; *Hassemer*, StV 1993, 664; 또한 *Albers*, Straftatenverhütung, S. 99.

32) 이러한 내용 전반에 관하여는 *Calliess*, DVBl. 2003, 1096; *Gusy*, VVDStRL 63 (2004), S. 151 (155 ff.) m.w.N.

* **역주** 우리나라에서의 자유, 안전에 관한 대표적인 논의로는 이상해, 자유와 안전간의 조화와 긴장관계 – 전통적 법치국가로부터 테러위협에 대응한 예방국가로의 전환과 관련하여, 토지공법연구 제42집, 2008, 651쪽 이하.

33) 2001년 12월 22일의 「국제적 테러리즘에 대한 대처를 위한 법률」(약칭 대테러방지법), BGBl. 2002 I, S. 361.

34) *Denninger*, StV 2002, 96; *Nolte*, 2002, 573.

35) *Weber*, Europäische Terrorismusbekämpfung, 2008.

2001년의 일련의 입법에서의 한시적으로 인정되었던 몇몇 (테러방지를 위한) 권한들은 2011년 말까지 연장되었고, 그들 권한의 필요성 내지 정당성은 현재 시험대위에 올라 있다. 그와 같은 권한들이 비례의 원칙의 준수하에 그 목적을 수행하여 왔는지 여부와, 기본권과 법익보호의 일반적인 기준이 비례의 원칙에 어긋나게 희생을 당하여 오지는 않았는지 여부에 대해서까지 포괄적으로 평가되어야 한다. 안전관련 법률들에 대한 평가는 —복잡한 법적 수단을 고려할 때— 그의 정확한 한시적 효력보다도 더 중요한 의미를 갖는다. 24

1.4.2. 안전구축구조의 발전

연방과 주의 경찰관청의 조직, 임무 및 권한을 새로이 정비하고 방향을 설정하고자 하는 노력은 변화된 위협상황과 새로운 수단을 고려하고 있다. 그러한 노력은 최근의 학문적 논의에 있어서는 새로운 **안전구축구조**(Sicherheitsarchitektur)의 정립이라는 상위개념으로 요약되고 있다.[36] 안전구축구조라는 개념은 역동적이고 여러 학문적 분야에 걸쳐 있으며, 또한 그것이 명백히 무엇을 의미하는지가 남김없이 설명된 것도 아니다. 따라서 안전구축구조라는 개념은 사회학적, 경제적, 기술적 인식과 법적인 인식을 결합시키는 것을 허락한다. 일반행정법에서 발전된 통제, 평가, 증명 또는 표준화와 같은 관점이 연관될 수도 있다.[37] 그러나 문제의 핵심은 학문적 논의에 있어서의 의미있는 구분이나 안전개념과 같은 법적인 카테고리가 붕괴되지 않도록 하기 위해서는 안전구축구조라는 개념이 정확히 정의될 필요가 있다는 것이다.[38] 새로운 안전구축구조는 연방수사청 또는 연방경찰의 임무의 확장 및 정보수집에 관한 새로운 권한(예컨대 온라인수색)의 도입 또는 유럽연합의 역할의 확대와 관련된 논의를 담고 있다. 그러나 이와 같은 모든 논의에 있어 안전의 보장이 법익보호를 그 핵심으로 한다는 것을 간과하여서는 아니 된다. 25

미디어-정보사회에서 테러범의 모습은 시민의 **안전감**(Sicherheitsgefühl)에 강한 영향 26

---

36) *Würtenberger*, Sicherheitsarchitektur als interdisziplinäres Forschungsfeld, in: Riescher (Hg.), Sicherheit und Freiheit statt Terror und Angst, 2010, S. 97.

37) Vgl. *Kahl,* § 47, Rn. 18 ff. und *S. Schiedermair*, § 47, Rn. 78 ff., in: Hoffmann-Riem/Schmidt-Aßmann/Vosskuhle (Hg.), Grundlagen des Verwaltungsrechts III, 2009.

38) 이에 대한 회의적인 것으로는 *Gusy*, VerwArch 101 (2010), 309.

을 미친다.[39] 정책은 테러공격에 대해서뿐만 아니라 미디어의 보도와 시민 —이들은 동시에 유권자이기도 하다— 이 언급하거나 상정하는 안전감에 대해서도 대응하게 된다. 이로 인하여 적어도 때로는 상징적인 정치가 행해질 위험이 발생하게 된다. 법률이나 그 밖의 조치들이 테러의 방지에 기여하지만, 종종 시민을 안심시키는 데 기여하기도 한다. 정치가 그러한 점을 고려한다는 것은 입법을 통하여 표현되며, 또한 그것은 정치가 그 책임에 부응하기 위해서 시민의 두려움을 "진정으로" 받아들여야 한다는 점에서 선거에 근거하고 있는 민주주의에서 정당화되기도 한다.

27 다른 한편 테러리즘에 대한 대처라는 목적을 수행함과 동시에 모든 시민의 개인적인 법적 지위를 보호할 수 있는 법률을 제정하는 것이 중요하다. 경찰법의 목적은 경찰이 가능한 쉽게 그들의 일을 할 수 있도록 해주는 것이 아니라, 당사자와 제3자의 권리를 보장하면서 효과적으로 위험방지를 할 수 있도록 하게 해주는 것이다.

28 법치국가가 범죄행위자에 대한 형사소추를 용이하게 하기 위하여 그의 기본원리를 포기한다면, 법치국가는 그의 적들과 똑같이 행동하는 것이 된다.[40] 물론 테러리즘에 효과적으로 대처하기 위해서는, 법치국가는 여러 가지 수단들로 무장이 되어 있어야 한다.[41] 입법자는 광범위한 권한을 창조하였고, 경찰의 활동범위뿐만 아니라 정보기관의 활동범위를 확장하여 왔다. 관련 법률들은 예방적인 경찰의 임무와 진압적인 범죄행위의 소추의 구분을 불명확하게 하였으며, 이전에 경찰이 권한을 갖고 있었던 영역에서 정보기관들이 강력하게 활동하게 됨으로써 이와 같은 예방, 진압의 구분은 더욱 불명확하게 되었다. 테러에의 대처는 이미 1980년대부터 진행된 임무의 구축을 촉진시키는 결과를 가져왔다. 다른 기관이 경찰의 임무를 수행하기도 하고, 경찰이 스스로 범죄행위에 대한 예방적 대처나 위험의 사전배려와 같은 임무를 수행하기도 한다(제5장 Rn. 161 이하를 보라).

29 경찰이 사용하는 수단들은 다기능적(多機能的)이다. 프로파일링(Rasterfahndung)이나 전기통신설비에 대한 감청은 다양한 목적을 위하여 사용될 수 있다. 테러가 행

39) *Gusy*, VVDStRL 63 (2004), S. 159; 보다 자세한 것은 *Schewe*, Das Sicherheitsgefühl und die Polizei, 2009.

40) 기본적인 사항에 대해서는 *Roellecke*, JZ 2006, 265.

41) *Schoch*, Der Staat 43 (2004), 347 (363 ff.).

해질 징후가 있는 경우에 입법자는 권한규범 자체를 확대하거나 권한규범에 근거하여 활동할 권한을 가진 기관의 범위를 확장시킴으로써 다양한 목적의 소추를 허락한다. 이 경우 법치국가의 원리가 요구하는 한계가 준수되어야 한다. 만약에 구체적 위험의 필요성이나 비례의 원칙의 적용과 같은 현재의 메커니즘이 제대로 작동하지 못한다면 이를 보충할 법치국가적, 기본권보장적 장치가 필요하다.

권한규범상의 구성요건적 징표들을 정확하게 규정하는 것이 그러한 보충적 수단으 30
로 고려되고 있으며, 그것 이외에 절차적인 안전장치와 정보에의 접근권(Anschluss-rechten)의 보장 또한 고려된다.[42] 오늘날 경찰이 취하는 조치들은 대부분 정보의 자유를 침해하기 마련이므로 정보보호법상의 정보에의 접근권, 특히 정보주체에 대한 정보요구권은 효과적인 것으로 증명되고 있다. 개인정보는 단지 법률이 정한 특정한 목적을 위해서만 수집될 수 있고 원칙적으로 다른 목적을 위하여 사용될 수 없다는 목적구속의 원칙은 매우 중요한 의미를 갖는다. 전화통화를 도청한 테이프나 (수사기관이 갖고 있는) 지문이 목적구속의 원칙에 부합하는지 여부, 부합한다면 어느 정도 부합하는 것인지가 문제된다(이하의 제7장 Rn. 36 이하를 보라).

테러리즘에의 대처는 이미 오래전부터 경찰법을 특징지어 왔던 발전을 강화시킨 31
다. 테러공격은 그의 영향력 때문에 사회적 논의를 불러일으키며, 그것은 법질서나 법적용에 있어서의 변화로 나타난다. 테러공격에 대한 두려움은 그것만으로도 이미 입법부와 행정부의 활동을 위한 정치적 논쟁의 대상 중 하나이다. 테러리즘에의 대처가 직면하고 있는 도전은 받아들여져야 한다. 이 경우에 있어서도 중요한 것은 개인의 법익보호이다. 그 사회의 고유한 자유와 공개성을 지켜낼 때에만 자유로운 사회는 그의 기반을 방어할 수 있다.

2. 위험의 방지

경찰-질서관청의 임무는 공공의 안녕에 대한 위험방지를 그 핵심으로 한다.[43] 방지 32

42) *Kugelmann*, DÖV 2003, 781 (787 f.); *Schoch*, Der Staat 43 (2004), 347.

43) § 1 Abs. 1 PolG BW; Art. 2 Abs. 1 BayPAG und Art. 6 Bay LStVG; § 1 Abs. 1 ASOG

될 위험은 공공의 안녕이라는 개념에 포섭될 수 있는 특정한 법익을 위협하는 것이어야 한다.[44] 단지 그러한 경우에만 경찰-질서관청이 활동할 수 있다. 대부분의 경찰법은 경찰관청의 개입이 허용되는 두 번째의 위험구성요소로서 공공의 질서에 대한 위험을 언급한다. 공공의 안녕과 공공의 질서는 서로 구분되는바, 공공의 안녕에 대한 위험의 방지가 양적으로도 또한 질적으로도 훨씬 더 중요하다.

33 **반드시 알아두어야 할 공식** 위험방지의 목적은 법익의 보호이다.

34 보호법익을 정의하는 것은 경찰관청의 관할범위를 다른 국가관청의 그것과 구분할 수 있도록 하여 준다. 그러나 그 정의는 무엇보다도 시민에 대하여 경찰이 행사할 수 있는 권한을 창설하고 제한하는 결과를 가져온다. 왜냐하면 공공의 안녕(지배적 견해에 따르면 공공의 질서도 또한)은 강제수단을 사용하여 보호될 수 있는 법익의 범위를 나타내주기 때문이다.

2.1. 보호법익: 공공의 안녕

35 경찰-질서관청은 공공의 안녕을 지키는 것을 그의 임무로 한다. 공공의 안녕은 법질서의 불가침성을 의미한다.[45] 경찰-질서관청에게는 권리를 보호할 광범위한 임무가 부여되어 있다.[46] 또한 이것은 원칙적으로 사법상의 법익과도 관련 있다. 따라서 공공의 안녕의 개념은 넓게 이해되어야만 한다.[47] 연방과 주의 입법자 또한 이러한 개념에 따르고 있다.

Bln; § 1 Abs. 1 Satz 1 BbgPolG und § 1 Abs. 1 BbgOBG; § 1 Abs. 1 BremPolG; § 3 HbgSOG; § 1 Abs. 1 Satz 1 HessSOG; § 1 Abs. 1 und 2 Abs. 1 SOG MV; § 1 Abs. 1 Satz 1 NdsSOG; § 1 Abs. 1 Satz 1 PolG NW und § 1 Abs. 1 OBG NW; § 1 Abs. 1 Satz 1 POG RP; § 1 Abs. SaarlPolG; § 1 Abs. 1 SächsPolG; § 1 Abs. 1 Satz 1 SOG LSA; § 162 Abs. 1 LVwG SH; § 2 Abs. 1 Satz 1 ThürPAG und § 2 Abs. 1 ThürOBG.

44) BVerfGE 69, 315 (352)는 그와 같은 내용을 언급하고 있다.

45) 자구(字句)상의 정의에 비판을 가하면서 공공의 안녕에 대해서 설명하고 있는 것으로는 *Erbel*, DVBl. 2001, 1714 (1719 ff.); *Waechter*, NVwZ 1997, 729 (733 ff.).

46) *Götz*, POR, Rn. 90.

47) 보다 자세한 것은 *Gusy*, POR, Rn. 80 ff. 참조. 그는 공법에 의하여 인정된 법익만을 공공의 안녕에 포함시키고, 사익의 보호는 시민의 손에 맡기고 있다.

몇몇 주의 경찰법은 이와 같은 의미의 공공의 안녕의 개념을 규정하고 있다(브레멘 주 경찰법 제2조 제2호; 튀링엔주 질서관청법 제54조 제1호). 작센-안할트주 질서경찰법 제3조 제1호는 "공공의 안녕은 법질서, 개인의 주관적 권리와 법익 및 국가나 그 밖의 고권력주체의 존속, 제도와 행사의 불가침성"이라고 정의하고 있다. 따라서 보호의 대상은 모든 성문법질서가 보호하는 36

- 공중(公衆)의 법익,
- 공법에 의해 인정되는 개인적 법익,
- 개인의 사적 권리(그러나 사적인 권리확보수단이 존재하는 경우에는 보충적인 보호만 인정된다)이다.

공공의 안녕이라고 할 때, 여기서의 "공공성(Das Öffentliche)"의 내용은 민주주의에서는 법률을 통하여 구성된다. 그러나 그것은 별도로 심사되어야만 하는 고유한 구성요건적 징표를 형성하지는 않는다.[48] 이와 관련하여서는 경찰이 사법에 의해 보장되는 법익을 보호하는 것을 둘러싸고 구체적 문제들이 제기된다. 이들 문제에 대하여는 공익에 대한 일반적 고려를 통해서가 아니라 경찰법규정에 따라서 답해져야 한다. 37

테러리즘에의 대처과정에 있어서는 법정책적으로 각인된 개념인 "내적 안전(innere Sicherheit)"이라는 개념이 종종 사용된다.[49] 그러나 "내적 안전"이 공공의 안녕과 동일한 것은 아니다. 안전 그 자체는 법익이 아니며, "내적 안전" 그 자체도 침해를 허락하는 법익이 아니다. 안전은 우선적으로 위험이 없는 상태를 말한다.[50] 외적 안전(äußere Sicherheit)이 다른 국가를 통한 위협으로부터 평화를 보장하는 것과 관련있는 것과 달리, 내적 안전은 인간이 서로 평화롭게 살 수 있도록 배려해야 할 (시민에 대한) 국가의 임무를 의미한다.[51] 이런 맥락에서 볼 때 내적 안전은 안전이란 국가임무를 둘러싼 논의에 속하는바, 안전이란 국가임무는 결국 국가 내에서의 평화를 보장하기 위하여 어떠한 법률이 필요한 것인지에 대한 정치적 결정으로 귀결된다.[52] 경찰공무원의 구체적인 작용에 있어서는 특정한 조치를 위하여 입법자가 제 38

48) *Drews/Wacke/Vogel/Martens*, Gefahrenabwehr, § 14; *Götz*, POR, Rn. 93.
49) *Schoch*, POR, Rn. 20.
50) Vgl. *Götz*, Innere Sicherheit, in: Handbuch des Staatsrechts III, 2. Aufl. 1996, § 79.
51) *Gusy*, POR, Rn. 80.

정한 수권근거가 존재하는지 여부가 중요하다.

2.1.1. 일반(공중)의 법익의 보호

39 공공의 안녕은 실정법규정이 적시하고 있는 법익의 보호를 포괄한다. 이것은 유럽연합법이 보호하는 법익들을 포함한다.[53] 법규범을 침해하는 모든 행위는 공공의 안녕을 침해하는 것이다.[54] 여기에 위험방지의 중점이 있다. 관련된 특별법은 일반법인 경찰-질서법에 우선하여 적용되는 질서법적인 규정들을 그 내용으로 할 수 있다. 이것은 행정관청의 관할뿐만 아니라 적용가능한 법규범과 관련이 있다. 법익보호는 경찰-질서관청의 임무에 해당되지만, 그것만으로는 구체적 조치를 정당화시키기에 충분하지 않다. 임무와 권한은 구분되어야 하기 때문에(위의 제5장 1.을 보라) 관할관청이 조치를 취하기 위하여서는 그의 근거가 될 수 있는 특정한 권한규범을 필요로 한다.

40

> **Tip** 차이점과 공통점을 발견하기 위하여 연방경찰법 제39조와 당신이 살고 있는 주의 법률규정을 비교하여 보라.(경찰)관청의 실무에서와 마찬가지로 학생들의 사례연습에서도 위협을 받는 법익을 내용으로 하고 구체화하는 구체적 규정을 언급하여야 한다. 그에 더하여 (경찰)관청이 어떠한 조치를 취하기 위하여서는 (경찰)관청에게 이러한 특정한 조치를 취할 수 있는 권한을 부여하는 규범을 필요로 한다. 일반 경찰법을 원용하기에 앞서 그와 관련된 특별법이 있는지 여부를 언제나 먼저 심사하라.

41 경찰-질서관청은 법익침해가 목전에 급박한 경우에 행정행위와 그의 집행을 통하여 개입할 수 있고, 침해가 계속되는 경우에는 그를 저지할 수 있다. 법률이 이러한 목적을 관철하기 위한 조치에 대한 권한규범을 갖고 있지 않다면, 경찰-질서법의 일반규정이 적용될 수 있다. 상당수의 특별법들이 (구체적인 경우에 있어) 동법이 규정하고 있는 명령이나 금지를 구체화하는 행정행위에 대한 수권규정을 갖고 있지 않기 때문에, 이는 가장 먼저 질서관청에 대하여 의미를 가진다. 행정행위는 직접강제가 행해질 때까지는 그 집행을 위한 근거가 되기 때문에 그와 같은 행정행위가 필요하다(이에 관하여는 이하의 제9장을 보라).[55] 그 한도에서 환경법, 예컨대 연

---

52) *Gusy*, VVDStRL 63 (2004), S. 186.

53) *Lindner*, JuS 2005, 302 (305).

54) *Drews/Wacke/Vogel/Martens*, Gefahrenabwehr, § 15, Ziff. 2c.

방 임미씨온보호법 등은 다양한 학습자료를 제공하고 있다.

사 례: 42

오스트리아에서 운행허가를 받은 화물차가 독일과 오스트리아의 국경을 통과하면서 독일의 도로가에 쓰레기를 버린다. 연방경찰은 「자원순환 및 폐기물관리법」 제11조의 보호를 위하여, 그것도 연방경찰법 제14조 제1항, 제2항을 근거로 개입한다.*

공공의 안녕은 모든 법규범의 불가침성을 포함한다. 여기서의 법규범은 형법과 질서위반법을 포함한다. 범죄행위와 질서위반행위를 방지하는 것은 공공의 안녕이란 관점에서 보면 개인을 보호하기 위한 도구이다. 객관적 구성요건이 실현될 가능성이 있는 것만으로 충분하다. 주관적 구성요건의 존재나 행위자의 책임은 요구되지 않으며, 친고죄에 있어서 고소도 필요치 않는다. 범죄를 방지하기 위한 경찰의 예방적 활동은 경찰법에 근거하며, 형사소추와 같은 진압적 활동은 형사소송법에 근거하게 된다(이에 대하여는 위의 제1장 Rn. 21 이하, 40 이하를 보라). 43

수도의 공급이나 국민건강과 같은 소위 **집합적 법익**(集合的 法益, kollektiven Rechtsgüter) 44
의 보호가능성과 관련된 예전의 논의는 진부한 것이 되어 버렸는바, 왜냐하면 환경법과 리스크행정법이 관련내용을 상세하게 규율하고 있기 때문이다.[56] 법률규정

55) *Schenke*, POR, Rn. 59; *Schoch*, POR, Rn. 69.

* **역주** 연방경찰법 제14조

(1) Die Bundespolizei kann zur Erfüllung ihrer Aufgaben nach den §§ 1 bis 7 die notwendigen Maßnahmen treffen, um eine Gefahr abzuwehren, soweit nicht dieses Gesetz die Befugnisse der Bundespolizei besonders regelt(이 법이 연방경찰의 권한을 특별히 규정하고 있지 않는 한, 연방경찰은 이 법 제1조 내지 제7조가 정하고 있는 임무를 수행하기 위하여 필요한 조치를 위험을 방지하기 위하여 취할 수 있다).

(2) Gefahr im Sinne dieses Abschnitts ist eine im Einzelfall bestehende Gefahr für die öffentliche Sicherheit oder Ordnung im Bereich der Aufgaben, die der Bundespolizei nach den §§ 1 bis 7 obliegen. Eine erhebliche Gefahr im Sinne dieses Abschnitts ist eine Gefahr für ein bedeutsames Rechtsgut, wie Bestand des Staates, Leben, Gesundheit, Freiheit, wesentliche Vermögenswerte oder andere strafrechtlich geschützte Güter von erheblicher Bedeutung für die Allgemeinheit.(이 절에서 말하는 위험이란 동법 제1조 내지 제7조에 따라 연방경찰에 귀속되는 임무영역에서 공공의 안녕과 질서에 대해 구체적으로 존재하는 위험이다. 이 절에서 말하는 중대한 위험이란 국가의 존속, 생명, 건강, 자유, 본질적 재산권과 같은 중대한 법익 또는 일반공중에 대하여 중요한 의미를 갖는 형법적으로 보호되는 기타의 법익을 말한다.

56) Vgl. *Schoch,* JuS 1994, 574.

을 통하여 보호되지 않는 환경매체(공기, 토양, 물 등과 같은)에 대한 위험이나 인간의 건강에 대한 위험은 거의 생각할 수 없게 되었다. 특히 환경매체에 대한 광범위한 보호를 내용으로 하는 새로운 통합적 개념을 배경으로 할 때 더욱 그러하다. 구체적 규범이 침해될 위험이 있거나 이미 침해된 경우라면, 경찰-질서관청이 법률상의 권한규범을 근거로 개입할 수 있는 위험이 발생한 것이다.

45 **사 례:**

유전자변형조직을 허가 없이 분리함으로 인하여 인간의 건강이 위협받게 될 위험이 존재한다면, 주의 관할관청은 유전자법 제14조(법익보호)가 침해될 위협 또는 이미 발생한 침해에 대응하기 위하여 유전자법 제25조(권한규범)에 따라 예컨대 작업장이나 사무실에 출입할 수 있다.

예컨대 핵발전소, 기본약물제조시설 또는 식용지방 생산시설과 같이 허가를 요하는 시설이 연방임미씨온보호법 제5조에 반하여 환경에 유해한 영향을 미칠 위험이 존재한다면 관할 환경관청은 개입을 할 수 있는바, 예컨대 연방임미씨온보호법 제17조에 따라 사후적인 명령을 부과할 수 있다.

동물전염병에 걸린 동물로 인하여 인간의 건강에 대한 위험이 위협받고 있다면 동물전염병법의 규정이 적용될 수 있다. 전염성 있는 질병을 통한 위험의 경우에는 전염병보호법이 적용될 수 있다.

46 국가와 그 제도의 보호가 공공의 안녕의 일부라는 설명에 대하여는 부정적 견해가 제시되고 있다.[57] 즉, 국가 자신을 위하여 국가를 추상적으로 보호하는 것이 시민의 권리에 대한 구체적인 침해를 야기함으로써 관헌국가적(官憲國家的, obrigkeitsstaatlich) 사고에 빠지게 될 위험이 존재한다는 것이다.* 그러나 이러한 위험에 대하여는 국가와 그 제도에 대한 보호가 법률이 규정하고 있는 한계를 넘어서지 않도록 함으로써 대처할 수 있다. 관련규정이 보호하고 있는 범위를 고려할 때, 이러한 보호만으로 완전히 충분하다.[58] 몇몇 경찰법들이 특별히 열거하고 있는 합헌적 질서

57) 비판적 견해로는 *Pieroth/Schlink/Kniesel*, POR, § 8, Rn. 34 ff.

* **역주** 이는 헌법질서의 보호 및 그에 기반한 헌법의 방어적 민주주의 사상을 지나치게 강조할 경우 오히려 그 방어가능성 자체가 지고(至高)의 가치가 되어 국민의 민주적 자유를 침해할 수 있다는 것을 의미하는바, 이러한 우려에 대하여는 vgl. *Fromme*, Die Streitbare Demokratie im Grundgesetz, in: Bundesministerium des Innern (Hrsg.), Verfasschungschutz und Rechtsstaat; 박병욱, 독일 나치시대 제국안전중앙청의 긴 그림자 - 경찰과 정보기관간의 분리의 원칙, 경찰법연구 제11권 제2호, 2013, 266쪽.

에 대한 보호도 마찬가지이다(바덴-뷔르템베르크주 경찰법 제1조 제1항 제2문; 바이에른주 경찰임무법[59] 제11조 제2항; 튀링엔주 경찰임무법 제12조 제1항 2문 앞단락).[60]

특히 정치적 형법(politischen Strafrecht) 규정들이 헌법과 그에 의해 구성되는 국가체제의 보호를 위한 법률규정들이다(형법 제80조 이하, 제105조 이하, 제109조 이하, 제111조 이하). 예컨대 연방하원에 관한 기본법 제40조 제2항 또는 법원의 법정경찰(法廷警察)에 관한 법원조직법 제172조 이하가 그와 같은 국가적 제도의 기능을 보장하고 있다. 결사법이나 집회법의 규정은 결사나 집회의 금지에 이르는 조치를 통하여 자유민주적 기본질서를 방어할 수 있도록 하여 준다. 47

기본법 제8조와 제9조의 기본권을 구체화시키고 있는 이러한 법률들은 국가의 보호를 좁게 해석해야 할 필요성을 분명히 하고 있다. 왜냐하면 국가나 그 기구에 대한 비판은 허용될 뿐만 아니라, 그와 같은 비판의 가능성은 그러한 자유의 본질을 이루기 때문이다. 이러한 비판의 한계는 법률규정으로부터 도출되는바, 그것은 —기본권의 내재적 한계로서— 다시 합헌적으로 해석되어야 한다.[61] 48

국가적 제도의 기능은 현재의 주법상의 개념정의에 따라 공공의 안녕에 속한다.[62] 49
차단, 점거 또는 사람이나 물건에 대한 실력행사가 국가적 제도의 기능에 대한 장해로 보여질 수도 있다. 그와 같은 장해는 관청, 정부건물 또는 법원뿐만 아니라 극장, 수력발전소 또는 대학*을 향할 수도 있다. 장해의 대상은 예컨대 국빈방문이나 열병식과 같이 국가가 조직하고 그에 대해 책임을 지는 행사일 수도 있다.

그와 같은 경우에 있어 특정한 법규범에 대한 침해가 고려되지 않는다면, 경찰-질서관청이 국가적 제도의 기능을 보장하기 위하여 조치를 취할 수 있는지 여부가 문 50

58) *Waechter*, NVwZ 1997, 729 (733, 736).

59) *Knemeyer*, POR, Rn. 151 f.를 보라.

60) *Götz*, POR, § 4 Rn. 38.

61) *Hermes*, in: Merten/Papier (Hg.), Handbuch der Grundrechte III/II, 2009, § 63, Rn. 4 ff.

62) 자세한 것은 *Pieroth/Schlink/Kniesel*, POR, § 8, Rn. 41; *Waechter*, NVwZ 1997, 729 (736).

* 역주 국가적 제도에 관한 예로서 '대학'이 열거되고 있는 것이 이상하게 생각될 수 있을 것이지만, 독일의 경우 대학이 대부분 국립으로서 공법상의 법인이라는 점을 고려하면 이해가 될 수 있을 것이다.

제된다. 학설과 판례의 지배적인 견해는 이를 인정하고 있다.[63] 그러나 입법자가 제정한 규범의 구성요건을 넘어서서까지 공공의 안녕을 확장하는 것은 인정될 수 없다. 왜냐하면 보호가치가 있는 법익을 정의할 권한은 의회가 갖고 있기 때문이다. 국가적 제도의 기능을 절대적인 것으로 생각하여서는 아니 된다. 그것은 단지 규범이 규정하고 있는 대로, 그 한도 내에서만 경찰-질서관청에 의하여 보호될 수 있을 뿐이다.[64] 국가의 기능에 대한 침해는 전적으로 많은 보호를 필요로 하는 개인의 자유(권)행사에 기초하고 있다. 법률이 규정하고 있는 임무의 수행이 국가의 제도를 통하여 보장되어야 하는 모든 경우는 이러한 이론을 통하여 만족스럽게 설명될 수 있다.

51 **사 례:**[65]
지방자치단체가 운영하는 노숙자수용시설에 무단으로 입주한 사람을 경찰이 그 시설에서 나가게 하려고 한다. 국가와 그 제도의 보호를 넓게 해석하는 견해에 따르면 형법상 구성요건에 해당되지 않는 장해도 개괄적 수권조항(바덴-뷔르템베르크주 경찰법 제3조)에 근거하여 제거될 수 있다. 정당한 권한 없이 노숙자수용시설을 이용하여 정당한 시설이용권을 가진 노숙자를 수용시설에 배정하는 것을 방해함으로써 지방자치단체의 노숙자수용시설의 기능을 침해하였기 때문에 경찰은 공공의 안녕의 침해를 근거로 개입할 수 있다.[66]
국가와 그 제도의 보호를 좁게 해석하는 견해는 형법 제123조에 따른 주거침입죄의 구성요건이 충족되지 않는 경우라면 사적 가택권을 침해하는 것이 아니고 그 한도 내에서 지방자치단체는 사인과 동등하게 취급된다. 따라서 경찰은 사적인 권리의 보호를 위한 전제조건이 충족되는 경우에 한하여 개입할 수 있을 뿐이다.*

52 공법상 가택권(öffentliches Hausrecht)의 침해는 (이론적) 구조는 어려운 면이 있으나, 결론에 있어서는 명백히 공공의 안녕을 침해하는 사례이다. 공법상 가택권은 공공기관의 기능에 기여한다. 법률에 가택권이 규정되어 있는 경우는 매우 드물며, 가택

---

63) *Schenke*, POR, Rn. 61.

64) *Gusy*, POR, Rn. 82.

65) VGH BW, DÖV 1992, 78 = VBlBW 1992, 25.

66) *Schenke*, POR, Rn. 61; *Schoch*, POR, Rn. 76.

* 역주 원저자인 Kugelmann 교수의 이러한 설명은 사권(私權)이 사법권(司法權)을 통하여 적시에 보호받을 수 없다는 것을 전제로 하고 있음을 염두에 두어야 한다.

권의 근거는 대부분의 경우 관습법에서 찾아볼 수 있다. 가택권은 행정활동의 원활한 수행*을 보장하기 위하여 출입과 체재에 대한 결정을 행하는 것을 그 내용으로 한다.

사 례: 53

공법상의 법인인 국립대학에서 강의가 시작되기 전에 강사가 한 학생이 이전 수업시간에 지장을 주었던 적이 있으며 호루라기를 손에 쥐고 있다는 것을 이유로 그 학생의 강의실출입을 금지한다.

시의 행정기관의 장이 담배를 끄라는 요구에도 불구하고 그 건물의 흡연금지규정을 위반하여 담배를 피면서 현관에서 기다리는 신청인에 대하여 가택출입금지명령을 내린다.

공법상의 가택권 외에도 사법상의 점유권 및 소유권에 기한 사법상의 가택권이 있 54
다(민법 제859조 이하, 903조, 1004조).[67] 판례는 그의 성격을 사안의 성질에 따라 판단하고 있다.

사 례:[68]

연방국방부가 K와의 사법상 계약에 관한 협상을 거절한 후에, K가 연방국방부의 공무 55
원에 관하여 거짓말을 하였다. 그를 이유로 K에게 국방부청사에의 출입금지조치가 취해졌다. ―이전의 사법적인 법률관계가 있었다는 것에 근거하여― 연방행정법원은 이를 사법상의 가택출입금지로 보았다.[69] 이에 대하여 이 경우의 가택출입금지는 공공기관의 이용에 방해를 받지 않도록 하는 것을 목적으로 하고, 따라서 공법적인 성격을 가진다는 견해에 찬동한다.[70]

---

* **역주** 공법상 가택권에 관하여는 김성태, 공법상 가택권, 홍익법학 제13권 제4호, 2012, 553쪽 이하; *Christoph*, Das Hausrecht in der Verwaltung – Zugleich ein Beitrag zum Recht der öffentlichen Sachen, 1996; *Ramm*, Die Polizei und das Hausrecht, DVBl. 2011, S. 1506 ff.; *Schoch*, Der Schutz der privater Rechte im Polizei- und Ordnungrecht, Jura 2013, S. 468 ff. 등 참조.

67) *Maurer*, Allgemeines Verwaltungsrecht, § 3 Rn. 24.

68) BVerwGE 35, 103 (106).

69) 유사한 견해로는 *Papier*, in: Ehlers (Hg.), Allgemeines Verwaltungsrecht, § 41, Rn. 51.

70) *Knemeyer*, DÖV 1970, 596; *Maurer*, Allgemeines Verwaltungsrecht, § 3, Rn. 24.

56 경찰활동을 방해하는 것(Behinderung polizeilicher Tätigkeit) 또한 이것이 법률로 규정되어 있는 경우에는 그 한도에서 공공의 안녕을 침해하는 사례에 속한다. 퇴거명령에 대한 규정(노르트라인-베스트팔렌주 경찰법 제34조 제2문; 헤센주 안전질서법 제31조 제1항; 이하의 제6장 6. 참조)은 경찰이 소방대, (응급)구조대의 투입을 방해하는 사람에 대하여 조치를 취할 수 있는 특별한 경우를 규정하고 있다. 형사소송법에 따른 직무행위를 방해하는 사람에 대한 체포권한을 규정하고 있는 형사소송법 제164조도 유사한 규정을 두고 있다. 그러나 시민자율순찰대(Zivilstreifen)나 (과속에 대한) 레이더단속이 행해지고 있다는 것에 대한 경고를 금지하는 공법상의 규정은 없다.

57 **사 례:**[71)]

X는 과속단속이 행해지는 지점 200미터 앞에 자동차 창문에 "과속단속주의"라는 문구가 붙은 자신의 자동차를 주차를 하였다. 노르트라인-베스트팔렌 고등행정법원은 이 경우 공공의 안녕에 대한 위험이 존재한다는 것을 인정하여 경찰이 X에 대해 개입할 수 있다는 결론을 내렸다. 국가기관의 운영, 즉 경찰의 국가관청으로서의 기능이 위협받았다는 것이다. 지배적 견해는 이와 같은 의견에 찬동하고 있다.[72)]

그러나 경찰의 임무는 허용되는 최고속도를 초과하는 행위를 가능한 한 많이 단속하는 것이 아니라, 교통안전에 기여하는 것이다. 따라서 규범(예컨대 경적이나 전조등 경고신호의 사용과 관련된 도로교통법 제16조 제1항)을 위반하는 것이 아닌 한, 그것은 금지된 행위가 아니라고 보아야 한다. 만약 그렇지 않다고 하면 과속단속기가 설치되어 있다는 것을 알려주는 라디오방송국에 대해서도 조치가 취해질 수 있다. 공공의 안녕에 대한 위험은 존재하지 않으며, 경찰이 개입할 수는 없다.[73)]

2.1.2. 개인적 법익의 보호

58 개인적 법익의 보호는 경찰-질서관청의 임무이며, 공공의 안녕에 속한다. 공법이 개인적 법익을 보호하는 경우 법질서의 보호는 그러한 법익을 위한 활동을 필요로 한다.[74)] 따라서 개인의 위험을 방지하는 것 또한 경찰의 임무에 속한다(바덴-뷔르템베르크주 경찰법 제1조). 사법(私法)에 근거하고, 따라서 우선적으로 사법적 수단을

---

71) OVG NW, NJW 1997, 1596.

72) *Bertrams*, NWVBl. 2003, 289; *Drews/Wacke/Vogel/Martens*, Gefahrenabwehr, § 15, Ziff. 2a.

73) *Gusy*, POR, Rn. 84; *Pieroth/Schlink/Kniesel*, POR, § 8 Rn. 42; *Schenke*, POR, Rn. 60.

74) *Götz*, POR, Rn. 91; *Gusy*, POR, Rn. 84.

통하여 보호되어야 하는 사법적 권리의 보호는 이와 구분되어야 한다. 자신의 권리가 다른 사람으로 인하여 부당하게 침해받은 경우, 시민은 원칙적으로 민사법원에 이의를 제기할 수 있다.

개인적 법익의 보호범위는 기본권에 의하여 정해진다. 모든 국가기관은 기본권에 구속되기 때문에(독일 기본법 제1조 제3항*) 정당하지 못한 개입은 금지되어야 한다. 국가의 보호의무로부터 기본권의 효과적 행사를 보장할 의무가 도출된다. 이 때문에 시민 상호간의 개인적 기본권이 충돌하는 경우에는 경찰-질서관청이 그에 개입할 수 있게 된다. 그러한 조치를 취할 수 있도록 해주는 권한규범은 경찰-질서법에서는 개괄적 수권조항(이하의 제6장 Rn. 8 이하를 보라)의 형태로 존재한다.[75] 공법은 소유권, 일반적 인격권, 건강 혹은 집회자유의 행사와 같은 법익을 보호하는바, 그러한 법익을 보호하는 것은 제3자의 자유를 제한하는 결과를 초래할 수도 있다. 자유가 충돌하는 경우에는 실천적 조화(praktische Konkordanz)의 방법으로 해결되어야 한다.[76] 개별법의 규정들이 권리와 이익의 형량에 관하여 우선적 권한을 갖는 입법자의 의도를 규정함으로써 이러한 자유의 충돌의 문제를 해결하기 위한 틀을 제시하는 경우가 종종 있다. 59

개인적 법익인 생명과 건강을 보호하는 것이야말로 국가의 중요임무이다. 개인이 자신의 건강이나 생명을 위협하는 행위를 하는 경우에 있어서는 국가의 임무와 개인의 결정의 자유가 서로 충돌하는 상황에 빠질 수 있다. 인간이 국가기관를 통하여 자기 스스로로부터 보호될 수 있는 것인지, 보호될 수 있다면 어느 정도까지 보호되어야 하는지에 관한 의문이 제기되고 있다. 이 경우 원칙적으로 기본권으로 보장되는 개인의 자유가 우선하여야 한다. 60

개인이 국가기관의 보호하에 있는 경우, 즉 개인이 행형, 치료, 요양감호, 교정시설에 있는 경우에만 (원칙적으로) 그 개인의 의사에 반하여 조치를 취할 국가기관의 권 61

---

* **역주** 독일기본법 제1조 제3항은 "이하의 기본권은 실정법으로서 입법, 행정과 사법을 구속한다"고 규정하고 있다.

75) *Schoch*, POR, Rn. 70.

76) 실천적 조화에 관하여는 *Hesse*, Grundzüge des Verfassungsrechts der Bundesrepublik Deutschland, 20. Aufl., 1995, Rn. 317 f.

한이 우선한다. 국가의 특별한 보호의무를 근거로 개인의 자유로운 의사결정을 침해하는 것도 가능하다. 그러나 이러한 침해 또한 비례의 원칙에 합치하여야 하며, 그러한 한도 내에서 개인의 의사결정의 자유는 가능한 한 넓게 인정될 수 있어야 한다. 이는 특히 그의 자유가 존중되어야 하고, 보호라는 측면을 지나치게 강조하여 제한되어서는 아니 될 어린이와 관련하여 그러하다.

62 개인의 자율성을 근거로 할 때 **자초위해**(自招危害, Selbstgefährdungen)는 원칙적으로 허용된다. 기본법 제2조 제1항에 따라 보호되는 자유의 행사는 공공의 안녕에 대한 위험이 아니다.[77] 그 전제는 제3자가 위험에 처하게 되지 않아야 하며, 실제로 자유로운 의사결정을 할 수 있어야 한다는 것이다. 음주나 위험한 스포츠 또는 곡예(akrobatische Kunststücke)를 통하여 자기 자신의 건강에 대한 위해를 가하는 행위는 존중되어야 한다. 단지 예외적으로 형법 제109조나 유해약물법의 경우처럼 자초위해가 법률에 의해 금지되는 경우가 있다. 이와 달리 자발적 노숙은 공공의 안녕에 대한 침해가 되지 않는다.[78]

63 **사 례:**

두 개의 고층 건물사이를 가로지르고 있는 밧줄 위에서 한 예술가가 균형을 잡고 있는 경우는 그 주변이 제3자의 보호를 위하여 충분하게 안전이 확보되어 있다면, 공공의 안녕에 대한 침해라 할 수 없다. 번지점프는 허용된 자초위해이다.

이륜자동차에 대한 안전헬멧착용의무(도로교통법 제49조 제1항 제20a호)는 공중에 대한 사고가능성때문에 정당화된다.[79] (환각)약물의 사용과 오용은 그 중독성을 고려하여 특별한 적법성 요건 아래에 놓여 있는바, 그 때문에 건강상 위험과 마약중독으로부터 청소년을 보호하는 것은 원칙적으로 카나비스(Cannabis)*를 금지하는 것의 정당화사유로서 기능할 수 있다.[80] 보덴 호수의 특히 위험한 곳(Teufelstisch - 악마의 책상이라고 불림)에서의 스킨스쿠버다이빙을 금지하는 것은 구조행위가 충분

77) *Schoch*, POR, Rn. 74.

78) VGH BW, NVwZ-RR 1995, 328; *Würtenberger/Heckmann*, PolR BW, Rn. 477.

79) BVerfGE 59, 275.

* **역주** Cannabis(대마)는 오래전부터 그 중독성과 환각효과를 이유로 흡입이 금지되어 왔다. 그러나 근래에 들어 대마의 항암효과가 강조되고, 그 중독성이 담배보다도 약하다는 주장이 지지를 받기 시작하면서 그의 합법화가 추진되어 가고 있다. 실제로 캐나다에서는 Canabis자판기가 설치되기도 하였으며, 우루과이에서는 공식적으로 그의 합법성이 인정되었다.

80) BVerfGE 90, 145 (184).

히 예견되고 그 과정에서 제3자의 생명이 위해에 처할 수 있는 경우에는 적법한 것이다.[81]

자초위해와 달리 자살은 공공의 안녕을 침해할 수 있다. 생명이라는 법익은 기본법 제2조 제2항에 의해 보호되며, 구조의무가 형법 제323조로부터 도출된다. 지배적인 견해에 의하면, 개인은 자신의 생명에 대하여 처분권이 없기 때문에 국가는 자살(기도)에 개입할 권한을 갖는다.[82] 자살(기도)에 국가가 개입하는 것에 대하여는 기본권적으로 보장되는 개인의 자기결정권을 근거로 헌법적 관점에서 이의가 제기될 수도 있다(기본법 제2조 제1항).[83] 64

경찰법적 관점에서 볼 때, 결정적인 요소는 개인의 자유로운 의사결정이다. 자살을 하겠다는 자주적 결정은 자유의 행사이다. 그러나 구체적 상황에 있어서는 경찰관이 스스로 분신을 행하는 사람 또는 손에 독약을 갖고 있는 환자가 자유롭게, 그리고 온전한 정신상태에서 그와 같은 결정을 행하였는지 여부를 판단하기는 매우 어렵다.[84] 당사자가 심리적인 예외상황이나 깊은 절망상태에 빠져 있는 경우라면 결정의 자주성은 없다고 할 수 있다.[85] 그렇다면 기본법 제2조 제2항으로부터 도출되는 보호의무에 근거하여 경찰은 자살을 방지할 수 있다.[86] 그에 따라 경찰법은 생명과 신체를 보호하기 위하여 개인에 대하여 보호조치를 취할 수 있도록 하고 있다.[87] 만약에 당사자가 이미 국가의 보호조치하에 놓여 있는 경우에 그 65

81) VGH BW, NJW 1998, 2235 (2236) = VBlBW 1998, 25.

82) *Knemeyer*, VVDStRL 35, 221 (253 ff.). Vgl. *Fink*, Selbstbestimmung und Selbsttötung, 1992; ders. Recht auf Leben und körperliche Unversehrtheit, in: Merten/Papier (Hg.), Handbuch der Grundrechte IV/1, 2011, § 88; *Hillgruber*, Der Schutz des Menschen vor sich selbst, 1992.

83) Vgl. *Pieroth/Schlink/Kniesel*, POR, § 8, Rn. 31.

84) *Denninger*, in: Lisken/Denninger, E, Rn. 22.

85) 또한 BayVerfGH, NJW 1989, 1790을 보라.

86) *Götz*, POR, Rn. 109.

87) § 28 Abs. 1 Nr. 2 PolG BW; Art. 17 Abs. 1 Nr. 1 BayPAG; § 30 Abs. 1 Nr. 1 ASOG Bln; § 17 Abs. 1 Nr. 1 BbgPolG; § 15 Abs. 1 Nr. 1 BremPolG; § 13 Abs. 1 Nr. 1 HbgSOG; § 32 Abs. 1 Nr. 1 HessSOG; § 55 Abs. 1 Nr. 1 SOG MV; § 18 Abs. 1 Nr. 1 NdsSOG; § 35 Abs. 1 Nr. 1 PolG NW; § 14 Abs. 1 Nr. 1 POG RP; § 13 Abs. 1 Nr. 1 SaarlPolG; § 22 Abs. 1 Nr. 2 SächsPolG; § 37 Abs. 1 Nr. 1 SOG LSA; § 204 Abs. 1 Nr. 1 LVwG SH; § 19 Abs. 1 Nr. 1 Thür PAG.

가 자살을 하거나 자해를 할 것이라는 가정이 사실관계를 통하여 정당화된다면 수갑이 채워질 수도 있다(노르트라인-베스트팔렌주 경찰법 제62조 제1문 제3호).

66 **사 례:**[88]

사실관계: A라는 여성이 남자친구와 헤어지고 그가 자신을 구타했다는 것을 이유로 고소를 한다. 세 명의 경찰관이 그녀가 그녀의 물건을 가지고 올 수 있도록 그 남자와 함께 살던 주거지에 동행한다. 피의자는 자살을 하겠다며 빨랫줄을 가지고 숲으로 뛰어간다. 경찰관들이 그를 급히 뒤쫓아 가서 체포한 후 그에게 수갑을 채운다.

관할 바이에른 고등지방법원 형사부는 인간의 생명의 유지는 공공의 질서의 보호에 해당되는 국가의 임무라고 판단하였는바, 이것은 잘못된 것이다. 이 경우에는 오히려 형법 제113조(공무집행에의 항거)에 대한 침해가 존재하며, 따라서 공공의 안녕이 침해받고 있다. 피의자의 심리적 상황을 고려할 때, 어떤 자유로운 의사결정이 존재하지 않는다고 볼 수 있기 때문에 생명을 위한 개입은 허용된다. 임박한 자살(기도)를 방지하기 위하여 경찰은 그에 대하여 보호조치를 취할 수 있다. 경찰의 조치는 바이에른주 경찰임무법 제17조 제1항 제1호에 근거한 것으로 적법하다.[89]

2.1.3. 사권(私權)의 보호

67 전체 법질서의 불가침성이 보장되어야 하기 때문에, 공공의 안녕은 개인적 법익의 보호를 포함한다. 그러나 사권의 보호는 단지 제한적인 전제조건 아래에서만 경찰-질서관청의 임무에 속하게 된다. 사권의 보호는 우선적으로 민사법원의 권한에 속한다. **경찰 또는 질서관청의 행위의 보충성**(Subsidiarität polizeilichen oder ordnungsbehördlichen Handelns)으로 인하여 경찰의 활동이 차단되는 결과가 초래된다.[90] 사권은 민법을 통해 발생하며, 또한 사권을 관철하는 메커니즘에 따른다. (주관적인) 사권의 소유자가 자연인인지 법인인지는 문제되지 않는다.[91] 연방, 주 및 하급 지방자치단체도 민법 제433조에 따른 매매계약으로 인한 채권은 사법적 방법으로 관철하여야만 한다.

---

88) BayOLGSt, NJW 1989, 1815.

89) 또한 *Knemeyer*, POR, Rn. 231의 예를 보라.

90) *Götz*, POR, Rn. 94.

91) *Gusy*, POR, Rn. 90.

경찰법률은 최소한 두 가지의 제한적인 전제조건을 규정하고 있다.[92] 사권의 보호 68
는 법원에 의한 보호가 적시에 이루어질 수 없을 때, 그리고 경찰이 개입하지 않으면 사권의 실현이 불가능하거나 현저히 곤란할 때에 한하여 경찰의 임무가 된다(연방경찰법 제1조 제4항).* 몇몇 주의 법률들은 이에 더하여 권한 있는 자의 신청이 있을 것을 요구하고 있다(바덴-뷔르템베르크주 경찰법 제2조 제2항; 작센주 경찰법 제2조 제2항).[93] 경찰은 권리실현이 곤란해지는 것을 방지하기 위하여서만 활동할 수 있다. 경찰은 잠정적인 조치를 취할 권한이 있지만, 민법상의 청구권을 종국적으로 실현하지는 못한다. 청구권자는 전제조건들이 존재한다는 것을 주장하여야만 한다. 최종적인 결정은 결국 민사법원의 권한에 속한다.

사 례: 69
리모델링을 둘러싸고 임대인과 다툰 후에 세입자가 가구를 정리하여 집을 떠나려고 한다. 임대인은 이것을 민법 제561조에 따라 방지하려 하였지만 별 다른 성과를 거두지 못한다. 경찰은 임대인의 담보권을 확보하기 위하여 다음 날까지 가구의 가압류를 명령한다. 사권에 대한 경찰상 보호의 보충성 때문에 임대인은 지체없이 관할법원에 그의 세입자를 상대로 가구제(假救濟, einstweiliger Rechtsschutz)를 청구하여야 한다.

보충성은 전적으로 사권의 보호와 관련 있다. 민법상의 권리의 보호는 민법적 수단으 70
로 관철되어야 한다. 이것이 일반적인 경우인데, 왜냐하면 가구제라는 수단을 고려할 때 민사법원에의 제소가 가장 시간이 짧게 걸리고 효과적일 수 있기 때문이다. 주법이 경찰이 개입하는 것에 대한 공적인 이익의 존재를 인정하고 있는 경우에는(바덴-뷔르템베르크주 경찰법 제1조 제1항 제1문; 작센주 경찰법 제1조 제1항 제1문), 경찰에게 사권보호를 위한 조치를 취해달라고 요구하는 것이 경찰권이 남용되게 되는 결과를 초래하는 것은 아니다.[94] 낭비벽으로 인하여 가산을 탕진하거나 알코올

92) § 2 Abs. 2 PolG BW; Art. 2 Abs. 2 BayPAG; § 1 Abs. 4 ASOG Bln; § 1 Abs. 2 BbgPolG; § 1 Abs. 2 BremPolG; in Hamburg besteht keine derartige Regelung; § 1 Abs. 3 HessSOG; § 1 Abs. 2 SOG MV; § 1 Abs. 3 NdsSOG; § 1 Abs. 2 PolG NW; § 1 Abs. 3 POG RP; § 1 Abs. 3 SaarlPolG; § 2 Abs. 2 SächsPolG; § 1 Abs. 2 SOG LSA; § 162 Abs. 2 LVwG SH; § 2 Abs. 2 Thür PAG und § 2 Abs. 2 ThürOBG.

* **역주** 이에 관한 우리나라 문헌으로는 박정훈/정초영, 사권보호를 위한 경찰권 발동에 관한 연구: 경찰공공의 원칙에 대한 비판적 검토, 치안연구소 연구보고서, 2011.

93) 이러한 요구를 일반화하고 있는 것으로는 *Pieroth/Schlink/Kniesel*, POR, § 5, Rn. 47.

94) *Schenke*, POR, Rn. 56; 공공의 안녕에 대한 독자적 심사에는 반대하면서 공공의 안녕이란

남용으로 인하여 건강을 해치게 되는 경우라면, 경찰에게 어떠한 조치를 취해 줄 것을 강요할 수 없다.[95] 특히 경찰의 개입청구권을 발생시키는 재량권의 영으로의 수축은 인정되어서는 아니 된다(이하의 제10장 Rn. 22를 보라).

71 사권이 또한 공법에 의하여서도 인정되는 경우에는 공공의 안녕이란 보호법익이 고려되며, 이 경우에는 (전술한 바와 같은) 사권의 보호를 위한 제한적 전제조건들은 적용되지 않는다.[96] 법질서는 사법적 법익을 침해하였음을 이유로 형벌을 부과할 수 있도록 하고 있는바, 왜냐하면 그에 대한 공익이 존재하기 때문이다. 부부싸움 중에 부부의 일방이 모든 가구를 다 가져가 버리겠다고 하여 절도의 우려가 있다면 형법 제242조의 구성요건이 충족될 수 있으며, 따라서 경찰의 개입이 정당화될 수도 있다.[97] 협박의 경우(형법 제240조)나 주거침입(형법 제123조)의 경우에도 종종 사권의 침해가 문제된다. 개인적 법익의 보호가 동시에 공적인 법익을 보호하는 것이 될 수 있다. 이는 형사소추와 관련하여 특정한 범죄는 고소가 있어야만 형사소추가 개시될 수 있거나(예컨대 형법 제123조 제2항, 현법 제194조) 몇몇 경우에는 민사소송으로 이송될 수 있는 것(형사소송법 제374조)에 잘 나타난다.

72 그러나 보충성에 대한 경찰법적 판단에 있어서는 이와 같은 형법적인 범주는 아무런 의미도 갖지 못한다.[98] 그러한 판단에 있어서는 단지 공법적 규범이 침해될 위험이 있거나 이미 침해되었는지 여부가 중요하다. 주거퇴거의 경우는 단계적이고 다양한 법익보호의 방법이 형성되어 있다. 즉, 먼저 경찰법규정에 따라 폭력을 행사하는 자가 주거로부터 퇴거되는바, 이 경우 그에 상응하는 명의(名義, Titel)를 얻어내기 위하여는 가정법원에의 제소가 필요하다.* 한편 이러한 명의는 긴급한 경우에는 경찰의 조력을 통하여 실현될 수 있다.

보호법익에 대한 해석에는 찬성하는 것으로는 *Schoch*, POR, Rn. 73.

95) *Tettinger/Erbguth/Mann*, Besonderes Verwaltungsrecht, Rn. 448.

96) *Frotscher*, DVBl. 1976, 695 (699); *Götz*, POR, Rn. 96.

97) PrOVGE 77, 333.

98) *Schenke*, POR, Rn. 55.

* **역주** 가정폭력사건에 있어서 경찰에 의한 주거퇴거, 접근금지조치 및 가정법원에의 제소절차에 관한 우리나라에서의 논의에 관하여는 이성용, 가정폭력법제에 대한 비판적 고찰 – 경찰법적 측면에서, 경찰법연구 제11권 제2호, 2013, 41쪽 이하; 성홍재, 경찰의 긴급임시조치권과 검사의 지휘에 관한 법적 검토, 경찰학연구 제11권 제3호, 2011, 3쪽 이하; 성홍재, 가정폭력 피해자보호의 실효성 확보방안에 관한 연구, 한독사회과학논총 제21권 제3호, 2011, 177쪽 이하.

사 례: 73

F는 M과 이혼하였다. M은 법원이 확정한 친자에 대한 양육비를 3개월 동안 지불하지 않았으며, 소재가 발견되지 않는다. 쇼핑도중에 F는 M을 우연히 시내에서 만나게 된다. 그녀는 M의 주소를 확인하기 위하여 경찰관을 불러온다.

이 경우에는 F의 사권뿐만 아니라 형법 제170조 위반(양육비지급의무의 위반)도 고려의 대상이 된다. 법질서의 불가침성, 따라서 공공의 안녕이 관계된다. 경찰공무원은 M의 신원을 확인하여도 좋다.[99)]

위의 사례의 경우 사권의 보호와 공법상의 법익보호가 중첩되어 있으므로 사례에 대한 다양한 판단이 필요하다. 양육의무의 존재가 법원에 의하여 확인되지 않는다면 형법 제170조(양육비지급의무위반 관련규정)는 적용이 없게 되고, 따라서 공공의 안녕에 대한 침해도 없는 것이 된다.[100)] 도로교통에 있어서 경찰은 도로교통법상의 금지규정을 위반하는 것이 지속되는 것을 방지할 수 있다(도로교통법 제12조). 개인소유토지상에서 교통과 관련된 사건이 일어난 경우에는 토지소유권과 자동차에 대한 점유권이 영향을 미친다. 이는 "자동차를 주차하여 출구를 막아버리는 경우"에 의미가 있는바, 이러한 경우 경찰은 견인을 요구하여야 한다.[101)] 그 외에도 도로교통법에 관하여서는 추가적으로 형법 제240조의 강요죄가 성립될 수 있으며, 그로 인하여 사례에 대한 판단이 영향을 받게 된다. 74

사 례:[102)] 75

K는 주차장이 딸린 주택의 소유자이다. 이 주차장에는 그곳이 사유지라는 표지판이 있음에도 불구하고, L이 토요일부터 일요일까지 이용하고 있다. 이것을 알게 된 K가 L의 자동차 앞에 그의 자동차를 세워서, 그의 자동차의 출구를 가로막는다. L이 아침 4시에 나가려고 할 때 그가 경찰을 부른다. 경찰은 차적조회(Halteranfrage)를 한 후에 K에게 전화를 건다. 몇 번의 저항 이후에 경찰은 K에게 경찰의 명령에 따라 그의 자동차를 이동시킬 것을 설명한다.

개괄적 수권조항의 전제조건이 충족되는 경우, 즉 공공의 안녕에 대한 위험이 존재하는 경우에는 경찰의 명령은 적법한 것이 된다. 사법적인 권리의 보호가 고려될 수 있

99) Vgl. *Götz*, POR, Rn. 100.

100) *Gusy*, POR, Rn. 92; 반대의 견해로는 OLG Düsseldorf, NJW 1990, 998.

101) 이에 관하여는 *Schoch*, Jura 2003, 177 (179).

102) OVG RP, NJW 1988, 926; 사례연습으로서는 *Weides/Bertrams*, JuS 1989, 479

다. L의 이동의 자유가 방해를 받았고, 자동차를 방해받지 않고 사용할 수 있는 권리가 제한되었다(민법 제903조). L의 위법한 행위에도 불구하고 법익에 대한 침해가 존재한다. L이 비록 K가 자신의 주차장을 이용할 권리를 침해하였다고 할지라도, K는 자력구제를 행할 권한이 없다. 민법 제859조에 따른 자력구제권은 단지 점유방해의 종료만을 허락할 뿐이고, 민법 제229조에 따른 자력구제 또한 장해자에 대한 반대조치를 그 내용으로 하지 않는다. 더욱이 K가 관청에 L의 자동차를 제거해 줄 것을 요구할 수도 있었기 때문에, 고권적 조치가 요구되었어야 한다. 형법상의 '폭력'이란 구성요건적 징표를 결하고 있으므로, L이 K의 주차장이용을 방해한 것은 형법 제240조에 따른 강요죄에 해당하지 않는다.[103] 따라서 L의 권리를 침해하는 것은 정당화되지 않는다. 사법적(司法的) 보호가 적시에 행해질 수 없고, 경찰이 개입하지 않으면 그의 권리의 실현이 불가능해지기 때문에 사권을 보호하기 위하여 경찰이 개입하기 위한 전제조건이 존재한다(노르트라인-베스트팔렌주 경찰법 제1조 제2항; 라인란트-팔츠주 경찰질서법 제1조 제3항). 상태책임자인 K에 대한 경찰의 명령은 비례의 원칙에 합치하며, 따라서 적법하다.

2.2. 공공의 질서

76 경찰-질서관청은 많은 주의 경찰법의 문언에 따라 공공의 안녕에 대한 위험방지뿐만 아니라 공공의 질서에 대한 위험방지를 그의 임무로 하고 있다.[104] 브레멘(브레멘주 경찰법 제1조 제1항)과 슐레스비히-홀슈타인(슐레스비히-홀슈타인주 주행정법 제162조 제1항, 제168조 제1항)에서는 (경찰-질서관청의) 임무지정에 있어 공공의 질서가 빠져 있다. 노르트라인-베스트팔렌주의 경우 공공의 질서는 단지 질서관청의 임무로 규정되어 있을 뿐이었으나, 2010년 이후에 다시 (집행)경찰의 임무로 도입되었다(노르트라인-베스트팔렌주 경찰법 제1조, 노르트라인-베스트팔렌주 질서관청법 제1조 제1항 제1문).[105] 나아가서 공공의 질서는 집회의 금지에 관한 연방의 「집회 및 행진에 관한 법률」 제15조 제1항 제1문과 같은 특별법에 규정되어 있기도 하다. 판례와 지배적 학설에 따르면 공공의 질서는 (공공의 안녕과는) 독립된 보호법익이다.[106]

103) OVG Saarland, NJW 1994, 878도 그러하다 - 사례연습으로서는 *Gornig*, JuS 1995, 208.
104) 이에 관하여는 *Erbel*, DVBl. 2001, 1714 (1717 ff.); *Fechner*, JuS 2003, 734.
105) *Sachs/Krings*, NWVBl. 2010, 165 (170).
106) *Drews/Wacke/Vogel/Martens*, Gefahrenabwehr, § 61, Ziff. 1.

작센-안할트주 안전질서법 제3조 제2호(또한 튀링엔주 질서관청법 제54조 제2호를 보라)는 공공의 질서라는 보호법익의 내용을 다음과 같이 규정하고 있다: "공공의 질서: 그때그때의 지배적인 가치관에 따를 때 그를 준수하는 것이 질서 있는 국가시민의 공동생활의 필요불가결한 전제조건으로 간주되는 (합헌적 질서의 범주내에서의) 공중 속에서의 개인의 행위에 대한 불문규율의 총체". 77

성문의 법규범과 관련있는 공공의 안녕과 달리 공공의 질서는 그 사회의 불문의 사회윤리적 규범과 관련되어 있다.[107] 이 경우 사회규범은 경험적으로 확인될 수 있어야 하며, 일반적으로 인정되어야 한다.[108] 공공의 질서에 대한 위험방지에 근거하여 경찰-질서관청은 일반공중이 수인할 수 없는 부담에 대해 조치를 취할 수 있어야 한다. 78

사 례: 79

판례는 이전에는 노숙을 공공의 질서에 반하는 것으로 간주하였다.[109] 따라서 경찰은 노숙자들이 성문법규범을 위반하지 않았다 할지라도 노숙자에 대하여 조치를 취할 수 있었다. 그러나 오늘날의 견해에 따르면 자발적(自發的, freiwillig) 노숙은 지배적인 사회적, 윤리적 가치관에 더 이상 위배되지 않으나 비자발적 노숙은 당사자의 생명과 건강이 보호되어야 하므로 공공의 안녕에 해당한다는 것이 인정되어 있다.[110] 공공의 안녕이라는 보호법익과 관련있는 경우에만 경찰-질서관청이 그의 권한을 행사할 수 있다.

경찰법적 개념으로서의 공공의 질서는 다른 법률관계에서 사용되는 공공의 질서와 일치하지 않는다.[111] 기본법 제13조 제7항 및 제35조 제2항에 있어서의 헌법적인 80

---

107) 공공의 안녕 또는 질서에 대한 위험을 이유로 연방의 「집회 및 행진에 관한 법률」에 따라 극우주의자들의 집회를 금지시키는 것에 관하여는 vgl. BVerfGE 111, 145 (157); BVerfG, DVBl. 2001, 897 = NJW 2001, 2069; DVBl. 2001, 1054 = NJW 2001, 2072 및 DVBl. 2001, 1056 = NJW 2001, 2075. 이 판례에 관하여는 *Gusy*, JZ 2002, 105; *Hoffmann-Riem*, NVwZ 2002, 257; *Pieroth/Schlink/Kniesel*, POR, § 21, Rn. 21 ff.; 또한 BVerfG, JZ 2001, 651 m. Anm. Enders. 「집회 및 행진에 관한 법률」의 개정에 관하여는 *Poscher*, NJW 2005, 1316.

108) *Kahl*, VerwArch 99 (2008), 451.

109) BVerwGE 17, 83 (86).

110) VGH BW, VBlBW 1984, 507 (509); *Schenke*, POR, Rn. 66 m.w.N.

111) 공공의 질서개념 일반에 관하여는 *Schoch*, POR, Rn. 81, 그러나 위험방지법에서 제한적으로

의미는 특별한 관계에 국한된다. 유럽인권협약(EMRK)이 정하고 있는 인권에 대한 침해[112]를 정당화하는 사유로서의 공공의 질서의 개념은 국내법에 대한 요구, 즉 침해가 법률로 규정되어 있어야 한다고 서술하고 있다. 따라서 동 개념은 성문법을 전제로 하고 있다.

81 「유럽연합의 업무방식에 관한 협약」(AEU-Verterag)* 에서는 공공의 질서의 개념이 기본적 자유의 제한을 정당화하는 것과 관련하여 사용되고 있다.[113] 여기에서도 국내법규범, 즉 정당한 법익을 보호하는 성문법 규정이 그러한 제한을 야기한다. 「유럽연합의 업무방식에 관한 협약」 제36조에는 공공의 질서 외에 공서양속(öffentliche Sittlichkeit)도 언급되어 있는바, 양 법익 사이에는 차이가 존재한다. 그에 따라 유럽사법재판소(Europäische Gerichtshof, EuGH)는 공공의 질서를 예외규정으로서 엄격하게 해석하여[114] 고권적으로 확정된 기본규율로서 국가의 본질적 이익과 관련된 것으로 이해하고 있다.[115] 「유럽연합의 업무방식에 관한 협약」에서의 공공의 질서는 국가내부의 법질서에 기초하고 있으며, 그의 기원을 경찰법적 사고보다는 국제사법(國際私法) 또는 국제법(國際法)상의 공공질서에의 유보(ordre public-Vorbehalten)에 강하게 두고 있다. 독일의 경찰법적 이해에 따르면 「유럽연합의 업무방식에 관한 협약」에서의 공공의 질서는 차라리 공공의 안녕의 개념에 해당된다.

82 경찰법적 의미에서 공공의 질서는 형법상의 법익에 해당되지 않지만, 공공의 질서에 반하는 범죄행위로 인하여 형법상의 법익이 침해된 경우에는 형벌을 받게 된다. 왜냐하면 형법전의 경우 성문법규범이므로 그것이 침해될 우려가 있거나 이미 침해된 경우에는 공공의 안녕에 해당하게 된다. 이것은 공적 평화를 해하는 범죄행

해석되는 것에 관하여는 Rn. 83을 보라.

112) 유럽인권협약 제8조 내지 제11조의 각 조문 제2항 참조.

* **역주** AEU-Vertrag의 정식명칭은「Vertrag über die Arbeitsweise der Europäischen Union」로서, 유럽연합협약(Vertrag über die Europäische Union, EU-Vertrag)과 함께 유럽연합의 설립을 가능케 한 협약이다. 이 두 협약이 유럽연합의 정치적 체제의 기본적 근거를 형태를 형성하고 있는바, AEU-Vertrag에 관하여 자세한 것은 다음의 인터넷문헌 참조: http://de.wikipedia.org/wiki/Vertrag_%C3%BCber_die_Arbeitsweise_der_Europ%C3%A4ischen_Union.

113) Art. 36, 45 Abs. 3, Art. 52 Abs. 1 AEUV.

114) EuGH, Rs. 113/80 (Kommission/Irland), Slg. 1981, 1625, Rn. 7 f.

115) EuGH, Rs. 7/78 (Thompson), Slg. 1978, 2247, Rn. 32/34.

위, 특히 형법 제130조의 선동행위(Volksverhetzung)에 대하여도 적용된다. 극우적 또는 나치적(국가사회주의적) 의사를 표현하게 되면 이 규정에 따라 형벌에 처해질 수 있다.116) 그러한 의사표현을 저지하기 위하여 경찰이 그에 대하여 조치를 취하는 것은 공공의 안녕에 기여하지만, 기본법 제5조상의 의사표현의 자유를 기준으로 하여 판단하여야 한다.117)

그 정의에서 이미 알 수 있듯이 도덕적 인식의 총체인 공공의 질서의 개념은 매우 83
가변적이다.118) 판례에 나타난 공공의 질서의 개념의 발전에서 도덕적 인식의 변화를 알 수 있다. 판결은 판결이 행해지는 그때그때의 시점을 기준으로 이해되어야 하며, 오늘날의 관점에서 판단되어서는 아니 된다. 그러한 판결들은 공공의 질서개념이 기능하는 방식과 공공의 질서의 개념을 적용하는 것의 위험성을 보여주고 있다.

1912년 3월 21일 올덴부르크 상급행정법원은 사회민주주의의 상징으로서 적색기 84
(赤色旗, rote Fahne)*를 게양하는 것이 공공의 질서에 반한다고 결정하였다. 1931년 4월 20일 판결에서 올덴부르크 상급지방법원은 법규명령에 근거하여 사교춤클럽에 18세 이하의 자의 출입을 금지한 것을 정당한 것으로 판시하였는바, 이 경우에는 도덕적 위험으로부터 청소년을 보호하는 것이 중요하기 때문이었다.119) 1954

---

116) 제3제국의 깃발을 게양하는 것에 관하여는 vgl. OVG NW, DÖV 1994, 966 – 사례연습으로는 판례의 입장과는 다르지만 설득력 있는 해결방안을 제시하고 있는 *Enders*, JuS 1997, 539.

117) 그에 관하여는 *Brugger*, VVDStRL 63 (2004), S. 133 ff. m.w.N.

118) *Erbel*, DVBl. 2001, 1715; *Fechner*, JuS 2003, 734.

* **역주** 적색기는 사회민주주의적, 사회적, 공산주의적 운동의 상징으로 사용되어 왔다. 19세기(1848년의 독일의 3월혁명)에는 아무런 문양이나 상징이 첨가됨이 없이 붉은 색으로 되어 있었지만, 20세기에 들어서는 이하의 사진에서 보듯이 특별한 문양이나 상징과 결합된 형태로 사용되고 있다. 적색기에 관하여 보다 자세한 것은 다음의 인터넷문헌 참조: http://de.wikipedia.org/wiki/Rote_Fahne_(Symbol).

119) 이들 판결에 대한 시사점을 얻게 해 준 Prof. Dr. Hans-Werner Laubinger (M.C.L.), Mainz에게 감사한다.

년 5월 18일 뮌스터 상급행정법원의 판결에 따르면 사창가의 운영은 공공의 질서에 반하는데, 왜냐하면 이 경우에는 경찰위반의 위험이 있기 때문이다.120) 연방최고법원(BGH)은 1959년 3월 7일의 판결에서 공로(公路)와 광장에 콘돔자판기의 설치를 금지하는 것을 풍속과 예의범절을 이유로 허용된다고 간주하였다.121) 코블렌츠 상급행정법원은 잉그마 베르크만(Ingmar Bergmann) 주연의 "침묵"이라는 영화가 성적인 행위를 묘사하고 있으므로 금지된다는 것을 배척하지 않았다.122) 연방행정법원은 전 연방대통령 호이스(Heuß)의 사망후 공공의 질서를 근거로 하여 국상(國喪)기간 동안 사교춤을 금지하였다.123)

85 이에 반하여 칼스루에 행정법원은 「"토플리스차림의 여성복싱경기(Damen-Boxkämpfen oben-ohne)"의 개최허가는 그것이 공공의 안녕이나 질서에 대한 장해가 아니기 때문에 (그사이 폐지된) 영업법 제60a조 제1항에 근거하여 거부되어서는 아니 된다.124) 그것은 인간의 존엄을 침해하지도 않는다. 기본법 제1조 제1항을 근거로 가능한 한 인간의 존엄에 합치하는 행동을 할 것을 다른 사람에게 강제하여서도 아니 된다」고 판단하였다. 유사한 사례에서 겔젠키르헨 행정법원은 "강요된 것으로 볼 수 있는 경우에만 일반공중이 수인할 수 없는 부담이 존재한다"고 하여 칼스루에 행정법원의 입장을 보충하였는바, 해당 사례는 그러한 경우가 아니었다.125) 마찬가지로 진흙탕에서 행하는 여성레슬링(Damen-Schlamm-Catchen, 소위 머드레슬링)과 관련하여 바이에른 행정법원은 일반공중이 수인할 수 없는 부담을 느끼게 되는 경우에는 공공의 질서의 위반이 존재하기 때문에 (그사이 폐지된) 영업법 제60a조 제1항 제3문에 따라 그를 금지하는 것이 허용된다고 판단하였다. 그러나 구체적 상황에서 여성들 스스로는 자신의 품위가 떨어진다고 생각하지 않았다.126)

86 핍쇼(Peep-Show)의 운영에 대한 영업허가가 거부될 수 있는지 여부에 대하여 연방행정법원은 여러 번에 걸쳐 자신의 입장을 밝힌 바 있다. 영업법 제33a조 제2항 제2

---

120) OVGE 8, 320.

121) BGHSt 13, 16.

122) OVG RP, DVBl. 1966, 576.

123) BVerwG, DVBl. 1970, 504.

124) VG Karlsruhe, GewArch 1978, 163.

125) Ebd.

126) BayVGH, GewArch 1984, 61 = NVwZ 1984, 254.

호가 선량한 풍속에 반하는 경우 허가를 거부할 수 있도록 규정하고 있기 때문에 연방행정법원은 사회윤리적인 가치관, 특히 인간의 존엄을 조사하였다. 「핍쇼는 관람의 대상이 되는 여성의 인간으로서의 존엄을 침해한다. 여성이 단순히 관람의 대상이 되어 인간의 존엄성에 침해를 받게 되는 경우는 그러한 쇼의 관람에 의해서 뿐만 아니라 부수적 상황에 의해서도 발생한다.127) 인간의 존엄은 처분할 수 없는 가치이므로 여성의 동의여부는 중요하지 아니하다」.128)

이 판례에 대하여는 엄청난 비판이 가해졌지만 연방행정법원은 이를 유지하였다. 87
그 후의 다른 판례에서는 핍쇼가 소위 환락가(Vergnügungsviertel), 예컨대 함부르크의 Reeperbahn에서 행해지는 경우에도 핍쇼의 허가는 공서양속에 반하여 무효라는 것을 명백히 하였다.129) 판단의 기준이 되는 것은 지배적인 사회윤리적 확신인데, 그것이 반드시 가치공동체의 모든 구성원에 의하여 인정될 필요는 없다. 여성이 자유롭게 직업에 종사한다는 것, 매춘과 비교하였을 때 (핍쇼의 경우) 인격침해가 상대적으로 덜하다는 것, 그리고 시민 중 일부만이 핍쇼를 본다는 것은 중요하지 않다. (경찰)관청의 실무, 판례 그리고 공중의 반응은 핍쇼가 사회윤리적으로 허용되지 않는다는 것을 잘 보여주고 있다.

경찰-질서법에서 공공의 질서의 적용영역은 넓지 않다.130) 최근의 판례는 종종 상 88
업적 행사나 경제적 성격을 가진 사건과 관련된 경우를 다루고 있다. 이미 앞에서 언급된 경우뿐만 아니라 논란의 대상이 되고 있는 이른바 Laserdrome-Spiele(소위 레이저총을 이용하는 서바이벌게임) 또한 그러한 예에 해당한다. 그러한 행사나 사건은 허가를 필요로 하므로 (경찰)관청의 조치에 대한 법적 근거는 경제법에서 찾을 수 있다(영업법 제33a조; 요식업법 제4조 제1호). 허가를 요구하는 것은 국가기관에게 사건에 대한 책임을 할당하고, 그와 동시에 이익의 조절가능성을 제공한다.131) 따라서 공공의 질서를 보호하기 위하여 시민의 자유영역에 경찰이 개입하는 경우와는 출발부터 약간 다르다. 그럼에도 불구하고 이 경우에도 법적으로 확정된 법익

127) 영업법 제33a조에 관련된 "이른바 난쟁이 멀리 집어던지기(sog. Zwergenweitwurf)" VG Neustadt/W., NVwZ 1993, 98를 보라. – 사례연습으로서는 *Stock*, NWVBl. 1994, S. 195 참조.

128) BVerwGE 64, 274.

129) BVerwGE 84, 314, BVerwG, NJW 1996, 1423는 이를 다시 확인하였다.

130) *Gusy*, POR, Rn. 97; *Fechner*, JuS 2003, 735 ff.에 있는 사례군들.

131) 인허가에 관하여 일반적인 것은 vgl. *Kugelmann*, DVBl. 2002, 1238 (1241 f.).

만이 보호된다.

89 극한격투기 챔피언십(Ultimate Fighting Championship, UFC)* 과 그의 텔레비전에의 방영이 최근 공적인 관심의 대상이 되고 있다. UFC는 각각의 격투기에서 허용되는 공격방어기술을 확대하기 위하여 선수들이 여러 격투기의 기술을 직접 비교하는 형식으로 대결하도록 하려는 생각에서 시작되었다.[132] 그와 같은 행사를 일반적으로 금지하는 것은 공공의 안녕이라는 보호법익으로도, 공공의 질서라는 보호법익으로도 정당화될 수 없다. 텔레비전 방영의 허용성은 청소년보호라는 관점을 고려하여 다양하게 판단될 수 있다. 한편으로는 이종격투기(Mixed Martial Arts, MMA)대회 개최자의 방송의 자유와, 다른 한편으로는 인간의 존엄 및 청소년보호가 비교형량되어야 한다.

90 **사 례:**

주의 미디어법에 따를 때 민간방송사업은 허가를 필요로 하는바, 허가의 발급은 적당한 전제조건의 존재와 결부된다. 바이에른주 신(新)미디어센터(BLM)는 독일 스포츠방송(DSF) 프로그램에서 UFC를 방영하는 것에 관하여 발해진 허가를 취소하였는바, 그 이유는 바닥에 누워 있는 상대방을 가격하는 것과 같은 폭력적 장면이 바이에른주 헌법 제111a조에 따라 제정된 '공법적으로 송신되는 방송의 기준'에 배치된다는 것이었다. 바이에른주 헌법 제111a조 제1항 제5문은 상호간의 존중을 규정하고 있으며, 동법 제 111a 조 제1항 제6문은 폭력의 예찬금지를 규정하고 있다.

UFC의 주최자는 그에 대하여 연방헌법재판소에 헌법소원을 제기하고, 연방헌법재판소의 결정이 있을 때까지 방영금지결정의 효력을 정지시키기 위하여 가명령(假命令, einstweilige Anordnung)을 신청하였다. 연방헌법재판소는 가명령의 발급신청을 2010년 12월 8일 결정으로 기각하였다.[133] 가명령의 발급신청에 따른 형량결과, 헌법소원을 제기한 자가 방영금지로 인하여 커다란 불이익을 받는 것은 아니며, 헌법소원이 이유 있는 것으로 판명된다고 할지라도 가명령의 발급이 절박하게 요청되지는 않는다. 그러나 이와 달리 헌법소원이 이유 없다는 것이 밝혀졌음에도 가명령이 발급되고 그로 인하여 꽤 오랜 시간 동안 방영된다면 바이에른주 미디어센터(BLM)*가 인정

* **역주** 우리나라의 경우 Ultimate Fighting Championship을 이종격투기(mixed martial arts, MMA)라고 하는 경우가 많은데, 이종격투기 자체와 이종격투기대회 중 대표적인 UFC는 구분하는 것이 타당하다고 생각한다.

132) *Hoven,* K&R 2010, 786 (787).

133) BVerfG, Beschl.v.8.12.2010 -1 BvR 2743/10-.

하는 바와 같이 "이종격투기(MMA)의 높은 잠재적 폭력성과 그러한 폭력을 찬미하는 방송이 폭력에 대한 금기를 깨뜨리고, 공격적인 행동이 유해하지 않은 것처럼 묘사되어 청소년에게 유해한 영향을 미칠 수 있을 것이다".

예상치 않은 경우에 질서위반법이 적용될 수 있다. 질서위반법 제118조 제1항에 따 91
르면 "일반공중에게 부담이 되며 공공의 질서를 침해하기에 적합한 매우 무례한 행동을 한 자"는 질서위반행위를 한 것이 된다. 이와 같은 매우 불명확한 규정은 합헌적 해석, 즉 제한적으로 해석할 것이 요구된다. 이러한 점을 고려할 때 이들 규정만으로는 공중에게 부담이 되는 행위에 대한 조치를 정당화하기에 충분하지 않다.[134] 이 경우 질서위반법을 근거로 한 조치들이 일반 경찰-질서법을 근거로 한 조치들보다 일반적으로 범위가 더 좁고, 그 강도가 더 약하다는 점을 유의하여야 한다. 고려되는 법적 효과가 더 약할 때에는 구성요건이 조금 넓어지는 것이 정당화될 수 있다.[135]

사 례:[136] 92

N은 공공장소에서, 심지어 쇼핑을 하거나 관청을 방문할 때에도 완전히 옷을 벗고 출현한다. N의 모습을 통해 불쾌감을 느끼는 사람들의 이의제기를 근거로 하여 관할 (질서)관청이 개입을 한다. N은 수차례에 걸쳐 경고를 받았음에도 불구하고 그의 행동을 바꾸려 하지 않는다. 질서관청은 공공의 질서위반을 근거로 개괄적 수권조항(노르트라인-베스트팔렌주 질서관청법 제14조 제1항)에 근거하여 그에게 공공장소에서 옷을 벗고 출현하는 것을 금지하는 처분을 발한다. N은 취소소송(행정법원법 제42조 제1항)에서 질서관청의 행정행위는 기본법 제5조 제3항 제1문의 기본권을 위반했다고 주장하였다. 그는 전위예술가이고, 그의 진술에 따르면 공공장소에서의 나체출현을 예술로 이해한다.

노르트라인-베스트팔렌주 상급행정법원의 견해에 따르면 N의 행위는 기본법 제5조 제3항 제1문의 보호영역에 해당되지 않는다.[137] 이는 창조적인 행위가 아니라, 자신의

* **역주** BLM은 'Die Bayerische Landeszentrale für neue Medien"의 약어인데, BLM의 활동 등에 대하여 자세한 것은 다음의 인터넷문헌 참조: http://www.blm.de/de/startseite.cfm

134) *Pieroth/Schlink/Kniesel*, POR, §§ 8, Rn. 51은 질서위반법 제118조를 통하여 경찰-질서법상의 공공의 질서가 기능적으로 대체되고 있다고 지적하고 있다.

135) *Schenke*, POR, Rn. 65는 이와 같은 점을 충분히 고려하지 않고 있다.

136) OVG NW, DÖV 1996, 1052 = NJW 1997, 1180.

137) 예술의 자유와 경찰법과의 충돌에 관하여는 OVG Koblenz, NJW 1997, 1174: 록-코믹물 "마

신체를 천박하게 공중에 보여줄 뿐이다. 예술에 있어서 전형적 요소인 다층적인 정보 전달을 찾아볼 수 없다. 따라서 행정행위는 적법하다. 이와 달리 공공의 질서라는 보호법익을 부정하는 경우에는 일반공중에 부담이 존재하기 때문에 질서위반법 제118조의 적용을 고려해 볼 수 있다. 그러나 단지 과태료의 부과라는 수단만을 사용할 수 있으며, N에 대하여 질서처분을 발하는 것은 허용되지 아니한다.

93 지배적 견해는 공공의 질서를 독자적인 보호법익으로 유지할 필요성을 인정하는바, 그 논거로는 예측불가능한 위험상황에 적절하게 대응할 수 있기 위해서는 공공의 질서라는 보호법익의 존재가 불가결하다는 것을 들고 있다. 그렇지만 공공의 질서를 독자적인 보호법익으로 인정하는 경우에도, 그의 적용범위는 축소되고 있다.[138] 기본법에 의해 구성된 국가 내에서의 다원성과 극히 지엽적인 것까지 규정하고 있는 규율망을 고려할 때, 풍속이나 도덕에 관한 불문규율에 대한 침해는 단지 예외적으로만 고려의 대상이 된다.[139] 공공의 질서는 예비적 기능(Reserve-funktion)을 가질 뿐이다.[140]

94 경찰법에서 공공의 질서라는 고유한 보호법익은 인정될 수 없다는 견해가 더욱 설득력이 있어 보인다.[141] 1931년 7월 1일 프로이센 경찰행정법 제14조에서 공공의 질서의 개념을 받아들인 것은 그의 연원을 1794년의 프로이센 일반란트법에 두고 있다. 그 당시의 역사적 상황에서는 규율밀도(Regelungsdichte), 즉 성문법으로 규율하는 정도가 21세기의 리스크- 정보사회에서의 그것보다 훨씬 낮았다.[142] 그러한 사정이 개념의 이해에 영향을 미친다. 오늘날 법질서의 규율밀도를 근거로 할 때, 경찰관청의 개입을 필요하게 만드는 그러한 상황은 공공의 안녕에 해당되게 된다.[143] 어느 사회내에서의 가치관은 성문화된 규범으로 표현된다. 이러한 가치를

리아증후군(Das Maria-Syndrom)"의 공연을 라인란트-팔츠주 경찰법 제9조의 개괄적 수권조항에 근거하여 금지하는 것은 적법한 것으로 간주되었다. 왜냐하면 형법 제166조(종교적 신념의 모독)의 구성요건을 충족하고, 따라서 공공의 안녕이란 보호이익을 침해하기 때문이다.

138) *Erbel*, DVBl. 2001, 1714 (1718); *Fechner,* JuS 2003, 734; *Hill*, DVBl. 1985, 88 (96); *J. Ipsen,* NdsVBl. 2003, 281 (282 f.); *Schoch*, Jura 2003, 177 (180).

139) *Schenke*, POR, Rn. 64; *Schoch*, POR, Rn. 82; *Tettinger/Erbguth/Mann*, Besonderes Verwaltungsrecht, Rn. 457 ff.

140) *Trute*, Die Verwaltung 32 (1999), S. 73 (78); *Wehr*, ExRep PolR, Rn. 57 ff.

141) *Götz*, POR, Rn. 126; *Pieroth/Schlink/Kniesel*, POR, § 8, Rn. 48 ff.

142) *Waechter*, NVwZ 1997, 729 (731 m. Fn. 23, 736).

구체화하거나 보호하는 것은 입법자의 권한에 속하는 것이지 경찰-질서관청의 권한에 속하는 것이 아니다.[144] 다원화된 국가에 있어서 다수의 견해가 소수의 부담으로 관철될 수는 없다. 자유주의적 입헌국가는 법외적(法外的) 가치관에 근거한 자유의 제한을 허락하지 않는다.[145] 공공의 안녕이라는 보호법익이 고려되지 않는 경우에는, 경찰-질서관청은 그에 개입할 권한을 갖지 못한다.

2.3. 위험의 개념[146]

2.3.1. 개념과 기본특징

위험방지의 임무는 공공의 안녕(또는 질서)에 대한 위험의 존재와 연관되어 있 95
다.(예컨대 노르트라인-베스트팔렌주 질서관청법 제1조 제1항; 노르트라인-베스트팔렌주 경찰법 제1조 제1항 제1문). '위험'이라는 전제조건은 경찰-질서관청이 활동할 수 있는 영역을 열어주는 것을 그 목적으로 하는바, 이는 경찰-질서관청은 위험이 존재하여야 비로소 개입할 수 있고 위험이 더 이상 존재하지 않으면 그의 관할이 사라지기 때문이다.[147] 위험상황이 존재하는 경우에 국가기관은 시민의 권리영역에 개입할 수 있다. 관할규정이 정하고 있는 범위 내에서 경찰관청이나 관할 질서관청(위험방지관청)은 행위를 할 권한을 갖게 된다.

96

> **반드시 알아두어야 할 공식** 위험이란 경찰상 보호법익에 대한 손해가 발생할 충분한 개연성이다.[148]

---

143) *Waechter*, NVwZ 1997, 729 (733, 736).

144) 집회법에 관하여는 vgl. BVerfGE 111, 145 (157); BVerfG (1. Kammer des 1. Senats), DVBl. 2001, 897 = NJW 2001, 2069; DVBl. 2001, 1054 = NJW 2001, 2072; DVBl. 2001, 1056 = NJW 2001, 2075. 이러한 판례에 관하여는 *Gusy*, JZ 2002, 105; *Hoffmann-Riem,* NVwZ 2002, 257; *Pieroth/Schlink/Kniesel*, POR, § 21, Rn. 21 ff.; 또한 BVerfG (1. Kammer des 1. Senats), JZ 2001, 651 m. Anm. Enders를 보라.

145) *Pieroth/Schlink/Kniesel*, POR, § 8 Rn. 50.

146) *Brandt/Smeddinck*, Jura 1994, 225; *Poscher*, Gefahrenabwehr, 1999: *Voßkuhle*, JuS 2007, 908.

147) *Gusy*, POR, Rn. 100. 보다 자세한 것은 *Denninger*, in: Lisken/Denninger, E Rn. 29 ff.

148) BVerwGE 45, 51 (57)을 보라.

97 위험의 개념은 경찰이 언제 법익을 보호하기 위하여 개입할 수 있는지를 결정한다. 위험상황이 존재하는 경우에 한하여 경찰작용을 행할 수 있으므로 위험의 개념은 법치국가적인 기능을 가지고 있다.[149] 위험의 개념은 이처럼 (경찰에 의한) 침해적 조치를 제한하는 기능을 갖는바, 이는 경찰관청에 대하여 특별한 의미를 갖는다. 왜냐하면 경찰은 긴급한 경우에 종종 침해의 강도가 높은 조치를 취하여야 하기 때문이다. 광범위한 절차적 안전장치 없이 경찰은 시민에 대하여 보호조치를 취하거나 물건을 압수할 수 있다.

98 일부 학설은 위험개념의 주관화(主觀化, Subjektivierung)를 주장하기도 한다.[150] 전통적인 자유주의적 법치국가의 범주를 포기하는 것도 위험개념의 주관화와 관련있는 바, 위험개념의 주관화는 위험의 존재에 대한 예측기준을 약화시키는 결과를 가져온다. 구체적 사례에 있어 유연성을 보여주는 판례의 경향이 그 배경을 이룬다.[151] 주관화라는 가설은 위험의 예측이라는 개념을 수정하기 위한 시도를 가져오게 되는바,[152] 여기에 주관화라는 가설의 가장 중요한 의미가 있다.[153]*

99 복잡한 위협상황에 대하여 입법부나 사법부가 유연하게 대처할 수 있도록 하기 위하여 전통적인 (위험개념의) 범주를 약화시키는 것에 대한 비판은 위험개념의 내용 그 자체에 대한 의문을 제시하는바, 이는 타당하지 않다. 위험의

149) *Schenke*, POR, Rn. 70; 보다 자세한 것은 *Möstl*, Garantie, S. 193 ff.

150) *Poscher*, Gefahrenabwehr, S. 49 ff., 83 ff., 110 ff.; *Schewe*, Das Sicherheitsgefühl und die Polizei, 2009, S. 80 ff.

151) *Pieroth/Schlink/Kniesel*, POR, § 4 Rn. 46.

152) 유사한 견해로는 *Gusy*, POR, Rn. 114 ff.

153) *Poscher*, NVwZ 2001, 144.

* **역주** 경찰법상의 위험개념에 대한 이해와 관련하여서는 주관설과 객관설의 대립이 있어 왔다. 주관설은 행위를 행하는 경찰공무원이 '주관적으로' 위험이 존재한다고 판단한 것에 중점을 두는 반면, 객관설은 객관적인 위험상황의 존재에 중점을 두고 있다(이러한 위험개념을 둘러싼 주관설과 객관설의 대립 및 그에 대한 내용에 관하여 자세한 것은 이기춘, in: 서정범/김연태/이기춘, 경찰법연구(제2판), 세창출판사, 2012, 167쪽 이하). 위험개념에 대한 이해에 관한 주관설과 객관설 가운데 상당한 기간동안 주도적 지위를 점하고 있었던 것은 객관설이었던바, 근자에 다시 주관설이 그 지지기반을 넓혀가고 있는 추세에 있다. 이 단락(Rn. 99)의 내용은 이러한 학설의 대립 및 근래의 동향에 대한 이해가 전제되어야 제대로 파악할 수 있다.

개념은 기본적으로 경찰-질서법에서 통일적으로 해석되어야 한다.[154] 일련의 새로운 권한규범들은 위험개념을 완전히 포기하고, 위험의 혐의(Verdacht einer Gefahr), 즉 "~하다는 것을 인정하는 것을 정당화시키는 사실관계"의 존재만으로 충분한 것으로 보고 있다.[155] 문제는 그와 같은 위험의 전단계에서의 조치에 대한 법치국가적 보장장치를 발전시켜야 한다는 것에 있다. 위험의 개념 그 자체는 그의 기능을 그대로 유지한다.

권한규범이 위험의 개념을 포기하는 경우[156] 권한규범에 근거한 경찰권발동 100
이 법치국가적 관점에서 아무런 문제가 없다는 것을 확실하게 담보하기 위하여서는 위험의 개념을 포기하는 것에 대한 보상적 의미를 갖는 안전대책을 필요로 한다.[157] 그와 같은 안전대책으로는 결정절차를 정립하는 것을 생각해 볼 수 있는바, 예컨대 법관유보를 규정하거나 (경찰-질서)관청의 조치에 대하여 사후적으로 정보에의 접근권을 인정하는 것 등이 그것이다.[158]

경찰-질서관청의 예방적 작용은 법익침해를 방지할 것이다. 경찰명령(Polizei- 101
verordnungen)*의 형태로 **추상적**(abstrakte) 위험에 대처하는, 즉 경험칙상 법익침해를 가져올 수 있는 상황의 발생을 방지하는 일반적 규정들이 그에 기여한다(이하의 제9장 Rn. 18을 보라). 이에 대하여 경찰-질서관청의 구체적 조치는 특정한 위험상황에서 **구체적**(konkreten) 위험의 방지를 목적으로 한다. 경찰법률은 개념규정에서 구체적 위험을 "구체적 경우에 있어 멀지 않은 장래에 공공의 안녕 또는 질서에 대한 손해가 발생할 충분한 개연성이 존재하는 상태"라고 정의하고 있다.[159]

---

154) *Schoch*, POR, Rn. 91.

155) *Pieroth/Schlink/Kniesel*, POR, § 4 Rn. 52는 위험의 혐의를 그들이 주장해 온 주관적 위험개념으로 이해한다. 이와 유사한 것으로는 예컨대 *Gusy*, POR, Rn. 113, 193 ff.; *Schoch*, POR, Rn. 97.

156) 이에 관하여 비판적인 것으로는 *O. Müller*, StV 1995, 602.

157) *Kugelmann*, DÖV 2003, 781 (787 f.); *Pils*, DÖV 2008, 941.

158) *Schoch*, Der Staat 2004, 347 (367 f.).

* 역주 여기서 경찰명령(Polizeiverordnungen)이라고 함은 경찰목적을 위하여 발해지는 법규명령을 의미한다.

159) § 2 Nr. 1a NdsSOG; § 3 Nr. 3a SOG LSA; s. auch § 2 Nr. 3a BremPolG; § 54 Nr. 3a ThürPolG가 그러하다.

102 **사 례:**[160]

한 경찰관이 술에 취한 것이 명백한 사람이 손에 자동차 열쇠를 들고 자동차로 걸어가는 것을 목격한다. 술취한 사람이 운전을 하게 된다면 법질서의 침해, 즉 공공의 안녕에 대한 침해가 우려된다(형법 316조). 거기에 바로 위험이 존재한다. 경찰관이 이러한 위험을 보고, 위험이 존재하는 한 경찰관은 예컨대 자동차 열쇠를 임시영치하는 등의 조치를 취할 수 있을 것이다.

2.3.2. 장해의 제거와 손해의 방지

103 법익에 대한 침해가 발생하는 것을 방지하여야 할 경찰-질서관청의 예방적 작용은 손해의 방지와 관련있다. 이것은 좁은 의미에서의 위험방지(Gefahrenabwehr)를 말한다. 공공의 안녕 또는 질서에 대한 보호를 보장하고자 하는 목적은 손해의 발생을 가져올 수 있는 원인을 사전에 미리 제거할 때에 가장 잘 달성된다.

104 위험방지법에서 손해(Schaden)라고 함은 현존하는 보호법익의 객관적 감손을 말한다.[161] 손해는 불이익(Nachteilen)과는 구별되어야 한다. 단순한 불이익, 불쾌감 또는 불편함은 손해가 되지 않으며, 경찰법상 중요한 위험을 발생시킬 수도 없다. 모든 법익은 외부로부터 침해를 받을 가능성에 노출되어 있다. 그러나 이 모든 침해가 경찰의 개입권한을 발생시키지는 않는다.

105 **사 례:**

소의 워낭소리로 인한 소음장해는 야간이 아니라면 그것이 건강을 침해할 정도에 이르지 않는 한 수인되어야 한다.[162] 교통량이 많은 도로에 인접하여 살고 있는 주민은 원칙적으로 교통소음을 수인하여야 한다.

106 특별한 위험상황과 관련된 법률들에서 다양한 규정들이 발견된다. 환경법에서는 손해와 부담(Belästigung)의 구분이 특별히 중요한 의미를 갖는다. 연방임미씨온보호법(BImSchG)* 제5조 제1항에 따르면 환경에 유해한 영향으로부터의 보

---

160) Vgl. *Knemeyer*, POR, Rn. 87.

161) *Denninger*, in: Lisken/Denninger, E Rn. 30; *Götz*, POR, Rn. 141.

162) VGH BW, NVwZ-RR 1996, 577.

호는 "그 밖의 위험, 현저한 불이익 및 현저한 부담"에까지 확대되어 있다.163) 따라서 허가를 요하는 시설은 현저한 부담이 발생되지 않도록 설치되어야 한다. 그러나 현저한 부담과 현저하지 않은 부담은 구분되어야 한다. 이러한 판단은 연방임미씨온보호법 제4조에 따른 임미씨온보호법상의 허가의 근거가 된다. 행정청의 허가는 합법성효과(合法性效果, Legalisierungswirkung)를 가진다. 허가를 받은 범위 내에서의 행위는 허용되며, 어떠한 경찰법상의 위험도 발생시킬 수 없다.164)

손해가 이미 발생한 경우, 따라서 장해(障害, Störung)가 존재하는 경우에도 위험방지의 일환으로 경찰-질서관청의 개입이 고려된다(명시적으로 예컨대 바덴-뷔르템베르크주 경찰법 제1조 제1항 제1문; 헤센주 질서안전법 제3조 제1항; 메클렌부르크-포어포먼주 안전질서법 제16조 제1항 등은 이러한 점을 명시적으로 규정하고 있다).165) 장해란 경찰상 보호법익이 침해될 위험이 이미 실현된 것을 말한다.166) 위험을 방지하기에는 너무 늦었기 때문에, 단지 여전히 존재하고 있는 장해가 제거될 수 있다.167) 공공의 안녕에 대한 장해가 문제되는 경우에는 손해발생에 대한 더 이상의 예측을 할 필요가 없으며, 법익침해가 긍정되는 것만으로 충분하다. 여전히 지속되고 있는 장해, 즉 이미 과거에 시작된 손상의 결과를 제거하는 것 또한 장해의 제거에 해당된다. 이미 발생하였거나 여전히 지속되고 있는 장해의 제거와 관련하여서는 경찰관청의 이중적 기능을 가진 조치를 통한 개입이 고려된다(위의 제1장 Rn. 54 이하를 보라). 왜냐하면 장해와 위 107

---

* 역주 연방임미씨온보호법(BundesImmissionsschutzgesetz, BImSchG)은 「대기오염, 소음 진동 등으로 인한 환경에 유해한 영향으로부터의 보호에 관한 법률」(Gesetz zum Schutz vor schädlichen Umwelteinwirkungen durch Luftverunreinigungen, Geräusche, Erschütterungen und ähnliche Vorgänge)의 약어인데, 동법이 제정되게 된 배경과 역사 및 동법의 규정내용에 관하여 자세한 것은 다음의 인터넷 문헌참조: http://de.wikipedia.org/wiki/Bundes-Immissionsschutzgesetz.

163) Vgl. § 5 Abs. 1 Nr. 3 GaststättenG; § 1 Abs. 2 StVO; § 2 Nr. 5, 6 und 13 BNatSchG.

164) 단지 사회적 상당성이 결여되어 있는 침해만을 경찰법상의 손해로서 평가하려고 하는 *Gusy*, POR, Rn. 104. 참조.

165) *Gusy*, POR, Rn. 102 ff.; *Schwabe*, JuS 1996, 988; 또한 *Drews/Wacke/Vogel/Martens*, Gefahrenabwehr, § 13, Ziff. 2a를 보라.

166) *Schoch*, POR, Rn. 85.

167) *Schwabe*, DVBl. 2001, 968; 반대의 견해로는 *Möstl*, Garantie, S. 179 f.

험은 종료되어야 하는 것(예방적)임과 동시에, 이미 범해진 범죄행위에 대하여는 형사소송법에 따른 형사소추가 고려될 수 있기 때문이다(진압적). 더 이상의 법익손상을 방지할 수 없다면 예방적 조치는 배제되고, 단지 진압적 조치만이 고려된다.[168)]

2.3.3. 위험의 예측

108 행위를 하는 공무원의 관점에서 바라볼 때 손해가 발생할 '충분한 개연성(hinreichende Wahrscheinlichkeit)'이 존재하는 경우에 구체적 위험(konkrete Gefahr)이 존재한다. 손해가 아직 발생한 것이 아니라 발생할 염려가 있는 것이기 때문에 개연성에 대한 판단은 불확실성을 띠게 마련이다. 경찰상 위험이 존재하는지, 따라서 경찰-질서관청이 활동할 수 있는 영역이 열려 있는지 여부는 예측결정에 달려 있다.[169)] 예방적 경찰작용은 예측에 기한 작용이다. 장래에 발생할 위험을 방지하는 것은 예견되는, 가정적인 사건의 경과에 대한 사전예측을 필요로 한다.

109 위험의 예측은 사실관계의 인식과 그에 근거한 사실관계의 결과에 대한 예측적 진술, 즉 장래에 사실관계가 어떻게 전개될 것인가라는 관점에서의 경험적 지식이란 요소로 구성되어 있다.[170)] 예측된 결과가 실제로도 실현되었는지 여부는 예측의 정확성에 대한 판단에 있어 그다지 큰 역할을 하지 않는다.[171)] 행위를 하는 공무원은 그가 입수할 수 있는 사실에 근거하여 위험의 존재를 인정할 수 있는 징표와 위험의 존재를 부정할 수 있는 징표를 비교형량하여야 한다. 결정을 행하는 시점에 있어서의 인식수준이 개연성판단의 출발점이며, 그로부터 개연성판단에 대한 결과가 도출될 수 있다.[172)] 손해발생의 충분한 개연성이란 관점에서 볼 때, 사실상태나 법적 상황에 대한 합리적 가치평가가 요구된다.[173)]

168) *Schoch*, POR, Rn. 85.
169) BVerwGE 116, 347 (352).
170) *Würtenberger*, in: Achterberg/Püttner, § 21, Rn. 190.
171) *Gusy*, POR, Rn. 110 f.
172) *Poscher*, Gefahrenabwehr, S. 112 f.
173) *Knemeyer*, POR, Rn. 87; Schenke, POR, Rn. 77.

사 례: 110

두 명의 경찰공무원이 순찰중에 시내공원에서 '기름'이라는 글자가 적힌 통이 넘어져서 액체가 지면으로 흘러나오는 것을 발견한다. 이런 상황은 손해발생의 충분한 개연성, 따라서 위험의 존재를 긍정하게 한다.

다음 번 순찰중 그들은 거리의 노상카페에서 남자와 여자가 매우 시끄럽게 다투고 있는 것을 목격하게 된다. 경찰공무원은 그들이 개입해야 할지 여부를 판단하여야 한다. 그것이 남녀간의 교제위기와 관련된 것일 수도 있고, 또는 상인들간의 싸움일 수도 있다. 그 다툼이 사후에 무해한 것으로 밝혀진다 하더라도 그와 같은 개입이 반드시 위법한 것이 되는 것은 아니다. 왜냐하면 개입의 위법성 여부에 대한 판단에 있어서는 개입시점에서의 (위험이 존재한다는) 예측이 충분히 이해될 수 있는 것인지 여부가 중요하기 때문이다.

항상 구체적인 상황이 고려되어야만 한다. 사람들간의 다툼에 있어서는 판단에 영향을 미치는 다른 관점들, 예컨대 몸짓, 제스처, 위협적인 자세, 칼을 빼는 것 등이 추가될 수 있다.

손해발생의 충분한 개연성에 대한 판단은 **사전적(事前的, ex ante) 관점**에서 행해져야 한다. 개입을 결정하는 시점에 있어서의 사실적 근거와 인식상태가 판단의 척도가 된다. 위험방지법은 예방을 위한 것으로 위험의 방지를 그 목적으로 하고 있다. 손해의 발생 그 자체는 위험개념의 구성요소가 아니다. 손해가 발생하지 않았다고 할지라도 위험이 존재할 수 있다.[174] 111

따라서 법원은 경찰작용에 대한 통제를 행함에 있어서 추후에 사건이 실제로 진행된 경과에 근거하는 사후적(事後的, ex post) 관점에서 판단하여서는 아니된다. 오히려 통제의 대상이 되는 것은 구체적 상황에서 행위를 하는 경찰-질서관청의 공무원의 결정이다. 법원의 판단은 법적 개념의 허용된 해석(공공의 안녕 또는 질서에 대한 위험), 관련 사실관계의 확인 및 허용되는 비교형량에 관한 것이다.[175] 법학교육에서 시험문제는 대개 법원의 입장에서 서술되어야 하기 때문에, 위에서 언급된 것과 똑같은 논점이 구술시험에도 통용된다. 만약에 시험의 사례문제에서 이와 달리, 즉 행위를 행하는 경찰공무원의 입장에 관하여 물어 온 경우라면, 사전적 관점 또한 질문의 내용이 될 수 있다. 112

---

174) *Schwabe*, JuS 1996, 988 (990); *Würtenberger*, in: Achterberg/Püttner, § 21, Rn. 198.

175) Vgl. *Gusy*, POR, Rn. 121.

113 **Tip** 법학적 판단의 대상은 경찰법상 또는 질서법상의 조치에 관한 결정, 즉 그러한 결정이 구체적 상황하에서 행위를 하는 경찰공무원의 현재의 인식상황에 따라서 어떻게 내려지는지에 관한 것이다(사전적 관점).

114 객관적 관찰자(objektiven Beobachters)의 관점이 충분한 개연성의 판단의 척도가 된다.[176] 객관적 관찰자의 인식수준과 지식수준이 평가의 출발점이기 때문에 행위를 행하는 공무원의 주관적인 인식은 전체적 판단의 일부이다.[177] 그러나 이것이 객관적 위험개념과 주관적인 위험개념의 분할을 초래하지는 않는다(전술한 Rn. 99를 보라).[178] 왜냐하면 위험의 존재를 긍정하는 징표와 위험의 존재를 부정하는 징표간의 형량을 하기 위해서는, 이와 같은 주관적인 출발점에 객관적인 척도가 덧붙여지게 되기 때문이다. 경찰공무원이 개연성을 어떻게 판단하느냐가 중요한 것이 아니라, 그가 수긍할 수 있는 관점과 경험치를 근거로 하여 판단하였는지가 중요하다. 위험예측과 관련하여 행해진 다양한 시도들은 특히 외관상 위험(Anscheinsgefahr)에 있어 그 역할을 한다.

115 손해발생의 충분한 개연성이 있다고 판단하는 관점과 없다고 판단하는 관점간의 형량은 비례의 원칙을 고려하여 행해진다. 행위를 하는 공무원은 개입이 적합하고 필요하며 상당한지, 그리고 어떤 조치가 이러한 요청에 부합하는지를 판단하여야 한다. 비례의 원칙은 위험의 예측과 관련하여 손해의 정도와 손해발생의 개연성이 반비례한다는 원칙(Grundsatzes der umgekehrten Proportionalität von Schadenshöhe und Wahrscheinlichkeit des Schadenseintritts)의 발전을 통하여 그의 경찰법적 의미가 분명해졌다.[179] 발생이 염려되는 손해의 정도가 매우 중대하면, 그 개연성의 정도가 낮아도 위험을 긍정하기에 충분하다. 원자력발전소가 폭발할 수도 있다는 근거가 존재한다면, (경찰)관청은 그 개연성이 매우 낮은 경우에도 개입할 수 있다.[180] 이에 반

176) *Classen*, JA 1995, 608 (609); Schoch, POR, Rn. 88; vgl. *Schlink*, Jura 1999, 169.

177) *Denninger*, in: Lisken/Denninger, E Rn. 36; Gusy, POR, Rn. 111.

178) *Poscher*, Gefahrenabwehr, S. 49 ff., 83 ff., 110 ff.; ders., NVwZ 2001, 141; 유사한 것으로는 Schlink, Jura 1999, 169.

179) BVerwGE 45, 51 (61); OVG NW, NWVBl. 1990, 159 (160); OVG RP, DVBl. 1991, 1376; VGH BW, NVwZ 1991, 493 (494); BayVGH, BayVBl. 1997, 280 (281); SächsOVG, SächsVBl. 2000, 170 (171); 이러한 판례의 입장에 대하여 비판적인 것으로는 *A. Leisner*, DÖV 2002, 326 (328 f.).

하여 그다지 중요하지 않은 재산적 가치에 대한 침해가 발생할 우려가 있는 경우에는 위험이 존재한다는 판단에 이르기 위해서는 손해발생의 개연성이 클 것이 요구된다.[181] 법적인 평가가 문제되기 때문에 통계적인 관점이 아니라 규범적인 관점이 결정적인 역할을 한다. 입법자는 법익의 귀속을 통해서 비교형량을 위한 사전결정을 내려왔다.

사 례: 116

수자원관리법(水資源管理法, WHG)* 제34조 제2항에 따르면 지하수가 유해하게 오염되거나 기타 그 성질이 유해하게 바뀌지 않도록 물질이 보관되어야 한다. A는 수력발전소에 바로 인접해 있는 토지의 소유자이다. 그는 난방용유류 운송사업을 하려고 하며, 그를 위하여 자신의 토지 위에 다수의 대형 난방용 유류탱크를 세울 것을 고려하고 있다. 사고가 발생할 경우에 지하수가 오염될 가능성은 명백하지 않다. 그러나 입법자는 지하수가 특별히 보호할 가치가 있다는 것을 명백히 하였는바, 왜냐하면 발생할지도 모르는 손해가 특히 중대할 수 있기 때문이다. 따라서 위험은 존재하고 관할 관청은 예컨대 부담을 과하는 방법으로써 조치를 취할 수 있다(예컨대 연방임미씨온보호법시행령 부록 제9.2와 관련된 연방임미씨온보호법 제4조).

입법자의 결정은 또한 리스크를 받아들이는 것과도 관련있다. "잔존리스크(殘存리스크, Restrisiko)"는 많은 영역에서 존재하는데, 예컨대 도로교통에의 참여와 같은 경우가 이미 그 예로 들어져 왔다. 기본법 제2조 제1항으로부터 나오는 개인의 자기결정권은 리스크의 수용 또한 포함한다. 위험방지법으로서의 경찰-질서법은 위험을 전제로 하며, 일반적인 리스크의 존재만으로는 (경찰-질서)관청이 행동을 하기에 충분하지 않다. 정상적인 수준을 초과하는 특별한 리스크가 발생하고, 그로 인하여 정당화될 수 없는 법익침해가 발생할 우려가 있는 경우에 위험방지가 시작된다. 이에 반하여 특별법들은 가능한 한 손해가 발생할 가능성을 감소시키기 위하여 사전배려조치 또한 규정하고 있다. 예컨대 연방임미씨온보호법 제5조 제1항 제2호는 허가를 요하는 시설에 대하여 그에 상응하는 엄격한 요건을 부과하기 위하여 그와 같은 위험의 사전배 117

180) Vgl. BVerfGE 49, 89 (135 ff.).

181) *Schenke*, POR, Rn. 77.

* 역주 독일의 수자원관리법(WHG: Wasserhaushaltsgesetz)의 내용에 관하여는 다음의 인터넷문헌 참조: http://www.gesetze-im-internet.de/bundesrecht/whg_2009/gesamt.pdf.

려를 포함하고 있다.*

118 이에 반하여 경찰-질서법에서의 구체적 위험의 예측은 일반적, 전형적인 위험 상황과 관련있는 것이 아니라, 위험이 구체적이고 이형적(異形的, atypisch)인 상황으로부터 발생할 개연성과 관련있다. 99번째까지는 정확하였던 것이 100번째에는 틀릴 수도 있는 것이다. 현장에서 행위를 하는 경찰공무원은 문제를 해결해야 한다는 강박관념이나 시간적 압박에 사로잡혀 있으며, 그로 인하여 완전하지 못한 인식에 기초하여 사건을 처리할 수밖에 없는 경우가 종종 있다.[182]

119 위험예측에 있어서는 시간적 요소가 중요한 역할을 하는데, 왜냐하면 손해발생의 시간적 근접성이 개연성 판단에 영향을 미치기 때문이다. 손해의 발생이 임박해 있으면 손해발생의 개연성의 정도가 높아질 수 있다.[183] 먼 장래에 손해가 발생할 단지 약간의 가능성이 있다는 것만으로는 위험의 존재를 인정할 수 없다. 그러나 손해의 발생이 확실하지도 않고, 임박해 있지도 않은 경우에도 (손해발생의) 충분한 개연성은 긍정될 수 있다.[184] 위험은 예측가능한 장래에(in überschaubarer Zukunft) 손해의 발생이 예상될 수 있어야 한다는 것을 의미한다. 경찰-질서법은 항상 비전형적인 경우를 고려하여야 하기 때문에 —그로부터 위험예측에 관한 추상적 진술이 필연적으로 도출되지 않아도—

---

* **역주** 원저자인 Kugelmann 교수의 이 단락에서의 서술은 '위험(방지)'와 '리스크(에 대한 배려)'를 엄격히 구분하지 않고 있는 듯한 인상을 주고 있다. 그러나 아직까지의 학계의 지배적 견해는 위험(방지)과 리스크(에 대한 배려)를 구분하고 있으며, 공역자들 또한 근본적으로 그러한 사고에 입각하고 있다. 이러한 공역자들의 입장에 따르면 (원저자인 쿠겔만 교수의 설명과는 달리) 연방임미씨온보호법 제5조 제1항 제2호는 손해발생의 고도의 개연성을 전제로 하는 개념인 위험의 사전배려가 아니라, 손해발생의 가능성 단계에서의 관리를 말하는 리스크에 대한 사전배려라고 할 것이다. 리스크에 대한 배려와 위험에 대한 사전배려의 구분에 대해서는 *Park Byungwoog*, Wandel des klassischen Polizeirechts zum neuen Sicherheitsrecht, BWV 2013, 3. Teil, 3. Kapitel – Risiko um Umweltrecht und Terrorismus: Kann man den Begriff des Risikos und der Risikovorsorge auch im Polizei- und Ordnungsrecht als juristischen Maßstab anwenden? (환경법과 테러에서의 리스크: 리스크 및 리스크 사전배려 개념을 경찰질서법에서도 법적 기준으로 사용할 수 있을까? 참조).

182) *Gusy*, POR, Rn. 120.

183) *Möstl*, Garantie, S. 189; *Schenke*, POR, Rn. 77.

184) *Götz*, POR, Rn. 142.

시간적 요소는 비교형량의 중요한 요소를 이루고 있다. 시간적 측면은 외관상 위험과 위험의 혐의(Gefahrenverdacht)를 구분함에 있어 의미를 갖는다. 한편, 시간적으로 상당히 멀리 떨어져 있는 위험에 있어서는 먼저 그 위험의 유형과 범위를 조사하기 위하여 '위험의 존재여부를 확인하기 위한 조치(Gefahrerforschungseingriffe)'가 고려된다(이하에서 바로 서술한다).

2.3.4. 위험의 유형과 단계

위험의 개념은 위험방지법에서 아주 중요한 역할을 한다. 따라서 학설과 판 120
례가 위험의 개념을 정치(精緻)하게 만들기 위하여 다양한 노력을 하여 왔을 뿐만 아니라, 연방과 주의 입법자들도 일련의 위험의 유형과 단계를 구분하고 있다. 개념들은 항상 명확하게 구분되는 것은 아니고, 때로는 설득력이 없는 경우도 있다. 그러나 그러한 개념들이 판례에서 사용되고 있으므로 교육과 실무에 있어서도 그들 개념을 정확히 이해하는 것이 필요하다.

브레멘, 메클렌부르크-포어포먼, 니더작센 그리고 작센-안할트주의 법률들은 121
다양한 위험의 유형과 단계에 대하여 입법적 정의를 내리고 있다. 이와 같은 규정들은 현재의 개념규정을 포함하고 있고, 개별 주법의 해석에 도움을 준다. 그를 통하여 경찰이 활동할 수 있는 영역의 시작임과 동시에 그 한계를 이루는 위험에 대한 일반적 이해가 행해진다.[185] 학설과 판례를 통하여 발전되어 온 위험의 개념에 대한 일반원칙이 적용된다. 입법적 정의를 근거로 이와 같은 기본원칙에 어긋나는 위험의 유형을 적용하는 것은 정당화될 수 없다.

● 외관상 위험과 위험의 혐의[186]

외관상 위험(外觀上 危險, Anscheinsgefahr)은 경찰법적 의미에서의 (진정한) 위험이 122
다.[187] 사후적 관점에서 볼 때 실제로 위험했었는지 여부와 상관없이 사전적

---

185) BVerwGE 116, 347 (350 f.).

186) *Erichsen/Wernsmann*, Jura 1995, 219.

187) BVerwGE 45, 51 (58); 49, 36 (42 f.); *Drews/Wacke/Vogel/Martens*, Gefahrenabwehr, § 13, Ziff. 2c; *Würtenberger*, in: Achterberg/Püttner, § 21, Rn. 197 m.w.N.; 반대의 견해로는 *Schwabe*, in: Gedächtnisschrift für Martens, 1987, S. 419 (426 ff.); 독자적인 관점으로는

관점에서 객관적으로 고찰하였을 때 위험하다고 인정될 수 있는 상황이 문제된다.[188] 어떠한 시점에서도 경찰상 보호되는 법익에 대한 실제의 위험이 존재하지 않았다고 할지라도, 행위를 하는 공무원은 행위시점에 주어진 사실적 근거를 바탕으로 그 상황을 위험상황으로 판단할 수 있다. 그러한 경우에는 경찰법상 위험의 존재를 인정할 수 있는 외관이 분명해진다. 외관상 위험이 긍정될 수 있다면, 위험의 전제조건이 존재하는 것이다. 그 밖의 다른 모든 전제조건이 충족된다면 경찰-질서관청의 조치는 적법한 것이다.

123 **사 례:**

필사적으로 도움을 요청하는 커다란 외침이 집안의 TV에서 나온다. 아이들이 장난감 무기로 밝혀진 무기를 가지고 놀고 있다. 집주인이 자기 집의 열쇠를 잊어버리고 창문을 통하여 자기 집으로 넘어 들어간다. 영화촬영팀이 타인이 그것이 영화촬영이라는 것을 알 수 없게 은행강도장면을 연출한다.*

위 각각의 경우에 추가적인 구체적인 상황으로 인하여 외관상 위험의 존재가 부정될 수 있다. 경찰공무원이 창문을 기어오르고 있는 사람이 집주인이라는 것을 알고 있는 경우 또는 몇 주 동안 은행지점이 닫혀져 있다는 것을 알고 있는 경우가 그처럼 외관상 위험이 부인되는 경우에 해당한다.

124 위험예측이 잘못되었기 때문이 아니라 결정을 하는 시점에 존재하는 정보가 불충분하거나 잘못되었기 때문에 행위를 하는 사람의 위험상황에 대한 판단과 나중에 드러나는 실제상황이 일치하지 않는 경우가 종종 있다.[189] 그러나 예측된 손해가 발생하지 않은 경우라고 하여도 위험예측은 여전히 정확한 것일 수 있다.[190] 경찰투입에 소요된 비용의 부담문제가 다투어지거나 경찰투입으로 인하여 발생한 손해에 대한 배상의 문제가 다투어지는 경우, 외관상 위험은 특별한 의미를 갖는다. 경찰-질서관청의 판단이 위법한 것이라면 손해를 입은 사람의 손해배상청구권이 인정된다. 외관상 위험의 존재를 인정한 것이

Poscher, Gefahrenabwehr, S. 121, 127.

188) *Hoffmann-Riem*, Festschrift für Wacke, 1972, S. 327; *Martensen*, DVBl. 1996, 286을 보라.

* **역주** 이하의 문장과의 관계를 고려할 때, Kugelmann 교수가 여기에서 열거하고 있는 사례들은 외관상 위험이 존재한다고 볼 수 있는 사례들에 해당한다.

189) *Schoch*, POR, Rn. 92.

190) *Gusy*, POR, Rn. 122.

적법한 경우에는 —관련된 시민이 경찰공무원과 마찬가지로 적법하게 행위하였을 때— 경찰권을 행사하는 고권력주체, 즉 일반적으로 주의 책임이 발생하는지에 관하여는 다툼이 있다. 결과적으로 행위의 측면과 보상의 측면은 구분되어야 하며, 손실에 대한 보상과 관련하여서는 다양한 사려깊은 기준이 정립되어야 한다(이하의 제10장 2.를 보라).

위험의 혐의(危險의 嫌疑, Gefahrenverdacht)는 외관상 위험과 비교해 보면 위험의 단계 중 하위단계에 해당한다.* 위험의 혐의라는 개념은 각주의 경찰법에서는 사용되지 않으나, 학설과 판례상으로 논란의 대상이 되고 있다. 위험의 존재를 예견할 수 있는 사실적 근거가 있기는 하지만, 경찰관청 스스로 인식가능한 상황이 불확실할 수밖에 없고 손해발생에 대한 확실한 예측이 허용되지 않는다는 것을 인식하고 있는 경우에 위험의 혐의가 존재한다.[191] 사실관계가 어떠한 위험이 존재한다는 것을 확신시키지는 못하지만 정황상 위험이 존재한다는 것을 인정할 수 있는 강한 혐의가 있을 수 있다.[192] 일련의 침해권한은 이와 같은 상황과 연관되어 있으며, 그러한 상황하에서는 경찰의 활동이 허용된다. 125

위험의 혐의를 다양한 특징을 가진 (위험의) 한 범주로 확립하려고 하는 시도가 계속하여 행해지고 있다.[193] 이런 방식으로 특히 위험의 전단계에서의 정보와 관련된 권한이 정당화되고, 경찰책임과 관련된 고유한 규정이 발전되었다. 그러나 경찰활동의 새로운 현상들을 개념적으로 결합시키고자 하는 그러한 시도는 논란의 여지가 있는데, 왜냐하면 그것은 판례가 인정하고 있는 전통적인 (위험의) 범주로부터 벗어나고 있기 때문이다. 그런 시도는 현존하는 각종의 수단들을 새로이 연결하고, 예컨대 법률규정의 명확성과 같은 법치국 126

---

* **역주** 외관상 위험은 적어도 행위를 하는 경찰공무원은 위험이 존재한다고 확신하고 있는 것에 반하여 위험의 혐의는 경찰관청 스스로 위험이 존재하지 않을 수도 있다는 것을 인식하고 있다. 원저자인 Kugelmann 교수의 서술은 이러한 점에 착안하여 위험과 관련하여 어떤 단계를 인정한다면 위험의 혐의는 외관상 위험보다 사실관계판단, 개연성 측면에서 낮은 단계의 것이라는 점을 강조하고 있는 것으로 보인다.

191) *Schoch*, POR, Rn. 95 f.; *Drews/Wacke/Vogel/Martens*, Gefahrenabwehr, § 13, Ziff. 2c.

192) *Poscher*, NVwZ 2001, 142.

193) *Möstl*, DVBl. 2007, 581 (585).

가적 요청을 완화시킨다. 따라서 결론적으로 현존하는 법치국가적 안전장치들이 그를 대신할 수 있는 동일한 효과를 갖는 안전장치들도 없이 그 효력을 잃어버리게 될 리스크가 존재한다.

127 사실관계에 기초할 때 위험의 혐의가 짙어지게 되면, 위험이 문제된다. 그러나 이와 같이 위험의 혐의가 짙어지는지 여부는 불명확하다. 현재의 사실적 근거의 확인만으로 위험이 있다고 하기에는 충분하지 않다.[194] 경찰-질서관청에 있어서 중요한 것은 그가 개입해도 좋은지, 개입한다면 어떠한 조치를 취할 수 있는지이다. 외관상 위험과의 구분에 있어서는 해당 조치의 적법성과 침해의 강도가 문제된다.[195]

128 **사 례:**

익명의 자에 의한 폭파협박을 진정한 것으로 받아들일 것인가 ? 붕괴위험이 있는 집이 무너질까? 예전에 공업용지로 이용되던 토지 위에 수질을 오염시킬 염려가 있는 물질이 적치되어 있다면?

129 위험의 혐의는 위험의 전단계이고, 따라서 위험방지 임무의 일부이다.[196] 예컨대 "범죄를 행하려 한다는 것을 인정할 수 있는 사실관계가 존재하는 경우에는 경찰이 개입하여도 좋다"와 같은 방식으로 관련규정이 위험의 혐의에 대한 대처방안(Alternative des Gefahrenverdachts)을 명시적으로 제시한다면, 침해의 법적 근거와 범위는 명백해진다.

130 위험의 혐의에 대한 명시적인 법적 근거가 존재하지 않는다고 할지라도 경찰-질서관청은 원칙적으로 그에게 부여된 임무범위 내에서 행위를 할 수 있다. 그러나 손해발생의 개연성이 낮은 경우에는 낮은 강도의 침해만 허용되게 될 것이다. 경찰-질서관청의 행위는 비례의 원칙에 의해서 각인되는바, 위험의 혐의의 경우 비례의 원칙은 예방적 조치에 대한 석명(釋明)의 우위(Vorrang von

---

194) *Friauf*, PolR, Rn. 53.

195) 증명책임(Beweislast)의 완화를 통하여 헌법적 해결방안을 제시하고 있는 것으로는 *Poscher*, NVwZ 2001, 141 (144 ff.) 참조; 반대 견해로는 *Schenke*, POR, Rn. 81.

196) 나아가서 *Knemeyer*, POR, Rn. 96은 위험의 혐의를 개연성이 낮은 위험이라고 하고 있다.

Aufklärungs-gegenüber Präventionsmaßnahmen)* 라는 결과를 가져온다. 경찰-질서관청이 위험이 있을 수도 있다고 간주한다면 그들은 우선 행정절차법 제24조에 따라 사실관계를 더 분명하게 밝혀야 할 의무를 이행하여야 한다. 구체적인 경우에 있어 위험이 존재하지 않는다는 것이 확인되면 곧바로 위험상황의 석명 또는 잠정적 확보를 위한 조치들은 폐지되어야 한다.

위험의 혐의가 존재하는 경우에 (경찰)관청은 위험의 혐의를 야기한 자에게 131
'위험의 존재여부를 확인하기 위한 조치(Gefahrerforschungseingriffe)'** 를 취할 수 있다.[197] 위험존재확인조치는 사실관계를 추가적으로 좀 더 조사하고, 종국적으로 위험방지를 준비하기 위한 잠정적 조치이다.[198] 추가적인 정보를 수집하기 위한 잠정적인 조치로서는 예컨대 사람에 대한 질문, 시추(試錐) 또는 측정이 고려된다. 위험존재확인조치의 과정에서 단지 (경찰)관청의 조치에 대한 수인의무만이 부과될 수 있는 것인지, 아니면 그를 넘어서서 당사자가 경찰책임자로서 경찰권발동의 대상이 될 수 있는 것인지에 관하여는 다툼이 있다. 위험존재확인조치가 수인의무를 부과하는 것을 넘어서 주관적 권리를 침해하는 경우에는, 그러한 조치는 행정절차법 제24조 제1항에 따른 직권탐지주의(職權探知主義, Untersuchungsgrundsatz) 또는 특별한 권한규범에 근거해야 한다.[199] 지배적인 견해와 달리 개괄적 수권조항에 근거할 수는 없는데, 왜냐하면 개괄적 수권조항은 구체적 위험을 요하기 때문이다.

사 례: 132
폐광된 채굴장의 수직갱도가 아래로 내려앉고, 그로 인하여 지표면에 이르기까지 토지의 추가적 붕괴를 야기할 수 있다.[200] 관할 관청의 견해에 따르면 위험이 있을 수는

---

* **역주** 여기서 '예방적 조치에 대한 석명(釋明)의 우위'라 함은 예방적 조치를 취하기에 앞서 위험이 존재하는지 여부가 먼저 밝혀져야 한다는 것을 의미한다.

** **역주** 이하에서는 이를 '위험존재확인조치'라고 한다.

197) *Martensen*, DVBl. 1996, 286 (290); *Würtenberger*, in: Achterberg/Püttner, § 21, Rn. 194 ff. m.w.N.

198) 구체적 위험이 존재하는 경우에만 위험존재의 확인을 위한 조치를 허용하려고 하는 것에 관하여는 *Schenke*, POR, Rn. 86.

199) *Breuer*, NVwZ 1987, 751 (755) m.w.N.

200) OVG NW, NWVBl. 1990, 159.

있지만, 그러나 손해의 발생이 확실히 예측될 수는 없기 때문에 아직까지 충분한 개연성이 있지는 않다. 이와 같은 위험의 혐의가 있는 경우에는 위험이 성립하거나 존재하는지, 그렇다면 그 위험의 정도는 어느 정도인지에 대한 조사가 허용된다. 위험존재확인조치는 사실관계를 분명하게 밝히는 데에 기여한다. 광산의 소유자는 그를 수인하여야 한다.

133 위험의 혐의의 경우에 잠재적 책임자가 경찰권발동의 대상이 될 수 있는지에 관하여는 다툼이 있다. 위험존재확인조치의 내용은 (경찰-질서)관청의 조치를 단순히 수인하는 것을 넘어서서 예컨대 조사조치를 적극적으로 수행할 의무를 부과함으로써 당사자에게 부담을 주게 된다. 환경법에서는 수인의무의 부과를 넘어서는 그러한 조치가 특별히 요구된다. 종종 잔존유해물질(殘存有害物質, Altlasten), 특히 가동중지된 시설 및 환경위해물질로 뒤덮여 있는 토지가 이러한 사례와 관련 있다(연방토양보호법 제2조 제5항 참조). 입법자는 연방토양오염방지법(BBodSchG*) 제9조 제2항과 같은 특별규정의 제정을 통하여 토양보호를 고려하고 있다. 만약 구체적인 사실관계를 근거로 유해한 토양변화나 잔존유해물질에 대한 충분한 혐의의 존재를 인정할 수 있다면, (경찰-질서)관청은 동 규정에 따라 경찰책임자에게 "위험평가를 위하여 필요한 조사"**를 하도록 명할 수 있다.

134 **사 례:**

F는 집을 지으려고 한다. 포크레인으로 흙파기를 시작할 때 건설인부들이 여러 개의 크고 기이하게 채색된 금속조각을 발견하였다. 토양 그 자체가 이상한 상태로 보이지는 않았다. 관할 관청은 발견물을 인지하고 연방토양오염방지법 제9조 제2항에 따라 F가 그의 건축부지의 토양을 우선 자신의 비용으로 더 조사할 것을 명하였다.

135 위험의 혐의와 위험존재확인조치에 관한 논의의 배경에는 비용문제가 있다.[201]

* 역주 연방토양오염방지법(BBodSchG)의 정식명칭은 「유해한 토양변화에 대한 보호와 잔존유해물질의 정화에 관한 법률」(Gesetz zum Schutz vor schädlichen Bodenveränderungen und zur Sanierung von Altlasten)로, 동법의 구체적 내용에 관하여는 다음의 인터넷문헌 참조: http://www.gesetze-im- internet.de/bundesrecht/bbodschg/gesamt.pdf.

** 역주 '위험평가를 위하여 필요한 조사'는 독일의 연방토양보호법이 사용하고 있는 용어인데, 이는 이 단락에서 사용하고 있는 '위험존재확인조치'에 해당한다.

201) *Tettinger/Erbguth/Mann*, Besonderes Verwaltungsrecht, Rn. 480.

왜냐하면 사실관계를 분명히 밝히고 정보를 수집하는 것에 많은 비용이 들어갈 수 있기 때문이다. 어떠한 위험도 존재하지 않았었다는 것이 밝혀진 경우에는 당사자가 비용을 부담하여야 하는지, 아니면 그러한 조치를 명한 (경찰-질서)관청 따라서 주(州)가 비용을 부담해야 하는지에 관한 의문이 제기될 수 있다.

사 례: [202] 136

K는 목재가공업을 한다. 그의 영업장으로부터 목재보호제가 인근을 흐르는 개천으로 배출된다. 하급수질관리관청은 K에게 화학적 분석을 통하여 수질을 지속적으로 통제할 수 있는 기술적인 장비(역류수조, 액체흡수장치)를 설치할 것을 명한다. 주의 수자원관리법을 근거로 한 하명은 위험상태의 제거에 기여하는 것이 아니라 위험범위의 조사와 종국적인 위험제거의 준비에 기여한다. 즉, 위험존재확인조치가 문제되는 것이다. 사례에서 K가 해당 장치의 설치비용을 부담해야 하는지 여부가 논란이 되었던 바, 특별법적인 근거가 없다면 이것은 부정되어야 한다.

137 일반 위험방지법에서의 지배적 견해는 단순한 위험의 혐의에 있어서도 잠재적 책임자에게 경찰권을 발동하는 것이 허용된다고 간주한다.[203] 법적 근거로서는 위험존재의 확인을 위한 권한을 내용으로 하는 개괄적 수권조항이 끌어들여진다.[204]

138 이와 같은 견해는 개괄적 수권조항을 포함하여 많은 권한규정들이 구체적 위험을 전제로 하고 있다는 것을 간과하고 있다. 위험의 혐의에 있어서는 구체적 위험이 존재하지 않는다.[205] 따라서 위험의 혐의의 경우에는 경찰-질서관청의 권한은 그들 관청의 조치를 수인할 것을 요구하는 데 국한되게 된다. 지배적 견해가 언급하고 있는 예전의 판례들은 부분적으로 잔존유해물질과 토양조사[206]와 관련되어 있고, 따라서 연방토양오염방지법 제9조 제2항이 특별법적으로 규율하고 있는 사실관계와 관련되어 있다. 구체적 위험의 필요성을 규정하고 있지 않은 다른 특별법상의 권한규범이 고려되는 경우에는 개별

---

202) OVG Koblenz, NVwZ 1987, 240 (241).

203) VGH BW, VBlBW 1995, 64 (66); OVG NW, DVBl. 1996, 1444 (1445).

204) *Götz*, POR, Rn. 155 f.; *Schoch*, POR, Rn. 98.

205) HessVGH NVwZ 1993, 1009 (1010).

206) *Schoch*, POR, Rn. 98도 그러하다.

규범의 해석이 중요하다. 법익에 대한 위해가 존재한다는 가정을 합리화시키는 사실관계의 존재만으로 충분한 표준적 권한은 위험의 혐의가 존재하는 경우에 (경찰-질서)관청의 활동을 허락한다. 그러나 이러한 활동은 권한규범이 언급하고 있는 법적 효과에 한정된다. 위험의 혐의가 존재하는 경우에 개괄적 수권조항에 근거하여 잠재적 당사자에게 경찰권을 발동할 수는 없다.[207)]

139 위험이 현재화될 충분한 개연성은 없지만 그렇게 될 가능성이 전혀 없지는 않은 경우에, 위험의 혐의와 위험존재확인조치를 위한 권한의 유사성을 인정하는 것은 처음부터 (경찰-질서)관청이 활동할 수 있는 영역을 제한하는 결과를 가져온다.[208)]

140 **사 례:**

소위 "광우병"에 감염된 종자의 영국산 소의 수입으로 인하여 독일의 소들도 광우병(BSE)에 걸렸다는 두려움이 존재한다. 농장주 B의 소떼 중에 그와 같이 수입된 소가 있다. 따라서 전염병이 발발할 충분한 개연성이 존재하고, 구체적 위험도 존재한다.

인근의 농장 C의 소떼에는 수입된 소가 전혀 없다. 그러나 B의 방목장과 이웃하고 있는 결과 위험이 있을 수도 있다는 것이 암시되며, 따라서 위험의 혐의가 존재한다.[209)]

보호조치의 법적 근거는 가축전염병예방법 제18조 이하인데, 이 조항들은 비례의 원칙을 고려하여 조치의 단계적 시스템을 규정하고 있다. 가축전염병예방법 제24조 제2항에 따르면 가축전염병에 대한 저항력이 없는 동물의 살처분(殺處分)이 허용된다. 살처분은 동물이 전염병에 걸렸는지 여부를 조사하기 위한 수단으로 사용할 수도 있지만 예방적 조치로도 사용할 수 있다.

141 ● 오상위험 또는 상상위험 – 위험이 아니다

소위 오상위험(誤想危險, Putativgefahr) 또는 상상위험(想像危險, Scheingefahr)은 위험이 아니다. 개념적 명확성을 고려하면 이러한 용어를 사용하는 것은 피해야 될 일이지만, 이러한 용어들이 판례에 종종 등장하기 때문에 그에 대한 사전지식이 필요하다. 위험이 존재할 수 있다는 것에 대한 아무런 사실적 근

---

207) *Schenke*, POR, Rn. 88; *ders.*, in: Festschrift für Friauf, 1996, S. 496 ff.

208) Vgl. *Pieroth/Schlink/Kniesel*, POR, § 4, Rn. 59 ff.

209) Vgl. 당시의 연방전염병예방법이란 법적 근거에 관한 BVerwGE 39, 190 (193 f.)

거가 존재하지 않음에도 불구하고 경찰공무원이 이를 착각하여 위험이 존재한다고 인정하는 경우에 상상위험이나 오상위험이 존재한다. 오상위험 역시 외관상 위험의 경우와 마찬가지로 손해를 가져오기에 적당하지 않은 상황을 묘사하고 있다. 그러나 상황이나 장래의 전개에 대한 평가는 외관상 위험의 경우와 달리 ―객관적인 관찰자의 관점에서 바라볼 때― 사전적으로도 이미 부적당한 사실관계판단에 그 근거를 두고 있다. 위험예측의 한계를 넘어서버린 것이다. 경찰상 위험은 존재하지 않으며, 따라서 그 조치는 위법한 것이 된다. 경찰-질서관청의 위법한 조치에 대하여 시민은 손해배상청구를 할 수 있다.

사 례: 142

영화촬영팀이 은행강도장면을 연출한다. 세팅장의 차단을 위한 허가는 받은 상태이고 도처에 촬영장비와 카메라가 서 있다. 위험이 사실적으로 존재한다는 것에 대한 어떠한 근거도 존재하지 않으므로, 경찰관청의 개입은 위법하다(위의 외관상 위험에 관한 사례의 변형사례).

● 추상적 위험

143

추상적 위험(Abstrakte Gefahr)이란 손해가 발생할 충분한 개연성이 있는 전형적 사실관계를 말한다.[210] 추상적 위험은 구체적 경우에 있어서의 법익의 손상과 관련되어 있는 것이 아니라, 많은 경우에 있을 수 있는 장해를 방지하는 것과 관련이 있다.[211] 추상적 위험을 방지하기 위한 수단은 일반적-추상적 조치, 즉 법규명령의 제정이다(이하의 제9장 Rn. 18을 보라).[212] 그와 같은 법규명령의 제정자는 일반적으로 추상적 위험방지의 임무를 담당하고 있는 질서관청이다. 추상적 위험의 경우에는 구체적인 경우에 위험이 발생할 우려가 있다는 것에 대한 증명이 포기될 수 있다. 그러나 추상적 위험의 경우에도 사실적 관점에서 충분히 확실한 예측은 필요하다.[213] 단순히 안전하지 못하다

---

210) § 2 Nr. 2 NdsSOG; § 3 Nr. 3 lit. f SOG LSA; § 54 Nr. 3 lit. e ThürOBG가 입법적 정의를 내리고 있다.

211) *Götz*, POR, Rn. 140 ff.; *Knemeyer*, POR, Rn. 91.

212) BVerwG, DÖV 1970, 713 (715).

213) NdsOVG, NdsVBl. 2005, 130, LS 1.

라는 느낌만으로는 충분하지 않다. 예측결정의 기초는 손해가 발생할 우려가 있다는 결론을 정당화시키는 충분한 근거의 존재이다.[214)]

144 **사 례:**

팔츠지방의 군(郡)에 －시민이 자유롭게 접근할 수 있는－ 폐허가 되어 버린 많은 성들이 있는데, 안전을 유지하기 위한 비용이 너무 많이 들어서 안전이 충분히 확보되지 않는다. 관할 질서관청이 외곽성벽 위를 균형을 잡으면서 걷거나 낡은 벽의 돌을 가져가는 것을 금하는 법규명령을 제정한다. 그에 따라 이러한 내용이 담긴 표지판이 세워진다.

145 ● 구체적 위험

구체적 위험은 구체적인 경우에 있어서 손해발생의 충분한 개연성이 있는 경우에 존재한다.[215)] 법률상의 권한규범이 그의 성격적 특징에 관하여 아무런 언급 없이 위험이라고 하는 경우, 그것은 구체적 위험을 의미한다.[216)] 일반적으로 표준적 직무조치(Standardmaßnahmen)의 경우가 그러하다. 구체적 위험은 위험개념의 근본적 유형으로, 이를 기초로 하여 다른 개념이 형성되게 된다. 구체적 위험이 갖고 있는 양적 의미와 개념을 이끄는 의미 때문에 위험개념의 법치국가적, 자유보장적 기능은 구체적 위험에 있어서 특히 명확해진다.[217)] 법치국가에서 위험방지는 개인적 권리의 보호하에서만 가능하다. 위험의 개념은 이와 같은 개인보호라는 법치국가적, 기본권 보장적 기능에 이바지 한다.[218)]

146 위험에 대한 예측이 필요하다. (경찰)관청은 예상하지 못했던 상황에 대하여도 대처를 하여야 하기 때문에[219)] 구체적 위험개념은 다음에 어떠한 집행행

---

214) BVerwGE 116, 347 (352).

215) BVerwGE 116, 347 (351); § 2 Nr. 3 lit. a BremPolG; § 3 Abs. 3 Nr. 1 SOG MV; § 2 Nr. 1 lit. a NdsSOG; § 3 Nr. 3 lit. a SOG LSA; § 54 Nr. 3 lit. a ThürOBG가 입법적 정의를 내리고 있다.

216) *Knemeyer*, POR, Rn. 89.

217) Vgl. *Butzer*, VerwArch 93 (2002), S. 506; *Kugelmann*, DÖV 2003, 781 (783); 이에 대한 극렬한 비판으로는 *O. Müller*, StV 1995, 602.

218) BVerwG, DÖV 2003, S. 81 (82).

위가 행해질 것인가에 대한 완전한 예견가능성을 보장하지는 못한다.[220] 손해 발생의 개연성의 정도의 관점에서 바라볼 때 이러한 불확실성은 불가피한 것인바, 왜냐하면 구체적 위험의 존재에 관한 결정은 결국 과잉금지의 원칙의 적용하에 구체적인 경우에 있어서의 비교형량의 산물이기 때문이다.[221]

147

사 례:

K시에 쥐가 창궐한다. 최근에 쥐로 인하여 전염성높은 질병이 옮겨졌다는 것이 증명되었다. 순찰근무 중 경찰관 B는 펑크족 P가 어깨 위에 쥐를 올려놓고 호프집으로 가려는 것을 목격하였다. B는 P가 음식점에 쥐와 함께 들어가는 것을 금지한다. 자신의 쥐가 인간에 길들여져 있고 수년간 더 없이 사랑스러운 애완동물이라고 하는 P의 주장은 받아들여지지 않는다. 흑사병(黑死病)을 고려할 때 그러한 조치가 필요한 특별한 상황이 존재한다는 것은 명백하다. 쥐가 음식점에서 건강에 대한 위험을 야기할 충분한 개연성이 있기 때문에 구체적 위험이 존재한다. 건강이라는 보호법익은 전염병예방법을 통하여 구체화되는바, 동법 제16조는 관할질서관청의 일반적 개입권한을 규정하고 있다.

148 위험의 방지를 목적으로 하는 특별법에서 위험이란 개념이 사용되는 경우라면, 그 경우에 있어서의 위험 또한 구체적 위험으로 이해되어야 한다. 그러나 모든 수권근거와 관련하여서는 위험에 대한 명확한 이해를 내용으로 하는 체계적이고 목적론적인 맥락이 고려되어야 한다. 포섭(包攝, Subsumtion)을 행함에 있어서는 규정의 특별한 구성요건적 징표를 기준으로 하여야 한다.

149

사 례:

전염병예방법 제16조 제1항은 전염병의 발생을 가져올 수 있는 사실관계가 인정될 수 있어야 한다고 규정하고 있다. 따라서 전염병예방법 제2조 제3호의 '전염병'의 개념규정이 기준이 되어야 한다. 전염병예방법 제16조 제2항은 토지나 공간에 출입할 특별한 권리를 규정하고 있다. 전염병보호법 제54조에 따라 관할 관청은 주법에 의하여 지정된다. 위험발생이 임박한 경우에는 보건관청(保健官廳)은 스스로 필요한 조치를 명할 수 있다(전염병보호법 제16조 제7항 제1문).

---

219) 개괄적 수권조항에 근거한 체류금지에 관하여는 VGH BW, VBlBW 2003, 31.

220) VerfG LSA, NVwZ 2002, 1370 (1372).

221) *Friauf*, PolR, Rn. 51.

150 ● 현재의, 중대한, 긴급한 그리고 공공의 위험[222)]

구체적 위험이라는 개념적 출발점으로부터 많은 강화된 위험의 유형이 나타날 수 있다.* 이 경우 위험의 강도의 단계에 따라 그 요건이 강화된다. 기준은 손해발생의 시간적 근접성과 위협을 받는 법익의 성질이다. 입법자는 특별법에서 경찰-질서관청이 보다 높은 단계의 위험요건하에서만 개입할 수 있도록 하기 위하여 특별한 단계의 위험을 규정하고 있다. 경찰의 개입에 보다 높은 단계의 위험을 요구하는 것은 시민의 법익에 대한 보다 강력한 침해를 정당화시키는 데 기여할 수 있다.

151 현재의 위험(gegenwärtige Gefahr)은 손해를 발생시키는 사건의 영향이 시작되었거나 바로 직전에 있는 경우를 말한다.[223)] 이 경우에는 가까운 시점에 손해가 발생할 우려가 있기 때문에 제3자의 도움 없이는 손해의 발생을 방지할 수 없다.[224)] 따라서 많은 주의 경찰법에서 현재성(現在性, Gegenwärtigkeit)은 이해관계 없는 제3자[소위 "비책임자(非責任者, Nichtstörer)", 이하의 제8장 Rn. 81 아래를 보라]에게 경찰권을 발동하기 위한 전제조건이 된다. 이와 유사한 것으로 예컨대 「집회 및 행진에 관한 법률」 제15조 제1항에서 집회에 대한 조치와 관련하여 사용되는 직접적 위험(unmittelbare Gefährdung)의 개념이 있는데, 이는 상황이 아무런 방해 없이 진행되게 되면 보호법익에 대한 손해가 발생할 고도의 개연성이 있는 상태를 말하는 것으로 이해된다.[225)] 손해발생의 시간적 근접성이 결정적 기준이 된다.[226)]

---

222) *Denninger*, in: Lisken/Denninger, E 42 ff.

* 역주 이하의 용어들, 즉 현재의 위험, 현저한 위험, 긴급한 위험, 공공의 위험 및 임박한 위험 등은 독일의 실정법상 사용되는 것으로 그들의 辭典的 의미차이는 사실상 발견하기가 용이하지 않다. 다만 어떠한 형태로든 용어의 통일은 필요하다고 생각되어, 본 역서에서는 이하와 같은 용어들을 사용하기로 하겠다. 용어의 적확성에 대하여는 역자들 스스로 의문을 갖고 있음을 밝혀 둔다. 이러한 용어례에 관한 보다 자세한 설명은 vgl-. *Schoch*, JuS 1994, 667 (670).

223) § 3 Nr. 2 lit. b BremPolG § 3 Abs. 3 Nr. 2 SOG MV; § 2 Nr. 1 lit. b NdsSOG; § 3 Nr. 3 lit. b SOG LSA; § 54 Nr. 3 lit. b ThürOBG가 입법적으로 정의하고 있다.

224) *Gusy*, POR, Rn. 130.

225) BVerfGE 69, 315 (353 f.).

226) *Schenke*, POR, Rn. 78.

중대한 위험(erhebliche Gefahr)은 중대한 법익에 대한 위험이다.[227] 구체적 위험이 강화된 형태인 현저한 위험은 법질서에 의해 보호되는 법익의 가치와 관련 있다. 입법적 정의는 특히 중요한 법익들로서 국가의 존속, 생명, 건강과 자유 및 중대한 재산적 가치를 열거하고 있다. 152

긴급한 위험(dringende Gefahr)이란 중대한 법익에 대한 위험을 말하는바, 이 경우 반드시 위험발생이 목전에 급박할 필요는 없다.[228] 중요한 것은 법익이 공중에 대하여 갖는 의미이지 시간적 근접성이 아니다.[229] 기본법 제13조 제4항 및 제7조는 법률에 근거한 조치를 허용하기 위해서 이러한 요건을 정하고 있다. 153

기본법 제13조 제4항과 제7조는 공공의 위험(gemeinen Gefahr)* 이라는 개념도 사용하고 있는바, 이는 법률에 의해 구체화될 필요 없이 직접 헌법에 근거하여 취할 수 있는 조치의 정당성과 관련 있다. 이러한 규정은 일상생활의 위험과 관련하여 공공의 위험이란 용어를 사용하면서 그것이 한층 강화된 위험라는 점을 강조하는바, 이러한 공공의 위험은 (경찰-질서)관청의 조치를 단지 매우 엄격한 조건하에서만 허용하고 있다. 공공의 위험의 경우에 불특정 다수인 또는 중요한 사물적 가치에 대한 손해가 발생할 우려가 있고, 매우 커다란 위험이 잠재되어 있다.[230] 154

● 임박한 위험, 생명과 신체에 대한 위험 155

임박한 위험(Gefahr im Verzug)은 손해발생의 시간적 직접성 및 위험방지의 효율성과 관련 있다.[231] 경찰이 즉시에 개입하지 않으면 손해가 발생하게 되는데,

---

227) § 3 Nr. 2 lit. c BremPolG; § 3 Abs. 3 Nr. 3 SOG MV; § 2 Nr. 1lit. c NdsSOG; § 3 Nr. 3 lit. c SOG LSA; § 54 Nr. 3 lit. c ThürOBG가 입법적으로 정의하고 있다.

228) *Knemeyer*, POR, Rn. 94.

229) BVerwGE 47, 31 (40); BbgVerfGH, LKV 1999, 450 (463); LVerfG MV, LKV 2000, 345 (350) = DÖV 2000, 71 = DVBl. 2000, 262; 반대의 견해로는 *Schenke*, POR, Rn. 78.

* **역주** 독일의 문헌들이(예컨대 *Schoch*, JuS 1994, 670 등) gemeinen Gefahr를 불특정 다수의 사람 혹은 물건에 대한 위험이라고 설명하면서 홍수, 자연재해, 산불, 전염병 등을 예로 들고 있는 점에 착안하여 본서에는 이를 '공공의 위험'이라고 번역하기로 한다.

230) 기본법 제13조에 관하여는 LVerfG MV, LKV 2000, 345 (350) = DÖV 2000, 71 = DVBl. 2000, 262.

법률에 의하여 원칙적으로 개입할 권한이 인정되어 있는 관청이나 법원의 조치를 통하여는 예견되는 손해의 발생을 적시에 방지하는 것이 불가능한 경우이다.[232] 임박한 위험의 경우에는 형사소추와 관련하여 검찰 그리고 심지어 경찰도 긴급관할권을 갖는바, 이러한 긴급관할권은 해당 조치를 위하여 그 자체로 필요한 명령이 사후적으로 판사에 의하여 취소될 수 있는 결과를 가져온다.[233] 다른 위험방지관청과의 관계에서 임박한 위험은 경찰(집행)관청의 긴급관할권을 발생시킨다(노르트라인-베스트팔렌주 경찰법 제1조 제1항 3문; 위의 제4장 Rn. 74 이하 참조). 요건이 충족되면 경찰에게 관할권이 이전되는 결과를 가져온다.[234]

156 단지 경미한 신체손상의 우려가 있는 것이 아니라 중상이나 사망이 우려되는 경우에 생명과 신체에 대한 위험(Gefahr für Leib und Leben)이 존재한다.[235] 형법 제34조, 제35조와 같은 규정 또한 생명과 신체에 대한 위험을 이와 같이 이해하는 것을 근거로 하고 있다. 손해발생의 개연성은 생명 및 신체의 불가침성이란 법익과 관련하여서만 존재한다(기본법 제2조 제2항 제1문).

157 ● "잠재적 위험" — 위험이 아니다

잠재적 위험(潛在的 危險, latenten Gefahr)의 개념은 사용되어서는 아니되는바, 왜냐하면 경찰-질서법에 따른 판단을 쉽게 하기보다는 오히려 어렵게 하기 때문이다. 과거에는 잠재적 위험을 그 자체의 상황에는 변함이 없이, 다른 사정이 첨가됨으로써 비로소 위험이 되어버리는 상황으로 이해하였다. 즉, 장해를 가져오는 대상은 본질적으로 변하지 않았음에도 주변환경이 변화됨에 의하여 비로소 구체적 위험이 된 것이라고 하였다.[236] 상황에 변화가 없는 한, 상황이 아직 손해발생의 개연성을 내포하지 않고 있는 그러한 경우에는 어떠

231) § 3 Nr. 6 SOG LSA; § 2 Nr. 4 NdsSOG; § 54 Nr. 5 ThürOBG가 입법적으로 정의를 하고 있다.

232) *Knemeyer*, POR, Rn. 94.

233) *Hellmann*, Strafprozessrecht, II, § 3, Rn. 64.

234) *Gusy*, POR, Rn. 128.

235) § 3 Nr. 2 lit. d BremPolG; § 2 Nr. 1 lit. d NdsSOG; § 3 Nr. 3 lit. d SOG LSA; § 54 Nr. 3 lit. d ThürOBG가 입법적으로 정의하고 있다.

236) *Knemeyer*, POR, Rn. 99.

한 위험도 존재하지 않는다는 것에 학설은 일치하고 있다.[237] 따라서 경찰-질서관청이 개입하여서는 아니 된다. 처분을 발하는 시점에서는 단지 위험이 존재하는지 여부에 대하여만 심사할 수 있을 뿐이다.

사 례 (전형적 사례: 양돈업자사건)[238] 158

원고는 십여 년 전부터 지역농경제업체를 소유하고 있으며 양돈업을 주로 하고 있다. 시간이 흘러가면서 그의 양돈장 가까이에 점점 건축물이 많이 세워졌다. 양돈장이 소음, 파리 및 들쥐로 인하여 건강상의 위험을 야기하기 때문에, 이웃의 이의제기에 따라 (경찰-질서)관청은 원고에게 양돈업을 더 이상 계속하는 것을 금지하였다. 원고는 소를 제기하였으나 받아들여지지 않았다.

법원이 그 이유를 다음과 같이 제시하였는데, 이는 단지 경찰상 (위험의) 범주를 혼동하는 것에 대한 경고적 예시로서만 읽혀져야 한다: 그와 같은 영업을 계속하는 것이 인간의 발전적 공동생활을 방해한다. 양돈업은 비록 그것이 설치될 때에는 적법하였다고 할지라도 건축물이 증가됨으로써 실현될 수 있는, 즉 경찰위반의 상태를 야기할 수 있는 잠재적 위험을 내포하고 있다.

법원이 판결을 하는 시점에는 임미씨온보호법이 아직 오늘날과 같이 상세하게 규율하는 수준에 이르지 못하고 있었다는 점에서 법원의 입장을 이해해 주어야 한다.

잠재적 위험이란 개념이 불필요하게 되었음에도 불구하고 경찰법상 판례에서 159
아직도 이런 개념이 종종 발견된다.[239] 그와 같은 리스크가 증가되는 상황에 대해서는 오늘날의 법상황에 따를 때 특별법이 적용되는 것이 일반적이다. 그와 관련된 문제들은 환경법 및 건축계획법의 대상이다. 토지가 리스크를 야기하는 특정한 방식으로 사용되고, 다른 사정이 첨가됨으로 인하여 그의 수인가능성이 문제시되는 경우에는 특별법 규정이 리스크판단과 이익조절을 하게 된다. 특별법 규정은 동시에 존속보호와 경우에 따라서는 손해배상청구권을 보장한다. 일반 경찰-질서법을 원용하는 것은 일반적으로 필요하지 않다.

사 례: 160

양돈업은 현행법에 따르면 허가를 요하는 시설이다(연방임미씨온보호법 제4조, 동법

237) *Schenke*, POR, Rn. 79.

238) OVGE 11, 250.

239) Vgl. OVG RP, DÖV 1998, 162 = DVBl. 1998, 103.

시행령 제4조, 별표 7.1호). 연방임미씨온보호법 제17조에 따르면 관할 관청은 환경법상의 의무이행을 확보하기 위하여 사후적으로 명령을 내릴 수 있다. 이 경우 비례의 원칙이란 심사기준하에서 명령의 준수를 위한 노력 또는 시설로부터 나오는 배출물의 종류, 양, 위험성과 같은 일련의 특별한 측면을 유의해야 한다. 관할관청이 연방임미씨온보호법 제21조 제1항에 따른 시설 가동을 위한 허가를 철회하면, 당사자에게는 연방임미씨온법 제21조 제4항에 따른 손실보상청구권이 인정된다. 해당 규정에는 기본법 제14조 제1항 제2문에 따라 내용규정 및 제한규정이 존재한다.[240]

3. 범죄행위에 대한 예방적 대처 – 전단계에서의 조치

3.1. 법률상의 직무규범과 그의 구성

161 구체적 위험발생의 전단계(前段階, Vorfeld)에서의 경찰관청의 임무는 확장되어 왔다.[241] 범죄행위에 대하여 예방적으로 대처하고, 따라서 몇몇 주법에 따르면 장래의 범죄행위에 대한 소추를 위하여 사전에 준비하여야 할 임무가 위험방지라는 측면에 포함되게 되었다(최근의 법률개정에서 메클렌부르크-포어포먼주 안전질서법 제1조 제2항은 이 같은 내용을 의도적으로 규정하고 있다). 법률은 경찰관청의 전단계에서의 활동에 대한 상위개념으로서 이해되기 곤란한 위험의 사전배려의 개념을 사용하지 않고 있다.[242] 특히 '형사소추를 위한 사전배려(Verfolgungsvorsorge)'를 경찰법에 귀속시킬지 아니면 형사(소송)법에 귀속시킬지 여부가 논란의 대상이 되고 있다.[243] 입법관할 또한 그것이 어디에 귀속되는지 여하에 따라 결정된다. 연방의 입법자에게 관할이 인정되지 않고 그가 경합적 입법권을 행사하지 않는 경우에 한하여(기본법 제70조 제1항, 기본법 제72조 제1항) 주의 입법자가 관할권을 갖는다. 직무와 권한이 주의 경찰법에 규정되어야 하는지 아니면 (연방의) 형사소송법에 규정되어야 하는지가 중요하다.

---

240) *Kühling*, in: Kotulla, Bundes-Immissionsschutzgesetz, Stand: März 2005, Kennz. 100.21, Rn. 20.

241) Vgl. *Möstl*, DVBl. 2007, 581; Waechter, JZ 2002, 854 (855).

242) 법률에 이러한 개념을 사용하는 것에 대한 비판으로는 *Schenke*, POR, Rn. 12. 개념을 명확하게 규정하려고 하는 것으로는 *Knemeyer*, in: Festschrift für Rudolf, 2001, S. 483 (488).

243) 자세한 것은 *Albers*, Straftatenverhütung, S. 121 ff.; Aulehner, Informationsvorsorge, S. 47 ff.; 위험과 리스크에 관하여는 di Fabio, Jura 1996, 566.

일련의 주 경찰법상의 임무에 관한 (윤곽)조항들이 경찰관청의 전단계활동에 대한 규정을 갖고 있는데,[244] 그 규정방식은 서로 상이하다.[245] 이에 대하여 바덴-뷔르템베르크, 바이에른, 함부르크, 자를란트와 슐레스비히-홀슈타인과 같은 주들은 '범죄행위에 대한 예방적 대처(vorbeugende Bekämpfung von Straftaten)'를 경찰임무에 관한 규정에 명시적으로 열거하지 않고, 그 법률의 임무에 관한 규정은 위험방지라는 고전적인 규정방식을 그대로 유지하고 있다. 슐레스비히-홀슈타인에서는 경찰이 정당한 이유가 있는 경우에는 위험방지를 위하여 수사를 하여도 좋다는 표현이 발견된다(슐레스비히-홀슈타인주 행정법 제168조 제1항 제1호). 162

경찰관청의 임무를 확장시켜 놓은 법률들은 범죄행위에 대한 예방적 대처를 일반적인 위험방지임무로서 경찰에게 위임함으로써 일반적인 위험방지임무를 상세히 규정하고 있다. 몇몇 주의 법률에서 입법자가 사용하고 있는 용어례에 따르면 범죄행위에 대한 예방적 대처는 범죄행위의 예방, 형사소추를 위한 사전배려를 포함한다.[246] 그러나 '형사소추를 위한 사전배려'라는 용어는 점점 사용되지 않고 있다. 예컨대 신(新) 노르트라인-베스트팔렌주 경찰법 제1조 제1항에서 형사소추를 위한 사전배려라는 용어는 더 이상 찾아볼 수 없다. 왜냐하면 주의 입법자가 장래의 범죄행위에 대한 소추를 연방법적인* 형사소추로 간주하여 이를 주법인 경찰법에서 삭제하여 버렸기 때문이다.[247] 범죄행위의 예방은 연방경찰의 임무에 속한다. 그러나 형사소추를 위한 사전배려는 그렇지 아니하다(연방경찰법 제1조 제5항). 브레멘도 유사한 규정을 갖고 있다(브레멘주 경찰법 제1조 제1항 제3문). 바이에른주에서는 경찰의 임무에 대한 총칙적 규정이 유효한바, 그에 따르면 경찰은 범죄행위를 예방하기 위한 조치를 취할 수 있으며, 그것은 위험방지를 위하여도 필요하다(바이에른주 경찰관직무집 163

---

244) § 1 Abs. 3 BerlASOG; § 1 Abs. 1 Satz 2 BbgPolG; § 1 Abs. 4 HessSOG; § 7 Abs. 1 Nr. 4 SOG MV; § 1 Abs. 1 Satz 2 PolG NW; § 1 Abs. 1 Satz 3 NdsSOG; § 1 Abs. 1 Satz 3 POG RP; § 1 Abs. 1 Satz 2 Nr. 2 SächsPolG; § 2 Abs. 1 Satz 2 ThürPAG.

245) 주의 법률에서 이러한 개념을 사용하는 것에 관하여는 *Rachor,* in: Lisken/Denninger, F Rn. 164 ff.; *Schoch*, POR, Rn. 12.

246) Vgl. § 1 Abs. 4 HessSOG; § 1 Abs. 1 Satz 3 POG RP; § 2 Abs. 1 Satz 2 ThürPAG.

* **역주** 여기서의 연방법은 (연방에게 입법권이 인정되어 있어 연방이 제정한) 형법과 형사소송법을 의미한다.

247) *Sachs/Krings*, NWVBl. 2010, 165 (170).

행법 제11조 제2항 제1문 제1호). 모든 주의 경찰법에서는 구체적 위험의 전단계에서 신뢰관계에 있는 사람(V-Leuten)*의 투입, 비디오 감시, 특히 경찰상 정보의 사전배려와 관련된 집행(경찰)관청의 권한에 관한 규정이 발견된다.[248)]

164 직무나 권한을 보다 정확히 하거나 확장하기 위한 이들 규정은 대부분 연방헌법재판소가 인구조사판결을 통하여 정보의 자기결정권(기본법 제1조 제1항과 연결된 제2조 제1항)을 발전시킨 이후에 만들어졌다.[249)] 대부분의 경찰의 정보활동은 기본권을 침해하는 것이며, 따라서 법적 근거를 필요로 한다. 정보의 수집은 종종 구체적 위험의 전단계에서 행해진다.[250)] 이것이 정보활동으로 인한 침해와 경찰의 전단계활동에 관한 규범을 정립하게 만드는 결과를 가져왔다.[251)]

165 법률이 경찰의 임무를 확장시켜 놓지 않은 경우에 경찰의 임무영역을 확대하기 위해서는 공공의 안녕에 대한 위험방지로 되돌아갈 수밖에 없다. 모든 경찰법에 따를 때 정보와 관련된 침해는 특정한 권한규범에 근거하여야 한다. 경찰의 임무를 확장하는 규정을 갖고 있지 않은 주 경찰법들은 범죄행위의 예방적 대처를 특정한 권한규범의 전제조건으로 내세운다. 바덴-뷔르템베르크[252)], 자를란트[253)], 슐레스비히-홀슈타인[254)]에서는 이러한 현상이 특정영역과 관련하여 일어난다. 함부르크에서는 범죄행위에 대한 예방적 대처는 처음부터 정보의 수집 및 처리에 국한되어 있었다.[255)]

---

* 역주 여기서 신뢰관계에 있는 사람(V-Leuten 또는 Vertrauensperson)이란 경찰이나 그 밖의 위험방지관청과 장기간에 걸쳐 협력관계에 있는 사인으로서 그의 신분이 비밀에 부쳐져 있는 자를 말한다(*Möllers*, Wörterbuch der Polizei, 2. Aufl., 2010, 2153).

248) Vgl. *Gusy*, POR, Rn. 198; *Schoch*, POR, Rn. 13.

249) BVerfGE 65, 1.

250) 형사소송법적 관점에서 경찰이 제3의 독립한 직무영역을 갖게 되었다는 점을 강조하는 것으로는 *Weßlau*, Vorfeldermittlungen, 1989, S. 110 ff.

251) *Knemeyer*, in: Festschrift für Rudolf, 2001, S. 483 (486 f.).

252) § 20 Abs. 3, § 22 Abs. 2, § 26 Abs. 1 Nr. 2-6, § 38 Abs. 1 PolG BW.

253) § 9a (한계를 벗어나는 범죄와 관련하여), § 10 Abs. 1 Nr. 2, §§ 28, 30 Abs. 2 SaarlPolG.

254) § 183 Abs. 1 Satz 3, § 189 Abs. 1 LVwG SH.

255) § 1 Abs. 1 Satz 2 Nr. 1 HbgDatPolG.

경찰조치의 적법성은 권한규범의 적법성과 적법한 적용에 따라 결정된다. 그러나 주의 입법자가 이러한 규정을 제정할 권한을 행사하지 않은 경우에는 경찰의 조치는 형식적으로 위법한 것이 될 수 있다. 166

3.2. 위험방지를 위한 준비

많은 주의 법률들은 위험방지의 틀에서 경찰에게 위험이 발생한 경우에 행위를 하기 위한 준비를 할 임무를 명시적으로 부여하고 있다.[256] 이것은 경찰의 임무를 적확하게 하기 위한 것이지, 경찰의 임무를 확장하기 위한 것은 아니다.[257] 바덴-뷔르템베르크, 바이에른, 함부르크, 자를란트, 슐레스비히-홀슈타인주의 법률 또는 연방경찰법은 이에 관하여 명시적인 일반적 규정을 갖고 있지는 않은바, 이는 경찰이 위험방지를 위한 준비를 하여서는 안 된다는 것을 의미하는 것이 아니라 그러한 준비는 위험방지라는 일반적 임무에 포함된다는 것을 의미한다. 준비행위는 위험의 사전배려라는 넓은 개념하에 속한다. 임무가 명확하게 지정되어 있지 않은 경우에는, (위험방지를 위한 준비가) 위험의 전단계에서의 활동이라는 점을 고려할 때 개별적인 권한규범의 해석에 있어서는 엄격하게 이해할 것이 요구된다. 167

경찰-질서관청이 아무런 대비 없이 위험한 상황을 기다리고 있어서만은 아니 되고, 그에 빠르게 대처할 수 있는 상태에 있어야 한다는 것은 당연한 일이다.[258] 위험에 효과적으로 대처할 수 있기 위하여 행해지는 준비활동은 임무라는 관점에서 볼 때 원칙적으로 질서관청의 활동영역에도 속한다. 시민의 권리를 침해하는 경우가 아니라면, (경찰-질서)관청의 활동에 대한 법적 근거로서 임무의 지정이 있는 것만으로 충분하다. 168

---

256) § 1 Abs. 1 Satz 2 BerlASOG; § 1 Abs. 1 Satz 2 BremPolG; § 1 Abs. 1 Satz 2 HessSOG; § 7 Abs. 1 Nr. 4 SOG MV; § 1 Abs. 1 Satz NdsSOG; § 1 Abs. 1 Satz 2 PolG NW; § 1 Abs. 1 Satz 2 POG RP; § 1 Abs. 1 Satz 1 Nr. 3 SächsPolG; § 2 Abs. 1 Satz 2 ThürPAG.

257) 다른 개념적 이해를 바탕으로 권한확장에 비판적인 것으로는 *Denninger*, in: Lisken/Denninger, E Rn. 187.

258) *Götz*, POR, Rn. 86.

169 **사 례:**
범죄예방프로그램의 일환으로 사법경찰공무원이 은행창구에 대한 기술적 감시와 관련된 새로운 발전을 알려주기 위하여 그 지역은행의 지점장을 찾는다. 관할 경찰관청은 은행강도에 대비하기 위하여 검문소가 어디에 설치되어야 할지를 확정한다.
재난방지법은 이러한 준비조치에 관한 특별법적인 규정을 담고 있는바, 그에 따르면 경보(警報)계획 및 투입계획의 수립은 관할 질서관청의 임무이다(라인란트-팔츠주 「화재 및 재난방지법」 제4조, 제5조).

170 위험방지를 위한 준비는 무엇보다도 정보의 수집 및 보유와 관련되어 있다. 이 경우 정보의 자기결정권에 대한 침해가 존재할 수 있다. 개인정보의 수집 및 처리에 관한 경찰-질서법의 규정들은 특별한 침해권한을 갖고 있다. 예컨대 노르트라인-베스트팔렌주 경찰법 제11조는[259] 위험상황이 발생할 경우에 지원과 행동을 준비하기 위하여 개인정보를 수집할 권한을 경찰에게 부여하고 있다. 또한 질서관청 역시 노르트라인-베스트팔렌주 질서관청법 제24조 제3호에 근거하여 그와 같은 권한을 갖는다. 개별 주법에 특별한 수권조항이 존재하지 않는 경우 해당 조치들은 정보의 수집과 처리를 위한 일반적 권한(규정)에 근거하여 행해질 수 있는바, 구체적인 경우에 있어서 그 범위는 명백히 밝혀져야 한다.

171 **사 례:**
수력발전소의 가동에 문제가 발생한 경우 그 사실을 알려줄 수 있도록 하기 위하여 경찰이 수력발전소의 시설관리인과 엔니지어의 이름과 주소의 리스트를 가지고 있다면, 그러한 활동에 대한 법적 근거로서 임무의 지정이 있다는 것만으로는 충분하지 않다. 경찰이 당직근무의사의 리스트를 가지고 있으면서 ─비록 경찰이 그 리스트를 일간신문의 지면에서 입수하였다고 할지라도─ 컴퓨터파일에 그것을 저장하는 경우도 마찬가지이다.

3.3. 범죄행위의 예방과 형사소추를 위한 사전배려

172 범죄행위의 예방은 경찰의 임무이다. 범죄행위가 아직 행해지지 않고 있는

259) 예컨대 Art. 31 Abs. 2 BayPAG; § 31 Abs. 3 NdsSOG; § 179 Abs. 4 LVwG SH 등도 이와 유사하다.

경우라면, 그것은 기본적으로 예방과 관련되어 있다.[260] 그러나 형사소추라는 진압적 활동이 관할관청의 활동에 대한 사전적 효과를 나타낼 수 있다. 이러한 예방적 임무와 진압적 임무의 접점(接點)에 범죄행위에 대한 예방적 대처라는 영역이 존재한다. 그것은 장래의 범죄행위를 석명하고 예방하기 위한 수단과 관련 있다. 예방적 활동의 중점에는 경찰에 의한 정보의 수집과 처리가 있다.[261] 이 경우 경찰관청은 정보의 자기결정권의 적용영역에서 활동하게 되는바, 그러한 활동은 정보보호에 관한 특별법적 규정을 필요로 한다.

위험방지는 형사소추와 마찬가지로 상황에 관한 정보를 전제로 한다. 충분한 정보가 존재하는 경우에야 비로소 경찰-질서관청의 권한행사를 정당한 것으로 만드는 구체적 위험이 존재하는지 여부를 판단할 수 있다. 형사소추와 관련하여서는 범인에 대한 수사를 하기 위하여 정보가 필요하다. 이와 같은 정보는 수사절차를 위하여 모두 새로 수집되는 것은 아니며, 부분적으로는 이미 경찰이 보유하고 있기도 하다. 경찰이 입수할 수 있는 사람의 사진이나 지문은 신속하고 효율적인 형사소추를 가능하게 한다. 그러나 형사소송법 제81b조의 법적 근거는 예방적 목표와 진압적 목표는 어쩔 수 없이 중첩될 수밖에 없고, 그것이 헌법과의 합치성에 의문을 갖게 만든다는 것을 보여준다.[262] 173

합헌성 판단의 출발점은 형법과 형사소추에 대하여 관할권을 갖고 있는 연방과 경찰-질서법에 대하여 관할권을 갖는 주간의 관할획정(管轄劃定, Kompetenzabgrenzung)이다. 경찰법과 관련하여서는 범죄행위의 예방과 장래에 범죄행위를 소추하기 위한 사전배려는 구분되어야 한다. 그러나 언어사용례가 완전히 일치하지는 않는다. 174

범죄행위의 예방(Verhütung von Straftaten)이란 형사법규정을 위반하는 것을 방지할 경찰의 임무를 말한다. 이러한 임무는 예방적 성격을 가지며, 따라서 경찰-질서법에 속하며 주가 입법관할권을 갖는다. 그러한 점에 대해서는 견해가 광범위하게 일치하고 있다.[263] 이와 같은 임무의 수행을 위한 권한은 별도로 175

---

260) *Waechter*, JZ 2002, 854 (856).

261) *Möstl*, DVBl. 2007, 581 (584); *Knemeyer*, in: Festschrift für Rudolf, 2001, S. 483 (493).

262) BVerfGE 47, 239 (252).

경찰법에 규정되어 있으며, 다양한 전제조건 또한 규정되어 있다. 권한규범의 전제조건이 충족되었을 때에 한하여 경찰관청은 범죄행위의 예방을 위한 조치를 취할 수 있다. 구체적 위험을 필요로 하지 않는 조치들은 −예컨대 무작위적 신원확인이나 비디오감시− 특별히 엄격하게 그의 적법성과 비례의 원칙에의 합치여부가 심사되어야 한다.[264)]

176 범죄행위의 예방과 달리 장래의 범죄행위의 소추를 위한 사전배려(Vorsorge für die Verfolgung künftiger Straftaten)가 어디에 귀속되어야 할지에 관하여는 다툼이 있다. 그것의 윤곽이 구체적으로 드러나게 되는 경우에는, 범죄행위의 소추를 위한 활동은 상위개념인 위험의 사전배려의 일부분이 될 수 있다. 경찰관청의 작용이 장래에 발생할지도 모르는 불확실한 범죄행위의 소추를 위한 사전배려를 목적으로 하는 자료의 보유나 다른 조치를 포함할 수 있다. 내용적으로 동일한 수단이 한편으로는 구체적인 위험의 방지를 목적으로 하고 따라서 경찰법적 성격을 갖는 것이 될 수 있고, 다른 상황에서는 형사소추에 기여하는 것이 될 수 있다.

177 **사 례:**

신뢰관계에 있는 사람(V-Leuten)과 공작원(工作員, agent provocateur)* 의 투입; 감식서류의 보유; 사람에 대한 관찰; 검문소의 설치; 주거에의 출입; 도청.

178 사물적 관점에서 볼 때 경찰의 활동영역이 위험의 사전배려와 범죄행위에 대한 예방적 대처를 통하여 현저하게 확장되었으며, 그 결과 경찰이 '제3의 독자적인 임무영역'을 갖게 되었다는 견해가 때로 주장되고 있다.[265)] 이러한 주장은

---

263) BVerfGE 113, 348 (368 ff.); BVerwG, NJW 1990, 2765 (2766) und NJW 1990, 2768 (2769); *Denninger*, in: Lisken/Denninger, E Rn. 164, 187; *Würtenberger*, in: Achterberg/Püttner, § 21, Rn. 30.

264) *Schenke,* POR, Rn. 10.

* **역주** agent provocateur는 노조나 정치단체에 잠입하여 불법행위를 선동하는 (정부)공작원을 의미한다. 다만 선동에 의해 범죄행위가 행해지는 경우 그를 이유로 체포 등 형사절차가 개시되었던 관계로 종래 이를 '함정수사'라고 불러왔다(이재상, 형법총론, 박영사, 2008, § 34, 13 등). 다만 본문의 경우 agent provocateur가 V-Leuten과 대구를 이루고 있는 점을 고려하여 원래의 의미를 살려 '공작원'이라고 번역하기로 한다.

265) *Gusy*, POR, Rn. 197; Knemeyer, POR, Rn. 15; *ders.,* in: Festschrift für Rudolf 2001, S.

경찰의 사전활동이란 관점에서 볼 때 그러한 활동을 위험방지와 형사소추 중 어느 한쪽에 귀속시키기 곤란하다는 것으로부터 그러한 결론을 도출한다. 그러나 이러한 설명이 '제3의 독자적인 임무영역'이라는 새로운 범주의 임무를 인정하는 결과를 가져와서는 아니 되며, 법치국가적 보장과 관련 있어야 한다.[266] 따라서 법이론적인 관점에서는 위험방지와 형사소추의 이분법(二分法)은 원칙적으로 고수되어야 한다.

범죄행위의 예방이나 형사소추의 사전배려를 위한 행위는 대부분 혐의요인(嫌疑要因, Verdachtsmomente)을 찾아내거나 구체화시키는 것을 목적으로 한다.[267] 그 한도에서 종종 제한되어 왔던 권한과의 관계를 간과하여서는 아니 된다. 정보의 수집과 처리 그리고 그를 위한 기술적 가능성의 증대가 갖는 중심적 역할을 고려할 때, 예컨대 전기통신을 침해하는 것과 같은 조치들은 그 침해의 정도가 매우 크다고 할 수 있다. 범죄행위에 대한 예방적 대처를 위한 조치는 구체적 위험을 방지하기 위한 조치만큼이나 시민의 기본권을 침해하는 정도가 강할 수 있다. 179

연방행정법원과 일부 학설은 장래의 범죄행위의 소추를 위한 사전배려는 위험방지의 영역에 속한다고 한다.[268] 연방행정법원은 범죄행위에 대한 예방적 대처를 위험방지라는 일반적 임무에 포함시키고 있다. 그러나 이 경우 만약 경찰에 의한 위험방지나 신원확인 또는 경찰의 자기보호를 위한 암시가 구체적 범죄행위의 수사를 위한 것이 아니라 위험방지를 위한 것이라고 설명한다면, 이러한 설명은 논리적으로 타당하다기보다는 단순히 그렇게 주장되고 있을 뿐이라고 볼 수밖에 없다.[269] 사전배려의 경우에는 형사소송법 제152조 제2항의 초기혐의(Anfangsverdacht.)가 존재하지 않아도 좋다는 견해에 따르게 되면, 경찰법을 (위험의 사전배려 활동의) 법적 근거로 보게 될 것이다.[270] 180

---

483 (490); 또한 *Albers*, Straftatenverhütung, S. 252 ff.를 보라; 이에 반대하는 견해로는 *Möstl*, DVBl. 2007, 581 (584).

266) *Götz*, POR, Rn. 88; *Schoch*, POR, Rn. 18.

267) *Denninger*, in: Lisken/Denninger, E Rn. 194.

268) Götz, POR, Rn. 86; *Pieroth*, VerwArch 88 (1997), S. 568 (574); Pieroth/Schlink/Kniesel, POR, § 5, Rn. 5 f.; *Würtenberger,* in: Achterberg/Püttner, § 21, Rn. 99.

269) BVerwG, NJW 1990, 2765 (2766 f.)와 NJW 1990, 2768 (2769).

181 연방헌법재판소와 일부 다른 학설은 장래의 범죄행위의 소추를 위한 사전배려는 그것이 추구하는 목적에 따라 형사소추에 속하여야 한다고 주장한다.[271] 즉, 장래의 범죄행위의 소추를 위한 사전배려는 수사절차의 개시를 그 목적으로 한다는 것이다.[272] 연방헌법재판소는 예방적 전화통신감청(TK-Überwachung)에 관한 니더작센주의 관련규정을 폐기하였는바, 그 논거는 그러한 규정은 연방법으로 규정되어야 할 형사소추의 사전배려에 관한 것이라는 것이었다. 경찰의 활동이 이미 행하여진 범죄 또는 장래의 범죄행위의 석명이나 소추를 목적으로 하는 것이라면 형사소송법 규정이 적용될 수 있다. 장래의 범죄행위와 관련된 형사소추에 대한 사전배려에 관하여는 경찰관청이 그 역할에 있어서 형사소추기관으로서 관할권을 갖는다.

182 연방헌법재판소는 범죄행위의 소추를 위한 사전배려를 기본법 제74조 제1항 제1호에 의하여 형법과 형사절차에 관한 관할권을 갖고 있는 연방에 귀속시키고 있다.[273] 연방헌법재판소는 판례에서 주와 연방의 관할권의 귀속에 대하여 본질적으로 그 규정의 목적과 기본법상의 관할규정과의 실질적 관련성을 기준으로 삼고 있다.[274]

183 연방헌법재판소의 견해와 달리 기본법 제74조 제1항 제1호에 따른 사법절차(司法節次, gerichtlichen Verfahrens)를 좁게 이해하게 되면 범죄행위에 대한 예방적 대처는 그에 포함되지 않으며, 주가 형사소추의 사전배려에 대한 규정과 관련하여서도 관할권을 갖는다.[275]* 경찰법에 대한 주의 입법관할권을 유지하

270) 사법절차에 귀속되기 위한 전제조건으로서 초기혐의가 필요하다는 견해로는 *Gärditz*, Strafprozess und Prävention, 2003, S. 328, 331, 359, 429.

271) BVerfGE 113, 348 (369 f.); 이에 관하여는 *Gusy*, NdsVBl. 2006, 65; 비판적인 것으로는 *Schoch*, POR, Rn. 15; 또한 *Rachor*, in: Lisken/Denninger, F Rn. 165, 169 f.; *Sachs/Krings*, NWVBl. 2010, 165 (170); *Zöller*, Informationssysteme und Vorfeldmaßnahmen von Polizei, Staatsanwaltschaften und Nachrichtendiensten, 2002, S. 90 ff.를 보라.

272) *Rachor*, in: Lisken/Denninger, F Rn. 93 m.w.N.

273) BVerfG, DVBl. 2005, 1192 = EuGRZ 2005, 436 = MMR 2005, 674; dazu Gusy, NdsVBl. 2006, 65.

274) BVerfGE 109, 190 (215); 98, 265 (300).

275) *Schoch*, POR, Rn. 17 m.w.N.도 그러하다.

* **역주** 이 문장을 제대로 이해하기 위하여는 먼저 연방헌법재판소가 연방의 입법관할권을 규정하

는 것은 형사소추의 사전배려를 위험방지의 범주에 속하도록 하는 것이다.[276] 그러나 이러한 시도는 주법에 따른 범죄행위의 예방과 연방법적 경향을 가진 형사소추에 대한 사전배려와의 차이를 충분히 고려하지 못한 것이다. 따라서 이 문제에 관한 출발에 있어서는 연방헌법재판소를 따르는 것이 타당하다.*

범죄행위에 대한 예방적 대처의 범위 내에서도 임무(전개)는 구분되어야 한다. 184
이와 같은 구분은 그에 이어지는 질문, 즉 다양한 임무(전개)에 근거하여 어떠한 조치가 행해질 수 있는가? 라는 문제에 있어 중요한 역할을 한다. 일반적으로 정보에 대한 침해, 따라서 자료의 처리가 문제되므로 다양한 척도가 제시될 수 있다. 정보와 관련된 권한과 목적구속 및 목적변경에 관한 규정에 대한 입법자의 이해가 논리정연한지 여부는 그 임무에 따라 판단된다. 범죄행위의 예방과 형사소추의 사전배려 간의 차이가 정보의 처리에 대한 추가적인 전제조건을 제시할 수 있고, 따라서 정보보호에 대한 구체적 결과를 가질 수 있다.

학생들의 사례풀이연습에 있어서는 먼저 경찰-질서관청의 조치에 대한 수권근거 185
를 찾아야 한다. 사실관계에 있어 헌법적 문제가 발견되는 경우에는 수권근거의 합헌성이 심사되어야 한다. 형식적 합헌성과 관련하여서는 입법관할이 조사되어야 하며, 그와 관련하여 해당 조치가 범죄행위의 예방 또는 형사소추의 사전배려 중 어디에 귀속되어야 하는지가 조사되어야 한다. 또한 헌법적

고 있는 기본법 제74조 제1항 제1호의 사법절차를 넓게 해석하여 범죄행위에 대한 예방적 대처도 그에 포함시켜 그에 대해 연방의 관할권을 인정하고 있음을 알아야 할 필요가 있다.

276) *Pieroth/Schlink/Kniesel*, POR, § 5 Rn. 6 ff.

* **역주** 이러한 Kugelmann 교수의 견해가 독일의 완전한 통설은 아니며, 형사소추의 사전배려의 성질을 그 중점에 따라 완전히 형사소추를 위한 것이 아닌 한 범죄행위에 대한 예방, 즉 경찰법 영역에 귀속시켜야 한다는 견해도 유력한데, 이러한 견해로는 *Park Byungoog*, Wandel des klassischen Polizeirechts zum neuen Sicherheitsrecht, BWV 2013, S. 246 f.; Kniesel/Paeffgen/Keppel/Zenker, Strafverfolgungsvorsorge als polizeiliche Aufgabe, Die Polizei 2011, S. 339f.; *Pieroth/Schlink/Kniesel*, Polizei- und Ordnungsrecht, 2010, S. 78 f.; 또한 위 연방헌법재판소 판례(BVerfGE 113, 348)가 전화통신에 대한 감청이 형사소추를 위한 영역에만 종국적으로 인정된다고 설명하지는 않았다는 주장을 피력하면서 동 판례를 형사소추의 사전배려가 형사법 영역이라 점을 인정하였다고 단정하는 것은 특수하고 일반화될 수 없는 근거에 기인한 것이라고 하는 *Götz*, Allgemeines Polizei- und Ordnungsrecht, 2008, S. 165 참조).

관점에서 보게 되면 기본권, 특히 기본법 제10조 또는 정보의 자기결정권에의 위반이 고려될 수 있다. 그와 같은 사례연습은 헌법적인 성격을 강하게 띠게 된다.

4. 경찰개입청구권

186 경찰-질서법률의 모든 권한규범은 가능규정(可能規定, Kann-Vorschriften)으로 되어 있으며, 그것은 (경찰-질서)관청에게 재량을 부여한다. 따라서 연방과 주의 법률은 경찰이 의무적합적 재량에 따라 결정할 수 있고, 또한 고려대상이 되는 많은 수단 중에서 선택할 수 있다는 명시적 규정을 갖고 있다.[277] 편의주의(便宜主義, Opportunitätsprinzip)는 이러한 규정속에 표현되어 있는 선택재량 및 결정재량을 고려한다.[278]

187 결정재량(Entschließungsermessen)은 경찰작용을 할 것인지의 '여부(Ob)'와 관련 있다. 경찰-질서관청은 그것이 임무수행을 위하여 중요한 일이라고 생각하는 경우에도 경찰작용을 행하지 않을 수 있다. 그러나 경찰-질서관청은 그가 개입하는 것이 타당한지 여부에 대하여는 심사하여야만 한다.

188 **사 례:**
라이벌관계에 있는 두 폭주족집단이 쇼핑몰에서 서로 위협하며 대치하고 있다. 몇몇 멤버들은 손에 방망이와 돌을 가지고 있다. 양 집단의 두목들이 말싸움을 하고 있다. 물건의 손상과 신체손상이 우려된다고 할지라도 관찰하는 경찰관들은 우선 기다린다. 왜냐하면 두 집단의 두목간의 말싸움이 폭력으로 번지지 않은 채 그들이 쇼핑몰을 떠나면서 끝날 수도 있고, 경찰의 개입이 오히려 상황을 악화시킬 수도 있기 때문이다.

189 선택재량(Auswahlermessen)은 경찰작용을 "어떻게"(Wie) 할 것인가와 관련 있

---

277) § 16 BPolG; § 3 PolG BW; Art. 5 BayPAG und Art. 7 BayLStVG; § 12 ASOG Bln; § 4 BbgPolG und § 15 BbgOBG; § 4 BremPolG; § 3 HbgSOG; § 5 HessSOG; § 14 SOG MV; § 5 NdsSOG; § 3 PolG NW und § 16 OBG NW; § 3 POG RP; § 3 SaarlPolG; § 3 SächsPolG; § 6 SOG LSA; § 174 LVwG SH; § 5 ThürPAG und § 7 ThürOBG.

278) 이러한 개념에 대한 비판으로는 *Knemeyer*, POR, Rn. 129 f.

다. 다수의 수단이 동일한 효과를 갖는다면, (경찰-질서)관청은 그 다수의 수단 가운데 어느 하나를 선택할 수 있다. 당사자는 경찰-질서법의 규정에 따라 ―그것이 (경찰-질서)관청이 명한 수단과 동일한 효과를 갖는 경우에는― (경찰-질서)관청이 명한 수단과는 다른 수단을 사용할 권리를 갖는다. 경찰처분의 대상이 되는 경찰책임자의 선택 또한 재량행사의 일부분이다.

> **Tip** 책임의 단계에서 다수의 경찰책임자 간의 선택을 심사하라. 선택재량에 있어서의 심사가 잘못되지 않았다 할지라도, 대개 심사순서의 명확성이 침해된다. 190

결정과 관련하여 행정청에게 재량이 인정되는 활동영역은 그 결정에 대한 통 191
제에 있어서도 존중되어야 한다. 법원이 경찰관청의 입장에 서서 생각하여서는 아니되며, 특정한 조치가 갖는 의미에 관하여 일반적인 고려를 하여야 한다. 법원의 통제는 합목적성(合目的性, Zweckmäßigkeit)에 관련된 것이 아니라, 단지 적법성에 관련된다.[279] 적법성의 심사는 보다 덜 침해적인 수단이 있었는지에 대한 판단을 포함한다. 재량의 행사는 재량행사에 관한 일반원칙에 따라 사법심사가 가능하며, 따라서 재량의 하자에 대하여 조사될 수 있다(행정법원법 제114조).

행정절차법 제40조가 의무적합적 재량행사에 대한 기준이 된다. 재량의 유월 192
(Ermessensüberschreitung), 재량의 해태(Ermessensnichtgebrauch) 또는 재량의 남용(Ermessensfehlgebrauch)이 있게 되면 재량행사에 하자가 있는 것이다.[280] 경찰-질서법 영역에서의 결정은 ―또한 학생들의 사례연습에 있어서도― 일반행정법상의 재량의 하자에 관한 이론의 중요한 적용영역이다.[281]

이것은 특히 **재량권의 영으로의 수축**(Ermessensreduzierung auf Null)의 경우에도 적용 193
된다. 재량권의 영으로의 수축은 편의주의의 원칙에 대한 예외이다.[282] 재량권이 영으로 수축되면 경찰은 개입을 하여야만 한다. 재량권이 영으로 수축

279) *Schenke*, POR, Rn. 94; Schoch, POR, Rn. 103.
280) *Pieroth/Schlink/Kniesel*, POR, § 10, Rn. 36 ff.; *Schenke,* POR, Rn. 95 ff.
281) *Maurer*, Allgemeines Verwaltungsrecht, § 7, Rn. 19 ff. m.w.N.
282) *Götz,* POR, Rn. 354.

되는 경우인지 아닌지는 구체적인 경우에 비례의 원칙의 고려하에 이익형량의 결과를 통해 밝혀진다. 재량을 인정하는 규정의 목적이 출발점이 된다. 경찰-질서법에서 (경찰-질서)관청의 행위는 위험방지를 목적으로 하며, 따라서 법익의 보호에 기여한다. 특히 기본법 제3조 1항으로부터 나오는 행정의 활동에 대한 기본권적 요구가 효과를 발휘한다.[283] 형량에 있어서는 위험에 처한 법익의 가치와 위험의 강도(强度)가 경찰의 행위가 가져오는 리스크나 결과와 마찬가지로 중요한 역할을 한다.[284] 판례에 따르면 중요한 법익에 대한 현저한 위험이 우려되고, 우선적으로 처리하여야 할 다른 경찰임무가 없는 경우에는 재량권이 영으로 수축된다.[285]

194 **사 례:**
도시공원의 순찰 중에 두 명의 경찰관이 한 여성이 권총으로 무장한 남성에 의해 위협을 받고 공격당하는 장면을 목격한다. 생명, 신체의 불가침과 같은 법익의 보호를 위하여 경찰관은 개입하여야만 한다.

195 보호법익의 가치만이 재량이 수축되기 위한 결정적 요소가 되는 것은 아니다. 재량의 수축은 형량과정의 일부이다. 그다지 중요하지 않은 법익을 보호하기 위한 법적 의무가 존재할 수도 있다.[286] 이것은 재량의 특성이다. 그러나 이러한 사정으로 인하여 개입의무가 상당히 확장되고, 결과적으로 많은 사례의 경우에 재량의 수축이 인정되게 되는 결론을 가져와서는 아니 된다.[287] 형량에 있어서는 경찰관청 또는 질서관청의 조치와 관련있는 제3자의 이익 또한 고려되어야 한다. 법률상의 가능규정(Kann-Regelung)이 해석을 통하여 당위규정(當爲規定, Soll-Regelung)으로 전환되어서는 아니 된다.[288]

196 경찰-질서관청은 자신의 임무의 중요도를 판정하고, 이익형량과정에서 그러한 중요도를 고려할 수 있다. 따라서 행정이 기울이는 노력이나 다른 방식

---

283) *Schoch*, POR, Rn. 112.
284) *Schenke*, POR, Rn. 100.
285) BVerwGE 11, 95 (97).
286) *Rachor*, in: Lisken/Denninger, F, Rn. 131 f.
287) 이러한 경향에 따르고 있는 것으로는 *Götz*, POR, Rn. 351.
288) *Schenke*, POR, Rn. 101.

으로 수행되어야 할 임무 또한 고려되어야 한다. 그 조치가 다른 기관은 갖지 못하는 현저한 실력을 필요로 하는 경우에는 재량수축에 반하는 것일 수도 있다.

법적인 개입의무가 반드시 특정한 조치를 시행할 의무를 의미하는 것은 아니 197
다. 그것은 선택재량이나 결정재량의 축소, 또는 두 가지 모두의 축소와 관련되어 있을 수 있다. 대부분의 경우에는 결정재량이 문제된다. 결정재량이 영으로 축소되는 경우에도 경찰-질서관청에게는 여전히 선택재량, 즉 다수의 수단간의 선택의 자유가 인정된다.[289] 다양한 수단이 가능하다면 당사자는 재량권의 하자 없는 행사를 청구할 권리가 있다.

사 례: 198

한 무리의 노숙자들이 E 소유의 집을 점거하고 있다. 그의 재산권을 보호하기 위하여 주택소유자는 민법상의 수단을 사용할 수 있다. 이러한 민법상의 수단을 모두 취하였거나 그것이 성공할 여지가 없어 보일 때, 노숙자들을 점거된 집에서 나가도록 할 경찰관청의 법적 의무가 문제된다. 결정재량의 수축이 긍정되는 경우에도, 경찰관청은 여전히 그러한 조치를 취할 시점이나 상황에 대하여 자유로이 결정할 수 있다.[290]

유럽연합가입국의 관청이 개입하여야 할 법적 의무는 유럽연합법으로부터 도 199
출될 수 있다.[291] 유럽연합법이 보호하는 법익을 위하여 재량이 영으로 수축될 수도 있다.[292] 유럽연합협약(EU-Vertrag)에 따르면 가입국은 유럽연합법을 시행할 의무가 있다(유럽연합협약 제4조 제3항 참조). 가입국의 관청은 유럽연합법상의 법익을 상당한 방법으로 보호할 의무를 갖는바,[293] 왜냐하면 단지 가입국만이 그를 행할 수 있는 일반 경찰-질서관청에 대한 권한을 갖고 있기 때문이다.

---

289) *Pieroth/Schlink/Kniesel*, POR, § 10, Rn. 42.

290) *Schlink*, NVwZ 1982, 529 (532); anders Martens, DÖV 1982, 89 (97).

291) *Schenke*, POR, Rn. 101.

292) *Lindner*, JuS 2005, 302 (305).

293) *Schoch*, POR, Rn. 113.

200 **사 례:**
유럽연합가입국의 관청은 「유럽연합의 업무방식에 관한 협약」(AEUV) 제34조, 제36조가 정하고 있는 자유로운 물품교역의 보장을 위하여 도로의 점거가 국경을 통과하는 교통에 방해가 된다면 도로점거에 대한 조치를 취할 의무를 진다.[294]

201 결정재량과 선택재량이 모두 영으로 축소되는 경우, 그 결과는 당사자의 경찰개입청구권(Anspruch des Betroffenen auf polizeiliches Einschreiten)으로 나타날 수 있다.[295] (경찰-질서)관청의 객관법적 의무가 주관법적으로 변환되어 당사자가 그를 관철시킬 수 있는 가능성이란 결과를 가져오게 된다. 이는 당사자가 제소할 수 있는 주관적 권리를 갖고 있기 때문이다. 즉, 기본법상의 헌법질서(Verfassungsordnung)에 따를 때 시민은 국가작용의 수범자(受範者)일 뿐만 아니라, 권리주체로서 국가를 상대로 그의 권리를 행사할 수도 있다.

202 보호규범이 침해되면, 개입청구권이 존재한다. 보호규범이론에 따르면 규정(Vorschrift)은 적어도 개인에게 권리를 부여하는 것을 그 목적으로 하여야 한다. 경찰-질서법에서 (경찰-질서)관청의 개입을 요구할 주관적 권리의 근거는 개인의 법익보호를 인정하는 규정과 관련 있는 구체적인 직무규범 및 권한규범이다. 그로부터 개인의 이익을 위하여 제3자를 보호하는 성격이 도출된다.[296]

203 **사 례:**
(경찰-질서)관청의 결정재량과 선택재량이 영으로 축소되고, 다른 방식을 통한 보호가능성이 존재하지 않으며, 그가 주관적 공권을 가지고 있다면 불법점거된 집의 소유주 E는 노숙자를 그 집에서 쫓아 내 달라고 청구할 권리를 가진다. 이와 같은 주관적 권리는 소유권, 특히 기본법 제14조 제1항 및 제2항과 관련있는 경찰상 직무규범과 개괄적 수권조항 및 관련된 권한규범(신원확인, 장소로부터의 퇴거명령)으로부터 도출된다. 관할관청이 이를 거절하면, E는 경찰이 그들을 집에서 쫓아내줄 것을 법원에 청구할 수 있다.

---

294) EuGH, Rs. C-265/95 (Kommission/Frankreich), Slg. 1997, I-6959.
295) *Gusy*, POR, Rn. 391.
296) *Gusy*, POR, Rn. 392.

5. 사경비업(私警備業)

경찰은 공공의 안녕에 대한 위험을 방지한다. 그것이 공공의 안녕의 일부인 한 경찰은 사적 법익, 특히 재산권을 보호한다. 사경비업(private Sicherheitsdienste)은 사적 법익이 보다 광범위하게 보호될 것을 바라는 국민적 요구를 충족해 준다.[297] 경찰이 사적 이익의 보호가 동시에 공익과 관련 있는 경우에 한하여 공익을 위하여 움직이는 것에 반하여, 사경비업은 무엇보다도 위임자의 사적 이익을 보호하는 것을 그 목적으로 한다. 이처럼 양자가 그 출발점을 달리하기 때문에 사경비업이 법익 보호를 보충하게 된다. 204

사경비업은 경찰-질서관청과는 완전히 다른 규정과 구속에 따르는데, 이는 그 직원들이 사인이기 때문이다. 대기업의 보안업체직원은 기업의 이익을 보호하는 것을 그 직무로 하지만, 그는 경찰이 아니다. 특히 경찰이 직접 보호하지 못하거나 경찰에 의한 보호가 충분하지 못하다고 판단되는 경우에 사인이 보호하게 된다. 일반 공중의 법익보호는 국가기관에 맡겨져 있으며, 따라서 국가기관은 그를 사경비업체에 위임할 수 없다.[298] 사경비업의 임무는 국가의 안전관청의 임무와는 구분된다.[299] 205

사인이 안전업무를 수행하는 형태는 다양하며, 이러한 업무는 증가하는 추세에 있다. 이는 국제적인 안전영역에 있어서도 마찬가지이다. 다른 국가 내의 시설보호를 위하여 또는 —예컨대, 전쟁, 시민전쟁 등이 있은 후에— 특정 국가에서의 평화유지를 위한 임무와 관련하여 사경비업체를 투입하는 것은 특별한 문제를 제기하고 있다.[300] 206

국가는 국가 내적인 영역에서 사인에게 공공의 안녕의 유지라는 특정한 임무를 자기 자신의 비용으로 스스로 행할 의무를 부과할 수 있다. 이를 위하여는 특별법을 필요로 한다.[301] 장해수단에 대해 보호를 보장해야 하는 원자력 207

297) *Jean d'Heur*, AöR 119 (1994), 107; *Stober*, NJW 1997, 889.
298) *Gusy*, VerwArch 92 (2001), 344 (355 ff.).
299) *Gusy*, POR, Rn. 161; *Schoch*, POR, Rn. 30.
300) *Odendahl*, AVR 48 (2010), 226.

발전소 운영자(원자력법 제7조 제2항 제5호) 또는 항공운송업체와 마찬가지로 안전조치를 취하여야 하는 공항의 운영자(항공안전법 제8조, 제9조)가 그와 같은 의무를 수행한다. 그러나 그렇다고 하여 국가가 그러한 임무 자체로부터 완전히 벗어날 수는 없는바, 왜냐하면 공공의 안녕의 보장은 국가라면 당연히 행하여야 할 핵심적 임무이기 때문이다.

208 근대 국가이론의 산물인 **국가의 권력독점**(Gewaltmonopol des Staates)이 중요하다.[302] 국가만이 시민의 안전을 보장하기 위하여 권력을 행사할 수 있는 권리를 가진다. 그러나 국가는 법을 유지하고 법을 관철시킬 임무를 수행할 의무 또한 가진다. 국가가 안전보장에 대한 그의 능력을 증명하였기 때문에 국가안전관청에 대한 강한 신뢰가 존재한다는 점에서 유럽과 독일의 전통은 그렇지 못한 호주나 미국에서의 전체적인 조건과는 구분된다. 따라서 미국의 경우처럼 무기를 소지할 권리는[303] 필요하지도 않으며, 받아들여져서도 안된다. 권력적 수단을 사용하지 않고 보충적으로 안전을 확보하는 것에 대한 개인의 희망과 요구가 고려될 수 있다. 사경비업체의 직원들은 아무런 문제없이 비권력적수단을 통하여 그의 임무를 수행하며, 필요한 경우 경찰에게 원조를 요구할 수 있다.

209 사경비업체는 **영리경제적 활동을 행하는 사기업**으로서 고객, 즉 자신들에게 업무를 위탁한 사람에게 서비스를 제공한다.[304] 대기업의 경우 스스로 안전요원을 고용할 수도 있다. 경비와 출입통제업체, 대형업체의 경우 영업장보호, 사설탐정(Ladendetektive),* 대규모행사에 있어서의 질서유지업체, 사설경호원 등이

---

301) BVerwGE 81, 185.

302) Vgl. die Beiträge in: Gutmann/Pieroth (Hg.), Die Zukunft des staatlichen Gewaltmonopols, 2011.

303) Vgl. *Nitz*, VerwArch 89 (1998), S. 306.

304) *Schoch*, POR, Rn. 24 커다란 지점(Wachstumsbranche)의 경우 약 14만명의 종업원을 갖고 있다고 한다.

* **역주** 독일어에서 (Laden)Detektive는 보통 '사설탐정'을 말하는데, 실제로 (Laden)Detektive는 주로 매장의 출입을 통제하고, 슈퍼마켓 등에서 물건을 훔치는 행위를 단속하는 사람들을 말한다. 이들이 종종 출입하는 사람들의 가방을 검사하는 일들이 벌어지면서 이러한 행위가 사회적 문제가 되기도 하였는바, 이러한 독일 내에서의 문제의식에 대하여는 다음의 인터넷문헌 참조: http://www.gutefrage.net/frage/darf-ein-ladendetektiv-die-tasche-kontrollieren.

문제된다. 그들의 임무는 일반적으로 사람과 물건의 보호이다. 사경비업체들은 경쟁시스템하에 있기 마련이다. 그들은 대개 훌륭한 장비를 보유하고 있으며, 종종 전직 경찰관이었던 능력있는 직원들을 보유하고 있다.

사경비업체가 제공하는 서비스의 질(質)을 담보하기 위하여 국가는 경제행정 210
법의 규정을 적용한다. 사경비업체는 그 영업과 관련하여 국가의 감독을 받는다.[305] 영업법 제34a조에 따라 타인의 생명과 재산을 영업적 방식을 통하여 보호하려고 하는 자(경호업체)는 허가를 받아야 한다. 영업장보호를 하는 기업이나 사설탐정은 그러하지 아니하다.[306] 신청인은 영업법적 의미에서 "신뢰할 수 있는" 사람이어야 한다. 보다 자세한 사항은 영업법 시행령이 규정한다.[307] 영업법 제34a조의 경비업체의 경우 많은 경우에 있어 무기법 제28조에 따른 총기의 구매, 점유 및 휴대의 필요성이 증명될 수 있기 때문에 경비업체 관련자가 무기소지허가증을 가지고 있는 경우가 종종 있다.

경비업체로 하여금 이러한 업무를 수행하도록 하는 것(공무수탁)* 이 허용될 수 211
있는지, 있다면 어느 정도 범위 내에서 가능한지에 대하여는 다툼이 있다.[308] 국가의 권력독점과 특히 고권적 권한은 일반적으로 공무원으로 하여금 행사하도록 하여야 한다는 기본법 제33조 제4항의 기능유보에는 한계가 있다.[309] 공무수탁의 경우에는 활동은 언제나 국가에 귀속되어야 하지만, 기본법 제33조 제4항은 그에 대한 예외를 인정하고 있다. 원칙적으로 공무수탁이 허용되기 위한 전제조건은 법률상 근거, 특별한 위탁행위, 그리고 국가의 감독이다. 이러한 상황은 「연방군의 직접강제에 관한 법률」(UZwGBw) 제1조 제3항에 따라 연방군의 시설에 대하여 사경비업체가 경비를 행하는 경우에 존재한다. 이러한 공무수탁이 있는 경우에 한하여 사경비업체는 경찰과 유사한 법적 지위를 갖게 된다.

---

305) *Schenke*, POR, Rn. 473.

306) *Schoch*, POR, Rn. 23.

307) I.d.F. der Bek. vom 10. Juli 2003, BGBl. I, S. 1378.

* **역주** 공적인 업무를 사인으로 하여금 행하도록 하는 것을 독일어로 'Beleihung'이라고 하는바, 우리나라에서는 이를 공무수탁(公務授託)이라고 번역하고 있다.

308) 이에 관하여 일반적인 것은 *Maurer*, Allgemeines Verwaltungsrecht, § 23, Rn. 56 ff.

309) *Gramm*, VerwArch 90 (1999), S. 329.

212 경찰관청과 사경비업체와의 협력 또한 고려되는바, 이는 '안전업무에 관한 민경협력(民警協力)'이라는 이름하에 논의되고 있으며, (민경)합동순찰 등과 관련하여서도 언급되고 있다.[310] 대형 스포츠 행사나 야외공연에 있어서 사경비업체와 경찰간의 협력 또한 필요한 것으로 논의된다. 이에 반하여 특별한 법적 근거도 없이 사인으로 하여금 교통감시를 행하게 하는 것은 위법한데, 왜냐하면 그것은 고권적 임무와 관련되어 있기 때문이다.[311]

213 몇몇 주는 공공의 안녕의 유지를 위한 시민과의 협력을 내용으로 하는 프로젝트를 수행하고 있다. "의용경찰(義勇警察, Freiwilliger Polizeidienst: 헤센주)"[312] 또는 "안전감시(Sicherheitswacht: 바이에른주)"[313]라는 이름으로 시민이 위험방지와 관련하여 보충적 임무를 수행해야 한다. 그들은 때로 특별한 공법적 근무관계에 있고, 직무질문, 신원확인 또는 퇴거명령을 포함하는 특별한 권한을 갖는다.[314]

214 사경비업체의 직원들은 공법적 권한을 행사할 수 없으며, 특히 그들은 원칙적으로 기본권을 침해하여서는 아니된다. 오히려 사경비업체는 전적으로 모든 사인들에 적용되는 법에 구속된다.[315] 그들에게는 민법 제859조, 제229조 및 형법 제32조 이하에 따른 정당방위와 긴급피난 그리고 형사소송법 제127조에 따른 접근 및 소추가능성(Zugriffs- und Verfolgungsmöglichkeit)이 인정된다. 이러한 권한을 유월하게 되면, 형법적 시각에서 보면 형법 제240조에 따른 협박, 민법적으로는 민법 제823조에 따른 '허용되지 않는 행위'(unerlaubte Handlung)

---

310) *Peilert*, DVBl. 1999, 282; *Pitschas*, DVBl. 2000, 1805 und *ders.*, DÖV 2004, 231 (234)는 협조적 국가(kooperativer Staat)활동의 일환으로서의 보다 광범위한 안전업무에 관한 민경협력의 개념을 주장하면서, 예컨대 경찰관청의 한계를 넘어서는 협력 또한 그에 포함된다고 한다.

311) KG, NJW 1997, 2894(주차공간에 대한 감시); BayObLG, DÖV 1997, 601(속도측정).

312) 2000.6.13의 「내적 안전강화를 위한 시민의 적극적 참여에 관한 법률」(Gesetz vom 13. Juni 2000 für die aktive Bürgerbeteiligung zur Stärkung der Inneren Sicherheit) – 일반적으로 이를 헤센주 의용경찰법(Hessisches Freiwilligen-Polizeidienst-Gesetz)이라고 부른다, in: Fuhr/Pfeil 34/1.

313) 1996,12,27의 안전감시법(Sicherheitswachterprobungsgesetzes) 개정법률, GVBl. S. 539.

314) *Fickenscher*, Polizeilicher Streifendienst mit Hoheitsbefugnissen, 2006; Knemeyer, POR, Rn. 47 m.w.N.

315) *Gusy*, POR, Rn. 162; Schenke, POR, Rn. 473.

에 해당한다. 사경비업체의 직원은 사법상 가택권을 행사하는 경우 이외에는 타인에게 그 장소를 떠날 것을 요구할 권한을 갖지 못한다. 그들의 권한은 그들이 감시하는 부동산의 보도(步道)에 적용되지 않는다. 그들은 쇼핑몰로부터 사람을 밖으로 나가게 할 수 없고, 신분증을 확인 할 수도 없으며, 지하철역에서 사람을 체포할 수도 없다.[316)]

사 례: 215

M시(市)의 기차역사에서 만취한 X가 Y를 괴롭히고, 그녀가 도망가자 그녀를 뒤쫓아 간다. 기차안전회사 BSG는 다른 모든 시민들과 마찬가지로 긴급피난과 관련된 조치를 취할 수 있고, 나아가서 사법상의 가택권을 행사하여 X를 기차역에서 쫓아낼 수 있다. 그러나 X의 신원은 연방경찰법 제23조에 따라 위험방지의 권한을 갖는 연방경찰만이 확인할 수 있다.

확인문제

1. 자유와 안전의 긴장관계 배후에는 어떠한 헌법적 측면이 존재하는가? (Rn. 9 이하)
2. 공공의 안녕이란 무엇인가? (Rn. 35 이하)
3. 어떠한 전제조건하에 경찰이 사권의 보호를 위하여 개입할 권한이 있는가? (Rn. 58 이하)
4. 공공의 질서라는 보호법익의 내용과 문제점을 설명하라. 공공의 질서개념이 적용되는 경우의 예를 들어보라. (Rn. 78 이하)
5. 외관상 위험과 위험의 혐의는 어떻게 구분되는가? (Rn. 122 이하)
6. 추상적 위험과 구체적 위험은 어떻게 구분되는가? 어떠한 조치들이 (전형적인) 이처럼 상이한 유형의 위험을 근거로 하는가 ? (Rn. 142 이하)
7. 형사소추의 사전배려는 무엇인가? 이러한 영역에 관한 규율을 행할 입법관할권은 연방에 있는가? 아니면 주에 있는가? (Rn. 172 이하)
8. 어떠한 경우에 사경비업체를 통한 안전확보가 의미있는 것으로 증명되는가? (Rn. 212 이하)

---

316) *Gusy*, POR, Rn. 162.

제6장 물리적 성격이 강한 경찰의 권한*

1 경찰은 구체적 상황하에서 사람과 관련하여 활동을 한다. 전통적인 권한들은 경찰에게 물리적 성격이 강한 조치를 취할 수 있는 권한을 부여한다.[1] 경찰공무원은 사람을 정지시키고, 수색하고, 그 장소에서의 퇴거를 명령한다. 그와 같은 권한은 성질상 직접적인 접촉의 필요성이 존재한다는 것을 그 특징으로 하는바, 이러한 조치들은 당사자도 어떠한 조치가 행해질 것이라는 것을 바로 알 수 있다.

2 이에 반하여 비디오감시나 전화통신감청과 같은 정보와 관련된 조치들은 기술적 수단을 통하여 행해지는바, 이들 조치에 있어서는 직접적인 물리적 접촉이라는 요소가 반드시 필요한 것이 아니다. 이러한 정보와 관련된 조치는 당사자가 알지 못하는 가운데 행해질 수도 있으며, 당사자는 그와 같은 조치가 있었다는 것을 나중에서야 비로소 알게 된다. 원칙적으로 정보와 관련된 조치를 취할 경우 당사자에게 그를 통지하여야 하지만, 법률이 규정하고 있는 예외적인 경우에는 그러한 통지가 연기되거나 아예 행해지지 않을 수도 있다. 정보와 관련된 권한은 원거리성(遠距離性, Distanz)과 비밀성(秘密性, Heimlichkeit)을 그 특징으로 한다. 권한규범의 내용과 (국민의 권리보호를 위한) 법치국가적 보호메커니즘 또한 이러한 특성을 고려하고 있다. 전통적인 경찰

---

* **역주** Kugelmann 교수는 본서의 제6장(물리적 성격이 강한 경찰의 권한)과 제7장(정보와 관련된 경찰-질서관청의 권한)의 2개장에 걸쳐 경찰의 권한을 설명하고 있는바, 제6장의 제목에 '물리적(physisch)'이란 단어를 사용하고 있는 것은, 정보와 관련된 경찰의 권한과의 구분을 강조하기 위한 것으로 보인다.

1) *Pieroth/Schlink/Kniesel*, POR, §12 Rn. 6은 이 같은 물리적 권한에 관하여 설명하고 있다; *Gusy*, POR, Rn. 179는 위험제거를 위한 표준조치를 (이곳에서 말하고 있는 소위 정보상의 표준권한에 해당되는) 위험석명을 위한 표준조치와 구분하여 설명하고 있다.; *Schoch*, POR, Rn. 194는 체계화가 더 이상 불가능한 것으로 보고 있다.

의 권한을 행사하는 것은 정보와 관련된 권한과는 다른 기본권을 침해한다. 이들 두 가지 유형의 권한행사에 대하여는 법률유보의 원칙이 적용된다.

경찰활동은 일반적으로 침해행정으로서 법률유보의 원칙이 적용되는바, 법률 유보의 원칙은 기본권과 법치국가를 그 근거로 하고 있다.[2] 연방헌법재판소의 본질사항유보설(Wesentlichkeitstheorie)은 이러한 점을 강조하고 있는데, 왜냐하면 침해행정은 보호영역 내에 있는 기본권과 관련 있으므로 언제나 본질적이기 때문이다.[3] 이에 반하여 경찰-질서관청이 예컨대 순찰과 같이 침해적 성격이 없는 조치를 취하는 경우에는, 경찰은 직무규범에만 근거하여서도 활동할 수 있게 된다. 3

특별한 법률상의 근거, 즉 개별적 수권조항을 정립하게 된 것은 19세기 남부 독일지역의 입헌주의(Konstitutionalismus)로부터 출발한다. 이로 인하여 개별 경찰법규범과 개괄적 수권조항이 병존하게 되었는바, 이것이 오늘날 특히 바이에른의 주(경찰)법에도 영향을 미치고 있다.[4] 이에 반하여 프로이센의 단일시스템에 따르면 개괄적 수권조항이 침해에 대한 수권근거로서 충분한데, 왜냐하면 넓은 의미의 경찰에게 위험방지를 위한 포괄적 권한이 부여되기 때문이다. 4

권한규범은 조치를 취할 관청의 권한을 발생시키고, 그를 제한한다. 적법한 행위는 구성요건적인 전제가 충족될 것을 전제로 한다. 이것은 형식적인 것이 아니라 법치국가에 있어서 자유보호의 핵심적 요소이다. 그에 따라 노르트라인-베스트팔렌주 경찰법 제1조 제5항 제1문은 다음과 같이 명백히 규정하고 있다: "경찰은 그것이 이 법률 또는 다른 법규를 근거로 허용되는 경우에 한하여 개인의 권리를 침해하는 조치를 취할 수 있다." 5

현행 경찰-질서법은 경찰임무를 수행하기에 적합한 전형적인 경찰작용의 형 6

2) 법률유보의 원칙에 대하여는 BVerfGE 49, 89 (126 f.); *Gusy*, JA 2002, 610 (612 f.); *Sommermann*, in: v. Mangoldt/Klein/Starck(Hg.), Art. 20, Rn. 263 ff. m.w.N.

3) BVerfGE 47, 46 (79). 본질사항유보설에 관하여는 또한 BVerfGE 40, 237 (249); 57, 295 (320 f., 324).

4) *Gusy*, POR, Rn. 11; *Knemeyer*, POR, Rn. 76.

태를 규정하고 있는바, 이러한 전형적인 행위형식을 **표준적 직무조치**(標準的 職務措置, Standardmaßnahmen)라고 한다. 표준적 직무조치는 항상 반복되는 경찰-질서관청의 전형적인 행위형식이다. 이는 시민의 개인적 법적 지위를 종종 침해한다.[5] 표준적 직무조치에 관한 권한규범은 그의 수권근거가 되는바, 침해가 정당한 것이 되기 위하여는 그 전제조건이 충족되어야만 한다.

7 일반적으로 표준적 직무조치는 행정행위이다.[6] 왜냐하면 상대방에게 그러한 조치를 명하는 것은 상대방에게 작위 또는 부작위의무를 명하는 것으로서, 행정절차법 제35조 제1문상의 규율(Regelung)*에 해당하기 때문이다. 표준적 직무조치는 조치의 사실상의 집행행위를 의미하는 사실행위와는 구분되어야 한다. 수색의 경우 먼저 명령이 있고(행정행위), 그 다음에 사실상 실제로 대상에 대한 수색이 행해지게 된다. 이와 같은 분류의 결과 (표준적 직무조치에 대하여는) 경찰법이 달리 규정하고 있지 않는 한 행정행위의 발급에 관한 행정절차법 규정들이 적용될 수 있다.

1. 개괄적 수권조항

8 개괄적 수권조항(Generalklausel)은 경찰-질서법의 가장 일반적이고 가장 광범위한 권한규범이다.[7] 개괄적 수권조항은 프로이센 경찰행정법 제14조 제1항**의 전통을 이어받아 통일경찰법모범초안 제8조와 모든 주의 (경찰)법에 받아들여졌다.[8] 노르트라인-베스트팔렌주 경찰법 제8조 제1항의 규정례는 다음과 같

---

5) *Drews/Wacke/Vogel/Martens*, Gefahrenabwehr, § 12, Ziff. 1.

6) *Götz*, POR, Rn. 278; *Schenke*, POR, Rn. 115; a.A. *Drews/Wacke/Vogel/Martens*, Gefahrenabwehr, § 12, Ziff. 12c; *Schoch*, POR, Rn. 193.

* **역주** 독일의 연방행정절차법 제35조는 "행정행위란 행정청이 공법의 영역에서 개별적 경우를 규율하기 위하여 발하고 외부에 대하여 직접적 효과를 발생시키는 모든 처분, 결정 또는 기타의 고권적 조치를 말한다"고 규정하여 있으며, 이를 바탕으로 학자들은 행정행위의 개념적 요소로서 '규율(Regelung)'을 강조하고 있다. 한편 여기서 규율이란 법적 효과를 발생·변경·소멸시키는 것을 의미한다.

7) *Schucht*, Generalklausel und Standardmaßnahme, 2010.

** **역주** 프로이센 경찰행정법 제14조 제1항은 "경찰행정청은 현행법의 범위 안에서 공공의 안녕 또는 질서를 위협하는 위험으로부터 공중 또는 개인을 보호하기 위하여 의무적합적 재량에 따라 필요한 조치를 취하여야 한다"라고 규정하고 있었다.

다: "경찰은 동법 제9조부터 제46조까지가 경찰의 권한을 특별히 규정하고 있지 않는 한, 구체적인 경우에 공공의 안녕이나 질서에 대한 현존하는 구체적 위험을 방지하기 위하여 필요한 조치를 취할 수 있다."

개괄적 수권조항은 조치의 형태, 방법 또는 내용을 제한함이 없이 필요한 모 9
든 조치에 대한 권한을 부여하며, 따라서 경찰-질서관청에 광범위한 활동영역을 부여한다. 개괄적 수권조항에 따라 경찰권을 발동하기 위한 전제조건은 단지 하나, 즉 공공의 안녕 또는 질서에 대한 위험이 존재한다는 것이고, 따라서 보호법익을 확정하는 것이 경찰작용의 적법성판단에 있어 결정적이다. 개괄적 수권조항에 따라 경찰권을 발동하기 위하여 특별히 강화된 위험을 요하지는 않으며, 구체적 위험이 존재하는 것으로 충분하다(연방경찰법 제14조 제2항 제1문). 형법 또는 질서위반법상의 구성요건을 내용으로 하는 행위규범이 정립되는 경우, 구체적인 행위를 할 것에 대한 요청을 관철하기 위하여 개괄적 수권규정이 이용될 수 있다.[9]

개괄적 수권조항은 공공의 안녕 또는 질서에 대한 위험이라는 구성요건적 징 10
표가 판례를 통하여 충분히 구체화되었기 때문에 그 불명확성에도 불구하고 헌법에 합치된다.[10] 재량구속과 비례의 원칙이라는 일반적인 척도가 경찰의 활동영역을 제한하는 것으로 기능한다. 이 경우 기본권이 중요한 역할을 한다. 즉, 기본권이 국가기관의 침해권한에 한계를 설정하고 따라서 개괄적 수권조항의 적용을 이끌어낸다.

사 례: 11
개괄적 수권조항을 근거로 신체적 행동의 자유를 제한하는 것은 허용되지 않는바, 왜

---

8) § 3 i.V.m. § 1 Abs. 1 Satz 1 PolG BW; Art. 11 Abs. 1 BayPAG, Art. 7 Abs. 2 BayLStVG; § 17 ASOG Bln; § 10 Abs. 1 BbgPolG; § 13 Abs. 1 BbgOBG; § 10 Abs. 1 BremPolG; § 3 HbgSOG; § 11 HessSOG; § 13 SOG MV; § 11 i.V.m. § 2 Nr. 1 lit. a NdsSOG; § 8 Abs. 1 PolG NW; § 14 Abs. 1 OBG NW; § 9 Abs. 1 POG RP; § 8 Abs. 1 SaarlPOG; § 3 Abs. 1 SächsPolG; § 13 i.V.m. § 3 Nr. 3 lit. a SOG LSA; § 174 LVwG SH; § 5 Abs. 1 ThürOBG; § 12 Abs. 1 ThürPAG.

9) *Schoch*, POR, Rn. 68.

10) *Drews/Wacke/Vogel/Martens,* Gefahrenabwehr, § 3, Ziff. 2 a.

냐하면 절차와 법관유보(Richtervorbehalt)에 관한 기본법 제104조의 규정이 준수되어야 하기 때문이다. 경찰상 보호조치에 관한 특별한 전제조건을 회피하여서는 아니 된다.

12 개괄적 수권조항은 예측할 수 없는 사례유형을 포착하여 비전형적인 위험상황에서도 경찰-질서관청이 그에 효율적으로 개입할 수 있도록 하는 것을 그 목적으로 한다. 이것은 내용적 불명확성을 설명하는 것이다. 개괄적 수권조항은 필요하지만, 여러 가지 관점에서 보충적으로만 적용된다.

13 **Tip** 대학생들의 사례연습에 있어서는 개괄적 수권조항이 중요한데, 왜냐하면 개괄적 수권조항은 비전형적인 경우에 있어서 적용될 수 있기 때문이다. 그러나 모든 경우에 있어서 개별적 수권조항이 고려될 수 있는지를 반드시 먼저 심사해 보라!

14 공공의 안녕에 대한 모든 위험이 예측가능한 것은 아니다. 입법자가 특별한 규정을 정립하여 놓은 경우에는, 그것이 개괄적 수권조항에 우선한다. 개괄적 수권조항은 개별적 수권조항과의 관계에 있어 보충적이다. 질서법의 경우 특별법이 거의 빠짐없이 규율하고 있기 때문에 개괄적 수권조항이 적용되는 경우는 거의 없다. 예전에 개괄적 수권조항에 근거하여 경찰권이 발동되는 경우의 전형적인 예로 들어졌던 사례들은 오늘날 대부분 별도의 규범으로 규율되고 있다. 특별법이 종국적으로 규율하고 있지 않는 경우에는 개괄적 수권조항의 적용이 고려된다. 개괄적 수권조항은 흠결을 메우는 데 기여한다.

15 **사 례:**

(경찰-질서)관청은 장애물이 있는 경주로에서 레이저무기로 무장한 참가자들이 서로 사격을 행하는 놀이와 레이저사격장에서 다른 참가자의 옷에 레이저빔으로 사격을 하는 놀이가 공공의 질서에 반한다는 견해를 갖고 있다. 이러한 놀이가 질서법상 허용될 수 있는지 여부에 대하여는 특별히 규정되어 있지 않으므로 (경찰-질서)관청은 개괄적 수권조항에 근거하여 레이저사격장의 운영을 금지하였다.

법원은 공공의 질서의 개념에 대한 해석 여하에 따라 그러한 금지를 위법한 것으로 판단하기도 하고, 적법한 것으로 판단하기도 하였다.[11] —본서에서 주장하는 바와 같이— 공공의 질서라는 보호법익을 부정하게 되면, 그러한 금지는 위법한 것이 된다.

---

11) BVerwGE 115, 189 m.w.N.

경찰-질서법에 있어서는 질서관청이 우선적으로 개입할 권한을 가진다. 탈경찰화와 관할배분의 결과 질서관청이 위험을 방지하기 위하여 가장 먼저 활동을 시작한다. 이것은 예컨대 경제영역에서 국가의 감시임무와 관련 있다. 이를 위하여 질서관청은 질서관청의 개괄적 수권조항을 포함하여 그에게 부여된 권한을 사용한다. 질서관청의 개괄적 수권조항에 비하여 경찰상 개괄적 수권조항의 적용은 보충적이다. 16

더욱이 개괄적 수권조항은 경찰법상의 표준적 직무조치와의 관계에서도 보충적이다. 시민의 권리영역에 개입하기 위해서는 그 전제조건이 충족되어야 한다. 자료의 수집에 관한 경찰법상의 일반적인 정보와 관련된 권한 또한 우선적으로 적용될 수 있다. 개인정보의 수집은 그 영역과 관련된 특별한 법적 근거를 필요로 하며, 개괄적 수권조항에 근거할 수 없다.[12] 개괄적 수권조항으로의 도피는 허용되지 않는다.[13] 입법자는 개괄적 수권조항의 적용에 관한 의심에 대하여 새로운 특별법상의 권한을 만들어내는 방식으로 대응한다.* 17

사 례: 18

체류금지가 개괄적 수권조항에 근거하여 행해졌었다. 그의 적법성에 관한 다툼이 있었기 때문에, 주의 입법자는 체류금지에 대한 대안(代案)을 마련하는 것을 통하여 보호조치에 관한 규정을 보충하였다(제6장 Rn. 35를 보라).

2. 소환과 구인

소환(召喚, Vorladung)에 관한 경찰-질서법의 규정은 대체로 개인에 대한 질문과 관계 있다.[14] 소환은 어떠한 사실관계에 대하여 정확히 진술하거나 사실을 19

12) *Schenke*, POR, Rn. 49.

13) *Butzer*, Verw Arch 93 (2002), 506.

* **역주** Rn. 16과 17에서 보듯이 개괄적 수권조항은 비경찰법적 규율(즉, Rn. 16의 질서관청의 개괄적 수권조항)과의 관계에서 뿐만 아니라 경찰법상의 표준적 직무조치와의 관계에서도 보충적으로만 적용되는바, 이를 개괄적 수권조항의 '이중적 보충성(doppelte Subsidiarität)'이라고 한다. 개괄적 수권조항의 이중적 보충성에 대하여는 서정범/김연태/이기춘, 경찰법연구(제2판), 세창출판사, 2012, 67쪽 이하.

14) § 25 BPolG; § 27 PolG BW; Art. 15 BayPAG; § 20 ASOG Bln; § 15 BbgPolG; § 12

설명하도록 하기 위하여 개인에게 관청이나 또는 다른 장소에 출석할 것을 요구하는 것이다.[15] 전반적인 사항에 대한 조사는 허용되지 않기 때문에 소환의 이유가 제시되어야 한다.[16] 증인이나 전문가는 손실보상청구권을 가진다.[17]

20 소환은 행정행위이다. 당사자는 소환에 응하여야 하며, 응하지 않으면 구인(拘引, Vorführung)될 수도 있다. 즉, 구인은 소환을 실현하는 수단이라고 할 수 있다.[18] 그러나 출석의무가 진술의무를 전제로 하는 것은 아니다.[19] 진술의무가 법률에 규정되어 있는 경우에는 당사자는 **진술의무**(Aussagepflicht)를 부담하게 된다(신원확인에 관하여는 이하의 제7장 Rn. 63 이하를 보라). 예외적인 경우에는 개괄적 수권조항이 진술의무에 대한 근거로서 원용될 수 있다.[20] 특히 고차원의 법익이 손상될 우려가 있고 구인의 전제조건이 충족되는 경우에는 개괄적 수권조항이 고려될 수 있다.

21 만약 당사자가 출석하지 않는다면 강제금(强制金, Zwangsgeld)이 부과될 수 있다. 소환의 강제적 실현은 법률이 정하고 있는 전제조건의 충족하에 **구인**(拘引)의 방법으로 허용되는데, 특히 질적으로 강화된 위험이 존재하거나 감식조치가 행해져야 할 필요가 있는 경우에 그러하다. 구인은 자유를 제한하는 것이지 자유를 박탈하는 것이 아니며, 따라서 기본법 제104조 제1항이 정하는 요건에 따라 행해지는 것이지 기본법 제104조 제2항이 정하는 요건에 따라 행해지는 것이 아니다.[21] 그러나 일련의 주법은 —연방경찰법 제25조는 제외— 구인의 경우 법관이 발부한 영장(richterliche Anordnung)이 필요하다고 규정하

BremPolG; § 11 HbgSOG; § 30 HessSOG; § 50 SOG MV; § 16 NdsSOG; § 10 PolG NW und § 24 OBG NW; § 12 POG RP; § 11 Abs. 2-4 SaarlPolG; § 18 SächsPolG; § 35 SOG LSA; § 199 LVwG SH; § 17 ThürPAG.

15) *Gusy*, POR, Rn. 225.

16) *Drews/Wacke/Vogel/Martens*, Gefahrenabwehr, § 12, Ziff. 4a.

17) *Schenke*, POR, Rn. 131.

18) *Gusy*, POR, Rn. 226.

19) *Schenke*, POR, Rn. 131.

20) *Drews/Wacke/Vogel/Martens*, Gefahrenabwehr, § 12, Ziff. 4b; *Götz*, POR, § 6, Rn. 28.

21) *Drews/Wacke/Vogel/Martens*, Gefahrenabwehr, § 12, Ziff. 4a; *Schenke*, POR, Rn. 131 mit Fn. 270; s. 또한 *Gusy*, POR, Rn. 226.

고 있다.[22)*]

3. 퇴거명령

22 경찰-질서관청은 일시적으로 사람을 특정한 장소로부터 퇴거시킬 수 있고, 특정한 장소에의 출입을 금지시킬 수도 있다.[23)] 이와 같은 퇴거명령(退去命令, Platzverweisung)은 경찰법상 표준적 직무조치의 고전적 형태에 속한다. 근래에 들어 퇴거명령은 모든 주에서 명시적으로 법률로 규정되고 있으며,[24)] 따라서 퇴거명령을 개괄적 수권조항에 근거하여야 할 필요는 없어졌다. 퇴거명령은 그 조치가 단지 단기간 동안만 효력을 가진다는 것을 그 특징으로 한다. 퇴거명령은 구체적 위험이 존재할 것을 그 전제조건으로 한다. 퇴거명령의 성격은 권한규범의 제2문이 규정하고 있는 상황에 의하여 명백해지는데, 그에 따르면 소방관이나 다른 구조수단의 투입을 방해하는 사람에 대하여 퇴거명령이 행해질 수 있다. 퇴거명령은 장해를 가져오는 사람이 그 장소에 있음으로 인하여 야기되거나 더 촉진되는 위험을 방지하는 것을 그 목적으로 한다. 그 조치는 한 사람에 대하여서, 또는 다수인에 대하여서도 취해질 수 있다.

23 **사 례:**
도시공원에서의 벌목작업의 안전을 위하여 나무가 쓰러지게 될 나무 주변이 차단되

---

22) 예컨대 § 10 Abs. 3 Satz 2 PolG NW; § 35 Abs. 4 SOG LSA.

* **역주** 독일 기본법 제104조 제1항은 자유의 제한에 관한 조항으로 자유를 제한함에 있어서는 (형식적 의미의) 법률에 근거하여 동 법률이 정하는 형식에 따라 행해질 것을 요구하고 있다. 한편 이와 달리 독일 기본법 제104조 2항은 자유의 박탈에 관한 조항으로 자유를 박탈함에 있어서는 그의 허용성과 기간에 관하여 법관만이 결정할 수 있고 따라서 그것은 법관이 발부한 영장에 의할 것을 요구하고 있다. 그렇다면 구인은 자유를 제한하는 것이므로 영장에 의할 필요가 없는데도 불구하고, 주의 법률들이 영장에 의하여야 한다고 규정하고 있다는 점을 강조하고 있는 부분이다.

23) § 38 BPolG; § 27a Abs. 1 PolG BW; Art. 16 BayPAG; § 29 Abs. 1 ASOG Bln; § 16 Abs. 1 BbgPolG; § 14 Abs. 1 BremPolG; § 12a HbgSOG; § 31 Abs. 1 HessSOG; § 52 Abs. 1 SOG MV; § 17 Abs. 1 NdsSOG; § 34 Abs. 1 PolG NW; § 13 Abs. 1 POG RP; § 12 Abs. 1 SaarlPolG; § 21 Abs. 1 SächsPolG; § 36 Abs. 1 SOG LSA; § 201 Abs. 1 LVwG SH; § 18 Abs. 1 ThürPAG.

24) 2008년부터는 바덴-뷔르템베르크에서도 § 27a Abs. 1 PolG BW에 규정되어 있다.

고, 공원 벤치에 앉아 있는 사람들에게 그 장소에서 떠나라는 명령이 발해진다. 자동차사고 후에 경찰은 그를 구경하고 있는 운전자들에게 정차하여 교통을 방해하지 말고 운전을 계속하여 사고현장에서 떠날 것을 명령할 수 있다.

24 퇴거명령은 장기간에 걸쳐 행해질 수 없다. 퇴거명령의 단기성(短期性, Kurzfristigkeit)은 퇴거명령을 기본법 제11조의 거주이전의 자유에 대한 제한으로 볼 것이 아니라, 기본법 제2조 제1항에 따른 일반적 행동의 자유를 침해하는 것으로 보아야 한다는 것에 대한 결정적 근거를 제공한다.[25] 이와 같은 견해는 설득력이 있는데, 왜냐하면 퇴거명령을 통하여 체류의 자유로운 선택을 일시적으로 제한하는 것은 거주이전의 자유에 대한 침해가 있다고 보기에 충분할 정도의 강도(强度)에 달하지 않았기 때문이다. 지배적인 견해에 따르면, 기본법 제11조(거주이전의 자유)는 체류의 장기성(長期性)을 전제로 한다는 점에서 기본법 제2조 제2항에 따른 개인의 이동의 자유에 대한 보호와 구분된다.[26] 퇴거명령의 경우에 '신체적' 이동의 자유 그 자체는 침해되지 않고 그대로 유지되며, 따라서 기본법 제2조 제2항에 대한 침해는 존재하지 않는다. 단지 특정한 장소에 머무르는 것을 단기적으로 제한할 뿐이므로 퇴거명령은 일반적 행동의 자유에 대한 침해이다. 따라서 기본법 제11조 제2항의 강화된 제한이 아니라, 기본법 제2조 제1항의 합헌적 질서의 유보와 관련될 뿐이다.

25 퇴거명령의 성격을 이처럼 기본법 제2조 제1항과 관련된 것으로 보는 것은 퇴거명령에 관한 규정의 해석에 영향을 미친다. 어느 정도의 시간적 간격을 '일시적'이라고 볼 수 있는지에 관하여는 다툼이 있다. 몇 시간부터 몇 주까지에 이를 정도로 다양한 견해가 주장되고 있다.[27] 그러나 헌법을 근거로 퇴거명령의 범위를 엄격하게 한정할 것이 요구된다. 그렇지 않으면 기본법 제11조가 고려되어야 하고, 퇴거명령에 관한 규정은 제한규정의 내용과 합치하지 않으므로 위헌이 된다. 24시간보다 길지 않은 시간을 일시적인 것으로 간주하는 것이 합헌적이다.[28] 이렇게 보는 것이 법적 근거의 체계와 합치하는데, 왜냐하면 명시적으로 언급되어 있는 '소방관이나

25) *Schenke*, POR, Rn. 132; *Schoch*, POR, Rn. 211.
26) *Pieroth/Schlink*, Staatsrecht II, Rn. 791 m.w.N.
27) Vgl. *Schenke*, POR, Rn. 132 m.w.N.
28) *Schenke*, POR, Rn. 132.

다른 구조수단의 투입(Rettungseinsätze)'은 일반적으로 길어야 몇 시간 정도 지속될 뿐이기 때문이다.

전술한 바와 같은 시간적 제한이 있는 것과 달리 퇴거명령에 장소적으로 좁은 제한이 있는 것은 아니다.[29] 판례에 따르면 퇴거명령이 도시 전지역에 대해서도 발해질 수 있다.[30] 그러나 그와 같은 광범위한 조치의 필요성에 대해서는 특별한 가치가 부여되어야 한다. 그의 적용범위에 대하여 특별규정이 규율하고 있는 체류금지가 문제되는 경우에는 그와 같은 조치(퇴거명령)는 행해질 수 없다. 퇴거명령의 상대방은 경찰책임에 관한 일반원칙에 따라 정해진다.[31] 26

퇴거명령은 행정행위이다. 그의 집행은 상황과 상대방에 따라 정해진다. 사람들에게 개별적으로 통지될 수도 있다. 한 장소에서 많은 사람이 퇴거하여야 하는 경우에는 행정행위의 통지를 메가폰이나 확성기를 통해서 집합적 처분(Sammelverfügungen)의 방법으로 할 수 있다.[32] 퇴거명령의 집행은 보호조치에 이르는 강제수단을 통하여 행해진다.[33] 경찰상 보호조치에 관한 규정에 따를 때, 그것이 퇴거명령의 집행을 위하여 필수불가결한 경우라면 개인이 보호조치에 처해질 수 있다. 27

연방법은 특히 집회법에서 퇴거명령에 대한 특별법적인 수권근거를 가지고 있다. 연방의 집회법 제11조에 따라서 집회의 질서를 현저히 문란케 한 자(Störer)를 집회로부터의 격리시키거나 동법 제13조, 제18조에 따라 집회를 해산시키는 것이 일반 경찰법에 우선한다.[34] 이것은 주의 집회법의 해당 규정의 경우도 마찬가지이다. 집회가 진행되는 동안에는 참가자에 대한 조치는 단지 집회법에 따라서만 취해질 수 있다.[35] 이에 반하여 집회와 상관없는 위험의 방지는 일반 경찰법에 따 28

29) 그러나 "장소적으로 좁게 제한된, 개관이 용이한 장소"에 대하여만 퇴거명령이 발해질 수 있다는 견해도 있는바, 그에 관하여는 *Schenke*, POR, Rn. 132를 보라.

30) VGH BW, DVBl. 1998, 97; OVG Nds, NVwZ 2000, 454; BayVGH, BayVBl 2001, 529.

31) *Götz*, POR, § 8 Rn. 22; *Schenke*, POR, Rn. 132a; *Schoch*, POR, Rn. 213; 반대의 견해로는 *Pieroth/Schlink/Kniesel*, POR, § 16 Rn. 16.

32) *Gusy*, POR, Rn. 276.

33) BayObLG, NVwZ 2000, 467.

34) *Knemeyer*, POR, Rn. 216.

라 집행된다.36)

29 **사 례:**

카이저스라우테른의 베첸베르크(Betzenberg)에서의 축구경기 3시간 전에 경찰이 사실로 의심되는 폭파위협을 알게 된다. 경기장 내의 확성기와 질서유지인을 통하여 이미 경기장에 들어와 있는 모든 사람들에게 경기장을 떠날 것을 요청한다. 이 경우에는 상업적인 행사와 관련하여 소비자들이 수동적으로 참가한 것으로서 사람들의 회합(會合, Zusammentreffen)이 문제될 뿐이며, 따라서 지배적 견해에 따르면 이는 기본법 제8조상의 집회가 아니다.[37] 따라서 퇴거명령과 관련된 경찰법상의 규정이 원용될 수 있다(라인란트-팔츠주 경찰법 제13조 제1항 제1문)

뮌헨의 칼스 광장에 있는 독일국가민주당(NPD)* 의 안내스탠드 옆에 있는 A에게서 경찰이 이상한 점을 발견한다. 경찰은 그에게 그 장소를 떠날 것을 요구한다. A는 집회의 자유를 주장할 수 있기 때문에 이와 같은 명령은 위법하며, 따라서 일반경찰법을 근거로 한 그에 대한 조치는 허용되지 않는다.[38]

4. 주거로부터의 퇴거명령

30 바이에른의 경우를 제외하면 오늘날의 모든 주법들은 퇴거명령 및 체류금지와 관련하여 '주거로부터의 퇴거명령(Wohnungsverweisung)'** 에 관한 규정을 갖

---

35) VGH BW, NVwZ 1998, 761.

36) *Gusy*, POR, Rn. 277.

37) 러브 퍼레이드(Love Paradie)에 관한 BVerwGE 104, 92(104); vgl. *Pieroth/Schlink*, Rn. 693 f. m.w.N.

* 역주 NPD는 극우적 성향의 독일정당인 Nationaldemokratische Partei Deutschlands(독일민족민주당)의 약어이다. NPD의 정강(政綱)이나 정당명칭은 바이마르제국시대에 창당되고 히틀러가 당수였던 "독일 국가사회주의 노동당(Nationalsozialistische Deutsche Arbeiterpartei, 약어 NSDAP)"과 상당한 관련성을 갖고 있다. 한편 독일 국가사회주의 노동당은 유대인배척주의와 국가주의를 신봉하고, 민주주의와 막시즘을 거부하였었는데, 2차 세계대전 종전후 연합국에 의해 범죄조직으로 규정되어 활동이 금지되고 해산되었다.

38) BVerfG (1. Kammer des Ersten Senats), NVwZ 2005, 80 (81).

** 역주 Wohnungsverweisung은 단어에만 주목하면 여기서의 번역례에서 보듯이 '주거로부터의 퇴거명령'이라고 칭할 수 있다. 다만 이러한 조치는 이하의 서술에서 보듯이 가정폭력으로부터의 보호를 목적으로 하는 것으로 그러한 목적을 효과적으로 달성하기 위하여는 Wohnungs-verweisung에 더하여 귀가금지와 접근금지가 필요하다. 이런 까닭에 Wohnungsverweisung은 넓

고 있다.[39] 주거로부터의 퇴거명령을 통하여 당사자에게 주거를 —완전히 또는 특정한 공간에 국한하여— 떠나서 되돌아오지 않을 것을 명할 수 있다.[40] 떠나라는 명령은 돌아오지 말라는 금지와 연관된다.

31 주거로부터의 퇴거명령과 귀가금지(Rückkehrverbot)는 가정폭력으로부터의 보호를 목적으로 한다.[41] 연방의 「폭력으로부터의 보호에 관한 법률」(Gewaltschutzgesetz)에 따르면 법원은 고의로 타인의 신체, 건강이나 자유를 불법으로 침해하는 범죄자에게 주거에의 출입금지를 명령할 수 있다.[42] 경찰법에 근거한 주거로부터의 퇴거명령을 행할 필요성은 그와 같은 법원의 명령이 발해지기 전까지만 존재한다.[43]

32 바이에른에서는 책임자에 대한 조치로서 경찰법상의 퇴거명령(Platzverweisung)이나 보호조치를 사용하는 것이 고려되고 있다.* 그러나 이들 두 가지 조치는 단지 단기간 동안만 또는 시간적으로 제한된 범위 내에서만 허용된다. 개괄적 수권조항은 법적 근거가 될 수 없다.[44] 왜냐하면 책임자에 대한 조치는 더 이상 비전형적인 조

은 의미로는 귀가금지와 접근금지를 포괄하는 의미로 사용되기도 하는바, 이러한 점을 고려하여 (가정폭력 피해자 보호를 위한) 긴급임시조치라는 용어를 사용하는 학자도 있다(이러한 용어례에 관하여는 손재영, 가정폭력 피해자 보호를 위한 긴급임시조치의 법적 문제, 조선대 법학논총, 제21권 2호. 3쪽 이하 참조). 이러한 용어례는 나름대로 충분한 설득력을 갖는다고 생각한다. 그러나 Kugelmann 교수가 Wohnungsverweisung 외에 귀가금지(Rückkehrverbot)와 접근금지(Kontaktverbot)라는 별도의 용어를 사용하고 있음을 고려하여 본서에서는 Wohnungsverweisung을 '주거로부터의 퇴거명령'이라고 번역하기로 한다.

39) § 27a Abs. 3 PolG BW; § 29a ASOG Bln; § 16a BbgPolG; § 14a BremPolG; § 12b HbgSOG; § 31 Abs. 2 HessSOG; § 52 Abs. 2 SOG MV; § 17 Abs. 2 Satz 2 NdSOG; § 34a PolG NW; § 13 Abs. 2 POG RP; § 12 Abs. 2 SaarlPolG; § 21 Abs. 3 SächsPolG; § 36 Abs. 3 SOG LSA; § 201a LVwG SH; § 18 Abs. 2 ThürPAG.

40) *Guckelberger*, JA 2011, 1.

41) *Hesse/Queck/Lagodny*, JZ 2000, 68; *Kay*, NVwZ 2003, 521; *Ruder*, VBlBW 2002, 11.

42) 2001.12.11의 「폭력행위와 추적에 대한 민사적 보호를 위한 법률」(Gesetz zum zivilrechtlichen Schutz vor Gewalttaten und Nachstellungen), BGBl. I, 3513.

43) *Lang*, VerwArch 96 (2005), 283을 보라.

* **역주** 바이에른 주를 제외한 다른 주들이 주거로부터의 퇴거명령(Wohnungsverweisung)에 관한 별도의 규정을 갖고 있는 것과 달리 바이에른주는 그러한 규정을 갖고 있지 않다. 이로 인하여 바이에른주에서는 주거로부터의 퇴거명령에 해당하는 조치를 무엇에 근거하여 어떻게 할 것인지의 문제가 발생하는바, 이 문장은 그러한 맥락에서 이해되어야 한다.

44) *Schenke*, POR, Rn. 135a; a.A. *Pieroth/Schlink/Kniesel*, § 16, Rn. 28.

치가 아니라, 연방법인 민법상의 수단들과 관련하여 생각될 수 있는 경찰상의 수단이기 때문이다.[45)]

33 폭력의 피해자에게는 가능한 한 빨리 민사법원의 결정이 내려져야 하고, 따라서 집행가능한 명의(名義)가 발급되어야 한다. 경찰-질서법의 적용은 사인 상호간의 관계에 있어서도 단지 위험방지를 목적으로 할 뿐이며, 사회형성을 목적으로 하지 않는다. 개인간의 법률관계의 형성은 사법(私法)의 문제일 뿐이다.

34 주거로부터의 퇴거명령에 더하여 **접근금지**(Kontaktverbot)가 행해지기도 한다. 일반적으로 위협을 받는 사람과 밀접한 사회적 관계를 맺고 함께 살아가고 있는 상대방에게는 위협을 받는 사람과의 일체의 접촉이 금지된다. 그러한 조치는 단지 개별적으로 법률로써 규율된다(라인란트-팔츠주 경찰법 제13조 제4항). 「폭력으로부터의 보호에 관한 법률」과의 밀접한 관련성은 존재하지 않으므로 접근금지는 주거로부터의 퇴거명령과 달리 개괄적 수권조항을 근거로 행해질 수 있다.[46)]

5. 체류금지

35 체류금지(滯留禁止, Aufenthaltsverbot)는 그 범위에 있어서 퇴거명령을 훨씬 넘어선다.[47)] 양자의 차이점은 특히 조치의 기간에 있다. 체류금지는 수개월 동안에 걸쳐 부과될 수도 있다. 체류금지는 시간적 차원에서 일반적으로 장기간에 걸쳐 행해지는 성격을 갖고 있으며, 그러한 점에서 퇴거명령과는 구분된다. 노르트라인-베스트팔렌주에서는 체류금지는 최대 3개월을 넘지 못하도록 되어 있다(노르트라인-베스트팔렌주 경찰법 제34조 제2항 제4문).

36 또한 체류금지는 처분의 장소적 효력범위와 관련하여서도 퇴거명령과는 구분된다. 체류금지는 어느 한 장소에 국한되는 것이 아니라 다수의 특정한 지역, 예컨대 도시의 어떤 특정한 구역 또는 심지어 지방자치단체의 구역 전체에

45) 헌법적 요청에 관하여는 *Schucht*, Generalklausel und Standardmaßnahme, 2010, S. 272 ff.

46) *Pieroth/Schlink/Kniesel*, POR, § 16, Rn. 30a.

47) *W. Cremer*, NVwZ 2001, 1218; 자세한 것은 *Schucht*, Generalklausel und Standardmaßnahme, 2010, S. 170 ff.

걸쳐 행해질 수 있다.[48]

예컨대 도시나 읍·면의 특정한 장소로부터 추방되어야 할 마약범죄의 퇴치를 위하여 체류금지가 행해질 수 있다. 체류금지조치와 함께 폭력적 집단의 회합이 금지될 수도 있다. 37

사 례: 38
소위 '카오스데이'* 에 참가금지는 퇴거명령이 아니라 체류금지이다.[49]

근래에 바이에른을 포함한 모든 주는 대부분 퇴거명령에 관한 규정을 체류금지에 관한 규정으로 보충하는 방식을 통하여 체류금지에 관한 특별한 법적 근거를 마련하였다.[50] 기본법 제73조 제3호에 따라 거주이전의 자유에 관한 규정을 정립할 수 있는 연방의 관할권은 국가간의 거주이전의 자유와 관련된 것이기 때문에, 체류금지에 관한 규정은 주가 제정할 수 있다.[51]** 명시적인 법적 근거가 정립되기 이전에 원용되는 개괄적 수권조항은 체류금지를 포함하지 않기 때문에 체류금지는 단지 개별적 수권조항을 근거로만 허용된다(바이에른에서는 그렇지 아니하다).[52] 39

---

48) *Rachor*, in: Lisken/Denninger, F Rn. 496; *Schenke*, POR, Rn. 133.

* **역주** 카오스데이(Chaostage)는 여러 도시에서의 펑크족들의 회합을 말하는바, 이러한 회합에 앞서 폭력과 파괴를 선동하는 일이 벌어진다. 그리고 카오스데이에는 펑크족 이외에도 좌익단체나 극우단체 및 훌리건이나 스킨헤드 등도 참여한다. 이에 관하여 자세한 것은 다음의 인터넷사이트 참조: http://de.wikipedia.org/wiki/Chaostage.

49) 판결의 시점에는 체류금지에 관한 규정을 갖고 있지 않았던 바이에른 주법에 따른 BayObLG, NVwZ 2000, 467.

50) § 29 Abs. 2 ASOG Bln; § 16 Abs. 2 BbgPolG; § 14 Abs. 2 BremPolG; § 31 Abs. 3 HessSOG; § 52 Abs. 3 SOG MV; § 17 Abs. 4 NdsSOG; § 34 Abs. 2 PolG NW; § 13 Abs. 3 POG RP; § 21 Abs. 2 SächsPolG; § 36 Abs. 2 SOG LSA; § 18 Abs. 2 ThürPAG und § 18 Abs. 2 ThürOBG.

51) OVG Bremen, NVwZ 1999, 314 (316); *W. Cremer*, NVwZ 2001, 1218 (1223); *Schoch*, POR, Rn. 214.

** **역주** 체류금지는 국가간의 거주이전의 자유에 관한 것이 아니라 주내에서의 거주이전의 자유에 관한 것이다.

52) *Butzer*, VerwArch 93 (2002), 506 (537); *Hecker*, NJW 2003, 1334 (1335); *Volkmann*, NVwZ 2000, 361 (365).

40 헌법적으로 볼 때 체류금지는 기본법 제11조의 거주이전의 자유라는 기본권을 침해한다.[53] 거주이전의 자유는 연방의 영역내의 모든 장소에서 거주하고 체류할 수 있는 가능성과 권리를 말한다.[54] 따라서 체류금지의 적법성은 강화된 법률유보의 내용을 담고 있는 기본법 제11조 제2항의 한계를 기준으로 판단되어야 한다. 범죄행위의 예방이 문제되는 상황에서는 무엇보다도 기본법 제11조 제2항이 열거하고 있는 기본권제한의 마지막 유형, 즉 범죄행위의 예방을 위한 기본권 제한이 고려된다. 이러한 한도 내에서 이를 '범죄유보(Kriminal-vorbehalt)'라고 한다.[55] 어쨌든 범죄행위가 행해질 위험은 충분한 개연성이 있는 것으로 예견되어야 하며,[56] 때로는 심지어 고도의 개연성이 요구되기도 한다.[57]

41 따라서 체류금지는 퇴거명령보다 더 엄격한 조건하에서만 행해질 수 있다. 일반적으로 공공의 안녕 또는 질서에 대한 위험이 존재하는 것만으로는 충분하지 않은데, 왜냐하면 기본법 제11조 제2항의 규정이 고려되어야 하기 때문이다. 체류금지는 주법의 규정을 근거로 범죄행위를 예방하기 위하여 허용된다. 이것은 특정한 장소에서의 마약거래에 대한 대처를 포함한다. 그러나 특별한 방식으로 공개된 마약(거래)현장의 형성과 유지에 관여하는 사람만이 체류금지의 상대방으로 고려된다.[58]

42 비례의 원칙으로부터 체류금지를 시간적으로 그리고 장소적으로 제한할 필요성이 도출된다. 체류금지는 장소적으로 가능한 한 제한되어야 한다. 읍·면의 전지역으로 체류금지를 확장하는 것은 단지 예외적인 경우에만 비례의 원칙에 합치된다. 당사자에게 예컨대 병원을 가거나 행정관청을 방문하는 것은 허용되어야 하고, 자신의 주거에의 출입은 허용되어야 한다.[59] 또한 체류금지는 일

---

53) 다른 견해로는 *Schucht*, Generalklausel und Standardmaßnahme, 2010, S. 196 ff. m.w.N.
54) BVerfGE 2, 266 (273); 구체적인 것은 *Merten*, in: Merten/Papier (Hg.), Handbuch der Grundrechte IV/1, 2011, § 94.
55) *Jarass*, in: Jarass/Pieroth, GG, Art. 11 Rn. 16.
56) *Jarass*, in: Jarass/Pieroth, GG, Art. 11 Rn. 16; *Pagenkopf*, in: Sachs, GG, Art. 11 Rn. 29.
57) *Rachor*, in: Lisken/Denninger, F Rn. 510.
58) *Schenke*, POR, Rn. 135.
59) *Schenke*, POR, Rn. 135; *Schoch*, POR, Rn. 216.

정한 기한부로 행해질 수 있다.

처분이 충분히 명확하여야 한다는 것에 특히 유의하여야 하는바, 왜냐하면 예컨대 금지구역의 표시가 불명확한 것이 체류금지를 명하는 (경찰-질서)관청의 부담으로 되기 때문이다.[60] 43

6. 보호조치와 체포

경찰은 사람에 대하여 보호조치(Gewahrsam, Ingewahrsamnahme)*를 취할 수 있다. 즉, 개인의 의사에 반하여 자유를 박탈할 수 있다.[61] 예방적 목적을 위한 보호조치는 기본법 제2조 제2항 제2문에 따른 사람의 자유를 침해한다. 보호조치는 자유를 제한할 뿐만 아니라 자유를 박탈하기도 하는데, 그에 대하여는 기본법 제104조 제2항과 유럽인권협약(EMRK) 제5조가 적용된다.[62] 그로부터 보호조치의 절차와 그에 대한 권리구제가 행해지기 위한 요건이 도출되는바, 주법의 규정들도 이를 고려하고 있다. 44

자유의 제한과 자유의 박탈의 구분은 평가하는 관점[63] 또는 자유를 제한하는 조치의 효과와 그와 관련된 권리를 고려하여 행해진다.[64] 신체의 자유가 최 45

60) Vgl. BVerwGE 104, 301 (317).

* 역주 독일어의 Gewahrsam, Ingewahrsamnahme(von Person)은 사람에 대한 보호조치를 말하는바, 이는 다시 ① 보호조치의 대상이 되는 자 자신의 생명과 신체의 보호를 위한 보호조치(이를 특히 Schutzgewahrsam이라고 하는바, 본서에서는 이를 사람에 대한 보호조치 일반과 구분하여 '협의의 보호조치'라는 용어를 사용하기로 하겠다)와 ② 범죄행위나 중대한 위험을 초래하는 질서위반행위가 목전에 행해지거나 계속되는 것을 저지하기 위한 보호조치(이를 Sicherheitsgewahrsam, Verhütungsgewahrsam, Präventivgewahrsam 혹은 Unterbindungsgewahrsam이라고 하는바, 우리나라의 경우 이를 '제지를 위한 보호조치' 또는 '예방적 보호조치'라고 부르고 있다)로 구분될 수 있다.

61) § 39 BPolG; § 28 PolG BW; Art. 17 BayPAG; § 30 ASOG Bln; § 17 BbgPolG; § 15 BremPolG; § 13 HbgSOG; § 32 HessSOG; § 55 SOG MV; § 18 NdsSOG; § 35 PolG NW; § 14 POG RP; § 13 SaarlPolG; § 22 SächsPolG; § 37 SOG LSA; § 204 LVwG SH; § 19 ThürPAG.

62) 보호실로 이송하여 구금한 것에 대하여는 BVerfG, Beschl. v. 8.3.2011, 1 BvR 47/05와 1 BvR 142/05, Rn. 26 (juris, 6.4.2011).

63) BVerwGE 62, 317 (318); 62, 325 (327); 또한 BVerfGE 10, 302 (322 f.)를 보라.

소한의 기간을 넘어서 좁은 공간으로 제한되는 경우라면, 자유의 박탈이 있는 것이다. 조치의 목적이 무엇인지는 중요하지 않다. 양자를 엄밀하게 구분하는 것은 기본권의 보호목적에 부응한다. 왜냐하면 자유의 박탈로서 분류되게 되면 절차법적 효과를 야기하게 되고, 그 한도 내에서 기본권이 효과적으로 보호된다. 또한 신체의 자유를 과도하게 제한할 위험이 존재하는 경우에는 판사의 결정이 필요하다.[65]

46 보호조치는 전통적으로 협의의 보호조치(Schutzgewahrsam)와 예방적 보호조치(Präventivgewahrsam)라는 형태로 나타났다. 몇몇 주법과 연방경찰법 제39조는 이들 두 가지의 보호조치 외에 다른 형태의 보호조치를 규정하고 있다. 법률은 각각의 유형의 보호조치가 적법한 것이 되기 위한 전제조건의 구체적 내용 또한 구분하고 있다.

47

> **Tip** 차이점과 공통점을 발견하기 위하여 연방경찰법 제39조와 당신이 살고 있는 주의 법률규정을 비교하여 보라.

48 **협의의 보호조치**(Schutzgewahrsam)는 보호조치의 대상이 되는 자 자신의 보호를 그 목적으로 한다.[66] 자유로운 의사결정을 할 수 없는 상태에 있거나 그 밖의 도움이 필요한 상태에 있는 사람*은 위험으로부터 보호되어야 한다. 예컨대 술에 취한 사람이나 자살을 시도하는 사람이 이와 관련 있다.

49 예방적 보호조치 또는 **제지를 위한 보호조치**(Unterbindungsgewahrsam)는 범죄행위나 중대한 의미를 가진 질서위반행위의 예방을 목적으로 한다. 이와 같이 신체적 자유를 예방적으로 박탈하는 것이 헌법적으로 불가능한 것은 아니지만, 그것은 비례의 원칙이 요구하는 엄격한 전제조건에 따르게 된다. 주법이 공공의 안녕 또는 질서에 대한 목전에 급박한, 현저한 장해의 발생의 방지를 규정하고 있는 경우에도[67] 공공의 질서를 보호하기 위하여 사람에 대해 보호조

64) *Gusy*, NJW 1992, 457 m.N.

65) BVerfGE 94, 166 (198); 105, 239 (244); *Jarass/Pieroth*, Art. 104 GG, Rn. 6.

66) *Schoch*, POR, Rn. 219.

* **역주** 이런 상태에 있는 사람을 요보호자(要保護者)라고 한다.

치를 취하는 것은 부정함으로써 해당 규정을 축소시켜 적용하는 것이 헌법합치적인 것이 된다.[68)]

사 례(표준적 사례):[69)] 50

K는 베트남 전쟁에 반대했던 1968년 학생시위운동의 참가자이다. 그가 살고 있는 베를린에서의 소요죄를 이유로 그에 대한 수사절차가 진행되었다. 그가 프랑크푸르트에서 행해지는 집회에 참가하기 위하여 베를린에서 출발하여 프랑크푸르트 공항에 도착했을 때, 경찰이 그를 체포하였다.

K에 대한 보호조치는 그것이 목전에 급박한 범죄행위를 저지하기 위하여 필요불가결한 경우라면 예방적 보호조치로서 적법한 것이 될 수 있다(헤센주 안전질서법 제32조 제1항 제2호). 당시에 연방행정법원은 외관상 위험을 긍정하고 해당 조치가 비례의 원칙에 부합함을 받아들였다. 발생이 예견되는 손해가 크면 클수록, 그리고 그 결과가 중대하면 중대할수록 손해발생의 개연성에 대한 요구는 점점 더 낮아질 수 있다.

그러나 집회에의 참가는 기본법 제8조에 의하여 보호되어야 한다. K에 대한 수사절차가 진행된다고 하여 그것만으로 그의 프랑크푸르트로의 여행 자체가 손해발생의 개연성을 정당화시키는 것이라고 할 수는 없다. 더욱이 이러한 보호조치가 취해지기 위하여는 위험이 목전에 급박하여야 한다. K에 대한 보호조치는 위법하였다.

보호조치를 취하기 위한 전제조건은 법익침해를 다른 방법으로는 방지할 수 없다 51
는 것이다. 보호조치는 개인의 자유영역에 대한 중대한 침해가 될 수 있기 때문에 다른 수단에 대하여 보충적이다. 이러한 보충성의 원칙은 일련의 경찰법에 규정되어 있고, 대부분 보호조치의 필요불가결성을 요구하는 다른 유형(예컨대 퇴거명령)을 명백하게 하는 기능을 한다. 따라서 보호조치는 퇴거명령의 집행을 위하여 필요불가결하거나 사권의 보호를 위하여 필요불가결하여야 한다.[70)]

몇몇 주의 법률들은 다른 방법으로 신원을 확인할 수 없을 때에 사람에 대한 보호 52

---

67) § 28 Abs. 1 Nr. 1 PolG BW.

68) *Drews/Wacke/Vogel/Martens*, Gefahrenabwehr, §§ 12, Ziff. 6a; *Würtenberger/Heckmann*, PolR BW, Rn. 358.

69) BVerwGE 45, 51.

70) 예컨대 § 32 Abs. 1 Nr. 3와 4 HessSOG; § 35 Abs. 1 Nr. 3과 5 PolG NW; § 124 Abs. 1 Nr. 3과 4 POG RP.

조치를 취할 수 있음을 규정하고 있다.[71] 이러한 규정은 (모든 주에서) 신원확인에 관한 규정에 따라 허용되는 사람의 정지, 체포와는 구분되어야 한다. 비례의 원칙이 침해가 작은 수단을 사용할 것을 요청하고 있으며, 일반적으로 신원확인을 위하여는 체포만으로 충분하기 때문에 보호조치와 관련하여 (신원확인을 위한 보호조치에 대한) 독립적인 수권근거를 마련할 가치는 그리 크지 않다.

53 모든 경찰법에 따를 때 보호조치는 부모의 보호에서 벗어난 미성년자를 보호자나 청소년 보호시설에 인계하기 위하여, 또는 구속이나 자유형 또는 자유박탈적인 보안처분(Maregeln der Besserung und Sicherung)의 집행으로부터 벗어난 사람들을 다시 그 행형시설에 인계하기 위하여 고려된다. 그러나 형사소송법 제457조 제2항 제2문, 행형법 제87조가 (경찰법에 비하여) 특별법적 지위에 있다.[72] 연방제개혁(Föderalismusreform)에 따라서 행형(行刑)에 관한 입법권은 행형법을 제정한 주의 경우에는 주에게 입법권이 넘어가게 된 것과 같은 결과를 가져오게 되었다.[73]

54 기본권 침해에 관한 기본법 제2조 제2항의 요건은 보호조치의 경우 특히 책임자, 즉 보호조치의 대상자의 선택과 자유박탈의 기간에 표현되어 있다. 스스로 법익에 대한 위해를 초래한 자만이 보호조치에 처해질 수 있다.[74] 이것은 대상자의 자유박탈을 통하여 더 이상의 범죄행위가 저질러지는 것을 방지하여야 한다는 유럽인권협약 제5조 제1항 제2문 c로부터 도출된다. 바이에른 경찰관직무집행법 제17조 제1항 2b* 에 따라 동반자(Begleitpersonen)가 무기 등과 같은 물건을 소지하고 있다는 것

71) § 28 Abs. 1 Nr. 3 PolG BW; § 14 Abs. 1 Satz 1 SaarlPolG; § 22 Abs. 1 Nr. 3 SächsPolG.

72) *Gusy*, POR, Rn. 299.

73) 지금까지는 바이에른, 함부르크, 헤센, 니더작센에서 행형법이 제정되었다.

74) *Schoch*, POR, Rn. 223.

* **역주** 바이에른 경찰관직무집행법 제17조 보호조치

(1) 경찰은 신체, 생명에 대한 위험으로부터 사람을 보호하기 위하여 필요한 경우, 특히 사람이 자유로운 의사결정을 할 수 없거나 타인의 조력이 필요한 상황에 처해 있는 경우 또는 다음 각 호의 1에 해당하는 경우에 보호조치를 취할 수 있다.

1. (생략)

2. a) (생략)

b) 범행에 사용할 것이 명백하거나 경험칙상 범죄에 사용되는 무기나 도구 또는 그 밖의 물건이 발견되거나, 그의 동반자가 그러한 물체를 소지하고 있고 사정상 그가 그러한 사실에 관하여 알고 있음이 틀림 없는 경우

에 관한 정보가 충분한 경우에는 자유박탈을 명하기 위한 그 밖의 전제조건이 존재하면 헌법합치적 해석을 통하여 대상자의 자유를 박탈하는 것이 충분히 가능하다.

자유박탈의 기간(Dauer)은 기본법 제104조와 유럽인권협약 제5조에 따른 한계와 충 55
돌할 수 있다. 그 기간은 경찰법에 규정되어 있는바, 이 경우 보호법익에 따라 기간에 차이가 있는 경우도 있다. 그 기간은 최고 14일에 이른다.[75] 예방적 보호조치가 강화된 위험으로부터 고차원의 법익을 보호하기 위한 것인 경우에는 그와 같은 장기에 걸친 보호조치도 헌법과 합치한다.[76] 작센주 헌법재판소는 개인의 보호, 신원의 확인, 퇴거명령의 관철을 위하여 최고 2주에 이르는 보호조치를 허용했던 구(舊) 작센 경찰법의 규정을 위헌이라고 판시한 바 있다.[77]

보호조치의 기간과 관련하여서는 보호조치의 승인과 기간의 연장을 위하여서는 언 56
제나 판사의 결정을 필요로 한다는 것에 유의하여야 한다(기본법 제104조 제2항). 조치를 취할 이유가 사라지게 되면, 보호조치는 종료되어야 한다.[78] 보호조치가 허용되는 기간이 종료 된 이후에는 당사자는 석방해 줄 것을 청구할 수 있다.[79]

보호조치에 있어서 당사자의 법적 지위는 자유에 대한 중대한 침해가 행해지는 것 57
을 완화하기 위하여 법률로 규율되고 있다.[80] 보호조치의 이유는 보호조치의 대상자에게 지체없이 통지되어야 한다. 보호조치의 대상자에게 통지를 하는 것이 그에게 불리하게 작용하는 경우에는 ―예컨대 정신착란상태에 있는 사람에게― 통지를 하지 않을 수도 있고 (적어도) 통지를 연기할 수도 있다.[81] 그로 인하여 보호조치의 목적이 위협받지 않는 한 보호조치의 대상자에게는 가족이나 신뢰관계에 있는 사람에게 알릴 수 있는 기회가 부여되어야 한다. 법률이 허용하고 있는 경우에는 그

75) § 28 Abs. 3 S. 5 PolG BW, Art. 20 S. 2 BayPAG.

76) 유사한 견해로는 *Schenke*, POR, Rn. 146; 4일을 넘어서는 보호조치를 위헌으로 간주하는 것으로는 *Blankenagel*, DÖV 1989, 689; *Pieroth/Schlink/Kniesel*, POR, § 17 Rn. 28.

77) SächsVerfGH, SächsVBl. 1996, 160 = JbSächsOVG 4 (1996), S. 50 = LKV 1996, 273 = JZ 1996, 957 m.Anm. *Götz* = DVBl. 1996, 1423 m. Besprechungsaufsatz *Schenke*, DVBl. 1996, 1393, LS 2.

78) *Gusy*, POR, Rn. 306.

79) 예컨대 § 42 BPolG, § 38 PolG NW.

80) 예컨대 § 41 BPolG; § 37 PolG NW.

81) § 5 Abs. 1 SOG MV; § 205 Abs. 1 LVwG SH.

한도에서 자유박탈의 기간 동안 보호조치의 대상자에 대하여 그 밖의 경찰상 조치가 가능하다.[82] 이것은 특히 직무질문, 수색 및 영치와 관련 있다.

58 행정행위를 집행하기 위한 소위 "이송조치(移送措置, Verbringungsgewahrsam)"는 경찰법적 의미에서의 보호조치가 아니며,[83]* 따라서 법적 근거가 없기 때문에 허용되지 않는다.[84] 경찰이 위험이 존재하는 어떤 장소로부터 멀리 떨어진 장소로 사람을 데려가서 내버려두게 되면 그로 인하여 두 장소간에 상당한 거리가 있게 되고, 그 사람이 바로 원래의 장소로 되돌아오는 것이 곤란해진다. 원래의 장소로 되돌아가기 위하여는 일정한 시간이 필요하다는 것과 같은 효과를 가져오는 것 또한 이송조치의 목적 중 하나이다. 그러나 보호조치는 보호조치의 대상자의 이동의 자유를 제한하여 그를 경찰의 통제하에 두는 것을 목적으로 하며, 이 경우 보호의무가 성립한다.

59 **사 례:**

시위참가자가 도심의 집회장소로부터 해변으로 경찰차량을 통해 이송되었다.
노숙자들이 도심에서 붙잡혀서 멀리 떨어진 도시의 외곽으로 이송되었다.
훌리건들이 축구경기장에서 붙잡혀 나와서 20km 떨어진 곳으로 보내졌다.
이와 같은 조치는 위법하다.

60 자유의 박탈이 단기간(短期間)에 행해진다는 것을 이유로 이송조치의 적법성이 정당화될 수는 없다.[85] 경찰관청에 의한 단기간의 자유박탈 또한 보호조치이다.[86] 법관의 결정을 받는 것이 보호조치의 시행보다도 시간이 더 오래 걸리기 때문에 법관의 결정은 필요로 하지 않는다.[87] 그럼에도 불구하고 보호조치를

---

82) *Gusy*, POR, Rn. 305.

83) 다른 견해로는 *Pieroth/Schlink/Kniesel*, POR, § 17 Rn. 4.

* **역주** 원저자인 Kugelmann 교수는 이처럼 이송조치가 보호조치가 아니라는 것을 강조하고 있는바, 이는 이송조치를 의미하는 독일어인 Verbringungsgewahrsam이 'gewahrsam'으로 끝나고 있어 보호조치를 의미하는 Gewahrsam과 혼동하기 쉽다는 것을 고려한 것이라고 생각된다.

84) *Gusy*, POR, Rn. 297; *Schoch*, POR, Rn. 222; 비슷한 경향을 보이는 것으로는 *Butzer*, VerwArch 93 (2002), 509 und 537 m.w.N.

85) *Schenke*, POR Rn. 139 f.와 142.

86) *Götz*, NVwZ 1998, S. 679 (683).

87) 모든 경찰법은 당사자를 보호하기 위하여 이러한 규정을 갖고 있다. 예컨대 § 40 Abs. 1 BPolG; § 36 Abs. 1 S. 2 PolG NW.

하기 위한 전제조건은 존재해야 한다. 단기간이라 할지라도 자유의 박탈은 단지 위험방지나 범죄예방을 위해서만 행해질 수 있다.

다른 견해는 개괄적 수권조항에 근거하여 이동명령을 발한 후에 이송조치를 취 61
하는 것은 직접강제의 방법에 의한 집행수단으로서 정당한 것이 될 수 있다고 한다.[88] 그러나 자유의 제한이나 자유의 박탈을 개괄적 수권조항에 근거하여 행할 수는 없다. 집행되어야 할 원행정행위(原行政行爲, Grundverwaltungsak)는 자유박탈을 목적으로 하여서는 안 되는바, 왜냐하면 그렇지 않으면 보호조치에 관한 종국적인 규율인 특별한 절차법적 보호규정을 무시하는 것이 될 수 있기 때문이다.

행정행위나 법률에 의하여 직접적으로 인정되는 의무가 당사자의 자유를 박 62
탈함으로써 이행될 수 있는 경우에는, 직접강제를 포함하는 집행에 관한 규정이 법적 근거로서 고려된다(일반적인 것에 대하여는 이하의 제9장을 보라).

사 례: 63

체류법(滯留法, AufenthG) 제58조에 따른 출국의무가 있는 외국인의 추방의 경우에는 행정행위를 통하여 구체화되는 법률상의 작위의무의 집행이 중요하다.[89] 집행가능한 출국명령의 시행을 위하여 외국인을 자동차에 태워 공항으로 강제적으로 이동시키는 것이 요구된다.[90] 그것은 직접강제의 특별한 형태이다,[91] 더 나아가 자유박탈로서 강제출국을 위한 보호조치(Abschiebungshaft)에 관하여는 체류법 제62조가 특별규정을 두고 있다.

보호조치는 자유박탈로서 기본법 제104조 제2항에 따를 때 단지 법관의 결정 64
(richterlichen Entscheidung)을 근거로만 허용된다. 경찰관청이 사람에 대해 보호조치를 취하였다면, 지체없이 법관의 결정을 받아야 한다(기본법 제104조 제2항 제

---

88) *Götz*, NVwZ 1998, 683.

89) *Renner/Dienelt*, Ausländerrecht, 9. Aufl. 2011, § 58, Rn.12.

90) Vgl. BVerwGE 62, 325 (327); 강제출국에 앞서 자유를 박탈하는 것에 대하여는 BVerfGE 105, 239.

91) *Huber*, AufenthG, 2010, § 58, Rn. 2; *Renner/Dienelt*, Ausländerrecht, 9. Aufl. 2011, § 58, Rn. 29.

2문). 여기서 '지체없이'라는 것은 정당한 이유없이* 지연되지 않도록 하여야 한다는 것을 의미한다.[92] 법원은 법관이 자신의 권한을 시간적으로 그리고 실질적으로 정당하게 행사하는 것을 보장할 수 있는 방식으로 조직되어야 한다.[93]

65 법관유보(法官留保, Richtervorbehalt)가 체포된 사람의 부담이 되어서는 아니 되므로 법관의 결정을 받는 것이 그 조치 자체보다 더 오래 걸리는 경우라면 반드시 법관의 결정을 기다려야 할 필요는 없다. 보호조치를 취할 이유가 사라져서 경찰이 그를 다시 보호조치로부터 풀어주려고 하는 경우에는 법관의 결정이 있을 때까지 기다릴 필요가 없다.[94] 그럼에도 불구하고 그 조치를 취할 이유가 있었던 것에 관하여는 사후적으로 법관의 결정을 받을 필요가 있다.[95] 법관유보는 법적인 청문절차의 보장과 기본권보호의 강화에 기여한다. 자유박탈이 종료되었다고 할지라도 사후적으로 법관의 결정이 행해져야 한다.[96]

66 자유박탈에 있어서의 사법적 절차는 주의 경찰법이 규율하고 있다.[97] 주의 경

---

* **역주** 예컨대 거리가 멀다거나 이동에 어려움이 있다는 것, 필요한 기록 및 조서작성, 체포된 사람의 반항 등으로 인하여 지연되는 것은 여기서의 정당한 사유, 즉 불가피한 사유에 해당하지 않는다고 한다[(BVerwGE 45, 51 (63); *Dürig*, in: Maunz/Dürig, GG, Art. 104 Rn. 38].

92) BVerwGE 45, 51 (63); BVerfGE 105, 239 (247 f.); 그 한도에서 "지체없이"는 민법 제121조 제1항의 "즉시(ohne schuldhaftes Zögern)"와는 다르게 이해되어야 한다.**

** **역주** 독일법에 있어 일반적으로 'unverzüglich'는 통상적으로 'ohne schuldhaftes Zögern'과 같은 의미로 사용되고 있으며, 독일 민법 제121조 역시 unverzüglich(ohne schuldhaftes Zögern)라고 하여 그러한 입장에 따르고 있다. 일상생활에 있어서는 보통 'sofort'라는 표현이 더 많이 사용되고 있다(이러한 사정에 관하여는 다음의 인터넷문헌 참조: http://de.wikipedia.org/wiki/Juristische_Fachsprache). 그런데 이러한 일반적 용어례와 달리 Kugelmann 교수는 unverzüglich와 ohne schuldhaftes Zögern를 다른 뜻으로 이해하여야 한다는 점을 강조하고 있는바, 이는 unverzüglich는 정당한 이유가 없는 경우에는 늦어져서는 안 된다는 의미를 갖는 것에 반하여 ohne schuldhaftes Zögern는 정당한 이유 유무를 고려하지 않는 것이란 점을 강조하고 있는 것으로 보인다. 이를 고려하여 일단 본 역서에서는 unverzüglich는 '지체없이'로, ohne schuldhaftes Zögern는 '즉시'로 번역하기로 한다.

93) BVerfGE 105, 239 (248).

94) *Gusy*, POR, Rn. 304.

95) *Schoch*, POR, Rn. 224; 다른 견해로는 *Schenke*, POR, Rn. 144.

96) BVerfGE 105, 239.

97) 예컨대 § 36 Abs. 2 PolG NW; § 15 Abs. 2 POG RP; § 38 Abs. 2 SOG LSA.

찰법은 대부분 연방의 「자유박탈에 관한 사법절차에 관한 법률」(FEVG)[98]을 원용하고 있으며, 개별적으로는 「가사소송과 임의관할사건절차에 관한 법률」[99]을 원용하고 있다. 보호조치의 대상자가 체포되는 지역을 관할하는 구법원(區法院, Amtsgericht)이 관할권을 갖는다.

67 보호조치에 대한 사후적 권리구제수단(Rechtsweg für den nachträglichen Rechtsschutz)에 관하여는 많은 문제가 다투어지고 있다. 명시적으로 구법원이 관할권을 갖게 되는 경우에는 일반법원(ordentliche Gerichte)에의 쟁송절차가 개시된다(바이에른주 경찰관직무집행법 제18조 제2항 제2문; 베를린주 일반안전질서법 제31조 제2항). 또한 행정법원법 제113조 제1항 제4문을 유추하여 경찰작용의 위법성을 확인하기 위한 행정소송절차도 고려될 수 있다.[100] 그러나 단일한 생활관계는 사후적 판단에 있어서도 보호조치의 적법성에 관하여 처음부터 관할권을 갖고 있는 일반법원에 지정되어야 하기 때문에 '계속적 확인의 소(Fortsetzungsfeststellungsklage)'*는 허용되지 않는다. 그렇지 않다고 하면 보호조치의 당사자가 보호조치로부터 석방된 경우에도[101] 보호조치에 관한 결정이 사후적으로 행해져야 하므로 구법원과 행정법원 양자 모두가 당해 사건에 대하여 관할권을 갖게 될 것이다.

7. 수색과 (신체)검사

68 수색(Durchsuchung)은 단순한 외피적인 관찰만으로는 발견할 수 없거나 감추

---

98) 1956년 6월 29일의 「자유박탈에 관한 사법절차에 관한 법률」 BGBl. I, S. 599 (Sartorius I Nr. 617).

99) 2008년 12월 17일의 FamFG (BGBl. I S. 2586).

100) *Schenke*, POR, Rn. 145 m.w.N.

* **역주** 독일의 행정법원법 제113조 제1항 제4문은 법원은 원고가 그의 확인에 대한 정당한 이익을 갖고 있는 경우에는 이미 소멸된 행정행위가 위법했었다는 것을 선언하도록 규정하고 있다. 이러한 확인소송은 행정행위의 소멸 이후에도 행정행위의 위법성 여부에 대한 확인을 구한다는 점에서 통상의 확인소송과 그 성격을 달리하는바, 이러한 점을 고려하여 독일에서는 이러한 소송을 특히 'Fortsetzungsfeststellungsklage'이라고 한다. 한편 우리나라의 경우 Fortsetzungsfeststellungsklage는 '계속적 확인의 소'라고 번역되어 사용되고 있다.

101) BVerfGE 105, 239 (248).

어져 있는 물건 또는 사람을 찾아내는 것을 그 목적으로 한다.[102] 사람의 신체, 물건 또는 가택에 대하여 수색이 행해진다. 이와 같은 세 가지 유형의 수색은 경찰법에 순차적으로 규정되어 있다.[103] 연방헌법재판소는 수색이 행해져서 그 효력이 소멸된 수색명령에 대하여도 권리구제가 가능해야 한다는 것을 분명히 하고 있다.[104] 왜냐하면 기본법 제19조 제4항의 의미에서의 효과적인 권리구제는 수색명령이 집행된 경우에도 보장되어야 하기 때문이다.[105] 특히 계속적 확인의 소가 효과적인 권리구제의 방식으로서 고려된다.

69 수색과 (신체)검사의 법률상 구성요건은 때로 다른 경찰상의 조치를 암시하기도 한다. 왜냐하면 많은 경우에 있어서 경찰의 조치들은 서로 다른 조치의 전제조건을 이루거나 다른 조치와 결합하여 한 묶음으로 사용되기 때문이다.[106] 수색은 예컨대 사람의 신원을 확인하기 위하여 또는 물건의 영치를 위하여 고려된다. 다른 법규정이 관련되는 경우, 그러한 것으로는 단지 진압적 목표를 보여주는 법규만이 고려된다. 형사소추와 관련된 수색은 형사소송법에 근거하여 행해진다.

7.1. 신체의 수색과 신체검사

70 신체의 수색(Durchsuchung von Personen)은 사람이 그의 옷, 신체 또는 신체의 제강(身體의 諸腔, Körperöffnungen)* 에 갖고 있는 물건의 발견을 목적으로 한다.[107]

---

102) BVerfGE 16, 239 (240); 32, 54 (76); BVerwGE 28, 285; 47, 31.

103) §§ 43 ff. BPolG; §§ 29 ff. PolG BW; Art. 21 ff. BayPAG; §§ 34 ff. ASOG Bln; §§ 21 ff. BbgPolG; §§ 19 ff. BremPolG; §§ 15 ff. HbgSOG; §§ 36 ff. HessSOG; §§ 53 ff. SOG MV; §§ 22 ff. NdsSOG; §§ 39 ff. PolG NW; §§ 18 ff. POG RP; §§ 17 ff. SaarlPolG; §§ 23 ff. SächsPolG; §§ 41 ff. SOG LSA; §§ 202 ff. LVwG SH (다른 일련의 법적 효과와 함께); §§ 23 ff. ThürPAG, §§ 18 ff. ThürOBG; § 21 BKAG.

104) Vgl. BVerfG, NJW 1998, 669; 또한 BVerfGE 105, 239를 보라.

105) BVerfGE 96, 27.

106) *Schoch*, POR, Rn. 227.

* **역주** '신체의 諸腔'이란 결국 입(구강), 귀 등을 말하는 바, 항문이나 여성의 질(膣)도 여기서의 신체의 諸腔에 속하는지 여부에 관하여는 다툼이 있다.

107) *Gusy*, POR, Rn. 251.

다른 법규에 의하여 적법하게 구금될 수 있는 사람에 대하여 신체의 수색을 할 수 있다. 법률의 문언에 따르면 사람이 실제로 구금되어 있어야 할 필요는 없으며, 그를 위한 전제조건이 충족되는 것으로 충분한 것으로 보인다. 그러나 (법률문언을 그렇게 해석할 수 있는 가능성이 있다고 하더라도) 현실적으로는 사람이 실제로 구금되고 그 한도 내에서 그의 자유가 제한된 경우에만 신체의 수색이 가능하다. 따라서 적법하게 구금될 수 있는 사람에 대한 신체의 수색을 위하여는 관련된 수권근거, 특히 보호조치의 전제조건이 충족되어야 한다.[108] 71

상황에 따를 때 그것이 생명이나 신체에 대한 위험으로부터 경찰공무원이나 제3자를 보호하기 위하여 필요한 경우에는, 무기나 다른 위험한 물건을 발견하기 위하여 신원확인을 목적으로 신체의 수색이 행해질 수 있다.[109] 수색의 목적은 제한된다. 때로 주법의 규정은 광범위한 수색을 허락한다.[110] 단순히 신원을 확인해 줄 수 있는 서류의 발견은 신체검사의 목적이 될 수 없는데, 왜냐하면 그에 대하여는 신원확인에 관한 규정이 적용되기 때문이다.[111] 72

주변정황상 사람이 영치될 수 있는 물건을 휴대하고 있다는 것이 인정될 수 있는 경우에 신체의 수색이 행해질 수 있다. 타인의 조력이 필요한 사람의 신체에 대한 수색은 그 자신의 보호를 위하여, 특히 위험한 물건을 발견하거나 그의 가족을 이해시킬 수 있도록 하기 위하여 행해진다. 73

사 례: 74

X는 시위에서의 폭력행위 때문에 경찰에게 잘 알려져 있다. 그녀가 바지주머니가 불룩하게 튀어나온 상태로 시위장소로 가는 도중에 발견되었을 때, X가 무기나 위험한 물건을 휴대하고 있다고 추정하여 경찰관이 그녀를 정지시켰다. 여성 경찰공무원이 X의 옷을 수색하였지만 단지 생필품만을 발견할 수 있었다. 이와 같은 수색은 적법했다.

대부분의 주법과 연방경찰법 제43조는 위험한 장소에 있거나 위험한 물건을 75

---

108) 제한적 입장으로는 *Gusy*, POR, Rn. 254.
109) 예컨대 § 29 Abs. 2 PolG BW; § 39 Abs. 2 PolG NW; § 41 Abs. 3 PolG LSA.
110) § 202 Abs. 1 Nr. LVwG SH.
111) *Schenke*, POR, Rn. 148; vgl. *Würtenberger/Heckmann*, PolR BW, Rn. 332.

가지고 있는 사람의 신체에 대한 수색을 허용하고 있다.[112] 이러한 개념정의에 관하여 이들 규정들은 신원확인에 관한 규정을 참고하도록 하고 있다. 수색에 관한 규정의 문언에 따르면 위험한 장소에 머무르고 있다는 것만으로 경찰의무(Polizeipflicht)를 야기하기에 충분하다. 그러나 신원확인에 관한 규정을 참고하도록 하는 것은 신원확인규정의 특질, 즉 사실관계를 통하여 위험이 존재한다는 것을 인정할 수 있는 경우에만 그 장소가 위험하다는 것을 고려하는 것이다. 따라서 수색을 받게 될 사람은 그와 같은 위험을 야기한 자이어야 한다.[113] 위험한 물건의 주변에 머무르고 있는 사람의 경우도 마찬가지이다.[114]

76 주법 가운데에는 위험인물의 주변에 머무르고 있는 사람의 신체에 대한 수색을 허용하고 있는 것도 있는바, 구체적 내용에 있어서는 상이한 점이 있다.[115] 검문소에서의 수색 또한 많은 주에서 허용되고 있다.[116] 수색의 방법과 관련하여 대부분의 경찰법률들은 신체의 수색은 단지 동성(同性)의 사람이나 의사만이 행할 수 있다고 규정하고 있다.[117]

77 신체의 수색은 신체의 검사(Untersuchung)와는 구분되어야 한다.[118] 수색이 옷, 신체표피와 입이나 귀처럼 쉽게 접근가능한 신체의 제강(諸腔)에 대하여 행해지는 것에 반하여, 신체의 검사는 사람의 신체상태 및 성기부위를 포함한 신체의 내부에 대하여 행해진다. 단지 헤센주 안전질서법 제36조 제5항과 작센-안할트주 안전질서법 제41조 제5항만이 신체의 검사에 관한 규정을 갖고 있다. 다른 주에서는 예방적 목적을 위한 검사는 허용되지 않는다. 개인의 권리영역에 대한 침해의 강도를 고려할 때 개괄적 수권조항에 근거하여 검사를 행할 수는 없다.[119] 형사소추를 위한 검사는 형사소송법 제81a조에 근거하여

112) 예컨대 § 29 Abs. 1 Nr. 4 und 5 PolG BW; § 39 Abs. 1 Nr. 4 und 5 PolG BW.

113) 유사한 견해로는 *Gusy*, POR, Rn. 254.

114) 이와 같은 내용을 명시적으로 규정하고 있는 것으로는 § 41 Abs. 2 Nr. 3 SOG LSA.

115) § 36 Abs. 2 Nr. 4 HessSOG, § 41 Abs. 2 Nr. 4 SOG LSA.

116) § 34 Abs. 2 Nr. 4 ASOG Bln.

117) 예컨대 § 39 Abs. 3 PolG NW.

118) *Drews/Wacke/Vogel/Martens*, Gefahrenabwehr, § 12, Ziff. 7.

119) *Rachor*, in: Lisken/Denninger, F Rn. 657 ff.; *Schenke*, POR, Rn. 150; 반대의 견해로는

행할 수 있다.

7.2. 물건의 수색

물건의 수색은 경찰이 찾고 있는 사람이나 당사자가 신체에 소지하고 있지 않은 물건을 발견하기 위하여 행해진다. 표준적 직무조치는 종종 준비적 성격 내지 동반적 성격*을 띠고, 경찰의 다른 조치들과 밀접하게 연관되어 있다.[120] 물건의 수색의 적법성은 물건의 수색을 필요하게 만드는 조치의 적법성과 결부되어 있다. 78

사 례: 79

경찰은 신원을 확인하기 위하여 교통관여인인 V를 정지시킨다. 뒷좌석에 있는 이불 아래에 무기처럼 보이는 물체가 존재한다. 경찰이 차량을 수색한다. 실제로 이불 아래에 있는 물건은 무기이다. 경찰공무원이 그것을 영치한다. 이 사례에서 경찰이 행한 3가지 조치(신원확인, 물건의 수색, 영치)의 적법성은 개별적으로 해당 권한규범을 근거로 하여 심사되어야 한다.

물건의 수색은 수색의 대상이 될 수 있는 물건을 사람이 소지하고 있는 경우에 허용된다. 만약 위험한 장소 또는 다른 위험한 물건에 그 물건이 존재한다면 수색이 계속하여 진행될 수 있다. 육상-, 수상-, 항공교통수단에 물건이 있는 경우에는 신원확인의 대상이 될 수 있는 사람이 그러한 교통수단, 즉 차량이나 선박 또는 항공기에 있다면 그에 대한 수색이 허용된다. 물건에 대한 사실상의 지배권자는 수색에 있어 현장에 참여할 권리를 가진다. 80

7.3. 가택의 출입과 수색

기본권 제13조의 주거의 불가침성이란 기본권은 침해의 적법성과 관련하여 특별히 엄격한 요건을 요구하고 있기 때문에 가택의 수색은 특별한 사례에 81

Pieroth/Schlink/Kniesel, POR, § 18 Rn. 3.

* 역주 표준적 직무조치는 다른 조치를 취하기 위한 준비적·보조적 수단으로 행해지거나(준비적 성격) 다른 조치에 수반하여 행해진다(동반적 성격)는 의미이다.

120) *Gusy*, POR, Rn. 256.

해당한다. 주의 관련규정들은 권한규범에 수색의 절차에 관한 규정을 부가함으로써 그러한 점을 고려하고 있다.[121] 주거에 대한 감청, 소위 대감청(大監聽, Großen Lauschangriffe)* 에 대하여는 특별규정이 적용된다(위의 제5장 4.4를 보라). 가택수색이라는 표준적 직무조치는 공개적으로 활동하는 가운데 주거를 출입하는 경찰공무원을 통하여 이루어진다. 이러한 수색에 상응하여 가택의 점유자는 경찰법의 절차규정에 따라서 수색에 참여할 권리를 가진다.[122]

82 기본법 제13조의 주거의 불가침성은 공간적으로 사적 영역을 보호한다.[123] 여기서 주거란 장기간의 체류에 적합하며, 공간적으로 경계가 지어진 영역을 말한다. 여기서의 주거에는 캠핑카(Wohnmobile), 텐트, 주거용으로 쓰이는 배(Hausboote), 차량과 연결하여 캠핑용으로 사용할 수 있는 공간(Wohnwagen) 등이 포함된다. 연방헌법재판소의 일관된 견해에 따르면 주거의 개념은 작업, 영업 및 사무공간도 포함한다.[124] 기본법 제13조 제1항이 우선하기 때문에 주법의 개념규정은[125] 단지 선언적 성격을 가질 뿐이다.

83 가택에의 출입이 사람의 발견 또는 체포, 물건의 발견 또는 영치 및 압수, 범죄흔적에 대한 수사를 목적으로 하는 것이라면, 그 경우의 가택의 출입은 가

---

121) §§ 45, 46 BPolG; § 31 PolG BW (Verfahren integriert); Art. 23, 24 BayPAG; §§ 36, 37 ASOG Bln; §§ 23, 24 BbgPolG; §§ 21, 22 BremPolG; §§ 16, 16a HbgSOG; §§ 38, 39 HessSOG; §§ 59, 60 SOG MV; §§ 24, 25 NdsSOG; §§ 41, 42 PolG NW; §§ 20, 21 POG RP; §§ 19, 20 SaarlPolG; § 25 SächsPolG; §§ 43, 44 SOG LSA; §§ 208, 209 LVwG SH; §§ 25, 26 ThürPAG.

* **역주** 독일의 경우 감청(監聽, Lauschangriffe)을 대감청(大監聽, große Lauschangriffe)과 小監聽(kleine Lauschangriffe)으로 나누어 설명하기도 한다. 이 경우 대감청이란 비공개적 대화를 도청하고 녹음하기 위하여 기술적 수단을 투입하는 것을 의미하며, 소감청이란 이러한 조치를 가택에 있는 (경찰)공무원이 행하는 것을 의미한다(이러한 설명에 대하여는 *Möllers*, Wörterbuch der Polizei, 2. Aufl., 2010, 1167 참조). 한편 오늘날 감청이 문제되는 경우는 주로 전자, 즉 대감청이다. 이에 관하여 자세한 것은 제7장 Rn. 157 이하 참조.

122) 예컨대 § 46 Abs. 2 BPolG; § 42 Abs. 2 PolG NW.

123) BVerfGE 109, 279 (309); *Papier*, in: Merten/Papier (Hg.), Handbuch der Grundrechte IV/1, 2011, § 91.

124) BVerfG 32, 54 (68 ff.); 76, 83 (88); 97, 228 (265); näher auch zur Gegenauffassung *Hermes*, in: Dreier, Art. 13 GG, Rn. 23 ff.

125) 예컨대 § 38 Abs. 1 HessSOG; § 41 Abs. 1 PolG NW; § 43 Abs. 1 SOG LSA.

택의 수색이다.[126] 가택의 수색은 가택에의 출입, 따라서 가택의 개문(開門)을 포함한다. 가택 내에서 옷장이나 서랍이 수색될 수 있다. 가택이나 컨테이너가 닫혀 있는 경우에는 직접강제를 행하기 위한 전제조건이 충족되는 경우에 한하여 강제적으로 열 수 있다.[127]

사 례:[128] 84

베를린에서 군(軍)퍼레이드 도중 외곽에서 소란이 있다. 장해를 일으킨 자에 대한 조치를 취하는 경찰관이 공과대학(工科大學) 기숙사의 창문과 지붕에서 날아오는 돌과 유리병 세례를 받는다. 경찰관이 기숙사를 점거하여 개별 방실에 출입하여 기숙사의 일부에 있는 학생들을 기숙사에서 나가게 하고, K를 포함한 많은 사람들을 잠정적으로 구금하고, 감식조치를 위하여 그들을 파출소로 데려간다. 구두변론과정에서 주의 대표자는 K를 일시적으로 구금하고 그에 대하여 행해진 감식조치가 위법하였다는 것을 인정한다. 이러한 한도 내에서 소는 취하되었다.

연방행정법원은 가택수색의 적법성과 관련하여 주거에 들어가는 모든 행위를 가택수색으로 간주하지는 않았다. 주거에의 출입이 사람의 발견이나 체포, 사물의 발견이나 영치 또는 압수, 범죄의 흔적에 대한 수사를 목적으로 한다면 주거에의 출입은 가택수색이다. 주거의 소유자가 그의 업무를 정상적으로 행하고 있는지를 점검하기 위한 목적으로 주거에 출입하는 것은 수색이 아니다.

이 사례의 경우 논란의 대상이 되는 조치는 수색이 아니다. 그곳에서 돌이 날아왔기 때문에 경찰은 그 집에 출입하여, 그곳에 있는 사람들에게 그 장소를 떠날 것을 명하였다. 기숙사는 평화로운 주거가 아니었다. 그곳에서 사후적 조사가 행해졌던 것이 아니라 밖에 있는 사람들이 보호되었다. 수색이 목적이 아니었던 것이다.

연방행정법원이 제시한 이유는 행사에 계속적인 장해를 주기 위해 이용될 수 있는 물건이 존재하는 가택의 수색이라는 경찰의 목적을 간과하고 있다. 이러한 조치는 비책임자에 대한 경찰권발동의 전제조건이 충족되는 것을 전제로 다수의 가택에 대하여까지 확대될 수 있다.[129]

126) BVerwGE 47, 31 (36); *Götz*, POR, § 8 Rn. 50.

127) *Gusy*, POR, Rn. 257.

128) *Gusy*, POR, Rn. 257.

129) BVerwGE 47, 31.

85 **사 례:** [130)]

K는 브레멘에서 협회의 단골모임장소로 사용되는 찻집을 운영하고 있는바, 영업시간 중에는 일반인의 출입이 가능하고 주로 쿠르드인들이 방문한다. 이전의 경찰출입검사에서 그곳에 있던 몇몇 사람이 외국인법에 위반하였던 것이 확인되었다. 두 명의 경찰공무원이 그 찻집에 들어가 그곳에 있는 네 명의 사람들의 신원을 확인하기 위하여 재차 검문을 한다. K가 이러한 조치의 적법성을 다투었다.

연방행정법원은 찻집에의 출입이 기본법 제13조 제1항의 보호영역을 침해한다고 보았는바, 왜냐하면 찻집의 작업, 영업 및 사무공간은 보호되어야 하기 때문이다. 그 점에 관한 한 연방행정법원의 입장에 따르도록 한다.[131)] 그러나 찻집에의 출입이 결정권자(Bestimmungsberechtigten)의 사적 영역을 침해하는 것이 아니고, 특히 정보의 수집을 위한 것도 아니기 때문에 기본법 제13조 제2항에 따른 수색은 존재하지 않는다. 공적으로 접근가능한 공간에의 출입은 경찰법상의 개괄적 수권조항에 근거할 수 있는데, 이 경우에는 브레멘주 경찰법 제21조 제4항이 근거조항이 된다. 연방행정법원의 견해에 따르면 구체적 위험의 존재를 요하지는 않으며, “상대적으로 작은 기본권 침해를 가져 오는 조치“는 이미 위험에 대한 사전배려수단으로서 정당화된다. 따라서 찻집에의 출입은 이후에 행해지는 브레멘주 경찰법 제11조 제1항 제1호에 따른 신원확인과 마찬가지로 적법한 것이었다.

그와 같은 침해의 전제조건을 고려할 때, 이러한 판결은 불법적 이민과 관련하여 방지되어야 할 위험과 이민의 방지를 위한 당사자의 권리간의 형량이 행해져야 한다는 점을 충족시키고 있다. 위험의 개념은 점점 완화되어 왔다.[132)] 결론적으로 경찰관청은 공중이 접근할 수 있는 작업, 영업 및 사무공간에 대하여 개괄적 수권조항을 근거로 —더 강화된 요구조건이 존재하지 않더라도— 출입할 수 있다.

86 보호조치의 대상자나 영치되어야 할 물건이 가택 내에 있는 경우에 가택의 수색이 허용된다. 이러한 수색은 주간에 행해진다. 소음이 매우 심한 경우 또는 신체, 생명 또는 개인의 자유에 대한 현재의 위험 및 중대한 가치가 있는 물건에 대한 현재의 위험을 방지하기 위한 경우에는 야간에도 수색이 허용된다. 몇몇 주법은 그곳에 납치된 사람이 있다는 것이 추정될 수 있을 때에 가

---

130) *Hermes*의 평석이 덧붙여져 있는 BVerwG, JZ 2005, 458.

131) 보다 강화된 보호수준에 관하여는 BVerfGE 32, 54 (68 ff.); 109, 279 (320 ff.). 반대의 견해로는 *Hermes*, in: Dreier, GG, Bd. 1, 2. Aufl. 2004, Art. 13, Rn. 23 ff. m.w.N.

132) Vgl. *Kugelmann*, DÖV 2003, 781.

택을 수색할 수 있다는 내용의 규정을 갖고 있다.133)*

사 례: 87

한 남자가 감전사고를 당하여 병원으로 이송되었다. 그곳에서 그 사람은 고장난 램프가 원인이었던 것 같다는 (자신의) 추정사항을 이야기한다. 경찰이 가택에 들어가 고장난 램프를 영치하기 위하여 가택을 수색한다.

개별법이 규정하고 있는 급박한 위험을 방지하기 위하여 가택에 출입할 수는 88 있으나 수색을 행할 수는 없다. 급박성(Dringlichkeit)이라는 요건은 기본법 제13조 제7항과 관련되어 있다. 침해의 문턱은 주법에 따라 상당한 차이가 있다.134) 어떤 법률은 급박한 위험의 존재만으로 충분한 것으로 보는 반면에,135) 다른 법률은 주거가 위험한 장소이거나 주거가 성매매에 이용될 것을 요구하고 있다.136) 특별규정은 공중이 접근할 수 있는 공간에 적용된다.137) 경찰-질서관청은 예컨대 업무시간 동안 영업법 규정의 준수여부를 조사하기 위하여('점검') 영업장소로 이용되는 공간에 출입할 수 있다.138)

기본법 제13조 제2항에 의하여 가택의 수색에는 법관유보가 적용된다.139) 관 89 할법원은 가택의 소재지를 관할구역으로 하는 구법원(區法院, Amtsgericht)이다.

---

133) 예컨대 § 38 Abs. 4 HessSOG.

* **역주** HessSOG 제38조 제4항의 원문은 다음과 같다: Rechtfertigen Tatsachen die Annahme, dass sich in einem Gebäude eine Person befindet, die widerrechtlich festgehalten wird oder hilflos ist und für die dadurch Gefahr für Leib oder Leben besteht, so kann die Polizeibehörde die in diesem Gebäude befindlichen Wohnungen ohne Einwilligung der Inhaberinnen oder der Inhaber betreten und durchsuchen, wenn die Gefahr auf andere Weise nicht beseitigt werden kann(의사에 반하여 구금되거나 절박한 상태에 있는 사람이 건물 안에 있어 그의 생명, 신체에 대한 위험이 존재한다는 가정이 합리화되는 경우 그 위험이 다른 방식으로 제거될 수 없다면 경찰관청은 이 건물에 존재하는 가택을 소유자의 동의없이 출입, 수색할 수 있다).

134) *Schoch*, POR, Rn. 234.

135) § 31 Abs. 1 PolG BW.

136) § 38 Abs. 6 HessSOG; § 41 Abs. 3 PolG NW; § 43 Abs. 6 SOG LSA.

137) 예컨대 § 41 Abs. 4 PolG NW.

138) BVerwGE 78, 251; *Götz*, POR, § 8 Rn. 50.

139) 상세한 것은 *Ennuschat*, AöR 2002, 126.

임박한 위험이 존재하는 경우에는 법률이 규정하고 있는 다른 기관, 예컨대 검사의 명령으로도 행해질 수 있다. 주거의 소유자는 수색에 참여할 수 있는 권리, 즉 입회권(立會權, Anwesenheitsrecht)을 가진다. 수색의 이유는 당사자에게 지체없이 통지되어야 한다. 수색에 대해서는 조서(Niederschrift)가 작성되어야 한다.[140)*]

8. 영치와 압류

90 위험방지를 위하여 경찰-질서관청이 점유권자의 처분권한을 박탈할 것이 요구될 수 있다. 경찰법률 중 일부는 영치와 압류를 구분한다.[140)] 대부분의 법률은 단지 넓은 의미의 영치(領置, Sicherstellung)만을 규율하고 있으며, 이것은 압류(押留, Beschlagnahme)의 경우를 포함한다.[141)] 영치와 압류를 구분하는 경우 영치는 소유권자 또는 적법한 사실상의 지배권자의 보호에 기여하는 반면, 압류는 제3자의 보호에 기여한다. 넓은 의미에서 영치란 일반공중 또는 개인의 물건에 대한 영향력을 약화시켜 물건에 관한 (국가의) 사실상의 지배권을 고권적으로 발생시키는 것을 의미한다.[142)] 이하의 설명은 이러한 영치의 개념에 근거한 것이다.

91 영치는 특히 현재의 위험을 방지하기 위하여 또는 물건의 손실이나 손상으로부터 소유권자나 처분권자를 보호하기 위하여 행해질 수 있다. 영치는 위험방지를 위한 독자적 조치이다. 그 외에 영치에 수반되는 조치로서 물건을 불법적으로 사용하는 것을 막기 위하여 사람의 구금이 고려될 수 있다. 몇몇 법률은 고유한 사례그룹으로 범죄행위나 질서위반행위를 범하는 것에 사용될 수 있는 물건의 영치를 허용하고 있다.[143)]

---

140) 예컨대 § 46 BPolG.

* 역주 여기서의 조서에는 권한 있는 부서, 수색의 근거, 시간, 장소, 결과가 기재되어야 한다.

140) §§ 32, 33 PolG BW; §§ 26, 27 SächsPolG.

141) § 47 BPolG; Art. 25 BayPAG; § 38 ASOG Bln; § 25 BbgPolG; § 23 BremPolG; § 14 HbgSOG; § 40 HessSOG; § 61 SOG MV; § 26 NdsSOG; § 43 PolG NW; § 22 POG RP; § 21 SaarlPolG; § 45 SOG LSA; § 210 LVwG SH; § 27 Thür PAG.

142) *Drews/Wacke/Vogel/Martens*, Gefahrenabwehr, § 12, Ziff. 11a; *Pieroth/Schlink/Kniesel*, POR, § 19 Rn. 2a.

사 례: 92
거리에서 주인의 감시를 받지 않고 달리고 있는 광견(狂犬)이 잡혔다.
보호조치상태에 있는 X가 손에 칼을 쥐고 있어서 여경(女警)이 그에게서 칼을 빼앗는다.
일단의 소떼가 장소의 이동 없이 축사에 영치된다.

지배적인 견해에 따를 때 영치는 영치를 명하는 행정행위인 인도처분(引導處分, Herausgabeverfügung)과 물건의 사실상의 점유이전을 통하여 행해진다.[144] 이로부터 공법상의 임치관계(任置關係, Verwahrungsverhältnis)가 성립하며, 그에 따른 권리와 의무가 발생한다(이하의 Rn. 100 참조). 93

영치는 도로교통과 관련된 위험의 방지라는 관점에서 중요한 역할을 수행한다. 자동차의 견인이 영치가 될 수도 있다(이하의 제9장 5.1을 보라). 경찰-질서관청의 위탁을 받아 자동차를 공용 차량보관소로 견인하는 경우가 그러한 예이다.[145] 열쇠나 자동차등록증 또한 영치의 대상으로 고려될 수 있다. 94

사 례:[146] 95
자동차 한 대가 정지된다. 자동자의 운전자는 운전면허증을 소지하고 있지 않음이 확인되었다. 운전자는 급히 약속장소로 가야 한다고 설명한다. 그러한 설명으로부터 경찰은 그가 계속 자동차를 운행하려고 한다는 결론을 내리고 자동차를 영치한다.
현재의 위험이 존재한다. 운전면허증이나 자동차열쇠의 영치는 양자 모두 목적달성에 적합한 것이 아니다. 왜냐하면 운전자가 어떠한 경우에도 약속장소에 가겠다는 인상을 주고 있기 때문이다. 따라서 자동차의 영치는 적법하다.

출판물에 대하여는 특별규정이 적용된다. 출판물은 경찰법에 따라 영치되어서는 안 된다. 왜냐하면 그것은 기본법 제5조 제1항 제2문의 언론의 자유를 침해하기 때문이다. 출판물의 내용과 관련된 것이라면, 경찰-질서관청의 (기본권) 96

143) 예컨대 § 40 Nr. 4 HessSOG.
144) *Götz*, POR, Rn. 309.
145) *Götz*, POR, Rn. 313; *Pieroth/Schlink/Kniesel*, POR, § 19 Rn. 4; *Schoch*, POR, Rn. 240; *Würtenberger*, in: Achterberg/Püttner, § 21, Rn. 177; 반대의 견해로는 *Schieferdecker*, Die Entfernung von Kraftfahrzeugen als Mittel staatlicher Gefahrenabwehr, 1998, S. 96; 이에 따르고 있는 것으로는 *Schenke*, POR, Rn. 164.
146) Vgl. *Götz*, POR, Rn. 312.

제한적 침해는 전체적으로 허용되지 않는다.[147] 이 경우에는 출판물에 관한 법률의 "(경찰에 관한 법률에 대한) 우선적용의 원칙"이 고려된다.[148] 출판물의 압류는 주의 출판법 제13조 및 제14조에 규정되어 있다. 형사소추와 관련되는 경우에는 형사소송법 제111m조, 제111n조가 압류의 법적 근거가 될 수 있다. 지배적 견해에 따를 때 출판법적인 보호메커니즘은 이러한 한도에서 후퇴하게 된다.[149]

97 영치가 집회의 과정 중에 행해지는 경우에는 기본법 제8조가 영치의 적법성에 영향을 미친다. 집회법을 근거로 한 조치는 종국적인 것은 아니다. 그러나 경찰법의 적용에 있어서 기본권의 행사가 비례의 원칙에 위반하여 침해되어서는 안 된다는 점을 유의하여야 한다.

98 **사 례:**

대규모 시위에 앞서 검문소에서 버스가 정차된다. 그들에 관한 다른 정보가 존재하지 않는 승객들의 신원이 확인된다. 경찰의 판단에 따를 때 집회가 행해지는 동안 보호용 무기로 사용될 수 있는 삼각대(경고표시용), 자동차레버 및 다수의 천막용 봉을 경찰이 영치한다.

외관상 위험이 존재할 수도 있다. 그러나 손해발생의 개연성을 인정하기 위한 사실적 근거가 신빙성이 있을 정도로 충분하지 않다. 더욱이 그러한 조치는 비례의 원칙에 합치하지도 않는다.[150] 많은 물건들이 기능이 변경되어 무기가 될 수 있다. 그렇다고 하여 그럴 가능성이 있는 모든 물건을 영치할 수 있다고 하는 결론에 이르러서는 아니 된다. 그를 소지하지 않는 것이 질서위반행위가 되는 물건의 경우에는 더욱 그러하다. 영치는 위법했었다.[151]

---

147) *Löffler/Ricker*, Handbuch des Presserechts, 4. Auflage 2000, Ziff. 10/4.

148) Drews/Wacke/Vogel/Martens, Gefahrenabwehr, § 18, Ziff. 2c; *Pieroth*, in: Kugelmann (Hg.), Polizei unter dem Grundgesetz, 2010, S. 55 (57 ff.).

149) *Achenbach,* in: Löffler/Wenzel/Sedelmeier (Hg.), Presserecht, 5. Auflage, 2006, Vorbem. §§ 13 ff., Rn. 24 ff. m.w.N.; Polizeifestigkeit에 관하여는 같은 책 Rn. 39.

150) BayVGH BayVBl. 1983, 434를 보라.

151) *Schwabe*.의 비판적 평석이 딸려 있는 OVG NW, DVBl. 1982, 653.

9. 임치, 환가, 폐기

경찰-질서관청이 물건을 점유하게 되면 다른 규정, 예컨대 경찰이 그 물건을 어떻게 처분할 수 있는지에 관한 규정이 규율하게 된다.[152] 주법들은 그 내용에 있어 구체적으로는 약간의 차이가 있다. 경찰-질서법은 물건의 처리와 관련하여서는 공물법, 공법상의 손해배상법과 관련이 있다. 99

영치의 결과는 먼저 임치(任置, Verwahrung)인데, 이에 관하여는 법률이 규율하고 있다.[153] 공법상의 임치관계로부터 임치를 하는 기관이 임치된 물건의 가치가 감손되는 것을 방지하여야 할 의무가 도출된다. 임치기관이 임치에 있어 기울여야 할 주의의무를 위반하는 경우에는 당사자의 청구권이 생길 수 있다. 국가배상청구권 또는 공법상의 채권관계가 청구의 근거가 될 수 있는데, 그에 관하여는 원칙적으로 이행장해에 관한 민법의 규정이 유추적용될 수 있다.[154] 영치의 전제조건이 소멸된 이후에는 결과제거청구권이 인정되는 결과 당사자에게 물건이 반환되어야 한다.[155] 물건의 반환청구권에 관하여는 대부분의 경찰법이 상세하게 규정하고 있으며,[156] 그것은 일반이행소송(一般履行訴訟, allgemeine Leistungsklage)을 통하여 실현될 수 있다.[157] 100

> **Tip** 경찰이 영치한 물건의 임치의 경우에 있어서 직무상 불법행위를 원인으로 하는 국가배상청구권과 당사자의 국가기관에 대한 그 밖의 손해배상청구권을 반복학습하라. 101

다음과 같은 경우에 영치된 물건은 환가(換價, Verwertung)될 수 있다: 즉, 부 102

---

152) § 20 Abs. 1 PolG BW; Art. 12 BayPAG; § 18 Abs. 3 ASOG Bln; § 11 BbgPolG und § 23 Nr. 1 lit. a BbgOBG; § 13 BremPolG; § 3 HbgGDAtPol; § 12 HessSOG; § 28 SOG MV; § 12 NdsSOG; § 9 PolG NW und § 24 Nr. 1 OBG NW; § 9a POG RP; § 11 SaarlPolG; § 18 SächsPolG; § 14 SOG LSA; § 180 LVwG SH; § 13 ThürPAG und § 16 ThürOBG.

153) 예컨대 § 44 PolG NW.

154) *Maurer*, Allgemeines Verwaltungsrecht, § 29, Rn. 4 ff.

155) *Schenke*, POR, Rn. 159.

156) 예컨대 § 46 PolG NW.

157) *Knemeyer*, POR, Rn. 264.

패할 우려가 있거나, 영치에 지나치게 많은 비용이 들거나, 물건의 성질상 그를 임치하여도 공공의 안녕에 대한 위험을 제거할 수 없거나, 영치를 하기 위한 전제조건이 새로이 충족됨이 없이 1년의 기간이 경과한 이후에도 당사자에게 반환할 수 없거나 또는 (상당한 기한을 정하여 그 기한 내에 찾아가지 않으면 환가를 하겠다는) 통지에도 불구하고 그 기한 내에 물건을 찾아가지 않는 경우. 환가는 일반적으로 공매(公賣)에 의하는 것이 원칙이나 보충적으로 수의계약을 통한 매매의 방식으로 행해진다.

103 영치된 물건은 최후의 수단으로서 더 이상 사용하지 못하게 하거나[불용처분(不用處分)] 폐기할 수 있으며, 국고에 귀속시킬 수도 있다.[158] 국고에의 귀속, 즉 국가에로의 소유권이전이 모든 경찰법에 규정되어 있지는 않다. 환가의 경우에 영치의 근거가 새로이 생기거나 다른 이유로 환가가 불가능할 경우에 물건은 폐기된다. 불용처분, 폐기 그리고 국가에로의 소유권이전은 공용침해(公用侵害, Enteignung)*가 아니라 재산권에 대한 사회적 구속의 표현이다(기본법 제14조 제2항).[160]

10. 주목사실의 통보

104 주목사실의 통보(Gefährderansprache)**는 구체적인 경우에 잠재적 위험야기자에게 공공의 안녕과 질서에 대한 장해를 야기하지 말 것을 경고하는 것이다.

---

158) *Drews/Wacke/Vogel/Martens, Gefahrenabwehr,* § 12, Ziff. 11d.

* **역주** 원래 독일어의 Enteignung은 공용수용을 의미하는 것이었지만 오늘날은 그 의미가 확대되어 공용사용과 공용제한까지 포괄하는 것으로 사용되고 있으며, 이러한 점에 착안하여 Enteignung을 공용침해(公用侵害)라고 부르는 것이 일반화되어가고 있다.

160) BVerfGE 20, 351.

** **역주** Gefährderansprache란 경찰이 잠재적 위험야기자(potenzielle Gefahrursacher), 즉 위험을 야기할 가능성이 있는 자(예컨대 경찰이 알고 있는 난동자나 훌리건)에게 장래에 일어날 일(예컨대 축구경기, 집회 등)의 전단계에서 경찰이 그들을 예의 주시하고 있다는 것과, 그들로 인해 발생하는 묵과할 수 없는 위험상황을 바라보고만 있지는 않을 것임을 분명하게 하기 위하여 이를 말로 통보하는 것을 말한다. 한편 이러한 것이 문서로 행해지는 경우에는 "Gefährderanschreiben"이라는 용어가 사용된다(*Möllers*, Wörterbuch der Polizei, 2. Aufl., 764 참조). 이와 관련된 우리나라의 논의로는 서정범, 집회의 전단계에서의 경찰의 조치, 행정법학 제6호, 2014, 129쪽 참조.

경고는 일반적으로 당사자가 이미 경찰의 관찰범위 내에 들어와 있다는 사실의 확인을 통하여 뒷받침되고, 만일에 장해를 야기하게 되면 경찰이 경찰권발동을 통하여 개입할 수 있다는 암시를 통하여 보충된다. 경찰은 주목사실통보를 통하여 당사자를 위축시키거나 관찰함으로써 당사자가 폭력행위에 참가하지 않게 되기를 기대한다.[161]

주목사실의 통보는 구체적인 사실관계에 근거할 때 법익을 손상시킬 수 있을 105
것이라고 추정되는 자의 행위에 영향을 미치려고 하는 경찰의 조치이다. 그 의 효과의 정도는 사실적 근거를 얼마나 입수할 수 있으냐와 경찰이 의도하는 대로의 위험방지효과를 가질 것이냐에 달려 있다.

주목사실의 통보는 규율(Regelung)의 성격을 갖지 못하므로 사실행위에 불과하 106
다.[162] 수권근거에 관하여는 의문이 있다. 주목사실의 통보가 당사자의 기본권을 침해하는 것이 아니라면 경찰상의 직무규범만으로도 충분할 수 있다. 기본법 제1조 제1항과 관련 있는 기본법 제2조 제1항, 그 외에도 기본법 제2조 제1항 또는 집회의 전단계라면 기본법 제5조나 제8조가 관련될 수 있다.[163] 행위를 하는 경찰공무원이 실제 현장에 있는지 여부, 추구하는 목적, 호소의 강도와 목적 및 그 이유의 제시 등이 침해의 정도를 판단하기 위한 기준이 될 수 있다.[164] 일반적으로 법적 상황에 대한 단순한 암시만으로는 침해가 있다고 할 수 없다.[165]

사 례: 107

A는 경찰관청의 다음과 같은 편지를 받는다:

161) *Rachor*, in: Lisken/Denninger, F Rn. 820; *Schenke*, POR, Rn. 652; *Arzt,* Die Polizei 2006, 156; *Breucker,* NJW 2006, 1233 (1236); *Deusch*, Die Polizei 2006, 145 f.; *Franz/Günther*, NWVBl. 2006, 201 (206).

162) OVG Nds, NJW 2006, 391; *Rachor*, in: Lisken/Denninger, F Rn. 821; *Schenke*, POR, Rn. 50, 484, 652; *Deusch*, Die Polizei 2006, 145 (146).

163) *Rachor*, in: Lisken/Denninger, F 823, 824.

164) *Rachor,* in: Lisken/Denninger F 823; *Arzt*, Die Polizei 2006, 156 (157 f.); *Deusch*, Die Polizei 2006, 145 (146).

165) OVG Nds, NJW 2006, 391 (392); *Breucker*, NJW 2006, 1233 (1236); *Franz/Günther*, NWVBl. 2006, 201 (206).

"괴팅엔 경찰당국은 당신이 시위와 관련하여 출현했던 것을 알고 있습니다. 따라서 당신이 추후에 시위에 참여할 가능성을 배제할 수 없습니다. 2001년 12월 13일부터 15일까지 브뤼셀에서 개최되는 유럽연합 정상회담에 대한 반대시위가 예정되어 있습니다. 동일한 상황하에서(예컨대 예테보리나 제노바) 과거에 몇몇 시위참가자의 상당한 폭력적 행위가 있었습니다. 이번 유럽연합 정상회담기간 중에도 이러한 일이 발생할 것을 예상할 수 있습니다. 위험방지와 관련된 예방경찰적 조치(독일-벨기에 국경지역으로의 퇴거조치까지 행해질 수 있습니다) 또는 시위와 관련된 범죄행위를 이유로 형사소송적 조치를 받게 되는 것을 피하기 위하여 우리는 당신이 위에서 말한 행위에 참여하지 않을 것을 권고합니다."[166]

108 문서에 의한 주목사실통보는 상대방으로 하여금 집회에의 참가를 주저하게 만들게 된다. 이처럼 집회에의 참가를 주저하게 되는 것은 상대방에게 경찰의 조치를 통지하는 것으로부터 도출된다. 따라서 기본법 제5조 및 제8조에 대한 침해가 존재한다. 그러므로 수권근거가 요구된다.[167] 이에 대한 특별법적 규정이 결여되어 있으므로 단지 개괄적 수권조항만이 고려된다.[168] 따라서 상대방이 야기하는 구체적 위험의 존재가 요구된다.

109 니더작센주 고등행정법원은 위의 사례에서 구체적인 위험의 존재를 긍정하였다. 그러나 A가 범죄행위를 저지를 충분한 개연성이 존재하지 않기 때문에 A를 행위책임자로 보지는 않았다. A에 대한 비난은 일부는 시간적으로 이미 오래전 일이며, 나머지의 경우는 집회에 특유한 사건과 관계가 없다. 사례의 경우 문서에 의한 주목사실의 통보는 위법하였다.

11. 신고의무의 부과, 특히 축구경기와 관련하여

110 경찰상 '신고의무의 부과(Meldeauflage)'*[169]는 신원을 확인할 수 있는 서류를

166) OVG Nds, NJW 2006, 391.

167) OVG Nds, NJW 2006, 391도 그러하다.

168) *Rachor,* in: Lisken/Denninger F Rn. 825; *Breucker*, NJW 2006, 1233 (1236); *Schenke*, Polizei- und Ordnungsrecht, 6. Auflage 2009, Rn. 50; *Deusch*, Die Polizei 2006, 145 (146); 특별법적 규정을 요구하는 것으로는 *Arzt*, Die Polizei 2006, 156 (158).

* **역주** 신고의무 부과에 관한 국내에서의 논의로는 서정범, 집회의 전단계에서의 경찰의 조치, 행

소지하고 특정한 시점에 경찰관서에 출석하라는 명령이다.[169] 신고의무의 부과는 일반적으로 문서로 행해지고, 불이행시에는 (이행)강제금이 부과되는 것이 전형적이며, 즉시집행가능한 것으로 설명된다.[170] 신고의무의 부과는 신고의무대상자를 축구경기장이나 시내로부터 멀리 떨어뜨려 놓아서 폭력행위에의 참가를 방지하는 것을 그 목적으로 한다.[171]

축구경기 도중과 그 전후에 폭력을 방지하고 제거하는 것이 이러한 조치가 111
주로 발전되어 온 중요영역이다. 목표그룹은 축구모임의 폭력적 성향의 회원, 특히 소위 '폭력을 행사할 준비가 되어 있는 과격한 팬들(sog. gewaltbereite Ultras)'이다. 이러한 조치는 다른 대규모 사건에도, 그리고 집회와 관련하여 폭력을 행사할 준비가 되어 있는 잠재적 집회참가자에 대해서도 사용될 수 있다. 이는 행사에 앞서 시간적 간격을 두고 폭력적 성향이 있는 잠재적 참가자를 행사에 참가하지 못하도록 하거나 법을 준수하는 행위를 하도록 함으로써 행사가 아무런 충돌없이, 특히 덜 폭력적으로 또는 비폭력적으로 진행되는 것을 보장하는 것과 관련 있다.

사 례: 112

A는 경찰관청으로부터 다음과 같은 편지를 받는다:

"당신은 2004년 6월 12일부터 7월 4일까지(포르투갈에서 개최되는 유럽축구대회기간) 독일 국가대표팀의 축구경기가 있는 날 매 18시 정각에 당신의 거주지를 관할하는 경찰서의 파출소에 개인적으로 출두하여, 그곳에서 이와 같은 처분에 따라 당신의 신분증명서를 제출할 의무가 있습니다. 당신이 위에 기재된 시간에 당신의 주거지에 체류하지 않는 경우, 당신은 최소한 24시간 이전에 당신이 지정한 독일 연방공화국 내의 다른 경찰서에 신고하는 것과 관련하여 서면으로 관할 경찰서와 협의할 수 있습니다. 당신이 신고하지 않는 경우에는 우리는 신고하지 않은 날마다 매일 250유로의 (이행)강제금을 확정하게 됨을 경고합니다."[172]

정법학 제6호, 2014, 130쪽 이하.

169) *Arzt*, Die Polizei 2006, 156 (158); *Rachor*, in: Lisken/Denninger, F 826; *Schucht*, Generalklausel und Standardmaßnahmen, 2010, S. 307 ff..

170) *Rachor,* in: Lisken/Denninger, F 826; *Breucker*, NJW 2006, 1233 (1236).

171) *Breucker*, NJW 2004, 1631 (1632); *Breucker*, NJW 2006, 1233 (1236); *Deusch,* Die Polizei 2006, 145 (146); *Franz/Günther*, NWVBl. 2006, 201 (206).

172) OVG Bremen, Urt. v. 02.29.2008 - I A 161/06, BeckRS 2008, 39991.

113 신고의무의 부과는 기본법 제2조 제1항을 침해한다. 기본법 제11조의 거주이전의 자유에 대한 침해도 존재하는지 여부에 대하여는 논란이 있다. 연방행정법원은 수차에 걸친 신고의무의 부과는 거주이전의 자유에 대한 제한이라는 것을 인정하였다.[173] 이에 대하여 학설의 대부분은 만약 당사자가 독일 연방영역 내의 모든 경찰관서에 신고할 수 있다면, 기본법 제11조에 대한 침해는 존재하지 않는 것으로 보고 있다.[174]

114 라인란트-팔츠주 경찰법 제12a조는 신고의무의 부과에 관한 명문의 규정을 갖고 있다. 특별법적 규정이 결여되어 있는 경우에는 개괄적 수권조항이 수권근거로서 고려된다. 그러나 개괄적 수권조항에 근거하여 신고의무를 부과하는 것이 허용될 수 있는지에 관하여는 다툼이 있다.[175]

115 개괄적 수권조항에 근거하여 행해질 수 없는 소환을 포함한 관련 표준적 직무조치가 존재한다는 것이 개괄적 수권조항에 근거하여 신고의무를 부과하는 것과 배치될 수도 있다.[176] 그러나 소환은 신고의무의 부과와는 다른 목적을 추구한다. 물론 소환은 신고의무의 부과와 마찬가지로 당사자의 출두의무를 내용으로 한다. 그러나 보충성은 입법의 목적에 따라 결정되는 것이지, 조치의 동일성에 따라 결정되는 것이 아니다.[177] 신고의무의 부과가 소환을 정당화하는 정보제공이라는 목적에 포함될 수는 없다. 그것은 오히려 행사장소에 당사자가 나타나지 않도록 하는 것을 그 목적으로 한다.[178] 따라서 소환가능성이 있다고 하여 신고의무를 부과할 수 없는 것은 아니다.

116 그럼에도 불구하고 신고의무의 부과가 그를 부과하기 위하여는 특별한 규정

---

173) BVerwGE 129, 142 (149) - NVwZ 2007, 1439 (1441).

174) *Arzt,* Die Polizei 2006, 156 (159); *Breucker,* NJW 2004, 1631 (1632 f.); *Hecker,* in: *Roggan/Kutscha*, S. 371; VGH BW, NJW 2000, 3658 (3660)도 그러하다.

175) *Schucht,* Generalklausel und Standardmaßnahmen, 2010, S. 324 ff., 472 m.w.N.

176) *Rachor,* in: Lisken/Denninger F 838; *Arzt,* Die Polizei 2006, 156 (159); *Hecker,* in Handbuch zum Recht der Inneren Sicherheit, 2. Auflage 2006, S. 370 f.

177) *Franz/Günther,* NWVBl. 2006, 201 (206).

178) *Franz/Günther,* NWVBl. 2006, 201 (206); *Krahm,* Polizeiliche Maßnahmen zur Eindämmung von Hooligangewalt, 2007, S. 337 f.; *Breucker,* NJW 2004, 1631 (1632);

을 필요로 하는 전형적 조치(typische Maßnahme)라는 것이 개괄적 수권조항을 적용하는 것을 부정하는 논거가 될 수 있다.[179] 이에 반하여 연방행정법원은 2007년에 신고의무를 부과하기 위하여 개별적 수권근거를 필요하지 않는다고 판시하였다.[180] 즉, 경찰상의 개괄적 수권조항은 항상 다시 나타나는 위험상황의 극복에 기여하는 것이고, '비전형적인' 침해행위에 국한되는 것이 아니다. 특별히 입법을 통하여 규율할 필요성은 인정되지 않으며, 기본권 침해 또한 그를 넘어서지 않는다. 그것은 개괄적 수권조항으로 커버된다.

신고의무의 부과라는 수단을 거의 사용하지 않는다면 —신고의무가 부과되는 양을 고려할 때— 그 한도에서 연방행정법원의 이러한 견해는 여전히 지지될 수 있는 것처럼 보인다. 그러나 기본권 침해의 정도가 현저하다. 신고의무의 부과는 축구경기와 관련하여 많은 주에서 현재 사용되고 있으며, 따라서 전형적 조치이다. 조만간 특별한 법적 근거가 필요하다. 117

개괄적 수권조항에 근거한 신고의무의 부과는 구체적 위험을 전제로 한다. 118
앞으로 사건이 어떻게 진행될 것이라는 것에 대한 예측은 출석의무를 부과하는 시점에서 신고의무부과의 상대방이 행사장소에서 공공의 안녕 또는 질서에 대한 위험을 발생시킬 것이라는 결론을 도출할 수 있는 구체적 사실관계를 기초로 하여야 한다.[181] 구체적 위험의 존재를 인정할 수 있는 가장 중요한 기준은 신고의무부과의 상대방의 예전의 행위이다.[182] 이러한 예측에 있어서는 당사자가 폭력적 행위에 참여하지 않을 것(예컨대 폭력이 예견되는 곳으로부터 멀리 떨어져 있을 것)으로 보이는 요소 또한 고려되어야 한다.[183]

179) *Pieroth/Schlink/Kniesel*, POR, § 7 Rn. 20, 21, § 16 Rn. 11; *Hecker*, in: Roggan/Kutscha, S. 370 f.; *Krahm*, S. 342 f.

180) BVerwGE 129, 142 (149) - NVwZ 2007, 1439 (1441).

181) OVG Nds, NVwZ-RR 2006, 613; VGH BW, NJW 2000, 3658 (3660); *Arzt*, Die Polizei 2006, 156 (159 f.); *Breucker*, NJW 2006, 1233 (1236); *Franz/Günther*, NWVBl. 2006, 201 (206);

182) *Breucker*, NJW 2006, 1233 (1236).

183) *Franz/Günther*, NWVBl. 2006, 201 (206).

확인문제

1. 개괄적 수권조항은 어떤 것을 그 전제조건으로 하며, 왜 보충적으로만 적용되는가? (Rn.9 이하, 114)
2. 주거로부터 강제퇴거의 경우에 경찰법과 민법의 협력관계를 설명하라. (Rn. 30 이하)
3. 사람에 대한 보호조치에는 왜 법관유보가 적용되는가? (Rn. 56 이하)
4. 경찰법적 의미의 수색을 정의하여 보라. (Rn. 70 이하, Rn. 77)
5. 물건의 영치에 대한 사례를 들어보라. (Rn. 92)
6. '신고의무의 부과'의 전제조건을 설명하라. (Rn. 118).

제7장 정보와 관련된 경찰-질서관청의 권한

1. 정보에 대한 침해를 위한 법적 근거

1 기술의 발전과 정보의 자기결정권이란 개념의 도입결과 영치, 보호조치, 퇴거명령 또는 수색과 같은 물리적 접촉에 기반한 표준적 직무조치외에 정보와 관련된 침해(Informationseingriffe, 이하 정보상의 침해라고 한다)가 나타나게 되었다. 경찰의 역할에 관한 사회적 그리고 정치적 논의에 있어서 공공장소에서의 비디오 감시, 전화감청, 통신사실확인자료의 예비적 저장(Vorratsdatenspeicherung)* 온라인수색(Online-Durchsuchung) 또는 주거감청 등이 종종 매우 중요한 테마가 되고 있다.[1)]

2 개념적으로 정보와 관련된 경찰의 활동은 예전부터 경찰의 임무수행에 있어 중심적 지위를 점하고 있었다. 개인에 대한 직무질문 또한 정보를 수집하는 것이다. 정보처리기술이 증대됨으로 인하여 늦어도 1970년대 이후부터는 정보의 수집과 처리가 법적으로 주목을 받게 된다. 정보기술이나 컴퓨터기술이 사용됨으로 인하여 경찰이 행하는 활동방식과 가능성이 변화되었다. 정보와

---

* 역주 Vorratsdatenspeicherung이란 '장래에 그를 이용할 목적으로 자료를 모으는 것'을 의미하는 바(*Möllers*, Wörterbuch der Polizei, 2. Aufl., 2010). 이를 "통신사실확인자료의 예비적 저장"이라고 번역하기로 한다. 독일의 경우 통신회사 등에게는 통신사실확인자료를 6개월간 저장하고 일정한 요건의 충족을 전제로 경찰 등 안전기관의 요구에 따라 이를 제출할 의무가 부과되어 있었던바, 2010년 3월 2일 독일 연방헌법재판소는 법절차적인 측면에서의 보호규정미비, 기술적인 측면에서의 정보보호규정 미비를 이유로 당해 조항에 대하여 위헌결정을 행하였다(BVerfGE 125, 160 ff. = BVerfG BvR 256/08 vom 2. 3. 2010). 독일 연방헌법재판소의 이러한 결정에 대한 평석으로는 박희영, 통신사실확인자료 보관 규정의 통신비밀침해에 대한 위헌판결[BVerG 1 BvR 256/08 vom 2.3.2010], 최신독일판례연구, ㈜로앤비 2010.4.4. 등록, 1-13쪽

1) 2009, 2010년 독일의 '정보보호와 정보자유담당관'의 활동에 관하여는 —23번째 활동보고서— BT/Drs. 17/5200, 특히 Ziff. 6과 7을 보라; *Glaser*, Jura 2009, 742.

관련되어 경찰이 행하는 조치들의 양과 질은 이러한 조치들에 대한 새로운 법적 평가를 필요하게 만들었다.

3 경찰의 정보활동은 1980년대까지 주로 일반적 임무규정을 근거로 하여 행해졌다. 연방헌법재판소의 인구조사판결은 정보의 자기결정권(기본법 제1조 제1항과 연계된 기본법 제2조 제1항)이란 개념을 만들어 냄으로써 이에 관한 결정적 전기를 가져오게 된다.[2] 동 판결에 따라 개인정보와 관련된 경찰의 정보활동은 기본권에 대한 침해로서 법적 근거를 필요로 하게 되었다. 그 결과 연방과 주의 모든 경찰법의 개정을 가져온 거대한 입법적 추진력이 생겨나게 되었다.[3] 경찰의 임무범위가 확대되고, 정보와 관련된 침해가 규범화되고, 정보보호에 관한 규정이 마련되었다.[4] 이들 규정에 대하여 내용이 분명하지 않다는 비판이 있기는 하지만, 그러한 규정들은 상당히 개선되었으며, 기본적으로 포기할 수 없는 부분이기도 하다.

2. 경찰의 정보수집과 정보처리

4 정보의 수집과 정보의 처리는 경찰활동의 중심을 이룬다.[5] 예전에도 그러하였던 것이지만 정보수집과 관련된 현대의 기술적 수단을 통하여 정치와 법학에 있어 관심의 초점이 되었다. 새로운 그리고 변형된 수단들은 기본권에 대한 새로운 침해를 가져올 수 있으며, 그에 따라 기본권침해를 위한 법률상 근거의 수정 또는 새로운 윤곽설정이 필요하게 되었다. 공공장소에 대한 비디오감시나 프로파일링과 같은 경찰의 수단이 사용되는 경우, 그러한 조치들은 법치국가적으로 의문이 없는 근거에 따라 행해져야만 하는 것이다.[6]

5 이러한 발전은 정보사회의 법(Rechts der Informationsgesellschaft)의 역동적인 발전의 일부분이다. 개개의 시민에게 있어 정보가 갖는 의미가 모든 생활영역에서

2) BVerfGE 65, 1.
3) *Götz*, POR, § 3 Rn. 4; § 17 Rn. 62.
4) *Knemeyer*, in: Festschrift für Rudolf, 2001, S. 483 (486 f.).
5) *Gusy*, POR, Rn. 185.
6) *Weber*, Die Sicherung rechtsstaatlicher Standards im modernen Polizeirecht, 2011.

증가하게 되었다.[7] 인터넷은 단지 정보와 자료가 개인생활에 있어 중심적 역할을 하게 되었다는 것을 가장 잘 나타내주고 있는 것일 뿐이다. 물건이 아니라, 점점 늘어만가는 정보가 사회적 그리고 경제적 생활의 중심에 놓이게 되었다. 여기에는 산업사회로부터 다양한 서비스사회로의 발전이 그대로 투영되어 있다.[8] 사회학적인 논의에서는 부분적으로 이미 지식사회라는 표현이 사용되고 있다.[9]

법적인 관점에서 보면 정보이용의 사회적 기술적 발전은 미디어법, 저작권법 6
과 같은 법영역에 영향을 미쳤으며, 또한 정보보호법과 경찰법에도 영향을 미쳤다.[10] 개인에게 있어 정보는 자유실현의 가능성을 활용하기 위하여 필요하다. 경찰의 정보와 관련된 활동으로 인하여 사적 영역이 침해받지 않도록 그를 보호하는 것은 자유권 행사를 위한 전제조건이다. 정보화사회에서의 투명성은 국가에 대한 이해의 변화와 관련이 있는바, 국가기관은 시민과 협력하고 시민은 국가기관을 상대로 정보청구권을 갖는다.[11] 개인이 스스로 정보를 만들어내고 전파하는 것이 훨씬 용이해졌다. 이러한 정보가 위험방지를 위하여 의미를 가질 수 있으며, 따라서 경찰-질서관청에게도 의미가 있을 수 있다.

전화통신설비를 위험을 야기하거나 범죄를 저지르기 위하여 이용하는 경우가 7
늘어나면서 그에 대응하는 경찰-질서관청의 조치가 필요하게 되었다. 사이버

7) *Vesting, Ladeur, Albers, Gusy, Holznagel, v. Bogdandy und Britz* in: Hoffmann-Riem/Schmidt-Aßmann (Hg.), Grundlagen des Verwaltungsrechts, Band II, 2008의 논문을 보라. 이에 관하여 기본적인 것으로는 *Kloepfer*, Informationsrecht, 2002, § 1; *Schoch*, VVDStRL 57 (1997), S. 158 (188 ff.); *Trute*, VVDStRL 57 (1997), S. 216 (249 ff.); *Vesting*, in: Dreier/Badura (Hg.), Festschrift 50 Jahre Bundesverfassungsgericht, 2002, S. 219; *Würtenberger*, in: Leipold (Hg.), Rechtsfragen des Internet und der Informationsgesellschaft, 2002, S. 3.

8) 정보화사회(Informationsgesellschaft)의 개념에 대하여 비판적인 것으로는 *Vesting*, in: Hoffmann-Riem/Schmidt-Aßmann (Hg.), Verwaltungsrecht in der Informationsgesellschaft, 2000, S. 101 (108).

9) Vgl. die Beiträge in: Röhl (Hg.), Wissen – zur kognitiven Dimension des Rechts, 2009.

10) 이 문제에 관하여 전반적인 것은 *Kugelmann*, in: Festschrift Assistententagung, 2011; 조금 더 자세한 것은 *Spiecker gen. Döhmann*, Rechtswissenschaft 2010, 247; 또한 *Vesting*, in: Hoffmann-Riem/Schmidt-Aßmann (Hg.), Grundlagen des Verwaltungsrechts, Band II, 2008, § 20, Rn. 55를 보라.

11) *Kugelmann*, DÖV 2005, 851 (860).

범죄(Cyber Crime)에는 인터넷을 이용한다는 특징을 갖고 있는 형사범죄가 포함된다. 그와 같은 범죄행위의 방지나 진실규명을 위하여 경찰관청 또한 현대적 기술을 이용하고 있다.

8 이에 따라서 먼저 전화통신의 자유에 대한 침해가 허용되기 위한 전제조건에 관한 문제가 제기되고, 다음으로 전화나 인터넷과 같은 통신설비사업자가 통신자료를 저장할 의무가 있는지, 있다면 얼마나 오랫동안 저장할 의무가 있는지에 관한 문제가 제기된다. 경찰관이 시민에게 직무질문을 행하는 경우와 마찬가지로 전화통신의 감청이나 통신사실확인자료의 예비적 저장은 법치국가와 자유보장이 요구하는 조건을 충족하여야 한다. 이 경우 특별한 기술적 조건들이 어떠한 특별한 법적 기준이 제시되어야 하는지의 문제를 제공한다.

2.1. 정보와 기본권 보호

9 정보는 단지 어떠한 사실관계에 관한 언명(言明)일 뿐이다. 정보는 사회적 상관관계를 만들어 내고, 상호작용과 의사소통을 실현하기 위한 전제조건임과 동시에 그 요소이다. 모든 정보는 가치평가적 요소를 담고 있는바, 왜냐하면 정보는 정보수신자에 의하여 비로소 구성되기 때문이다.[12] 컴퓨터파일뿐만 아니라 서류와 카드식 목록 또한 정보를 담고 있다. 끊임없이 발전해 가는 현대기술로 인하여 정보관리는 많은 문제를 던져주고 있다.[13] 정보의 이용가능성과 최신성을 고려할 때 정보기술 그리고 커뮤니케이션 기술의 자동화와 확산은 많은 장점을 가지고 있다. 그러나 그러한 기술은 위험 또한 내포하고 있는데, 왜냐하면 보다 간편해진 정보처리는 잘못된 정보처리와 정보가 남용되는 결과를 가져오기 때문이다.

10 정보의 관리는 경찰정보의 완전성, 광범위한 이용가능성 및 최신성을 그 목표로 한다.[14] 임무수행에 있어 중요한 것은 정보의 질(質)이지 정보의 양(量)이

---

12) 정보의 개념에 관하여는 *Albers*, Rechtstheorie 2002, 61 (67 ff.).

13) Vgl. *Guckelberger*, VerwArch 97 (2006), S. 62.

14) *Gusy*, POR, Rn. 185; 또한 ders., in: Hoffmann-Riem/Schmidt-Aßmann (Hg.), Grundlagen des Verwaltungsrechts, Band II, 2008, § 23을 보라.

아니다. 따라서 단순히 정보의 산을 쌓는 것이 되어서는 아니 되며(즉, 단순한 '데이터 마이닝(data mining)'* 이 되어서는 아니 된다), 이용할 수 있는 자료를 얻을 수 있도록 관리되어야 한다. 데이터연결망은 데이터에의 접근가능성을 창조해 내며, 그러한 접근가능성은 데이터에의 접근속도를 향상시킨다. 잘 짜여진 소프트웨어를 이용하여 정보관리의 효율성을 높일 수 있는바, 이는 많은 정보의 관리를 용이하게 하며 정보를 수집하려는 경향을 증대시킨다. 정보망은 범죄행위의 예방과 수사를 용이하게 한다. 그러나 그와 동시에 정보의 목적외의 사용 또한 더욱 용이해졌다.

정보관리의 법적 기준은 기본권, 특히 **정보의 자기결정권**(Recht auf informationelle Selbstbestimmung, 기본법 제1조 제1항과 연계된 기본법 제2조 제1항)으로부터 도출된 11
다.[15] 연방헌법재판소는 인구조사판결(Volkszählungs-Urteil)을 통하여 연방과 주의 정보보호법에서 일반적으로, 그리고 연방헌법재판소의 요청에 따라 특별한 영역에서도 정보에 관한 사항을 법적으로 규율할 필요성을 도출하였다.[16] 경찰-질서법 및 정보기관이나 안전기관에 관한 법은 개인정보의 처리에 관한 법적 규율의 필요성이 가장 직접적으로 투영되는 법이다. 이러한 사정은 유럽(법)적 차원의 경우도 마찬가지이다.

〈참고〉 인구조사판결(Volkszählungs-Urteil)

1. 서

1983년 12월 15일의 독일 연방헌법재판소의 인구조사판결이 있기 전까지는 "경찰에 의한 개인관련정보의 수집과 처리는 침해적 활동이 아니며, 따라서 경찰은 위험방지와 범죄수사를 위한 정보의 수집·처리를 직무규범에만 근거하여서도 행할 수 있다"고 하는 것이 일반적으로 승인되어 있었다. 그러나 인구조사판결에서 독일 연방헌법재판소가 개인관련정

* 역주 데이터 마이닝(data mining)이란 대규모로 저장된 데이터 안에서 체계적이고 자동적으로 통계적 규칙이나 패턴을 찾아내는 것을 말하는바, 다른 말로는 KDD(Knowledge-Discovery in Databases = 데이터베이스 속의 지식 발견)이라고도 한다.

15) BVerfGE 65, 1 (42); 92, 191 (197); BVerwG, DVBl. 2005, 1324; *Albers*, Informationelle Selbstbestimmung, 2005; *Bäumler*, in: Lisken/Denninger, J Rn. 1 ff.; 보다 상세한 것은 *Durner*, JuS 2006, 213.

16) BVerfGE 65, 1 (46).

보의 수집·처리는 '정보의 자기결정권'에 대한 침해를 가져오므로 그를 위하여는 형식적 법률에 의한 법적 근거가 필요하다고 함으로써 개인관련정보의 수집·처리를 위하여서는 반드시 별도의 권한규범에 근거하여야 한다는 것이 인정되기에 이르렀다. 이하에서는 개인관련정보의 수집·처리의 법적 근거에 관한 문제와 관련하여 코페르니쿠스적 방향전환을 가져오게 만든 동 판결의 내용을 간략히 알아보기로 한다.

2. 인구조사판결의 경위

1982년 3월 25일 독일 연방의회는 인구조사계획과 수행, 인구조사계획에 따라 조사된 정보의 사용과 제공에 관한 내용을 규정하고 있는 인구조사법(Volkszählungsgasetz)을 통과시켰는바, 동법에 대하여 그것이 국민의 인격권을 충분히 존중하지 않고 있다는 것을 이유로 헌법소원이 제기되기에 이르렀다(인구조사판결의 경위에 대하여 자세한 것은 김일환, 개인정보보호법제의 정비에 관한 연구, 한국법제연구원, 1997, 78쪽 이하 참조).

3. 인구조사판결의 내용

위의 헌법소원에 대하여 독일의 연방헌법재판소는 그 주장을 받아들여 정보의 자기결정권이 우선됨을 결정하였는바, 그 구체적 내용은 다음과 같다.

(1) 정보의 자기결정권의 의의 및 근거: 정보의 자기결정권이란 개인은 자신에 관한 정보공개 및 사용에 대해 스스로 결정할 권한을 말하며, 그 근거는 기본법 제2조 제1항의 일반적 인격권에서 찾을 수 있다. 즉, 무제한적인 개인관련 정보의 수집, 저장, 사용, 제공으로부터 개인을 보호하는 것은 기본법상 일반적 인격권에 포함된다.

(2) 정보의 자기결정권의 한계: 그러나 정보의 자기결정권이 절대적이고 무제한적인 것은 아니며, 중대한 공익이 있는 경우에는 개인은 정보의 자기결정권에 대한 제한을 받아들여야만 한다.

(3) 정보의 자기결정권에 대한 제한의 근거: 정보의 자기결정권에 대한 제한은 합헌적이며, 규범명확성의 원칙에 부합하는 법률의 근거가 있어야 하며, 그러한 규율을 행함에 있어서는 비례의 원칙을 준수하여야 한다.

4. 인구조사판결의 경찰법에의 적용가능성

인구조사판결에 담겨 있는 연방헌법재판소의 요구가 경찰법의 영역에서도 그대로 타당할 수 있는지에 대해서는 별도의 검토를 요한다(이는 인구조사판결의 직접적 대상은 1983년의 인구조사법이기 때문이다). 다만 독일의 경우 인구조사판결은 통계목적의 정보수집과 처리의 영역을 넘어서서 모든 공행정작용의 영역에서 준수되어야 할 원칙을 내포하고 있으며[*Hufen*, JZ 1984, 1072 ff.(1075)], 특히 공공의 안녕 혹은 질서유지와 관련하여 중요한 의미를 갖는 원칙들을 포함하고 있다는 것이 긍정되어 있다. 결국 이 같은 점을 고려할 때 정보의 자기결정권은 아무런 제한없이 경찰법영역에도 적용된다고 보아야 할 것이다[동지: *Knemeyer*, NVwZ 1998, 193 ff.(196)].

정보의 자기결정권은 자신의 생활관계와 관련된 정보가 수집되고 제3자에게 제공될지 여부, 그리고 그것이 가능하다면 어느 정도까지 수집되고 어느 범위 내의 제3자에게 제공될지에 대하여 스스로 결정할 시민의 자유를 보호한다.[17] 정보의 자기결정권은 국가기관의 권한을 억제하는 권리로서, 그것은 국가기관에 의한 정보관리가 정당하여야 한다는 것을 그 내용으로 한다.[18] 사적 영역이 상위의 보호법익이다.[19] 정보의 자기결정권의 주체와 효과가 종국적으로 설명되고 있지는 않다.[20] 특히 법인의 권리주체성(權利主體性, Rechtsträgerschaft), 즉 법인이 정보의 자기결정권의 주체가 될 수 있는지 여부와 사인을 상대로 하는 정보보호가 논의의 대상이 되고 있다. 연방헌법재판소는 기본적으로 정보의 자기결정권이 제3자효(第3者效, Drittwirkung)를 가질 수 있다는 것을 인정하고 있다.[21] 원칙적으로 사법상의 법인에게도 기본권보호가 인정된다(기본법 제19조 제3항을 보라).[22] 경찰-질서법과 관련하여서는 일반적으로 시민과 국가기관의 관계, 따라서 기본권의 방어적 기능이 중요하다. 12

정보의 자기결정권은 정보보호와 관련된 규정을 마련하는 결과를 가져왔는바, 그들 규정은 때로 통일성있는 법률적 개념을 창설하기 위하여 기본법이 요구하는 내용을 넘어서고 있다.[23] 그 결과 특정한 영역에 고유한 정보보호, 즉 13

17) BVerfGE 65, 1 (42); 80, 367 (373); 보다 자세하고 광범위한 내용에 대하여는 *Albers*, in: Hoffmann-Riem/Schmidt-Aßmann(Hg.), Grundlagen des Verwaltungsrechts, Band II, 2008, § 22, Rn. 56 ff. m.w.N.

18) *Epping*, Grundrechte, Rn. 535; *Pieroth/Schlink*, Staatsrecht II, Rn. 377.

19) *Rudolf*, in: Festschrift für Stern, 1997, S. 1347; 사적 영역의 보호에 관하여는 vgl. *Hohmann-Dennhart*, NJW 2006, 545.

20) 상세한 것은 vgl. *Albers*, Informationelle Selbstbestimmung, 2005.

21) BVerfG, NJW 1991, 2411; 또한 1. Kammer des 1. Senats, NJW 1999, 1777을 보라.

22) 반대의 견해로는 *Schmitt Glaeser*, in: Isensee/Kirchhof(Hg.), Handbuch des Staatsrechts VI, 1989, § 129, Rn. 88.

23) 연방정보보호법(BDSG)에 관하여는 *Kühling/Seidel/Sivridis*, Datenschutzrecht, 2008, S. 97 ff.

그 영역의 특별한 사정을 고려한 정보보호가 생겨나게 되었다. 연방헌법재판소는 그의 판결을 더욱 발전시켜서 실질적 요건 외에 침해에 대한 형식적 요건을 만들어 내어 그를 실질적 요건과 구분하였다.[24] 정보상의 침해와 관련하여서는 조직이나 절차를 통한 기본권보호가 중요한 역할을 한다.[25]

14 정보의 자기결정권은 정보의 수집뿐만 아니라 그 처리를 지배하는 원리이다. 특히 다음과 같은 것들이 **기본권으로 보장되는 정보보호의 토대**를 이룬다. 즉,

1. 충분히 특정된 법률적 근거의 필요성,
2. 목적에의 구속,
3. 비례의 원칙,
4. 독립적인 적법성통제의 가능성

15 정보의 자기결정권에 우선하는 특별한 기본권이 적용되는 경우에도 이러한 기본적인 요구조건은 적용된다. 기본법 제10조 또는 제13조에 대한 정보상의 침해를 위하여 필요한 요건은 매우 유사하다.[26] 그러나 제한의 측면에서 보게 되면 (특히 학생들의 사례연습에 있어서도) 양자간에 차이가 존재한다는 것에 유의하여야 한다. 연방헌법재판소는 '정보기술시스템의 기밀성(機密性, Vertraulichkeit)과 무결성(無缺性, Integrität)의 보장에 관한 기본권'*을 —온라인 수색과 관련하여— 일반적 인격권의 발현으로 발전시켰다(이하의 제7장 Rn. 191을 보라).[27]

16 비례의 원칙은 정보상의 침해와 관련하여서는 개인정보의 수집, 처리 및 이용은 법률이 정하고 있는 목적을 달성하기에 적합하고, 필요하고 상당하여야 한다는 결론에 달하게 된다. 따라서 무기명화되어 있지 않은 상태의 정보, 즉 이름이 기재되어 개인을 특정가능할 수 있는 정보라면 해당정보는 불특정한

---

24) *Gusy*, JuS 2004, 457 (460 f.).

25) BVerfGE 65, 1 (43); 109, 279 (357 f., 374 f.).

26) BVerfGE 100, 313 (359) zu Art. 10 GG; BVerfGE 109, 279 (315 f.) zu Art. 13 GG.

* 역주 소위 컴퓨터시스템 기본권.

27) BVerfGE 120, 374.

목적을 위하여 예비적으로 수집되어서는 안된다.[28)]

정보의 자기결정권을 침해하는 규정이 충분히 명확하고 비례의 원칙에 합치 17
하는지 여부를 판단함에 있어서는 다음과 같은 것들이 주요 요소로서 중요한 역할을 한다.[29)]

1. 정보의 민감성, 개인관련성.
2. 관련자가 —예컨대 위험을 야기함으로써— 정보를 수집할 동기를 제공하였는가?
3. 침해의 비밀성.
4. 정보수집을 넘어서는 급박하거나 우려되는 단점들.

2.2. 정보의 수집과 처리

정보의 자기결정권은 '개인관련(personenbezogene)' 정보와 관련이 있다. 여기서 18
개인관련정보란 특정될 수 있는, 또는 특정된 자연인의 인적 사정이나 물적 사정에 관한 개별적 정보를 말한다(연방정보보호법 제3조 제1항 참조). 그러나 경찰-질서관청의 임무는 이러한 개인관련정보의 처리를 넘어서서 —그것이 개인관련성을 띠고 있지 않는 경우에도— 모든 정보의 처리를 포괄한다. 법인에 관한 정보 또는 개인관련성이 없는 정보의 수집과 처리 또한 위험의 방지에 기여할 수 있다. 이런 측면에서 볼 때, 경찰법은 (경찰이라는 영역에 특유한) 정보에 관한 법이라고 할 수 있다.[30)]

사 례: 19

예컨대 이름, 생년월일, 주소, 주민등록번호, 건강보험번호 또는 특정한 개인이 식별될 수 있는 비디오 촬영정보 등이 개인관련정보에 해당된다. 개인을 특정할 수 있는 가능성이 충분하기 때문에 자동차 번호판도 개인정보에 해당한다. (주인 없이) 거리를 배회하는 개를 보았다고 하는 전화는 개인관련성이 없는 정보의 예가 된다. 이러한 정보의 처리는 예를 들어 수기(手記)문서 또는 컴퓨터자료파일에의 입력의 형태로 행해질

28) BVerfGE 100, 313 (360).

29) *Albers,* in: Hoffmann-Riem/Schmidt-Aßmann (Hg.), Grundlagen des Verwaltungsrechts, Band II, 2008, § 22, Rn. 101 ff., 146 ff.

30) *Schoch,* POR, Rn. 244.

수 있다.
법인과 관련된 자료가 개인관련정보로서의 성격을 갖는지 여부에 대하여는 논란이 있다. 특정 유한책임회사의 명의의 관련 상업장부에의 등록이나 사법상 법인에 대한 파산절차의 진행과 같은 정보 또한 유력한 견해에 따를 때 기본권보호(즉, 여기서는 정보의 자기결정권)의 범위에 포섭된다.

20 경찰-질서법관련 법률들은 대부분 정보의 수집, 처리, 이용과 같은 개념을 사용한다. 일상적인 용어례(用語例)에서뿐만 아니라 구체적인 규율내용에 있어서도 독일의 각 주의 경찰법간에는 많은 차이가 나타난다.[31] 독일의 모든 주의 경찰법은 이와 관련된 규정들을 가지고 있다. 또한 일반적인 정보보호법이 보충적으로 적용된다(작센-안할트주 안녕-질서법 제13a조는 이를 명시적으로 규정하고 있다). 경찰-질서관청에 의한 정보의 수집 및 처리와 관련된 규정들은 극히 광범위하며 또한 상세하다.[32] 이러한 복잡한 규정의 많은 부분은 불분명하고, 용어가 반복되거나 규정 상호간에 중복이 있는 경우도 있다. 그러나 그들 규정은 일련의 기본적 특징을 공통적으로 가지고 있는바, 그러한 특징은 헌법상의 규정과 실질적 적법성(Sachgesetzlichkeit) 으로부터 도출된다.

21 메클렌부르크-포어포먼주 경찰법 제3조 제4항에 따르면 정보의 수집이란 자료를 얻는 것을 말한다. 그리고 정보의 처리는 정보의 저장, 변경, 다른 기관에의 제공, 차단, 삭제, 무기명화(無記名化, Anonymisieren), 가명화(仮名化, Pseudonymisieren), 잠금 등을 의미한다. 모든 주의 경찰법은 이러한 개념들을 이와 같은 의미로 사용하고 있다. 경찰-질서법은 일반적인 정보보호법에 따르고 있다. 이러한 개념들은 연방과 각 주의 정보보호법에 일반적으로 정의되어 있다. 따라서 경찰-질서법이 고유의 개념규정을 갖고 있지 않은 경우에는, 정보보호법상의 일반적 개념이 적용된다.[33]

22 정보의 수집은 정보를 획득하는 것을 말하는바, 그것은 다양한 수단을 통하여

---

31) 함부르크의 경우 특별한 「경찰의 정보처리에 관한 법률」(PolDVG) vom 2. Mai 1991, HbgGVBl., S. 187이 존재한다.

32) 이러한 규율의 홍수(Regelungsflut), 즉 경찰의 정보획득과 처리에 관하여 상세하게 규율하는 것에 대한 비판으로는 *Würtenberger/Heckmann*, PolR BW, Rn. 354.

33) Vgl. z.B. § 3 LDSG BW; § 3 LDSG NW.

행해질 수 있다. 이러한 정보는 위험방지를 위하여 사용될 수 있도록 처리된다. 정보의 처리는 색인카드에의 기재, 컴퓨터 자료파일에의 입력 또는 보충의 형태로 행해질 수 있다. 범행도구, 범행흔적과 같이 검증의 대상이 되는 물건의 수집은 앞으로도 계속 필요하지만, 그러한 물건에 대한 감별과 접근은 점점 전자적인 형태로 이루어진다. 지문이 디지털화되어 보관된다면 지문검색(지문의 발견 및 대조)을 훨씬 간단하고 빨리 할 수 있을 것이다. 정보를 검색할 때나 자료를 비교검색하기 위하여 사용되는 소프트웨어의 발전과 이용이 이를 가능하게 한다.

정보의 수집과 처리는 원칙적으로 행정행위의 성질을 갖는다. 왜냐하면 기본 23
권으로 보호되는 권리를 침해하는 것은 행정절차법 제35조의 의미에서의 규율(Regelung)이기 때문이다.[34] 다만 정보상의 침해가 당사자가 인식하지 못하는 가운데 행해지는 경우에는 예외적으로 행정행위가 아닌데, 왜냐하면 이 경우에는 행정행위의 효력발생요건인 행정절차법 제41조 제1항 제1문에 따른 통지가 결여되어 있기 때문이다.[35]

사 례: 24

폭력적 집회현장에서 A가 경찰공무원 X에 의하여 사진촬영되었다. A가 집회에 참여하였다는 정보는 A가 창문에 돌을 던졌다는 여성경찰공무원 Y의 정보를 통하여 보충되었다. 이러한 정보들은 경찰이 보유한 정보와의 비교를 하는 방식으로 이용된다. A의 행적 등은 폭력적 집회의 참가자에 관한 자료에 그의 이름과 함께 저장된다. 이와 같은 정보는 장래에 집회현장에서 A의 신원을 즉시 확인하여 집회가 폭력적으로 진행될 위험을 방지할 수 있도록 저장된다.

2.3. 정보수집의 요건

개인관련정보의 수집은 경찰-질서관청에 의한 정보수집에 있어 중요한 부분이 25
다. 정보의 수집이 기본권을 침해하는 성격을 갖는 결과 정보의 수집은 연방과 주의 경찰법의 규정의 적용을 받는다.[36] 실무상으로는 개인관련정보와 개

34) 보다 자세한 것은 *Schenke*, POR, Rn. 178.

35) 권리구제에 관하여는 이하의 제13장을 보라.

인과 관련되지 않은 정보가 거의 구분되지 않기 때문에 때로 일반적 정보수집과 함께 규정되어 있는 경우도 있다. 따라서 예컨대 노르트라인-베스트팔렌주 경찰법 제9조 제4항에 따라 직무질문과 정보수집은 공개적으로 행해져야 한다.*

26 연방헌법재판소의 판례에 있어서 기본권에 대한 정보상의 침해에 대한 결정은 지난 수년간 매우 중요한 부분을 형성하여 왔으며, 이것은 앞으로도 수년간 지속될 것이다. 예컨대 주거에 대한 감청, 통신사실확인자료의 예비적 저장 또는 온라인 수색과 관련된 개별 판결들을 둘러싸고 격렬한 논의가 있었던바, 이들 각각의 문제는 이하에서 개별적으로 언급하기로 하겠다. 몇몇 주의 헌법재판소 또한 정보와 자료의 수집과 관련된 주법상의 규정에 관하여 결정을 내린 바 있다.

27 **명심하라** 경찰-안전법상의 새로운 규정의 합헌성은 시험에 있어 매우 중요하며, 또한 헌법의 사례연습에 있어서도 그러하다.

28 바이에른주 헌법재판소는 정보상의 침해에 대한 바이에른 경찰관직무집행법의 규정을 정보상의 자기결정권에 부합하며, 따라서 전체적으로 허용될 수 있는 것으로 판단하였다.[37] 관련규정은 사적 영역과 사회적 구속성 간의 비교형량을 규정하고 있다.[38] 국가의 안전과 국민의 안전은 헌법적 가치를 지닌다. 그 한도에서 국가는 보호의무가 있으며, 그에 상응하여 안전관청의 정보에 대

---

36) §§ 21 ff. BPolG; §§ 19 ff. PolG BW; Art. 30 ff. BayPAG; §§ 18 ff. ASOG Bln; §§ 29 ff. BbgPolG; §§ 27 ff. BremPolG; §§ 2 ff. HbgPolDVG; §§ 11 ff. HessSOG; §§ 26 ff. SOG MV; §§ 30 ff. NdsSOG; §§ 9 ff. PolG NW; §§ 26 ff. POG RP; §§ 26 ff. SaarlPolG; §§ 37 ff. SächsPolG; §§ 14 ff. SOG LSA; §§ 178 ff. LVwG SH; §§ 31 ff. ThürPAG.

* **역주** 노르트라인-베스트팔렌주 경찰법 제9조는 질문, 정보제공의무, 정보수집에 관한 일반원칙을 함께 규정하고 있다. 한편 동조 제4항은 "직무질무과 정보수집은 공개적으로 행해져야 한다; 법규정을 통해 허용되는 경우에 한하여 은밀한 정보수집이 허용된다(Befragung und Datenerhebung sind offen durchzuführen; eine verdeckte Datenerhebung ist nur zulässig, wenn dies durch Gesetz zugelassen ist.)"라고 규정하고 있다.

37) BayVerfGH, VerfGH 47, 241 = DVBl. 1995, 347, 이에 관하여는 *Schrader/Werner*, JZ 1995, 299.

38) 일반적인 것은 *Hohmann-Dennhart,* NJW 2006, 545.

한 수요 또한 증대하고 있다. 일반적인 위험개념의 요건을 충족하는 일반적 위험이 문제된다. 바이에른주 헌법재판소는 최근에 정립된 무작위적 신원확인(Schleierfahndung)에 관한 규정들을 위험에 대한 사전배려에 관한 규정의 성격을 갖는 것으로 보았으며, 따라서 적법하다고 판단하였다.[39] 그러나 이러한 결정은 위험의 개념을 위험의 사전배려로 적용하는 잘못을 범하고 있으며,[40] 조직과 절차에 관한 규정에도 뚜렷하게 나타나 있는 정보상의 침해에 대한 기본권적 한계를 오인하고 있다.

작센주 헌법재판소는 정보를 은밀하게 수집하기 위한 특별한 수단의 사용에 대하여 그러한 기본권적 한계를 설정하였다.[41] 즉, (위험의) 전단계에서의 조사와 관련하여 접촉인물과 동반인물(Kontakt- und Begleitpersonen)은 특별한 보호를 받는바, 따라서 그러한 전단계에서의 조사는 단지 매우 중요한 법익에 대한 급박한 침해의 우려가 있는 경우에만 허용된다.[42] 법관유보와 같이 실질적 법익침해에 대하여 헌법이 요구하는 보완책으로서의 성격을 갖는 조직적, 절차적 보호수단들은 특별한 가치를 갖는다.[43] 그러나 법치국가적 안전(보장)의 효율성과 관련하여서는 법관을 통한 실질적 조절이 중요하다.[44] 29

주거에 대한 감청과 관련하여 브란덴부르크주 헌법재판소는 입법자에 대하여 헌법적인 요구조건을 제시하였다.[45] 메클렌부르크-포어포먼주 헌법재판소는 판결 당시의 무작위적 신원확인을 위헌으로 판단하고 무효선언을 하였으나, 주거에 대한 감청과 같은 그 밖의 조치들은 매우 엄격한 한계 내에서 허용될 수 있는 것으로 판단하였다.[46] 30

---

39) BayVerfGH, DVBl. 2003, 261; BayVBl. 2006, 339; BayVBl 2011, 206.

40) Vgl. *Trute*, Die Verwaltung 32 (1999), 73 (81).

41) SächsVerfGH, SächsVBl. 1996, 160 = JbSächsOVG 4 (1996), S. 50 = LKV 1996, 273 = JZ 1996, 957 이 판결에 대하여는 다음과 같은 평석이 행해진 바 있다. *Götz* = DVBl. 1996, 1423; *Schenke*, DVBl. 1996, 1393.

42) *Trute*, Die Verwaltung 32 (1999), 73 (92)를 보라.

43) 소극적 견해로는 *Götz,* NVwZ 1998, 679 (686).

44) 이에 대하여 회의적인 것으로는 *Gusy*, ZRP 2003, 275.

45) BbgVerfG, LKV 1999, 450.

46) LVerfG MV, DÖV 2000, 71 = DVBl. 2000, 262 = LKV 2000, 345.

31 이러한 판례들의 개별적 결론은 각각의 개별적 수단을 설명하면서 언급하도록 하겠다. 이러한 판례가 존재한다는 사실을 통하여 기본권을 침해하는 경찰법상의 중요한 문제영역들이 자료의 수집, 처리와 관련 있다는 것이 분명해진다.

32 모든 개인관련정보의 수집은 법률유보의 원칙에 따를 때 경찰관련법률이 규정하고 있는 일반적 요건에 따라 행해진다. 개인관련정보는 공개적으로, 그리고 당사자로부터 수집되어야 하는 것이 원칙이다(연방경찰법 제21조 제3항 제1문). 이것은 직접성의 원칙(Grundsatz der Unmittelbarkeit)이 요구하는 바이다.[47]

33 당사자로부터의 정보수집이 제3자로부터의 정보수집보다 우선해서 행해져야 한다(노르트라인-베스트팔렌주 경찰법 제9조 제3항). 법률이 정보제공의무를 규정하고 있지 않은 경우에는 당사자의 정보제공 여부는 그의 자유의사에 따른다. 공공기관이나 제3자로부터의 정보의 수집은 그러한 방식으로 정보를 수집하지 않으면 효과적인 위험방지가 곤란하게 될 우려가 있을 경우에 허용된다.

34 공개적인 정보수집이 은밀한 정보수집보다 우선하여 행해져야 한다(노르트라인-베스트팔렌주 경찰법 제9조 제4항). 이것은 자료의 은밀한 수집을 위한 권한규정에 명시되어 있다. 이것은 은밀하게 행해지는 조치가 필요하거나(예컨대 노르트라인-베스트팔렌주 경찰법 제16조 제1항 제1호) 다른 방법으로는 위험방지가 불가능하거나 현저히 곤란하게 될 것이 명백한 경우여야 할 것을(연방경찰법 제28조 제1항 제1문) 그 전제로 한다. 여기서 '은밀하다'는 것은 경찰이 당사자 앞에 나타나지 않는다는 것만을 의미하는 것이 아니라, 당사자가 그 조치의 경찰상 성격을 인식할 수 없는 조치의 경우도 포함한다.[48]

사 례:
경찰공무원이 신분을 위장하여 수공업자라는 '가짜 신분(Legende)'으로 주거에 출입한다.

---

47) *Schenke*, POR, Rn. 180; Schoch, POR, Rn. 246; 이에 관하여 일반적인 것은 *Waichinger*, Grenzen automatisierter Datenerfassung zu präventiven Zwecken, 2011.

48) *Pieroth/Schlink/Kniesel*, POR, § 13 Rn. 21, 22; § 14 Rn. 108-110.

경찰공무원이 인터넷 정보를 수집하기 위하여 소셜 네트워크에 가명으로 출현한다.

공개성(公開性, Offenheit)은 정보를 수집하는 경우에도 존재하여야 한다. 따라서 당사자 또는 제3자에게 정보수집의 근거에 관하여 설명이 행하여져야 하며, 정보제공의무 또는 정보제공이 당사자 등의 자유에 맡겨져 있다는 것이 언급되어야 한다(노르트라인-베스트팔렌주 경찰법 제9조 제6항). 이러한 일반적 요건은 경찰상의 직무질문이란 유형에서 비롯된 것이지만, 공개적인 사진촬영이나 음성녹음과 같이 공개적으로 행해지는 다른 유형의 정보수집에도 적용된다. 그러나 개별적 권한규범에서는 이러한 일반적 요건 외에 특별한 전제조건이 중첩적으로 요구된다. 이것은 성질상 은밀성(Heimlichkeit)을 특성으로 하는 특별한 정보수집수단들에 대해서 적용된다. 35

2.4. 정보처리의 요건

수집된 정보는 그것이 목적에 맞게 처리된 이후에야 비로소 임무수행을 위하여 효과적으로 사용될 수 있다. 저장과 제3자에의 제공과 같은 처리과정은 정보의 수집보다 개인의 법적으로 보호되는 영역을 더 강하게 침해할 수 있다. 현대기술은 정보의 처리를 단순화시키고, 가속화시킨다(이하의 제7장 Rn. 217을 보라). 이로 인하여 경찰-질서관청을 통한 정보처리에 대한 시민의 권리보호의 필요성이 더욱더 증대해가고 있다. 많은 법률규정들이 이러한 헌법에 근거한 권리보호의 필요성을 고려하고 있다. 그 가운데 목적구속의 원칙과 비례의 원칙이 우선적으로 중요한 것으로 고려된다. 36

정보처리가 적법한 것이 되기 위한 요건은 먼저 정보가 적법하게 획득(수집)되어야 한다는 것이다. 이것은 위법하게 수집된 증거의 사용금지원칙에 관한 형사소송법의 규정과 유사한 것이다. 한편 '독수독과이론(毒樹毒果理論, Frucht des verbotenen Baumes)'*은 미국의 매우 엄격한 법에 따를 때보다 독일법에 따를 때 더 잘 활용될 수 있다.[49] 37

---

* **역주** 독수독과이론(毒樹毒果理論, Fruit of the poisonous tree/Frucht des verbotenen Baumes)은 위법하게 수집된 증거(毒樹)에 의하여 발견된 제2차 증거(毒果)의 증거능력은 인정할 수 없다는 이론으로서, 미국의 증거법에서 발전된 원칙이다.

38 목적구속의 원칙은 기본권 침해의 목적이 법률로 명확하게 규정되어 있어야 한다는 것을 의미한다.[50] 이것은 정보의 수집뿐만 아니라 정보의 제3자에의 제공 또는 사용과도 관련 있다.

39 **사 례:**
노르트라인-베스트팔렌주 경찰법 제23조 제1항에 따를 때 정보의 저장, 변경, 이용은 정보가 수집된 목적을 위하여서만 행해져야 한다. 노르트라인-베스트팔렌주 경찰법 제22조 제1문에 따라 저장의 기간은 그것이 필요한 정도의 기간에 국한되어야 한다. 「우편, 원거리 통신비밀의 제한에 관한 법률」 제3조에 따를 때, 전화통신은 누군가가 동법이 (종국적으로) 규정하고 있는 범죄행위를 예비/음모하거나, 실행에 착수하였거나 이미 실행을 완료했다는 혐의에 대한 사실적 근거가 있는 경우에 한하여 제한될 수 있다. 사실관계의 조사가 다른 방법으로는 불가능하거나 현저히 곤란한 경우에 한하여 그러한 명령이 허용된다.

40 목적구속의 원칙이 목적의 변경을 배제하지는 않는다.[51] 그러나 전화통신의 감시를 통하여 얻어진 정보를 제3자에게 제공하고, 새로운 맥락에서 그를 사용하는 것은 또 다른 유형의 새로운 기본권 침해이다. 따라서 연방헌법재판소에 의하여 발전된 기준에 따르면 목적의 변경은 법률의 근거를 필요로 한다.[52] 목적변경은 공공의 이익에 의하여 정당화될 수 있는바, 이 경우 기본권으로 보호되는 법익과의 비교형량이 이루어져야 한다.

41 연방헌법재판소의 새로운 판례에 따르면 제공되는 정보는 그것이 어떠한 기본권 침해를 통하여, 즉 어떠한 경찰의 조치를 통하여 수집되었는지를 알 수 있을 정도로 표시되어야 한다.[53] 왜냐하면 모든 새로운 정보제공은 기본권침해를 통하여 얻어진 정보의 출처를 유의하여야 하며, 단지 법률에 근거하여서만 허용되기 때

---

49) *Hellmann*, Strafpozessrecht, § 3, Rn. 81 ff.

50) 이에 관하여 보다 자세한 것은 *Albers*, in: Hoffmann-Riem/Schmidt-Aßmann (Hg.), Grundlagen des Verwaltungsrechts, Band II, § 22, Rn. 124, die zwischen dem Zweck und der Aufgabe unterscheiden will.

51) BVerfGE 65, 1 (51, 62).

52) BVerfGE 100, 313 (360).

53) BVerfGE 100, 313 (361).

문이다.

형사소송법상의 규정에 근거하여 형사소추목적으로 수집된 정보가 위험방지의 목적을 위하여 이용되어야 하는 경우에 목적의 변경이 존재하게 된다. 형사소송법 제481조는 경찰법상의 기준에 따라 개인관련정보의 이용을 허용하는 개방조항(開放條項, Öffnungsklausel)을 가지고 있다.[54] 많은 경찰법이 정보의 변경과 관련하여 그와 같은 목적변경을 허용하는 규정을 가지고 있다.[55] 이와 같은 규정은 정보를 저장하였던 이유와 그 정보를 다른 용도로 사용하려는 목적 간의 갈등을 조절하여야 한다.[56] 그러한 정보를 검색할 수 있도록 저장하는 것은 범죄행위의 예방적 대처에 있어 커다란 의미를 가진다. 42

사 례: 43

관련된 범죄로 이미 처벌을 받은 A가 강도죄를 범하였을 수도 있다는 초기혐의가 있다. 수사절차에서 형사소송법에 따라 A의 이름과 주소 그리고 사진이 자료파일에 저장된다. 혐의는 확인되지 않았고 수사절차는 종결되었다. 그러나 A가 수차례에 걸쳐 은행 주변에서 목격된다. 경찰은 이제 위험방지를 위하여 저장된 정보를 이용한다. 왜냐하면 A가 강도를 저지를 수도 있으므로 공공의 안녕에 대한 위험이 존재한다는 것이 긍정될 수 있기 때문이다. 법률이 명시적으로 허락하는 경우, 그 한도에서 경찰은 정보를 이용할 수 있으며 그를 삭제할 필요는 없다.

형사소송법 제483조 제3항, 제484조 내지 제488조는 예방경찰적 목적으로 획득된 정보의 목적변경을 규정하고 있다. 이와 같은 규정은 무엇보다 예방경찰적, 진압경찰적 목적으로 얻어진 정보를 공동정보망을 통하여 처리하는 것, 특히 장래의 형사절차를 위하여 처리하거나(형사소송법 제484조, 486조 제1항) 타기관에의 이송을 위하여 처리하는 것(형사소송법 제485조, 제486조 제1항)과 관련되어 있다. 44

반대로 위험방지의 목적으로 얻어진 정보를 형사소추목적으로 이용할 수 있는지 여부에 대하여는 관할권을 가진 연방의 입법자가 결정한다.[57] 연방의 입법자가 45

54) VGH BW, NVwZ-RR 2004, 572 (574).

55) 예컨대 § 29 Abs. 2 Satz 1 BPolG; § 38 Abs. 1 Satz 1 PolG BW; § 37 Abs. 1 SOG MV; § 24 Abs. 2 Satz 1 PolG NW; § 23 SOG LSA.

56) *Würtenberger*, in: Festschrift für Hilger, 2003, S. 263 (268).

관할권을 갖고 있으므로 주법은 그에 관한 법적 근거를 갖고 있지 않다. 주의 경찰-질서법은 단지 —다른 법적 근거가 이를 허용하는 경우에— 예방적 목적으로 얻어진 정보를 형사소추목적으로 이용될 수 있는지에 관한 규정을 가지고 있을 뿐이다(바덴-뷔르템베르크주 경찰법 제21조 제4항).

46 경찰법의 맥락에서는 종종 이른바 정보의 우연한 발견(Zufallsfunden)이 행해진다. 이 경우 (경찰-질서)관청은 정보수집을 위한 조치의 구체적 목적과 아무런 관계없는 정보를 우연히 알게 된다. 대체적 침해(代替的 侵害, Ersatzeingriff),* 즉 우연히 발견된 정보를 수집하는 것을 목적으로 하는 조치가 적법한 경우라면, 우연히 발견된 정보를 이용하는 것도 허용된다.[58] 이러한 내용은 법률이 명시적으로 규정하고 있는 것이 일반적이다.[59] 자료의 수집뿐만 아니라 자료의 처리 또한 기본권을 침해하기 때문에 법률이 규정하고 있는 조직적, 절차적 보호규정은 그와 관련하여서도 준수되어야 한다. 형사소송절차와 관련하여서는 형사소송법 제477조 제2항 제2문에서 관련규정이 발견된다.

47 정보의 수집에 대하여 특별히 엄격한 요건이 기본법 제13조로부터 도출된다. 이른바 "대감청"이라고 불리우는 주거의 감청의 경우에는 보다 고차원의 법익에 대한 강화된 위험을 방지하기 위하여 필요한 경우에만 정보를 수집할 수 있다. 그 결과 이러한 정보의 처리와 목적의 변경 또한 그와 같은 법익에 대한 강화된 위험이 존재하는 경우에 한하여 허용된다. 주의하여야 할 것은 주거의 감청으로부터 얻어지는 정보는 일련번호 표시의무(Kennzeichnungspflicht)가 있다

---

57) *Schenke*, POR, Rn. 208.

* **역주** 역자들은 이 단락에서 '정보의 우연한 발견', '대체적 침해조치'와 같은 용어를 사용하고 있는바, 그 의미를 Rn. 49의 사례를 들어 부연설명하기로 하겠다. B가 자금세탁을 하였다는 초기혐의가 있어 경찰이 B의 통화에 대한 감청을 하는 도중에 B가 C와 강도를 계획하고 있다는 것을 알게 된다(정보의 우연한 발견). 한편 만일 경찰이 B가 C와 강도를 계획하고 있다는 것을 인지하였더라면 경찰은 그에 대한 정보를 수집하기 위하여 B의 통화를 감청하였을 것이다(대체적 침해조치). 원문은 대체적 침해조치라는 용어 앞에 'hypothetisch - 가정적(假定的)'라는 단어를 쓰고 있는데, 이는 "B가 강도를 계획하고 있다는 것을 알았더라면 그에 대한 감청의 조치를 취하였을 것이다"라는 점을 고려한 표현이다.

58) *Schenke*, POR, Rn. 207.

59) 예컨대 § 37 Abs. 2 Satz 2 PolG BW; § 23 Abs. 1 Satz 2 PolG NW; § 22 Abs. 2 Satz 2 SOG LSA.

는 점이다.[60)]

전화통신감청이란 조치를 통하여 정보가 수집되는 경우에도 기본법 제10조 때문에 그 정보의 처리와 목적변경의 요건이 엄격하게 설정된다. 정보의 이용은 기본법 제10조에 대한 새로운 침해이며, 따라서 제한된 전제조건하에서만 허용된다. 이러한 전제조건은 근거가 되는 주법에 따라 상이하다.[61)] 형사절차에서 얻어진 정보를 범죄행위에 대한 예방적 대처와 위험방지를 위하여 이용하는 것이 특히 중요하다. 48

사 례: 49
B가 자금세탁을 하였다는 초기혐의가 있어 경찰이 그의 전화통신을 형사소송법 제100a조에 따라 감청한다. C와의 수차례에 걸친 전화통화를 통하여 B는 강도를 계획한다. 전화감청이 강도방지를 위한 한도 내에서 허용되고(가정적인 대체적 침해), 주경찰법에 그 이용에 대한 법적인 근거가 있다면 그 정보를 강도의 방지를 위해 이용하여도 좋다.

2.5. 정보보호법상의 보호수단

경찰-질서법에 있어서는 정보보호법상의 일반적 수단들은 그것이 개인관련정보의 수집 및 처리와 관련되는 경우에는 보충적으로 적용된다. 모든 경찰법은 일반적인 정보보호법상의 규율보다 우선하여 적용되는 특별한 규정을 갖고 있으며, 후자 즉 정보보호법상의 일반적 규정은 단지 경찰법의 흠결을 메우기 위하여 보충적으로만 적용된다(연방경찰법 제37조 참조). 50

당사자는 자신의 신상에 관하여 저장되어 있는 정보와 관련하여 경찰-질서관청에 대한 **정보요구권**(Anspruch auf Auskunft)을 가진다. 헌법이 보장하고 있는 이러한 권리는 경찰-질서법이 그에 대하여 특별히 규정하고 있지 않는 경우에는[62)] 연방 및 주의 정보보호법으로부터 도출된다.[63)] 경찰법은 자료의 정정, 삭제, 차단에 대한 요 51

60) BVerfGE 109, 279 (374 ff.).

61) *Schenke*, JZ 2001, 997.

62) 예컨대 § 29 HessSOG; § 48 SOG MV; § 40 POG RP.

63) § 19 BDSG; § 18 LDSG NW.

구권을 보장한다.64) 위험방지나 형사소추와 관계없는 정보 또는 위법하게 얻어진 정보는 삭제되어야 하고 처리되어서는 아니 되는바, 왜냐하면 그러한 조치들은 그 목적을 달성하지 못하였기 때문이다. 따라서 국가기관이 정보를 예비적으로 수집하여서는 아니 된다. 정보의 저장의 경우에는 불필요하거나 과도한 정보의 보유를 방지하기 위하여 점검기한이 정해져 있다.

52 모든 자동화된 파일에 대해서는 경찰-질서관청이 「작성 및 처리에 관한 규정」(Errichtungsanordnung)을 정립하여야 한다. 그를 통하여 파일의 목적, 관련된 인적 범위, 정보의 유형 및 그밖의 구체적 사항들이 확정되어야 한다(연방경찰법 제36조). 「작성 및 처리에 관한 규정」은 행정규칙의 성질을 갖는다.

3. 정보획득과 자료수집의 수단

53 경찰이 권한을 가지고 있는 정보상의 조치로 정보의 획득, 특히 개인관련정보의 수집을 위한 수단이 있다. 이러한 조치에는 전통적인 표준적 직무조치뿐만 아니라 특별한 정보상의 침해조치도 있다. 정보수집에 요구되는 일반적 요건은 직무질문 과 신원확인같은 표준적 직무조치에 대해서도 적용된다. 전화통신감청 및 주거감청과 같은 특별한 정보상의 침해는 그러한 일반적 요건 외에 특별한 요건에 따른다.

3.1. 직무질문

54 사람에 대한 직무질문(職務質問, Befragung)은 경찰-질서관청에 의한 정보수집의 전통적 유형이다.65) 직무질문은 경찰의 임무수행을 용이하게 하거나 가능하게 하기 위하여 필요한 진술을 획득하는 것을 그 목적으로 한다. 그 사람이 그러한

---

64) Z.B. § 35 BPolG; § 27 HessSOG; § 32 PolG NW; auch § 12 BVerfSchG.

65) § 22 BPolG; § 20 Abs. 1 PolG BW; Art. 12 BayPAG; § 18 Abs. 3 ASOG Bln; § 11 BbgPolG und § 23 Nr. 1 lit. a BbgOBG; § 13 BremPolG; § 3 HbgPolDVG; § 12 HessSOG; § 28 SOG MV; § 12 NdsSOG; § 9 PolG NW und § 24 Nr. 1 OBG NW; § 9a POG RP; § 11 SaarlPolG; § 18 SächsPolG; § 14 SOG LSA; § 180 LVwG SH; § 13 ThürPAG und § 16 ThürOBG.

진술을 할 수 있다는 것이 사실관계를 통하여 인정될 수 있을 때에 직무질문이 허용된다. 직무질문의 경우에는 원칙적으로 공개된 정보수집이 문제된다. 그것은 서면 또는 구두로 행해질 수 있다.

직무질문은 우선 당사자, 특히 경찰상 위험을 야기한 자에 대하여 행해져야 55 한다.[66] 당사자에 대한 직무질문이 가능하지 않거나 그를 통하여서는 목적을 달성할 수 없는 경우에는 그 정보를 당사자가 모르는 가운데 제3자에 대한 질문이나 다른 방법을 통하여 수집할 수 있다. 경찰은 질문을 받는 사람을 질문이 행해지는 동안 정지시킬 수 있다(바덴-뷔르템베르크주 경찰법 제20조 제1항 제3문 및 제9조 제1항 제2문). 그 경우에는 신체적 이동의 자유가 제한된다. 따라서 당사자를 정지시키는 것은 그것이 위험방지에 기여할 수 있는 경우에만 가능하다는 것을 법률로 명확하게 규정하고 있는 경우도 있다(헤센주 안전질서법 제12조 제1항 제2문). 직무질문을 위하여 개인이 소환될 수도 있다(이하의 제5장 6.을 보라).

경찰-질서법상의 직무질문을 행할 권리가 있다고 하여 반드시 직무질문의 56 상대방이 정보를 제공할 의무가 인정되는 것은 아니며, 정보제공의무(Auskunftspflicht)의 범위와 한계는 직무질문에 관한 법률규정으로부터 도출된다. 정보제공의무는 정보의 자기결정권에 대한 침해의 법적 근거를 제공한다. 그에 따르면 직무질문을 받는 자는 성명, 생년월일, 출생지, 주소 및 국적을 진술하여야 한다.

직무질문을 받는 자는 직무질문에 관한 그 밖의 전제조건이 충족되는 경우에 한하여 57 개별 주법이 정하는 기준에 따라 사실을 진술하여야 한다. 일련의 경찰법은 그 전제조건으로서 그 정보가 위험방지를 위해 필요한 경우에 국한할 것을 요구하고 있다.[67] 비책임자의 정보제공의무는 예컨대 강화된 위험(qualifizierte Gefahr)의 존재와 같은 한층 엄격한 요건하에서만 인정된다(연방경찰법 제22조 제2항 제2문). 당사자의 정보제공의무가 경찰법상의 다른 규정으로부터 도출될 수도 있다. 즉, 높은 단계의 위험이나 고차원의 법익에 대한 위험이 존재하는 경우에 정보제공의무가 인정될 수 있다.[68] 예외적으로 개괄적 수권조항이 진술의무에 대한 근거로 제시될

66) *Drews/Wacke/Vogel/Martens*, Gefahrenabwehr, § 12, Ziff. 4b.

67) § 9a Abs. 2 Satz 2 POG RP; § 11 Abs. 1 Satz 2 SaarlPolG; § 14 Abs. 2 SOG LSA.

68) § 27 Abs. 4 i.V.m. Abs. 3 Nr. 1 PolG BW; § 18 Abs. 6 i.V.m. Abs. 5 Nr. 1 SächsPolG.

수 있다.[69] 몇몇 주법들은 개인의 신상에 대한 진술의무를 법률상의 다른 행위의무로부터 도출하기도 한다.[70]

58 **사 례:**

수로(水路)관청이 관할 질서관청 또는 위험방지관청으로서 감시업무를 수행하는 것과 관련하여 허가의 조건과 부담이 충족되었는지 여부를 심사하는 경우에는, 수로경찰과 관련된 허가를 받은 사람은 수로법 제33조 제1항에 따른 정보제공의무를 지니게 된다.

담배생산물과 관련된 교통의 감시에 있어서는 관할관청, 그리고 급박한 위험이 존재하는 경우에는 경찰공무원이 자연인과 법인 및 법인격 없는 사단에 대하여 필요한 모든 정보를 요구할 수 있다(「담배제조에 관한 임시조치법」 제41조 제3항 제4호).

59 정보의 제공이 당사자 또는 그의 가족에게 부담이 되거나 당사자에게 증언거부권(Zeugnisverweigerungsrecht)이 존재하는 경우에는, 당사자는 '정보제공을 거절할 권리(Recht auf Verweigerung der Auskunft)'를 갖는다. 주의 입법자는 대체적으로 형사소송법 제52조 제1항, 제53조, 제53a조, 제55조를 준용할 것을 요구하고 있다. 주법이 정보제공의 거절에 대한 명시적 규정을 가지고 있지 않다고 하여 그와 같은 권리가 당연히 부정되는 것은 아니다.[71] 오히려 주의 행정절차법규정이 유추적용되어야 한다.[72] 이것은 특히 노르트라인-베스트팔렌주의 행정절차법 제26조 제2항 제4문의 경우에 그러하다. 그 이유는 강한 절차적 보장을 요구하는 정보의 자기결정권에서 찾을 수 있다.

60 정보제공거절권은 몇몇 주법이나 연방경찰법 제22조 제3항에 따라 제한될 수도 있다.[73] 그 정보가 개인의 신체, 생명 또는 자유에 대한 위험방지를 위하여 필요한 경우에는 그러한 정보제공이 거절되어서는 아니 된다. 그러나 형사소송법 제52조 이하의 형사법상의 위법하게 수집된 증거의 사용금지의 원칙을 유추하는 것은 고려된다.[74]

---

69) *Drews/Wacke/Vogel/Martens*, Gefahrenabwehr, § 12. Ziff. 4b; *Götz*, POR, §6 Rn. 28.

70) 예컨대 Art. 12 Abs. 2 BayPAG; §9 Abs. 2 Satz 2 PolG NW.

71) *Schenke*, POR, Rn. 183.

72) *Gusy*, NVwZ 1991, 614(618).

73) § 12 Abs. 2 Satz 3 HessSOG; § 28 Abs. 2 Satz 4 SOG MV; § 12 Abs. 5 Satz 2 NdsSOG; § 18 Abs. 6 Satz 3 SächsPolG; § 180 Abs. 2 Satz 4 LVwG SH.

직무질문을 통하여 얻어진 정보는 경찰의 임무수행을 위하여 사용될 수 있다. 범죄행위에 대한 예방적 대처를 위하여 그를 사용하는 것도 당연히 그에 포함한다. 해당 정보가 강화된 위험의 방지를 위하여 사용될 수 있기 때문에 당사자가 진술거부권에도 불구하고 진술할 의무가 있는 경우에는 강력한 목적구속이 존재한다(연방경찰법 제22조 제3항 제4문). 그것이 명시적으로 규정되어 있지 않는 경우에는, 일반적인 목적구속의 원칙을 근거로 이와 같은 사용의 제한이 긍정된다. 61

직무질문의 상대방에게는 정보제공의무의 근거와 진술거부권에 관하여 알려주어야 한다. 신문(訊問, Vernehmung)의 방법을 사용하면 안된다는 것은 자명하며, 경찰법들은 이에 관하여 일반적으로 형사소송법 136a조*를 준용하고 있다.[75] 법적 효과, 즉 위법하게 수집된 증거의 사용금지명령이 그것이다. 이것은 범죄행위에 대한 예방적 차원에서의 정보의 사용과도 관련있다. 62

3.2. 신원확인과 무작위적 신원확인

개인의 신원확인(Identitätsfeststellung)은 당사자 자신으로부터 인적 사항을 공개적으로 수집하는 방법으로 행해진다.[76] 직무질문은 일반적으로 정보의 획득을 목적으로 하고, (인적 사항에 관한) 정보의 유효성을 판단하여 다음 질문을 하기 위하여 당사자의 인적 사항을 확인하는 것이다. 이에 반하여 여기서의 신원확인은 그 조치, 즉 직무질문의 목적이다. 많은 경우에 있어서 신원확인은 그 조치의 상대방이 책임자인지 여부를 확인하는 것을 목적으로 한다.[77] 그것은 종종 경찰이 취하는 최초의 조치이고, 따라서 그에 기초한 다른 조치의 근거가 된다. 63

---

74) *Schenke*, POR, Rn. 183.

* 역주 독일 형사소송법 제136a조는 수사절차에 있어서의 고문학대금지에 관한 규정이다.

75) § 22 Abs. 4 Satz 1 BPOlG; § 12 Abs. 4 HessSOG; § 11 Abs. 1 Satz 3 SaarlPolG; § 9a Abs. 5 POG RP.

76) § 23 BPolG; § 26 PolG BW; Art. 13 BayPAG; § 21 ASOG Bln; § 12 BbgPolG; § 11 BremPolG; § 12 HbgSOG; § 18 HessSOG; § 29 SOG MV; § 13 NdsSOG; § 12 PolG NW; § 10 POG RP; § 9 SaarlPolG; § 19 SächsPolG; § 20 SOG LSA; § 181 LVwG SH; § 14 ThürPAG und § 15 ThürOBG.

77) *Gusy*, POR, Rn. 228.

64 **사 례:**

경찰공무원이 혐의가 있는 자동차를 정차시키거나 폭력행위를 방지하는 경우에, 경찰공무원은 먼저 관련된 사람들의 신원을 확인하여야 한다. 당사자의 신원은 다른 조치에 대한 연결정보를 제공한다. 신원은 예컨대 그 사람의 주거가 정해져 있는지, 또는 수배된 사람과 동일인인지 여부에 대한 심사를 허용한다. 신원확인에 이어서 행해지는 퇴거명령, 감식조치 또는 소환 등은 비례의 원칙을 고려할 때 특히 당사자의 신원이 밝혀져야만 가능하다.

65 신원확인은 우선 상대방에게 자신의 인적 사항을 밝힐 것을 요구할 수 있다. 그와 같은 요구는 진술을 거부하거나 허위로 진술하는 것은 질서위반행위규제법 제111조 제1항 및 제2항에 따라 최고 1,000유로의 과태료가 부과되는 질서위반행위임을 고지함으로써 행해질 수 있다. 신원확인을 위한 수단 중 권리침해적 성격이 가장 덜한 수단은 신분증(Ausweispapieren)[78]을 확인하는 것인데, 신상에 대한 진술의 신빙성에 의문이 있거나 진술 자체를 완전히 거부하는 경우에 신분증을 제시할 것을 언제나 요구할 수 있다.

66 현행법은 신분증을 휴대할 의무를 규정하고 있지는 않다. 그러나 신분증(주민등록증이나 여권)을 소유하고 신원확인을 위하여 권한있는 기관이 요구하면 그를 제시할 의무는 존재한다. 이와 같은 제시의무를 위반하는 것은 질서위반행위가 된다(신분증법 제1조 제1항 제1문과 연결된 제5조 제1항 제2호).

67 입법자가 신원확인을 얼마나 중요하게 생각하는지는 신분증에 생물학적 표지(biometrische Merkmalen)를 담도록 한 것에서 명확하게 밝혀진다. 이와 같은 이른바 '바이오 신분증'은 신원확인을 용이하게 한다. 「신분증법」 제1조 제4항에 따르면 신분증에는 사진이나 서명 이외에 생물학적 표지도 담을 수 있다. 생물학적 표지의 종류와 그 밖의 구체적인 사항에 관하여는 (특별법인) 연방법으로 규율한다. 여권법 제4조 제3항과 4항이 유사한 규정을 갖고 있는 여권과 관련하여서는 생물학적 표지의 도입이 결정되었다.

68 신원확인은 당사자를 정지시킬 권한을 포함한다. 경찰공무원은 당사자를 정지시

78) *Gusy*, POR, Rn. 232.

킬 수 있고, 만약 다른 방법으로는 신원을 확인할 수 없거나 신원확인이 현저히 곤란한 경우에는 인근 경찰관서로 데리고 가서 수색할 수 있다.[79] 당사자를 인근 경찰관서로 데리고 가는 것을 동행(同行, Sistierung)이라고 한다.[80] 실무적으로는 신분증을 휴대하고 있지 않거나 신분증의 진위가 의심되는 경우, 또는 당사자가 독일어를 잘 하지 못하거나 술에 취해 있는 경우에 동행이 행해진다. 이러한 동행이나 수색 등의 조치는 일반적인 보호조치나 신체에 대한 수색과는 구분되어야 하는데, 왜냐하면 여기서의 동행이나 수색은 신원확인조항에 그 법적 근거를 두고 있으며 단지 신원확인을 위해서만 허용되기 때문이다. 신원확인을 위한 마지막 수단으로서 특별한 법적 근거에 기하여 행해지는 감식조치가 고려되는바, 그것은 이러한 유형과 관련하여 신원확인에 관한 조항을 참조하도록 규정하고 있다(베를린주 일반안전질서법 제23조 제1항 제1호; 노르트라인- 베스트팔렌주 경찰법 제14조 제1항 제1호).

신원확인은 일반적으로 자격증(Berechtigungsscheinen)의 심사와 함께 규율된다. 69
신분증, 예컨대 개인의 인적 사항에 대한 정보가 담겨 있는 주민등록증이나 여권은 자격증이 아니다.[81] 그럼에도 불구하고 자격증도 경우에 따라서는 신원확인을 위한 증명서로 기능할 수 있다. 당사자가 자격증을 휴대할 의무가 있다면 자격증은 경찰관의 요구가 있는 경우 제시되어야 한다.[82] 자격증의 제시에 대한 법적 근거는 경찰법규정이며,[83] 휴대의무에 대한 법적 근거는 예컨대 수렵허가증에 관한 연방수렵법 제15조 제1항 제1문과 같은 개별 특별법이다.

가장 일반적으로 행해지는 운전면허증이나 차량등록증에 대한 검사에 관하여는 70
도로교통법 제36조 제5항이 특별법적 수권근거를 가지고 있는바, 동 조항은 경찰법상의 일반규정보다 우선적으로 적용되며, 경찰공무원에게 교통관여인을 정지시킬 권한을 부여하고 있다. 자동차를 운전하는 자는 도로교통허가법(StVZO) 제4조 제2항 및 제24조 제2문에 따라 운전면허증과 차량등록증을 휴대할 의무를

79) 예컨대 § 21 Abs. 3과 4 ASOG Bln; § 12 Abs. 2 PolG NW.

80) Drews/Wacke/Vogel/Martens, Gefahrenabwehr, § 12 Ziff. 2b.

81) *Knemeyer*, POR, Rn. 170.

82) *Schoch*, POR, Rn. 198.

83) 이를 명시적으로 규정하고 있는 것으로는 § 22 ASOG Bln; § 10 Abs. 3 POG RP; § 19 Abs. 3 SächsPolG.

지닌다.

71 개인의 신원확인은 주법이 정하는 요건상의 기준에 따라 허용되는바, 각주의 법은 구체적인 점에 있어서는 상이한 내용을 갖고 있다. 이것은 **구체적 위험의 방지**(Abwehr einer konkreten Gefahr)를 위하여 신원확인이 행해질 수 있는 첫 번째 유형과 일치한다(연방경찰법 제23조 제1항 제1호). 경찰상의 침해가 인정되기 위한 경찰법의 전통적 전제조건은 광범위하게 심사되어야 한다. 일반적으로 경찰책임자가 신원확인의 당사자가 되며, 비책임자는 단지 예외적으로만 당사자가 될 수 있다.

72 구체적 위험의 방지를 위한 신원확인은 사권의 보호와도 관련될 수 있는바, 일반적 임무할당규정에 따를 때 사권의 보호는 경찰의 임무에 속한다. 사권을 보호하기 위하여 경찰이 가장 자주 사용하는 조치가 신원확인인데, 왜냐하면 가해자나 채무자의 소환가능한 주소를 알아야 피해자가 민사소송을 통하여 자신의 권리를 실현할 수 있기 때문이다.

73 **사 례:**
행인이 쇼윈도의 유리창을 깨었다. 상점주인은 그곳을 급히 지나치고 있는 경찰관에게 민법상의 손해배상청구권을 행사할 수 있도록 신원확인을 요청한다.

74 이와 같은 첫 번째 유형은 위험방지법의 일반적 적법성에 따르며, 따라서 (신원이 확인되어야 하는) 책임자가 야기한 공공의 안녕에 대한 구체적 위험이 존재해야만 한다.* 그에 반하여 신원확인의 그 밖의 다른 3가지 유형은 범죄행위의 방지와 관련된 유형이다(전술한 제5장 Rn. 172를 보라). 어떠한 장소, 위험한 물건에 인접한 장소 또는 검문소에서 마주친 개인의 신원을 확인하는 것은 위험방지조치를 취하기 전단계에서 정보를 수집하는 것으로서, 이를 통하여 경찰이 효과적이면서도 비례의 원칙에 합치하는 그 밖의 조치들을 용이하게 취할 수 있게 된다. 그것은 책임자 및 비책임자 모두와 관련있는데, 왜냐하면 구체적, 즉 특정인에게 귀속가능한 위

* **역주** 우리나라에서의 신원확인(불심검문)과 관련하여 요구되는 위험의 정도에 대하여는 박병욱, 위험방지 영역의 불심검문과 그 실효성 확보방안, 형사정책연구 제24권 제4호, 2013, 79~110쪽 참조.

험이 아직은 존재하지 않기 때문이다.84)

〈참고〉 신원확인의 유형

이 단락 이하에서 Kugelmann교수는 신원확인의 '첫 번째 유형'이나 '그밖의 다른 3가지 유형'이란 표현을 사용하고 있으면서도 그에 관한 아무런 설명을 하지 않고 있다. 그로 인하여 (독일의 사정을 모르는) 우리나라의 독자들은 이 단락의 내용을 전혀 이해할 수 없는바, 이 부분에 대한 이해를 위하여는 신원확인에 관하여 규정하고 있는 독일의 통일경찰법모범초안이나 그에 따르고 있는 각주의 경찰법상의 신원확인에 관한 규정을 살펴보아야만 한다. 즉, 그들 규정은 신원확인을 할 수 있는 경우로 4가지를 열거하고 있는데, 독일의 경찰법학자나 경찰법을 공부하는 학생들에게는 이러한 4가지 유형은 주지의 사실이라고 할 수 있다. 이러한 사정이 있기에 Kugelmann교수는 아무런 설명 없이 신원확인의 '첫 번째 유형'이나 '그밖의 다른 3가지 유형'이란 표현을 사용하고 있는 것이다.

독자들의 이해를 위하여 독일의 통일경찰법모범초안의 신원확인에 관한 규정을 소개하면 다음과 같다:

제9조(신원확인과 신분증명서의 심사)

① 경찰은 다음 각호의 경우에 신원을 확인할 수 있다.

1. 위험의 방지를 위하여 필요한 때,
2. 사람이 다음과 같은 장소에 체류하고 있을 때
   a) 사실상의 근거에 기초하여 경험칙상 판단에 따를 때 그곳에서 다음과 같은 것이 인정될 수 있는 경우
      aa) 범죄의 음모, 예비, 착수가 행해질 염려가 있는 경우
      bb) 체류를 위하여 필요한 허가 없이 체류하고 있는 경우
      cc) 범인을 은닉하려는 경우
   b) 매춘을 하려고 하는 경우
3. 사람이 교통 · 공급시설이나 설비 · 공중교통수단 · 청사 혹은 다른 특히 위험한 시설 내에 있거나 그에 인접하여 있을 때, 이 같은 시설내부 혹은 그 시설 주위에서 그 같은 시설 내에 있거나 주위에 있는 자에 의해 범죄행위가 행해질 것이라는 사실이 인정될 수 있을 때 혹은 그 시설 자체가 직접적으로 위험에 처하게 될 때
4. 경찰에 의해 설치된 검문소(Kontrollstelle)에서 형사소송법 제100조의 a 혹은 「집회 및 행진에 관한 법률」 제27조에 규정된 범죄의 저지를 목적으로 할 때

84) Nds OVG, NdsVBl. 2010, 299; *Drews/Wacke/Vogel/Martens*, Gefahrenabwehr, § 12, Ziff. 4a.

75 위험한 장소(gefährlichen Ort)에서의 신원확인의 경우에는 그 장소가 위험을 암시한다. 이 경우에는 장해가 발생할 추상적 위험이 있는 것만으로 충분하고, 구체적 위험을 요하지 않는다.[85] 신원확인의 목적은 당사자가 책임자로서 고려될 수 있는지 여부를 분명하게 하는 것이다.[86] 그곳에 수배중인 범죄자가 숨어 있거나 범죄행위의 예비나 음모가 행해지는 경우라면, 그 장소는 위험한 것으로 판단될 수 있다(노르트라인-베스트팔렌주 경찰법 제12조 제1항 제2호; 라인란트-팔츠주 경찰질서법 제10조 제1항 제2문 제1호). 이와 같은 판단에 대하여는 사법심사가 가능하다. 범죄자들이 모이는 것으로 잘 알려진 주점, 사창가, 마약중독자나 정치적 극단주의자들이 자주 출몰하는 장소 등이 그 예가 될 수 있는바, 이 경우 그 장소의 위험성을 인정할 수 있는 사실적 근거가 존재하는지 여부에 대하여는 개별적으로 심사되어야 한다.

76 장소의 위험성을 근거로 하는 신원확인은 일제검문(Razzia)의 일환으로 행해지는 조치이다. 일제검문은 경찰이 통행을 차단한 특정장소에 있는 넓은 범위의 인적 집단에 대하여 조직적이고 기습적으로 신원확인을 하는 것이다. 이 경우 책임자와 비책임자의 구분은 고려되지 않는다. 그러나 사실적 근거도 없이 일제검문을 행하는 것은 허용되지 않는다. 그와 같이 대규모로 행하여지는 행위, 즉 일제검문에 앞서서는 반드시 급박한 법익침해가 발생할 염려가 있다는 것을 인정할 수 있는 사실적 근거가 존재하여야만 한다.[87] 일제검문의 경우 특히 신원확인이 다른 경찰상 조치를 취하기 위한 출발점을 형성한다는 것이 분명해진다. 일반적으로 신체에 대한 수색이나 일련의 정보의 비교검색이 행해지게 된다.[88]

77 **사 례:**[89]

X와 Y는 적군파(赤軍派, RAF)*의 유족에 대한 재판절차의 방청객이었던바, 그 재판에의 참관을 요청하는 삐라가 독일전역에 뿌려졌다. 재판절차의 종료후에 X와 Y는 한 시위에 참여하였다. 카페 N에서 시위대와 만난 이후에 모든 출입구가 봉쇄되었다. 카

85) *Pieroth/Schlink/Kniesel*, POR, § 14 Rn. 33 ff.; *Würtenberger*, in: Achterberg/Püttner, § 21, Rn. 158.

86) *Gusy*, POR, Rn. 229.

87) *Knemeyer,* POR, Rn. 169.

88) *Schoch*, POR, Rn. 200.

89) BayVGH, BayVBl. 1993, 429.

* 역주 RAF = Rote Armee Fraktion.

페 N은 범죄자들이 모이는 주점이다. 경찰관은 당사자의 의사에 반하여 카페 N에 들어가서 직접강제를 행하였으며, 그들의 의사에 반해서 X와 Y의 신원을 확인한다.
형법위반의 충분한 개연성이 있다면 공공의 안녕 또는 질서에 대한 구체적 위험이 존재하는바, 따라서 이 경우는 이미 첫 번째 유형의 신원확인에 해당된다. X와 Y는 경찰이 보기에 범죄를 범할 것이 예상되는 인적 그룹에 속한다. 이 경우에는 적어도 외관상 위험이 존재한다. 그와 같은 조치는 적합하고 필요했던 것으로 보인다. 범죄자들이 모이는 주점이기 때문에 위험한 장소에서의 신원확인 또한 고려될 수 있다. 그러나 정치적으로 비슷한 신념을 갖고 있는 사람이 주점에서 만난다는 사정만으로는 충분하지 않다. 경험칙에 따를 때 그곳에서 범죄행위가 예비, 음모되거나 행해질 것이라는 사정이 추가적으로 존재하야 한다.

Tip 개별적으로 수행되는 조치를 엄격히 구분하라. 개별적 조치의 권한규범을 찾아라. 모든 조치는 개별적으로 그의 적법성이 심사되어야 한다. 다만 위험한 장소에서의 사람들의 회합을 근거로 행해지는 다수의 신원확인조치와 같은 유사한 조치들은 통합하여 함께 심사될 수 있다. 78

위험한 시설 또는 그 근처에 있는 사람의 신원은 그 시설 자체 또는 그곳에 79
머무르는 사람에 대한 위험을 방지하기 위하여 확인될 수 있다. 경찰법은 위험한 물건으로서 교통시설이나 (수도 등의) 공급시설, 관공서의 건물 또는 다른 특히 위험한 시설을 열거하고 있다. 여기서의 특별한 위험은 근거를 요구하는데, 왜냐하면 언급한 모든 시설에 대하여 '일반적' 위험은 존재하지만 그 규정이 공간(장소)과 관련하여 전반적인 신원확인을 허용하고 있지는 않기 때문이다.[90)] 경찰이 원자력발전소 부지의 외벽이나 시가전차의 전철관리소(轉轍管理所, Weichenstellwerk)에서 어떤 사람을 발견한 경우, 위험의 존재를 인정할 수 있는 사실상의 근거가 있다면 그 사람에 대한 신원확인이 허용된다. 연방의 각부처(의 건물)나 공항과 같은 연방의 시설에 대하여는 연방경찰이 관할권을 갖는다 (연방경찰법 제23조 제1항 제4호).

몇몇 주법은 특별한 위험에 처한 사람과 공간적으로 근접한 경우를 열거하고 있 80
다.[91)] 예컨대 진정한 것으로 받아들여지는 살해위협이 있는 경우나 증인을 보호하

90) *Gusy*, POR, Rn. 223.

여야 하는 경우라면 개인보호조치를 정당화하는 사실적인 근거가 존재한다고 할 수 있다. 공적(公的)인 인물은 —예컨대 예술가가 특정한 집단에 대하여 풍자를 행하고, 그 특정집단이 그 예술가를 위협하는 경우와 같은— 특정한 상황이 덧붙여지게 되면 특별한 위험에 처한 것으로 간주될 수 있다. 그 경우에는 그러한 위험에 처한 인물의 주변에 머무르는 사람에 대한 신원확인이 행해질 수도 있다.

81 경찰이 설치한 검문소에서 개인의 신원을 확인하는 것은 범죄행위의 방지에 기여한다. 검문소는 사람이나 물건을 연속하여 심사하기 위하여, 특히 신원확인과 수색을 위하여 차단된 곳이다.[92] 이러한 검문소는 도로교통법 제36조 제5항에 근거하여 설치되는 일반적인 교통통제소와 구분되어야 한다.

82 검문소는 단지 예방적인 목적을 위하여 경찰법에 근거하여 설치될 수 있다. 그것은 중요한 의미를 가진 범죄행위를 방지하는 것을 그 목적으로 한다.[93] 주법이 중요한 의미를 가진 범죄행위에 관하여 형사소송법 제100a조의 목록을 참조하도록 하는 경우에는[94] 형사소송법 제100a조의 규정내용이 적극적으로 주법에 영향을 미치게 된다. 그 조항에서 범죄행위의 범위를 확장하는 것은 경찰에게 검문소를 설치할 예방적인 권한을 넓히는 것을 의미한다. 다른 법률들은 형법이나[95] 그와 관련된 집회법[96] 또는 결사법[97]을 참조하도록 하고 있다.

83 예방적 신원확인이 —범죄행위자에 대한 수색을 위하여— 진압적 목적으로

91) 예컨대 § 18 Abs. 2 Nr. 4 HessSOG; § 20 Abs. 2 Nr. 4 SOG LSA.
92) *Gusy*, POR, Rn. 231.
93) § 13 Abs. 1 Nr. 4 i.V.m. § 14 NdsSOG; § 12 Abs. 1 Nr. 4 PolG NW; § 20 Abs. 2 Nr. 5 i.V.m. § 3 Nr. 4 SOG LSA를 보라.
94) 예컨대 § 26 Abs. 1 Nr. 2 PolG BW; § 18 Abs. 2 Nr. 5 HessSOG; § 10 Abs. 1 Satz 2 Nr. 3 POG RP; § 10 Abs. 1 Satz 1 Nr. 6 SächsPolG; s. auch § 21 Abs. 2 Nr 4 ASOG Bln mit dem Verweis u.a. auf § 129a StGB가 그러하다.
95) 예컨대 § 12 Abs. 1 Nr. 4 BbgPolG; § 11a Abs. 1 Nr. 2 BremPolG; § 29 Abs. 1 Nr. 4 a bis c SOG MV; § 14 Abs. 1 Nr. 2 NdsSOG; § 10 Abs. 1 Nr. 3 POG RP, auch § 21 Abs. 2 Nr 4 ASOG Bln mit dem Verweis u.a. auf § 129a StGB가 그러하다.
96) 예컨대 § 13 Abs. 1 Nr. 4 BayPAG; § 12 Abs. 1 Nr. 4 BbgPolG; § 11a Abs. 1 Nr. 3 BremPolG; § 29 Abs. 1 Nr. 4 d SOG MV; § 14 Abs. 1 Nr. 4 NdsSOG; § 10 Abs. 1 Nr. 3 POG RP; § 20 Abs. 2 Nr. 5 SOG LSA; § 14 Abs. 1 Nr. 4 ThürPAG가 그러하다.
97) 예컨대 § 14 Abs. 1 Nr. 3 NdsSOG가 그러하다.

설치된 검문소에서 허용되는 한 바덴-뷔르템베르크주 경찰법 제26조 제1항 제4호와 제5호는 위헌이다.[98] 그러한 한도 내에서 주의 입법자에게는 관할권이 없다. 다른 주들은 유사한 규정을 개정하여 해당 규정이 범죄행위의 예방을 지향하도록 하였다. 해당 규정의 적용영역을 헌법합치적으로 축소한 결과, 동 규정이 적용되는 것은 구체적 위험이 존재하는 사례유형으로 이해되는 경우에 국한되게 되었다(바덴-뷔르템베르크 주 경찰법 제26조 제1항 제1호).

사 례: 84

정보에 의할 때 자살테러범이 쇼핑몰을 폭파시킬 우려가 있다면, 쇼핑몰 주변 곳곳에 검문소가 설치될 수 있다. 검문소는 집회법 제27조에 따른 범죄행위를 방지하기 위하여 필요한 경우 집회참가자의 통제를 위하여 설치될 수 있다.

이에 반하여 은행강도가 있은 후에 시외로 빠지는 간선도로에 검문소가 설치된다면, 이것은 형사소송법 제111조에 따른 진압적 활동이다.

일련의 경찰법률은 경찰법상의 전통적인 신원확인의 개념에 속하지 않는 다른 85 유형의 신원확인을 규정하고 있는바, 이른바 **무작위적 신원확인(無作爲的 身元確認, Schleierfahndung)*** 이 그것이다.[99] 무작위적 신원확인은 특별한 근거나 혐의 없이 신원확인을 행하는 것이다. 권한규범의 적법성에 관하여는 논란의 여지가 있다. 이와 같은 권한의 도입에 대한 근거로는 유럽연합(EU) 가입국 간의 국경통제가 없어진 후에 이를 대체할 통제수단이 필요하게 되었다는 것이 들어지고 있다. 그러나 다른 유럽연합가입국과 국경을 맞대고 있는 주들뿐만 아니라, 헤센이나 튀링엔과 같이 다른 유럽연합국과 국경을 접하고 있지 않은 주들도 무작위적 신원확인에 관한 규정을 정립하였다.[100] 특별한 혐의 없이 행해지는 신원확인은 국경에서 30km 떨어진 곳까지(연방경찰법 제23조 제1항 제3호), 국가 간의 교통시설(철도 등), 도로나 수로에서 행해질 수 있다.

98) *Schenke*, POR, Rn. 119.

* **역주** 무작위적 신원확인의 문제를 상세히 다루고 있는 국내문헌으로는 서정범/박병욱, 경찰법상의 위험개념에 관한 법적 고찰 – 전통적 위험개념의 작별(?), 안암법학 제36호, 2011, 91쪽 이하.

99) *Graf,* Verdachts- und ereignisunabhängige Personenkontrolle – polizeirechtliche und verfassungsrechtliche Aspekte der Schleierfahndung, 2006; *Weber*, Die Sicherung rechtsstaatlicher Standards im modernen Polizeirecht, 2011, S. 169 ff.

100) 유사한 내용을 규정하고 있었던 § 18 Abs. 7 ASOG Bln는 삭제되었다.

86 많은 주의 법률규정에 따를 때 무작위적 신원확인은 구체적 위험을 요하지 않는다. 법익침해가 발생할 가능성이 있다는 것에 대한 혐의를 인정할 사실적 근거도 필요하지 않다.[101] 그 같은 조치는 주로 국경을 넘는 것과 관련있는 범죄행위의 방지를 위한 것이므로 적어도 특정한 목적을 지향한다.[102] 그러나 이러한 목적은 매우 불명확하다. 주법상의 규정은 국경을 넘는 범죄에 대한 대처 또한 그 목적으로 하기 때문에 그러한 조치를 제한하는 것은 사실상 거의 불가능하다.

87 **사 례:**

바이에른주 경찰이 체코국경으로부터 약 20km 떨어진 곳의 들판길에서 자전거운전자를 정지시킨다. 겨울에는 동일한 장소에서 스키활강자들을 정지시킨다. 아우구스부르크시 외곽의 8번 고속도로에서 경찰이 자동차를 정차시킨다. 그리고 그때마다 신원을 확인한다. 이러한 조치들은 그 조치들의 법적 근거상의 전제조건과 부합한다.

바이에른주 경찰관직무집행법 제13조 제1항 제5호에 따르면 경찰은 국경에서 30km에 이르는 지역까지, 그리고 국경을 관통하는 도로(연방고속도로, 유럽도로와 그 밖의 국경을 넘는 중요도로)에서 허용되지 않는 국경을 넘는 행위나 체류를 방지하기 위하여, 그리고 국경을 넘는 범죄의 퇴치를 위하여 개인의 신원을 확인할 수 있다.

88 주법 가운데에는 국경을 넘는 범죄에 대한 예방적 대처를 위한 수단으로서 무작위적 신원확인을 명시적으로 규정하고 있는 것들이 있다.[103] 이것은 경찰의 침해적 조치를 위한 문턱이 얼마나 낮아질 수 있는지를 명백하게 보여준다. 구체적인 위험상황이 발생하기 이전의 단계에서도 경찰은 그를 제약하는 전제조건 없이 활동할 수 있다. 몇몇 주법들은 위험상황의 전개 또는 급박성에 관한 특정한 인식을 요구하기도 한다.

---

101) § 26 Abs. 1 Nr. 6 PolG BW; Art. 13 Abs. 1 Nr. 5 BayPAG; § 14 Abs. 1 Nr. 5 ThürPAG; vgl. *Kugelmann*, DÖV 2003, 781 (786).

102) 연방경찰법 제12조 제1항 제1호 내지 4호의 범죄행위를 참조하도록 하고 있는 동법 제23조 제1항 제3호 참조.

103) § 12 Abs. 1 Nr. 6 BbgPolG; § 18 Abs. 2 Nr. 6 HessSOG; § 14 Abs. 3 SOG LSA; § 9a SaarlPolG§ 19 Abs. 1 Satz 1 Nr. 5 SächsPolG.

사 례: 89
자를란트 경찰법 제9a조에 따르면 경찰은 현장상황에 대한 인식을 바탕으로 (lagebildabhängig) 검문을 행할 수 있다. 경찰은 국경을 넘는 범죄에 대한 예방적 대처를 위하여 현장상황에 대한 인식을 근거로 프랑스와 룩셈부르크 국경에서 30km에 이르는 지점까지에서 짧은 시간동안 정지시켜 질문하고 소지하고 있는 신분증을 검사를 위하여 제시할 것을 요구할 수 있다. 위험이 존재한다거나 범죄를 범하였다는 근거가 밝혀지지 않으면, 그러한 조치를 통하여 수집된 개인관련 자료는 저장될 수 없다.

유럽이사회(Die Kommission der EU)는 무작위적 신원확인(권한)에 대하여 회의적인 90
입장을 피력하였는데, 왜냐하면 그것은 유럽공동체협약(EG-Vertrag)상의 '기본권적 자유에 대한 정당한 제한'이라고 할 수 없기 때문이다.[104] 이와 같은 의문은 적절하다. 유럽연합가입국의 국민은 원칙적으로 일정한 제한하에 이동의 자유를 누린다(유럽연합협약 제21조). 경찰-질서관청의 조치는 그러한 허용되는 제한일 수 있다. 그것은 또한 「유럽연합의 업무방식에 관한 협약」(AEUV) 제36조에 따른 자유로운 물품운송과 동 협약 제56조에 따른 자유로운 역무교환(役務交換)에 대한 정당한 제한일 수도 있다.

그럼에도 불구하고 행위형식에 있어 아무런 제한이 없는 무작위적 신원확인은 91
비례의 원칙에 합치하지 않는다. 특히 국경지역에서 아무런 근거 없이 행해지는 검문은 국경을 넘는 행위 자체에 일반적 혐의(Generalverdacht)를 인정하는 것이 된다. 재화와 용역의 자유로운 교환이 방해를 받게 된다. 구체적 혐의 없이 이것이 행해지게 되면, 그것은 가입국가 간의 시장의 자유에 대한 불필요한 침해를 야기하게 된다. 이것은 적어도 상황에 관한 현장판단도, 사전인식도 필요 없는 규정과 관련된다. 무작위적 신원확인(권한)은 유럽연합법에 반하며, 따라서 적용될 수 없다.

뿐만 아니라 무작위적 신원확인은 기본권을 침해할 수 있다. 「무작위적 신원확인을 92
위한 규정의 존재가 아직 충분히 구체적이지 못하며, 따라서 기본권 침해가 아니다」라는 작센-안할트주 헌법재판소의 견해는[105] 그 규정이 갖는 신호기능과

104) Vgl. *Lindner*, JuS 2005, 302 (304).
105) LVerfG LSA, NVwZ 2002, 1281.

경고기능(Signal- und Warnfunktion)을 잘못 이해한 것이다. 단순히 그러한 규정이 존재한다는 것만으로도 기본권주체의 행동에 영향을 미칠 수 있다. 이러한 침해적 성격을 가진 유형은 정보보호법을 통하여 잘 알려져 있다.

93 무작위적 신원확인은 기본법 제2조 제1항의 일반적 행동의 자유를 침해하고, 경제적 이유로 국경을 넘는 경우에는 기본법 제12조(직업선택의 자유)를 침해한다. 따라서 권한은 충분히 특정되어야 한다. 적어도 상황인식과 경찰의 경험을 근거로 하여 정보를 수집하는 것이 규정되어 있어야 한다. 그렇지 않으면 기본권주체는 어떠한 조건이나 상황에서 그가 검문을 받게 되는지를 예측할 수 없다.[106] 일부 학설은 무작위적 신원확인을 위헌으로 보고 있다. 이러한 견해는 아무런 혐의없이 그리고 사건과 관계없이 이루어지는 검문은 법적 불안정성을 가져올 수 있으며, 무작위적 신원확인을 비례의 원칙에 합치하지 않는 것으로 간주한다.[107]

94 반대의견은 기본권침해를 정당한 것으로 본다.[108] 경찰의 전략적 이유가 무작위적 신원확인을 정당화할 수 있다는 것이다. 신원확인은 기본권적 지위를 그다지 심하게 침해하지 않기 때문에 경미한 침해일 뿐이라는 것이 반대의견의 핵심이다. 따라서 무작위적 신원확인은 경찰의 어떠한 사전인식도 요구하지 않는 것으로 이해하는 경우에도 비례의 원칙에 합치된다는 것이다.[109]

95 바이에른주 헌법재판소는 무작위적 신원확인이 원칙적으로 합헌이라고 하는 판례를 수정하였다. 신원확인은 허용되지만, 모든 형태의 수색이 허용되는 것은 아니라는 것이다.[110] 물건의 수색은 중대한 침해이므로 '고양(高揚)된 추상적 위험'이 존재할 것이 요구되며, 단순히 불분명한 사실에 근거하는 것으로는 충분하지 않다는 것이다.

---

106) LVerfG MV, DÖV 2000, 71 = DVBl. 2000, 262 = LKV 2000, 345.

107) *Lisken*, NVwZ 1998; *Stephan*, DVBl. 1998, 81; *Waechter*, DÖV 1999, 138.

108) BayVerfGH, DVBl. 2003, 261; 자세한 것은 *Heckmann*, in: Festschrift für Steinberger 2002, S. 467.

109) *Götz*, NVwZ 1998, 683 f.; *Horn*, BayVBl. 2003, 545; *Kastner*, VerwArch 92 (2001), 240; *Pieroth/Schlink/Kniesel*, POR, § 14 Rn. 42; *Schenke*, POR, Rn. 121, 122.

110) BayVerfGH, BayVBl. 2006, 339; BayVBl. 2011, 206.

무작위적 신원확인에 관한 규정이 기본권제한을 위한 사실적 근거를 담고 있다면 무작위적 신원확인을 위한 권한을 헌법합치적으로 구성하는 것이 가능하다. 예전 형태의 무작위적 신원확인의 위헌성을 인정하는 주헌법재판소의 결정[111]에 따라 메클렌부르크-포어포먼주의 입법자는 침해의 정도의 제한, 상황에 대한 인식의 필요성 및 시간적, 장소적 제한을 통하여 헌법합치적 해석에 이르는 새로운 규정을 제시하였다(메클렌부르크-포어포먼주 안전질서법 제27a조).[112] 그에 더하여 혐의도 없고 근거도 없는 검문의 경우에 허용되는 조치를 제한하는 것이 고려된다. 이 경우 신원의 확인만이 허용되는 것으로 보는 것은 신원확인을 제외한 그 밖의 침해는 단지 경찰상 위험이 존재하는 경우에만 적법하다는 것을 의미한다.* 96

무작위적 신원확인과 관련하여 단지 신원확인만이 허용된다는 형태의 제한이 존재하지 않는다면, 그 규정은 유럽공동체법과 기본법에 위반하는 것이다.[113] 수집된 정보가 계속하여 처리되면, 기본권 침해는 계속되게 된다. 무작위적 신원확인을 통하여 수집된 정보를 저장하는 것과 자료검색을 위하여 그를 계속하여 처리하는 것은 정보의 자기결정권에 반한다. 이처럼 여러 측면에서 의문이 제기되고 있음을 고려할 때, 무작위적 신원확인에 관한 법정책적 필요성이 근본적으로 재고되어야 한다. 97

3.3. 감식조치

경찰법적 의미에서의 책임자는 경찰법에 근거한 감식조치(鑑識措置, Erkennungs-dienstliche Maßnahmen)의 대상이 될 수 있다.[114] 감식조치로는 특히 지문(指紋)과 98

111) LVerfG MV, DÖV 2000, 71 = DVBl. 2000, 262 = LKV 2000, 345.

112) 따라서 유럽공동체법(Gemeinschaftsrecht)과 합치할 수 있게 되었다.

* **역주** 독일의 현직 경찰관(총경)으로 변호사 자격을 갖고 있는 퇼레(Toelle) 총경은 베를린 경찰청 법무담당관으로 재직 중인 비교적 보수적인 경찰 실무가인데도 소위 국경지역에서의 무작위적 신원확인을 위한 검문의 경우 필요한 최소한의 행위지표가 요구된다는 비판을 받아들이고 있는바(이러한 사정에 관하여는 P*ewerstorf/Soellner/Toelle*, Praxishandbuch Polizei- und Ordnungs-recht, 2013, S. 152), 이 점은 이 문제에 관한 많은 시사점을 던져주고 있다.

113) Vgl. *Waechter*, DÖV 1999, 145, der den Zweck der indirekten Verhaltenssteuerung hervorhebt, welcher in unverhältnismäßiger Weise verfolgt werde.

114) § 24 BPolG; § 36 PolG BW; Art. 14 BayPAG; § 23 ASOG Bln; § 13 BbgPolG; § 11a BremPolG; § 7 HbgDVPolG; § 19 HessSOG; § 31 SOG MV; § 15 NdsSOG; § 14 PolG NW;

장문(掌紋)의 채취, 사진촬영, 신체의 외관상 특징의 확인 및 신장이나 체중의 측정이 열거된다. 신체의 외관상 특징을 확인하는 것은 개인을 재인식하는 것을 용이하게 한다.[115] '유전자 지문', 즉 개인의 DNA는 외관상 지표가 아니므로 그를 확인하는 것은 여기서의 감식조치에 해당하지 않는다.[116] DNA분석은 일반적으로 형사소추를 위한 것으로, 특별한 법적 근거에 기초하여 행해진다.

99 몇몇 새로운 경찰법은 DNA 확인을 위하여 체세포를 채취하는 방식의 신체조사에 대한 권한을 규정하고 있다.[117] 이것은 죽은 사람이나 자유로운 의사형성을 할 수 없는 개인의 신원을 확인하는 것을 그 목적으로 한다. 실종된 사람의 DNA 표본(DNA-Muster)을 확인하기 위하여 시료를 확보하는 것 또한 가능하여야 할 것이다. 형사미성년자의 체세포를 채취하는 법적 권한은 범죄행위에 대한 예방적 대처라는 목적을 포함한다(헤센주 질서안전법 제19조 제3항). 이는 형사미성년자는 형사소송법상 피의자가 아닐 수도 있다는 것, 따라서 형사소송법상의 법적 근거가 배제된다[118]는 것을 그 배경으로 한다. 권한의 구체적인 내용은 기본권 침해의 강도(强度)를 고려하여 개별적으로 심사될 필요가 있다.

100 감식조치는 일반적으로 개인의 신원을 확인하는 것을 그 목적으로 한다. 다른 방법으로 신원이 확인되지 않거나 현저하게 곤란한 경우에 그와 같은 조치가 필요하다.[119] 감식조치에 관한 경찰법 규정은 신원확인에 관한 규정을 준용하도록 되어 있다. 따라서 신원확인의 전제조건이 존재하여야 한다. 단지 적법한 신원확인만이 적법한 감식조치의 출발점이 될 수 있다.

101 감식조치는 범죄행위에 대한 예방적 대처를 위하여서도 행해질 수 있다.[120] 그

---

§ 11 POG RP; § 10 SaarlPolG; § 20 SächsPolG; § 21 SOG LSA; § 183 LVwG SH; § 16 ThürPAG.

115) Schoch, POR, Rn. 202.

116) *Knemeyer*, POR, Rn. 178; *Schenke*, POR, Rn. 125; *Schoch*, POR, Rn. 202; *Würtenberger*, in: Achterberg/Püttner, § 21, Rn. 160; 반대의 견해로는 *Härtel*, ZG 2005, 300 (313); 자세한 것은 *Pieroth/Schlink/Kniesel*, POR, § 14 Rn. 57.

117) § 21a ASOG Berlin, § 15a NdsSOG, § 14a PolG NW, § 12a POG RP, § 10a SächsPoLG, § 183a LVwG SH.

118) *Schenke*, POR, Rn. 125.

119) 예컨대 § 14 Abs. 1 Nr. 1 PolG NW; § 11 Abs. 1 Nr. 1 POG RP.

전제는 구체적 혐의가 존재하고, 재범의 위험이 있어야 한다는 것이다. 예방과 형사소추간의 인터페이스* 에서의 규정은 구체적인 경우에 있어서 그 조치의 귀속, 즉 그 조치가 어떠한 성격을 갖는 것인지를 밝히는 것의 어려움을 명확하게 드러낸다. 경찰법을 근거로 하여 피의자(被疑者, Beschuldigte)가 아닌 사람에 대한 예방적 조치가 행해질 수 있다. 문제가 되는 것은 특히 형사미성년자, 형이 확정된 피고인 내지 형사절차의 진행이 중지된 혐의자(嫌疑者, Verdächtige)** 이다.[121] 이에 대하여 범죄행위에 대한 초기혐의가 존재한다면, 그에 대하여는 형사소송법 제81b조의 피의자에 관한 규정이 적용될 수 있다.[122]

사 례: 102

A는 강도로 유죄판결을 받고 형집행을 만료하였다. 수년 후에 A가 사용했던 것과 똑같은 방법으로 강도가 행해졌다. A에 관한 자료는 컴퓨터오류로 인하여 삭제되었다. A가 그의 옛 공범과 만나기 때문에 경찰은 그가 다시 강도범행을 저지를 수 있는 위험이 있다고 본다. A에 대하여 감식조치가 행해졌다. 그의 성명, 주소, 지문, 특별한 개인적 표지에 관한 진술 및 A의 사진이 컴퓨터파일에 저장된다. 법적 근거는 범죄행위의 예방을 위한 경찰의 감식조치에 관한 규정이다(바덴-뷔르템베르크주 경찰법 제14조 제1항 제2호; 라인란트-팔츠주 경찰법 제11조 제1항 제2호).

감식조치에 관한 주법(州法)의 규정은 헌법합치적 해석에 따를 때 단지 범죄행위의 103
예방과만 관련 있다.[123] 감식조치가 범죄행위의 형사소추에 대한 사전배려를 목적으로 하는 경우에는 연방에 입법관할권이 있다. 그러나 연방은 형사소송법 제81b조(사진과 지문)를 통하여 불명확하고 불완전한 규정만을 정립하였다.[124]

---

120) 예컨대 § 14 Abs. 1 Nr. 2 PolG NW; § 11 Abs. 1 Nr. 2 POG RP.

* **역주** 인터페이스란 원래 컴퓨터/IT용어로서 두 가지 시스템 또는 장치(equipment)가 결합해 있는 경계(boundary)를 의미하였었는바, 오늘날은 "사물 간 또는 사물과 인간 간의 의사소통이 가능하도록 일시적 혹은 영속적인 접근을 목적으로 만들어진 물리적, 가상적 매개체" 일반을 의미하는 문화어로 이해되고 있다. 이에 관하여는 다음의 인터넷문헌 참조: http://ko.wikipedia.org/wiki/%EC%9D%B8%ED%84%B0%ED%8E%98%EC%9D%B4%EC%8A%A4.

** **역주** 혐의자는 그 객관적인 지위나 혐의의 정도에 있어서 아직 피의자의 상태에 이르지 않은 상태에 놓여 있는 자를 말한다.

121) *Knemeyer*, POR, Rn. 179; *Schoch*, POR, Rn. 203.

122) VGH BW, NVwZ-RR 2004, 572; OVG RP, NVwZ-RR 2001, 238; SächsOVG, NVwZ-RR 2001, 238; OVG NW, NJW 1999, 2689 = DÖV 1999, 522.

123) *Schenke*, POR, Rn. 126.

주의 입법자는 형사소송법 제81b조가 피의자에 대한 감식조치를 허용하는 경우 그 한도에서 동 조항이 우선함을 명시적으로 인정하고 있다.[125] 만약 주법이 형사소추의 사전배려에 대하여 규정한다고 하여도(예컨대 니더작센 안전질서법 제15조 제2항) 그 주법은 적용될 수 없는데, 왜냐하면 연방헌법재판소의 결정에 따를 때 주의 입법자는 그에 관하여는 어떠한 입법관할권도 가질 수 없기 때문이다.[126]

104 감식조치, 특히 사진촬영이나 지문채취는 경찰법에 따라 예방적으로 행해질 수도 있고(노르트라인-베스트팔렌주 경찰법 제14조), 형사소송법 제81b조에 따라 (진압적으로) 행해질 수도 있다. 형사소송법 제81b조의 규정이 형사절차의 수행이 아니라 감식목적과 관련있는 경우에는, 판례에 따를 때 그 규정은 실질적 의미의 경찰법을 내용으로 하는 것으로서 예방적 조치에 대한 권한을 부여하는 것 이다.[127] 그 한도에서 그 조치는 범죄행위에 대한 수사와 진실규명을 위한 실질적 수단을 사전에 준비하는 것을 목적으로 한다. 따라서 감식목적을 위한 조치, 즉 장래의 범죄행위에 대한 소추를 위한 조치에 대하여는 단지 행정소송의 방식으로만 다툴 수 있다.[128] 형사소송법 제81b조의 (적용)범위에 대한 결정적인 교정수단은 감식조치의 필요성인데, 그것은 비례의 원칙에 따른 엄격한 심사를 필요로 한다.

105 **사 례:**[129]

A는 여러 회사를 소유하고 있다. 재산범죄를 이유로 그녀에 대하여 이미 많은 수사 및 형사절차가 진행되었다. 사기죄를 이유로 그녀에 대한 수사절차가 진행중인데, 그녀는 무기명의 협박편지를 작성하였다는 의심을 받고 있다.
경찰은 형사소송법 제81b조에 따라 피의자인 A에 대하여 지문채취나 사진촬영과 같은 감식조치를 행할 수 있다. 상급행정법원은 쉽게 식별가능한 개인적 지표(머리의 크

124) HessVGH, NVwZ-RR 1994, 652 (653).
125) § 111 NdsSOG; § 108 SOG LSA.
126) BVerfGE 113, 348.
127) BVerwGE 11, 181 (182 f.); *Dreier*, JZ 1987, 1009 (1013); *Hellmann*, Strafprozessrecht, II, § 4, Rn. 99; 반대견해에 관하여서도 언급하고 있는 것으로는 *Meyer-Goßner*, § 81b, Rn. 3 m.w.N.
128) BGHSt 28, 206 (209); 66, 192; 66, 202; *Meyer-Goßner*, § 81b, Rn. 22.
129) VGH BW, NVwZ-RR 2004, 572.

기, 머리카락의 색깔 등)에 관한 자료의 수집을 적법하다고 보았다. 이에 대하여 동 법원은 신체표면을 샅샅이 훑어보거나 사고자국이 있는 흉터를 촬영하고 측정하는 것은 비례의 원칙에 합치하지 않는다고 보았는데, 왜냐하면 당시에 A가 책임져야 할 행위와 아무런 관련이 없었기 때문이다.

연방헌법재판소의 견해에 따르면 이처럼 경찰법적 요소와 형사법적 요소가 혼재하는 것은 아무런 문제가 되지 않는다.[130] 이에 반하여 규정의 합헌성에 대한 비판론은 이러한 2가지 요소의 혼재 및 관할권과 관련된 것으로 형사소송법 제81b조의 규정을 위헌이라고 보고 있다.[131] 그러나 형사소추의 사전배려에 대한 연방의 관할권에 관한 연방헌법재판소의 판례를 고려할 때 형사소송법 제81b조는 헌법합치적 해석이 가능하고 흠결을 방지하기에 적합하다. 106

개인관련정보의 수집뿐만 아니라 그의 처리, 특히 파일로 보존(Aufbewahren)하기 위해서도 권한규범이 필요하다. 정보의 삭제를 요구할 권리는 그의 헌법적 근거를 인격권, 정보의 자기결정권 및 결과제거청구권의 사상에 두고 있다. 개인의 권리영역에 대한 침해는 그것이 비례의 원칙에 합치하는 경우에 한하여서만 유지될 수 있다.[132] 107

감식자료를 예방적 목적을 위하여 보존하는 것은 당사자가 감식자료의 폐기를 청구할 권리를 갖는다는 것을 내용으로 하는 경찰법 규정으로부터 도출되는 한계 내에서만 허용된다.[133] 신원이 확인되고, 그 자료의 보존이 범죄행위의 예방을 위하여 필요하지 않게 되거나 다른 법규정에 따라 허용되지 않는 경우에 이와 같은 청구권이 존재한다. 108

형사소송법 제81b조에 따라 얻어진 감식자료는 형사절차의 종결 이후에도 보존되는 것이 일반적이다.[134] 연방행정법원의 견해에 따르면 형사절차가 종결되었다고 하여 감식자료를 보존하는 것이 위법하게 되는 것은 아니다.[135] 즉, 「당사자가 감식자 109

130) BVerfGE 47, 239 (252).

131) *Pieroth*, VerwArch 88 (1997), 568 (575 mit Fn. 37); *Schoch*, POR, Rn. 16.

132) *Schenke*, POR, Rn. 128; *Würtenberger*, in: Achterberg/Püttner, § 21, Rn. 163.

133) 예컨대 § 14 Abs. 2 PolG NW; § 11 Abs. 2 POG RP; § 24 Abs. 2 BPolG.

134) BVerwG, NJW 1983, 772; *Hellmann*, Strafprozessrecht, II, § 4, Rn. 102를 보라.

료의 폐기를 청구할 수 있는 권리를 갖는다는 경찰법상의 문언에도 불구하고 형사소송법 제81b조의 규정이 감식자료를 계속하여 보존하는 것을 정당화한다.[136] 그러한 내용은 판례로부터 도출되며, 따라서 명확성의 원칙의 요구조건을 충족한다」는 것이다.

110 이러한 연방행정법원의 견해와 달리 형사소송법 제81b조는 형사소추를 위하여 감식자료를 보존하는 것을 내용으로 하지는 않는다고 생각한다.[137] 즉, 형사소송법 제81b조의 문언은 단지 자료의 수집만을 내용으로 함이 명백하며, 자료의 저장과는 아무런 관련이 없다.* 감식을 위한 필요성은 감식조치 그 자체에만 국한되어 있다. 감식자료의 보존은 기본권침해가 계속되는 것이며, 따라서 그를 위하여는 충분히 명확한 법적 근거를 필요로 한다는 것은 자명하다. 주의 경찰법이 자료의 폐기청구권을 부정하고, 다른 법규정에 따라 자료를 계속하여 보존하는 것을 허용하고 있는 경우에는 주의 경찰법이 그러한 법적 근거가 될 수 있다.

111 자료의 보존을 허용하는 주의 경찰법에서 말하는 '다른 규정' 가운데 가장 중요한 것은 경찰임무의 수행을 위한 자료저장에 관하여 규정하고 있는 경찰법상의 일반규정인바,[138] 그것은 형사소송법 제81b조에 따라 수집된 자료의 보존에 대한 근거도 된다.[139] 이 경우 예방경찰적 임무와의 관련성이 고려되어야 하는바, 그것은 형사소추를 위한 사전배려와는 관련이 없다. 저장의 요건을 엄격하게 규정하는 것은 절차법적 보장에도 기여한다.

---

135) BVerwG, NJW 1983, 772 und 1338; ebenso VGH BW, VBlBW 1987, 425.

136) BVerwGE 11, 181 (182); 26, 169 (170); HessVGH, NVwZ-RR 1994, 652 (654).

137) *Gusy*, POR, Rn. 247 f.

* **역주** 독일 형사소송법 제81b조는 "형사절차의 진행 또는 감식을 위하여 필요한 경우에는 피의자의 사진촬영과 지문채취 및 이와 유사한 조치를 취할 수 있다"고 규정하고 있는바, 동조의 문언만을 놓고 보면 동조는 단지감식을 위하여 필요한 경우 피의자의 사진이나 지문 등의 정보를 '수집'할 수 있다고 규정하고 있을 뿐이고 그렇게 얻어진 정보를 '보존'할 수 있다고 규정하고 있지 않다. Kugelmann 교수는 이런 점을 적확하게 지적하고 있다.

138) 예컨대 § 20 HessSOG; § 24 PolG NW.

139) VGH BW, NVwZ-RR 2004, 572 (574); die Urteile des die auf 일반경찰법상의 직무규범에 근거하고 있던 BVerwG, NJW 1990, 2765 und 2768 판결은 자료수집에 관한 오늘날의 규정에 의해 극복되었다.

감식자료의 보존에 대하여는 행정절차법 제40조에 따라 행정소송을 제기할 수 있는 길이 열려 있다.[140] 형사소송법 제81b조에 따른 감식조치가 행해지는 경우에도 그러하다.[141] 왜냐하면 개인관련정보의 저장으로서의 보존은 경찰-질서법에 따라 이루어지기 때문이다.[142] 112

연방행정법원은 행정절차법 제42조 제1항에 따른 의무이행소송이 허용되는 것으로 보았다. 이와 달리 감식자료의 폐기는 사실행위의 성격을 가지므로 일반이행소송이 가장 적합한 권리구제형식이라고 주장되기도 한다. 그러나 폐기에 앞서 계속하여 자료를 보존하기 위한 전제조건이 충족되어 있는지에 관한 행정청의 결정이 필요하다. 이러한 결정은 그 전제조건이 더 이상 존재하지 않는다는 결정과 마찬가지로 행정행위이다. 따라서 의무이행소송이 적합한 소송유형이다. 113

사 례: 114

시장광장에서의 공적 집회과정에서 인근 상점의 유리가 돌에 맞아 깨졌다. 집회참가자 X와 Y는 형사소송법 제81b조에 따라 재물손괴와 관련하여 형사소추목적으로 감식조치를 받았다. 이어진 형사절차에서 X는 벌금형을 선고받았고, Y는 무죄판결을 받았다. 경찰은 X와 Y의 지문을 X에 대한 형사절차가 종결된 후에 경찰의 자료에 첨부하였다.

X와 관련하여 경찰은 내부메모로 그와 같은 첨부와 보존이 장래의 범죄행위의 진실규명을 용이하게 할 것이라는 이유를 제시했다. Y와 관련해서는 경찰은 장래의 폭력적 집회에서 신원파악을 할 수 있도록 하기 위하여 지문을 보존하였다. X와 Y는 그들의 개인관련정보의 보존에 대하여 다투고자 하는바, 왜냐하면 그들은.주법에 따른 자료저장을 위한 전제조건의 존재를 부정하기 때문이다. 자료의 폐기청구권, 즉 자료의 삭제청구권과 관련하여 행정소송절차가 개시된다.

---

140) *Knemeyer,* POR, Rn. 182; *Schenke*, POR, Rn. 129, 663 ff.

141) BVerwGE 11, 181 (182); 26, 169 (170), 69, 192 (193 f.).

142) 형사소송법 제81b조에 따라 수집되지 않은 경찰이 갖고 있는 자료의 경우에도 그러하다. BVerwG, NJW 1990, 2768 (2769).

4. 정보수집의 특별한 수단

4.1. 개념과 전제조건

4.1.1. 개 념

115 대부분의 경찰법률들은 일반적인 정보수집과 정보수집의 특별한 수단을 구분한다. 정보수집의 '특별한' 수단이라고 할 때, 그 특별성은 위험의 전단계에서 정보를 수집하기 위하여 개인의 기본권영역을 강하게 침해한다는 것에 있다. 이 경우에 기본권침해는 은밀하게 또는 위장을 하여 행해지는 것이 전형적이다.143) 이러한 특별한 수단에 대해서는 통상적으로 개개의 특별법 규정의 기준에 따른 정보수집의 일반적 요건이 적용된다.144)

116 정보수집의 특별한 수단으로서는 다음과 같은 조치들, 즉 관찰, 사진촬영(과 녹화)이나 대화의 감청(과 녹음)을 위한 기술적 수단의 투입 및 신분을 위장한 경찰관의 투입이 고려된다. 경찰이 관찰을 위하여 또는 현재위치의 확인을 위하여 개인과 그가 사용한 차량을 수배하는 것도 정보수집의 특별한 수단이 될 수 있다. 몇몇 주의 법률들은 이와 같은 수단을 나열하여 규정하고 있다.145)

117 정보수집의 특별한 수단이 적법한 것이 되기 위한 전제조건 및 보호법익과 관련된 구체적 내용에 있어서는 주의 법률들 간에 차이가 있다. 이러한 조치는 단지

---

143) 자세한 것은 *Son*,* Heimliche polizeiliche Eingriffe in das informationelle Selbstbestimmungsrecht, 2006.

* **역주** Kugelmann 교수가 주) 143에서 소개하고 있는 문헌의 저자는 독일 Mannheim대학에서 Schenke교수의 지도를 받아 박사학위를 취득한 손재영 교수(경찰대학)이다. 독일의 경찰법문헌에서 우리나라 학자의 글이 인용되거나 참고문헌으로 제시되는 경우는 그리 흔하지 않은 일이어서 이를 특별히 밝혀두고자 한다.

144) 예컨대 § 22 ff PolG BW; Art. 33 ff BayPAG: §§ 32 ff BbgPolG; §§ 33a ff NdsSOG; §§ 28 ff SaarlPolG.

145) 예컨대 § 28 Abs. 2 BPolG; § 22 Abs. 1 PolG BW; Art. 33 Abs.1 BayPAG; § 33 Abs. 1 SOG MV; § 30 Abs. 2 Nds. SOG; § 28 Abs. 2 POG RP; § 28 Abs. 2 SaarlPolG; § 36 Abs. 2 SächsPolG; § 34 Abs. 1 ThürPAG.

강화된 위험이 존재하는 경우에 한하여 허용된다.[146] 그것은 종종 생명, 신체나 개인의 자유에 대한 현재의 위험을 방지하기 위하여 필요하거나 중요한 의미를 가진 범죄행위를 범하려 한다는 것을 인정할 만한 사실적 근거가 있을 것을 그 전제조건으로 한다.[147]

4.1.2. 법적 전제조건, 특히 핵심영역의 보호

정보수집의 특별한 수단은 법적 특별성을 갖고 있다. 그것은 침해의 강도(强度)가 118
강하고, 시민의 기본권적 지위와 밀접하게 관련 있다. 따라서 정보수집의 특별한 수단은 시민의 기본권을 보호하기 위한 법적 보장장치를 필요로 하는바, 그에 대하여는 경찰법이 상세한 그리고 경우에 따라서는 복잡한 규정을 갖고 있다.[148] 이 경우 사적 생활의 핵심적 영역의 보호와 특별한 신뢰관계의 보호가 중요한 역할을 한다. 실질적인 기본권보호가 그러한 조치에 대한 방어만으로는 충분히 효과적이지 않기 때문에 법률은 조직과 절차를 통한 기본권보호수단을 강구하게 되는바, 예컨대 그러한 조치를 법관유보하에 두거나 수집된 자료에 일련번호 표시의무(Kennzeichnungspflichten)를 부과하는 것이 그것이다. 비례의 원칙은 개별 권한규범에 다양한 전제조건이 만들어지는 결과를 가져온다.[149] 연방헌법재판소는 판례를 통하여 몇몇 기준을 발전시켰는바, 기본권 침해의 정도와 기본권보호수단이 비례관계에 있어야 한다는 것이 그것이다.[150]

개별 권한규범에 시민의 기본권보호를 위한 절차법적, 조직법적 규정이 포함되어 119
있는 경우도 있는바, 이러한 과정을 통하여 절차법적, 조직법적 규정이 상당히 발전되게 되었다. 경찰법률은 점차적으로 특별한 수단을 통한 정보수집에 대하여 제한을 가하는 절차법적, 조직법적 범주를 정하는 규율기술을 택해 가고 있다. 일반적인 정보수집에 관한 규정과 비교할 때 특별한 수단을 통한 정보수집에 관한 규정은 한층 엄격한 요건을 규정하고 있다.[151] 개념규정 또한 정립되어 있는

146) *Schoch*, POR, Rn. 221 f.
147) 예컨대 §§ 16, 17, 18 19, 20 PolG NW.
148) *Gusy,* POR, Rn. 209 ff.; *Schoch*, POR, Rn. 245.
149) 정보수집에 대한 개괄조항에 관하여는 *Pieroth/Schlink/Kniesel*, POR, § 13 Rn. 18 ff.
150) BVerfGE 120, 274 (323 ff.).
151) 예컨대 § 30 BremPolG; § 34 SOG MV; § 16 PolG NW; §§ 17, 18 SOG LSA; § 34

경우가 있는데, 예컨대 개별 법률에서 접촉인물이나 동반인물의 개념 또는 핵심영역의 보호라는 개념을 구체적으로 규정하고 있는 경우가 그러하다. 중대한 의미를 가진 범죄행위의 개념 또한 많은 법률에 확정되어 있는 것이 일반적이다.

120 연방헌법재판소는 기본법 제13조와 관련하여 '사적 생활의 핵심영역의 보호(Schutz des Kernbereichs der privaten Lebensentfaltung)'라는 개념을 발전시켰다.[152] 핵심영역의 보호의 적용범위는 보호되는 사적 영역에 따라 정해지고, 따라서 관련되는 기본권이 무엇인지와 상관없이 사적 생활에 대한 모든 침해를 포함한다.[153] 또한 핵심영역의 보호는 온라인 수색의 형성과 평가에 있어서도 중요한 관점이며, 연방헌법재판소는 이와 관련하여 그의 절대적 보호를 촉구한 바 있다(제7장 Rn. 194를 보라).[154] 이것은 인터넷을 이용한 커뮤니케이션에 대해서도 적용된다.[155]

121 연방헌법재판소는 핵심영역의 2단계 개념(zweistufiges Konzept)에 따르고 있으며, 그를 통하여 핵심영역을 절대적으로 보호하려고 한다. 핵심영역과 관련 있는 정보는 수집하는 것조차도 전혀 허용되지 않는다.[156] 그러나 수집하는 것을 피할 수 없었다면, 즉 어쩔 수 없이 핵심영역과 관련 있는 정보가 수집단계에서 수집되었다면, 핵심영역은 그에 대한 평가와 관련된 두 번째 단계에서 보호되어야 한다. 정보의 열람(Durchsicht)과 관련하여서는 핵심영역과 관련 있는 정보의 삭제를 보장하고 그 사용을 배제하는 적정한 절차가 보장되어야 한다.[157]

122 사적 생활관계의 핵심영역의 보호는 은밀한 조사조치를 취할 것인지의 여부에 관한 결정에 있어서뿐만 아니라 그 조치가 행해지는 기간 동안에도 보장되어야 한다. 예컨대 전화통신감청이 지속된다면 당사자의 사적 생활관계의 핵심영역이

ThürPAG.

152) BVerfGE 109, 279 (313); vgl. *Huber*, ThürVBl. 2005, 1 (2); *Lepsius*, Jura 2005, 433 und 586.

153) 유사한 견해로는 *Gusy,* POR, Rn. 211.

154) BVerfGE 120, 274 (336); 여기서의 '절대성(絶對性)'에 관하여는 한편으로는 *Baldus*, JZ 2008, 218, 다른 한편으로는 *Poscher*, JZ 2009, 269 참조; 또한 Desoi/Knierim, DÖV 2011, 398을 보라.

155) BVerfGE 113, 348 (390).

156) BVerfGE 109, 279 (318, 324).

157) BVerfGE 120, 274 (338 f.).

침해받는지 여부에 대하여 지속적 심사가 이루어져야 한다. 만약 핵심영역이 침해를 받는 경우에는 그와 같은 조치는 중지되어야 한다. 핵심영역과 관련하여 해결하기 어려운 딜레마는 언제 은밀한 조사조치가 중지되어야 하고, 언제 다시 재개될 수 있는지에 대한 결정이다. 몇몇 법률규정에 따르면 직접적으로 정보를 수집하는 기관에 정보가 자동으로 저장되는 경우도 있다. 이것은 법원에 의해 심사되어야 한다. 정보의 사용가능성과 삭제에 관한 결정과 관련하여 관할 법원은 연방헌법재판소의 이단계 개념을 따르고 있다.158)

정보수집의 특별한 수단은 특히 기본권을 강하게 보장하기 위한 절차적 규정을 필 123
요로 한다.159) 절차적 보장(Verfahrensmäßige Sicherungen)에 관하여는 특히 행정관서의 장이나 법관이 명령권을 갖는다.160) 관련 조치의 특별한 정당화가 필요하다. 그와 같은 조치는 종종 단지 기한부로만 허용된다.161) 주거의 보호라는 관점을 고려할 때 기본법 제13조로부터 엄격한 요건이 도출된다. 주의회에 대한 행정부의 보고의무가 확인될 수 있다.162) 따라서 주의회의 행정부에 대한 일반적인 통제와 관련하여 주의회가 시민의 권리영역에 대한 중대한 침해를 판단하여야 하는 상황에 처하게 된다.

조치의 은밀한 성격과 범위를 고려할 때 불특정 다수인이 그와 관련될 수가 있다. 124
따라서 비책임자에 대한 경찰의 조치가 효력을 가질 수 있기 때문에 법률은 그러한 침해를 정당화하기 위한 특별한 규정을 갖고 있다.163) 비책임자 또는

158) *Perne*, DVBl. 2006, 1486.

159) SächsVerfGH, SächsVBl. 1996, 160 = JbSächsOVG 4 (1996), S. 50 = LKV 1996, 273 = JZ 1996, 957(*Götz* 의 평석이 붙어 있음) = DVBl. 1996, 1423(*Schenke*의 평석이 붙어 있음), DVBl. 1996, 1393; 또한 *Son*, Heimliche polizeiliche Eingriffe in das informationelle Selbstbestimmungsrecht, 2006, S. 259 ff.; *Weber*, Die Sicherung rechtsstaatlicher Standards im modernen Polizeirecht, 2011, S. 190 ff.를 보라.

160) 예컨대 § 15 Abs. 3, § 15 Abs. 5 Satz 1 und 8; § 16 Abs. 5 Satz 1; § 17 Abs. 4 Satz 1 und Abs. 5 HessSOG.

161) 예컨대 § 15 Abs. 5; § 17 Abs. 4 Satz 2; § 16 Abs. 5 Satz 7 HessSOG.

162) 예컨대 § 23 Abs. 5 PolG BW; § 36 BremPolG; § 15 Abs. 8 HessSOG; § 34 Abs. 7 SOG MV; § 39 Abs. 10 SächsPolG; § 186a LVwG SH.

163) 연방경찰법 제28조 제1항 제2문: "제3자가 불가피하게 관련되는 경우에도 정보는 수집될 수 있다."

접촉인물이나 동반인물들에 대하여 불가피하게 비디오감시나 전화통신감청이 행해지는데, 그러한 정보는 관련규정에 근거하여 수집할 수 있다.[164] 그 정보가 처리되어도 좋은지 특히 저장되어도 좋은지 여부, 그리고 처리되고 저장된다면 어느 정도까지 가능한지는 그와 관련된 규정에 근거하여 별도로 심사되어야 한다.

125 **사 례:**[165]

목사, 경찰공무원, 변호사가 관찰, 은밀한 사진촬영에 관한 함부르크 정보처리경찰법 규정에 대하여 헌법소원을 제기한다. 연방헌법재판소는 헌법소원을 받아들이지 않았는바, 왜냐하면 헌법소원의 청구인이 법률규정 자체에 따를 때 그러한 조치와 고유한 관련성을 가질 수 없기 때문이다. 연방헌법재판소의 견해에 따르면 '접촉인물과 동반인물'의 개념은 좁게 해석되어야 한다. 그것은 예방되어야 할 범죄행위의 배경이나 환경과 연루되어 있을 것을 전제로 한다.[166]

126 제3자가 특별히 당사자와 밀접한 관계에 있는 경우라면 특별한 신뢰관계의 보호(Schutz besonderer Vertrauensverhältnisse)를 위한 특별규정이 필요할 수 있다.[167] 전화통신감청은 변호사, 기자 또는 성직자 등과 당사자 간의 통화와도 관련될 수 있다. 미디어법상의 정보제공자보호 또는 고해성사의 비밀은 상이한 기본권에 근거하지만, 헌법적으로 특별히 보장되어야 한다. 형사소송상의 침해와 관련하여서는 형사소송법 제53조에 따른 증언거부권자의 특권이 존재한다.

127 연방헌법재판소의 견해에 따르면 형사소추를 위한 감청의 대상이 된 언론인은 기본법 제10조(원거리 통신비밀의 자유)가 보장하는 정도를 넘어서서까지 기본법 제5조 제1항(언론의 자유)에 의하여 보호받지는 못한다. 그러나 이 경우에는 더욱 엄격하게 비례의 원칙에의 합치여부가 심사되어야 하며, 그 한도에서 비례의 원칙에 더 높은 가치가 부여되어야 한다.[168] 경찰관청은 예방적 조치에 있어서도 특별한 신뢰관계의 보호를 보장해야 하고, 따라서 재량권을 행사함에 있어 비례의

164) 예컨대 § 17 Abs. 1 und 18 Abs. 1 PolG NW.

165) BVerfG, (1. Kammer des 1. Senats), DVBl. 2001, 1057 = EuGRZ 2001, 255.

166) Vgl. *Albers*, Straftatenverhütung, S. 291 f.

167) *Korge*, Die Beschlagnahme elektronisch gespeicherter Daten bei privaten Trägern von Berufsgeheimnissen, 2009, S. 27 ff.; *Zühlcke*, Der Schutz von besonderen Vertrauensverhältnissen im Polizeirecht der Länder, 2005.

168) BVerfGE 107, 299; 이에 관하여는 *Gusy*, NStZ 2003, 399; *Kugelmann*, NJW 2003, 1777.

원칙을 엄격하게 준수하여야 한다.169) 몇몇 주법은 이에 관한 특별규정을 가지고 있다.170)

은밀한 수단을 통하여 정보를 수집하는 것은 사실행위이다. 그것은 수인의무를 128
부과하는 행정행위가 아닌데, 왜냐하면 상대방에 대한 통지가 결여되어 있기 때문이다. 사후에 피관찰자에게 이를 알린다고 하여도 달라지는 것은 아무것도 없다. 그러나 적어도 사후통지가 당사자가 사후적 권리구제를 구할 수 있도록 하여주며, 따라서 기본법은 사후통지를 할 것을 요구하고 있다.171) 권리구제의 목적은 그러한 조치가 위법하였다는 것을 확인하는 것이며, 따라서 확인소송이 적절한 소송유형이다(행정절차법 제43조).172)

4.2. 관찰과 자동차번호판의 자동인식/판독

여기서 관찰(Observation)이라 함은 경찰이 장기간에 걸쳐 한 사람을 계획적으로 129
관찰하는 것을 말한다.173) 대부분의 경찰법에 따를 때 관찰이 일주일 내에 24시간 이상 행해지거나, 일주일 이상 행해지는 경우에 '장기간에 걸친' 관찰이 있다고 할 수 있다. 이러한 조치에는 많은 비용의 지출이 요구되며, 경찰공무원의 투입뿐만 아니라 방향탐지송신기와 같은 기술적 수단의 투입도 요구된다.174)

그 조치, 즉 관찰의 목적은 경찰의 임무범위 내의 것이어야 한다. 관찰을 통하여 130
동영상(動映像)을 제작하는 것은 그것이 범죄행위에 대한 예방적 대처와 아무런 관련이 없다면 경찰-질서법상으로는 의미 없는 것이 될 수 있다.175)

---

169) *Schenke*, POR, Rn. 191.

170) § 32 Abs. 1 Satz 5 und 6, § 33 Abs. 1 Satz 5, § 34 Abs. 1 Satz 4 BbgPolG; § 33 Abs. 6 SOG MV; § 39 Abs. 2 SächsPolG.

171) BVerfG, (1. Kammer des 1. Senats), DVBl. 2001, 1057 (1059) = EuGRZ 2001, 255 (257).

172) *Schenke*, POR, Rn. 192.

173) § 28 Abs. 2 Nr. 1 BPolG; § 22 Abs. 1 Nr. 1 PolG BW; Art. 33 Abs. 1 Nr. 1 BayPAG; § 25 Abs. 1 Nr. 1 ASOG Bln; § 32 BbgPolG; § 32 BremPolG; § 9 HbgDVPolG; § 15 Abs. 1 Nr. 1 HessSOG; § 33 Abs. 1 Nr. 1 SOG MV; § 34 NdsSOG; § 16 PolG NW; § 28 Abs. 2 Nr. 1 POG RP; § 28 Abs. 2 Nr. 1 SaarlPolG; § 36 Abs. 2 Nr. 1 SächsPolG; § 17 Abs. 1 Nr. 1 SOG LSA; § 185 Abs. 1 Nr. 2a LVwG SH; § 34 Abs. 1 Nr. 1 ThürPAG.

174) *Gusy*, POR, Rn. 202.

131 자동차번호판(Kfz-Kennzeichen)의 자동인식은 대규모로 정보를 수집하기 위한 특별한 권한이다. 차량번호판은 개인관련정보이다. 이러한 정보의 수집은 기존의 다른 정보와의 비교검색과 마찬가지로 정보의 자기결정권을 침해하는 것이 될 수 있다.[176] 몇몇 주의 법률은 이를 위한 특별한 권한을 규정하고 있다. 자동인식의 경우 고정식 또는 이동식 판독기를 통하여 자동차번호판이 확인될 수 있다. 이러한 방식으로 수집된 정보는 자동적으로 수배자료(Fahndungsbestand)와 비교된다. 그 밖의 사용에 관하여는 법률에 따라 상이하게 규정되어 있다.

132 연방헌법재판소는 자동차번호판의 자동인식이 허용될 수 있는 것으로 보고 있기는 하지만, 아울러 그것이 허용되기 위한 엄격한 요건을 제시하고 있다. 그러나 구체적인 경우에 있어 (연방헌법재판소에 의해 심사되는) 실정법상의 규정들은 그러한 요건에 부합하지 못하고 있다.[177] 연방헌법재판소의 견해는 관련정보에 대한 관청의 이익이 구체화되는 경우에야 비로소 관련성이 존재할 수 있다는 것이다. 중요한 것은 개인관련성이다. 정보의 인식이 위험한 상황을 야기하지 않는다면 어떠한 침해도 존재하는 것이 아니다. 만약 인식된 자동차번호판의 비교검색이 지체없이 자동적으로 행해지고 그 자료가 즉시 다시 삭제된다면, 이것은 침해가 아니다. 그러나 차량번호판이 저장매체에 저장되고 따라서 그것이 이후의 조치의 근거가 될 수 있다면 침해가 존재한다.[178]

133 연방헌법재판소의 판례에 따르면 자동차번호판의 인식에 관한 헌법합치적 규정으로는 다음과 같은 두 가지 모델이 고려될 수 있다.[179]

1. 입법자가 엄격한 전제조건을 규정하는 것, 따라서 '단지 고차원의 법익보호를 위하여'라는 높은 침해의 문턱을 규정하는 것이다. 이 경우에는 그러한 엄격한 전제조건이 충족되어야만 광범위한 목적으로 정보를 사용하는 것이 가능하다 (브란덴부르크주 경찰법 제36a조).
2. 입법자가 완화된 전제조건을 제시하여 침해의 문턱을 낮춘다. 이 경우에는

175) *Gornig/Jahn,* Fall 8.
176) 예컨대 Art. 33 Abs. 2 S. 2 bis 5 BayPAG; § 36a BbgPolG; § 43a SOG MV; § 33 Abs. 7 ThürPAG.
177) BVerfGE 120, 378.
178) BVerfGE 120, 378 (404 f.).
179) BVerfGE 120, 378 (433).

침해의 강도가 덜한 목적으로만 정보를 사용하는 것이 정당화된다.

그 조치를 통하여 인식되는 사람의 수가 아주 많을 수 있다는 점을 고려할 때, 목적을 설정함에 있어서는 많은 주의를 필요로 한다. 연방헌법재판소는 조치의 명확성을 강조하고 있는바, 그러한 입장은 타당하다.[180] 특별규정으로 엄격한 전제조건을 설정해 놓는 경우에는 자동차번호판을 인식하기 위한 기술적 설비를 상황에 맞게 잠정적으로 설치하는 것이 가능하다.[181] 그에 반하여 고정식 인식장치를 지속적으로 설치하거나 가동하는 것은 허용되지 않는다. 자동차번호판을 자동으로 인식하는 것은 구체적인 이유가 있어야 하고, 영상의 제작을 위하여 이용되어서는 아니 된다.[182] 134

4.3. 촬영과 저장, 특히 비디오감시를 위한 기술적 수단의 사용

사진의 촬영/저장*을 통한 정보의 획득은 은밀하게 또는 공개적으로 이루어질 수 135
있다. 은밀한 사진의 촬영/저장은 공공장소에서도 행해질 수 있으며, (개인의) 주거에 대하여 행해질 수 있다. 이와 같은 사진의 촬영/저장이란 형태는 여러가지 법적 요청에 따르게 된다. 카메라를 통한 사진의 촬영/저장과 비디오카메라를 통한 영상의 촬영/저장은 동일하게 다루어져야 한다.

공개적인 사진의 촬영/저장과 음성의 녹음/저장(Offene Bild- und Tonaufzeichnungen), 특히 136

180) BVerfGE 120, 378 (406 f.)

181) Art. 33 Abs. 2 S. 5 BayPAG; § 33 Abs. 7 ThürPAG가 이러한 내용을 규율하고 있기는 하지만 모든 사정을 빠짐 없이 커버하지는 못하고 있다; 또한 *Martinez Soria*, DÖV 2007, 779를 보라.

182) 유사한 견해로는 *Pieroth/Schlink/Kniesel*, POR, § 14 Rn. 18d.

* **역주** 사진이나 비디오의 촬영과 관련하여 근래의 독일의 문헌들은 'Aufnahmen'과 'Aufzeichnungen'을 구분하여 사용하는 경향을 보이고 있는바, 양자의 차이는 다음과 같은 점에서 발견된다. 즉, Aufnahmen이란 단지 말 그대로의 촬영을 의미하는 것으로 사용되는 것에 반하여, 그렇게 촬영된 결과물을 저장하는 것까지 포괄하는 의미로는 Aufzeichnungen이란 단어를 사용하고 있는 것이다(LT-Drucks, 15/10181, S.17). 2008년에 제정된 바이에른의 집회법 역시 동법 제9조에서 Aufnahmen과 Aufzeichnen을 엄격히 구분하여 사용하고 있는바, 이러한 사정에 관하여는 Scheidler(서정범 역), 바이에른 집회법, 44쪽 이하 참조. 이러한 점을 고려하여 이하에서는 Aufzeichnungen을 촬영/저장이라고 번역하기로 한다.

공적인 집회나 군집과 관련하여 행해지는 공개적인 사진의 촬영/저장과 음성의 녹음/저장은 그것이 공개적으로 행해지기 때문에 몇몇 주의 경찰법은 그를 정보수집의 특별한 수단이라고 부르지 않고 있다.[183] 다른 주의 경찰법은 이와 관련된 규정 자체를 갖고 있지 않다. 공개적인 사진의 촬영/저장은 "정보는 공개적으로 그리고 당사자로부터 수집되어야 한다"는 정보의 획득에 관한 일반규정이 요구하는 바에 따라 행해진다. 이러한 공개적인 사진의 촬영/저장은 은밀한 사진의 촬영/저장에 비하여 관련된 기본권에 대한 침해의 강도가 경미하기 때문에 비례의 원칙이란 관점에서 볼 때 덜 침해적인 수단임이 분명하다. 이 두 가지의 조치, 즉 공개적인 사진의 촬영/저장과 은밀한 사진의 촬영/저장은 그 목적을 달리할 수 있기 때문에 각각의 목적을 달성하기에 동일한 정도의 적합성이 필요한 것인지가 고려되어야 한다.

137 주의 법률상의 관련규정들은 집회법과 밀접한 관련성이 있다. 연방의「집회 및 행진에 관한 법률」제19a조, 제12a조는 중대한 위험이 우려되는 경우에 공개집회에서 집회참가자들의 사진의 촬영/저장과 음성의 녹음/저장을 할 수 있는 권한을 경찰에게 부여하고 있다. 이와 같은 연방법규정은 —기본법 제125a조에 따를 때— 연방주의개혁(Föderalismusreform)의 결과 집회법에 관한 입법권을 갖게 된 주의 입법자가 주의 고유한 집회법을 제정할 때까지만 해당 주에 적용된다.[184]

138 나아가서 몇몇 주의 경찰법들은 신원확인에 관한 규정이 정하고 있는 위험한 장소에서 공개적인 사진의 촬영/저장을 할 수 있다고 규정하고 있다. 그러나 이 경우 그를 위하여서는 위험한 장소에서 범죄가 행해질 수 있다는 것을 인정할 수 있는 사실관계가 존재하여야 할 것이 보충적으로 요구된다.[185] 일부 주의 경찰법에서는 사람에 대한 검문이나 차량검문에 있어서 경찰 자신을 보호하기 위하여 사진의 촬영/저장을 할 수 있음을 특별히 규정하고 있기도 하다(브란덴부르크주 경찰법 제31a조; 노르트라인-베스트팔렌주 경찰법 제15b조). 공개적인 사진의 촬영/저장에 관하여 명시적인

183) 예컨대 § 21 BPolG; § 21 PolG BW; Art. 32 BayPAG; §§ 24, 24a ASOG Bln; §§ 31, 31a BbgPolG; § 29 BremPolG; § 8 HbgDVPolG; § 14 HessSOG; § 32 SOG MV; § 32 NdsSOG; §§ 15, 15a, 15b PolG NW; § 27 POG RP; § 27 SaarlPolG; § 16 SOG LSA; § 184 LVwG SH; § 38 SächsPolG; § 33 ThürPAG.

184) *Schenke*, POR, Rn. 184; *Würtenberger/Heckmann*, PolR BW, Rn. 599.

185) 예컨대 § 21 Abs. 2 PolG BW; § 15a PolG NW.

법규정을 갖고 있지 못한 주에서는 정보의 수집과 관련된 일반적인 규정에 근거하여 그를 행할 수 있다.

사진의 촬영/저장을 위하여 공개적으로 기술적 수단을 사용하는 것은 무엇보다도 공개된 장소에서의 비디오감시(Videoüberwachung)와 관련있다. 사진이나 동영상들은 점차 디지털 방식으로 촬영/저장되고 있으며, 이로 인하여 그의 활용이 훨씬 간편해지고 있다. 비디오 감시는 법정책적 측면에서뿐만 아니라 헌법적 측면에서도 논란의 여지가 있다.[186] 왜냐하면 구체적인 위험이 존재하지 않음에도 불구하고 불특정 다수인에 대한 경찰의 조치가 행해지기 때문이다. 비디오감시는 위하(威嚇, Abschreckung)를 통하여 범죄행위를 예방하고, 이미 행하여진 범죄행위를 신속하게 규명하는 것을 그 목적으로 한다.[187] 구체적인 경우에 있어 비디오감시를 통한 사진의 촬영/저장이 범죄행위의 진실을 규명함에 있어 많은 성과를 가져왔음에도 불구하고 비디오감시에는 일정한 한계가 있다. 점점 많은 시민에 대하여 점점 더 많은 정보를 입수·처리할 수 있게 됨으로 인하여 위험방지와 형사소추가 훨씬 용이해질 수 있다. 그러나 민주적 법치국가는 국가권력의 억제와 기본권의 유지와 관련하여 스스로의 당위성에 적합하게 행위하여야 한다. 139

비디오감시를 평가함에 있어서 '단순한 촬영(Aufnahme)'과 단기간의 '저장(Aufzeichnung)', 즉 사진이나 영상과 같은 정보의 획득과 그의 저장 및 처리는 구분되어야 한다. 비디오감시 카메라가 어떤 공공장소(광장 등)에서 촬영한 사진이나 영상을 중앙통제소(Lagezentrum)에서 평가하는 경우에, 이 또한 기본권 침해가 있는 것인지 여부에 관하여는 예전부터 다투어져 왔다. 촬영이 이루어지고, 그것이 몇 시간, 며칠, 몇 주 동안 저장된다면 이런 사진이나 영상정보는 나중에 형사소추를 위하여 다른 정보와 비교하는 형태로 사용될 수 있다. 기본권에 대한 이러한 침해는 그를 정당화할 수 있는 고유의 사유를 필요로 한다. 140

사 례: 141

M시(市)의 도심에 경찰은 특정한 공공장소(광장)에서의 비디오감시를 위하여 고정식

186) *Schoch*, POR, Rn. 249 m.w.N.; 사회학적 접근에 관하여는 *Frehe*, Der glückliche Konsument in überwachten Räumen, 2010.

187) *Robrecht*, SächsVBl. 2008, 238.

카메라를 설치하였다. 감시의 대상은 역앞의 광장, 시장광장 그리고 보행자구역 내의 다른 한 광장이다. 이는 위하를 통하여 소매치기와 같은 범죄행위를 방지하고, 전체적으로 '보다 높은 안전상태'를 확보하는 것을 그 목적으로 한다.

구체적인 내용은 주의 경찰법에 따른다. 사진이나 영상이 전송될 뿐만 아니라 저장된다고 하면 나중에라도 그러한 사진이나 영상정보에 접근하는 것이 가능하다. 테러리스트들에 의한 폭파공격이 행해진 경우에 저장되어 있는 사진이나 영상정보의 관찰과 분석은 테러리스트를 식별하고 그들의 신원을 확인하는 데 기여할 수 있을 것이다. 2005.7.7.의 런던 테러공격, 2006.7. 31.의 쾰른 중앙역에서의 폭파미수사건의 경우가 그러한 예라고 할 수 있다. 기차여행객에 대한 폭력적 공격의 경우 또한 자동으로 촬영/저장된 사진을 분석함으로써 반복적으로 진실이 규명되어 왔다.

142 비디오감시는 주로 위험방지를 위하여 행하여지므로 그에 대한 입법관할권은 주가 갖는다.[188] 공공장소에서의 비디오감시는 범죄행위의 실행에 대한 위하를 통하여 범죄행위를 방지하고자 하는 것이다. 이것은 위험의 사전배려의 일부이다. 획득된 사진이나 영상자료가 범죄행위의 진실규명과 범죄혐의자의 신원확인을 위하여 이용되는 경우도 있지만, 그것은 어디까지나 부차적 목적이다.

143 연방경찰법 제27조 제1문에 따를 때 연방경찰은 그의 특별한 임무에 상응하여 국경이나 철도, 공항과 같은 위험장소에 자동으로 작동되는 비디오촬영과 저장기기를 투입할 권한이 있다. 저장된 사진이나 영상은 그것에 현재의 위험의 방지 또는 형사범죄나 질서위반행위의 소추를 위하여 필요하지 않은 개인정보가 들어 있으면 폐기되어야 한다(연방경찰법 제27조 제3문).

144 비디오감시에 관한 규정들은 독일기본법 제2조 제1항과 연계된 제1조 제1항으로부터 도출되는 정보의 자기결정권에 대한 침해이다. 사람에 대한 사진의 촬영/저장뿐만 아니라 전송된 사진정보를 단순히 관찰하는 것만으로도 이미 기본권을 침해하는 것이다.[189] 관찰자는 카메라의 줌기능, 정지기능, 또는 회전 및 방향전환 기능 등을 통하여 인간의 육안으로 관찰할 수 있는 가능성을 훨씬 뛰어넘는 수준의 개인관련정보를 수집하기 위하여 감시시스템을 이용할 수 있다. 기술발전의 결

188) VGH BW, NVwZ 2004, 498 (499); *Schenke*, POR, Rn. 185.

189) *K. Fischer*, VBlBW 2002, 89 (92); *Waechter*, NdsVBl. 2001, 77 (79) m.w.N.; 다른 견해로는 *Dolderer*, NVwZ 2001, 130 (131).

과 감시의 정도는 훨씬 강해졌고 기본권침해가 존재한다고 평가될 정도로 기본권도 위협을 받게 되었다. 또한 조망촬영(眺望撮影, Übersichtsaufnahmen)도 기본권을 침해한다.[190] 그러므로 판례는 경찰의 카메라차량을 통하여 집회에 대하여 그 원인을 고려함이 없이 비디오감시를 행하는 것은 기본법 제8조 제1항(집회의 자유)에 대한 침해라고 판단되며, 따라서 「집회 및 행진에 관한 법률」 제12a조에 따라 위험의 존재를 인정할 만한 구체적 근거가 없이 행해지는 비디오감시는 위법하다고 판시하고 있다.[191]

바덴-뷔르템베르크 상급행정법원은 권한규범을 헌법합치적으로 해석하면 그러한 침해가 헌법적으로 정당화될 수 있다고 판시하였다.[192] 권한규범은 "기본권을 침해하는 규정은 명확하여야 한다"는 헌법적 요구에 적합하여야 한다. 이러한 권한규범은 '구체적 위험'과 관련된 것이 아니라 특정한 공공장소에서 법익이 침해될 고도의 개연성과 관련되기 때문에 비디오감시에 관한 권한규범은 엄격한 비례의 원칙의 심사에 따라야 하는바, 이것은 비디오감시가 행해질 수 있는 영역이 축소되는 결과를 가져올 수 있다. 따라서 범죄가 빈발하는 장소에 대한 개별적 감시는 허용된다.[193] 145

사진의 촬영/저장과 같은 기술적 수단의 은밀한 사용은 특히 주거를 출입하는 사람에 대한 촬영/저장을 그 대상으로 한다.[194] '주거의 불가침'이 주거에의 출입을 포함하기 때문에 기본법 제13조 제4항의 요청이 고려되어야 한다. 그러므로 주거의 감시를 위한 기술적 수단은 법관의 영장(令状)에 근거하여 공공의 안녕에 대한 긴급한 위험(dringende Gefahr)을 방지하기 위하여서만 사용될 수 있다.[195] 이것이 경찰 146

190) BVerfGE 122, 342 (372 f.).

191) VG Berlin, NVwZ 2010, 142, 이에 관하여는 *Roggan*, NVwZ 2010, 1402; OVG Münster, DVBl 2011, 175 = NWVBl 2011, 151.

192) VGH BW, NVwZ 2004, 498 m.w.N.; 유사한 판결로는 VG Karlsruhe, NVwZ 2002, 117; 같은 취지의 글로는 *Röger/Stephan*, NWVBl. 2001, 201 (205); 다른 견해로는 *Roggan*, NVwZ 2001, 134 (138); *Vahle*, NVwZ 2001, 165 (166).

193) *K. Fischer,* VBlBW 2002, 89 (93).

194) § 27 Abs. 1 Nr. 1 und § 28 Abs. 2 Nr. 2 BPolG; § 22 Abs. 1 Nr. 2 PolG BW; Art. 33 BayPAG; § 25 ASOG Bln; § 33 BbgPolG; § 33 BremPolG; § 8 HbgDVPolG; § 15 HessSOG; § 33 SOG MV; § 35 NdsSOG; § 17 PolG NW; § 28 POG RP; § 28 SaarlPolG; § 38 SächsPolG; § 17 SOG LSA; § 185 LVwG SH; § 34 ThürPAG.

법규정에 일련의 조직법적, 절차법적 규정을 마련하는 결과를 가져온다. 경찰공무원 자신을 보호하기 위한 목적으로 은밀하게 사진의 촬영/저장이 행해지는 경우에는 그 조건이 완화된다.

147 개인의 주거에 은밀하게 감시카메라를 설치하는 것, 즉 이른바 '대감청(Große Videoangriff)'은 위헌이다. 개인적 영역, 내적 영역에 대한 장기간에 걸친 감시는 기본법 제13조의 인간의 존엄의 핵심적 영역을 침해한다.[196] 은밀한 사진의 촬영/저장은 개별적인 경우에 비례의 원칙에 따라 행해져야 한다.

148 **사 례:**[197]

A는 수차례에 걸친 은행강도를 저질러 유죄의 확정판결을 받았는바, 범행당시 그는 매번 광대복장을 하고 있었다. 형집행만료로 출소한 직후에 그의 동생으로부터 A가 새로운 은행강도를 저지를 계획을 하고 있다는 정보가 경찰에게 제공되었다. 경찰은 A의 집의 출입구에 비디오카메라를 설치하고, A가 집에 들어오고 나가는 것을 촬영/저장하였다.

은밀한 사진의 촬영/저장은 주법의 권한규범에 근거하여 하며, 그 전제조건이 충족되고 비례의 원칙에 합치하는 경우에만 적법하게 된다. A가 은행 내에 있는 다른 사람의 신체의 완전성의 침해를 야기할 수 있는 은행강도를 저지르기 직전이라는 것은 개인의 생명, 신체 및 자유에 대한 현재의 위험이 된다(노르트라인-베스트팔렌주 경찰법 제17조 제1항 제2호와 연계된 동법 제1호). 광대복장을 하고 있다는 것은 그가 A라는 것을 드러나게 하는 것이 될 수도 있다. 정보가 저장되지도 않고 또한 저장될 수도 없기 때문에 상황에 따라서는 침해의 정도가 덜한 수단인 '경찰공무원을 통한 관찰'이 문제될 수 있다. 특히 사진의 촬영/저장이 포기할 수 없는 요소인 경우에는 경찰공무원을 통한 관찰은 적합성이 결여될 수 있다. 그렇다면 은밀한 사진의 촬영/저장은 적법하다.

4.4. 신뢰관계에 있는 사람과 신분을 위장한 수사관의 투입

149 신분을 위장한 경찰공무원(verdeckter Ermittler, VE)과 신뢰관계에 있는 사람(V-Leuten, VP)의 투입은 위험의 전단계에서 또는 범죄행위가 행해지기 전에 은밀

---

195) BVerfGE 109, 279 (357 ff.)

196) BVerfGE 109, 279 (313 f.).

197) 이 사례는 BGH, DÖV 1991, 849를 기초로 구성된 것이다.

하게 진실을 규명하는 데 기여한다. 신분을 위장한 경찰공무원과 신뢰관계에 있는 사람들은 정보를 수집하기 위하여 자신과 관련된 상황에서 활동하는 것이 일반적이다. 이것은 형사소추를 위하여서도 행해진다. 이들의 투입은 경찰법에 근거하여 행해지며, 강화된 위험의 방지 또는 중대한 의미가 있는 범죄행위의 방지를 목적으로 한다. 이러한 조치에 이처럼 엄격한 조건이 요구되는 것은 투입의 은밀성(Heimlichkeit)으로부터 설명할 수 있는바, 따라서 그것은 정보수집의 특별한 수단에 대한 전제조건이 충족되는 경우에 행해질 수 있다.

신뢰관계에 있는 사람의 투입은 경찰과의 협력이 제3자에게 알려져 있지 않은 사람 150
과 관련있다. 그러한 투입은 대부분의 주의 경찰법에 규정되어 있지만, 모든 경찰법에 규정되어 있는 것은 아니다.[198] 법률상 근거가 존재하지 않는 한 그와 같은 조치는 허용되지 않는다.[199] 신뢰관계에 있는 사람은 경찰에 소속되어 있는 것이 아니라 사인(私人)이며, 관찰하여야 할 상황이 있는 경우에 모집되어 그곳에 잠입한다. 그는 법질서에 구속을 받는다. 그가 수집한 정보의 사용은 단지 그를 투입하는 근거가 되었던 목적을 위해서만 허용된다. 목적변경은 법률로 허용되어야 한다.

형사소송적 관점에서는 신뢰관계에 있는 사람을 통하여 획득한 정보에 대한 증거 151
조사절차를 개시하는 것이 공판절차(公判節次, gerichtliche Hauptverhandlung)에서 허용된다. 왜냐하면 직접주의(直接主義, der Grundsatz der Unmittelbarkeit)*는 증인의 신원확인을 요구하는 것이 원칙이기 때문이다. 그러나 증인의 신분을 비밀로 유지하기 위한 마지막 수단이 형사소송상의 메커니즘으로 발전되어 왔는바, 예컨대 경찰의 신문조서(訊問調書, Vernehmungsprotokoll)를 낭독하도록 함으로써 증거조사절차를 대체하는 제도가 그것이다.[200]

---

198) § 26 Abs. 1 Nr. 1 ASOG Bln; § 34 BbgPolG; § 34 BremPolG; § 11 HbgDVPolG; § 16 Abs. 1 HessSOG; § 33 Abs. 1 Nr. 3 SOG MV; § 36 NdsSOG; § 19 PolG NW; § 28 Abs. 2 Nr. 4 POG RP; § 28 Abs. 2 Nr. 3 SaarlPolG; § 18 Abs. 1 SOG LSA; § 185 Abs. 1 Nr. 3 LVwG SH; § 34 Abs. 1 Nr. 5 ThürPAG.

199) *Schenke*, POR, Rn. 201.

* **역주** 직접주의란 재판을 담당하는 법원이 공판정에서 직접 조사한 증거만을 재판의 기초로 삼을 수 있다는 원칙을 말하는바, 이러한 직접주의가 요구되는 이유에 관하여 자세한 것은 손동권, 형사소송법. 세창출판사, 2008, 401쪽 참조.

200) 보다 자세한 것은 *Hellmann*, Strafprozessrecht, IV, Rn. 30 ff. m.w.N.

152 신분을 위장한 경찰공무원의 투입은 신뢰관계에 있는 사람의 투입과 동일한 목적, 동일한 성격을 가진다.[201] 신분을 위장한 경찰공무원은 그의 진짜 신원을 비밀로 하고 경찰상 임무를 수행하는 경찰공무원이다. 그는 가짜 신분을 가지고 임무를 수행하며, 가짜 신분을 만들어내고 유지하기 위하여 관련서류가 만들어지거나 변경될 수 있다.[202] 잠입한 경찰공무원은 가짜 신분을 보호하기 위해 경미한 범죄행위를 저지를 수 있다.* 다른 한편으로 그는 경찰상 권한을 행사할 수 있다.

153 신분을 위장한 경찰공무원이 수집한 자료의 유효성은 원칙적으로 신뢰관계에 있는 사람에 의해 얻어진 정보보다 더 높게 평가된다. 그럼에도 불구하고 적정절차에 대한 법치국가적 요청을 고려할 때, 그러한 조치를 취하는 것은 자제할 것이 요구된다. 더욱이 그러한 조치는 경찰공무원 개인에 대한 현저한 리스크와 연계되어 있다. 사법절차(司法節次)에서의 정보의 사용에 관하여는 신뢰관계에 있는 사람의 경우와 유사한 원칙이 적용된다.

154 신뢰관계에 있는 사람이나 신분을 위장한 경찰공무원이 획득한 정보의 사용은 모든 법치국가적 절차에서 필연적으로 정보의 신뢰성이 비판받을 수 있다는 문제와 연관된다. 신뢰관계에 있는 사람이나 신분을 위장한 경찰공무원은 자신의 신분이 노출되지 않도록 하기 위하여 범죄가 행해질 수 있는 환경 또는 그 집단 내에서 적극적으로 활동하게 되고, 따라서 그렇지 않았다면 발생하지 않았을 수도 있는 범죄행위를 유발할 수도 있다. 이러한 범죄행위가 신뢰관계에 있는 사람이나 신분을 위장한 경찰공무원의 활동으로 인하여 적극적으로 유발된 것이라면, 그와 같은 범죄행위는 (신분을 위장한 경찰공무원이나 신뢰관계 있는 사람이 아닌 직접 범행을 실행한 범

---

201) § 22 Abs. 1 Nr. 3, § 24 PolG BW; Art. 33 Abs. 1 Nr. 3, Art. 35 BayPAG; § 26 Abs. 1 Nr. 2 ASOG Bln; § 35 BbgPolG; § 35 BremPolG; § 12 HbgDVPolG; § 16 Abs. 2 HessSOG; § 33 Abs. 1 Nr. 2 SOG MV; § 36a NdsSOG; § 20 PolG NW; § 28 Abs. 2 Nr. 3 POG RP; § 28 Abs. 2 Nr. 4 SaarlPolG; § 36 Abs. 2 Nr. 3, § 36 SächsPolG; § 18 Abs. 2 SOG LSA; § 34 Abs. 1 Nr. 3 ThürPAG. 슐레스비히-홀슈타인주 행정법 제185조는 이에 관한 규정을 갖고 있지 않다.

202) 명시적으로 이러한 내용을 규정하고 있는 것으로는 예컨대 § 20 Abs. 2 PolG BW; Art. 35 Abs. 1 BayPAG; § 20 Abs. 2 PolG NW; § 36a Abs. 2 NdsSOG.

* **역주** 예컨대 신분을 위장한 경찰공무원이 불심검문이나 경미한 교통법규위반(속도위반 등) 등을 이유로 단속을 행하는 경찰공무원에게 자신의 진정한 신분을 밝히지 않는 정도는 허용될 것이다.

죄의) 당사자에게 귀속될 수 없다.* 그러한 활동은 '함정수사(agent provocateur)'를 통하여 위법하게 얻어진 증거의 사용금지라는 결과를 가져올 수 있다.

모든 당사자는 공정한 재판을 받을 권리(Recht auf ein faires Verfahren)를 가진다. 이 155
것은 단지 기본법에서만 유효한 것은 아니다.[203] 유럽인권협약 또한 신뢰관계에 있는 사람이나 신분을 위장한 경찰공무원을 통하여 획득한 정보의 사용을 금지하는 결과를 가져올 수 있다.[204] 이에 반하여 독일의 형사소송 관련판례는 첩보원(Lockspitzeln)**을 투입한 경우에 단지 감형사유(減刑事由, Strafmilderungsgrund)로 받아들이고 있는데, 그와 같은 판례는 유럽인권협약과 합치하지 않으며 변경을 요한다.[205] 침해적 성격을 가진 국가기관의 결정은 구체적 사실에 근거하여야 하며, 충분한 객관성 보장을 요구한다.

사 례[206]: 156

여러 헌법기구가 독일민족민주당(NPD)***에 대하여 기본법 제21조 제2항에 따라 정당해산절차를 진행하려고 한다. 절차의 진행 중에 연방과 주의 헌법보호청이 독일민족민주당의 지휘부에 신뢰관계에 있는 사람을 심어놓았다는 것이 밝혀졌다. 연방헌법재판소는 정당해산절차를 중지하였는데 왜냐하면 사실관계에 관하여 의문이 있음을

* 역주 우리나라에서도 범의유발형(犯意誘發型) 함정수사나 기회제공형 함정수사와 관련하여 이와 비슷한 논의가 행해지고 있는바, 이 가운데 범의유발형 함정수사는 위법한 함정수사로 평가되는 것이 일반적이다. 이러한 사정에 관하여 자세한 것은 배종대/이상돈/정승환/이주원, 신형사소송법, 2011, 92쪽; 백형구, 형사소송법, 77쪽; 신동운, 신형사소송법, 2013, 122쪽; 차용석/최용성, 형사소송법, 2013, 168쪽; 이재상, 형사소송법, 2013, 196쪽).

203) BVerfGE 38, 105 (111); 신뢰관계에 있는 사람에 대하여는 BVerfGE 57, 250 (274 ff.).

204) EGMR, Urt.v.9.6.1998, Nr. 44/1997/828/1034 (Teixeira de Castro / Portugal), EuGRZ 1999, 660.

** 역주 독일의 판례에서 사용되고 있는 첩보원(Lockspitzeln)이란 용어는 결국 여기서의 신뢰관계에 있는 사람이나 신분을 위장한 경찰공무원을 의미한다.

205) *Hecker,* Europäisches Strafrecht, § 3, Rn. 54 m.w.N.

206) BVerfGE 107, 339.

*** 역주 독일민족민주당(NPD, Nationaldemokratische Partei Deutschlands – Die Volksunion)은 1964년 창당한 독일의 극우 민족주의정당으로 인종주의와 고토회복주의를 표방하고 있다. 그의 강령과 사용하는 용어 등을 고려할 때 독일민족민주당은 나치와 밀접한 관련이 있는 것으로 이해되고 있으며, 연방헌법보호청 역시 독일민족민주당을 극우정당으로 정의한 바 있다. 이에 관하여는 http://ko.wikipedia.org/wiki/%EB%8F%85%EC%9D%BC_%EB%AF%BC%EC%A1%B1%EB%AF%BC%EC%A3%BC%EB%8B%B9 참조.

고려할 때 공정한 재판이 보장되지 않을 수 있기 때문이었다.

4.5. 주거에 대한 감청(監聽)

157 헌법적으로 가장 상세하게 규정되어 있는 정보수집의 특별한 형태는 주거에 대한 감청(akustische Wohnraumüberwachung)인바, 이를 흔히 '대감청(大監聽, Großer Lauschangriff)'이라고 한다. 주거로부터 정보를 수집하기 위한 기술적 수단의 투입, 즉 대감청은 주거의 불가침을 침해하고 따라서 기본법 제13조상의 기준에 따라서만 허용된다.

158 위험방지를 위한 주거의 감청은 기본법 제13조 제4항에 규정되어 있다. "대감청"의 경우에는 —공무원이 그 주거에 직접 나타나지 않고— 개인관련정보를 수집하기 위하여 기술적 수단이 투입될 수 있다. 주거의 소유자가 인식하지 못하게 소형 마이크로폰을 은밀하게 투입하는 것은 그가 거리낌 없이 행동하고, 예컨대 대화 중에 정보를 말하는 것을 가능하게 한다.

159 이에 대하여 '소감청(Kleiner Lauschangriff)'의 경우에는 정보를 수집하기 위하여 공무원이 그 주거에 직접 나타난다. 주거의 소유자는 누군가가 주거에 있다는 것을 인식하게 되고, 따라서 그에 맞추어 그의 행동을 조절할 수 있다. 이러한 상황은 기술적 수단을 주거에서 활동하는 사람을 보호하기 위하여 법관유보 없이 사용할 수 있도록 하고 있는 기본법 제13조 제5항 제1문과 관련 있다. 동 조항의 주된 목적은 경찰공무원 자신의 보호이다.

160 주거에 대한 감청은 특히 조직범죄의 퇴치를 그 목적으로 한다. 이와 같은 이유로 1998년에 기본법 제13조에 제3항부터 제6항까지의 내용이 추가되었다.[207] 주거에 대한 감청은 형사소송법 제100c조 이하를 근거로 하여 많이 행해진다. 주거에 대한 감청은 형사소추에 기여하는바, 왜냐하면 이 경우에는 주거의 소유자에게 초기혐의가 존재하기 때문이다. 그러한 한도 내에서 기본법 제13조 제3항이 헌법적 척도가 된다.

---

207) 1998년 3월 26일의 법률(Gesetz vom 26. März 1998, BGBl. I, S. 610); 이에 관하여는 *Ruthig*, JuS 1998, 506 (512 f.).

연방헌법재판소는 주거에 대한 감청의 허용성의 법적 근거를 그에 관하여 가장 기 161
본이 되는 판결에서 확정하였다.[208] 연방헌법재판소는 구(舊) 기본법 제13조 제3항을 근거로 형사소송법상의 주거감청에 관한 법적 근거가 기본법과 합치되는지 여부를 심사하여, 형사소송법상의 규정이 부분적으로 위헌성을 갖고 있다는 결정을 내렸다. 연방헌법재판소의 결정에 따라 입법자는 형사소송법 제100c조와 100f조를 새로이 규정하였다.[209] 이와 같은 결정에 나타난 기본원리는 경찰법상의 권한규범에도 적용가능하며, 따라서 개별규정의 합헌성이 문제가 될 수 있다.[210] 연방헌법재판소는 기본법 제13조 의 기준을 새로이 조정하였고 주거감청이 허용되기 위한 조건을 강화시켰다.

연방헌법재판소의 판례에 따르면 기본법 제13조 제3항에 따른 주거감청이 허용되 162
기 위하여서는 충분히 명확한 법률상 근거가 있을 것이 요구되는바, 그러한 근거는 예컨대 ―특별한 신뢰관계의 보호를 위하여― 예외 또한 규정되어 있어야 한다. 사후적으로 법원을 통하여 권리구제를 받을 가능성은 사전에 법관의 허가(여부)를 통하여 보호받을 가능성과 상당부분 일치한다. 획득된 정보를 다른 목적으로 사용하는 것에 대한 제한은 정보의 일련번호표시를 통하여 보장되어야 한다. 우연히 발견된 정보는 단지 있을 수 있는 대체적 침해가 적법한 경우에만 사용이 가능하다.[211] 조직법적으로 그리고 절차법적으로도 기본권에 대한 침해가 발생하는 것이 줄어들 수 있도록 하여야 한다. 판결의 실질적 핵심은 ―커뮤니케이션이란 차원에서 문제되는― 기본법 제1조 제1항의 인간의 존엄성 보장에 의해 보호되는 개인적 생활관계의 핵심영역을 보호하는 것에 있다. 이와 같은 일반적 요건들은 권한규범의 개별적 요소로, 그리고 개별적 사례의 처리와 관련하여 매우 상세하게 표현되어 있다.

---

208) BVerfGE 109, 279; 이에 관하여는 *Gusy*, JuS 2004, 457; *Ruthig*, GA 151 (2004), 587; *Lepsius*, Jura 2005, 433 und 586; BVerfG, NJW 2007, 2753는 이 판결에 다라 이루어진 법률 개정을 확인하였다.

209) 2004년 3월 3일의 연방헌법재판소의 결정(주거에 대한 감청)을 받아들이기 위한 2005년 7월 24일의 법률, BGBl. I, S. 1841.

210) Vgl. *Költer*, DÖV 2005, 225.

211) 이에 관하여는 BVerfG, 2. Kammer des 2. Senats, NJW 2009, 3225; LVerfG MV, LKV 2000, 345 (357).

163 연방의 각 주들은 기본법 제13조 제4항의 수권조항을 각기 다른 방법으로 이용하였다.[212] 이들 중 몇몇 규정은 기본법 제13조 제4항에 부분적으로 위배된다.[213] 그것은 침해의 문턱을 너무 낮추어 주거에 대한 감청을 기본법 제13조 제4항이 규정하고 있는 수준에 달하지 못하는 법익에 대한 위험을 방지하기 위하여서도 허용한다.[214] 이외에도 권한규범이 연방헌법재판소가 요구하는 절차법적 전제조건과 일치하지 않는 경우에는 그 한도에서 권한규범의 추후개선이 필요하다.

4.6. 전화통신감청과 원천전화통신감청

164 전화통신감청(電話通信監聽, Überwachung der Telekommunikation: 약칭 TKÜ)은 경찰책임자나 형사소추에 있어서의 범죄혐의자의 통화에 대한 경찰의 행위수단과 관련되어 있다. 경찰책임자나 범죄혐의자들은 종종 약속을 전화로 한다. 따라서 경찰관청에게 그들의 임무를 수행하기 위하여 필요한 한도에서 일반전화나 이동전화를 통하여 행해진 통신연결자료(Verbindungsdaten)를 이용할 수 있도록 하는 것은 매우 의미가 있다. 많은 경우에 있어 전화통신감청은 범죄행위의 진실규명, 따라서 형사소추를 목적으로 한다. 형사소송법 제100a조 이하의 규정이 그에 대한 법적 근거를 제공한다.[215] 이들 규정들은 그동안 수회에 걸쳐 상당부분 개정, 보충되었다. 정치적으로는 이미 광범위한 개정이 논의되고 있는바, 그것은 통일적인 개념, 즉 이른바 공통개념(Gesamtkonzept)의 형성을 그 목적으로 한다.

---

212) § 23 Abs. 1 PolG BW; Art. 34 Abs. 1 BayPAG; § 25 Abs. 4 ASOG Bln; § 33 Abs. 5 BbgPolG; § 32 Abs. 1 Nr. 2 BremPolG; § 10 Abs. 2 ff. HbgDVPolG; § 15 Abs. 4 HessSOG; § 33 Abs. 4 SOG MV; § 35 Abs. 2 NdsSOG; § 18 PolG NW; § 29 POG RP; § 28 Abs. 4 SaarlPolG; § 40 SächsPolG; § 17 Abs. 4 SOG LSA; § 185 Abs. 3 LVwG SH; § 35 ThürPAG.

213) Vgl. *Schenke*, POR, Rn. 195.

214) So lässt Art. 34 Abs. 1 BayPAG die Gefahr für Sachen, deren Erhaltung im öffentlichen Interesse geboten erscheint ebenso ausreichen wie die Annahme der Tatsache, dass Personen ein Verbrechen oder bestimmte Arten eines Vergeben begehen; nach § 40 Abs. 1 Satz 1 SächsPolG soll die Gefahr für bedeutende fremde Sach- oder Vermögenswerte genügen.

215) Vgl. *Dorsch*, Die Effizienz der Überwachung der Telekommunikation nach den §§ 100a, 100b StPO, 2006.

전화통신감청은 많은 경찰법에 근거할 때 예방적 목적을 위하여 행해질 수도 있다.[216] 이 경우 한편에서의 경찰의 감청조치, 그리고 다른 한편에서의 통화내용녹취(Aufzeichnen von Inhalten) 및 통신자료(Verkehrsdaten)* 의 수집은 구분되어야 한다. 이 두가지 형태의 조치는 자료수집의 특별한 수단과 관련하여 규율되고 있다.[217] 은밀한 전화통신감청은 법률에 의하여 명시적으로 수권이 되어 있는 경우에만 행해질 수 있다. 각 주의 경찰법에 그러한 규정이 없다면, 예방적 목적을 위한 전화통신감청은 위법하다.[218] 이러한 특별한 침해는 많은 절차적 요건이 요구되고, 침해의 문턱이 매우 높기 때문에 경찰상 개괄적 수권조항에 근거하여 행해질 수는 없다. 주거의 안과 밖에서 정보수집을 위한 기술적 수단의 사용에 관한 권한규범을 준용하는 것은 인정될 수 없다. 왜냐하면 기본법 제10조(원거리통신기본권)와 제13조(주거의 불가침)에 의해 보호되는 기본권 간에는 차이가 있기 때문이다.[219] 실무적으로는 전화통신감청은 종종 형사소송법에 근거하여 형사소추를 위하여 행해진다. 165

전화통신감청조치는 일반적으로 기본법 제10조의 우편비밀과 원거리통신비밀에 대한 침해가 된다. 주거에 대한 감시가 기본법 제13조(주거의 불가침)가 규정하는 특별한 침해의 전제조건에 강하게 영향을 받는 것과 마찬가지로, 전화통신감청을 위한 법규정은 기본법 제10조의 전제조건에 강한 영향을 받는다. 그러나 기본법 제10조는 (제13조와 비교할 때) 명백히 일반적인 내용을 담고 있을 뿐이다.[220]* 연방헌법재판소는 많은 결정을 통하여 커뮤니케이션과 관련된 기본권보호의 구체적 내용을 만들어왔다.[221] 이러한 결정들은 새로운 기술적 조건과 기술적 가능성이 끊임없이 166

---

216) *Lepsius*, Jura 2006, 929; 일반적인 체계화에 관하여는 *Ebert/Honnacker/Seel*, ThürPAG, § 34a, Rn. 6 ff.; 경찰의 시각에 관하여는 *Keller*, Telekommunikationsüberwachung und andere verdeckte Ermittlungsmaßnahmen, 2008.

* **역주** 여기서 통신자료라고 함은 주로 인적 사항 및 가입해지일자, 전화번호 아이디 등을 말하는 것으로 구체적으로는 다음과 같은 것들을 말한다: ① 이용자의 성명, ② 이용자의 주민등록번호, ③ 이용자의 주소, ④ 이용자의 전화번호, ⑤ 아이디(컴퓨터시스템이나 통신망의 정당한 이용자를 식별하기 위한 이용자 식별부호를 말한다) 및 ⑥ 이용자의 가입 또는 해지일자.

217) 예컨대 § 34a ThürPAG.

218) *Schenke*, POR, Rn. 197a.

219) Vgl. *Pieroth/Schlink/Kniesel*, POR, § 14 Rn. 132.

220) BVerfGE 113, 348.

* **역주** 이러한 서술은 독일기본법 제13조가 주거의 감시와 관련하여 매우 자세한 내용을 헌법적 차원에서 규정하고 있는 것에 반하여, 독일기본법 제10조는 통신감청과 관련하여 자세한 내용을 규정하지 않고 있음을 전제로 하는 것이다.

나타나는 것을 고려하여 매우 역동적인 내용을 담고 있다는 것을 그 특징으로 한다.[222] 연방헌법재판소는 관련규정의 명확성의 원칙과 비례의 원칙을 특별히 강조하고 있다.[223]

167 연방헌법재판소의 일관된 결정례에 따를 때 기본법 제10조에 따른 보호는 커뮤니케이션의 내용과 그 과정에까지 미친다. 또한 전화통신과 관련된 제반 정황, 특히 전화통신을 하였는지 여부(ob), 언제 전화통신을 하였는지(시기: wann), 얼마나 자주 전화통신을 하였는지(빈도: wie oft)의 문제 또한 기본법 제10조의 보호에 포함된다.[224] 보호의 대상은 자기결정적인 사회적 상호작용으로서의 커뮤니케이션, 따라서 사회적 차원에서의 사적 영역이다. 통신과정이 끝난 후에 저장된 통신자료(Verkehrsdaten) ―예를 들어 이메일, 이동전화를 통한 대화― 는 기본법 제10조 제1항의 보호영역에 포함되는 것이 아니라 정보의 자기결정권 또는 경우에 따라서 기본법 제13조 제1항(주거의 불가침조항)에 의하여 보호된다.[225] 왜냐하면 정보가 수신자에게 도달되어 그곳에 저장된 경우에는 더 이상 원거리통신비밀의 보호영역이 아니기 때문이다.

168 원거리통신비밀보호의 목적은 커뮤니케이션 과정과 그 내용을 국가의 접근으로부터 보호하는 것에 있다. 통신참여자 쌍방, 즉 수신자와 발신자의 동의없이 커뮤니케이션 과정에 국가가 개입하는 모든 경우는 기본권을 침해하는 것이다. 따라서 자유로운 통신을 위한 조건이 반드시 준수되어야 한다.[226]

169 커뮤니케이션의 과정에 대한 자료를 확보하는 것, 특히 통신자료의 녹음 및 저장, 발신자확인장치(Fangschaltungen)* 의 설치 또는 통신사실확인자료기록장치(Zähler-

221) BVerfGE 100, 313; 107, 299; 110, 33.
222) *Gusy*, NdsVBl. 2006, 65 (68 f.).
223) BVerfGE 113, 348.
224) BVerfGE 107, 299 (312 f.); *Gusy*, in: v. Mangoldt /Klein/Starck (Hg.), Art. 10, Rn. 43, 45를 보라.
225) BVerfG, NJW 2006, 976.
226) 가장 기본이 되는 것으로는 BVerfGE 100, 313 (358 f.); 또한 기본법 제13조에 관한 BVerfGE 109, 279 (313 f.)를 보라.
* **역주** 원래 독일어의 Fangschaltungen은 주로 익명의 통화자를 확인하기 위한 장치를 의미하였다. 그러나 근래에는 (통화자에 관한 정보를 포함한) 모든 통신자료가 디지털화되어 있어

einrichtungen)* 의 가동은 기본법 제10조를 침해하는 것이다.[227] 이는 커뮤니케이션의 형태와 상관없이, 즉 유선전화를 통한 통화, 이동무선전화를 통한 통화, 문자서비스(SMS)나 인터넷 통신 모두에 적용된다. 통신자료는 전화통신사업자, 즉 Telekom과 같은 이동통신사업자에 의하여 요금산정을 위하여 저장된다. 연결(통화)시점과 기간, 전화번호 또는 커뮤니케이션 상대방의 아이피 주소(IP Adress)는 이동전화의 경우에 있어서 연결이 이루어지는 대역(帶域, Funkzelle)** 의 경우와 마찬가지로 보호가치 있는 정보이다. 커뮤니케이션의 디지털화는 많은 양의 정보의 저장과 그에 대한 접근을 용이하게 만들었다.

이와 같은 원거리통신에 대한 침해가 기본법 제10조 제2항에 따라서 정당화될 수 170
도 있다. 특히 중요한 것은 권한규범의 명확성이다.[228] 원거리 통신비밀이라는 기본권에 대한 구성요건적 보호와 그에 대한 제한의 상호작용을 고려할 때 기본권을 제한하는 법률 그 자체는 다시 기본권에 비추어 해석되어야 한다.[229] 연방헌법재판소는 전화통신감청의 법적 근거를 엄격한 비례의 원칙에 대한 심사에 따르도록 하고 있다.[230]

Fangschaltungen의 익명통화자확인기능이 의미를 상실하게 되었다. 이로 인하여 오늘날 Fangschaltungen은 익명통화자확인장치라는 의미로는 거의 사용되지 않고 있으며, 근래에는 주로 Malicious Call Identification(MCID) 즉, 스팸전화와 같은 악성(惡性)전화확인장치라는 의미로 사용되고 있다(이러한 사정에 관하여 자세한 것은 다음의 인터넷문헌 참조: http://de.wikipedia.org/wiki/Fangschaltung). 다만 본서에서는 Fangschaltungen을 익명통화자확인장치와 악성전화확인장치를 모두 포괄하는 의미를 나타낼 수 있게 '발신자확인장치'로 번역하기로 한다.

* 역주 여기서 통신사실확인자료란 다음의 것들을 말한다: ① 가입자의 전기통신일시, ② 전기통신개시·종료시간, ③ 발·착신 통신번호 등 상대방의 가입자번호, ④ 사용도수, ⑤ 컴퓨터통신 또는 인터넷의 사용자가 전기통신역무를 이용한 사실에 관한 컴퓨터통신 또는 인터넷의 로그기록자료, ⑥ 정보통신망에 접속된 정보통신기기의 위치를 확인할 수 있는 발신기지국의 위치추적자료, ⑦ 컴퓨터통신 또는 인터넷의 사용자가 정보통신망에 접속하기 위하여 사용하는 정보통신기기의 위치를 확인할 수 있는 접속지의 추적자료.

227) BVerfGE 85, 386.

** 역주 대역(帶域, Funkzell)이란 이동통신 송신설비가 보내는 신호를 수신하고 아무런 오류없이 디코딩될 수 있는 영역을 말하는바, 모든 대역은 그 고유의 대역-ID를 가지고 있다. 대역에 관하여 보다 자세한 것은 http://de.wikipedia.org/wiki/Funkzelle 참조.

228) 당시의 「세관검색을 통한 전화통신감청에 관한 대외경제법」 제39조의 위헌성에 관한 BVerfGE 110, 33 참조.

229) BVerfGE 107, 299(315).

230) BVerfGE 113, 348.

171 많은 경찰법률들은 대부분 전화통신내용의 감청과 저장을 목적으로 하는 광범위한 예방경찰적 권한규범을 가지고 있다.[231] 일반적으로 고차원의 법익에 대한 현재의 위험이 그러한 조치를 취하기 위한 전제조건이 되는바, 여기서 고차원의 법익이라고 함은 무엇보다 개인의 생명, 신체, 자유 및 경우에 따라서는 연방이나 주의 안전 또는 존속을 말한다. 그것이 특히 중대한 범죄행위에 대한 예방적 대처에 기여하는 경우에도 전화통신내용의 감청과 저장을 행할 권한을 규정하고 있는 경찰법률들은 전화통신내용의 감청과 저장에 관하여 보다 상세하게 경찰법적으로 규율하고 있다.[232]

172 이동전화통신기기(핸드폰)에 대한 신원확인과 위치확인, 즉 핸드폰위치추적(Handy-Ortung)은 이제 경찰의 기본적 수단으로 활용되고 있다.[233] 핸드폰의 위치추적을 하기 위한 전제조건이 엄격하지 않은 경우도 있는데 이는 그것이 반드시 '위험'이 존재할 것을 요구하지는 않기 때문이다. 정보의 수집은 일반적으로 범죄행위에 대한 예방적 대처를 위하여 필요한 것으로, 엄격한 비례의 원칙의 심사를 통한 통제가 중요하다.

173 소위 임지캐처(IMSI-Catcher)는 이동전화기의 유심칩(Mobilfunk-Karte)* 에 저장된 국제이동가입자식별번호(International Mobile Subscriber Identity: 약칭 IMSI)를 식별할 수 있게 해주는 기기를 말한다.** 이를 통하여 이동전화의 위치가 특정한 대역내로 한정될 수 있다. 이에 반하여 임지캐처를 통해 얻어지는 이동전화기와 이동전화기의 유심칩번호의 확인 및 그의 위치확인과 같은 전화통신에 관한 그 밖의 사정들은 독일기본법 제10조(원거리 통신비밀의 보호)의 보호영역에 포함되지 않는다.[234]

---

231) Art. 34a BayPAG; § 10a PolDVG HH; §§ 15a, 15b HessSOG; § 34a SOG MV; § 33a NdsSOG; § 31 POG RP; § 185a LVwG SH.

232) § 20l BKAG; § 33b BbgPolG; § 28b SächsPolG; § 34a ThürPAG; 후자에 관하여는 *Kugelmann/Rüden*, ThürVBl. 2009, 169 (171 ff).

233) 예컨대 § 31a POG RP; § 34a Abs. 2 Nr. 3 ThürPAG.

* **역주** USIM칩이란 범용가입자식별모듈을 의미하는 universal subscriber identity module의 약자로 가입자정보를 탑재한 SIM(subscriber identity module)카드와 UICC(universal IC card)가 결합된 형태로써 사용자인증과 글로벌 로밍, 전자상거래 등 다양한 기능을 1장의 카드에 구현한 것이다.

** **역주** 근래에 영국에서 임지캐쳐를 사용한 무차별적 감청이 커다란 사회적 문제로 대두되었던 바, 이에 관하여는 다음의 인터넷문헌 참조: http://www.yonhapnews.co.kr/bulletin/2014/11/01,

사 례: 174

경찰이 A가 튀링엔주에서 테러공격을 계획하는 테러단체의 일원이라는 정보를 얻게 된다. 경찰은 전화통신사업자에게 A의 대화에 관한 통신연결자료(특히, 전화번호)에 대한 정보를 요구한다. 정보에 따르면 A는 크리스마스 전 첫 번째 강림절 주말에 공범과 만날 것이라고 한다. 그에 근거하여 경찰은 A가 사용한 이동통신전화의 사업자에게 그 주 주말에 사용한 핸드폰단말기의 위치에 관한 정보를 요구한다. 그와 같은 조치는 튀링엔주 경찰임무법의 전제조건을 충족한다.

이른바 원천전화통신감청(源泉電話通信監聽, Quellen-Überwachung der Telekommunikation: 약칭 QuellenTKÜ)* 은 특별한 형태의 전화통신감청이다. 원천전화통신감청에 있어서는 잠금형태로 패킷전송되는 커뮤니케이션, 특히 인터넷전화가 문제된다. 기술적 수단과 그에 상응하는 소프트웨어를 사용하여 패킷자료가 잠금되기 전에 전화통신과정을 탈취하여 저장할 수 있다. 이와 관련된 기술은 계속 발전되는 과정에 있다. 진행중인 전화통신에 대하여 커뮤니케이션의 내용이 수집되기도 한다. 따라서 독일의 몇몇 주의 경찰법이 규정하고 있는 권한규범은 기본법 제10조를 기준으로 하여 판단되어야 한다. 175

---

234) BVerfG, NJW 2007, 351.

* **역주** 네이트온, 스카이프 전화와 같은 Voice IP 통신의 경우 기존의 전화와는 달리 개인의 커뮤니케이션과 관련된 음성이나 사진, 문자자료가 잠금장치가 채워진 다음에 DSL망 등을 통하여 패킷 단위로 전송되므로 안전기관이나 수사기관이 그를 감시하는 것이 어려워지거나 불가능하여지는 면이 있다. 이 같은 오늘날의 인터넷 기술에 기인하여 새로이 등장한 전화통신감청이 바로 원천전화통신감청이다. 즉, 안전기관이나 수사기관이 특별한 소프트웨어 프로그램을 통하여 위 Voice Over IP(=VoIP)통신의 커뮤니케이션에 잠금장치가 채워지기 전에 관련내용을 길목에서 탈취하여 안전/수사기관에 전송하는 방식의 전화통신감청을 원천전화통신감청이라 한다. 기존의 독일 형사소송법 제100a조 전화통신감청 규정이나 경찰법상의 전화통신감청규정에 근거하여 원천전화통신감청을 행하는 것이 법적으로 허용될 수 있을 것인지에 여부에 관하여는 많은 논란이 있는바, 독일 형사소송법 제100a조에 따른 원천전화통신감청의 위헌성과 관련된 논의에 대하여는 *Bürmeyer/Baecker,* Zur Rechtswidrigkeit der Quellen Telekommunikationsueberwachung auf Grundlage des § 100a StPO HRRS 2009, S. 433 ff.; 우리나라의 국정원에 의한 패킷감청에 대한 비판으로는 오길영, 인터넷 감청과 DPI(Deep Packet Inspection), 민주법학 제41호, 2009, 391쪽 이하; 오동석/오길영/장여경, 패킷감청에 대한 헌법적 검토와 입법관련 의견, 2009년 국회연구용역과제보고서, 2009; 오동석, 패킷감청과 헌법, 이슈리포트(액트온), 2012년 2호, 1쪽 이하; 오길영, 국가정보원의 패킷감청론에 대한 비판, 이슈리포트(액트온), 2012년 2호, 14쪽 이하; 김형근 교사의 헌법소원심판청구서, 2001헌마165 사건 참조.

176 예컨대 라인란트-팔츠주 경찰질서법 제31조 제3항은 이른바 원천전화통신감청에 관한 규정을 갖고 있다. 동조가 라인란트-팔츠주 경찰법 제31c조 제2항 내지 제4항까지를 원천전화통신감청에 준용하도록 함으로 인하여 라인란트-팔츠주 경찰법 제31c조 제2항 내지 제4항이 규정하고 있는 온라인 수색과의 관계가 생겨난다. 입법자는 원천전화통신감청의 침해정도가 온라인 수색을 통한 침해정도에 필적할 만큼 중대하다는 것에 기초하고 있는바, 이러한 입법자의 판단은 타당하다고 생각한다. 라인란트-팔츠주 경찰질서법 제31조는 온라인 수색에 요구되는 엄격한 전제조건이 (위험의 현재성에 이르기까지) 원천전화통신감청의 경우에도 동일하게 적용되도록 규정하고 있다. (경찰)책임자나 정보매개자가 원천전화통신감청의 대상자가 될 수 있다. 이에 반하여 비책임자는 원천전화통신감청의 대상에서 제외되어야 한다. 원천전화통신감청의 대상자에 관한 규정의 헌법합치적인 해석은 가능한 한 비책임자가 관련되는 것을 배제하기 위하여서 원천전화통신감청의 적용영역을 축소시키는 결과를 가져왔다.

177 경찰의 임무수행을 위해서는 전화통신을 감청하는 것이 필요할 뿐만 아니라 그와 반대로 전화통신을 저지하는 것도 필요하다. 몇몇 주의 경찰법은 전화통신의 차단 및 방해에 관한 권한을 명문으로 규정하고 있다.[235] 이러한 권한들은 기본권에 대한 중대한 침해를 내용으로 하고 있으며 침해의 범위도 매우 넓다. 왜냐하면 일반적으로 범죄나 위험상황과 아무런 관련없는 사람들에 대해서도 이와 같은 조치가 행해질 수 있기 때문이다. 따라서 이와 같은 권한은 매우 엄격한 전제조건 아래서만 허용된다.

178 **사 례:**
인질극을 벌이는 동안 경찰이 인질범이 다른 사람이나 언론과 접촉하고, 그를 통하여 경찰의 작전에 관한 정보를 얻는 것을 방해하려고 한다. 경찰은 이동전화의 대역(Funkzelle)을 폐쇄함으로써 커뮤니케이션을 저지한다.

4.7. 통신사실확인자료의 예비적 저장

179 통신사실확인자료의 예비적 저장(Vorratsdatenspeicherung)은 전화통신자료에 접근

235) § 23a Abs. 7 PolGBW; § 15a Abs. 4 HessSOG; § 31d POG RP; § 34a Abs. 4 ThürPAG.

하는 특별한 형태이다. 통신사실확인자료의 예비적 저장의 특수한 점은 전화통신 자료가 전화통신사업자에 의하여 특정한 기간 동안 저장되어야 한다는 것, 그리고 국가기관이 법적 규범을 근거로 해당 조항이 규정하고 있는 전제조건하에 그러한 자료에 접근하는 것이 허용된다는 것에 있다.

이와 같은 2단계 절차 중 첫 번째 단계에서 사적(私的) **전화통신사업자***는 자신들이 매개하는 전화통신연결에 관한 모든 통신자료를 저장할 의무가 있다. 이것은 전화, 이동전화 및 인터넷을 통한 연결에 있어 중요한 자료와 관련있다: 전화번호, IP 주소가 그 예가 될 수 있다. 내용과 관련된 자료, 즉 E-Mail의 텍스트나 전화통화의 내용은 저장되지 않는다. 이러한 자료까지 저장하도록 하는 것은 전화통신사업자에게 과도한 부담을 과하는 것이 되고, 엄청난 비용을 수반하게 된다. 180

두 번째 단계에서야 비로소 예비적으로 저장된 자료에 접근할 **국가기관의 권한**이 존재하게 된다. 침해권한이 존재하는 경우에는 그 한도에서 서비스업자에게 저장되어 있는 자료에 접근하여 구체적인 경우에 (필요한) 자료를 수집할 수 있다. 181

182

> **Tip** 통신사실확인자료의 예비적 저장이라는 주제는 (온라인 수색이란 주제와 마찬가지로) 시사적이며, 논란의 여지가 있다. 따라서 경찰법 그리고 헌법연습에서 시험문제로 출제되기 적합하다. 연방헌법재판소의 판례를 꼼꼼히 읽고, 관련 문헌을 주의 깊게 살펴보라!

연방헌법재판소는 근본적인 결정에서 헌법합치적인 통신사실확인자료의 예비적 저장을 가능한 것으로 간주하였으나, 안전법상의 침해규범과의 관계에서 바라보아 전화통신법 제113a조와 113b조의 구체적 규정은 위헌무효라고 간주하였다.236) 이들 규정은 통신자료를 6개월 동안 저장할 서비스제공업자의 의무를 내용으로 하는 것으로, 관련 유럽연합의 지침을 국내법으로 입법화한 것이다(제14장 Rn.67 이하 183

---

* **역주** 서비스제공업자(Diensteanbieter)

236) *Ohler*와 *Klesczewski*의 평석이 붙어 있는 BVerfG, Urt.v.2.3.2010, NJW 2010, 833 = DVBl. 2010, 503 = JZ 2010, 611; 이에 관하여는 *Hornung/Schnabel*, DVBl. 2010, 824; *Roßnagel*, NJW 2010, 1238; *Westphal*, EuZW 2010, 494; *Wolff*, NVwZ 2010, 751; 또한 *Möstl*, DVBl. 2010, 808.

를 보라). 연방헌법재판소는 유럽사법재판소와의 충돌을 피하였는데, 왜냐하면 유럽연합의 지침을 국내법으로 입법화함에 있어서는 헌법적 여지가 남아 있고 따라서 유럽연합법의 해석과 효력이 중요하지 않다고 보았기 때문이다.[237]

184 연방헌법재판소는 통신사실확인자료의 예비적 저장의 문제를 기본법 제10조 제1항의 전화통신비밀에 따라 판단하였다. 연방헌법재판소는 정보의 자기결정권(기본법 제1조 제1항과 관련된 제2조 제1항)을 근거로 판단하지 않았는데, 왜냐하면 동 재판소는 전화통신과 관련하여서는 기본법 제10조를 특별한 보장으로 이해하였기 때문이다.[238] 그러나 연방헌법재판소는 일련의 정보보호법적인 기준, 특히 자료의 안전성에 대하여는 기본법 제10조와 관련하여 의문을 제기하였다. 연방헌법재판소는 개인서비스제공업자를 통한 자료의 수집, 저장, 제3자에의 제공을 국가에 귀속될 수 있는 전화통신비밀에 대한 침해로 보았는바, 왜냐하면 개인서비스업자는 이러한 한도 내에서 법률에 의해 부과된 의무를 수행하는 것이고, 따라서 국가의 행정관청의 임무수행을 위하여 그를 행할 것이 요구되기 때문이다.

185 이 판결은 한편으로는 정보침해법제의 지속적 발전을 위한 단초가 되었으며, 다른 한편 이 판결로 인하여 연방의 입법자는 이 문제에 관하여 어떠한 형태로든 결론을 내려야 하게 되었다.[239] 권한규범에서 매우 높게 설정된 침해문턱과 연결된 좁은 의미의 통신사실확인자료의 예비적 저장은 연방헌법재판소의 견해에 따를 때 배제되지 않는다. 통신사실확인자료의 예비적 저장에 비하여 때로는 덜 침해적인 수단으로 평가되고, 때로는 그만큼 적합하지는 않은 것으로 평가되는 이른바 "급속냉동절차(Quick-Freeze-Verfahrens)"* 라는 법적 형태 또한 문제가 된다. 급속냉동절차에 있어서 서비스제공사업자(Provider)는 혐의가 있거나 중요한 사실적 근거가 있는 경우에 해당 이용자(User)의 현존하는 커뮤니케이션자료를 '냉동'시킬 의무, 즉 삭제하지 않을 의무를 부담하게 되는데 그 결과 경찰과 형사소추기관이 경우에 따라 법관의 허가에 의해 자료에의 접근이 가능하게 된다. 유럽연합(즉, 유럽의회,

237) Abs.Nr. 185 ff.; 유럽법적 문제에 관하여는 특히 *Ohler*, JZ 2010, 626.

238) Abs.Nr. 191; BVerfGE 100, 313 (358 f.)를 보라.

239) *Britz*, JA 2011, 81.

* **역주** 급속냉동절차란 형사소추를 위하여 전화통신자료를 잠정적으로 확보해두는 절차를 마란다. 이러한 용어가 사용되기 시작한 배경 등을 포함한 이에 관하여 자세한 것은 다음의 인터넷문헌 참조: http://de.wikipedia.org/wiki/Quick_Freeze.

유럽위원회, 유럽사법재판소)이 통신사실확인자료의 예비적 저장에 관한 지침을 심사하고 따라서 유럽법의 규정을 변경할 개연성이 있으며, 독일에서의 (통신사실확인자료의 예비적 저장이나 급속냉동절차와 같은) 미래의 통신관련 법률규정들 또한 그 영향을 받을 가능성이 있다.

전화통신법 제96조에 따라 전화통신사업자가 요금정산을 위하여 저장하는 전화통 186
신자료에 대한 접근은 예나 지금이나 허용된다. 형사소송법 제100g조가 형사절차와 관련된 접근규정이다. 몇몇 주법들은 예방적 목적을 위한 접근도 허용한다.[240)] 경찰법에 따른 대역수사(帶域搜査, Funkzellenabfrage)* 또한 서비스제공자에게 전화통신법 제96조의 의미에서의 전화통신연결자료를 제공할 의무를 과하는 것을 허용한다. 대역수사를 하지 않고는 목적을 달성하는 것이 현저히 곤란하여야 한다(경찰법 제31e조 제1항)는 요청의 결과 비례의 원칙의 충족여부에 대한 엄격한 심사가 행해져야 한다.

사 례: 187

경찰은 X가 다량의 환각물질을 거래할 준비를 하고 있다는 것을 인정할 수 있는 구체적이고 사실적인 근거를 갖고 있다. 경찰은 그의 최근 일주일간의 전화통신관계에 대한 자료를 확보하는 것이 효과가 있다고 생각한다. X와 핸드폰사용계약을 맺은 서비스제공업자(이동통신사업자)는 약 3-4주 동안의 통신자료를 저장하여 왔다. 형사소송상의 초기혐의가 존재한다면 검사는 법원에 수사를 위하여 필요한 결정을 신청할 수 있다.

4.8. 온라인수색

일상적인 용어로 온라인 수색(Online-Durchsuchung)** 은 정보기술시스템에 은밀하 188

240) 예컨대 § 23a Abs. 1 PolG BW, § 34a Abs. 1 Nr. 3 ThürPAG.

* 역주 대역수사 또는 대역조사(帶域調査)라고 하는 것은 특별히 중대한 범죄가 행해진 경우 은밀하게 그리고 법관유보하에 형사소추를 위하여 행해지는 수사조치를 말한다. 대역수사시에는 특정한 시점에 (장소적으로) 특정된 대역에서 이루어진 전화통신연결자료에 대한 조사가 이루어진다. 이에 관하여 상세한 것은 다음의 인터넷문헌 참조: http://de.wikipedia.org/wiki/Funkzellenabfrage, 한편 우리나라의 경우 경찰 수사연수원, 경찰청 수사국 등의 통신추적기법수사실무에서는 기지국수사라는 말이 사실상 정착되어 가는 과정에 있는 것으로 보인다.

** 역주 온라인 수색에 관한 전반적 논의에 관하여는 박병욱, 경찰상 온라인수색의 법률적 문제,

게 접근하는 것을 말한다. 온라인 수색에 있어서는 진행중인 전화통신은 문제되지 않는다. 왜냐하면 방문한 인터넷 사이트나 전화통화에 관한 정보는 인터넷 통신업자(Provider)의 서버에도 대부분 저장되어 있기 때문이다. 오히려 국가기관에 의한 이러한 접근(즉, 온라인수색)은 당사자의 컴퓨터, 특히 하드디스크(Festplatte)를 그 대상으로 하고 있다.[241] 하드디스크 등에 저장되어 있는 정보에 대하여는 당사자 스스로 지금 적극적으로 통신을 하고 있지 않더라도 접근이 가능하다. 이 경우 국가기관이 당사자의 시스템에 접근하고 정보를 전송할 수 있는 특별한 소프트웨어가 사용되고 있다.

189 **Tip** 온라인 수색이란 주제는 (통신자료의 예비저장이라는 주제와 마찬가지로) 시사성이 강하고 논란의 여지가 많다. 따라서 경찰법사례연습, 그리고 헌법사례연습에 있어서도 중간시험이나 기말시험문제로 다룰 풍부한 소재를 가지고 있다. 연방헌법재판소의 판결을 주의깊게 읽고, 참고문헌을 살펴보라!

190 연방헌법재판소는 노르트라인-베스트팔렌주 헌법보호법에 관한 판결에서 정보기술시스템에의 은밀한 접근(온라인 수색)을 허용하는 규정을 기본권으로 보호되는 '정보기술시스템의 기밀성(機密性, Vertraulichkeit)과 무결성(無缺性, Integrität)의 보장에 관한 권리'의 보호영역을 침해하는 것으로 판단하였고, 특히 규범의 명확성의 원칙에 부합하지 못하는 것으로 간주하였다.[242]

191 연방헌법재판소는 이 결정을 통하여 기본법 제2조 제1항 및 제2조 제1항의 일반적 인격권의 광범위한 내용으로서 **'정보기술시스템의 기밀성과 무결성의 보장에 관한 기본권'**을 발전시켰다.[243] 이것은 기본법 제10조의 전화통신의 자유와 정보의 자기결정권과 함께 개인의 정보와 관련된 기본권적 지위를 포괄적으로 보장한다. 동 권

경찰법연구 제7권 제1호, 2009, 82쪽 아래; Park, Byungwoog, Wandel des klassischen Polizeirechts zum neuen Sicherheitsrecht: Eine Untersuchung am Beispiel der Entscheidung über sogenannte Online-Durchsuchungen, BWV 2013(이 논문은 박병욱의 훔볼트 대학교 법학 박사학위 논문이다).

241) *Kutscha*, NJW 2007, 1169; monographisch Gudermann, Online-Durchsuchung im Lichte des Verfassungsrechts, 2010.

242) BVerfGE 120, 274 (315 f.).

243) BVerfGE 120, 274 (314).

리의 구체적 발전과 그 결과는 기본권 보장을 위한 다른 제도와의 협력을 통하여 기술적 발전에 따라 형성되어야 한다.

연방헌법재판소의 견해에 따르면 기본법 제1조 제1항과 연계된 제2조 제1항[244] 192
및 기본법 제10조(원거리 통신비밀의 자유),[245] 기본법 제13조(주거의 불가침)[246]는 정보기술시스템의 탐색에 관한 새로운 기술적 가능성으로부터 나오는 문제를 충분히 고려하지 못하고 있다고 한다.[247] 그러나 연방헌법재판소는 그들 규정에 따르고 있는 권한규범이 헌법적으로 배제되어야 하는 것으로 보지는 않는다. 결과적으로 예방적 온라인 수색을 위하여 제정된 권한규범은 그 문언에 있어 연방헌법재판소가 제시한 기준요건을 엄격히 준수하고 있다.[248]

사 례: 193
연방수사청은 A라는 인물이 독일에서의 테러공격을 계획하고 있다는 정보를 입수하였다. 연방수사청법 제20k조에 따라 연방수사청은 A의 컴퓨터에 기술적으로 침입할 수 있다. 그러나 그를 위하여서는 다음과 같은 특별한 조건이 충족되어야 한다: 즉, 매우 중요한 법익에 대한 위험이 존재할 것, 그리고 기본권의 핵심적 보호영역이 보장될 것. 이러한 조치들은 국제적 테러의 위험을 방지하기 위하여서만 허용되며, 연방수사청장이나 그의 대리인(부청장)의 신청에 근거하여 관할법원의 허가가 있는 경우에만 할 수 있다.

정보시술시스템에의 은밀한 접근(온라인 수색)에 관한 법률규정의 합헌성심사에 있어 194
가장 중요한 포인트는 개인의 사생활의 핵심영역의 보호이다(제7장 Rn. 120을 보라). 연방헌법재판소는 이런 핵심영역에 대한 절대적 보호를 천명하고 있다. 구체적 사정을 고려한 비교형량을 통하여 핵심영역의 보호를 상대화하는 것은 허용되지 않는다. 핵심영역이 온라인수색을 통하여 침해된다면, 그 한도에서 그 조치는 위헌이다.

---

244) BVerfGE 120, 274 (311 ff).
245) BVerfGE 120, 274 (306 ff).
246) BVerfGE 120, 274 (309 ff).
247) BVerfGE 120, 274 (313 f).
248) § 20k BKAG; 이에 관하여는 *Roggan*, NJW 2009, 257 (259); Art. 34d BayPAG; 이에 관하여는 *Käß*, BayVBl. 2010, 1; § 39a POG RP; § 15b HessSOG는 진행중인 전화통신에 대한 감청을 위하여 정보기술시스템에 접근하는 것을 허용하고 있다.

195 온라인 수색을 통한 정보의 수집은 (위험방지를 위하여) 필요한 정보가 단지 개인의 사생활의 핵심적 영역으로부터만 획득될 수 있다는 것을 인정할 수 있는 사실적 근거가 존재하지 않는 경우에 한하여, 관련 법률규정에 따라서만 행해질 수 있다.* 그러나 컴퓨터의 하드디스크에는 일반적으로 상당히 많은 양의 다양한 개인관련성을 가지는 정보가 존재하기 때문에, 개인의 사생활의 핵심적 영역으로부터만 (위험방지를 위하여) 필요한 정보를 획득할 수 있다는 것이 인정되기는 거의 불가능하다. 이러한 제한은 큰 효과가 없는 것으로 보인다. 따라서 핵심적 영역의 보호는 이런 방식으로는 충분히 이루어질 수 없다.

196 온라인 수색은 침해의 정도가 매우 강한 은밀한 조치이며, 그에 대한 헌법적 판단은 이미 행하여진 연방헌법재판소의 결정과 연방수사청법 제20k조와 관련하여 2011년 중으로 행해질 것으로 예견되는** 그 밖의 결정을 통하여 특징지어진다. 심사에 있어 결정적 요소는 핵심적 영역의 보호와 비례의 원칙의 보장인바, 이러한 심사에 있어서는 정보기술시스템의 기밀성(機密性)과 무결성(無欠性)의 보장에 관한 기본권의 구조가 고려되어야 한다.[249] 전화통신감청에 관한 (연방수사청의) 많은 권한들을 고려할 때 필요성의 원칙의 측면에서 엄격한 요건이 설정되어야 할 것이다. 사적 영역의 보호범위는 결국 온라인 수색의 합헌성에 따라 결정될 것이다.[250]

4.9. 경찰과 인터넷

4.9.1. 인터넷의 리스크와 기회

197 그 고유의 특성으로 인하여 인터넷은 일반적으로 법에 대한 도전이 된다.[251] 이것

---

* **역주** 즉, 위험방지와 관련된 정보가 사생활의 핵심적 영역 및 사생활의 비핵심적 영역에 함께 걸쳐서 또는 양자가 섞여서 수집되는 경우라면 관련 법률규정에 따라 온라인수색이 허용되지만, 오로지 사생활의 핵심적 영역으로부터만 위험방지와 관련된 정보가 수집되는 경우에는 온라인 수색이 허용되어서는 안 된다.

** **역주** 공저자들이 번역 Text로 삼고 있는 Kugelmann 교수의 경찰법교과서가 2011년판인 점을 고려하면 이러한 번역이 행해지게 된 이유를 이해할 수 있을 것이다.

249) *Glaser*, Jura 2009, 742 (747 f.).

250) Vgl. *Enders*, in: Merten/Papier (Hg.), Handbuch der Grundrechte IV/I, § 89.

251) *Engel*, Berichte der Deutschen Gesellschaft für Völkerrecht (DGVR) 39 (2000), 353; *Kissel*, NJW 2006, 801.

은 안전보장법과 특히 위험방지법에 대해서도 적용된다.[252] 인터넷은 간편하고 값싸며, 개인화가 가능한 커뮤니케이션을 신속하게 제공한다는 점에서 많은 장점을 갖고 있다. 그 반면에 정보의 휘발성(Flüchtigkeit)*과 정보의 신뢰도 결여라는 특징 또한 갖고 있다. 국가기관의 관점에서 바라보면 행위를 통제하고 그를 입증할 가능성과 관련하여 많은 어려움이 있다. 그럼에도 불구하고 인터넷이 법으로부터 자유로운 영역이 될 수는 없다.

---

252) *Germann*, Gefahrenabwehr und Strafverfolgung im Internet, 2000; *Kluth*, Landesrecht S-Anh, § 3 Rn. 118 ff.; *Schenke*, POR, Rn. 385 ff.; *Ruthig*, in: Gounalakis (Hg.), Rechtshandbuch Electronic Business, 2003, § 14 Rn. 18 f.; *Zimmermann*, NJW 1999, 3145 (3147 ff.).

* **역주** 예컨대 인터넷상에서 채팅 등을 할 경우 '로그 기록'이 주기억장치인 하드디스크에 저장되는 것이 아니라 일시적으로 컴퓨터의 작업선반이라 할 수 있는 RAM(random access memory)에 잠시 저장되었다가 RAM의 용량이 초과되면 날아가 버리는데, 이런 이유로 RAM을 '휘발성 메모리(Volatile Memory)'라고 한다. 또한 법률적인 이유로 로그기록이 애초부터 RAM에도 저장되지 않고 날아가 버리는 경우도 있는데, 이러한 점을 인식하면 여기서 역자들이 '정보의 휘발성'이란 다소 생소한 용어를 사용하는 이유를 이해할 수 있을 것이다.

〈참고〉 로그(Log)기록과 로그인(Login) 기록

역주 가운데 '로그 기록'이란 단어가 사용되고 있는데, 이것과 '로그인 기록'은 그 의미를 달리하므로 양자는 엄격히 구별되어야 한다.

1. 로그인 기록

우선 '로그인'이라는 행위는 서비스 제공자에게 자신의 정보, 즉 ID(아이디)와 PW(패스워드)를 제공한 후 접속권한을 확인받는 행위를 의미하는데, 이렇게 ID(아이디)와 PW(패스워드)를 입력하는 과정에서 생성되는 기록이 바로 '로그인 기록'이다. 이러한 로그인 기록은 로그인 시간, 로그인 성공여부, 로그인 URL(메인화면에서도 로그인이 되며, 카페에서도 로그인이 된다. 그렇기 때문에 URL이 각각 다를 수 있다), IP주소, 로그인 후 옮겨간 화면의 주소를 의미하는 Redirection URL 등으로 구성된다.

2. 로그 기록

'로그 기록'은 인터넷에서 이용자가 행하는 모든 행위에 대한 기록이다. 예를 들어, 온라인에서 물품을 구매하고 대금에 대한 결제를 진행하면, 물품번호/종류/쇼핑몰ID/시간/금액 등등의 기록이 서버에 그대로 남게 되는바, 이런 기록을 총칭하여 '로그 기록'이라고 한다. 한편 로그기록은 항상 남는 것은 아닌데, 왜냐하면 용량관리 또는 법률적 로그 때문에 휘발성(Volatile) 로그 기록이 상당하기 때문이다. 어떤 기록이 휘발성 로그 기록인지 비휘발성 로그 기록인지를 알아두는 것은 수사에 많은 도움이 될 수 있다.

198 인터넷은 예컨대 피싱형태의 사기, 모욕(형법 제185조) 또는 불법적인 내용의 유포(형법 제86a조, 184조) 등과 같은 범죄의 수단이 된다. 인터넷은 커뮤니케이션의 익명성을 통하여 범죄행위를 공모하고 계획할 기회를 제공한다. 특별한 인터넷 범죄로는 정보의 해킹(형법 제202a조)을 들 수 있다.[253]

199 법적 규정의 수범자(受範者)는 콘텐츠나 서비스이용자 또는 서비스제공업자일 수 있다. 이용자는 커뮤니케이션을 하고 콘텐츠를 교환하기 위하여 예컨대 IP 주소와 같은 통신자료를 제공한다. 서비스제공업자는 웹사이트에 대한 접속을 중개하거나,* 콘텐츠를 네트워크에 올려놓는다.** 이러한 행위들이 국가기관에게 법률규정을 제정하거나 개별적인 조치를 취할 가능성을 제공한다. 때로는 특별한 문제상황이 특별법을 제정하게 되는 결과를 가져오기도 한다. 이것은 국내적 영역뿐만이 아니라 국제적 영역, 특히 유럽연합과도 관련 있다.

200 다양한 수범자가 전화통신관계나 그 직업적 활동영역에서 기본권주체로서 관련된다. 인터넷전화통신에 대한 감청을 위한 경찰의 권한은 예컨대 기본법 제10조, 제12조, 또는 인터넷 시스템의 기밀성과 무결성에 관한 기본권을 포함하는 기본법 제1조 제1항과 연계된 제2조 제1항과 관계된다. 이용자의 관점에서는 익명성 또는 암호화에 대한 권리로 함께 묶여지는 법적 지위가 중요하다.[254]

4.9.2. 국내법 규정들

201 경찰의 권한은 그 구성요건과 한계에 있어서 인터넷환경에 맞게 방향을 설정할 필요가 있다. 전화통신감청의 경우에 관련 규정에 따라 이메일도 감시의 대상이 될 수 있다.[255] 온라인 수색은 컴퓨터의 하드디스크에 대한 접근과 관련되어 있다

---

253) 이에 관하여 개괄적인 것은 *Popp*, JuS 2011, 385.

* **역주** 이러한 웹사이트에의 접속을 중개해주는 서비스제공자를 Access-Provider라고 하는데 우리나라의 경우 이를 인터넷접속서비스업자, 인터넷접속제공자 또는 접근제공자라고 한다.

** **역주** 이처럼 콘텐츠를 네트워크상에 올려놓는 서비스제공자를 Content-Provider라고 하는데, 우리나라에서도 콘텐트프로바이더라는 표현이 그대로 쓰이고 있다. 드물게는 정보제공업자라는 용어를 사용하는 경우도 있다.

254) *Brunst*, Anonymität im Internet — rechtliche und tatsächliche Rahmenbedingungen, 2009; *Gerhards*, (Grund-)Recht auf Verschlüsselung, 2010.

(제7장 Rn. 188을 보라). 통신사실확인자료의 예비적 저장은 인터넷 방문기록, 특히 IP 주소에 대한 통신자료를 포함한다(제7장 Rn. 179 이하를 참조). 입법자는 경찰관청이나 안전기관에게 특별한 권한을 부여하는 방식으로 새로운 도전에 대처하고 있는바, 이러한 권한들 또한 기본권적 한계에 따른다.

(연방)텔레미디어법(Telemediengesetz, TMG)과 국가와 모든 주간의 무선통신국가계 202
약(Rundfunkstaatsvertrag)이 연방차원의 규정들을 규율한다. 텔레미디어는 기본적으로 모든 전기적 정보서비스와 커뮤니케이션 서비스이다(텔레미디어법 제1조 제1항 제1문). 정보보호는 텔레미디어법 제11조 이하에 규정되어 있다. 전화통신법에 따른 전화통신서비스와 무선통신국가계약상의 무선통신에 대하여는 특별규정이 적용된다. 특히 개인간의 통신을 목적으로 하는 인터넷이용이 압도적으로 많이 행해지고 있는데, 이러한 인터넷이용은 텔레미디어를 이용할 수밖에 없게 만든다.

주의 법률에 규정된 행정관청이 이에 대한 감독권을 가진다. 경찰-질서관청은 인 203
터넷에서도 위험방지를 위한 임무를 수행한다.[256] 감독관청은 법위반사실이 있는 경우에 서비스제공자에 대하여 조치를 취할 수 있다(무선통신국가계약 제59조 제3항).[257] 이와 달리 경찰-질서관청은 텔레미디어서비스의 차단과 삭제를 위한 특별한 법적 근거를 가지고 있지 않다. 기껏해야 청소년보호나 아동포르노 퇴치를 위한 조치를 취할 수 있을 뿐이다.[258] 아동포르노 사이트의 차단을 가능하게 했던 소위 접근차단법(接近遮斷法, Zugangserschwerungsgesetz)* 은 실제로는 한 번도 적용되지 않았으며, 2011년의 법률을 통하여 폐기되었다.[259]

경찰법적 측면에서 보면 인터넷에서의 법적문제는 —그를 특별하게 달리 취급할 204

255) BVerfG, NJW 2009, 2431; *Hsieh*, E-Mail Überwachung zur Gefahrenabwehr, 2011.

256) *Schenke*, POR, Rn. 387 f.

257) *Schenke*, POR, Rn. 387.

258) 또한 *Sieber/Nolde*, Sperrverfügungen im Internet, 2008을 보라.

* **역주** 접근차단법의 정식명칭은 「통신망에서 아동포르노 사이트에의 접근을 차단하는 법률」(Das Gesetz zur Erschwerung des Zugangs zu kinderpornographischen Inhalten in Kommunikationsnetzen)인데, 2010년에 발효했지만 실제로는(de facto) 적용된 바 없다. 이 법률에 관하여 자세한 것은 다음의 인터넷문헌 참조: http://de.wikipedia.org/wiki/Zugangserschwerungsgesetz.

259) Vgl. *Koreng*, Zensur im Internet, 2010, S. 216 ff.; *Sieber*, JZ 2009, 653.

필요없이— 일반적 유형에 해당하는 것으로 정리할 수 있다.[260] 인터넷이 공공의 안녕과 질서에 대한 위험을 야기하기 위한 수단으로 이용될 수 있다.[261] 경찰-질서관청은 이와 같은 위험을 그가 행사할 수 있는 권한을 통하여 방지한다. 특정한 내용을 유포하는 행위에 대한 조치와 관련하여 특별한 제지를 행할 것이 예고되기도 한다.[262] 이와 같은 권한행사와 관련하여 경찰-질서관청은 다시 인터넷을 그 수단으로 이용할 수 있다.

205 **사 례:**

극우조직이 인터넷을 통하여 위헌적 조직의 표지(標識)와 인종차별적 주장을 유포한다. 극좌조직은 이메일을 통하여 금지된 집회에의 참여를 호소하고 있는바, 그 집회에서는 폭력이 행사될 것이 예정되어 있다.[263]

경찰이 관련 채팅방(Chatrooms)을 관찰한다. 이것은 경찰의 위험방지임무의 일환이다. 연방수사청에는 그와 같은 임무수행을 위하여 사이버범죄대응센터[Zentralstelle für anlassunabhängige Recherchen in Datennetzen(ZaRD)]* 가 설치되어 있다.

경찰공무원이 모임장소를 알아내기 위하여 정보원이 알아낸 비밀번호(Password)를 이용하여 폭력적 집회를 선동하는 발신인에게 이메일을 보낸다.

206 인터넷은 경찰관청과 안전기관에게 광범위한 정보수집가능성을 제공한다. 연방헌

260) Vgl. *Germann*, Gefahrenabwehr und Strafverfolgung im Internet, 2000; *Schenke,* POR, Rn. 385 ff.; *Zimmermann*, NJW 1999, 3145 (3147 ff.).

261) 경찰의 실무에 관하여는 *Gehde*, DuD 2003, 496.

262) *Greiner,* Die Verhinderung verbotener Internetinhalte im Wege polizeilicher Gefahrenabwehr, 2001.

263) 이 사례에 관하여는 *Zimmermann*, NJW 1999, 3145.

* 역주 Zentralstelle für anlassunabhängige Recherchen in Datennetzen(ZaRD)는 연방수사청(BKA)의 한 부서로 인터넷 통신을 이용한 범죄의 대처를 위한 독립기구로서 이것의 설치에 대한 법적 근거는 연방수사청법 제2조 제1항과 연계된 제2조 제2항 제1호이다. ZaRD는 데이터망에서의 무작위적 검색으로 모든 범죄유형을 망라하여 인터넷과 온라인 서비스에 있어서 처벌가능한 내용에 대하여 시스템적인 검색을 할 뿐만이 아니라 이미 확인된 형법적인 사실관계에 대하여 지속적인 추적, 증거보전 및 책임자의 확인까지를 그 임무로 한다(이러한 내용에 관하여 자세한 것은 다음의 인터넷문헌 참조: http://www.bka.de/nn_205932/DE/DasBKA/Aufgaben/Zentralstellen/ZaRD/zard__node.html?__nnn=true). 한편 ZaRD를 독일어표현 그대로 번역하면 「데이터망에서의 무작위적 검색을 위한 중앙본부」정도로 번역이 가능하겠지만 전술한 바와 같은 ZaRD임무와 우리나라에서의 이러한 업무를 담당하고 있는 부서를 고려하여 본서에서는 이를 일단 "사이버범죄대응센터"라고 번역하기로 한다.

법재판소의 판례에 따르면 일반적으로 접근가능한 웹사이트에 접속하는 것은 —거짓 신원을 이용하는 경우에도— 일반적 인격권에 대한 침해가 아니다.[264] 따라서 그에 대한 법적 근거로서 경찰법상의 임무규범만으로 충분하다. 그러나 국가기관이 당사자의 보호가치 있는 신뢰를 이용할 대로 다 이용한다면 (일반적 인격권에 대한) 침해가 있다고 볼 수 있다. 그를 위하여서는 권한규범, 특히 경찰법에 일반적으로 존재하는 정보수집에 관한 개괄적 수권조항이 필요하다.[265]

자신의 콘텐츠를 네트워크에 올려놓고 낯선 콘텐츠를 제공하거나 단지 기술적 접 207
근가능성을 제공하는 —일반적으로 상업적으로 활동하는— 서비스업자들과 마찬가지로 이용자, 즉 정보의 발신인과 수신인 또한 책임자(Verantwortliche)로서 고려된다. 텔레미디어법 제7조 이하는 콘텐츠 프로바이더(Content Provider)가 책임을 부담하고, 접근가능성을 제공하는 인터넷접속서비스업자(Internet Access Service Provider)는 원칙적으로 책임을 부담하지 않는 특별한 책임제도를 가지고 있다.

인터넷상의 콘텐츠에 대하여는 콘텐츠를 작성하여 올리는 사람이 우선적으로 행 208
위책임이 있다.[266] 그러나 서비스제공업자가 예컨대 위법적 내용을 알 수 있고, 그를 차단하는 것이 기술적으로 가능하다면, 서비스제공업자도 상태책임자가 될 수 있다.[267] 행정관청이나 사인이 위법적인 내용을 지적하였을 때 서비스제공업자가 웹사이트를 자발적으로 차단하는 것이 갖는 의미가 과소평가되어서는 아니 된다.*

인터넷상에서의 정보는 위치를 알아내거나 확인하기 어렵기 때문에 전화통신사업 209
자 또는 서비스제공업자의 의무는 특별한 의미를 가진다.[268] 그들의 경찰책임의 내용과 범위는 행정관청의 조치를 위하여 매우 중요하다. 그들은 요금정산을 위하

---

264) BVerfGE 120, 274 (345).

265) 예컨대 § 13 HessSOG; § 32 ThürPAG.

266) *Kluth*, Landesrecht S-Anh, § 3, Rn. 122.

267) 민법 제1004조에 따른 상태책임자로서의 서비스제공업자에 관하여는 AfP 2011, 156; *Schenke*, POR, Rn. 395 ff.

* **역주** 사이버공간에서의 경찰책임의 법적 구조와 특징에 대하여 상술하고 있는 대표적인 국내논문으로는 김도승, 사이버공간에서의 경찰책임의 법적 구조와 특징, 토지공법연구 제46집, 2009, 237쪽 이하.

268) 당시의 법적 상황에 관하여는 BVerwG, MMR 2004, 114; Urt.v.22.10.2003.

여 저장하는 정보와 현재의 위치정보를 이용할 수 있다(전화통신법 제96조 이하). 서비스제공업자에게는 이용자의 정보를 보호할 의무가 있다(텔레미디어법 제11조 이하). 또한 서비스제공업자는 커뮤니케이션의 내용, 즉 전화통화의 내용을 저장할 수 있다.

210 전화통신감청을 통하여 경찰관청은 그러한 정보에 접근할 수 있다. 이것은 현재 존재하는 자료와 관련 있다. 그러나 서비스 제공자는 요금정산을 위하여 필요한 기간동안만 자료를 저장하는데, 왜냐하면 저장에는 비용이 수반되기 때문이다. 연방헌법재판소에 의해 위헌으로 판시된 통신사실확인자료의 예비적 저장에 관한 규정은 최소 저장기간을 6개월로 규정하고 있었다. 통신사실확인자료의 예비적 저장에 관한 앞으로의 규정은 새로이 서비스 제공자의 저장의무를 도입할 수 있다(통신사실확인자료의 예비적 저장에 대해서는 제7장 Rn. 179 이하를 보라).

4.9.3. 국제규정들

211 국제적 협력이 강화되는 것과 관련하여 특별한 규정이 필요하게 되었다. 국경을 넘나드는 현상으로서의 인터넷은 국내규정들만으로는 충분히 제대로 규율하기가 어렵다. 유럽연합협약에 따른 경찰 및 사법공조(司法共助) 또는 유럽각료회의(유럽閣僚會議, Europarat: 이하에서 유럽각의라고 한다)에서 형사법과 안전법의 영역에서 법적 행위와 계약에 관한 법정책적 노력에 인터넷 또한 포함된다. 위험방지 또는 형사소추를 위한 국가의 관할권은 국내법질서의 적용영역으로부터 도출된다. 유럽연합의 국제법적 계약과 법적 행위를 통하여 국가가 준수해야 할 실질적 규정에 대한 최소기준이 제시된다. 안전관청 사이의 협력이 계약과 법적 행위의 중점을 형성한다.

212 인터넷과 관련하여 국제적 차원에서 형법적 규정이 의미를 갖는 영역 중 가장 대표적인 예는 데이터네트워크 범죄행위(Datennetzkriminalität)에 대한 소추이다. 유럽각의는 형사규정에 대한 구속력있는 최소한의 기준을 정립하고, 이러한 범죄행위에 대한 소추를 위한 국경을 초월한 협력을 효과적으로 달성하고자 하는 목적을 설정하였다. 이와 같은 목적을 위하여 유럽각의 차원에서 2001년 11월 23일에 데이터

네트워크범죄에 대한 협약,[269] 소위 사이버범죄협약이 의결되었다.[270]

정보시스템에의 침입에 관한 2005년 2월 24일의 유럽각의(閣議) 2002/222/JI 의결 은 유럽연합 가입국과 (따라서) 독일연방공화국에도 구속력이 있다.[271] 이 의결을 통하여 유럽연합은 사이버범죄협약의 실체법적 규정을 넘어서고 있다.[272] 정보시스템에 고의적이며 권한 없이 접근할 수 있도록 해주거나 위법하게 시스템을 침해하는 것(소위 해킹)의 가벌성에 관한 개별국가의 형법규정을 일치시키는 것이 그 목표이다. 모든 가입국은 의결에서 열거하고 있는 범죄행위의 대한 자국(自國)의 재판권을 창설하고 효과적인 제재를 규정해야 하는바, 이 경우 특정한 어려운 상황이 존재하는 경우에 있어서의 최소한의 최고형량이 규정되어 있다. 경찰관청간의 협력이 보장되어야 하는바, 그를 위하여는 접촉부서간의 효과적인 (정보교환을 위한) 네트워크가 필요하다. 의결은 지침(Richtlinie)을 통하여 대체되어야 한다. 213

사 례: 214

유럽각의 의결 제2항은 다음과 같다: (1) 모든 가입국은 경미한 사례가 아니라면 정보시스템 전체 또는 적어도 일부분에 고의적이고 권한없이 접근하는 것을 형벌에 처하도록 하는 것을 보장하기 위하여 필요한 조치를 취할 수 있다. (2) 모든 가입국은 제1항에 따른 행위가 안전조치위반을 통하여 이루어지는 경우에 한하여 처벌받는다고 의결할 수 있다.

유럽각의 결의 제11조 제1항: 제2조, 제3조, 제4조 및 제5조에 규정된 범죄행위에 관한 정보교환을 위하여 정보보호규정에 따라 가입국들은 24시간 내내 그리고 일주일에 7일내내 연락할 수 있는 접촉부서간의 효과적인 (정보교환을 위한) 네트워크를 이용한다.

인터넷상에서 개인관련정보의 보호는 정보를 아무런 방해받지 않고 사용할 수 있는 잠재적 가능성을 고려할 때 보장되기 어렵다.[273] 특히 유럽인권협약 제8조 및 기 215

---

269) 이에 관하여 자세한 것은 *Kugelmann*, Telekommunikations- und Medienrecht (TMR) 2002, 14.

270) ETS Nr. 185.

271) ABl. Nr. L 69 vom 16.3.2005, S. 67.

272) *Hecker*, Europäisches Strafrecht, § 11, Rn. 154 ff.

273) *Arndt*, in: Festschrift für Rudolf, 2001, S. 393.

본권헌장(基本權憲章, GR-Ch) 제8조가 정보보호의 법적 근거들이다.[274] 인터넷, 특히 이메일을 통한 개인적 커뮤니케이션은 유럽인권협약 제8조에 의한 사적 생활의 일부로서 보호된다.[275] 이 규정은 또한 국가감시로부터 전화통신의 보호를 보장한다.[276] 그로부터 유럽차원에서의 규율과 조치에 대한 법적 한계가 도출된다.

216 연방수사청법 제14조는 다른 국가의 관청과 접촉권한을 갖고 있는 국내 접촉부서인 연방수사청을 통하여 범죄행위를 방지하고 소추하기 위하여 개인관련정보의 제공을 규정하고 있다.[277] 주법은 다른 국가의 공적 기관에 대한 자료의 제공과 관련하여 이와 유사한 규정을 갖고 있다.

5. 수집된 정보의 처리

5.1. 특히 유전자정보의 저장과 이용

217 개인관련정보의 저장과 이용은 경찰-질서법이 그에 관한 명시적인 법적 근거를 갖고 있는 경우에 한하여 허용된다. 경찰법은 경찰상 임무의 수행을 위하여 정보의 저장, 변경, 이용을 허용한다. 몇몇 주는 단지 적법하게 획득된 개인관련정보의 처리만을 허용한다.[278] 다른 (주의) 법들은 이와 같은 제한규정을 두고 있지 않다.[279] 따라서 위법하게 획득된 정보의 사용가능성이 배제되지 않는다.[280]

218 그러나 행정관청의 재량행사는 비례의 원칙으로부터 도출되는 엄격한 요건에 따라야만 한다.[281] 위법하게 수집된 자료의 사용은 고차원의 법익에 대한 강화된 위

274) *Uerpmann-Wittzack/Jankowska-Gilberg*, MMR 2008, 83.
275) *Kugelmann*, EuGRZ 2003, 16 (22) m.w.N.
276) 유럽인권협약 제8조에 대해서는 BVerfGE 100, 313 (363) 참조.
277) *Ruthig*, in: Festgabe für Hilger, 2003, S. 183 (192 ff.).
278) § 42 Abs. 1 SASOG Bln; § 39 Abs. 1 BbgPolG; § 38 Abs. 1 Satz NdsSOG; § 24 Abs. 1 PolG NW; § 40 ThürPAG.
279) 예컨대 § 37 Abs. 1 Satz 1 PolG BW; § 33 Abs. 1 POG RP.
280) 이에 관해 일반적인 것은 *Eberle*, Gedächtnisschrift für Martens, 1987, S. 351; *Hufen*, Fehler im Verwaltungsverfahren, 4. Aufl. 2002, Rn. 146 ff.
281) 유사한 견해로는 *Schenke*, POR, Rn. 216 f.; *Würtenberger/Heckmann*, PolR BW, Rn. 655 ff.

험이 존재하는 경우에야 비로소 고려될 수 있다는 것이 기본원칙으로 확립되어 있다. 정보수집의 특별한 수단에 관한 일반적 규정이 방향설정을 위하여 끌어들여질 수 있다. 그와 같은 결정적 조치를 위한 전제조건이 존재하는 경우에는 심지어 위법하게 획득된 정보의 사용가능성 또한 고려된다.

경찰법은 정보의 저장과 이용에 관한 규정에서 일반적으로 목적구속의 원칙을 규정하고 있으며, 목적변경의 전제조건도 규정하고 있다. 어린이 및 접촉인물과 동반인물을 위하여 정보의 저장에 관하여는 더 엄격한 전제조건이 규정될 수도 있다(노르트라인-베스트팔렌주 경찰법 제24조 제3항, 제4항). 그 외에도 저장기간, 심사시기 및 보존기간에 관한 규정이 있다(라인란트-팔츠주 경찰법 제33조 제3항 이하). 더 계속하여 저장을 할 필요성에 대하여는 규정에 따라 심사될 것이 헌법적으로 요청된다. 이들 정보는 익명화된 형태로 경찰의 교육을 위하여 사용될 수 있다. 219

기본권에 대한 침해를 통해 수집된 정보는 그 기본권이 매우 엄격한 전제조건하에서만 제한될 수 있는 경우에는 특별히 (일련번호가) 표시되어야 한다. 기본법 제10조 및 제13조에 대한 침해를 통하여 수집된 정보가 이와 관련 있다.[282] 이와 같은 일련번호표시의무(Kennzeichnungspflicht)를 특별한 신뢰관계에서의 커뮤니케이션을 근거로 획득한 정보에까지 확장하는 것을 생각해 볼 수 있다. 그 목적은 이러한 자료의 이용에 있어서 제한을 확보하고자 하는 것에 있다.[283] 주의 법률은 헌법이 요구하는 일련번호표시의무를 규정해야 한다.[284] 220

DNA 분석을 행하거나 그를 통하여 획득한 정보를 저장하거나 이용하는 것은 기본권에 대한 매우 중대한 침해이다.[285] '유전자 지문(genetischen Fingerabdrucks)'의 개념은 사람들의 인식을 바꾸어 놓는 결과를 가져왔으며, 오늘날은 사람의 DNA로부터 단순한 신원확인을 넘어서는 많은 정보가 획득될 수 있다. DNA 분석은 주로 범행현장에서 발견되거나 혐의자에게서 채취한 체세포(혈액, 정액, 침, 피부)가 누구의 것이냐를 알아내기 위하여 사용된다.[286] 221

282) BVerfGE 100, 313 (360 f.) zu Art. 10 GG; BVerfGE 109, 279 (374) zu Art. 13 GG.
283) *Schenke*, POR, Rn. 210.
284) 예컨대 § 22 Abs. 6 HessSOG; § 29 Abs. 5 Satz 1 POG RP가 그러하다.
285) 일반적인 것은 *Ronellenfitsch*, NJW 2006, 321.

222 실무적 관점에서 바라보게 되면 사람의 유전자정보들은 형사소추를 위한 수단으로 적합하고, 또한 위험방지에도 도움이 될 수 있다. 유전자정보의 수집은 기본권에 대한 침해로서 엄격한 법률의 규정을 필요로 하는 바, 그 규정은 비례의 원칙에 적합하고 목적구속의 필요성을 고려하여야 한다.[287] 유전자정보의 수집은 반드시 필요한 인적 범위에 한정되어 행해져야 한다. 정보의 수집뿐만이 아니라(기본법 제2조 제2항: 생명·신체의 불가침성) 저장과 그 밖의 사용도 기본권에 대한 침해를 가져온다(기본법 제1조 제1항과 연계된 기본법 제2조 제1항: 정보의 자기결정권).[288] 그러나 모든 정보의 획득이 신체의 완전성에 대한 침해는 아니다.[289] 혈흔이나 머리카락이 (단지) 발견되어 분석된다면, 그것은 기본법 제2조 제2항을 침해하지 않는다. 그러나 타액시료(唾液試料, Speichelprobe)나 머리카락의 채취는 일반적 인격권(Allgemeines Persönlichkeitsrecht, 기본법 제1조 제1항과 연결된 제2조 제1항)을 침해하게 된다.

223 유전자정보의 획득과 이용에 관한 법률규정은 형사소추와 관련되어 있다. 형사소송법 제81e조와 연결된 「DNA 신원확인법」은 범죄학의 지속적 발전을 고려할 때, 법적 그리고 실질적 요구를 더 이상 충족시키지 못하고 있다.[290] 새로운 규정들은 2005년 8월 12일의 법률을 통해 DNA 신원확인표본의 수집과 저장을 규정하였다.[291]

224 형사소송법 제81h조는 소위 "대량예측유전자검사"(Massengentest)를 규정하고 있다. 동조에 따르면 범죄자라고 추정되는 특정한 시험표지를 충족하는 사람들로부터 그들의 서면동의하에 체세포를 채취할 수 있다. 그러나 이것은 특정한 중죄(重罪, Verbrechen)* 의 경우에만 허용된다. 이러한 정보는 그것이 중죄에 해당하는 행

286) *Hellmann*, Strafprozessrecht, II, § 4, Rn. 93.

287) BVerfG (3. Kammer des Zweiten Senats), DVBl. 2001, 454 = EuGRZ 2001, 70; BVerfG (3. Kammer des Zweiten Senats), EuGRZ 2001, 249 (252).

288) *Härtel*, ZG 2005, 300 (303 ff.) m.w.N.

289) *Di Fabio*, in: Maunz/Dürig, Juli 2001, Art. 2 Abs. 2, Rn. 64.

290) *Volk*, NStZ 2002, 561.

291) 포렌식 DNA-분석을 규정하기 위한 2005년 8월 12일의 법률(BGBl. I, S. 2360)에 의하여 개정되었다.

* 역주 독일의 경우 범죄를 그에 대한 형벌을 기준으로 중죄(重罪, Verbrechen)와 경죄(輕罪, Vergehen)로 구분하는바, 여기서 중죄란 1년 혹은 그 이상의 자유형이 부과될 범죄를 말하며,

위의 진실규명을 위하여 더 이상 필요하지 않게 되면 지체없이 삭제되어야 한다(형사소송법 제81h조 제3항). 그와 함께 혐의가 전혀 없는 사람의 데이터레코드(Datensätze)가 수집되었다는 사실이 고려된다. 그것을 다른 목적으로 사용하기 위하여 저장하여서는 아니된다. 단지 특정한 범죄행위의 소추가 그 목적이다. 경찰이 위험방지를 위하여 이러한 정보를 사용할 수는 없다.

개정된 형사소송법 제81g조를 근거로 중대한 의미가 있는 범죄행위를 범하였거나 225
또는 성적 자기결정권에 반하는 범죄를 범한 피의자의 신원확인을 위하여 피의자의 체세포를 채취하거나, DNA 신원표본을 확인하기 위하여 분자유전적(分子遺傳的, molekulargenetisch) 조사를 할 수 있다. 이것은 피의자의 동의가 있거나, 법원 또는 —임박한 위험이 있는 경우에는— 검사의 명령이 있을 것을 그 전제조건으로 한다(형사소송법 제81g조 제3항). 수집된 정보는 연방수사청에 저장되거나 연방수사청법이 정하는 기준에 따라 사용될 수 있다(형사소송법 제81g조 제5항). 이들 정보는 형사절차의 목적으로 또는 위험방지나 국제적인 법적 원조의 목적으로 이용될 수 있다(형사소송법 제81g조 제5항 제2문). 정보의 저장, 변경 및 이용은 연방수사청법 제2조 제4항과 연계된 제8조 제6항 제2호에 따라 허용된다.

매우 민감한 자료는 장래에 사건이 발생한 경우에 신속한 접근을 가능하게 하기 226
위해 연방수사청이 관리하고 보유하는바, 이 경우 예방적 목적 및 진압적 목적 모두를 추구할 수 있다. 정보의 자기결정권이나 신체의 불가침성에 대한 그러한 침해는 비례의 원칙에 따라 정확하게 조사되어야 한다. 구체적인 경우에 있어서 그러한 조사를 행하는 것은 법원의 임무이다.[292]

설득력 있는 견해에 따르면 유전자정보의 획득은 경찰법상의 감식조치에 해당하 227
지 않으며, 따라서 감식조치에 관한 법적 근거에 근거하여 행해질 수 없다. 단지 이미 발견된 머리카락이나 혈흔과 같은 정보가 누구의 것인지에 대한 평가는 행해질 수 있는바, 왜냐하면 그것은 그러한 한도 내에서 기본권 침해가 아니며 그것의 법적 근거로서는 직무규범만으로 충분하기 때문이다. 그러나 정보의 처리를 위해서는 다시 권한규범이 필요한바, 그러한 권한규범은 정보의 이용에 관한 일반적

경죄란 1년 미만의 자유형 혹은 벌금이 부과될 범죄를 말한다.

292) BVerfG (3. Kammer des Zweiten Senats), EuGRZ 2001, 249 (252).

규정에 존재한다.

228 예방적 경찰의 관점에서는 형사소송법에 근거하여 획득한 유전자 정보의 이용에 특별한 의미가 부여된다. 형사소송법 제81g조 제5항 제2문은 이를 인정하고 있다. 그를 허용하는 주의 경찰법률의 명시적인 규정이 이러한 목적변경이 인정되기 위한 전제조건이 된다(위의 제7장 Rn. 40을 보라).

5.2. 제3자에의 제공과 자료비교, 특히 프로파일링

229 다른 국가기관이나 제3자에의 제공 및 이미 존재하는 정보와의 비교 또한 수집된 정보의 처리에 해당한다. 개인관련정보의 제3자에의 제공은 그 자체가 정보의 자기결정권에 대한 독자적인, 즉 정보의 수집과는 별개의 침해이다.[293] 따라서 행정응원(Amtshilfe)에 관한 일반규정(기본법 제35조 및 행정절차법 제4조 이하)은 그에 대한 법적 근거로서 충분하지 못하다.[294] 경찰법은 개인관련정보의 제3자에의 제공의 전제조건과 그 형태에 관한 상세한 규정을 갖고 있다.[295] 제3자에의 제공의 허용에 대하여는 제공하는 기관이 책임이 있다(노르트라인-베스트팔렌주 경찰법 제26조 제3항 제1문). 만약 제3자에의 제공이 자동적인 '불러오기(Abruf)'를 통하여 행해지는 경우에는 불러오기를 행한 수신자가 적법성에 대한 책임을 지게 된다(라인란트-팔츠주 경찰법 제35조 제1항 제4문). 당해 사항에 대한 관할권이 없는 관청이 개인관련정보를 제공하는 경우 또한 정보의 자기결정권에 대한 침해가 된다.[296]

230 경찰의 임무수행이 제3자에의 제공을 위한 윤곽을 설정한다. 이것은 범죄행위에 대한 예방적 대처를 위하여 저장되었던 정보를 포함한다. 때로 주의 법률들이 특정한 정보에 대한 특별규정을 갖고 있는 경우도 있다. 그와 같은 제한은 단지 책임자 및 접촉, 동반인물의 자료만 제공될 수 있다는 형태로 존재한다(바덴-뷔르템베

293) BVerwG, DVBl. 2005, 1324.

294) *Schenke*, POR, Rn. 214; *Schlink*, Die Amtshilfe, 1982, S. 169 ff.를 보라.

295) §§ 32 f. BPolG; § 41 ff. PolG BW; Art. 40 ff. BayPAG; §§ 44 f. ASOG Bln; §§ 41 ff. BbgPolG; §§ 36c f. BremPolG; §§ 18 ff. HbgDVPolG; §§ 21 ff. HessSOG; §§ 39 ff. SOG MV; §§ 40 ff. NdsSOG; §§ 26 ff. PolG NW; §§ 34 ff. POG RP; §§ 32 ff. SaarlPolG; §§ 44 f. SächsPolG; §§ 26 ff. SOG LSA; §§ 191 ff. LVwG SH; §§ 41 ff.

296) BVerwG, DVBl. 2005, 1324 (1325).

르크주 경찰법 제43조 제1항 제2문). 위험방지에 대한 사전배려를 위해 획득된 개인관련정보는 제공에서 제외될 수 있다(노르트라인-베스트팔렌주 경찰법 제27조 제1항 제3문). 일련번호로 표시되어야 할 정보 또한 이러한 제한에 따르는바, 왜냐하면 이러한 정보는 특별한 기본권침해를 근거로 수집되었기 때문이다(헤센주 질서안전법 제21조 제3항 제3문).

제3자에의 제공은 무엇보다도 목적구속의 원칙이 계속하여 적용되는 정보의 수집 231
과 밀접한 관련이 있다. 직업적 비밀이나 직무상의 비밀에 속하는 정보는 수신자가 그것이 수집되었던 것과 동일한 목적을 수행하기 위하여 그 정보를 필요로 하는 경우에만 제공이 허용된다.[297]

법률은 정보를 공공기관에 제공하는 것과 공공기관이 아닌 기관에 제공하는 것을 232
구분하고 있다. 또한 경찰관청이 다른 경찰관청에게 개인관련정보를 제공하는 것은 단지 법률이 정하는 기준에 따라서만 허용된다(노르트라인-베르스팔렌주 경찰법 제27조 참조). 다른 공공기관에게 정보를 제공하는 경우 경찰-질서관청에게는 종종 스스로 이들 관청으로부터 정보를 획득하는 것이 문제된다.

경찰의 임무수행을 위하여 개인관련정보를 사인에게 제공하여야만 할 때가 있다. 233
영업법상의 신뢰성심사 또는 위험물질의 안전성심사와 관련하여서는, 행정관청에게 그 이후의 결정을 위한 정보를 제공하기 위하여 고용주나 기업에 정보가 제공될 수 있다. 그로 인하여 사적인 법률관계가 국가기관에 의해 영향을 받을 수도 있기 때문에 정보의 자기결정권은 국가기관에 대한 방어적 기능(Status-Negativus)뿐만 아니라 객관법적(objektiv-rechtlichen) 기능을 수행하게 된다. 국가기관은 개인관련정보를 적법하게 처리할 의무가 있다. 이와 같은 보호의무는 사인에게 자료를 제공하는 것에 관한 경찰법의 규정에 단지 시범적으로 규정되어 있다.[298] 이와 달리 경찰관청 스스로 행하는 위험방지를 지원하기 위하여 정보를 제공하는 것은 아무런 문제가 없다.

---

297) 예컨대 § 41 Abs. 2 PolG BW; § 21 Abs. 2 HessSOG; § 26 Abs. 2 PolG NW.

298) Vgl. *Gusy*, POR, Rn. 273.

234 **사 례:**
신뢰관계에 있는 사람(V-Mann)이 경찰에게 경찰이 알고 있는 두 사람이 X은행을 털려고 한다는 정보를 제공한다. 지점장은 정보를 제공받고, 잠재적 범죄자인 그 두 사람의 사진이 지점의 근무자들에게 교부된다.

235 정보의 비교(Datenabgleich)는 현존자료를 일정한 목적을 위하여 만들어진 어떤 사람이나 사실에 관한 징표(목록)들과 목적적으로 비교하는 것이다. 이러한 정보의 비교는 무엇보다도 당사자가 모르는 가운데 이루어지기 때문에 행정행위가 아니다.[299)]

236 관련된 인적 범위와 관련하여서는 구분이 필요하다. 행위책임자나 상태책임자에 관한 정보는 이들이 위험에 대해 책임이 있기 때문에 비교의 대상이 될 수 있다. 비책임자의 경우는 물론이고, 행정관청이 그에 관한 정보를 갖고 있는 제3자의 경우에도 경찰상 임무수행을 위하여 관련정보를 비교하는 것이 필요하다는 것을 인정할 수 있는 사실적 근거가 존재하여야 한다.[300)]

237 프로파일링(Rasterfahndung, 비교검색)* 은 정보비교의 특수한 형태이다.[301)] 프로파일링은 원칙적으로 형사소추를 위한 수단이다. 2001년 9월 11일의 테러공격 이후에 처음으로 프로파일링이 예방경찰적 영역에서 사용되었다.[302)] 프로파일링은 공공기

---

299) *Schenke*, POR, Rn. 211.

300) 예컨대 § 25 Abs. 1 Satz 2 PolG NW; § 30 Abs. 1 Satz 2 SOG LSA.

* 역주 Rasterfahndung은 이하의 서술에서 보듯이 형사소추를 위한 수단으로 사용되기 시작하였으며, 범죄학이나 수사실무상으로는 이를 프로파일링이라고 번역하고 있다. 다만 이러한 프로파일링이라는 용어를 예방경찰적 작용의 경우에도 그대로 사용하는 것은 타당하지 않다는 지적이 있으며, 그러한 지적은 국내에서도 상당한 공감을 얻어나가고 있는 사정이다. 본서에서 프로파일링(비교검색)이란 번역의 방식을 취하고 있는 이유가 여기에 있다. 다만 아직까지 예방경찰적 차원에서 행해지는 이러한 작용을 지칭하는 통일적 용어가 생성되지 않고 있음을 고려하여 일단 본서에서는 Rasterfahndung을 프로파일링이라고 번역하기로 한다. 한편 Rasterfahndung이 실제로 해당 징표에 해당되는 사람을 적극적 기준으로 매칭시키거나(범인으로 보이는 해당자를 적극적 기준에 따라 매칭시켜 색출하는 방법), 소극적 기준으로 매칭시키는(범죄자가 아닐 것으로 보이는 소극적 기준에 따라 해당자를 배제시키는 방법) 형태로 이루어지고 있음을 고려하여 이를 '매칭(matching)'이란 개념하에 이해하려고 하는 입장이 있음을 밝혀 둔다.

301) 예컨대 § 31 PolG NW.

302) *Kugelmann*, DÖV 2003, 781 (786) m.w.N.

관과 사적 기관이 수집한 정보를 확인된 범죄지표, 소위 카테고리(Raster)에 따라 매칭(matching)시켜 보는 것이다. 경찰관청이 프로파일링을 수행하기 위하여 다른 공공기관 또는 국가기관에게 자료의 제공을 요구하는 경우에는, 경찰관청이 그 조치의 적법성에 대하여 책임을 지게 된다. 자료를 요구하는 관청은 단지 관할권과 같은 형식적 측면을 심사할 뿐 실질적 심사를 스스로 행할 권한은 없으며, 실질적 심사의 결과 제공이 거절될 수도 있다. 즉, 요구받은 기관은 경찰에의 정보제공을 거절할 수 있다.[303]

사 례: 238

믿을 만한 정보원이 경찰에 특정한 그룹의 사람들이 테러공격을 계획하고 있다는 정보를 제공한다. 이미 존재하는 정보를 근거로 경찰은 그 그룹의 행동양식을 알고 있다. 이들은 항상 잘 알려져 있지 않은 주거지역에 작은 주거를 임차하고 있기 때문에 대규모 주택회사, 주택공동체의 모든 신규 세입자들에 대해 조회가 이루어져야 한다.

프로파일링에 있어서는 비관여인의 정보가 검색대상에 포함될 수 있다. 그 점에 239 있어서 정보의 자기결정권에 대한 침해가 존재한다. 그러한 침해는 필연적으로 그에 관해 아무것도 알지 못하는 다수의 경찰법상의 비책임자에 대해 행해지게 된다. 연방헌법재판소는 관련된 사람의 범위가 매우 넓을 뿐만 아니라 고도의 개인관련성을 가진 많은 정보가 검색되고 당사자에게 예측할 수 없는 결과를 가져오기 때문에 침해의 강도가 매우 높은 수단인 프로파일링을 정당화하였다.[304] 연방헌법재판소가 예방적 프로파일링이 합헌적일 수 있다는 것을 부정하지는 않았지만 그 전제조건으로서 구체적 위험을 요구하였으며, 따라서 (위험의) 전단계에서 진실규명을 위하여 그러한 권한을 사용할 수 없다고 하였다.[305]

구체적인 점에서는 차이가 있지만 주의 경찰법률의 규정들은 연방헌법재판소의 240 판결 이전에는 프로파일링을 행하기 위해서 일반적으로 '현재의 위험(gegenwärtige Gefahr)'을 요구하였다.[306] 판례는 2001년 9월 11일의 테러공격 이후에 공공의 안

303) HessVGH, NVwZ 2003, 755.
304) BVerfGE 115, 320 (347 ff.).
305) BVerfGE 115, 320 (357 ff.).
306) Immer noch § 47 Abs. 1 S. 1 ASOG Berlin.

념에 대한 현재의 위험이 존재하였는지 여부에 대하여 일치된 견해를 내보이지 않았다.[307] 즉, 뒤셀도르프 상급지방법원과 라인란트-팔츠 상급행정법원은 '현재성(現在性, Gegenwärtigkeit)'이 테러공격의 지속적 위험으로부터 도출된다는 견해를 취하였던 것에 반하여[308] 프랑크푸르트 상급지방법원은 독일 내에서의 테러공격에 대한 구체적 근거가 존재하지 않았기 때문에 현재의 위험은 없다고 보았다.[309]

241 '현재성'에 대한 해석을 확장하는 것은 위험개념에 대한 전통적인 이해와 일치하지 않는 면이 있다. 현재의 위험은 급박한 손해가 발생할 우려가 있다는 특별한 시간적 근접성을 그 특징으로 하는바,[310] 영속적인 위험상황의 경우에는 그러한 시간적 근접성이 존재하지는 않는다.[311] 프로파일링을 행하는 시점에서 공격이 임박해 있다는 것을 인정할 수 있는 사실적 근거가 존재하지 않는다면, 손해의 정도를 고려한다고 할지라도 현재의 위험이 존재한다고 인정하기에 필요한 고도의 발생개연성(發生蓋然性, Eintrittwahrscheinlichkeit)이 결여되어 있다[312] 현재의 위험이 필요하다는 것은 결과적으로 프로파일링을 행할 수 없도록 만드는바, 왜냐하면 (프로파일링을 하기 위한 전제조건인) 현재성이 존재하지 않기 때문이다.[313]

242

Tip 현재의 위험(gegenwärtigen Gefahr)의 개념을 사례를 통하여 반복학습하라.

243 그러나 개정된 경찰법들은 고차원의 법익에 대한 구체적 위험만으로 (프로파일링을 하기 위한 전제조건이) 충족되는 것으로 보고 있다.[314] 이런 경찰법들은 인적 범위를 축소하고 자료의 범위를 제한할 것을 시도한다. 그 조치가 범죄행위에 대한 예방적 대처를 위하여서(도) 필요한 한[315] 이것은 연방헌법재판소의 판례에 반하지 않는다.[316]

---

307) 이에 관하여 개괄적인 것은 *Bausback*, BayVBl. 2002, 713.
308) OLG Düsseldorf, NVwZ 2002, 629; OVG RP, DÖV 2002, 743.
309) OLG Frankfurt a.M., NVwZ 2002, 626.
310) BVerwGE 45, 51 (58).
311) Achelpöhler/Niehaus, DÖV 2003, 57; *Lisken*, NVwZ 2002, 515.
312) *Kugelmann*, DÖV 2003, 786.
313) *Volkmann*, Jura 2007, 132 (135).
314) 예컨대 § 40 PolG BW; § 45a NdsSOG.
315) § 23 Abs. 1 HbgPolDVG; § 31 Abs. 1 SaarlSOG; § 44 Abs. 1 Nr. 1 ThürPAG.
316) *Pieroth/Schlink/Kniesel*, POR, § 15 Rn. 55, 56; Schenke, POR, Rn. 213a.

경찰법상의 (프로파일링에 대한) 법적 근거는 헌법합치적으로 해석되어야 한다. 개 244
별적인 경우에 프로파일링을 행하는 것은 비례의 원칙, 특히 적합성의 원칙이란 측면이 집중적으로 조사되어야 한다. 프로파일링에 필요한 시간을 고려할 때, 프로파일링은 위험의 신속한 퇴치에는 적합하지 않은 것이 원칙이다.[317] 헌법적 요구를 충족시키는 예방적 프로파일링은 거의 실현불가능하다. 위험의 전단계에서 진실규명을 위하여 프로파일링을 행하는 것은 인정되지 않으며, 만약 구체적 위험이 존재한다면 프로파일링이란 수단은 너무 늦고 따라서 적합하지 못한 수단이 된다.[318] 결국 프로파일링은 기껏해야 형사소추를 위한 수단으로 고려될 뿐이다.

확인문제

1. 경찰-질서법의 기본구조와 관련하여 정보의 자기결정권의 효과를 설명해 보라. (Rn. 8)
2. 당신이 살고 있는 주법의 정보수집에 관한 규정을 읽어 보라. 그것은 직무질문에 관한 규정과는 어떠한 차이가 있는가? (Rn. 51 이하)
3. 정보보호법상 목적구속의 원칙은 어떠한 의미를 갖는가? (Rn. 37 이하)
4. 무작위적 신원확인은 헌법과 합치하는가? (Rn. 81이하)
5. '신분을 위장한 공무원'과 '신뢰관계에 있는 사람'은 어떻게 구분되는가? (Rn. 133이하)
6. 어떠한 이유에서 주거감청으로부터 추출된 자료는 일련번호가 표시되어야 하는가? (Rn. 146)
7. 전화통신감청규정에 관하여 주의 입법자는 어떠한 권한을 가지는가? (Rn. 149)
8. 온라인 수색의 합헌성에 대한 찬성론과 반대론의 논거를 비교해 보라(Rn. 183 이하)
9. 통신사실확인자료의 예비적 저장의 헌법적 문제점은 어디에 있는가? (Rn. 191 이하)
10. 프로파일링의 특별한 문제점은 어디에 있는가(Rn. 199).

---

317) *Gusy*, KritV 2002, 489 f.

318) 유사한 견해로는 *Brenneisen/Bock*, DuD 2006, 685 (690); *Bausback*, NJW 2006, 1922 (1923); *Schewe*, NVwZ 2007, 174 (176); *Schoch*, POR, Rn. 257; *Volkmann*, Jura 2007, 132 (137).

제8장 경찰책임

1 경찰관청과 질서관청 또는 위험방지관청은 특정한 수범자(受範者, Adressaten) 또는 일정한 범위의 수범자집단을 대상으로 하여 그의 조치를 취한다. 기본법에 따를 때 권리에 대한 침해는 그것이 내용적으로, 그리고 인적으로 충분히 명확한 경우에 한하여 허용된다. 경찰의 조치가 적법한 것이 되기 위하여는 원칙적으로 그 조치의 수범자가 위험에 대하여 책임이 있어야 한다.

2 경찰책임자(Der Verantwortliche)는 그가 공공의 안녕에 대한 장해를 초래하였기 때문에 장해자(障害者, Störer)라고도 불리운다. 이러한 경찰책임자와 관련하여서는 이전에 사용되던 책임(Haftung)의 개념은 더 이상 사용되지 말아야 하는데, 왜냐하면 경찰-질서법상의 책임(Verantwortlichkeit)의 개념은 특히 책임자의 고의나 과실을 묻지 않는다는 점에서 민법에서 잘 알려져 있는 일반적인 책임문제와는 확연히 구분되는 특수성을 갖고 있기 때문이다.*

1. 책임과 귀속(歸屬)

1.1. 기 능

3 경찰-질서법에서 책임은 책임과 위험의 연결점 사이에 귀속관계(Zurechnungs-

* 역주 민법에서 발전되기 시작한 전통적인 책임개념은 책임자의 고의나 과실을 전제로 하는 개념으로서 독일의 경우 이러한 의미의 책임에 대하여 'Haftung'이란 단어를 사용하여 왔다. 한편 경찰-질서법에서도 책임이란 단어를 사용하지만 이 경우에는 후술하는 바와 같이 경찰책임자의 고의나 과실을 묻지 않지 않고 경찰책임의 성립을 인정한다. 이런 점 때문에 경찰-질서법상의 책임에 대하여는 민법에서 발전되어 온 책임개념을 지칭하는 Haftung이란 용어를 사용하지 않고 'Verantwortlichkeit'라는 용어를 사용하고 있다. Kugelmann 교수의 원문은 이러한 점을 지적하고 있는 것이다.

zusammenhang)가 존재하는 경우에만 인정될 수 있다.[1] 원칙적으로 위험이 귀속될 수 있는 사람이 위험에 대하여 책임이 있는 자이다. 사람의 행위나 동물 또는 물건으로부터 발생하는 위험이 연결점으로서 고려된다. 단지 예외적으로 매우 엄격한 조건하에서 비책임자(非責任者, Nichtverantwortlichen)에 대한 조치가 행해질 수 있다. 이러한 점에서는 주의 법률 규정들은 광범위하게 일치한다.

4 개인은 헌법과 법률에 의하여 형성되고 보호되는 법적 지위를 지니고 있다. 법치국가에서는 이러한 개인의 법적 지위에 대한 침해는 그를 정당화시킬 정당한 이유가 존재하는 경우에만 허용될 수 있다. 개인의 자유는 단지 법률에 근거하여서만 경찰관청과 질서관청 또는 위험방지관청에 의하여 제한될 수 있다. 당사자와 위험상황 사이에 충분한 관련성이 존재하지 않는다면 침해는 정당화되지 않는 것이 원칙이다. 개인적 자유의 보호로부터 경찰책임의 한계가 나온다.[2]

5 개인은 공공의 안녕에 대한 위험을 야기하지 않을 의무가 있다. 일부견해는 이와 같은 **경찰의무**(Polizeipflicht)를 불필요한 것으로 간주하기도 한다.[3] 지배적 견해는 경찰의무를 '장해를 야기하지 않을 의무(Nichtstörungspflicht)'로 보고 있는바, 이러한 경찰의무는 경찰의 처분을 통하여 구체화된다.[4] 그것은 책임의 승계(Rechtsnachfolge)의 경우에 의미를 가진다. 지배적 견해와 달리 구체적 조치의 유무와 상관없이 일반적인 실질적 경찰의무는 부인되어야 한다. 경찰의 조치는 공공의 안녕, 즉 법질서의 불가침성을 유지하기 위하여 법률상의 권한규범을 근거로 취해진다. 이러한 경찰의 조치를 통하여 경찰의무의 내용이 필연적으로 구체화되게 된다. 법률상의 의무를 넘어서서 단지 공공의 안녕에 대한 위험을 야기하지 않을 단순한 책무(責務, Obliegenheit)*가 존재한다.[5]

---

1) *Schoch*, POR, Rn. 118.

2) 불필요한 침해의 금지에 관하여는 BVerfGE 17, 306 (313 f.)와 30, 250 (263)를 참조하고 있는 LVerfG MV, DÖV 2000, 71 (72) = DVBl. 2000, 262 (265)를 보라.

3) *Pieroth/Schlink/Kniesel*, POR, § 9 Rn. 4.

4) *Götz*, POR, § 9 Rn. 6; Martensen, DVBl. 1996, 286 (287); *Schenke*, POR, Rn. 228; *Schoch*, POR, Rn. 121.

* **역주** Obliegenheit는 Schuld에 대비되는 개념으로 민법에서 주로 사용되고 있는바, 현재 우리나라에서는 일반적으로 Schuld는 '채무(債務)', Obliegenheit는 '책무(責務)'로 번역·사용되고 있다. 책무는 그를 이행하지 않은 경우에도 그를 강제할 수 없다는 점에서 채무와 구별되는 바, 책무의 예로는 초상화를 그려 줄 것을 화가에게 주문한 사람이 모델로 서 있을 책무가 들어지

6 행위로부터 도출되는 책임, 즉 행위책임뿐만 아니라 특정한 상태에 대한 책임, 즉 상태책임에 있어서도 어떤 기준에 따라 책임을 귀속시킬 것인가의 문제가 책임을 결정하는 데 있어 가장 중요한 문제이다. 그러나 이와 같은 기준이 법률로 규정되어 있지는 않다. 이 기준은 일반적 원리로부터 도출되어야 하고, 따라서 개별적인 사안에 있어서는 논란의 여지가 있다.

7 법규정의 문언으로부터 경찰권은 경찰책임자에게 발동되어야 한다는 원칙이 도출된다. 경찰의 조치는 경찰책임자에게 발동되어야 하기 때문에 경찰관청은 원칙적으로 제3자에게 경찰권을 발동하거나 장해를 스스로 제거할 수는 없다. 경찰책임자에 대하여 조치를 취할 수 없거나 경찰책임자에 대한 조치를 통하여는 목적을 달성할 수 없는 경우에야 비로소 이것이 고려된다. 경찰책임자가 의무를 이행하지 않는 경우에 경찰-질서관청은 대집행에 관한 집행법의 규정(예컨대 행정집행법 제10조; 이하의 제11장 Rn. 32 이하를 보라)에 따라 제3자로 하여금 대체적 작위를 하게 할 수 있다. 그러나 경찰책임자는 대집행의 비용을 부담하여야 한다.

8 경찰책임에 관한 규정들은 누가 위험방지조치를 취하거나 수인하여야 하는지에 대해서뿐만 아니라 누가 비용을 부담하여야 하는지에 대해서도 규율하고 있다.[6] 이 모든 기능과 관련하여 이들 규정은 경찰법 이외의 영역에서도 적용될 수 있다. 경찰법 이외의 영역에 있어서 책임에 관한 특별한 규정이 존재하지 않는 경우에는 경찰-질서법상의 책임에 관한 일반규정이 원용될 수 있는바, 예컨대 집회법[7]이나 건축법[8]의 경우가 그러하다. 이와 달리 책임에 관한 특별한 규정이 존재하는 경우에는, 그것이 (경찰-질서법상의 책임에 관한 일반규정에 비하여) 우선적으로 적용된다. 예컨대 전염병예방법 제28조 이하 또는 연방토양오염방지법 제4조 등이 경찰책임에 관한 특별법적 규정을 갖고 있다.

고 있다.

5) *Selmer*, in: Festschrift für Bull, S. 391 (403).

6) *Gusy*, POR, Rn. 324, 330.

7) *Schenke*, POR, Rn. 364.

8) *Knemeyer*, POR, Rn. 489, 545.

사 례: 9

A가 전염병에 걸렸다는 것이 확인되었다. 그는 전염병예방법 제29조에 따라 관찰대상이 된다. 그가 경찰법적 의미에서 행위책임자인지 여부에 대한 심사는 필요하지 않다.
옥외집회가 진행되고 있는 동안에 집회의 참가자가 돌을 들고 쇼윈도를 향하고 있다. 집회법 제18조 제3항에 따르면 질서를 심하게 해치는 참가자는 집회로부터 배제될 수 있다. 경찰공무원은 행위책임의 원리에 따라 그의 개인적 행위를 통하여 장해를 야기한 자, 특히 스스로 돌을 던진 참가자에 대하여만 배제를 명할 수 있다.

1.2. 최종적인 귀속주체

모든 자연인이 경찰법상의 책임자가 될 수 있다. 행위능력(Handlungs- oder Geschäftsfähigkeit)*은 중요하지 않다. 또한 사법상의 법인도 경찰책임자로서 경찰권 발동의 상대방이 될 수 있다. 여기서의 사법상의 법인에는 합자회사, 합명회사, 민법상의 사단(Gesellschaft des bürgerlichen Rechts)과 같이 '부분권리능력이 있는 단체(teilrechtsfähige Vereinigungen)'가 포함된다.9) 독자적으로 내적인 구조와 조직을 갖추고 있는 권리능력 없는 단체 또한 경찰책임자가 될 수 있다.10) 이 단체가 내적인 구조와 조직을 갖추고 있지 못한 경우에는 단체 내의 개인만이 최종적인 책임귀속의 주체로서 고려된다. 10

사 례: 11

권리능력 없는 종자(種子)닭협회가 많은 종자닭사육장을 운영하고 있다. 예컨대 시끄러운 닭울음소리나 치워지지 않은 닭똥과 같이 종자닭사육장으로부터 발생하는 위험에 대하여는 종자닭협회가 책임이 있다.
행사를 주최하는 사육제(謝肉祭)협회는 예컨대 차단바리케이트를 충분히 설치하지 않

---

* **역주** Handlungsfähigkeit와 Geschäftsfähigkeit는 모두 '행위능력'이라고 번역될 수 있지만 그 뉘앙스에 있어 양자간에는 약간의 차이가 있다. 즉, Handlungsfähigkeit는 자신의 책임있는 행위를 통하여 법적 효과를 야기할 수 있는 능력을 말하며, Geschäftsfähigkeit는 Handlungsfähigkeit의 하위개념으로 자신의 행위를 통하여 유효한 법률행위(Rechtageschäft)를 할 수 있는 능력을 말한다. 다만 이처럼 양자간의 뉘앙스에 차이가 있지만 양자를 달리 번역하기 곤란한 점이 있으므로 일단 본서에서는 원문상의 'Handlungs- oder Geschäftsfähigkeit'를 행위능력이라고 번역하기로 한다.

9) 민법상 사단의 부분권리능력에 관하여는 BGHZ 146, 341.

10) *Schenke*, POR, Rn. 232.

았거나 차량통제가 제대로 행하여지지 않음으로 인하여 장미의 월요일 행진(Rosenmontagszug)* 으로부터 위험이 발생하는 경우 그러한 위험의 방지에 대하여 책임이 있다.
10명의 사람이 패스트푸드 음식점 앞에 멈춰서서는 메고 있던 백팩(Rucksäck)에서 몽둥이를 꺼낸다. 경찰공무원은 그 장소에서의 퇴거를 명한다. 이 경우 퇴거명령의 수명자(受命者)는 10명의 사람 각 개인이지, 그 그룹이 아니다.

12 공법상의 법인의 책임과 관련하여서는 다음의 두 가지 문제를 구분하여야 한다.11) 한편으로는 공법상의 법인이 책임을 부담할 수 있는지, 즉 실정법을 준수할 의무가 있는지 여부가 문제된다(실질적 경찰책임의 문제). 다른 한편으로는 경찰-질서관청이 공법상의 법인에게 부담적 조치를 취함으로써 공법상의 법인으로 하여금 그의 실질적 의무를 이행하게 할 수 있는지 여부가 문제된다(형식적 경찰책임의 문제).** 고권력주체로

---

* 역주 아래 사진은 2009년 쾰른카니발 중 장미의 월요일 행진 모습이다.

11) 자세한 것은 *Borowski*, VerwArch 102(2011), 58.

** 역주 Kugelmann 교수가 설명하고 있듯이 국가 등과 같은 공법상 법인의 경찰책임의 문제를 고찰함에 있어서는 실질적 경찰책임과 형식적 경찰책임의 두 가지 관점에서 검토할 필요가 있다. 즉, (1) 고권력주체가 그의 직무수행에 있어 경찰관계 법령에 규정되어 있는 공공의 안녕 혹은 질서의 유지를 위한 요청에 구속되는지 여부에 관한 문제(실질적 경찰책임의 문제)와 (2) 경찰이 고권적으로 활동하는 국가 및 그 밖의 고권력주체의 기관에 대하여 위험방지를 위한 조치를 취할 수 있는지, 환언하면 행정행위의 발급 등을 통하여 개입할 수 있는 권한을 갖는지에 관한 문제(형식적 경찰책임의 문제)가 그것인데, 양자는 적어도 개념상으로는 엄격하게 구분되어야 한다. 이처럼 ① 누가 경찰상의 위험을 방지할 책임이 있는가의 문제(실질적 경찰책임의 문제)와 ② 누가 위험방지를 목적으로 하는 경찰권발동의 대상이 되는가의 문제(형식적 경찰책임의 문제)를 나누어 고찰하는 것은 독일경찰법이론의 오래된 전통인데, 이에 따라 독일의 경우 경찰책임을 나타내는 용어 자체를 구분하여 쓰는 것이 일반적이다. 즉, 독일의 경우 경찰책임자를 나타내는 용어로 Polizeipflichtiger와 (Polizei)Störer를 사용하고 있는데, 전자는 주로 실질적 경찰책임은 있지만 형식적 경찰책임이 없어서 경찰권발동의 대상이 되지 않는 자를 의미하며, 후자는 실질적 경찰책임이 있을 뿐만 아니라 형식적 경찰책임도 있어 경찰권발동의 대상이 되는 자를 의미한다. 이러한 내용 및 국가 등과 같은 공법상 법인의 실질적 경찰책임과 형식적 경찰책임의 인정여부에 관한 상세한 논의에 관하여는 서정범·김연태·이기춘, 경찰법연구(제2판),

서 공법상의 법인은 경찰-질서관청과 마찬가지로 법률과 법에 구속된다는 점에 문제의 특수성이 있다(기본법 제20조 제3항). 양자는 모두 임무수행권한을 부여받고 있고, 또한 양자 모두 행정절차법 제1조 제4항에서 말하는 행정청이다. 고권력주체가 경찰상 조치의 수명자(受命者)가 되게 되면 상이한 국가기관 상호간에 권한의 충돌이 있게 된다. 경찰-질서관청을 통한 법익보호가 다른 고권력주체의 임무수행을 저해하게 될 수 있다.[12]

고권력주체도 원칙적으로 책임자로서 고려될 수 있다.[13] 고권력주체는 기본법 제20조 제3항에 따를 때 실질적 경찰-질서법에 구속된다. 여기서의 법적 구속은 연방의 기관들 또한 관련 주법에 구속되는 것을 포함한다. 고권력주체 역시 사인과 마찬가지로 위험을 야기할 수 있고,* 사인과 똑같이 책임을 진다. 고권력주체의 임무수행이나 기능유지를 위하여 불가피한 경우에는 예외적으로 고권력주체의 법을 준수할 의무가 수정될 수 있다. 자주 등장하는 사례는 법률로 규정되어 있다. 13

사 례: 14

도주중인 도둑을 추적하면서 경찰공무원이 그의 근무용 차량으로 허용되는 운행속도를 초과한다. 도로교통법 제35조에 따르면 이것이 고권적 임무를 수행하기 위하여 급박하게 요구될 때에는, 그 한도에서 경찰은 도로교통법규정의 적용을 받지 않는다.**

비상상황하에서 경찰의 긴급관할권(Eilzuständigkeit)이 인정되는 경우에는 경찰- 15

세창출판사, 2012, 229쪽 이하 참조.

12) *Rudolf,* Polizei gegen Hoheitsträger, 1965.

13) BVerwGE 29, 52 (56 ff.); *Götz*, POR, 3 9, Rn. 75.

* **역주** 우체국에서 짐을 꾸리는 작업으로 인해 밤중 내내 발생하는 소음이 야간의 평온을 해치고 그 결과 공공의 안녕의 보호법익인 인근주민들의 건강을 해치게 되거나 군대의 유류저장탱크에 문제가 있어 흘러나온 기름이 지하수를 오염시키게 된 경우 등이 그 예가 된다. 한편 오늘날의 행정기능이 단순히 허가를 내주거나 감시를 행하는 수준을 넘어서 스스로 계획하고, 사회를 형성하고, 변화시키는 등 적극적 활동을 하는 방향으로 변화됨으로 인하여 국가 등 공법상 법인의 행위 등으로부터 경찰법상의 위험이 발생하게 되는 경우는 한층 잦아지고 있으며, 그 위험의 강도 또한 심화되고 있는 실정이다.

** **역주** 우리나라의 경우 역시 도로교통법 제30조가 긴급자동차에 대한 특례를 규정하고 있는바, 도로교통법상 긴급자동차에 대한 특례에 관하여 보다 자세한 것은 vgl. 김남현, 도로교통법상 긴급자동차의 특권에 관한 연구, 경찰학연구 제6권 제1호. 2006, 43쪽 이하.

질서관청이 다른 관청에게 경찰상 조치를 취할 권한이 인정된다는 것에 대하여는 학설이 일치되어 있다(예컨대 노르트라인-베스트팔렌주 경찰법 제1조 제1항 제3문).[14)] 경찰 또는 질서관청의 비침해적 조치와 마찬가지로, 다른 고권력주체의 공법상의 활동영역을 침해하지 않는 경찰상 조치는 허용된다. 있을 수 있는 위험에 대하여 행정협력의 방법을 통하여 주의를 환기시키거나 언급하는 것은 문제될 것이 없다. 경찰-질서관청의 조치가 특별법으로 규정되어 있을 수도 있다.[15)]

16 경찰의 긴급관할권이 인정되는 경우 이외에는 경찰관청이 다른 국가기관에 대하여 조치를 취하는 것을 인정하지 않는 것이 여전히 지배적인 견해이다.[16)] 고권력주체에 대한 경찰상 처분은 허용되지 않는다. 경찰-질서관청의 행위권한은 다른 행정관청의 고권적 임무의 수행을 현저하게 침해하지 않는 한도내에서만 가능하다. 행정관청이나 공법상의 법인에 대하여 강제수단을 행사하는 것은 명시적인 법률규정으로 인하여 부정된다(연방행정집행법 제17조).* 그러나 위험방지관청은 책임있는 관청을 상대로 '2차적 차원에서의 조치(Sekundäransprüche)', 즉 위험의 제거에 소요되는 비용 청구를 할 수 있다.[17)]

17 연방행정집행법 제17조로 인하여 행정관청이나 공법상의 법인에 대하여 강제수단을 행사할 수는 없지만 그들에게 강제수단 이외의 경찰상 조치를 취하는 것은 허용되는 것으로 보는 반대견해가 점차 확산되어가고 있는바,* 그 내용은 다음과 같다:[18)] 고권력주체의 임무수행을 실제로 침해하게 되는 것은 고권력주체에 대하여 강제수단을 행사하는 경우에만 존재한다.** 책임있는 관청의 실질적 경찰의

---

14) *Oldiges,* JuS 1989, 616; *Würtenberger/Heckmann,* PolR BW, Rn. 492를 보라.

15) BVerwG, NVwZ 2003, 346.

16) *Denninger,* in: Lisken/Denninger, E Rn. 84 ff.; *Drews/Wacke/Vogel/Martens,* Gefahrenabwehr, § 15 3b und § 19 4b; *Knemeyer,* POR, Rn. 352; *Pieroth/Schlink/Kniesel,* POR,§ 9 Rn. 8a; *Schenke,* POR, Rn. 234; *Würtenberger,* in: Achterberg/Püttner, § 21, Rn. 218.

* 역주 독일의 연방행정집행법 제17조는 "다른 법률이 특별히 규정하고 있지 않는 한 행정관청이나 공법상의 법인에 대한 강제수단은 허용되지 않는다"고 규정하고 있는바, 동 규정은 고권력주체에 대한 경찰처분이 허용되지 않는다는 견해의 주된 논거의 하나로 들어져 왔다.

17) BVerwG, NVwZ 1999, 421; OVG SH, NVwZ 2000, 1196.

18) *Britz,* DÖV 2002, 891; *Schoch,* POR, Rn. 125.

** 역주 이는 "고권력주체에게 경찰처분을 발하는 것만으로는 고권력력주체의 임무수행을 실질적으로 침해하는 결과를 가져오지 않으며, 고권력주체가 그러한 경찰처분의 내용을 이행하지 않

무가 위험방지를 위한 조치를 취할 수 있는 경찰의 권한을 야기한다. 경찰-질서관청은 위험방지에 대한 물적 권한을 갖고 있기 때문에 다른 관청에 대한 조치 또한 취할 수 있다.[19]

경찰-질서관청 및 다른 고권력주체가 담당하는 임무의 효율적 수행이 문제의 핵심이다. 예컨대 철도나 우편사업의 경우 그를 담당하는 기관이 사법적(私法的)으로 조직되게 되어* 그 부분에 관한 한 공적 임무수행이 민영화되었으며, 그 결과 예전에 중요하게 다루어졌던 일련의 상황들은 일반적 규정에 따라 해결될 수 있다. 민영화가 이루어지지 않은 경우에 있어서는 법률상 행정관청에게 맡겨져 있는 기능의 유지가 중요하다.[20] 18

경찰 질서관청이 공법상의 법인에게 조치를 취하는 것은 그것이 공법상 법인의 기능을 침해하게 되는 경우에 한하여 부정된다. 메클렌부르크-포어포먼주의 입법자는 지배적인 견해에 따라 이것을 명문으로 규정하고 있다(메클렌부르크-포어포먼주 안전질서법 제85조). 일반적으로 강제수단이 사용되는 경우에 있어서는 다른 국가기관의 기능을 침해하게 된다. 그러나 특히 국가기관에 대한 질서관청의 조치는 그것이 국가기관의 기능을 본질적으로 침해하지 않는 경우에 한하여 허용된다. 다른 관청의 임무수행이 위험방지관청이나 질서관청의 활동으로 인하여 방해받지 않는 경우가 종종 있는바, 그러한 경우에는 국가기관에 대한 위험방지관청이나 질서관청의 조치가 허용된다. 예컨대 임미씨온보호법과 같은 특별법 규정은 이러한 점을 고려하고 있다.[21] 19

앉을 때 그를 이유로 강제수단을 행사하는 경우에 비로소 고권력주체의 임무수행을 실질적으로 침해하는 결과를 가져오게 된다"는 의미이다.

19) *Kluth*, Landesrecht S-Anh., § 3 Rn. 226.

* **역주** 독일의 경우 1993/1994년까지 (연방)철도와 (연방)우편 또한 연방고유의 행정에 속하였었지만 현재는 양기업 모두 민영화되어 있다. 이 경우 민영화는 먼저 형식적 민영화(조직의 민영화)가 이루어졌으며, 그 다음에 실질적 민영화(임무의 민영화)가 이루어졌다. 이와 같은 사정에 관하여 자세한 것은 *Maurer*, Allgemeines Verwaltungsrecht. 17. Aufl., 2009, § 3, Rn. 27, § 22 Rn. 40.

20) Vgl. *Rudolf*, Polizei gegen Hoheitsträger, 1965, S. 26 ff.

21) BVerwG, NVwZ 2003, 346.

20 **사 례:**

연방의 산림을 산림등록원부에 기재하는 것은 침해가 아니며, 따라서 허용된다.

새벽 3시에 시청사의 한 방에서 총소리가 들린다면 경찰은 시청에 들어갈 수 있고, 경비원의 의사에 반하여 조치를 취할 수 있다. 그것은 긴급상황과 관련되어 있기 때문이다.

연방군의 병영에서부터 지하수의 오염이 시작된다.[22]

21 책임은 국적과는 무관하다. 만약 책임자가 유럽연합의 다른 가입국에 주소를 갖고 있는 유럽연합가 입국의 시민이라면 단지 유럽연합법의 기준에 따라 경찰권발동의 대상이 될 수 있을 뿐이다.[23] 따라서 국적을 이유로 차별을 하여서는 아니 된다(유럽연합협약 제9조). 기본적 자유의 적용영역에 있어서는 경찰관청 또는 질서관청의 조치를 통한 제한은 그것이 정당한 법률에 근거하고 비례의 원칙에 합치하는 경우에 한하여 정당화될 수 있다.

22 독일법에 구속을 받는 사람만이 경찰관청이나 질서관청의 조치의 수범자가 될 수 있다. 경찰은 장해를 야기하는 행위에 대하여 개입할 권한이 있어야 한다. 특별한 특권을 향유하는 사람에 대하여는 경찰은 전혀 조치를 취할 수 없거나, 단지 특정한 조치만을 취할 수 있다.[24] 연방하원의원의 면책특권은 기본법 제46조에 따라 정해진다. 일반적 국제법이나 특별한 협약을 근거로 특권이 존재할 수도 있다. 특히 외교부나 영사대표부의 구성원은 특권과 면제권을 주장할 수 있다.[25]

23 **사 례:**

X국(國) 대사의 자동차가 경찰검문소에서 정지된다. 그가 외교관이라는 것이 밝혀졌을 때 경찰공무원은 즉시 그가 계속하여 운행할 수 있도록 한다. "CD(Corps Diplomatique, 외교단)"라는 번호판을 통하여 이미 외형적으로 대사관소속 차량이라는 것이 표시되어 있는 경우라면 당해 차량을 정지시켜서는 아니 된다.

---

22) Vgl. *Repkewitz*, Bundeswehr und Umweltschutz, 1999.

23) *Lindner*, JuS 2005, 302 (305).

24) *Drews/Wacke/Vogel/Martens*, Gefahrenabwehr, § 19 4c.

25) *Fischer*, in: Ipsen (Hrsg.), Völkerrecht, 5. Aufl., 2004, §§ 35 ff.

2. 행위책임

자신의 작위나 부작위를 통하여 위험을 야기하는 자는 그에 대하여 책임이 있다.26) 경찰법상 책임의 판단은 민법상의 손해배상청구권이나 형사법상의 제재와는 전혀 별개의 문제이다. 경찰-질서법에서는 고의나 과실같은 유책성(有責性, Verschulden)은 중요한 의미를 갖지 못한다. 행위책임의 근거는 그 행위가 경찰상 위험을 야기하였다는 것인데, 그것의 확인은 가치판단적 고찰을 필요로 한다. 이러한 판단에 있어서는 위험을 야기한 자가 수인가능한 리스크의 문턱을 넘어섰는지 여부가 중요하다. 위험을 야기한 사람의 리스크영역과 위험에 처한 사람이나 일반 공중의 리스크영역은 구분되어야 한다.27) 결국 중요한 것은 위험이 어떠한 사람에게 귀속되는 것이냐의 문제이다.28) 24

2.1. 귀속의 기준*

그 행위를 빼놓고 생각하면 그러한 결과를 생각할 수 없다고 하여** 그것만으로 그 행위에 책임이 귀속될 수 있는 것은 아니다. 물론 행위는 "원인 없으면 결과 없다(conditio sine qua non)"라는 요건을 충족하여야 한다.29) 그러나 경찰법에 있어서 등가설(等價說, Äquivalenztheorie)***은 그다지 합당하지 않다.30) 등가설에 25

---

26) § 17 BPolG; § 6 PolG BW; Art. 7 BayPAG und Art. 9 Abs. 1 BayLStVG; § 13 ASOG Bln; § 5 BbgPolG und § 16 BbgOBG; § 5 BremPolG; § 8 HbgSOG; § 6 HessSOG; § 69 SOG MV; § 6 NdsSOG; § 4 PolG NW und § 17 OBG NW; § 4 POG RP; § 4 SaarlPolG; § 4 SächsPolG; § 7 SOG LSA; § 218 LVwG SH; § 7 ThürPAG und § 10 ThürOBG.

27) *Pietzcker*, DVBl. 1984, 457; *Selmer*, JuS 1992, 97을 보라.

28) 이러한 시도는 학설 내용상으로는 뉘앙스에 많은 차이를 보이지만, 그 결론에 있어서는 대부분 동일하다.

* 역주 책임귀속(의 기준)에 관한 우리나라의 논의로는 서정범, 경찰책임의 귀속원리로서의 원인야기, in: 서정범/김연태/이기춘, 경찰법연구, 2012, 243쪽 이하; 이기춘, 경찰법상 의도적 간접원인제공자 개념의 무용론, in: 서정범/김연태/이기춘, 경찰법연구 2012, 260쪽 이하.

** 역주 즉, 그와 같은 행위가 없었다면 그러한 결과가 발생하지 않았을 것이다라고 하여.

29) OVG Hbg, NJW 2000, 2600 (2601); SächsOVG, NJW 1997, 2253 (2254); *Denninger,* in: Lisken/Denninger E Rn. 75; *Würtenberger/Heckmann*, PolR BW, Rn. 441.

*** 역주 등가설은 조건설(Bedingungstheorie)이라고도 불리운다.

30) 다른 견해로는 *Muckel,* DÖV 1998, 18.

따르면 모든 조건이 모든 결과에 대하여 동등한 가치를 갖는바, 경찰법에서는 고의나 과실을 통하여 책임의 범위가 제한될 수 없기 때문에 등가설에 따르는 경우 책임자의 범위가 지나치게 확장된다.[31]

26 민법상의 판례를 통하여 발전된 상당인과관계설(Adäquanztheorie)은 책임의 귀속을 방지하기 위해 비전형적인 사건의 진행이나 행위의 결과를 제외시킨다. 그러나 경찰법에서는 종종 이형적(異形的)인 사건의 진행이 위험을 초래하는 경우가 종종 있다. 따라서 상당인과관계설은 적합하지 않다.[32]

27 경찰-질서법에서 책임의 귀속은 지배적 견해가 주장하는 **직접원인설**(Theorie der unmittelbaren Verursachung)에 따라 이루어진다.[33] 그의 행위가 구체적 위험의 문턱을 직접적으로 넘어서게 될 때, 그 사람이 위험에 대하여 책임이 있다. 단지 간접적인 원인은 책임을 귀속시키는 어떠한 근거도 될 수 없다.[34] 대부분의 경우 직접적 원인을 확정하는 것은 그다지 어렵지 않다. 공공의 안녕 따라서 법질서의 불가침이 보호법익이므로 법을 위반하는 자는 위험을 직접적으로 야기한 것이다.[35]

28 **사 례:**

훌리건 H는 축구경기장 앞에 있는 거리에서 난동을 부린다. 이와 같은 행위는 직접적으로 위험을 야기한다. 경찰공무원이 그에 대하여 (제지를 위한) 보호조치를 취한다. 자동차의 운전자가 갈 지(之)자로 운전을 한다. 경찰공무원이 그를 정지시켜 신원을 확인한다.

29 직접원인설 또한 가치판단을 내용으로 하고 있다.[36] 그러나 직접원인설은 이와

---

31) *Gusy*, POR, Rn. 334; *Knemeyer*, POR, Rn. 323.

32) *Schenke*, POR, Rn. 241; *Schoch*, POR, Rn. 127.

33) VGH BW, NVwZ-RR 1996, 387 (388); OVG Hbg, DÖV 1983, 1016 (1017); HessVGH, NVwZ-RR 1989, 137; OVG Nds, NVwZ 1988, 638 (639); OVG NW, NJW 1993, 2698; OVG RP, DVBl. 1991, 1376 (1377); 예전의 판례에 관하여는 *Drews/Wacke/Vogel/Martens*, Gefahrenabwehr,§ 20, Ziff. 3 m.w.N.

34) *Knemeyer,* POR, Rn. 325.

35) *Schoch*, POR, Rn. 128.

36) *Gusy*, POR, Rn. 335; *Zeitler*, DÖV 1997, 373.

같은 가치판단을 위한 위험의 문제에 특유한 기준을 제공한다. 위험에 대한 최종적이고 본질적인 원인을 제공한 자가 책임과 관련있으며,[37] 그의 행위를 통하여 손해발생의 충분한 개연성이 직접적으로 발생하거나 높아진다. 여전히 불명확한 부분이 남아 있기는 하지만[38] 이것은 가치판단의 성격상 어쩔 수 없는 것으로 이해되고 있다. 그의 실용성으로 인하여 직접원인설이 많은 지지를 받고 있다.

위법원인설(Theorie der rechtswidrigen Verursachung) 또한 경찰법에 특유한 이론인데, 30
그에 따르면 책임의 귀속을 가능케 하는 행위는 법규범의 침해에서 찾을 수 있다고 한다.[39] 위법원인설은 처음에는 고유한 이론으로 발전되었지만, 그 이후 직접원인설이 의무위반과 리스크귀속이라는 (위법원인설적인) 요소를 받아들이게 되었다.[40] 이와 같은 출발점으로부터 거의 모든 사례가 해결될 수 있다. 다만 명령규범 및 금지규범이 존재하지 않는 경우에는 책임의 귀속과 관련된 또 다른 관점이 필요하다. 그러나 그러한 경우는 거의 없는데, 왜냐하면 법질서는 그를 위반하는 것이 경찰상 위험이 되는 작위의무와 부작위의무를 거의 빠짐없이 규율하고 있기 때문이다. 공공의 질서를 경찰상의 보호법익으로 받아들이지 않는다면,[41] 따라서 불문의 행위규범을 보호가치 있는 법익으로 보지 않는다면, 직접원인설과 위법원인설은 넓은 측면에서 그 결론을 같이하게 된다.

사회적 비상당원인설(Die Theorie der sozialinadäquaten Verursachung)은 그 행위가 사회적 31
으로 상당하지 않은지 여부를 기준으로 한다.[42] 이 이론은 법적인 작위의무나 부작위의무를 위반하는 것이 위반한 자의 책임을 발생시키는 것으로 본다는 점에서 위법원인설과 그 출발점을 같이한다. 다만 법적 규율이 결여되어 있는 경우에는 상당성(Adäquanz)의 관점에서 판단되어야 하는바, 따라서 만약에 보호되는 법익이 허용되지 않는 방식으로 위험에 처하게 되는 경우에는 사회규범을 위반하는 것이

37) *Schenke*, POR, Rn. 242.
38) 이에 대하여 비판적인 것으로는 *Gusy*, POR, Rn. 335 ff.
39) *Schnur*, DVBl. 1962, 1; *Denninger*, in: Lisken/Denninger E Rn. 81; *Erichsen*, VVDStRL 35 (1977), 171 (205 f.).
40) *Schoch*, POR, Rn. 129.
41) 이에 관하여는 전술한 제4장 2.2.를 보라.
42) *Hurst*, AöR 83 (1958), 43 (75 ff.); *Gusy*, POR, Rn. 339.

책임을 야기하게 된다. 이와 같은 기준은 설득력이 없는바, 왜냐하면 바로 밝혀져야 할 책임귀속의 요소가 위험에 포함되어 있기 때문이다.[43] 사회적 비상당성을 기준으로 하는 것은 귀속에 관한 제대로 된 법적 기준을 제시하지 못하게 된다. 따라서 결론적으로 직접원인설이 우선적으로 고려되어야 한다.

32 전술한 3가지의 경찰법에 특유한 책임귀속이론*은 거의 모든 경우에 있어 동일한 결론에 달하게 된다.[44] 만약 다른 사람의 행위가 그에 덧붙여지지 않는다면 법을 위반하는 것은 책임의 귀속을 가져오게 되는 것이 원칙이다. 어떤 행위가 자신의 권리를 행사한 것이라면, 그것이 경찰법상의 책임을 가져올 수는 없다. 적법하게 행위한 사람은 책임자(Störer)가 아니다.[45] 행정청의 허가를 얻은 경우에는 합법성효과(合法性效果, Legalisierungswirkung)가 발생하고, 그 합법성효과가 미치는 한 그러한 행위는 허용된다.[46]

33

> **Tip** 동일한 결과에 이르는 이론이 있다면 그를 자세히 설명할 필요는 없다. 연습문제에 있어서 시간적 관리는 하되 그들 이론에 대한 간단한 언급을 하면 가산점을 받을 수 있다.

34 다수인이 책임자로 고려되는 상황하에서는 직접원인설에 따라 판단되어야 한다. 최종적으로 공동원인(Mitursache)을 야기한 자는 책임자이다. 원인들이 서로 구분될 수 없는 경우에는 공동원인이 책임을 발생시킬 수 있다.[47]

---

43) *Schoch*, POR, Rn. 129.

* **역주** 경찰책임의 귀속에 관한 이론으로 지금까지 등가설, 상당인과관계설, 직접원인설, 위법원인설 및 사회적 비상당원인설의 5가지 이론에 관한 설명이 있었다. 이 가운데 등가설은 주로 형법에서 발전된 이론이며, 상당인과관계설은 손해배상과 관련하여 민법에서 발전된 이론인데, 경찰법이 민법이나 형법과는 추구하는 목적을 달리하는 까닭에 이들 이론은 경찰법에서는 전혀 통용될 수 없다. 이에 경찰법에 특유한 책임귀속에 관한 이론이 등장하게 되었는바, 직접원인설과 위법원인설 및 사회적 비상당원인설이 바로 그것이다. 이런 사정을 이해하게 되면 결국 여기서 Kuugelmann 교수가 말하고 있는 '3가지의 경찰법에 특유한 책임귀속이론'이 직접원인설과 위법원인설 및 사회적 비상당원인설을 지칭하는 것임을 쉽게 알 수 있을 것이다.

44) *Götz*, POR, § 9 Rn. 13; *Schenke*, POR, Rn. 243.

45) *Götz*, POR, § 9 Rn. 15; *Pieroth/Schlink/Kniesel*, POR, § 9, Rn. 17.

46) *Schoch*, POR, Rn. 130.

47) VGH BW, VBlBW 1995, 281; BayVGH, NVwZ-RR 1997, 617; OVG Nds, NJW 1998, 97.

사 례:[48] 35
한 대의 자동차 주변이 3면으로 모두 막혀 있다면 마지막으로 그의 자동차를 주차하고 그를 통해 직접적으로 위험을 야기한 자가 경찰법상 책임이 있다.[49]

외관상 위험이 존재하는 경우에 외관상 책임자라고 할 수 있는 것이 원칙이다.[50] 36
그러나 이와 같은 평가에 상응하는 법적 효과를 제한하는 것을 고려하여야 한다.[51] 이것은 특히 비용부담의 문제에 대하여 적용된다.[52] 이러한 개념은 포기하는 것이 바람직하다.[53] 위험의 혐의를 야기한 자를 지칭하는 혐의책임자(Verdachtsstörer)의 개념 또한 주의가 요구된다.[54] 그 사람이 위험상황에 대한 원인을 제공하였다는 단순한 혐의만으로는 충분하지 않다. 그가 그러한 원인을 제공하였다는 것이 직접원인설에 근거하여 확인되어야 한다.

부작위를 이유로 하는 행위책임은 작위의무가 존재하는 경우에 성립할 수 있다. 37
공법규범은 이와 같은 법적 의무의 근거가 될 수 있지만, 민법상의 규범은 그러한 근거가 될 수 없다.[55] 민법상의 의무, 예컨대 거래안전의무(Verkehrssicherungspflicht)의 관철을 위하여서는 민법에 고유한 의무이행메커니즘이 유용한 수단이 된다. 민법상 의무를 준수하지 않는 것이 공법에 의해 보호되는 법익을 침해하는 것이 될 우려가 있을 때에야 비로소 경찰-질서법이 적용될 여지가 있게 된다.[56]

부작위를 이유로 한 행위책임은 상태책임과는 구분되어야 한다. 소유자나 물건의 38
상태를 유지하기 위한 사실상의 지배권을 가지는 자의 의무를 위반하는 것이 상태

48) OVG NW, DÖV 2001, 215.
49) 자동차의 출구가 모두 막혀버리는 것에 관하여는 전술한 제4장 2.1.3.을 보라.
50) VGH BW, DVBl. 1990, 1047 (1048); BayVGH, NVwZ-RR 1996, 645 (646); OVG NW, NVwZ-RR 1994, 386 (387).
51) 따라서 *Schenke*, POR, Rn. 264의 견해에 대하여는 비판이 있을 수 있다.
52) *Schoch*, POR, Rn. 132.
53) *Götz*, POR, § 6 Rn. 39.
54) Vgl. *Pieroth/Schlink/Kniesel*, POR, § 9, Rn. 24 f.
55) VGH BW, ZUR 2002, 227; OVG NW, NVwZ-RR 1988, 20 (21); *Götz*, POR, § 9 Rn. 42; *Schoch*, POR, Rn. 133; *Selmer*, JuS 1992, 97; 반대의 견해로는 *Pieroth/Schlink/Kniesel*, POR, § 9, Rn. 6 f; *Schenke*, POR, Rn. 239.
56) 이로부터 반대견해와 관련하여 *Pieroth/Schlink/Kniesel*, POR, § 8 Rn. 7이 제시한 사례의 해결방안이 도출되는바, *Schoch*, Rn. 133 mit Fn. 692 또한 여기서와 그 결론을 같이한다.

책임을 발생시키지는 못한다. 부작위를 이유로 하는 행위책임은 특히 공법상의 거래안전의무를 준수하지 않는 경우에 고려가 된다.

39 **사 례:**[57)]
A가 옹벽(擁壁)을 축조하였는데 이것이 못쓰게 되었다. 옹벽이 붕괴되어 인인(隣人)의 토지에 떨어질 우려가 있다. 그의 상태책임 여하에 상관없이 옹벽의 안전에 대한 배려의무를 소홀히 하였기 때문에 A는 경찰법상 책임이 있다.

40 행위책임자에 관한 경찰법규정에는 부가적 책임(附加的 責任, Zusatzverantwortlichkeit), 즉 다른 사람의 책임에 부가하여 부담하는 책임이 명시적으로 규정되어 있다.[58)] 일정한 연령 ―대부분 14세― 에 달하지 못한 자가 위험을 야기한 경우에는 경찰의 조치가 친권자를 상대로 발해질 수 있다. 후견인과 관련하여 후견인이 지정되어 있는 사람이 위험을 야기한 경우도 마찬가지이다. 이행보조인(履行補助人, Verrichtungsgehilfe)* 이 업무를 처리하면서 위험을 야기한 경우에는 영업주가 책임이 있다(민법 제831조 참조). 민법이 규정하고 있는 이행보조인의 성격을 갖는다고 할 수 있는 전제조건이 충족되어야 한다.[59)]

41 특히 환경법은 책임에 관한 특별규정을 갖고 있다. 임미씨온의 야기와 관련하여서는 행위책임자와 상태책임자가 병존하는 경우가 종종 있을 수 있다. 리스크의 지배와 리스크에 대한 사전배려에 관한 책임은 (좁은) 위험방지에 관한 책임의 영역을 넘어서게 되고, 따라서 관련 특별규정의 대상이 된다. 연방임미씨온법 제5조에 따른 시설의 운영자의 의무는 그 시설로 인하여 발생할 수 있는 유해한 환경적 영향을 광범위하게 회피하는 것을 목적으로 한다.

42 **사 례:**
연방임미씨온법 제5조가 규정하고 있는 사전배려원칙에 대한 수정을 가져오는[60)] EG

57) OVG NW, NVwZ-RR 1988, 20.

58) 예컨대 § 4 Abs. 2 und 3 PolG NW.

* 역주 전체 문장을 보면 알 수 있듯이 여기서 말하는 이행보조인의 대표적 예는 (영업주와의 관계에서) 종업원이다.

59) *Schoch*, POR, Rn. 142; 연방토양오염방지법(BBodSchG) 제4조 제3항에 관하여는 *Schenke*, POR, Rn. 266을 보라.

(유럽공동체) 방출지침 2003/87/EG[61]의 국내적용을 위해서 배출가스-방출거래법이 제정되었다.[62] 동법 제3조 제7항에 책임자의 개념이 규정되어 있다.

2.2. 의도적 간접원인제공자

지배적인 견해는 의도적 간접원인제공자(Zweckveranlasser)* 에 대하여 조치를 취할 수 있다는 것을 긍정한다.[63] 의도적 간접원인제공자는 제3자로 하여금 공공의 안녕 또는 질서를 침해하는 행위를 하도록 하는 중립적인 행위를 행한다. 이러한 견해에 따르면 그의 행위와 위험 사이에는 밀접한 (가치)상관관계가 존재한다. 스스로 장해를 야기하지는 않지만 특정한 상황을 초래하여 위험의 성립에 기여한 사람, 즉 의도적 간접원인자를 경찰상 책임이 있는 것으로 보아야 할 현실적 필요성은 효율적 위험방지라는 임무수행에서 찾을 수 있다.[64] 43

사 례: 44

버스운송회사가 그것이 금지되는 것을 알면서도 사람들을 시위장소로 운송한다. 스포츠장비판매업소의 영업주가 그의 가게 쇼윈도에서 유명한 팝스타로 하여금 가정용 운동기구를 타게 하고, 그로 인하여 인도(人道)에 일단의 사람들이 모여들게 되어 교통을 방해하게 된다. 지배적 견해에 따르면 경찰은 의도적 간접원인제공자인 버스운송회사나 영엽주에 대하여 조치를 취할 수 있다. 반대견해에 따르면 이것은 허용되지 않으며, 그러한 조치는 (잠재적 책임자인) 집회참가자 또는 인도 위의 사람에 대하여 취해져야 한다.

---

60) *Kotulla*, in: ders. (Hrsg.), Bundes-Immissionsschutzgesetz, Nov. 2004, Kennz.100.5, Rn. 16g.

61) 유럽이사회 96/61/EG 지침의 변경과 유럽연합 내의 온실가스배출허가증 거래시스템에 관한 2003년 10월 13일의 유럽의회와 유럽이사회의 2003/87/EG 지침, ABl. L 275, 32쪽 참조.

62) 온실가스배출권 거래에 관한 2004년 7월 8일 제정법, BGBl. I, S. 1578 참조. 동법은 2007년 8월 10일에 2008년부터 2012년 기간 중 온실가스배출거래에 관한 법적 근거의 변경을 위한 법률에 따라 개정되었다.

* **역주** 의도적 간접원인제공자에 관한 우리나라에서의 논의로는 이기춘, 제13장 경찰법상 의도적 간접원인제공자 개념의 무용론, in: 서정범/김연태/이기춘, 경찰법연구 2012, 260쪽 이하.

63) VGH BW, NVwZ-RR 1995, 663; HessVGH, DÖV 1992, 753 (754); *Götz*, POR, § 9, Rn. 29; *Schenke*, POR, Rn. 244 ff.; *Würtenberger*, in: Achterberg/Püttner, § 21, Rn. 209; *Würtenberger/Heckmann*, PolR BW, Rn. 448.

64) *Götz*, NVwZ 1998, 679 (687).

45 의도적 간접원인제공자라는 개념적 구조는 부정되는 것이 타당하다.[65] 이것은 직접원인설과 일치하지 않는다.[66] 간접원인을 제공하는 사람의 행위 자체는 적법하다. 경찰상의 의무위반상태는 고유한 책임이 있는 제3자의 행위에 의하여 비로소 발생한다. 이 제3자들이 경찰조치의 올바른 대상자이다. 단지 위험상황의 성립에 기여했을 뿐인 사람은 단지 경찰상 긴급상태의 전제조건이 충족된 경우에 한하여 비책임자로서 경찰권발동의 대상이 될 수 있을 뿐이다.

46 비록 의도적 간접원인제공자의 책임이 긍정되는 경우라 하여도 헌법적인 한계가 고려되어야 한다. 판례가 의도적 간접원인제공자라는 법형식을 때로 매우 넓게 확대하고 있는 것에 반하여, 다수의 학설은 소극적인 태도를 취할 것을 경고하고 있다.[67] 기본권에 대한 침해는 비례의 원칙에 부합해야 한다. 기본법 제12조, 제14조를 통해 보호되는 행위들이 바로 경찰위반으로 평가될 수는 없다. 기본법 제8조를 고려할 때 집회법에 있어서 의도적 간접원인제공자라는 법형식이 적용되어서는 아니 됨은 물론이다.[68]

47 **사 례:**

극우주의자들의 집회가 극좌주의자 집단이 폭력적으로 그에 대응하고 돌을 던져댐으로 인하여 진행에 방해를 받고 있다. 극우주의자들은 책임이 없기 때문에 그들의 집회를 해산시키는 것은 위법하다. 의도적 간접원인제공자라는 것 때문에 그들이 (해산)조치의 대상이 될 수는 없다. 경찰의 조치는 고유한 책임자, 즉 극좌주의자들을 상대로 행해져야 한다.

록콘서트의 주최자는 그의 직업(의 자유)를 행사한다. 그는 일어날 수도 있는 폭력행위와 관련하여 의도적 간접원인제공자가 아니다.[69]

---

65) *Erbel*, JuS 1985, 257 (261 ff.); *Pieroth/Schlink/Kniesel*, POR, § 9, Rn. 27 ff.; *Rühl*, NVwZ 1988, 577 f.; 역시 비판적인 것으로는 *Denninger*, in: Lisken/Denninger, E Rn. 75 ff.; 다른 관점에서 부정하는 것으로는 *Muckel*, DÖV 1998, 18 ff.

66) 몇몇 사례에 있어서 같은 입장을 취하고 있는 것으로는 *Drews/Wacke/Vogel/Martens*, Gefahrenabwehr, § 20 3.

67) *Trute*, Die Verwaltung 32 (1999), 73 (81).

68) *Enders*, Jura 2003, 103 (108); *Laubinger/Repkewitz*, VerwArch 93 (2002), 149 (173 ff.); 반대의 견해로는 *Schoch*, POR, Rn. 141.

69) *Schenke*, POR, Rn. 246; *Schoch*, POR, Rn. 141 또한 그러하다.

3. 상태책임

3.1. 근거와 전제

상태책임의 근거는 물건에 영향을 미칠 수 있는 가능성, 즉 '물건에 대한 지배(Sachherrschaft)'에서 찾을 수 있다.[70] 물건에 대한 지배는 물건으로부터 발생하는 위험을 방지하기 위한 전제조건이다.[71] 물건에 대한 지배가 존재하는지 여부에 대한 판단은 경찰법적 기준에 따라 이루어진다.[72] 물건에 대한 지배를 구체화하는 것과 관련하여 경찰-질서법은 소유와 점유라는 민법적 카테고리와 연결된다. 48

경찰-질서관청은 물건이나 그의 상태 또는 동물로부터 발생하는 위험에 대하여 책임이 있는 자에게 경찰권을 발동할 수 있다.[73] 물건이 그를 둘러싸고 있는 환경과 관련하여 처해 있는 상황으로부터 손해가 발생할 수 있다. 위험방지를 위하여 손해의 발생을 저지할 수 있는 자에게 경찰권이 발동되어야만 한다. 사실상의 지배권자가 우선적으로 경찰권발동의 대상이 된다. 그가 사실상의 지배권을 적법하게 획득하였는지 아니면 부적법하게 획득하였는지 여부는 경찰-질서법에서는 아무런 의미가 없다. 사실상의 지배권자가 소유권자나 정당한 권한을 갖는 자의 의사에 반하여 사실상의 지배권을 행사한 경우가 아니라면, 소유권자나 물건에 대해 처분권을 가지는 다른 자가 경찰권발동의 상대방으로 고려될 수 있다. 49

사 례: 50

나뭇가지가 인도 위에 떨어질 우려가 있기 때문에 토지소유자에게 그 토지 위에 서 있

70) OVG Hbg, NJW 1992, 1909; OVG NW, NWVBl. 1998, 64 (65); NJW 2000, 2124 (2125); 자세한 것은 *Lepsius*, Besitz und Sachherrschaft im öffentlichen Recht, 2002,S. 224 ff.

71) *Gusy*, POR, Rn. 350.

72) *Götz*, NVwZ 1998, 679 (688).

73) § 18 BPolG; § 7 PolG BW; Art. 8 BayPAG und Art. 9 Abs. 2 BayLStVG; § 14 ASOG Bln; § 6 BbgPolG und § 17 BbgOBG; § 6 BremPolG; § 9 HbgSOG; § 7 HessSOG; § 70 SOG MV; § 7 NdsSOG; § 5 PolG NW und § 18 OBG NW; § 5 POG RP; § 5 SaarlPolG; § 5 SächsPolG; § 8 SOG LSA; § 219 LVwG SH; § 8 ThürPAG und § 11 ThürOBG.

는 나무를 베어 버리라는 의무가 부과된다. 개의 소유자에 대하여 개에게 목줄을 채우라는 하명이 행해진다.
K는 바위가 많은 대지의 소유자이다. 주거용건물이 있는 토지가 바위벽 아래의 거리와 경계를 맞대고 있다. 암석에 구멍이 뚫려 있기 때문에 낙석이 발생할 우려가 존재한다. 관할관청은 K에게 그의 비용으로 안전조치를 취할 것을 명령한다. 상태책임자인 K를 상대로 한 처분은 적법하다.[74]

51 상태책임의 전제조건은 물건으로부터 발생하는 위험이 경찰이 취하는 조치의 상대방에게 귀속가능하다는 것이다. 귀속은 **직접원인설**에 따라 이루어진다 (위 제8장 Rn. 27 이하를 보라).[75] 위험의 출발점은 물건 자체의 상태 또는 그 물건의 공간에서의 상황일 수 있다.[76] 그가 물건에 대하여 영향력을 행사할 최종적 가능성을 갖고 있을 때에 물건의 지배권자에게 위험이 귀속될 수 있다. 제3자의 출현은 귀속을 방해할 수도 있다. 왜냐하면 그 경우에는 제3자가 책임자로 고려되기 때문이다.

52 상태책임자에게 경찰권을 발동하는 것은 효과적인 위험방지를 위하여 필요하다. 왜냐하면 행위책임자가 알려져 있지 않거나 (알지만) 행위책임자와 연락이 되지 않는 경우에는 행위책임자에게 조치를 취하는 것이 아무런 성과를 기대할 수 없을 수 있기 때문이다. 상태책임은 위험방지(조치)로 인하여 발생하는 비용부담에 관한 문제와 관련하여 커다란 의미를 갖는다. 그러나 비용의 범위와 관련하여 그의 제한을 가능하게 하는 기준이 필요하다. 토지상에 잔존유해물질(Altlasten)이 있는 경우에는 그 기준이 명백하다. 다툼이 있는 개별적 사항들은 상태책임의 근거와 한계에 따라 정해진다.

53 **사 례:**
E가 토지소유권을 취득한다. 그는 수 년 전에 그 토지에서 화학시설이 운영되었다가 그 후에 제거되었다는 것을 알지 못하였다. 토양이 독극물로 오염되어 있다는 것이 밝혀진다. 토양의 정화비용이 약 6백만 유로에 달한다. 토지소유권자로서 E는 상태책임자이다. 그러나 그와 같이 E가 무제한적으로 책임을 부담하는 것은 지나친 것으로 보

74) OVG RP, DVBl. 1998, 103 = DÖV 1998, 162.
75) *Götz*, POR, § 9 Rn. 11; *Schenke*, POR, Rn. 268.
76) *Schoch*, POR, Rn. 146.

인다.
1998년 3월 17일 연방토양오염방지법[77]은 유해한 영향에 대한 사전배려와 잔존유해물질의 제거를 통하여 토양의 기능을 확보하는 것을 그 목적으로 하였다. 동법을 통하여 입법자는 잔존유해물질의 문제를 규율하고, 따라서 일반경찰법이 잔존유해물질의 처리와 관련된 일반적 수권조항으로 기능할 수 없게 만들었다.*

소유권자로서의 지위에 근거한 상태책임의 경우에 기본법의 재산권보장이 책임의 한계에 관한 기준을 제공한다. 소유권자는 물건을 이용할 권한이 있다. 그에 상응하여 물건으로부터 발생하는 공중에 대한 위험을 제거할 의무도 지게 된다.[78] 기본법 제14조 제2항에 따른 재산권의 사회적 구속은 기본법 제14조 제1항 제1문에 따른 사적 효용에 대한 균등화를 가져온다. 물건의 상태나 이용으로부터 발생하는 리스크는 소유권자와 일반공중 사이에 상당하게 분배되어야 한다.[79] 54

3.2. 상태책임의 한계

연방헌법재판소는 기본결정에서 상태책임을 기본법 제14조 제1항 제2문의 재산권 제한의 한 형태로서 허용될 수 있는 것이라고 분류하였다.[80] 재산권보장의 내용규정은 단지 비례의 원칙이란 기준에 따라 허용되기 때문에 상태책임에 한계가 지어질 수 있다. 연방헌법재판소는 일련의 상태책임의 제한을 인정하였는바, 이러한 상태책임의 제한은 잔존유해물질에 관한 문제뿐만 아니라 그밖의 다른 문제에 있어서도 그 의미를 갖는다. 55

따라서 연방헌법재판소는 "상태책임은 원칙적으로 무제한이며, 단지 그 범위와 관련해서만 제한될 수 있다"는 종래의 지배적 견해[81]와는 입장을 달리한다. 종래의 56

77) 2004년 12월 9일의 법률(BGBl. I, S. 3214.) 제3조에 의해 최종적으로 개정되었다.
* 역주 이 문장을 제대로 이해하기 위하여서는 연방토양오염방지법이 제정되기 이전에는 경찰법상의 일반적 수권조항을 근거로 (환경)경찰상 상태책임자에 대한 조치를 취하였던 사실을 이해하여야 한다.
78) BVerfGE 102, 1 (17).
79) *Schoch*, POR, Rn. 144.
80) BVerfGE 102, 1 (14 f.); 이에 관하여는 *Klüppel*, Jura 2001, 26; *Lepsius*, JZ 2001, 22.
81) BVerwG, DÖV 1991, 428; NVwZ 1997, 577 (578); *Drews/Wacke/Vogel/Martens*, Gefahrenabwehr, § 21 1b.

지배적 견해에 따르면 사실적 지배권자나 소유권자는 물건으로부터 발생하는 리스크를 포괄적으로 부담하여야 하고, 단지 행정청의 재량권 행사의 차원에서만 제한이 행해질 수 있다고 한다.[82] 특히 연방행정법원에 의해 주장된 이러한 견해에 대하여는 이미 오래전부터 비판이 가해져 왔다.[83]

57 기본법 제14조가 상태책임에 관한 규정에 관하여 헌법합치적, 따라서 제한적 해석을 요구한다는 점에 있어서는 연방헌법재판소의 입장에 동의한다.[84] 개인의 리스크영역과 공중의 리스크영역은 재산권보장과 과잉금지의 원칙으로부터 도출되는 일련의 관점을 고려하여 구분되어야 한다. 연방헌법재판소의 견해에 따르면 상태책임 자체가 제한될 수 있는 것이지, 상태책임은 제한이 없고 단지 그 범위에 있어서만 제한이 있을 수 있는 것은 아니다.[85] 토지의 거래가치가 원칙적으로 소유권자의 책임의 상한이 된다. 자신의 책임영역을 넘어서서 위험을 초래하는 상황이 발생하였다면, 소유권자에게 아무런 문제 없이 책임이 부과될 수는 없는 것이다.[86] 이것은 자연현상이나 사용권한 없는 제3자에 의하여 위험이 발생한 경우도 그러하다. 이에 반하여 예컨대 소유권자가 잔존유해물질이 존재한다는 것을 알았거나 토지이용에 장해가 있다는 것을 알면서 토지를 임차함으로써 리스크를 자발적으로 받아들인 경우에는 그에게 비용을 부담시키는 것이 기대가능하다.

58 **사 례(개별적 사안에 있어서는 논란 있음):**

'자동차를 절도하여 폭주를 일삼는 청소년(Crashkid)'* 인 C가 E가 적법하게 취득한 10년 된 소형자동차를 훔쳐서 도심에서 폭주를 하여 100,000유로에 달하는 커다란 손해를 야기한다. 자동차 소유자 E가 상태책임자로서 그 비용을 부담할 수는 없다. 그러나 절도로 인하여 물건에 대한 지배권이 상실된 이후에도 E의 상태책임은 계속 존재하며,

82) *Pieroth/Schlink/Kniesel*, POR, § 9, Rn. 70 ff.를 보라.

83) *Friauf*, FS Wacke, 1972, 293; *Denninger*, in: Lisken/Denninger E Rn. 118 f.; *Papier*, NWVBl. 1989, 322 (326); 또한 *Frenz*, VerwARch 90 (1999), 208; *Papier*, FS Mauer, 2001, 255를 보라.

84) *Schenke*, POR, Rn. 272 f.

85) BVerfGE 102, 1 (22).

86) BVerfGE 102, 1 (18 ff.).

* **역주** Crashkid란 자동차를 탈취하여 (고의로) 사고를 낼 정도에 이르기까지 폭주를 하는 청소년을 말하는바, 이에 관하여 보다 자세한 것은 다음의 인터넷문헌 참조: http://de.wikipedia.org/wiki/Crash-Kid. 위와 같은 행위를 영어로는 joyriding이라고 한다.

따라서 그는 자동차의 폐기비용을 부담하여야 한다.[87)]
G의 토지 위에 2차대전 당시에 비행기에서 투하되었던 폭탄이 발견된다. 그에게 고도의 주의의무가 부여될 수 없다면, G는 상태책임이 없다.

새로운 판례의 결과는 구체적 영역에 따라 달리 판단되어야 한다.[88)] 기본법 제14조가 연결점이기 때문에 연방헌법재판소가 정립한 원칙은 직접적으로는 단지 소유권자에게만 해당된다. 판결이 잔존유해물질과 관련된다고 하지만, 동산의 소유권에 대하여 토지소유권이 갖는 특권(Privilegierung)은 기본법 제14조 제1항 어디에서도 그 근거를 발견할 수 없다. 그러나 다른 지배권자의 책임의 범위가 소유권자의 책임의 범위보다 더 넓은 것은 경찰법 체계 내에서는 받아들이기 곤란한 것으로 보인다. 상태책임에 관한 특별법 규정 또한 헌법합치적으로 해석되어야 한다. 이것은 특히 연방토양오염방지법 제4조와 관련된다.[89)] 59

물권법상 (소유권의) 귀속이 변경되는 것이 상태책임에 영향을 미칠 수 있다.[90)] 경찰법상의 책임은 민법상의 권리관계에 따라 결정된다.[91)] 소유관계나 점유관계가 종료되면, 물건에 대한 상태책임도 종료된다. 이것은 당사자가 민법상의 권리관계를 의도적으로 형성하여 경찰법상의 권리관계에 영향을 미치는 것을 가능케 한다.* 60

계약을 통하여 소유권을 포기하는 것은 일반적으로 새로운 소유권의 성립을 가져온다. 따라서 소유권이전이 있게 되면 새로운 소유권자가 경찰법상의 책임을 지게 된다. 대부분의 주에서는 점유를 포기하는 경우에(민법 제959조 참조) 소유권이 소멸된다는 것이 법률로 규정되어 있다. 위험이 무주물(無主物)로부터 발생하는 경우에는 경찰법 규정에 따라 그 물건의 소유권을 포기한 자에게 조치가 취해질 수 있다.[92)] 법률에 근거가 없다면, 소유권을 포기한 이후에도 상태책임이 61

---

87) Vgl. HessVGH, DÖV 1999, 916.

88) 환경법에 대해서는 *P.M. Huber/Unger*, VerwArch 96 (2005), 139.

89) *Schenke*, POR, Rn. 274.

90) *Gusy*, POR, Rn. 361.

91) VGH BW, NVwZ-RR 1997, 267 (268); SächsOVG, NJW 1997, 2253 (2254); 자세한 것은 *Lepsius*, Besitz und Sachherrschaft im öffentlichen Recht, 2002, S. 292 ff.

* **역주** 이는 ―물건의 지배관계가 종료되면 상태책임도 종료된다고 한다면― 물건으로 인한 상태책임과 관련하여 상태책임자가 부담하여야 비용이 매우 커다란 경우에 당사자가 물건에 대한 지배권을 포기하여 경찰책임으로부터 벗어날 수 있게 된다는 것을 의미한다.

계속하여 인정되는 것은 받아들여질 수 없다.[93)]

62 파산에 있어서 채무자의 상태책임은 파산관재인(破産管財人, Insolvenzverwalter) 이 물건에 대한 지배권을 이전받음으로써 종료되는데, 왜냐하면 위험방지의 임무는 파산법과는 독립적이기 때문이다.[94)] 경찰법상 책임자는 지금 물건으로 인해 발생하고 있는 위험과 관련 있기 때문에 상태책임은 파산관재인과 관련 있다.[95)] 따라서 경찰의 조치에 소요된 비용은 파산관재인이 파산재단(破産財團, Masse*)에서 지급하여야 한다.[96)]

4. 책임의 승계**와 시효

63 구체적인 경우에 있어 극심하게 다투어지고 있는 책임의 승계(Rechtsnachfolge) 문제는 주로 상태책임과 관련하여 제기된다.[97)] 상태책임자의 의무가 행정행위를 통하여 아직 자세히 정해지지 않고 있는 경우에는 상태책임의 승계는 부정된다.[98)*]

---

92) 예컨대 § 4 Abs. 3 PolG BW.

93) VGH BW, NVwZ 1996, 1036 (1038); *Schenke*, POR, Rn. 279; *Schoch*, POR, Rn. 153; *Trute*, Die Verwaltung 32 (1999), 73 (80).

94) OVG MV, NJW 1998, 175 (177) = DVBl. 1998, 98 (101); *Trute*, Die Verwaltung 32 (1999), 73 (83 ff.).

95) BVerwGE 108, 269 (272).

* **역주** 원래 파산재단을 지칭하는 파산법상의 용어는 'Konkursmasse'인데, 전후문맥상 파산법에 관한 서술이라는 것이 분명히 밝혀질 수 있을 때에는 단순히 'Masse'라고도 한다.

96) *Götz*, NVwZ 1998, 679 (688); *Schoch*, POR, Rn. 155; *Trute*, Die Verwaltung 32 (1999), 73 (86).

** **역주** 책임의 승계에 관한 Kugelmann 교수의 설명은 독일의 경찰법이론에서 오랜 기간 동안에 걸쳐 행해져 온 모든 논의를 바탕으로 전개되고 있다. 더욱이 설명방식에 있어서도 많은 내용을 짧은 문장 하나에 압축적으로 담고 있으며, 함축적 의미를 갖는 단어를 많이 사용하고 있다. 이런 까닭에 이 글을 처음 접하는 독자들이 그 의미를 제대로 파악하기에는 사실상 많은 무리가 따를 것이라고 생각되는바, 경찰책임의 승계의 문제에 대한 효과적 이해를 원한다면 김연태, 경찰책임의 승계, in: 서정범/김연태/이기춘, 경찰법연구(제2판), 세창출판사, 2012, 356쪽 이하를 먼저 읽어볼 것을 권한다.

97) 포괄적으로는 *Dietlein*, Nachfolge im Öffentlichen Recht, 1999; 또한 *Nolte/Niestedt*, JuS 2000, 1071; *Rau*, Jura 2000, 37; *Zacharias*, JA 2001, 720을 보라.

98) *Papier*, DVBl. 1996, 125 (127); 반대의 견해로는 *Stadie*, DVBl. 1990, 501 (504); 또한 *Knemeyer*, POR, Rn. 335.

일부 판례는 법적 의무를 구체화하는 처분이 존재한다면 상태책임의 법적 승계를 인정하는 경향에 있으며, 이 경우 책임의 승계인에 관하여 별도로 행정행위를 행할 필요는 없다고 한다.[99]

이러한 판례에 대하여는 격렬한 반론이 제기되고 있다. 그러한 반론은 시민의 부담에 대한 법치국가적인 요청에 근거하고 있으며, 책임의 승계에 관한 법률의 규정을 요구한다.[100] 개별영역에 대한 특별한 규정은 몇몇 주의 건축법이나[101] 포괄승계인(包括承繼人, Gesamtrechtsnachfolger)에 관한 연방토양오염방지법 제4조 제3항 제1문에서 발견된다. 64

책임의 승계를 인정할 '현실적' 필요성은 명백하다. 행정행위를 발하기에 앞서 행정절차가 진행되고, 경우에 따라서는 법적 분쟁이 오랫동안 법원에서 쟁송절차를 통하여 밝혀져야만 한다.[102] 행정행위에 존속력이 발생하면 그 위험 또한 제거될 수 있어야 한다. 더욱이 책임자가 민법상의 법률행위를 통해 부당하게 책임으로부터 벗어날 가능성은 차단되어야 한다. 그러나 책임의 승계를 인정할 '법적' 필요성에 대한 이유를 제시하는 것은 쉽지 않은 문제이다. 65

판례는 상태책임을 소유권으로부터 나오는 토지와 관련된 의무와 연결시킨다.[103] 그러나 토지와 관련된 이러한 의무가 자동적으로 경찰법상의 의무로 이전될 수는 없다. 따라서 책임의 '물적 성격(物的 性格, Dinglichkeit)'을 근거로 책임의 승계를 인정하는 것은 받아들일 수 없다.[104] 처분의 상대방은 언제나 사람이다. 물건의 소유권이 이전된다고 하여 이전의 소유권자, 즉 양도인의 모든 권리와 의무가 함께 양수인에게 넘어가야만 하는 것은 아니다. 66

67 책임의 유형과 승계의 유형에 따라 책임의 승계여부를 결정하고자 하는 시도가

99) BVerwG, NJW 1971, 1624; OVG NW, NVwZ 1997, 507; OVG RP, DÖV 1980, 654; 반대의 견해: HessVGH, DVBl. 1977, 255.

100) *Schoch*, POR, Rn. 161 ff. m.w.N.

101) 예컨대 § 89 Abs. 2 Satz 3 NdsBauO; § 81 Satz 3 LBO RP.

102) *Pieroth/Schlink/Kniesel*, POR, § 9. Rn. 53을 보라.

103) BVerwG, NJW 1971, 1624.

104) *Gusy*, POR, Rn. 362; *Schoch*, POR, Rn. 165.

학설상으로 나타나고 있다.[105] 그러나 결론적으로 말해서 상태책임이나 행위책임이 있는지 여부의 문제, 또는 특정승계(Einzelrechtsnachfolge)와 포괄승계(Gesamtrechtnachfolge)의 차이는 책임의 귀속에 있어 결정적 역할을 하지 못한다. 민법적 고려가 중요한 것이 아니라 법률유보의 원칙을 고려한 위험방지의 효율성이라는 경찰법상의 기준이 중요하다.

68 일반적 견해에 따를 때 타인이 수행할 수 없는 일신전속적 의무(höchstpersönliche Pflicht)가 문제되는 경우에는 행위책임의 승계는 고려되지 않는다. 경찰 또는 질서관청의 처분을 통하여 구체화된 의무가 존재하고, 행정행위가 승계인에게 고지된 경우라고 할지라도 책임의 승계는 발생하지 않는다.[106] 법적으로 부담을 짊어지게 되는 것에 대한 법률상의 근거가 결여되어 있다. 책임자로서의 지위의 승계가 인정되기 위하여는 명시적인 법률상의 근거를 필요로 한다.[107]

69 **사 례:**
토지소유자 G는 그의 정원에서 독성 화분(花粉, 꽃가루)을 방출하는 아시아 관목을 심었다. 질서관청 또는 위험방지관청이 G에게 관목을 제거하라고 명하는 행정행위를 발한다. G는 E에게 토지를 팔고 양도한다.

70 경찰책임은 원칙적으로 시효(時效)에 의하여 소멸되지 않는다.[108] 행위가 계속되고 있는 한 책임자는 경찰권발동의 대상이 될 수 있다. 또한 시효는 상태책임과 관련하여서도 인정되지 아니한다.[109] 경찰위반의 행위나 상태가 귀속될 수 있는 한 고의, 과실의 유무와 상관없이 책임은 계속하여 존재한다. 지배적 견해에 따를 때 제1차적 영역에서는 시효의 기산점(起算點)은 존재하지 않는다.

71 상태책임을 제한하기 위하여 때로 시효(時效, Verjährung)와 실효(失效, Verwirkung)

105) *Gusy*, POR, Rn. 361 ff.; *Würtenberger/Heckmann*, PolR BW, Rn. 455.

106) *Dietlein*, Nachfolge im Öffentlichen Recht, 1999, S. 192 ff., 229 ff., 276; 반대의 견해로는 OVG NW, NVwZ 1987, 427; *Gusy*, POR, Rn. 362; *Pieroth/Schlink/Kniesel*, POR, § 9, Rn. 56.

107) *Schenke*, POR, Rn. 295; *Schoch*, POR, Rn. 168.

108) VGH BW, NVwZ RR-1996, 387 (389); OVG NW, NWVBl. 197, 175 (180).

109) *Erbguth/Stollmann*, DVBl. 2001, 601 (607)을 보라.

라는 법제도가 끌어들여질 수 있다.[110] 이와 관련하여 잔존유해물질의 문제를 둘러싼 논쟁이 계속되고 있다. 그러나 상태책임의 한계에 관한 연방헌법재판소의 판례에 따르면, 특히 잔존유해물질 사례에 있어 시효를 통한 상태책임의 제한은 더 이상 필요하지 않다(제6장 3.을 보라). 상태책임이 존재하는지 여부를 판단함에 있어서는 소유권으로부터 도출되는 권리가 고려되어야 한다.

책임자의 제1차적 의무로부터 발생하는 제2차적인 비용영역에서는 시효의 문제가 72
발생할 수 있다. 책임자에 대한 경찰-질서관청의 공법상의 비용상환청구권은 민법 제195조를 유추적용할 때 3년의 시효에 걸린다.[111] 시민의 이익을 위한 유추적용은 법률의 명시적인 근거 없이도 가능하다. 경찰상 조치에 소요된 비용의 상환과의 관계에 있어서는 제1차적인 위험방지가 중요한 것이 아니라 공법적으로 성립하는 행정관청의 비용상환청구가 중요하다. 이와 관련하여 흠결을 메우기 위하여 민법규정을 끌어들일 수 있다(이하의 제9장을 보라).

5. 다수의 책임자

경찰관청 또는 질서관청의 조치는 특정인 또는 특정되어 있거나 특정될 수 있는 73
인적 범위를 상대로 행해진다. 경찰조치의 상대방으로 여러 사람들이 고려될 수 있다. 경찰권발동의 대상이 될 수 있는 모든 자가 경찰상 책임이 있다는 것이 그 전제이다. 책임자가 행위책임뿐만 아니라 상태책임도 가질 수 있고, 다수의 행위책임자 또는 다수의 상태책임자가 존재할 수 있다. 다수인이 위험에 대해 책임이 있는 경우 그들 중 누구에게 경찰관청이 조치를 취할 수 있는가?란 문제에 대하여 답해져야 한다. 경우에 따라서는 제3차적 차원에서 누가 비용을 부담하여야 하는지, 그리고 책임자 상호간의 관계는 어떠한지가 설명되어야 한다.

사 례: 74
위법하게 주차된 자동차로 인한 위험은 자동차의 운전자 및 소유자에게 귀속될 수 있다. 이 경우 차량이동명령은 누구에게 취해질 수 있으며, 차량의 견인비용은 누구에

110) Vgl. *Trute*, Die Verwaltung 32 (1999), 73 (82 f.).
111) *Schenke*, POR, Rn. 283; *Würtenberger/Heckmann*, PolR BW, RN. 470.

게 청구될 수 있는가?

75 다수의 책임자간의 선택에 있어 결정적 기준은 위험방지의 효율성(Effektivität der Gefahrenabwehr)이다. 선택재량의 행사에 있어 경찰-질서관청은 그를 선택하는 것이, 즉 그에게 경찰권을 발동하는 것이 위험을 가장 신속하고 가장 근본적으로 방지할 수 있는 책임자에게 경찰권을 발동하여야 한다.112) 선택은 재량결정에서 행해지는 진단의 일부이다.

76 **사 례:**
위법하게 주차된 자동차로 인하여 발생하는 위험은 효과적으로 제거되어야 한다. 운전자가 자동차 옆에 있다면 행위책임자인 그에게 자동차를 이동시키도록 할 수 있다. 운전자를 알 수 없다면 상태책임자인 자동차의 소유자를 상대로 견인조치가 취해질 수 있으며, 이 경우 자동차의 소유자는 견인비용도 부담하게 된다.

77 선택재량은 비례의 원칙에 따른 기준에 맞게 행사되어야 한다. 따라서 결정과정에 기대가능성(Zumutbarkeit)의 측면이 개입되게 된다. 이로부터 책임이 제한되는 결과가 나온다. 이 경우 상태책임의 제한에 관한 연방헌법재판소의 판례가 고려되어야 한다(위의 제6장 3.2를 보라). 연방토양오염방지법 제24조 제2항이 다수의 책임자가 균등하게 책임을 지도록 규정하고 있는 것은 토양보호 및 잔존유해물질사례에 있어 다수의 책임자의 책임을 상호 연계시킬 필요성을 인정하였다는 것을 보여준다. 책임의 제한에 관하여 어떠한 규정도 존재하지 않는 경우에는 비례의 원칙이 책임자의 비용부담의 정도를 제한하는 결과를 가져올 수 있다.113)

78 재량의 행사는 재량행사에 관한 일반원칙에 따라 행해진다(이하의 제10장을 보라). 종래 선택재량의 행사에 있어 기준이 될 수 있는 것으로 제시되어 온 원칙(Faustregeln)* 은 기껏해야 선택재량행사에 도움을 줄 수 있을 뿐이지 일반화될 수

---

112) *Pieroth/Schlink/Kniesel*, POR, § 9, Rn. 88; Schoch, POR, Rn. 171.

113) *Schenke*, POR, Rn. 284.

* 역주 여기서 Faustregel이라 함은 다수의 경찰책임자간의 선택에 있어 종래 선택재량의 행사의 기준이 될 수 있는 것으로 제시되어 온 다음과 같은 원칙들을 말한다. 즉,
  1. 행위책임자와 상태책임자가 경합하는 경우 행위책임자에게 우선적으로 경찰권이 발동되어야 한다.

는 없다. 행위책임자에게 더 신속하게 연락할 수 있고, 따라서 행위책임자가 더 신속하게 위험을 방지할 수 있는 경우에는 상태책임자보다 행위책임자에게 우선적으로 경찰권이 발동되어야 한다는 기준은 종종 효율적인 위험방지의 필요성과 부합한다. 그러나 다른 사례의 경우에는 잘못된 결과를 가져올 수 있다.[114] 다수의 책임자, 특히 행위책임자와 상태책임자 가운데 누구에게 먼저 경찰권을 발동하여야 하는지와 관련하여 법률상 우선순위는 존재하지 않는다.[115] 즉, 위험방지의 효율성이 그것을 요구한다면 상태책임자에게 우선적으로 경찰권이 발동될 수도 있는 것이다.

모든 책임자는 위험방지와 관련하여 모든 책임을 부담하여야 한다. 일부학설에 의하여 주장되고 있는 "제1차적 차원에서 단지 자신의 부담부분에 대하여 책임을 질 뿐이다"이라는 견해[116]는 효율적인 위험방지의 원리에 반한다.[117] 기본법 제3조(평등의 원칙), 제14조(재산권보장)의 기준이 충족되는 한도에서만 적절한 부담배분의 일반원리가 존재한다. 행위차원에서는 부담배분에 관한 그러한 원리가 적용될 수 없다.[118] 이 경우에 있어서는 비례의 원칙을 고려한 재량행사의 적법성이 중요하다. 79

행위차원의 경우와 달리 비용부담의 측면, 즉 제2차적 차원에서는 책임자 사이에 80

---

2. 최후에 원인을 제공한 자에게 발동되어야 한다.
3. 이중책임자에게 우선적으로 발동되어야 한다.
4. 가장 중요한 원인을 제공한 자에게 우선적으로 경찰권이 발동되어야 한다.

그런데 Kugelmann 교수가 밝히고 있는 것처럼 이들 Faustregeln은 단지 문제해결에 도움이 되는 어떤 관점을 제시하는 것에 그치는 것이지 일반화될 수 있는 원칙(Grundsatz나 Prinzip)수준의 것이 아니다(이하의 본문내용은 그에 대한 예시를 들고 있는 것이다). 따라서 독일의 일부 교수들은 이 Faustregel을 '조잡한' 규율이라고 칭하기도 한다. 다수의 경찰책임자 간의 선택의 문제에 관한 국내문헌으로는 서정범, 다수의 경찰책임자에 관한 법적 문제, in: 서정범/김연태/이기춘, 경찰법연구(제2판), 세창출판사, 2012, 338쪽 이하.

114) *Pieroth/Schlink/Kniesel*, POR, § 9, Rn. 92 ff.; *Schenke*, POR, Rn. 286.

115) *Schoch*, POR, Rn. 173.

116) *Giesberts*, Die gerechte Lastenverteilung unter mehreren Stören, 1990, S. 79 ff.; *Jochum*, NVwZ 2003, 526 (529 ff.).

117) *Schenke*, POR, Rn. 284; *Schoch*, POR, Rn. 170.

118) 반대의 견해로는 *Garbe*, DÖV 1998, 632 (636); *Würtenberger/Heckmann*, PolR BW, Rn. 508 ff.

내부관계에서의 조절, 즉 구상(求償)이 가능하다.[119] 그 근거는 민법 제426조에 따른 연대채무관계(Gesamtschuldnerschaft)에 관한 규정의 준용에서 찾을 수 있다. 그러나 연방최고법원은 이와 같은 연대채무관계를 부정하였다.[120] 그럼에도 불구하고 연대채무관계가 고려되며, 이 경우 그 전제조건을 명확하게 할 필요가 있다. 일반적 실질적 경찰의무는 책임의 분배에 기여할 수 없는바, 왜냐하면 책임은 구체화를 필요로 하기 때문이다.[121] 단지 행정행위를 통하여 책임이 구체화된 책임자 사이에서만 책임의 조절, 즉 구상이 행해질 수 있다. 특별한 사안에 관하여는 그에 특유한 법률규정이 존재하는데, 특히 토양보호조치를 위한 비용의 배분이 그러하다(연방토양오염방지법 제24조 제2항).

6. 비책임자에 대한 조치

81 위험에 대한 대처와 제거를 위하여 예외적으로 위험이 귀속될 수 없는 사람에 대한 조치가 필요한 경우가 있을 수 있다.[122] 경찰관청과 질서관청의 조치는 '효율성'이란 원칙에 따른다. 효율적인 조치란 가장 신속하고 종국적으로 위험을 제거할 수 있는 조치를 말한다. 그를 위하여서는 비책임자(非責任者, Nicht-verantwortliche)에게 경찰권을 발동하는 것이 필요할 수 있다.[123] 이와 같은 조치의 예외적 성격을 강조하기 위하여 이를 "경찰상 긴급상태(polizeilichem Notstand)"라고 한다.[124]

82 **사 례:**

경찰관이 은행강도를 도보로 추적한다. 은행강도가 도주용 차량에 뛰어올라타서 도주할 때, 경찰은 이 사건과 아무런 관계없는 자동차의 운전자를 정차시켜 그를 자동차에

---

119) 이러한 한도에서 *Schenke*, POR, Rn. 289 f.; *Schoch*, POR, Rn. 176의 견해는 타당하다.

120) BGH, DÖV 1981, 843.

121) 이에 반대하는 Schenke의 논거에 대하여는 *Schenke*, POR, Rn. 288을 보라.

122) 이 문제에 관한 전반적 내용에 관하여는 *Schoch*, Jura 2007, 676.

123) § 20 BPolG; § 9 PolG BW; Art. 10 BayPAG und Art. 9 Abs. 3 BayLStVG; § 16 ASOG Bln; § 7 BbgPolG und § 18 BbgOBG; § 7 BremPolG; § 10 HbgSOG; § 9 HessSOG;§ 71 SOG MV; § 8 NdsSOG; § 6 PolG NW und § 19 OBG NW; § 7 POG RP; § 6 SaarlPolG; § 7 SächsPolG; § 10 SOG LSA; § 220 LVwG SH; § 10 ThürPAG und § 13 ThürOBG.

124) *Drews/Wacke/Vogel/Martens*, Gefahrenabwehr, § 22, Ziff. 2.

서 내리게 하고 그 자동차로 추적을 계속한다. 동일한 효과를 가져올 수 있는 다른 수단을 생각할 수 없는 경우라면 그와 같은 조치는 적법하다.

비책임자에 대한 경찰권발동은 매우 엄격한 전제조건하에서만 가능한데, 왜냐하면 그것은 적법하게 행동하는 사람의 권리를 침해하기 때문이다. 따라서 비책임자에 대한 경찰권발동은 법률이 정하는 기준에 따라 그 범위에 있어서 제한되고, 엄격한 전제조건에 따르며, 경찰관청의 손실보상의무를 발생시킨다(이하의 제10장 2.를 보라). 그를 이행하지 않으면 형법 제323c조에 따른 형사처벌가능성이 생겨나는 원조의무(助力義務, eine Pflicht zur Hilfeleistung)*가 이미 존재하는 경우에는 그 한도에서 비책임자에게 경찰권을 발동하는 것보다 원조의무가 있는 자에게 우선적으로 경찰권을 발동하여야 한다. 83

사 례: 84

새벽 3시에 두 대의 자동차 간의 사고가 있었던 바, 두 자동차의 운전자가 심하게 다쳐서 의식이 없다. 맨 먼저 현장에 도착한 두 명의 경찰공무원이 사고장소를 확보하고 부상자를 돌본다. 그들 경찰관이 지나가는 차량을 정차시키고 운전자에게 자동차의 전조 등으로 사고장소를 비출 것을 명령한다.

관련 법률규정은 강화된 위험이 존재할 것을 요구함으로써 경찰이 비책임자에게 경찰권을 발동할 수 있는 시점, 즉 개입의 문턱을 이미 높여놓고 있다. 한층 강화된 위험의 형태, 특히 현재의 위험(gegenwärtige Gefahr, 메클렌부르크-포어포먼 안전질서법 제71조 제1항)과 추가적으로 중대한 위험(erhebliche Gefahr, 노르트라인-베스트팔렌주 경찰법 제6조 제1항 제1호; 라인란트-팔츠주 경찰법 제7조 제1항 제1호)을 방지하기 위하여 비책임자가 경찰상 조치의 대상이 될 수 있다. 경찰관청 또는 질서관청의 개입의 급박성은 손해발생의 고도의 근접성과 위협을 받는 법익의 85

* **역주** 형사법에 있어서 보증인적 지위(Garanten Stellung)에 기한 보호의무를 근거로 부작위에 의한 범죄에 있어서도 고의가 성립될 수 있음이 인정되어 있다(이러한 형사법상의 보증인적 지위에 기한 보호의무에 대하여는 이재상, 형법총론, 2013, 124쪽 이하 참조. 구체적인 보증인적 지위에 기한 보호의무의 예로는 예컨대 미성년자에 대한 부모의 보호의무, 학생에 대한 교사의 감독의무, 부하직원의 범죄를 방관한 상관의 보증인의무가 들어지고 있다. 그런데 독일 형사소송법 제323c조는 이와 달리 위험하거나 긴급한 상황에 일반 사회구성원으로서의 의무를 상정하고 있는바, 이러한 의무는 보증인적 지위에 기한 보호의무보다 넓은 개념으로 판단되어, 이를 보증인적 지위에 기한 보호의무와 달리 '원조의무'라고 해석하기로 한다.

중대성을 통하여 강화된다. 이와 같은 고양된 위험의 강도는 제3자에게 경찰권을 발동하는 것을 정당화시키기 위하여서도 필요하다.

86 법률은 비책임자에 대한 경찰권발동의 전제조건으로 행위책임자나 상태책임자에 대한 조치가 전혀 불가능하거나 (가능은 하지만) 적시에 가능하지 않을 것, 또는 행위책임자나 상태책임자에 대한 조치로는 아무런 성과도 기대할 수 없을 것을 규정하고 있다. 책임자에 대한 효과적인 조치를 취한 이후에야 비로소 비책임자에 대한 조치를 취할 수 있다.[125] 법치국가에서 있어서 책임자(Störer)와 비책임자(Nichtstörer)의 차이를 무시하여서는 아니 된다.[126]

87 **사 례:**
핵종말처리(저장)시설의 건설개시에 대하여 참가인원 100,000명으로 추산되는 대규모 시위가 계획된다. 경찰에게는 약 200여 명의 소그룹이 대규모시위를 방해하기 위해서 폭력적 활동을 계획한다는 것이 알려져 있다. 이 경우에는 반대시위자들이 위험에 대해 책임이 있다. 경찰은 대규모 시위를 금지하여서는 아니 되며, 그 한도에서 비책임자에게 조치를 취하여서는 아니 된다. 경찰은 이들을 보호하여야 하고, 반대시위가 폭력적으로 진행되는 경우에 반대시위자에게 개입할 수 있다.[127] 이미 집회의 조직에 있어 안전을 보장하는 장치가 위험상황을 회피하기 위하여 취해질 수 있다. 이와 같은 질문은 핵폐기물(CASTOR = cask for storage and transport of radioactive material의 약어)의 운송과 관련하여 반복하여 언급될 수 있다.[128]

88 책임 없는 제3자에게 경찰권을 발동하기에 앞서 경찰관청 스스로 조치를 취하여야 한다. 이 경우 재정적 상황에 대한 고려가 행해져서는 안 되는데, 왜냐하면 그렇지 않으면 공재정 상황에 따라 주관적 권리에 대한 침해가 허용되기 때문이다.[129] 행정절차법 제4조 이하에 따라 다른 관청이 행정응원을 하는 것은 경찰관

125) *Pieroth/Schlink/Kniesel*, POR, § 9 Rn. 78.

126) 불필요한 침해의 금지에 관하여는 BVerfGE 17, 306 (313 f.)와 30, 250 (263)을 참고하고 있는 LVerfG MV, DÖV 2000, 71 (72) = DVBl. 2000, 262 (265) 참조.

127) *Gusy*, POR, Rn. 385; *Schenke*, POR, Rn. 319; BVerfGE 111, 147 (154 f.); BVerfG(1. Kammer des 1. Senats) NVwZ 2005, 1055; DVBl. 2005, 1262를 보라.

128) NdsOVG, Nds.VBl. 2008, 283 und NdsVBl. 2007, 98.

129) *Drews/Wacke/Vogel/Martens*, Gefahrenabwehr, § 22, Ziff. 2b; 다른 견해로는 *Schoch*, POR, Rn. 183.

청 스스로 조치를 취하는 것과 같은 의미를 갖는 수단이다. 이것은 위험방지를 위한 적합한 수단으로서 위임자를 투입하는 경우에도 마찬가지로 적용된다. 이 경우에는 책임자가 스스로 경찰위반상태를 제거하여야 한다는 원칙은 효과를 갖지 못하는데, 왜냐하면 그것이 불가능하기 때문이다. 또한 비책임자에 대하여 경찰권을 발동하기 이전에 위험방지의 권한을 갖는 관청의 위임으로 제3자를 투입하는 것이 고려되어야 한다. 개별적인 사안에 있어서 경찰-질서관청이 어떠한 수단을 사용할 수 있는지, 그리고 그들이 어떠한 비용을 스스로 부담하여야 하는지에 대한 판단은 어려운 문제를 제공한다.[130)]

사 례: 89

월드컵 축구대회 결승전이 열리는 날에 베를린에서 국제 정상회담도 개최되는바, 정상회담에 대한 반대시위가 신고되었다. 베를린의 경찰관청과 주정부는 훌리건과 폭력적 성향의 극단주의자들이 중대한 손해를 가할 것을 우려하고 있고, 그리하여 축구경기에 경찰력을 집중시킬 수 있도록 집회를 금지할 것을 고려한다. 집회참가자 스스로 공공의 안녕에 대한 위험을 야기하지는 않기 때문에 시위를 금지시키는 것은 비책임자에게 경찰권을 발동하는 것이 된다.[131)] 우선 관할 관청 스스로 위험에 대처하여야 한다. 행정응원의 방식으로 다른 주나 연방경찰에게 추가적인 경력(警力)을 요구하는 것은 관할관청 스스로 위험에 대처하는 것에 속한다.[132)] 사설(私設) 안전기관이 축구경기장 주변에서 임무수행과 관련하여 부족한 경찰력을 보강하는 권한을 부여받을 수도 있다.

비책임자에게 경찰권을 발동하기 위한 마지막 전제조건은 비책임자 자신에게 중대한 위험을 초래함이 없이, 그리고 보다 고차원의 의무를 위반함이 없이 비책임자에게 경찰권을 발동할 수 있어야 한다는 것이다. 공공의 안녕을 유지하는 것은 공공의 이익이다. 이 경우 법률에 근거하여 모든 주민에게 기여가 요구될 수 있다. 그러나 그와 같은 기여가 기대가능성의 문턱을 초과해서는 안된다. 따라서 90

---

130) *Pieroth/Schlink/Kniesel*, POR, § 9 Rn. 78, 81.

131) 극우주의자들의 집회에 대한 조치의 법적 근거인 형법 제130조 제4항의 합헌성에 관하여는 BVerfGE 124, 300 (NJW 2010, 47 = BayVBl. 2010, 234); 이에 관하여는 *Hoffmann-Riem*, in: Merten/Papier (Hg.), Handbuch der Grundrechte IV/1, 2011, § 106 Rn. 120 ff.; *Volkmann*, NJW 2010, 417; 이러한 주제에 관하여는 또한 *Enders*, JZ 2009, 1092; *Poscher*, NJW 2005, 1316.

132) *Schoch*, POR, Rn. 185.

이러한 한도 내에서 '희생의 한계(Opfergrenze)'가 언급될 수 있다.[133)]

91 **사 례:**

병원에서 화재가 발생한다. 여전히 건물속에 갇혀 있는 거동이 불가능한 자를 현장에 있는 두 명의 경찰공무원 스스로 먼저 구조하려고 한다. 경찰공무원은 우연히 자전거를 타고 지나가는 A를 정지시킨다. (경찰공무원 2명만으로 구조작업을 하는 것보다 A를 포함하여) 3명이 구조작업을 행하게되면 조력이 필요한 다수의 사람들을 더 신속하고 효과적으로 구할 수 있다고 하더라도, 경찰공무원이 A에게 그의 의사에 반하여 그의 신체적 불가침성에 대한 위험을 무릅쓰고 화재가 발생한 건물로 들어갈 것을 명할 수는 없다.

92 비책임자에게 경찰권을 발동하는 것은 다른 방법으로는 위험을 방지할 수 없는 경우에 한하여 허용된다. 이러한 내용은 법률이 규정하고 있을 뿐만 아니라,[134)] 비례의 원칙 때문에 헌법적으로도 요청된다. 따라서 비례의 원칙에 관한 일반원리적 규정들이 각주의 경찰법률에서 발견된다.[135)] 경찰권을 발동하기 위한 전제조건이 사라지게 되면 비책임자는 조치의 폐지 및 결과제거를 청구할 수 있다.[136)]

93 **사 례:**

O는 비자발적으로 노숙자가 되었다. 비록 노숙에 대한 대처가 사회행정의 임무라 할지라도, 사회행정이 O에 대하여 주거공간을 마련해 줄 수는 없다. W는 비어 있는 원룸주택의 소유자이다.[137)] 관할관청은 경찰-질서법에 근거하여 O를 W의 주거에 강제로 배정할 수 있다[타자배정(他者配定, Fremdeinweisung).[138)] 비자발적 노숙의 상태를 공공의 안녕에 대한 위험으로 볼 수 있으므로 O가 책임자이며, W는 비책임자이다. W에 대한 처분은 비책임자에 대한 경찰권발동의 전제조건이 존재하는 경우에 그 한도에서만 적법한 것이 된다.

지방자치단체의 노숙자수용시설에 배정이 가능하다면 주거공간에 대한 압류조치는

---

133) *Gusy*, POR, Rn. 383.

134) 예컨대 § 6 Abs. 2 PolG NW; § 20 Abs. 2 BPolG.

135) 예컨대 § 2 Abs. 3 PolG NW; § 15 Abs. 3 BPolG.

136) *Gusy*, POR, Rn. 385.

137) 임대인으로부터 계약해지통고를 받은 자를 그 주거에 다시 배정하는 것을 재배정(再配定, Wiedereinweisung)이라고 하는바, 이에 관하여는 *Enders*, Die Verwaltung 30 (1997), 29 참조.

138) 자세한 것은 *Schoch*, POR, Rn. 179, 183 f., 188 ff. m.w.N.

폐지되어야 한다.[139] 그럼에도 불구하고 O가 주거에 머무르고 있는 경우에는 W에게 O를 주거에서 나가게 해달라고 청구할 결과제거청구권이 인정된다.[140] 법적 근거는 (적어도 타자배정에 있어서는) 개괄적 수권조항이 아니라[141] 일반적인 결과제거청구권이다.[142]

이와 달리 재배정(再配定)의 경우에는 결과제거청구권은 인정되지 않는다는 주장이 지배적인데, 타당하다고 생각한다. 왜냐하면 임대인은 비어 있는 주거를 처분하지 않았고 따라서 회복되어야 할 이전의 지위가 노숙자를 나가게 하는 것이 아니기 때문이다. 개괄적 수권조항의 보충성에 근거할 때 임대인은 민법상의 명도판결(Räumungstitel)의 집행방식에 의할 수 있다.[143]

많은 주의 몇몇 특별한 권한규범은 접촉인물 및 동반인물에 대한 조치를 허용하고 있다(바덴-뷔르템베르크주 경찰법 제20조 제3항 제2호). 책임자를 동반하고 있거나 단지 그와 접촉하고 있는 사람은 원칙적으로 비책임자이다. 그들에게 경찰권을 발동하는 것은 특별한 권한규범의 전제조건이 충족된 경우에 허용된다. 그러나 경찰상 조치를 이러한 사람들에게까지 확장하는 것에 대한 대상(代償)으로서 재량행사의 적법성과 비례의 원칙과 관련하여 엄격한 전제조건이 설정되어 있어야 한다. 94

자료수집을 위한 특별한 조치의 은밀한 성격과 범위를 고려할 때, 이들 조치는 불특정 다수인과 관련될 수 있다. 따라서 경찰의 조치가 비책임자에게 효력을 미칠 수 있으므로 법률은 이러한 침해를 정당화하기 위한 특별한 규정을 갖고 있다. 비디오감시나 전화통신감청으로 많은 사람이 관계될 수 있고, 관련규정을 근거로 하여 자료가 수집될 수 있다.[144] 자료의 처리 특히 저장이 행해질 수 있는지 여부, 가능하다면 어느 정도까지 가능한지는 특별히 이러한 관련규정을 근거로 심사되어야 한다. 95

---

139) VGH BW, DÖV 1990, 573 (574); OVG NW, DVBl. 1991, 1372.

140) *Pieroth/Schlink/Kniesel*, POR, § 9, Rn. 84.

141) VGH BW, VBl.BW 1987, 423가 그러하다.

142) BGHZ 130, 332 (335 ff.); Götz, POR, § 10 Rn. 12 ff.; *Schenke*, POR, Rn. 321 f..

143) *Roth*, DVBl. 1996, 1401; *Enders*, Die Verwaltung 30 (1997), 29 (36 ff.); *Erichsen/Biermann*, Jura 1998, 371 (379); *Masing*, DÖV 1999, 573 (576 f.); *Schenke*, POR, Rn. 323; 반대의 견해로는 *Schoch*, POR, Rn. 189.

144) 예컨대 § 17 Abs. 1 Satz 2 und 18 Abs. 1 Satz 2 PolG NW.

확인문제

1. 경찰책임이 개인을 위한 자유보장적 효과를 가지는 이유는 무엇인가? (Rn. 4)
2. 직접원인설은 어떠한 것을 그 내용으로 하는가? (Rn. 27 이하)
3. 상태책임의 근거는 어디에서 찾을 수 있는가? (Rn. 48 이하)
4. 상태책임의 한계는 있는가? (Rn. 55 이하)
5. 경찰책임의 승계에 있어서는 어떠한 문제가 존재하는가? (Rn. 64이하)
6. 어떤 전제조건 아래서 비책임자가 경찰권발동의 대상이 될 수 있는가? (Rn. 83 이하)

제9장 경찰의 행위형식

경찰-질서법이 갖는 유연성 때문에 경찰의 임무수행은 다양한 일련의 행위수단을 필요로 한다. 일반적으로 조치(措置, Maßnahmen)라고 하는 경우, 그것은 그러한 다양한 행위수단들의 상위개념을 의미한다. 법률유보의 원칙에 근거할 때 (경찰)관청이 시민의 권리를 침해하기 위하여는 법률에 수권근거가 있을 것을 요한다. 위험방지의 효율성이나 위험에 대한 사전배려를 보장하기 위하여 입법자는 각종의 수단을 사용할 수 있는바, 그러한 수단이 적법하게 행사되었다고 하기 위하여는 다양한 요건을 충족하여야 한다. 특히 구성요건적인 전제조건이 충족되어야 한다. 그러한 요건들은 일반 행정법으로부터 나오는 것이지만, 경찰-질서법의 특수성 또한 잘 보여주고 있다. 1

1. 개별적 조치: 경찰-질서관청의 처분(행정행위)

경찰-질서관청은 개별적인 경우에 존재하는 공공의 안녕에 대한 구체적 위험을 방지한다. 따라서 행정행위(Verwaltungsakt)가 경찰-질서관청의 활동에 있어 가장 핵심적 의미를 갖는데, 왜냐하면 행정행위는 특정한 개별적 사례를 규율하기 때문이다(행정절차법 제35조 제1문). 학설과 판례에 있어서는 —예전의 용어례에 따라— 행정관청의 행정행위에 대하여 처분(Verfügung)이라는 개념이 사용되고 있다.[1] 행정행위는 특정한 사람에 대하여 행하여지거나, 일반처분으로서 특정한 또는 특정할 수 있는 인적 범위 내의 사람에 대하여 행해진다(행정절차법 제35조 제2문). 2

---

1) *Schenke*, POR, Rn. 482는 때로 주장되기도 하는 독립처분(selbständige Verfügungen)과 비독립처분(unselbständige Verfügungen)의 구분은 아무런 법적 의미를 갖지 못한다는 점을 인정하고 있다; *Drews/Wacke/Vogel/Martens*, Gefahrenabwehr, § 25, Ziff. 3을 보라.

3 **사 례:**
경찰공무원 P가 사고장소의 차단을 방해하는 A에게 퇴거명령, 따라서 구두로 행정행위를 발한다.
공공의 안녕을 유지하기 위하여 필요한 경우에는 특정한 시간과 특정한 장소에서 알코올음료의 판매가 전면적으로 또는 부분적으로 금지될 수 있다고 규정하고 있는 요식업법(Gaststättengesetz) 제19조는 일반처분을 발할 권한을 부여하고 있다. 따라서 관할관청은 축구경기장 주변에서 술에 취한 훌리건으로 인하여 발생하는 위험을 방지하기 위하여 개입할 권한을 가진다.

4 일반처분의 전형적인 사례는 교통표지판이다.[2] 판례에 따르면 적법하게 그리고 눈에 잘 띄게 세워진 교통표지판은 관계인이 그를 인지하지 못한 경우에도 법적 효과가 발생한다.[3] 이와 같은 교통표지판을 통한 고지는 어떤 장소에 그것을 설치함으로써 행해지는데, 교통표지판에는 명령 또는 금지가 표현되어 있어야 한다(도로교통법 제39조 제1항; 행정절차법 제41조 제3항과 관련된 도로교통법 제45조 제4항).

5 일반처분에 관한 일반적 규정에 따르면 쟁송제기기간은 고지(Bekanntgabe)의 시점부터 기산한다. 교통표지판에 있어서는 누군가에 대하여 효력이 발생하는 결과를 가진 교통표지판을 설치한 시점이 기산점(起算點)이 된다.[4] 이에 반하여 연방행정법원은 최근의 판례에서 교통관여인이 그를 구체적으로 인식한 시점을 기준으로 삼고 있다.[5] 따라서 이의신청은 각각의 교통관여인이 교통표지판을 최초로 인식한 시점으로부터 1년 이내에 제기될 수 있다(행정법원법 제58조 제2항과 연계된 제70조 제2항). 이러한 이의신청을 통하여 기본법 제19조 제4항에 따른 효과적인 권리구제가 보장된다.[6] 교통표지의 고지와 같은 특별한 경우에 있어서는 그의 복잡성을 고려할 때 재심사(再審査, Wiederaufgreifen – 행정절차법 제51조)라는 행정법적 절차는 (이

---

2) BVerfG, NJW 1965, 2395; BVerwGE 27, 181 (183); 59, 221 (224).
3) BVerwGE 102, 316 (318).
4) *Ehlers*, BVerwG JZ 2011, 152 (155 ff); VGH BW, NVwZ-RR 2003, 311; HessVGH, NJW 1999, 1651.
5) BVerwG JZ 2011, 152 ff.; OVG Nds, NJW 2007, 1609; OVG HH, NZV 2003, 351을 보라.
6) 이러한 의미에서 교통표지판에 대한 권리구제에 관하여는 또한 BVerfG, 1. Kammer des Ersten Senats, Urt.v.10.9.2009, JA 2010, 394 (Muckel).

의신청을 통한) 기본권보호와 동일한 효과를 보장하는 대안을 제공하지는 않는다.[7)]

사 례: 6

A는 그의 자동차를 철도역 주변도로에 주차하고 2주간의 휴가를 간다. 3일 뒤에 그곳에서 건설공사가 시작되고 주정차를 절대적으로 금하는 교통표지판이 세워진다. A의 자동자는 이틀 뒤에 견인된다. 규율의 효과를 발생시키는 행정행위는 교통표지판이다. 이러한 명령은 견인을 통해 집행되었다. 판례에 따르면 자동차의 운전자는 일반적으로 주정차 및 주차규정을 알고 있어야 한다. 그에 따르면 견인조치는 적법하며, A는 견인비용을 부담하여야 한다. 그러나 견인이 비례의 원칙에 합치하는지 여부에 대하여는 의문이 존재하며, 여기에서 주장되는 견해에 따르면 구체적인 경우에 그러한 의문은 견인이 위법할 수 있다는 결론에 달하게 만든다. 그렇다면 A는 비용을 부담하지 않게 될 것이다.

7 행정행위는 형식적으로도 그리고 실질적으로도 적법하여야 한다. 형식적 전제조건은 관할, 절차 및 형식이다.[8)] 행정행위를 함에 있어 거쳐야 할 행정절차의 관점에서는 당사자에 대한 청문의 필요성이 특별한 주의를 요한다(행정절차법 제28조). 행정행위의 실질적 적법성은 구성요건적 전제조건이 존재할 것과 비례의 원칙이 준수될 것을 그 전제로 한다.

8 행정행위와는 달리 사실행위에 있어서는 '규율(Regelung)'*의 효과가 결여되어 있다. 사실행위는 사실적 결과의 발생을 목적으로 할 뿐이다.[9)] 행정행위와 사실행위의 구분에 대해서는 일반적 원칙이 적용된다. 행정행위의 규율형태는 특히 명령, 금지, 허가나 급부의 발급 또는 거부 및 권리형성, 즉 설권(設權)이다. 이러한 구분은 절차, 집행 및 권리구제에 있어 중요한 의미를 갖는다. 부담적 행정행위에 대한 권리구제의 적합한 형태는 취소소송(행정법원법 제42조 제1항), 효력이 소멸된 이후라면 계속적 확인의 소이다(행정법원법 제113조 제1항 제4문). 사실행위에 대해서는

7) 반대의 견해로는 *Ehlers*, Anm. zu BVerwG JZ 2011, 152 (156).

8) *Schenke*, POR, Rn. 488 ff.를 보라.

* **역주** 이하의 설명을 효과적으로 이해하기 위하여는 '규율(Regelung)'의 의미를 잘 이해하여야 하는바, 규율이란 법적 효과를 발생·변경·소멸시키는 것을 의미한다. 법적 행위로서의 행정행위는 이러한 규율로서의 성격을 갖는다. 그러나 이에 반해 사실행위는 법적 효과의 발생을 목적으로 하지 않으며, 따라서 규율로서의 성격을 가질 수 없다.

9) *Schoch*, POR, Rn. 268.

일반이행소송 및 확인소송(행정법원법 제43조)을 통하여 다툴 수 있다. 권리구제의 흠결은 존재하지 않는다.

9 **사실행위에 대한 사례:**
시민과의 접촉을 통하여 문제의 진단, 해결을 도모하는 경찰관(Kontaktbeamter der Polizei)* 이 읍면의 한 지역에서 면담시간을 진행한다. 질서관청이나 위험방지관청이 정보를 제공한다.
경찰공무원 P가 청소년들에게 학교 앞에서 담배를 피우지 말 것을 경고한다. 왜냐하면 이것은 어린 학생들에게 좋지 않은 선례가 될 수 있기 때문이다.

10 전통적 견해에 따르면 일련의 표준적 직무조치(Standardmaßnahmen)는 사실행위이어야 한다.[10] 그러나 그러한 조치들이 '규율'의 효과를 갖는지 여부는 그때그때마다 주의깊게 탐구되어야 한다. 많은 경우에 법적인 결정이 사실행위에 앞서서 행해진다. 이로 인하여 표준적 직무조치가 일반적으로 행정행위의 성격을 갖는다는 판단을 하게 된다.[11] 정보와 관련된 경찰의 조치는 기본법 제1조 제1항과 연계된 제2조 제1항으로부터 도출된 정보의 자기결정권을 침해하기 때문에 규율로서의 성격을 가진다.[12]

---

* 역주 독일의 경우 'Kontaktbeamter der Polizei'가 시민들과의 접촉을 통하여 다종다양한 사회문제의 진단과 해결을 도모하고 있다. 그러나 그러한 독일식의 제도에 정확히 상응하는 제도는 우리나라에 없다. 물론 그와 유사한 형태로 업무가 진행되는 경우도 있겠지만, 그러한 업무를 수행하는 경찰공무원을 특별히 지칭하는 용어 또한 존재하지 않는다. 이것이 본 역서에서 'Kontaktbeamter der Polizei'를 '시민과의 접촉을 통하여 문제의 진단, 해결을 도모하는 경찰관'이라고 번역하는 이유이다. 한편 독일의 경우 Kontaktbeamter der Polizei는 실로 다양한 영역에서 활동하고 있는바, 특히 이슬람사원을 방문하는 모슬렘과 관련된 문제(이에 관하여는 http://www.derwesten.de/staedte/heiligenhaus/neuer-kontaktbeamter-fuer-muslimische-institutionen-bei-der-kreispolizei-mettmann-id7894470.html 참조), 교구교회(教區教會, Pfarrkiche)와 관련된 문제(이에 관하여는 http://www.pnp.de/region_und_lokal/landkreis_rottal_inn /pfarrkirchen/1114183_Neuer-Kontaktbeamter.html 참조), 초등학교와 관련된 문제(이에 관하여는 http://www.gs-am-lindener-markt.de/index.php?option=com_content&view=article&id=85&Itemid=110 참조) 등과 관련된 활동이 그 예이다.

10) *Drews/Wacke/Vogel/Martens*, Gefahrenabwehr, § 12, Ziff. 12c; *Schoch*, POR, Rn. 268.

11) *Schenke*, POR, Rn. 115.

12) 다른 경향에 관하여는 *Pieroth/Schlink/Kniesel*, POR, § 12, Rn. 10 f.

사 례: 11
퇴거명령은 의문의 여지 없이 규율의 성격을 갖는 명령을 내용으로 하고 있으므로 행정행위이다.[13] 그러나 경찰관청이 물건에 대한 수색이나 영치를 통하여 당사자의 권리영역을 침해한다고 할지라도 그러한 조치의 사실적 수행과 결합되어 있는 규율이 존재한다.[14]

2. 일반적 추상적 규율: 경찰명령과 위험방지명령, 특히 알코올금지

경찰-질서관청이 불특정한 인적 범위의 대상자에 대하여 조치를 취하는 경우 그러한 조치는 일반적 추상적 성격을 가지며, 법규명령의 형식으로 발해지게 된다. 각주의 법률들은 개괄적 수권조항 형태의 법규명령을 제정할 수권조항을 가지고 있는 것이 보통이다.[15] 헌법적 관점, 특히 명확성이란 관점에서 볼 때 이것은 아무런 문제가 없다.[16] 법규명령의 구체적 명칭은 다양하다.[17] 그러한 법규명령들은 공공의 안녕에 대한 추상적 위험을 방지하는 것을 그의 공통의 목적으로 한다. 12

사 례:[18] 13
시(市)의 「비둘기에 관한 법규명령」으로 도시공원에서 비둘기에게 모이를 주는 것이 금지된다. 읍면의 캠핑장법규명령이 캠핑장사용의 구체적 사항들을 규율한다. 읍면이 11월 1일부터 다음 해 3월 1일까지의 기간 동안 공로(公路)를 주요 스키산책로로 공고한다. 읍면의 법규명령으로 읍면에서의 구걸행위가 금지된다.

---

13) *Drews/Wacke/Vogel/Martens*, Gefahrenabwehr, § 12, Ziff. 2b.

14) *Rachor*, in: Lisken/Denninger, F Rn. 49 f.; *Schenke*, POR, Rn. 115.

15) § 10 PolG BW; § 55 ASOG Bln; § 25, 26 BbgOBG; § 10 Abs. 1 Satz 2, §§ 48 ff. BremPolG; § 1 HbgSOG; §§ 72-74 HessSOG; § 17 Abs. 1 SOG MV; § 55 NdsSOG; §§ 26, 27 OBG NW; § 43 POG RP; § 59 SaarlPolG; § 9 SächsPolG; § 94 SOG LSA; § 175 Abs. 1 LVwG SH; § 27 ThürOBG. 바이에른에서는 바이에른주 형법시행법률 제12조 이하는 일련의 특별한 수권조항을 갖고 있다.

16) BVerwGE 116, 347 (350).

17) Vgl. *Schenke*, POR, Rn. 607.

18) 바이에른주 형법시행령 제12조 이하는 법규명령의 내용의 폭을 일별할 수 있도록 해주고 있는바, 왜냐하면 그곳에는 개괄적 수권조항이 결여되어 있어 특별수권조항을 열거하고 있기 때문이다.

14 위험방지명령(Gefahrenabwehrverordnung)* 은 불특정 다수의 경우에 불특정 다수의 사람을 상대로 명령과 금지를 규정한다.[19] 법규명령이 한정될 수 없는 다수의 사례와 관련있는 것에 반하여, 개별적인 사례에 있어서는 하나 또는 처음부터 특정된 사실관계가 연결된다는 것이 결정적 기준이 된다. 더욱이 행정행위, 특히 (인적) 일반처분과 달리 법규명령의 수범자의 범위는 특정될 수 없다. 일련의 조치와 관련하여 시간적 그리고 공간적 관점에서 사실관계와 관계인의 범위를 정확하게 특정하는 것은 쉽지 않은바, 왜냐하면 (앞으로) 특정될 수 있는 것과 (이미) 특정된 것과의 차이는 유동적이기 때문이다.[20] 특히 인적 일반처분(人的 一般處分, adressatenbezogenen Allgemeinverfügungen)의 경우가 그러하다.[21]

15 **사 례(표준적 사례):**[22]

S市에서 티푸스환자가 출현하자 S市는 병원체가 꽃상추 샐러드로부터 발생되었다고 추정한다. 관할관청은 방송을 통하여 S市에서는 꽃상추 샐러드를 더 이상 판매할 수 없다고 명령한다.

연방행정법원은 이를 일반처분이라고 인정하였다. 연방행정법원의 견해에 따르면 여기서의 금지는 특정한 장소에서 특정된 사람에게 특정한 물건을 판매한 것과 관련있다.[23] 판매금지는 특정한 사실관계와 관련된 것이라고 할지라도 —꽃상추 샐러드의 판매자와 매수자의 수를 예측할 수 없기 때문에— 특정될 수 없는 인적 범위를 상대로 발해진 것이므로 수명자(受命者)의 범위가 특정될 수 없는바, 이러한 사실은 꽃상추 샐러드의 판매금지를 행정행위라고 받아들이는 것을 부정하는 논거가 된다.[24] 수명자의 범위가 한정될 수 없다는 것을 고려할 때, 이를 법규명령으로 받아들이는 것이 설득력이 있다.

16 위험방지명령은 위험방지관청 또는 질서관청의 임무수행을 위한 수단인데, 이 경우 위험방지명령은 구체적인 경우에 있어서의 위험방지와 관련된 것이 아니라 일

* **역주** 여기서 '위험방지명령'이란 위험방지를 위하여 제정된 법규명령을 말한다.

19) 예컨대 § 43 Abs. 1 POG RP가 그러하다.

20) *Schenke*, POR, Rn. 617.

21) *Laubinger*, in: Festschrift für Rudolf, 2001, S. 305 (317 ff.).

22) BVerwGE 12, 87.

23) *Pieroth/Schlink/Kniesel*, POR, § 11, Rn. 8.

24) 좁은 의미의 '개별적인 경우에'의 개념에 관하여 자세한 것은 *Laubinger*, in: Festschrift für Rudolf, 2001, S. 305 (318).

반적 규율을 정립하는 것이다. 따라서 주의 법률에 따를 때 경찰관청은 일반적으로 법규명령을 제정할 권한을 갖지 못한다. 도시주(都市洲, Stadtsstaaten)*가 아닌 연방의 각주(Flächenländer)에서 법규명령을 제정할 권한은 행정각부와 질서관청, 지방자치단체(읍면, 군, 군이나 구가 없는 시)와 만약 설치되어 있다면 지방중급행정기구**가 갖고 있다.[25] 법규명령의 제정에 있어서는 지방자치법상의 요건을 준수하여야 한다.[26]

> **Tip** 질서법 및 위험방지법의 법규명령수권에 의거하여 자신이 살고 있는 주의 법에 따른 주행정의 구조를 반복학습하라. 17

추상적 위험의 존재가 위험방지명령을 제정하기 위한 전제조건이다(위의 제5장 Rn. 101, 143을 보라).[27] 경찰상 행정행위를 발하기 위하여 일반적으로 구체적 위험이 필요한 것에 반하여, 일반적 추상적 법규명령은 전형적으로 법익침해의 위험이 존재하는 불특정 다수의 경우를 규율하는 것을 그 목적으로 한다.[28] 질서관청이 이와 같은 위험예측결정을 행하게 된다. 따라서 위험방지명령은 법익에 대한 18

* 역주 도시주란 단지 하나의 도시로 구성되어 있는 주를 말하는바, 베를린, 함부르크, 브레멘이 이에 해당한다.

** 역주 이하의 그림은 독일의 (지방)행정조직, 그리고 이 단락(Rn.16)을 이해하는 데 도움이 될 수 있을 것이다. 그림에서 보듯이 독일의 지방행정조직은 상급행정조직인 주(洲), 중급행정기구인 Regierungspräsidium이나 Bezirksregierung, 그리고 하급행정조직인 읍면이나 군이 수직적 구조를 이루고 있다.

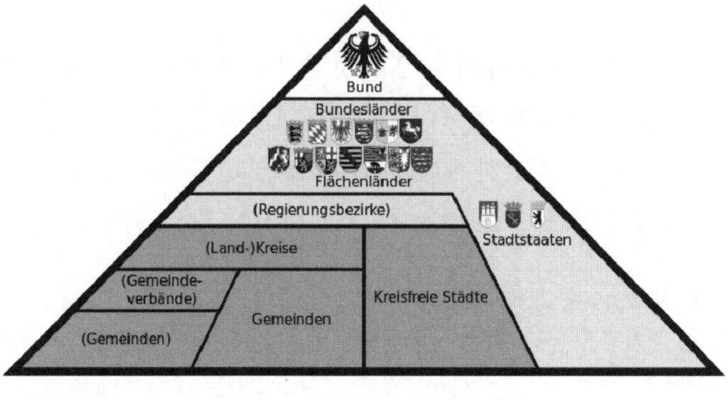

25) *Pieroth/Schlink/Kniesel*, POR, § 11, Rn. 9.
26) *Schoch*, POR, Rn. 274.
27) BVerwGE 116, 347 (351 f.).
28) *Pieroth/Schlink/Kniesel*, POR, § 11, Rn. 14 ff.

사실적인 위험이 존재하지 않는 경우에도 발해질 수 있다.

19 **사 례:**[29)]
경찰명령(Polizeiverordnung)*으로 보덴호수(Bodensee)에서 특별히 위험한 장소(소위 '악마의 탁자'라고 불리운다)에서의 스쿠버다이빙이 금지된다. 제3자의 생명, 즉 구조대의 생명을 위험에 처하게 만드는 구조행위가 행해지게 될 충분한 개연성이 존재하기 때문에 위험스포츠를 통한 자초위해(自招危害)를 제한하는 것은 공공의 안녕에 대한 위험에 대처하는 것에 기여한다. 이러한 규정은 제한될 수 없는 인적 범위에 대한 불특정 다수의 (있을 수 있는) 위험상황을 규율하는 것을 그 목적으로 한다. 구체적인 경우에 위험이 존재하지 않기 때문에 이와 같은 위험은 추상적이다. 관청이 법규명령이란 수단을 택한 것, 즉 법규명령을 발한 것은 타당하다

20 위험방지명령을 제정하기 위하여서는 상위법령에 수권근거가 있어야 한다. 일반질서법보다 우선적으로 적용되는 특별법률에 이러한 내용이 규정되어 있을 수 있다.[30)] 탈경찰화의 결과 일련의 법적 영역에서는 관할권이 있는 관청이나 각부에 대한 특별한 법규명령제정을 위한 수권근거가 규정되어 있다.

21 **사 례:**
「생산설비와 소비재의 안전에 관한 법률」* 제14조에 따르면 연방정부는 시설허가의 요건에 관하여 법규명령을 발할 수 있다. 법규명령에 정해진 의무의 이행을 위하여 관할관청은 구체적인 경우에 필요한 조치를 명할 수 있다(동법 제15조).

22 실질적 적법성에 관한 일반규정은 법규명령에도 적용된다. 수권근거의 구성요건적 전제가 충족되고 추상적 위험이 존재하는 경우에 질서관청은 재량을 갖는바, 이 경우 재량은 의무에 적합하게 행사되어야 한다. 수범자는 추상적 위험에 대하여 경찰법상 책임이 있는 사람이다. 비례의 원칙이 적용된다. 그의 일반적 추상적

---

29) VGH BW, NJW 1998, 2235 (2236) = VBlBW 1998, 25.

* **역주** 여기서 경찰명령이라고 함은 경찰목적을 위하여 제정된 법규명령을 말하는 것이다.

30) *Gusy*, POR, Rn. 404; *Schoch*, POR, Rn. 273.

** **역주** 「생산설비와 소비재의 안전에 관한 법률」은 유럽연합의 지침에 따른 내용이 반영되어 2011년 11월 8일에 Produktsicherheitsgesetz(제조물안전법, 약칭: ProdSG)으로 대체되었다. 이러한 사정에 관하여 자세한 것은 다음의 인터넷문헌 참조: http://de.wikipedia.org/wiki/Produktsicherheitsgesetz_(Deutschland).

성격에 근거할 때 위험방지명령은 특별한 요건에 따르는바, 때로 그것은 법률에 규정되어 있다.[31] 위험방지명령은 그 내용이 특정되어야 한다. 그것은 단지 관청의 임무수행을 용이하게 하기 위한 목적을 추구하여서는 아니되며, 상위법과 합치하여야만 한다.

위험방지명령의 적용사례로 많이 논의되고 있는 것은 개를 키우는 것과 관련된 영 23
역이다.[32] 특별히 논란이 되는 「사람이나 다른 동물을 무는 습성이 있는 개(Kampfhunde)에 관한 법규명령」의 상위법과의 합치성 여부에 대하여 자세히 심사해 볼 필요가 있다. 개의 사육사에 대해서는 기본법 제12조와 제14조를, 개의 주인에 대하여는 기본법 제2조 제1항을 원용하는 것이 고려된다. 그 밖에도 관련 규정은 기본법 제3조 제1항(평등의 원칙)과 합치하여야 한다. 그 한도에서 개의 품종에 따라 상이하게 취급하는 것에 대하여는 비판이 행해진다.[33]

사 례: 24

「도시에서의 개의 소지에 관한 법규명령」 제4조에 따라 모든 공로(公路)에서 모든 개에 목줄을 할 것이 강제된다.

노르트라인-베스트팔렌주는 특정한 종자의 개를 위험한 것으로 분류하는 「사람이나 동물을 무는 습성이 있는 개에 관한 법규명령」을 제정한다. 그러한 종자의 개를 소유하는 자는 허가를 받아야 하며, 그의 신뢰성*을 증명해야 한다. 개는 문신이나 이식된 마이크로칩을 통해 표식이 되어 있어야 한다.

연방뿐만 아니라 주와 읍면 모두 사람이나 동물을 무는 습성이 있는 개로 인하여 25
발생하는 위험을 방지하기 위한 노력을 하고 있다.[34] 관련규정들은 행정법원과 주헌법재판소의 일련의 판결을 야기하였다.[35] 연방행정법원은 니더작센의 「위해동물에 관한 법규명령」과 관련하여 특정한 품종의 개가 위험하다는 가정은 추상적 위험이 아니며, 따라서 개괄적 수권조항을 근거로 한 조치는 고려되지 않는다고

---

31) Vgl. 예컨대 §§ 29, 30 OBG NW.

32) *Gusy*, POR, Rn. 409; *Schenke*, POR, Rn. 611 ff.

33) *Schoch*, POR, Rn. 276.

* 역주 여기서 신뢰성이란 그 개가 주인의 말을 잘 듣는다는 것에 대한 신뢰성을 말한다.

34) *Caspar*, DVBl. 2000, 1580을 보라.

35) 예컨대 VerfGH Bln, NVwZ 2001, 1266; VerfGH RP, NVwZ 2001, 1273.

결정하였다.[36] 위험예측에 대한 근거가 충분하지 않다.[37] 보호의 필요성이 존재한다면 입법자가 활동하여야 하며, 경우에 따라서는 법규명령을 제정하여야 한다.

26 위험의 사전배려를 위한 조치 또한 사실적 근거에 기초하여야 한다는 점에 있어서는 연방헌법재판소의 입장에 동의할 수 있다. 행정의 활동에 대한 구체적 근거가 결여되어 있는 경우에는 행위를 정당화하기 위한 법률의 규정을 필요로 한다. 이러한 한도에서는 —사람이나 동물을 무는 습성이 있는 개에 관한 규정과 관련하여— 위험방지규정은 어떠한 전문적인 학술지식을 전제로 하지는 않는다는 것을 명확히 한 연방헌법재판소의 입장에 대한 어떠한 반론도 존재하지 않는다.[38] 또한 위험예측은 주관적 두려움을 넘어서 경험적 지식에 대한 사실적 근거를 요한다.

27 「사람이나 동물을 무는 습성이 있는 개에 관한 법규명령」과 마찬가지로 논란의 대상이 되는 것은 「공공장소에서 주류(酒類)소비의 금지를 위한 도시나 읍면의 법규명령」이다.* 이 경우 일반적으로 지방자치단체내의 특정한 장소, 즉 대부분 함께 머무르며 주류를 마시는 것을 목적으로 하는 특정 부류의 사람들이 만나는 곳으로 잘 알려진 장소가 문제된다. 지방자치단체의 주민은 그러한 광경, 그와 같은 집단의 행위 및 경우에 따라서는 소음으로 인하여 그들의 미적 감정에 장해를 받고 있을 뿐만 아니라 종종 불안하다거나 심지어 그의 안전이 위협받고 있다고 느낀다. 알코올을 섭취한 사람이 타인의 신체에 손상을 가하는 범죄의 범행에 이를 정도까지의 법규위반을 하려는 경향이 있을 수 있다는 것이 그러한 법규명령을 제정하게 되는 동기로서 덧붙여진다. 그러나 그것만으로 위험방지명령을 제정하는 것이 정당화될 수는 없으며, 위험방지명령의 제정을 위해서는 추상적 위험의 존재가 필요하다.

---

36) BVerwGE 116, 347 (349, 351); 그런 한도에서 이 판결에 대하여 부정적인 것으로는 *Schoch*, POR, Rn. 272.

37) 불안감은 추상적 위험의 존재를 인정하기에 충분하지 못하다고 판시한 NdsOVGNdsVBl. 2005, 130 = NordÖR 2005, 179를 보라.

38) BVerfGE 110, 141 (159 f.); 이에 관하여는 *Möstl*, Jura 2005, 48.

* 역주 이른바 주폭(酒暴)에 대한 대처방안의 일환으로서의 이러한 문제에 관한 논의에 관한 국내문헌으로는 서정범, 주폭에 대한 경찰행정법적 연구와 제언 —그에 대한 경찰행정법적 규율 가능성을 중심으로—, 경찰법연구, 제10권 제2호(2012), 235쪽 이하.

39) *Faßbender*, NVwZ 2009, 563; *Hebeler/Schäfer*, DVBl. 2009, 1424; *Hecker*, NVwZ 2009, 1016.

사 례:[40] 28

프라이부르크에는 대학인근에 주말에 주로 젊은 방문객들이 모여드는 지역('버뮤다 삼각지대')이 있다. 도심에서 폭력범죄의 수가 점차적으로 증가하는 것에 근거하여 프라이부르크시는 공적으로 접근가능한 도시의 유흥가에서 주류(소비)를 금지하는 법규명령을 제정하였다. 그 금지는 금요일부터 월요일까지의 밤(22:00부터 06:00까지)에 국한되고, 법정공휴일 전날에는 밤동안 내내 금지된다.

일반 경찰-질서법이 그러한 법규명령의 제정이 허용되는 법적 근거이다. 공적 장소가 의사소통을 위한 공간으로서 성격을 갖고 있으며 사회적 접촉과 교제를 촉진하는 것 또한 그의 기능으로 하고 있다는 점을 고려할 때, 허가를 받아야 하는 특별사용을 인정하고 있는 도로법을 근거로 삼는 것은[41] 받아들일 수 없다. 따라서 주의 법률의 규정에 근거한 위험방지명령을 통하여 주류(소비)를 금지하기 위하여는 공공의 안녕 또는 질서에 대한 추상적 위험을 필요로 한다. 29

그러나 특정한 장소에서 주류소비의 금지를 위하여 위험방지명령을 제정하는 것은 주류소비로 인한 추상적 위험상황이 언제나 존재한다는 것을 긍정하는 것이란 점에서 의문에 부딪치게 된다. 왜냐하면 법익에 대한 위험을 인정할 수 있기에 충분한 이유가 제시되어야 하기 때문이다. 판례는 해당지역에서의 주류소비가 예컨대 폭력행위같은 것을 통하여 (전형적으로) 공공의 안녕 또는 질서에 대한 손해를 발생시키는 결과를 초래한다는 것을 인정할 수 있는 설득력 있는 근거나 경험적 가치를 요구한다.[42] 위험이 구체적일 필요는 없지만, 추상적 위험의 존재를 인정할 근거는 충분히 구체화될 수 있어야 한다. 30

주류소비와 공공의 안녕에 반하는 행위 간에 인과관계가 인정된다면, 추상적 위험의 존재가 인정될 수 있을 것이다.[43] 현장에서 활동하는 경찰의 인식이나 인근 주민의 지속적인 민원제기가 주류소비가 공공의 안녕에 대한 장해를 초래한다는 결론에 달하도록 한다면, 추상적 위험과 관련하여 인과관계의 존재를 인정하기에 충분하다.[44] 그리고 이처럼 넓은 개념을 인정하는 경우 추상적 위험의 31

40) VGH BW, Urt. v. 28.7.2009 - 1 S 2200/08, NVwZ-RR 2010, 55.

41) 여전히 BayVGH, Beschl. v. 27.10.1982, Az: 8 N 82 A 277는 그러한 입장을 취하고 있다.

42) OLG Hamm, NVwZ 2010, 1319.

43) *Faßbender*, NVwZ 2009, 563 (564).

인정여부에 대한 판단과 관련하여서는 법규명령제정자에게 넓은 판단여지가 인정되어야 한다. 그러나 법규명령제정자의 관련 사항에 대한 고려가 매우 잘못되어서 그것이 다툼이 있는 조치에 대한 납득할 만한 근거를 제공할 수 없는 경우에는 판단여지의 한계를 넘어서는 것이 될 수 있다.[45]*

32 주류소비를 금지하는 규율을 제정하는 것은 너무나 불명확한 가정에 근거하고 있기 때문에 이와 같은 주장은 설득력이 없다. 단순한 추측만으로는 위험을 근거지을 수 없다. 법률에 구속되는 행정의 일부로서의 법규명령제정자는 (경험칙상 확실한) 추상적 위험의 존재를 인정할 수 있는 이유를 제공할 수 있어야 한다. '명백성 통제(明白性統制, Evidenzkontrolle)'** 에만 국한되는 행정의 통제는 기본법 제19조 제4항에 따른 법원의 제소가능성을 고려해 보았을 때 추상적 규정에 대해서는 별다른 의미를 가질 수 없다.

33 따라서 만하임 상급행정법원은 비록 이미 과거에 항상 주류소비로 인하여 공공의 안녕에 반하는 전형적 행위(노상방뇨, 소음유발, 오염, 맥주병으로 인한 교통의 위해, 범죄행위)가 있어 왔다고 하더라도 공적 장소에서의 주류소비가 공공의 안녕과 질서에 대한 위험이 될 수는 없다고 판시하였다.[46] 추상적 주류소비금지를 통하여

---

44) *Faßbender*, NVwZ 2009, 563 (565).

45) *Faßbender*, NVwZ 2009, 563 (566).

* **역주** 바덴-뷔르템부르크주의 콘스탄츠(Konstanz)는 '보덴 제(Bodensee)'라는 호수로 유명한데, 이 보덴 제의 호숫가에서 깨어진 유리에 행인들이 다치는 사고가 자주 발생하였다. 이에 콘스탄츠시는 2011년 7월 유리병을 호숫가에서 소지할 수 없도록 하는 것을 골자로 하는 「맨발로 접근가능한 호수의 오염과 이와 관련된 위험방지를 위한 경찰명령」을 제정하였다. 동 법규명령의 효력을 다투는 소송이 제기되었던바, 바덴-뷔르템부르크주 상급행정법원은 "이미 시민들의 의식이 개선되어 깨어진 유리가 거의 발견되지 않으며, 호숫가는 일반인이 신발을 신고 보행하므로 현 시점에서는 유리로 인한 피해에 대한 추상적 위험이 존재하지 않는다"는 것을 이유로 원고의 청구를 받아들여 동 경찰명령을 무효라고 판시하였다(동 판결의 구체적 내용에 대하여는 다음의 인터넷문헌 참조: http://lrbw.juris.de/cgi-bin/laender_rechtsprechung/document.py?Gericht=bw&Art=en&az=1+S+2603%2F11&nr=15967). 이 판결은 결국 법규명령제정자인 콘스탄츠시가 추상적 위험의 존재에 대한 판단을 행함에 있어 관련사정에 대한 고려를 충분히 하지 못하였다는 것, 즉 판단여지의 한계를 넘어섰다는 것을 인정한 것이라고 해석될 수 있다. 따라서 이 단락의 설명에 대한 구체적 사례로 주목할 만하다고 생각된다.

** **역주** 특히 광범위한 재량이 인정되는 입법이나 행정에 대한 법원의 사후통제는 '명백한' 하자에 국한되는바, 이를 일컬어 '명백성 통제'라고 한다.

46) VGH BW, DVBl. 1999, 340; VGH BW, NVwZ-RR 2010, 55; VG Stuttgart, Beschluss v.

위험방지조치의 시행시점을 앞당기는 것은 허용되지 않으며, 더욱이 주류소비가 손해가 발생할 급박한 위험을 초래한다는 결론을 정당화시킬 수 있는 충분한 사실적 근거가 결여되어 있다.[47] 주류를 소비하게 되면 손해가 발생하게 된다는 일반적 추정은 받아들여질 수 없으며, 따라서 주류소비로 인한 손해의 발생이 전형적이고, 일반적인 것으로 볼 수는 없다.[48] 오히려 단지 개별적 처분의 방식으로 책임자에 대한 조치가 행해질 수 있을 뿐이다.

주의 입법권자는 처음에는 주류소비금지에 대한 법률상의 수권근거를 주의 경찰법에 규정하려고 하였다. 2011년 3월 31일의 작센주 경찰법개정법률안 제9a조는 장소적으로 그리고 시간적으로 제한된 주류소비금지를 규정할 권한을 지방자치단체(읍면)에 부여하는 것을 그 내용으로 하고 있었다. 따라서 법규명령의 제정권자(Verordnungsgeber)에 비하여 법률제정권자(Gesetzgeber)가 광범위한 형성의 자유를 누리게 된다.* 34

유리병이나 유리잔의 제공을 금지하는 것은 그것이 공간적으로 그리고 시간적으로 한정되어 있다면 적법할 수 있다. 함부르크에서는 주말에 유흥가인 레퍼반(Reeperbahn)에서 유리용기의 사용을 금지하기 위하여 특별법이 제정되었다. 법률제정권자는 위험방지명령을 제정하고, 그와 관련하여 법률에 구속을 받는 행정보다 더 광범위한 형성의 자유를 갖는다. 35

쾰른(Köln)시는 '장미의 월요일(Rosenmontag)'** 에 유리용기의 사용을 금지하였는바, 36

20.12.2002 - 1 K 5431/02 (Referenz 27.4.2011).

47) *Hebeler/Schäfer*, DVBl. 2009, 1424 (1426); *Hecker*, NVwZ 2009, 1016 (1017).

48) VGH Mannheim, Urt. v. 28.7.2009 - 1 S 2200/08; Hebeler/Schäfer, DVBl. 2009, 1424 (1426); Hecker, NVwZ 2009, 1016 (1017).

* **역주** 독일어의 Gesetzgeber는 통상적으로 입법자라고 번역되며, 법률제정권자와 법규명령제정권자를 모두 일컫는 단어로 사용된다. 그러나 문맥을 고려할 때 이 단락에서는 Gesetzgeber는 법규명령제정권자를 의미하는 Verordnungsgeber와 대비적으로 쓰이고 있다. 이 점에 착안하여 여기서는 Gesetzgeber를 '법률제정권자'라고 번역하기로 한다. 한편 입법의 서열구조, 즉 국회가 제정하는 법률-법규명령을 고려하면 입법과정에 있어서의 형성의 자유(Spielraum)는 법률에 구속을 받는 법규명령의 제정권자에 비하여 법률제정자에게 더 광범위하게 부여될 수밖에 없음을 쉽게 이해할 수 있을 것이다.

** **역주** 독일 전역에서 사육제(謝肉祭, Karneval)가 벌어지지만 쾰른의 카니발이 가장 유명한데,

이러한 금지는 판례를 통하여 받아들여졌다.49) 이 경우 유리용기사용금지에 위반함으로 인하여 전형적으로 발생하는 리스크에 대하여 시간적 그리고 장소적 제한이 가해지는바, 그것은 경험칙에 따를 때 받아들여질 수 있다.

3. 허가, 금지, 제거 및 경고

37 행정행위는 다양한 형태로 행해진다. 행정행위는 특정한 행위를 허용하는 관청의 명시적인 결정이 필요한 경우에 예방적 통제에 적합하다. 허가유보부 금지 또는 면제유보부 금지의 구조는 개인에게 일단 금지되어 있는 행위를 할 수 있게 해 주기에 앞서 신뢰성과 같은 인적 전제조건 또는 물적 전제조건에 대한 심사를 허용하고 있다.50)

38 물적 전제조건에 관한 특별법에서는 그와 같은 형태를 대부분 허가(Erlaubnis) 또는 인가(Genehmigung)*라고 한다. 어떤 행위의 허가는 그 기능에 있어서 통제허가로서

카니발이 절정을 이루는 때가 바로 장미의 월요일이다. 장미의 월요일에는 시가행진이 있는데, 아래의 사진에서 보듯이 이날 사람들은 화려한 코스튬으로 한껏 멋을 내고 이 행렬에 동참한다.

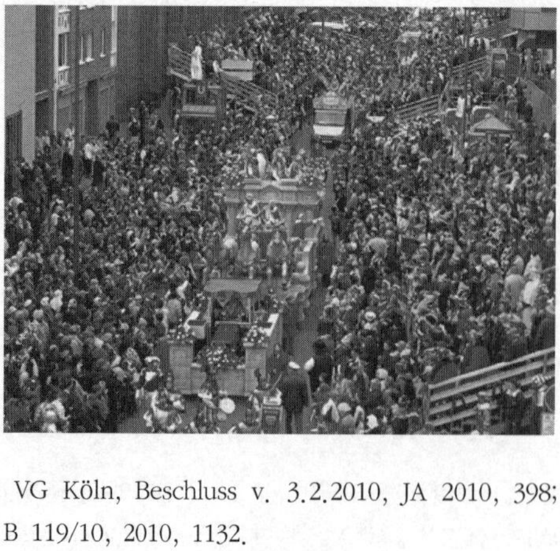

49) VG Köln, Beschluss v. 3.2.2010, JA 2010, 398; OVG Münster, Beschluss v. 10.2.2010 - 5 B 119/10, 2010, 1132.

50) *Schenke*, POR, Rn. 583; 또한 *Drews/Wacke/Vogel/Martens*, Gefahrenabwehr, § 23, Ziff. 5a를 보라.

* 역주 원래 독일어의 Erlaubnis는 학문적으로는 일반적 상대적 금지를 해제하여 적법하게 일정한 행위를 할 수 있게 하여 주는 행정행위인 허가를, Genehmigung은 타인과의 법률행위를 보충하여 그 효력을 완성시켜 주는 행정행위인 인가를 의미한다. 그러나 학문상의 이와 같은 구분에도 불구하고 실정법이나 실무상으로는 이들 용어가 혼용되는 경우가 많은데, 이러한 사정은 우리나

예방적 성격을 가진다. 왜냐하면 그 행위가 경찰상 위험에까지 이르게 되는 부정적 결과가 방지되어야 하기 때문이다. 그러나 유동적 수단으로서의 허가는 그 밖에도 다른 이익간의 형량을 할 수 있고, 이익조절의 기능을 수행할 수 있다.[51] 이와 같은 인가 또는 허가라는 형태의 행정행위는 전문행정의 전형적인 행위수단이지만, 일반 경찰-질서법에서는 전형적인 행위수단이 아니다.[52]

허가나 인가와 같은 시민에 대한 수익적 행정행위와 반대의 효과를 갖는 것으로 39
는 행정관청이 특정한 행위를 거부하거나 이미 형성되어 있는 상태를 제거할 의무를 과하는 것이 있다. 후자, 즉 행위의 금지나 상태의 제거의무를 과하는 유형의 행정행위는 사후적 통제, 즉 진압적 성격을 그 특징으로 한다. 식품접객업법이나 영업법은 거부가 행해지는 전형적인 적용영역이고, 건축법은 이미 형성되어 있는 법적 상태의 제거의무를 부과하는 것에 대한 전형적 적용영역이다. 신청인이 식품접객업을 경영하기 위한 전제조건을 충족하지 못하고 있는 경우, 특히 신청인에게 요구되는 신뢰성이 결여되어 있는 경우에는 식품접객업법 제4조 제1항에 따라 식품접객업허가는 거부되어야 한다. 현행 건축법에 반하여 건축물을 축조한 사람에 대하여는 경우에 따라 그의 건축시설의 제거의무가 부과될 수 있다. 그러나 그로 인하여 당사자의 기본권(기본법 제14조)이 심히 침해될 수 있기 때문에 제거의무를 부과하는 것은 단지 개별적인 경우에 한하여 비례의 원칙에 합당한 것이 될 수 있다.

(글리콜로 오염된 와인이나 청소년샴페인으로 인한) 위험에 대한 국가관청의 경고 40
(Warnungen)와 관련하여 연방헌법재판소는 이러한 행정관청의 권한을 적어도 국민의 행위를 일정한 방향으로 유도하여야 할 국가적 임무에서 배제하지는 않았다. 그러나 경고로 인하여 기본권이 침해되었는지 여부와 어떤 점에서 침해가 있는지의 문제에 대하여 남김없이 명확하게 답하지는 않았다.[53] 그러한 불확실성은 기본권에 대한 사실상의 침해가 정당화되기 위한 요건과 관련 있다.[54]

라의 경우도 마찬가지이다.

51) Vgl. *Kugelmann*, DVBl. 2002, 1238 (1241).

52) *Schoch*, POR, Rn. 267.

53) BVerfGE 105, 252; 105, 279.

54) Bethge, Jura 2003, 327 (332 f.); *v. Coelln*, JA 2003, 118; *H.-J. Cremer*, JuS 2003, 747; *Murswiek*, NVwZ 2003, 1 (2); *Schoch*, NVwZ 2011, 193.

41 **사 례:**

바덴-뷔르템베르크 주정부는 와인생산지대에서 포도를 재배하고 있는 W가 그의 와인에 금지된 첨가물을 섞었던 많은 사례를 알고 있다. 신문이나 방송을 통해 전파되는 호소에서 주정부는 현 시점에 이 와인생산지대에서 생산된 와인을 구매하거나 섭취하지 말 것을 경고한다. 이와 같은 경고로 인하여 와인의 판매에 의존하고 있는 포도재배인은 상당한 영업손실을 받게 된다. 지배적인 견해에 따르면 이와 같은 경우에 기본법 제12조 제1항에 대한 침해가 존재한다. 경고는 연방헌법재판소의 견해와는 달리 법적인 근거를 요한다.[55] 특별한 규범이 존재하지 않는다면 질서관청에 관한 개괄적 수권조항에 근거하여 경고를 할 수 있다. 그러나 그를 위한 제한적인 전제조건을 준수하여야 한다.

42 국가에 의하여 기본권이 침해되는 일반적인 경우에 있어서 정보를 통한 침해와 관련하여서도 법적 수권을 필요로 한다.[56] 경찰법에 있어서 그러한 법적 수권은 특정한 영역에 대한 특별법이나 주경찰법의 개별적 권한규범에서 찾아볼 수 있다.

확인문제

1. 행정행위를 발하기 이전에 청문이 필요한 이유는 무엇인가? (Rn. 7)
2. 행정행위와 위험방지명령은 무엇을 기준으로 구분되는가? (Rn. 14)
3. 왜 법규명령은 질서관청 및 위험방지관청의 수단은 되지만, 경찰관청의 수단은 되지 못하는가? (Rn. 16)
4. 질서관청 및 위험방지관청의 법규명령을 통해 주류소비의 금지가 행해질 수 있는가? (Rn. 27 이하)
5. 질서관청이 행하는 경고의 문제점은 무엇인가? (Rn. 40 이하)

55) *Schoch*, POR, Rn. 270.

56) *Schenke*, POR, Rn. 41.

제10장 행정관청의 조치의 적법요건

임무의 수행과 권한의 행사는 헌법규정을 준수하고 법률규정을 고려하여 이루어져야 한다. 공행정을 수행하는 다른 모든 기관들과 마찬가지로 경찰-질서관청도 법률과 법(기본법 제20조 제3항), 특히 기본권에 구속된다(기본법 제1조 제3항). 1

1. 합법주의 및 편의주의의 원칙

경찰의 임무는 경찰관청이 진압적으로 활동하는지 아니면 예방적으로 활동하는지 여부에 따라 그 출발점을 달리한다. 형사소송법 제152조에 따를 때 검사는 충분한 사실상의 근거가 존재하는 경우, 그 한도에서 소추가능한 모든 범죄행위를 이유로 개입할 의무가 있다. 따라서 진압적 임무의 수행에 있어서는 경찰관청에게도 재량이 부여되지 않으며, 경찰은 활동을 하여야만 한다(형사소송법 제163조). 합법주의(合法主義, Legalitätsprinzip)는 이처럼 개입을 하여야 할 법률상 의무의 존재를 그 내용으로 하는 원칙이다.[1] 2

예방적 임무의 수행에 있어서는 경찰-질서관청에게 편의주의(便宜主義, Opportunitätsprinzip)가 적용된다.[2] 경찰-질서관청은 활동할 수 있는 것이지, 활동하여야만 하는 것은 아니다. 위험이 존재하는 경우에도 경찰관청은 기다리고 개입하지 않을 수 있다. 경찰관청의 조치는 위험방지를 목적으로 하는 것이지 사람에 대한 제재를 그 목적으로 하는 것이 아니라는 점에서 그 근거를 찾을 수 있다. 어떻게 하면 경찰-질서관청이 가장 효과적으로 이와 같은 목적을 달성할 수 있는지를 결정할 수 있도록 하기 위하여 경찰-질서관청에게 개입여부에 대한 결정의 자유가 인정된 3

1) *Erb*, Legalität und Opportunität, 1999.
2) *Waechter*, VerwArch 88 (1997), 298.

다. 때로는 개입을 하지 않고 기다리는 것이 오히려 위험이 고조되는 것을 피하는 것에 기여할 수 있다. 경찰-질서관청의 예방적 활동에 있어서 편의주의의 원칙이 적용된다는 것은 경찰-질서관청에게 재량이 보장된다는 것을 의미한다. 질서위반법 또한 편의주의의 원칙에 근거하고 있다(질서위반법 제47조 제1항과 제53조를 보라).

4 안전전략을 수립함에 있어서는 경찰활동의 근거가 되는 원리들이 고려되어야 한다. 뉴욕에서는 1990년대에 '무관용(無寬容, zero tolerance)'의 원칙이라는 이름하에 안전확보를 위한 전략이 발전되었는바, 동 원칙은 아직까지는 명확하게 법위반이라고 볼 수 없는 경우에도 개입을 장려하는 것을 그 내용으로 한다. 이는 눈에 보이는 파손된 부분, 즉 새것으로 교체되지 않은 소위 '깨어진 유리창(broken windows)'이 다른 법규위반에 대한 유혹 내지 동기가 된다는 심리학적 인식에 근거하고 있다.[3] 이러한 전략은 무엇보다도 경미한 범죄행위에 대한 개입을 그 목적으로 한다.

〈참고〉 깨어진 유리창 이론과 무관용 정책

이 단락의 내용을 이해하기 위하여는 '깨어진 유리창 이론'과 '무관용전략'에 대한 기본적 지식이 필요한데, 이하에서 독자들의 편의를 위하여 동 이론을 간단히 소개하기로 한다.

1. 깨어진 유리창 이론(Broken Window Theory)

'깨어진 유리창 이론'은 1969년 미국 스탠포드대학의 심리학자 필립 짐바르도(Philip G. Zimbardo) 교수가 뉴욕 골목길에서의 차량실험을 통해 최초로 소개한 심리학이론인데, 미국의 범죄학자인 제임스 윌슨(J. Wilson)과 조지 켈링(G. Kellimg)이 1982년 3월에 월간잡지 「아틀란타」에 공동으로 "깨어진 유리창: 경찰과 이웃의 안전"이라는 제목의 기고를 통하여 사회무질서의 확대와 관련된 범죄학 이론으로 발전되었다.* 이러한 깨어진 유리창 이론은 공공 장소(거리, 공원, 역, 버스, 지하철 등)에 깨어진 유리로 대변되는 사소한 비행이나 무질서를 방치하게 되면 그 지점을 중심으로 무질서와 범죄가 확산되어 종국에는 수습할 수 없는 상황으로 발전될 수도 있다는 것을 그 주된 내용으로 한다. 한편 동 이론의 효과적 이해를 위하

---

3) Dazu *Volkmann*, NVwZ 1999, 225.

* 역주 Wilson/Kelling, Broken Windows: The Police and Neighborhood Safety, Atlantic Monthly, mars 1982, pp. 29~38.

여는 짐바르도 교수 등의 실험내용을 알아둘 필요가 있다.

(1) **짐바르도의 뉴욕 골목길에서의 차량실험**

짐바르도 교수는 뉴욕의 한 골목길에 두 대의 정상적으로 작동되는 깨끗한 차량을 일정한 간격을 두고 장기간 주차해 놓으면서, 이 중 한 대는 보닛(Bonnet)만 열어 놓았고, 다른 한 대는 의도적으로 차량 창문 한쪽을 깨어 놓았다. 약 10분 후, 깨진 유리창이 있는 차량에는 누군가가 접근해서 배터리를 분리하여 갔고, 잠시 뒤에는 또 다른 이가 바퀴를 빼어 갔으며, 신사복을 입은 사람이 지나가다가 차를 발로 걷어찼으며, 다른 행인들은 낙서를 하거나 돌 등을 투척하여 차량 외관에 손상을 가하였다. 그리고 일주일이 지난 후에는 차마 눈뜨고 볼 수 없을 정도로 차량이 파손되었다. 이에 반해 보닛만 열어둔 깨끗한 자동차는 특별히 그 어떤 변화가 일어나지 않았다. 이 실험을 통해 짐바르도 교수는 차량 유리창의 약간의 파손이라는 상태가 무질서와 약탈, 파괴의 가능성을 단기간에 상승시키는 촉매제 역할을 하게 된다는 결론을 도출하게 된다.

(2) **윌슨과 켈링의 실험**

1980년대 초반 제임스 윌슨과 조지 켈링 교수도 짐바르도 교수와 유사한 실험을 한다. 즉 낡은 건물의 깨진 유리창을 그대로 방치해 두었더니 주변사람들은 그 건물을 관리를 포기한 상태의 것으로 판단하고 돌을 투척하여 나머지 유리창까지 모두 깨뜨리고 건물에 낙서도 하고, 건물에 침입하여 절도와 강도 등 약탈까지 하였다. 문제는 여기서 그치는 것이 아니라 파손되고 약탈된 건물을 중심으로 인근지역에 강력범죄가 확산되었다.

2. 무관용 정책(Zero Tolerance Policing)

(1) **내 용**

'무관용정책'이란 범죄와 무질서의 분위기가 급속히 확산되기 전에 초기단계부터 사전에 제압하여 여타 강력범죄를 사전에 예방하여야 한다는 정책을 말하는바, 전술한 깨어진 유리창 이론의 실험결과를 토대로 1990년대 미국 뉴욕의 줄리아니 시장과 그의 선거파트너였던 뉴욕시경의 브래튼 경찰국장이 그를 채택하여 지하철 무임승차, 쓰레기투기, 낙서, 구걸 등 경미범죄를 강력하게 단속하게 된다. 줄리아니 시장은 1997년 뉴욕시장 재선과정에서 자신들의 무관용 정책으로 엄청난 범죄감소 효과가 있었다고 선전하여 재선에 성공하게 된다.

(2) **평 가**

깨어진 유리창 이론에 바탕을 둔 '무관용 정책'에 대하여는 무관용정책이 범죄감소와 큰 관련성이 없다는 비판이 행해지기도 하는바, 그 주된 논거는 다음과 같다.

첫째, 줄리아니 뉴욕시장이나 브래튼 경찰국장이 퇴임하고 난 이후에 사실상 뉴욕의 범죄상황은 크게 변하지 않았다.

둘째, 줄리아니 뉴욕시장이나 브래튼 경찰국장이 취임하기 이전부터 뉴욕의 범죄는 이미 감소하는 추세를 보이고 있었다.
셋째, 뉴욕시와는 다른 접근 방법을 취한 미국의 다른 주요 대도시에서도 같은 기간 범죄가 크게 감소하였다.
넷째, 경찰인력의 증강과 과학기술장비의 보강이 오히려 범죄의 감소에 더 크게 작용하였다.*

5 경찰-질서관청은 시민과의 적극적인 협력 속에서 넓은 의미의 안전을 제고하여야 한다. 지역사회 경찰활동(Stadtteilarbeit)**을 통하여 사회적 논쟁이 되는 사안을 문제지향적으로 해결하고 시민에게 보다 가치 있는 삶의 영역을 만들어주는 것이 중요한 한도에서는, 공적인 사안에 대한 주민의 적극적 참여를 장려할 가치가 있다. 다양한 사회계층을 대변하는 '지역 범죄예방위원회' 모델은 이러한 협력의 출발을 알리는 좋은 예이다. 일련의 독일 도시에서 실용화되었던 안전개념은 제한된 범위에서 '무관용 원칙'과 같은 시도를 지향하였던바, 그에 대하여는 개별적으로 판단할 것이 요구되며, 경찰-질서법상의 일반원칙과 합치하는지 여부에 대하여 보다 심도 있게 탐구되어야 한다.

〈참고〉 지역사회 경찰활동(Community Policing)

이 단락의 내용은 "지역사회 경찰활동이론"에 관한 이해가 전제되어야 제대로 이해할 수 있는바, 이하에서 동 이론을 간단히 소개하기로 한다.

1. 지역사회 경찰활동이론의 생성
지역사회 경찰활동이론은 여러 학자들에 의하여 이름을 달리하는 다양한 형태의 이론으로 전개되었는바, 비록 그 명칭과 세부적 설명에 있어서는 약간의 차이점이 존재하지만 그 근본적 시각은 이론적 궤를 같이한다. 즉, 동 이론은 트로야노비치, 버케로, 스콜닉과 베일리(1988)의 지역중심 경찰활동(Community-Oriented Policing), 골드슈타인(1979)과 스펠만(1988)의

* 역주 이러한 비판에 대해서는 로익 바캉(저)/류재화(역), 가난을 엄벌하다, 시사IN북, 2010, 33쪽 이하 참조. 특히 같은 책의 제1부 "미국산 형벌국가는 어떻게 전 세계에 파급되었나"의 제1절 "맨허튼, 新형벌주의 생산공장"(39쪽 이하), 제2절 "'톨레랑스 제로'의 세계화" 참조; 또한 스티븐 레빗과 스티븐 더브너(저)/안진환(역), 괴짜경제학, 웅진지식하우스, 2007. 특히 같은 책의 제4장, "그 많던 범죄자들은 다 어디로 갔을까? — 범죄의 유혹, 신화를 벗고 실체를 드러내다" 참조.

** 역주 Stadtteilarbeit는 영어의 Community Policing을 독일어로 번역한 것이다.

문제지향적 경찰활동(Problem-Oriented Policing), 윌리엄스(1985)의 이웃지향적 경찰활동(Neighborhood-Oriented Policing) 등과 같이 다양한 이름의 이론으로 발전되었지만, 기본적 문제의식과 문제의 해결방안 등에 있어 상당한 유사성을 지니고 있다. 이러한 까닭에 이들 이론을 총칭하여 지역사회 경찰활동이론이라고 부른다. 한편 뉴욕 시경(NYPD)의 브래튼 경찰국장이 1990년대 뉴욕시의 무관용 원칙을 실천함에 있어 지역사회 경찰활동(community policing)과 문제지향적 경찰활동(problem orientied policing)을 강조한 바 있다.

2. 지역사회 경찰활동이론의 내용

지역사회 경찰활동이론은 경찰당국이 범죄와 무질서문제를 단독으로 대처할 것이 아니라 지역사회와 연대하여 범죄를 예방해야 함을 강조하는 이론이다. 즉, 범죄예방을 위하여 경찰이 단독으로 형사처벌을 중심으로 범죄에 대한 피상적, 사후적 원인만을 상정하여 접근·대응할 것이 아니라 지역사회의 교육·환경·소방 및 문화 담당자, 학부모, 노인대표 등 평범한 이웃들과의 협력하에 범죄의 원인과 대책을 찾아보자는 것이다. 환언하면 경찰과 평범한 이웃들이 함께 범죄의 근본적 원인이 어디에 있는지를 찾아보고, (자신의 개별영역의 관점에서 혹은 지역사회 다른 부문과 연대하여) 어떤 방식으로 범죄를 저지르는 청소년·부랑아·마약사범·절도범·강도범 등의 비행과 범죄를 예방하고 계도할 수 있을지를 지역사회 차원에서 (경찰과 지역사회구성원이) 함께 고민해 보고자 하는 것이다.*

경찰-질서법은 도시안전전략과 관련된 행정관청의 활동에 대한 한계와 공공의 안녕의 유지라는 임무수행에 사인을 포함시키는 것에 대한 한계를 설정하고 있다. 경찰-질서법에 따른 직무의 할당은 준수되어야 한다. 구체화된 법률규정을 넘어서서까지 (사회를 형성하는) 공공의 질서를 유지하는 것은 경찰의 임무가 아니다.[4] 현재 갖고 있는 권한의 행사에 있어서는 비례의 원칙이 준수되어야 한다. 시민의 안전감이 높아진 것이 권리침해가 방지되었다는 것, 즉 실제로 안전이 고양되었다는 것과 동일한 것을 의미하는 것은 아니다. 순수한 '무관용'전략은 편의주의의 원칙에 위반하는 것이 될 수 있다.[5] 그러한 전략의 구체적 결과는 —예컨대 공적 광장에서의 비디오 감시(Videoüberwachung)등과 관련하여— 권한규범의 해석과 적용에서 나타나게 된다(위의 제7장 Rn. 135 이하를 보라). 6

---

* 역주 이러한 내용에 관하여 보다 자세한 것은 강용길/김현정/김형훈/이영돈, 생활안전경찰론, 경찰대학 2012년, 21쪽 이하 참조.

4) Vgl. *Dolderer*, NVwZ 2001, 130.

5) *Erbel*, DVBl. 2001, 1714 (1722 f.); *Schenke*, POR, Rn. 99.

2. 재량과 경찰개입청구권

7 경찰-질서관청에 관한 법률상의 모든 권한규범은 가능규정(可能規定, Kann-Vorschriften)이다. 가능규정은 경찰-질서관청에게 재량을 부여한다. 따라서 연방과 주의 법률은 경찰이 의무적합적 재량에 따라 결정을 하고, 고려될 수 있는 여러 수단 가운데에서 선택을 하는 것을 규율하는 명시적 규정을 갖고 있다.[6] 편의주의의 원칙은 이와 같은 규정에 표현되어 있는 선택재량이나 결정재량을 고려하고 있다.[7]

8 결정재량(Entschließungsermessen)은 행위를 할 것인지의 '여부(Ob)'와 관련 있다. 경찰-질서관청은 그 행위가 임무수행을 위하여 의미가 있다고 생각하는 경우에도 그를 하지 않을 수 있다. 그러나 경찰-질서관청은 개입하여야 하는지 여부에 관하여는 심사를 하여야 한다.

9 **사 례:**
라이벌 관계에 있는 두 폭력집단이 쇼핑몰 앞에서 서로 위협을 하며 대치하고 있다. 몇몇 폭력배들은 손에 몽둥이와 돌을 들고 있다. 양 폭력집단의 두목이 말싸움을 하고 있다. 물건손상과 신체침해가 우려된다 할지라도, 이를 바라보고 있는 경찰관은 일단 (개입하지 않고) 기다릴 수 있다. 왜냐하면 두 폭력집단 두목 간의 말싸움이 폭력 없이 쇼핑몰을 떠남으로써 끝날 수 있고, 경찰의 개입이 오히려 사태를 악화시키는 결과를 가져올 수 있기 때문이다.

10 선택재량(Auswahlermessen)은 행위의 방식, 즉 행위를 '어떻게(Wie)' 할 것인지와 관련 있다. 이들 행위가 동일한 효과를 갖는 경우에는 경찰관청은 여러 수단 가운데 하나를 선택할 수 있다. 여러 수단이 동일한 효과를 가지고 있다면 당사자는 경찰-질서법의 규정에 따라서 경찰관청이 명한 수단과는 다른 수단을

---

6) § 16 BPolG; § 3 PolG BW; Art. 5 BayPAG und Art. 7 BayLStVG; § 12 ASOG Bln; § 4 BbgPolG und § 15 BbgOBG; § 4 BremPolG; § 3 HbgSOG; § 5 HessSOG; § 14 SOG MV; § 5 NdsSOG; § 3 PolG NW und § 16 OBG NW; § 3 POG RP; § 3 SaarlPolG; § 3 SächsPolG; § 6 SOG LSA; § 174 LVwG SH; § 5 ThürPAG und § 7 ThürOBG.

7) 이와 같은 개념에 대한 비판으로는 *Knemeyer*, POR, Rn. 129 f.

사용해 줄 것을 청구할 권리를 갖는다. 처분의 상대방이 되는 책임자들 간의 선택 또한 재량행사의 일부분이다.

책임의 단계에서는 다수의 책임자 간의 선택을 심사하라. 선택재량에 있어서의 심사가 잘못되지 않았다고 하여도, 대부분 심사순서의 명확성은 침해된다.

11

12 결정에 있어 경찰관청에게 재량이 허용되는 활동영역은 그 결정에 대한 통제에 있어서도 존중되어야 한다. 법원은 경찰관청의 지위의 입장에 있어서는 안 되고 특정한 조치의 의미에 대하여 일반적 고려를 할 수 있을 뿐이다. 법원의 통제는 합목적성(Zweckmäßigkeit)과 관련된 것이 아니라, 단지 적법성과 관련되어 있을 뿐이다.[8] 그러나 적법성 심사는 침해의 정도가 보다 경미한 수단이 고려될 수 있는지 여부에 대한 판단을 포함한다. 재량의 행사는 일반원칙에 따라 사법심사의 대상이 되며, 따라서 재량행사에 하자가 있었는지 여부에 대하여 조사될 수 있다(행정절차법 제114조).

13 행정절차법 제40조가 의무적합적 재량행사에 대한 기준이 된다. 재량의 하자는 재량의 일탈, 재량의 해태, 재량의 남용이다.[9] 경찰-질서법 영역에서의 결정은 — 대학생들의 연습문제에서도— 일반 행정법의 재량의 하자이론의 중요한 적용영역이다.[10]

14 이것은 특히 재량권의 0으로의 수축에 대해서도 적용된다. 재량의 수축은 편의주의의 원칙에 대한 예외이다.[11] 만약 경찰관청의 재량이 0으로 수축된다면, 경찰관청은 개입하여야만 한다. 재량권이 0으로 수축되는지 여부는 비례의 원칙의 준수하에 개별적인 경우에 있어서의 이익형량에 따라 결정된다. 출발점은 (경찰관청에게) 재량을 허용하는 규율의 목적이다. 경찰-질서법에서 경찰관청의 행위는 위험방지, 따라서 기본권보호라는 목적에 기여한다. 행정작용에 대한 기본권적 요구는 특히 기본권 제3조 제1항으로부터 효과를 나타낸다.[12] 형량을 함에 있어서는 침해되는

8) *Schenke*, POR, Rn. 94; *Schoch*, POR, Rn. 103.

9) *Pieroth/Schlink/Kniesel*, POR, § 10, Rn. 36 ff.; *Schenke*, POR, Rn. 95 ff., *Wehr*, ExRep PolR, Rn. 429 ff.

10) *Maurer*, Allgemeines Verwaltungsrecht, § 7, Rn. 19 ff. m.w.N.

11) *Götz*, POR, § 11, Rn. 6.

법익의 가치와 위험의 강도가 —행위의 리스크와 결과와 마찬가지로— 중요한 역할을 한다.[13] 판례에 따르면 중요한 법익이 중대한 위험에 처해있고, 경찰의 다른 임무가 우위에 있지 않은 경우에 재량이 0으로 수축된다.[14]

15 **사 례:**
도시공원을 순찰하는 도중에 두 명의 경찰관이 한 여성이 총기로 무장한 남성에 의해 명백하게 위협을 받고 공격을 받는 것을 목격한다. 생명과 신체의 불가침이라는 법익의 보호를 위하여 그들 경찰공무원은 개입하여야 한다.

16 보호법익의 가치가 크다는 것만으로 재량의 수축이란 결과를 가져오지는 않는다. 그것은 형량과정의 일부일 뿐이다. (개입을 하여야 할) 법적 의무는 적은 가치를 가진 법익보호를 위하여서도 존재할 수 있다.[15] 이것은 재량의 성격에 부합한다. 그러나 이런 사정이 개입의무를 지나치게 확장시켜서 결론적으로 많은 경우에 재량의 수축이 인정되는 결과를 초래하여서는 아니 된다.[16] 법익형량에 있어서 경찰관청 또는 질서관청의 조치와 관련 있는 제3자의 이익 또한 고려되어야 한다. 가능규정의 법적 내용이 해석을 통하여 당위규정(當爲規定, Soll-Regelung)으로 전환되어서는 안 된다.[17]

17 경찰-질서관청은 자신의 임무의 중요도를 정할 수 있고, 이익형량에서 이러한 중요도를 반영할 수 있다. 따라서 행정이 들여야 하는 노력과 다른 방식으로 수행되어야 할 임무 또한 고려된다. 그 조치가 다른 기관은 갖고 있지 못한 많은 경력(警力)을 필요로 하는 경우에는 재량의 수축은 인정되기 어렵다.

18 개입을 하여야 할 법적 의무가 반드시 '특정한' 조치를 취할 의무를 내용으로 하는 것은 아니다. 즉, 개입을 하여야 할 법적 의무는 결정재량이나 선택재량의 축소, 또는 두 가지 모두의 축소와 관련될 수 있다. 대부분의 경우에는 결정재량과 관련 있다.

---

12) *Schoch*, POR, Rn. 112.
13) *Schenke*, POR, Rn. 100.
14) BVerwGE 11, 95 (97).
15) *Rachor*, in: Lisken/Denninger, F, Rn. 131 f.
16) 이러한 경향에 관하여는 bei *Götz*, POR, § 11 Rn. 5 ff.
17) *Schenke*, POR, Rn. 101.

결정재량이 0으로 수축되는 경우에도 경찰-질서관청에는 여전히 다양한 수단들 가운데 어느 하나를 선택할 길이 열려 있다.[18] 여러 조치가 가능하다면 당사자는 무하자재량행사청구권(Anspruch auf fehlerfreie Ermessensausübung)을 행사할 수 있다.

사 례: 19
일단의 노숙자들이 소유권자 E의 집을 점거한다. 가택소유자 E는 자신의 재산권을 보호하기 위하여 민법상의 수단을 사용할 수 있다. 민법상의 수단을 모두 다 사용하였거나 그러한 수단을 통하여서는 목적을 달성할 수 없는 경우에는 점거된 가택으로부터 노숙자들을 퇴거시킬 경찰관청의 법적 의무가 고려될 수 있다. 결정재량의 축소를 인정하는 경우에도 경찰관청은 퇴거의 시점과 상황에 대하여는 여전히 자유로이 결정할 수 있다.[19]

국내관청의 (법적) 개입의무가 유럽연합법으로부터 도출될 수 있다.[20] 유럽연합법상의 법익을 위하여 재량권이 0으로 수축될 수 있다.[21] 유럽연합의 가입국들은 유럽연합법을 집행할 의무가 있다(유럽연합협약 제4조 제3항 및 「유럽연합의 업무방식에 관한 협약」 제2조 제1항 및 제197조 제1항을 참조하라). 유럽가입국의 관청은 유럽연합의 법익을 상당한 방법으로 보호할 의무를 가지는데,[22] 왜냐하면 단지 가입국만이 그러한 의무를 수행할 수 있는 일반 경찰-질서관청을 갖고 있기 때문이다. 20

사 례: 21
「유럽연합의 업무방식에 관한 협약」 제34조, 제36조에 따른 자유로운 상품거래를 보장하기 위하여 국내관청은 도로점거가 국경을 지나는 운송에 저해가 된다면 그에 대하여 조치를 취할 의무가 있다.[23]

결정재량뿐만 아니라 선택재량도 0으로 축소되는 경우, 그 결과로 당사자의 경찰개입청구권이 인정될 수 있다.[24] 행정관청의 객관법적 의무의 주관법적 전환은 22

18) *Pieroth/Schlink/Kniesel*, POR, § 10, Rn. 42.
19) *Schlink*, NVwZ 1982, 529 (532); 다른 견해로는 *Martens*, DÖV 1982, 89 (97).
20) *Schenke*, POR, Rn. 101.
21) *Lindner*, JuS 2005, 302 (305).
22) *Schoch*, POR, Rn. 113.
23) EuGH, Rs. C-265/95 (Kommission/Frankreich), Slg. 1997, I-6959.
24) *Gusy*, PolR, Rn. 394 f.

개인의 권리를 관철할 수 있는 가능성을 가져오게 되는데, 왜냐하면 당사자에게 (쟁송을 통하여) 다툴 수 있는 주관적 권리가 부여되어 있기 때문이다. 기본법의 헌법질서에 따르면 시민은 국가의 행위의 수명자일 뿐만 아니라, 권리주체로서 국가에 대한 주관적 권리를 갖는다.

23 보호규범이 침해되는 경우에 개입청구권이 존재한다. 보호규범이론(Schutznormtheorie)에 따르면 보호규범은 적어도 개인에게 권리를 부여하는 것 또한 그 목적으로 하여야 한다. 경찰-질서법에서 경찰관청의 행위를 요구할 주관적 권리의 근거는 개인에게 법익을 부여하는 규정과 연결된 구체적인 직무규범과 권한규범이다. 그로부터 개인의 이익을 위하여 제3자보호적 성격이 도출된다.[25]

24 **사 례:**
점거된 가택의 소유권자 E는 관청의 결정재량과 선택재량이 0으로 축소되고, 다른 방법을 통한 (민법상의) 보호가능성이 존재하지 않고, 그가 주관적 공권을 가지고 있다면 점거자들을 퇴거시켜 줄 것을 청구할 권리를 가진다. 이와 같은 주관적 권리는 경찰의 직무규범과 개괄적 수권조항 및 소유권에 관한 규정, 즉 종국적으로는 기본법 제14조 제1항과 제2항과 관련된 권한규범(신원확인, 강제퇴거)으로부터 도출된다. 관할관청이 조치를 취할 것을 거부한다면, E는 경찰이 점거자들을 강제퇴거시킬 것을 사법적(司法的) 방법으로 강제할 수 있다.

3. 기본권

25 기본권은 헌법적 질서 전체를 각인시킨다. 따라서 개인의 권리의 보호가 중요하다. 기본권은 모든 국가권력을 기속한다(기본법 제1조 제3항). 그의 다양한 효과는 행정법전체를 관통하고 특징짓는다.[26] 이것은 무엇보다도 모든 행정작용이 비례의 원칙에 따라 심사되어야 한다는 것에 잘 표현되어 있다.[27]

26 경찰-질서법에서 기본권이 갖는 특유한 효과는 개별권한규범과 관련하여 다루어

---

25) *Gusy*, PolR, Rn. 396; *Wehr*, ExRep PolR, Rn. 453 ff.

26) *Drews/Wacke/Vogel/Martens*, Gefahrenabwehr, § 18, Ziff. 1.

27) *Pieroth/Schlink/Kniesel*, POR, § 10, Rn. 2.

진다(위의 제6장, 제7장을 보라). 몇몇 기본권은 이미 경찰법률의 내용속에 특히 강력하게 표현되어 있다. 그 법률의 내용이 기본권으로부터 도출되는 고전적 영역은 기본법 제8조를 근거로 하는 집회법이다.[28] 기본법 제13조가 주거의 불가침에 대한 침해의 허용성에 관하여 매우 상세한 전제조건을 규정하고 있기 때문에 주거의 수색과 주거의 감청에 관한 규정에는 기본권이 강하게 각인되어 있다. 기술의 발전으로 인하여 경찰법, 특히 전화감청과 관련하여 기본법 제10조의 의미가 증대되었다.[29] 경찰관청을 통한 자료의 수집과 처리는 일반적으로 다양한 법적 문제를 야기한다.[30] 따라서 정보의 자기결정권이 중요한 역할을 한다.[31]

법률유보 없이 보장되는 기본권(Grundrechte ohne Gesetzesvorbehalte)도 다른 기본 27
권이나 헌법적 법익의 보호를 위하여 제한될 수 있다. 경찰-질서관청의 조치가 헌법적으로 확정된 법익을 보호하거나 비례의 원칙에 합치한다면, 그러한 경찰-질서관청의 조치는 기본권에 대한 정당한 제한이 될 수 있다. 법률유보 없이 보장되는 기본권을 공공의 질서에 근거하여 제한하는 것은 어떠한 경우에도 지지될 수 없다.[32] 법률로 구체화된 헌법적 법익을 보호하기 위하여 기본권을 제한하는 것은 단지 예외적으로만 허용된다.[33]

사 례:[34] 28
락 코믹물인 "마리아 신드롬(Das Maria-Syndrom)"의 공연이 라인란트-팔츠주 경찰법 제9조의 개괄적 수권조항을 근거로 금지된다. 경찰관청은 형법 제166조(종교적 신념

28) *Messmann*, JuS 2007, 524; *Papier*, BayVBl. 2010, 225; *Pieroth/Schlink/Kniesel*, POR, §§ 20 bis 23.

29) *Schoch*, Jura 2010, 22; 보다 자세한 것은 *Möstl*, Polizeiliche Maßnahmen im Dickicht der Freiheit der Telekommunikation und des grundrechtlichen Schutzes der Wohnung, in: Kugelmann (Hrsg.), Polizei unter dem Grundgesetz, 2010, S. 27.

30) Vgl. *Weber*, Die Sicherung rechtsstaatlicher Standards im modernen Polizeirecht, 2011,S. 40 ff.

31) *Durner*, JuS 2006, 213.

32) *Drews/Wacke/Vogel/Martens*, Gefahrenabwehr, § 18, Ziff. 3b; *Schenke*, POR, Rn. 345; 본서에서와 같이 공공의 질서를 경찰법상의 보호이익으로 보지 않는 경우에는 이러한 내용은 언급할 의미조차 없다. 이러한 점에 관하여는 위의 제4장 2.2.를 보라.

33) 여전히 엄격하게 기본법 제79조 제3항을 기준으로 하는 견해로는 *Pieroth/Schlink/Kniesel*, POR, § 10, Rn. 10.

34) OVG Koblenz, NJW 1997, 1174.

에 대한 모독)의 전제조건이 충족된 것으로, 따라서 공공의 안녕이라는 보호법익이 침해된 것으로 보았다. 이와 같은 금지는 유보 없이 보장되는 기본법 제5조 제3항 제1문의 예술의 자유를 침해한다. 금지를 통하여 보호되어야 하는 것은 종교활동의 자유라기보다는 종교적 신념이다. 상급행정법원의 견해와는 달리 그 금지는 위법한 것이 되는데, 왜냐하면 이 경우에는 종교의 자유보다 예술의 자유가 더 중요하기 때문이다.

29 경찰-질서법은 주로 침해행정을 그 내용으로 한다. 집행권은 법률과 법에 구속된다(기본법 제20조 제3항). 헌법에 근거할 때 침해는 충분히 명확하고 특정된 법적 근거를 요한다.[35] 명확성의 원칙은 경찰법관련 법규범의 심사에 있어 중요한 역할을 한다.

30 경찰법규범과 관련하여서는 기본법 제19조 제1항의 인용(引用)의 요청(Zitiergebot)이 중요한 의미를 갖는다. 그것은 입법자의 명시적인 수권에 근거하여 제한될 수 있는, 즉, 법률유보의 원칙하에 놓이는 기본권에 적용된다.[36] 연방헌법재판소는 예방적 전화감청에 관한 니더작센주 안전질서법의 규정을 인용의 요청에 따라 상세하게 판단하였다.[37] 그에 따르면 기본권을 제한하는 개정법률 또한 인용의 요청을 준수하여야 한다. 안전질서법이 기본법 제10조를 제한가능한 기본권으로 규정하고 또한 안전질서법 개정법률이 전화감청에 관한 규정을 도입한 것만으로는 충분하지 않으며, 인용의 요청이 갖고 있는 경고기능과 숙고기능(Warn- und Besinnungsfunktion)에 부응하기 위하여는 기본법 제10조를 열거하여야만 했다.[38]*

35) BverfGE 56, 1 (12).

36) BVerfGE 64, 72 (79 f.).

37) BVerfGE 113, 348 (366, 367).

38) 연방헌법재판소는 법적 안전성을 이유로 무효의 효과를 자신의 판결이 공표된 후에 의결된 개정법률(특히, 주의 경찰법상의 예방적 전화감청 규정)에 적용하려고 한다.*

* **역주** 註 38은 경찰법률의 개정작업이 진행되고 있는 도중에 예방적 전화감청과 관련된 연방헌법재판소의 결정(BVerfGE 113, 348)이 있었던 것을 전제로 한 설명인데, 그러한 사정하에서 만일 새로운 개정법률이 직전에 행해진 연방헌법재판소의 결정을 고려하지 못하였다면 새로운 개정법률도 무효를 면할 수 없다는 것을 내용으로 한다. 한편 이러한 내용을 보다 잘 이해가기 위하여는 예방적 전화감청(präventive Telekommunikationsüberwachung)의 성질에 대한 이해가 필요하다. 즉, 원저자인 Kugelmann 교수는 예방적 전화감청을 −장래에 있을 수 있는 형사소송을 위하여− 형사절차에서의 증거를 확보하고자 하는 수단으로 이해하여 이것은 형사소송수단으로만 허용된다는 입장을 취하고 있다(본서 제5장 Rn. 161 및 Rn. 181 이하). 그리고 그러한 입장에 기초하여 주법(니더작센주 안전질서법)에 관련 내용이 규정되었다고 하더라도 이는

사 례: 31

경찰법이 기본법 제11조를 인용하지 않았다면, 체류금지에 관한 권한은 인용의 요청에 위반한 것으로 위법하다.[39] 예방적 전화감청을 위한 권한은 경찰법이 기본법 제10조를 제한가능한 기본권으로 인용하는 경우에만 헌법에 합치된다.[40]

4. 비례의 원칙

경찰-질서관청의 모든 행위는 비례의 원칙에 부합해야 한다. 행정법에서 비례의 원칙은 행정관청의 모든 행위에 대해 일반적으로 적용된다.[41] 비례의 원칙은 기본권이 제한되는 경우뿐만 아니라 모든 조치의 경우에 적용된다. 거의 모든 경찰법률들은 비례의 원칙이 경찰법에 적용된다는 것에 관한 고유한 규정을 갖고 있다.[42] 비례의 원칙이 명시적으로 언급되지 않은 경우라 하여도 그의 본질적 내용은 확정되어 있다.[43] 경찰법상의 규정들은 헌법적으로 보장된 비례의 원칙을 구체화하고 있다. 32

원천적으로 무효라고 한다. 그러나 이러한 Kugelmann 교수의 견해와 달리 다수의 학자들은 예방적 전화감청이 형사소송적 의미에서의 예방(즉, 증거의 확보나 장래에 있을 수 있는 형사절차에 대한 대비)뿐만 아니라 경찰법적 의미에서의 범죄예방(Straftatenverhütung)에도 기여할 수도 있다고 보고 있다(*Pieroth/Schlink/Kniesel*, Polizei- und Ordnungsrecht, 2010, S. 79; *Kniesel/Paeffgen/Keppel/Zenker*, Strafverfolgung als polizeiliche Aufgabe, Die Polizei 2011, S. 339f.; *Park(박병욱)*, Wandel des klassischen Polizeirechts zum neuen Sicherheitsrecht, 2013, 245 f.) 이러한 입장에 따르는 경우 형사소송과 관련된 고유한 요건(Eigenständigen Tatbestandmerkmal)을 규정하여 그 수단이 오로지 형사소송을 위한 목적이 분명한 경우에만 예방적 전화감청 등에 관하여 연방의 전속적 입법관할권이 인정되지만, 일부 목적이라도 경찰법상의 예방적 목적이 인정된다면 예방적 전화감청에 대하여서도 주가 입법관할권을 가질 수 있게 된다. 따라서 주가 경찰법에 예방적 전화감청에 관한 내용을 규정하더라도 헌법합치적인 것이 될 수 있다.

39) *Pieroth/Schlink/Kniesel*, POR, § 10, Rn. 7.

40) *Schenke*, POR, Rn. 343.

41) *Ossenbühl*, Jura 1997, 617.

42) § 15 BPolG; Art. 4 BayPAG und Art. 8 BayLStVG; § 11 ASOG Bln; § 3 BbgPolG und § 14 BbgOBG; § 3 BremPolG; § 4 HbgSOG; § 4 HessSOG; § 15 SOG MV; § 4 NdsSOG; § 2 PolG NW und § 15 OBG NW; § 2 POG RP; § 2 SaarlPolG; § 3 SächsPolG; § 5 SOG LSA; § 4 ThürPAG und § 6 ThürOBG.

43) § 5 PolG BW; § 176 LVwG SH('필요하다').

33 **Tip** 경찰-질서관청의 모든 조치는 비례의 원칙에 비추어 심사되어야 한다. 이 경우 수권의 근거가 특별법적 규정인지 아니면 일반 경찰법상의 권한규범인지 여부는 중요하지 않다. 그러나 그 중요성의 정도는 고려하라! 비례의 원칙에 대한 심사는 다른 모든 연습문제와 마찬가지로 심사체계가 이해될 수 있어야 하며, 그 문제에 맞게끔 행해져야 한다.

34 법률규정들은 재량의 행사와 비례의 원칙 간의 관계를 규율하고 있는바, 그러한 관계는 상이한 조문에서 또는 같은 조문의 다른 항으로 규율되고 있다. 이 경우 이미 재량결정 자체에서 비례의 원칙이 고려되어야 한다는 것을 간과하여서는 아니 된다.[44] 경찰-질서관청은 자유롭게 재량결정을 내리는 것이 아니라 헌법적 요청에 기초하여 재량결정을 내리는 것이다.

35 비례의 원칙은 경찰의 조치가 정당한 목적을 추구하고, 적합하며, 필요하고 상당할 것(= 협의의 비례의 원칙)을 요구한다. 경찰-질서관청의 조치의 정당한 목적은 일반적으로 위험방지에 있다. 범죄행위에 대한 예방적 대처와 관련하여 비례의 원칙이 갖고 있던 조정기능이 명백히 약화되었다.[45] 이 경우에는 구체적 위험이 결여되어 있으며, 따라서 개별적인 경우에 당사자의 서로 상충되는 이익의 (형량)기준이 결여되어 있다.[46] 그러므로 위험의 사전배려를 위한 정보수집이나 범죄행위의 예방을 위한 다른 조치들은 가능한 한 구체적인 법적 근거를 요한다. 입법자는 법적 근거를 마련함에 있어서 비례의 원칙을 고려해야 한다. 이것은 정확한 구성요건이 결여되어 있는 것에 대한 절차법적 보상을 요구한다.[47]

36 경찰의 조치는 목적을 달성하기에 적합하여야 한다. 목적을 완전히 달성할 수 있다는 것이 확실할 필요는 없다. 목적을 달성하는 것을 촉진하거나 위험을 감소시키는 것만으로도 충분하다.[48] 경찰관청에게는 조치의 방식이나 행위가 적합한지 여부에 대한 판단에까지 이르는 활동의 여지가 부여되어 있다. 적합성은 경찰관청의

---

44) *Pieroth/Schlink/Kniesel*, POR, § 10, Rn. 2.
45) *Schenke*, POR, Rn. 10, Rn. 340.
46) *Schulze-Fielitz*, in: Festschrift für Schmitt Glaeser, 2003, S. 407 (423).
47) *Kugelmann*, DÖV 2003, 781 (787 ff.); *Schoch*, Der Staat 2004, 347 (367 f.).
48) *Kluth*, JA 1999, 606 (609); *Rachor*, in: Lisken/Denninger, F, Rn. 222.

사전적 관점에서 판단되어야 한다. 법원에 의한 사후적 통제의 경우에도 이것이 고려되어야 한다.

경찰-질서법에서는 목적달성을 위한 사실적, 법적 가능성이 특별히 중요한 역할을 한다.[49] 가능하지 않은 조치는 적합하지 않은 것이다. 수범자 측면에서 민법적 관계가 복잡하다고 하여, 그것이 반드시 법적으로 불가능한 것은 아니다. 그러나 명령은 그를 실제로 행할 권한을 가진 자에 대하여 발해져야 한다. 조치의 목적을 달성할 가능성이 경찰상 처분의 집행에 있어 어려움을 제공한다(아래의 제11장을 보라). 먼저 제3자를 상대로 한 처분이 행해져야만 하는 경우에는, 명령단계에서는 적법한 원처분(原處分, Grundverfügung)이 집행단계에서는 집행불가능한 것이 될 수도 있다.[50] 37

사 례: 38

경찰조치의 수범자가 될 수 없는 자에 대한 금지처분은 적합하지 못하고 따라서 비례의 원칙에 부합하지 않아서 위법하다.[51] 노숙자에게 이틀 이내에 주거를 제공하라는 처분은 사실적으로 불가능한 행위로서 위험의 방지에 적합하지 못하다.[52]

필요성(Erforderlichkeit)의 원칙은 경찰법 규정에 "다수의 가능하고 적합한 조치 가운데에서 개인과 일반공중에 대해 가장 침해를 적게 가할 것이라고 예상되는 조치를 취하여야 한다"라는 형태로 규정되어 있다.[53] 그 외에도 법은 목적이 달성될 때까지 또는 그 목적이 달성될 수 없다는 것이 명백하게 될 때까지만 그 조치가 허용된다는 것을 분명하게 하고 있다.[54] 보다 덜 침해적인 수단은 동시에 목적을 달성하기에 적합해야 한다.[55] 39

49) *Drews/Wacke/Vogel/Martens*, Gefahrenabwehr, § 25, Ziff. 5b, *Wehr,* ExRep PolR, Rn. 441.
50) *Schoch*, POR, Rn. 106.
51) BVerwGE 42, 161 (165).
52) PrOVG 95, 121 (123).
53) 예컨대 § 2 Abs. 1 PolG NW; § 15 Abs. 1 BPolG; 그 한도에서 또한 § 5 Abs. 1 PolG BW을 보라.
54) 예컨대 § 2 Abs. 3 PolG NW; § 15 Abs. 3 BPolG.
55) *Drews/Wacke/Vogel/Martens*, Gefahrenabwehr, § 25, Ziff. 5d.

40 몇몇 권한규범은 필요성과 관련된 특별한 규율을 갖고 있다. 몇몇 법률에 따르면 임무수행이 다른 방식으로 불가능하거나 비례의 원칙에 부합하지 않을 만큼 많은 비용을 들여야만 가능한 경우에는 정보수집을 위한 특별한 수단의 투입이 허용된다.[56] "그 조치가 필요불가결하여야만 한다"라는 규정 역시 유사한 목적을 추구하고 있다.[57] 이와 같은 규정방식은 필연적으로 필요성의 원칙에 대하여 엄격하게 심사하게 되는 결과를 가져왔으며, 따라서 요건을 강화시키고 있다.[58] 필요성의 원칙에 대한 심사는 동일한 적합성을 갖는 다른 조치에 대한 평가와 관련될 수 있다.

41 경찰법상의 재량에 관한 규정에 담겨져 있는 대체수단(Austauschmittels)의 제공에 관한 규율은 내용적으로는 필요성의 원칙의 표현이다. 책임자는 위험을 제거해야 되기 때문에 경찰처분은 이와 관련된 책임자의 의무를 구체화하게 된다. 따라서 당사자는 그와 똑같은 효과를 갖는 다른 수단을 사용해 줄 것을 신청할 수 있다.[59] 대체수단은 행정행위의 존속력이 발생될 때까지 제공될 수 있다.[60]

42 **사 례:**

(건축물 등의) 사용금지는 그의 철거명령보다 덜 침해적이다.[61] 이웃 국가에서 유럽컵 축구경기가 열리는 동안 관련된 독일 훌리건의 출국을 방지하기 위하여 여권에 대한 제한조치에 덧붙여 신고의무를 부과하는 것이 필요하다.[62] 교통법규에 위반하여 주차되어 장해를 일으키고 있는 자동차의 경우에 자동차를 옮기는 것은 멀리 떨어진 장소로 견인하는 것보다 덜 침해적인 조치이다.[63]

판례에 따르면 폭력적 성향을 띠고 있는 청소년에게 군용전투화(Springerstiefeln mit

---

56) 예컨대 § 2 Abs. 2 Satz 2 Nr. 1 und Abs. 3 Satz 3 HbgDVPolG.

57) 예컨대 보호조치에 관하여는 § 35 Abs. 1 Nr. 2 PolG NW; § 13 Abs. 1 Nr. 2 SaarlPOG.

58) BVerfGE 83, 24 (35); *Albers*, Straftatenverhütung, S. 305 ff.; 반대의 견해로는 *Pieroth/Schlink/Kniesel*, POR, § 10, Rn. 27.

59) *Pieroth/Schlink/Kniesel*, POR, § 10, Rn. 28; *Schoch*, POR, Rn. 107.

60) *Gusy*, PolR, Rn. 400; Schenke, POR, Rn. 337; 경찰조치의 강제적 집행이 있을 때까지는 대체수단을 신청할 수 있다고 하여 반대의 견해를 제시하고 있는 것으로는 *Pieroth/Schlink/Kniesel*, POR, § 10, Rn. 28.

61) *Gusy*, PolR, Rn. 398.

62) VGH BW, DVBl. 2000, 1630 (1633).

63) *Schenke*, POR, Rn. 335, Rn. 720.

Stahlkappen)의 착용을 금지하는 것은 필요한 조치이다. 왜냐하면 새로운 위협이 있는 경우에야 비로소 경찰이 개입하는 것은 적합하지 않기 때문이다.[64]

조치의 **상당성**(Angemessenheit, 좁은 의미에서의 비례성 또는 수인가능성)을 평가하기 위 43
하여는 이익형량(Güterabwägung)이 행해져야 한다. 경찰법규정에 따르면 (경찰의) 조치는 그를 통하여 달성하고자 하는 목적과 명백하게 비례하지 않는 불이익을 초래하여서는 아니 된다.[65] 이익형량에 있어서는 경찰관청이 결정하는 시점이 기준이 된다. 경찰-질서법에서 비례의 원칙의 이와 같은 단계(즉, 상당성의 단계)의 적용영역은 매우 좁은데, 왜냐하면 대부분의 경우가 필요성의 단계에서 해결될 수 있기 때문이다.[66]

사 례: 44

비록 도로교통법상의 규정을 위반하여 주차하였지만 다른 어떤 사람에게도 방해를 주지 않았다면 그 자동차를 견인하는 것은 상당하지 않을 수 있다.[67] 반대견해는 견인의 상당성에 대한 근거로 "도로교통법규정을 위반하여 주차한 경우에도 그를 견인하는 것이 상당성의 원칙에 반하게 되어 견인할 수 없게 된다고 하면, 그것은 다른 사람들에게 부정적 영향을 미치게 된다"는 것을 들고 있다.[68] 이와 같은 일반예방적 주장은 도로교통법 규정의 목적을 교통교육에까지 확장한다. 그러나 견인의 목적은 어디까지나 구체적 위험의 방지이다.

확인문제

1. 합법주의와 편의주의의 차이는 무엇인가? (Rn. 2 이하)
2. 결정재량은 무엇인가? (Rn. 8)
3. 어떠한 전제조건하에 경찰개입청구권이 존재하는가? (Rn. 23)
4. 경찰-질서법에 있어서 비례의 원칙에 대한 심사와 관련하여 적합성의 어떠한 내용이 특히 중요한 역할을 하는가? (Rn. 37)

---

64) SächsOVG, SächsVBl. 2000, 170 (174).

65) 예컨대 § 2 Abs. 2 PolG NW; § 15 Abs. 2 BPolG; s. insoweit auch § 5 Abs. 2 PolG BW.

66) *Gusy*, PolR, Rn. 399.

67) BVerwGE 90, 189 (193); OVG Hbg, NJW 2001, 168 (169) und NJW 2001, 3647 (3649); *Pieroth/Schlink/Kniesel*, POR, § 10, Rn. 30a.

68) BVerwG, NJW 1990, 931; BayVGH, NJW 1996, 1979 (1980); OVG NW, NJW 1999, 1275, OVG RP, NVwZ 1988, 658 (659); *Schoch*, POR, Rn. 108.

제11장 집행법과 비용법

1 경찰-질서관청의 조치는 우선적으로 책임자나 비책임자에게 취해져야 한다. 경찰-질서법은 이러한 제1차적 차원을 규율한다. 다음 단계는 제2차적 차원으로 경찰-질서관청의 조치의 집행인바, 이는 그러한 조치를 사실상 실현시킨다는 의미를 갖는다. 제3차적 차원에서는 그러한 조치에 소요된 비용을 당사자로부터 징수하는 것이 문제된다. 제2차적, 제3차적 차원에서는 경찰-질서법규정에 더하여 일반 집행법 및 수수료법의 규정들이 등장하게 된다.[1)]

1. 행정강제 개관

2 행정관청의 행정행위의 (강제)집행에 관한 법적 근거는 기본적으로 연방과 주의 행정집행법이다. 경찰-질서관청의 조치의 경우에는 많은 특별규정이 적용된다. 이와 같은 경찰-질서법상의 규정은 경찰-질서법상의 조치가 시민의 법적 지위를 특히 강하게 침해하며, 더욱이 종종 시간적 압박하에서 행해진다는 사정을 고려하고 있다. 당사자의 의사에 반하여 집행이 행해져야 하는 경우에는 어쩔 수 없이 강제수단을 사용할 수박에 없다. 따라서 주의 법률들은 집행의 메커니즘을 고려하여 행정강제 또는 경찰강제를 규정하고 있다.[2)]

3 집행에 관한 주의 경찰-질서법 규정들 가운데 일부는 경찰강제에 관한 모든 내용을 통합적으로 규정하고 있고, 일부는 일반 행정집행법을 전부 또는 부분적으로

1) *Braun*, Die Finanzierung polizeilicher Aufgabenwahrnehmung im Lichte eines gewandelten Polizeiverständnisses, 2009; *Habermann*, Gebühren für Gefahrenabwehr, 2011.

2) §§ 49 f. PolG BW; Art. 53 ff. BayPAG; §§ 53 ff. BbgPolG; §§ 40 ff., 86 BremPolG; §§ 17 ff. HbgSOG; §§ 44 ff. HessSOG; §§ 79 ff. SOG MV; §§ 64 ff. NdsSOG; §§ 55 ff. PolG NW; §§ 57 ff. POG RP; §§ 44 ff. SaarlPolG; §§ 30 ff. SächsPolG; §§ 53 ff. SOG LSA; §§ 51 ff. ThürPAG.

준용하도록 하고 있다.[3] 연방차원에서는 (연방)행정집행법이 적용되고, 특별한 강제수단과 관련하여서는 직접강제법이 적용되는바, 이하에서 설명하는 내용은 그들 규정과 관련 있다. 집행법의 기본은 많은 부분에서 공통된다. 강제수단은 대집행, 강제금, 그리고 직접강제이다. 이러한 강제수단들은 매우 강력한 효과를 갖고 있으므로 절차를 준수하는 것에 매우 중요한 법적 안정성 확보라는 기능이 부여된다.

경찰-질서법은 경찰위반의 상태를 책임자를 통하여 제거하는 것에서 출발하고 있다. 따라서 명령이나 금지를 내용으로 하는 행정행위는 책임자를 상대로 행해진다. 조치의 수범자가 이러한 명령을 따르지 않으려고 하거나 따를 수 없을 때에도 경찰위반 상태는 제거되어야만 한다. 이러한 상황이 발해진 행정행위의 집행과 관련된다. 집행은 제제를 목적으로 하는 것이 아니라, 집행의 근거가 되는 처분의 예방적 기능을 가지고 있다.[4] 행정행위, 원처분(原處分, Grundverfügung)의 집행은 통상적인 강제집행의 절차에 따른다. 그러한 절차는 그들 중 몇몇 절차가 ―경찰집행기관의 조치에 있어서는 전형적이라고 할 수 있는―생략됨이 없이 반드시 준수되어야 하는바, 이런 이유에서 그러한 절차를 '정식(gestreckt)' 절차라고 한다.[5] 절차적 요구에 따르지 않는 것은 집행행위를 형식적으로 위법하게 만든다. 4

1.1. 전제조건

행정강제의 전제조건은 관련법률의 첫 번째 규정에서 제시된다.[6] 집행가능한 내용을 가진 행정행위만이 강제적으로(도) 관철될 수 있다. 물건의 교부, 작위나 수인 또는 부작위를 목적으로 하는 행정행위가 집행가능한 것이다. 5

행정행위는 유효하여야 한다(행정절차법 제43조). 행정행위는 그 내용에 따라 집행가능하다. 이것에 행정행위의 명의기능(名義機能, Titelfunktion)이 표현되는바, 그것이 바로 집행명의(執行名義, Vollstreckungstitel)이다.[7] 이의신청 청구기간 및 6

---

3) *Schoch*, POR, Rn. 278.

4) *Gusy*, POR, Rn. 437.

5) *Pieroth/Schlink/Kniesel*, POR, § 24, Rn. 5 ff.

6) 예컨대 § 6 VwVG; § 50 PolG NW.

제소기간이 경과하여 행정행위를 더 이상 다툴 수 없게 되었을 때, 행정행위에 불가쟁력이 발생한다. (제소 등과 같은) 권리구제수단이 집행정지효(aufschiebende Wirkung)를 가지지 않는 때에 집행이 행해질 수 있다. 행정법원법 제80조 제2항의 경우에는 집행정지효가 인정되지 않는다. 행정법원법 제80조 제2항 제2호에 따를 때, (집행)경찰공무원의 지체할 수 없는 명령과 조치는 즉시 집행가능하다.

7 **사 례:**

경찰공무원 P가 A의 신원을 확인하기 위하여 그를 정지시킨다. A는 행정행위에 대한 이의신청 제기나 제소를 통하여 집행을 저지할 수 없다.

8 원행정행위와 집행(을 위한) 행정행위는 상호 독립적인 것이 원칙이다. 집행되어야 할 원행정행위가 적법하여야만 하는지, 아니면 위법한 원행정행위도 집행될 수 있는지 여부의 문제를 둘러싸고는 다툼이 있다. 원처분이 존속력을 갖게 되는 경우에는 원행정행위의 적법성은 더 이상 중요하지 않다는 것이 일반적 견해이다.[8] 당사자가 위법한 원행정행위에 대하여 적시에 다투지 않은 경우에는 그는 집행절차에서 원행정행위에 대하여 이의를 제기할 수 없다. 그렇지 않으면 행정행위의 형식적 존속력(formelle Bestandskraft)이란 제도는 형해화되고 말 것이다.* 그러나 원행정행위가 여전히 쟁송을 통하여 다툴 수 있는 경우에는 원행정행위의 위법성이 집행행위에 영향을 미칠 수 있다.

9 서면주의(書面主義, Schriftlichkeit)가 지배하고 일반적으로 긴급성이 결여되어 있기 때문에 행정집행에 관한 일반규정이 적용되는 질서법에서는 원행정행위와 집행(행정)행위를 구분한다. 경찰집행법에서의 집행에 있어서는 가치평가를 근거로 두 행정행위 간의 관련성이 주장되는바, 이는 원행정행위가 위법한 경우 집행행위도 위법하게 되는 결과를 가져온다.[9]**

---

7) 이에 관하여 자세한 것은 *Enders*, NVwZ 2009, 958 ff.

8) *Pieroth/Schlink/Kniesel*, POR, § 24, Rn. 32; BVerwG, NVwZ 2009, 122.

* **역주** 존속력(Bestandskraft)은 불가쟁력과 불가변력을 포괄하는 개념으로 사용되고 있으며, 이러한 존속력은 다시 불가쟁력을 의미하는 형식적 존속력과 불가변력을 의미하는 실질적 존속력(materielle Bestandskraft)으로 구분된다.

9) *Knemeyer*, POR, Rn. 358; 유사한 견해로는 *Geier,* BayVBl 2004, 389.

** **역주** 이처럼 원행정행위가 위법하면 집행행위도 위법하게 되는 경우에, 양 행위간에 '위법성

아직 존속력이 발생하지 않아서 즉시 집행가능한 행정행위를 집행하는 경우에는 집행행위에 대한 쟁송에서 행정행위의 위법성을 주장할 수 있다는 견해도 유사한 입장이라고 할 수 있다. 이러한 견해에 따르면 행정행위의 적법성은 집행의 전제조건이 아니라 집행행위의 적법성의 전제조건이다.[10] 원처분이 위법하다면 '위법성관련(Rechtswidrigkeitszusammenhang)'을 근거로 할 때 집행조치 또한 위법하게 된다.[11] 이것은 특히 비용부담을 명하는 행정행위의 적법성과도 관련된다.[12] 10

지배적 견해는 위의 견해와 달리 원행정행위의 법적 하자는 집행단계에서는 고려되지 않는다고 한다.[13] 원행정행위의 적법성 여하에 따른 차이를 인정하지 않고 집행가능성을 기준으로 하는 법률의 문언 또한 이러한 견해에 따르고 있는바, 이러한 견해가 통상적인 절차의 성격과 시스템에 부합한다.[14] 원행정행위의 적법성이 집행행위의 적법성의 전제조건은 아니다. 그러나 그렇다고 하여 권리구제가 위헌적으로 제한되는 것은 아니다.[15] 왜냐하면 원행정행위가 위법한 경우 당사자는 원처분을 다툴 수 있고, 집행정지효를 (다시) 인정해 줄 것을 신청할 수 있기 때문이다(행정법원법 제80조 제5항). 집행정지신청이 받아들여지면 원행정행위의 집행가능성은 없어지고, 집행에 제동이 걸리게 된다. 11

법률은 강제수단을 종국적으로 열거하고 있다.[16] 대집행, 강제금 그리고 직접강제는 각각 특별한 그 밖의 요건에 따른다. 수단의 선택에 있어서 행정관청은 의무적합적 재량에 따라 행위를 하게 된다. 비례의 원칙은 강제수단의 사용순서를 정하는 결과를 가져오는데, 왜냐하면 침해의 정도가 덜한 수단을 우선적으로 사용하여야 하기 때문이다. 따라서 직접강제가 최후의 수단(ultima ratio)이 된다.[17] 대집행은 대체적 작위의 실행과 관련하여서는 강제금과 비교해 볼 때 많은 경우에 침해 12

관련(Rechtswidrigkeitszusammenhang)'이 존재한다고 말하기도 한다.

10) *Götz*, POR, Rn. 382; 유사한 견해로는 *Heckmann*, VBlBW 1993, 41; *Schoch*, JuS 1995, 309.

11) *Schoch*, POR, Rn. 285; *Würtenberger*, in: Achterberg/Püttner, § 21, Rn. 328.

12) *Würtenberger/Heckmann*, PolR BW, Rn. 757, 913.

13) *Schenke*, POR, Rn. 540 ff. m.w.N.

14) *Pieroth/Schlink/Kniesel*, POR, § 24, Rn. 32.

15) Vgl. BVerfG, NVwZ 1999, 992.

16) 예컨대 § 9 VwVG; § 51 PolG NW.

17) *Knemeyer*, POR, Rn. 361.

의 정도가 덜 한 수단이 될 수 있다.[18)]

13 조치의 목적을 달성할 수 있는 법적, 사실적 가능성이 경찰처분의 집행에 있어 어려움을 제공할 수 있다. 아직도 제3자에 대한 처분이 우선적으로 발해져야만 하는 경우에는 명령단계에서는 적법하였던 원처분이, 집행단계에서는 집행가능하지 않을 수 있다.[19)] 이 경우에는 집행의 장애가 존재한다.[20)]

1.2. 절차

14 정식절차는 공익을 보호함과 동시에 당사자의 보호에도 기여한다. 원처분, 즉 의무를 부과하는 행정행위가 이러한 절차의 근거가 된다. 만약 행정관청이 적합하고 비례의 원칙에 부합하는 강제수단을 선택하였다면, 행정관청은 그러한 수단의 사용에 대하여 계고를 하여야 한다. 당사자가 계고에 따른 의무를 이행하지 않은 경우에야 비로소 행정관청은 강제수단을 확정하고, 마지막으로 그를 사용하게 된다.[21)]

15 강제수단의 계고는 집행절차의 핵심을 이루며, 행정행위의 성질을 갖는다.[22)] 계고는 원행정행위와 결합하여 발해질 수 있다.* 계고는 가능한 한 서면으로 행해지고, 의무의 이행기한을 확정하는 내용을 담고 있다.[23)] 계고는 고도의 형식적 요건, 특히 명확성의 원칙에 적합하여야 한다.[24)] 강제수단을 행함에 소요될 것으로 예정되는 비용이나 강제금의 액수를 알려주어야 하는 것과 마찬가지로 행정관청은 그들이 사용하고자 하는 강제수단을 당사자에게 알려주어야 한다. 예컨대 소요비용을

---

18) *Schoch*, POR, Rn. 283.

19) BVerwGE 40, 101 (103); *Schoch*, POR, Rn. 106.

20) *Schoch*, POR, Rn. 285.

21) *Gusy*, POR, Rn. 452.

22) BVerwG, DVBl. 1989, 362.

* 역주 집행절차와 관련하여서는 원래 의무를 부과하는 행정행위(원행정행위)가 발해지고, 당사자가 그 의무를 이행하지 않았을 때 계고가 이루어지는 것이 원칙이다. 그러나 예외적으로 비상시 등에는 양자를 결합하여, 즉 의무를 부과하는 행정행위와 계고를 동시에 하나의 행정행위로 행할 수도 있는바, 본문은 이러한 점을 지적하고 있는 것으로 보인다.

23) 예컨대 § 13 VwVG, § 56 PolG NW.

24) *Pieroth/Schlink/Kniesel*, POR, § 24, Rn. 24.

예상할 수 없는 경우에는 이것은 실무상 경우에 따라 어려움을 제공한다. 계고는 위험방지의 필요성이 급박한 경우에 한하여 생략될 수 있다. 계고를 함에 있어서는 후속적인 집행절차의 진행을 미리 알려주어야 한다.

계고를 통하여 확정된 기한 내에 의무의 이행이 없는 경우에 집행관청은 강제수단을 확정한다(행정절차법 제14조). 단지 계고된 강제수단만을 확정하여도 좋다.[25] 강제수단의 확정에는 외부효가 인정되는 것이 보통이며, 따라서 그것은 행정행위이다.[26] 강제수단의 확정은 의무를 이행할 기회가 주어져야 하는 당사자에 대한 마지막 경고이다. 따라서 강제수단의 확정과 강제수단의 사용 사이에는 상당한 기간이 놓여 있어야 한다.[27] 16

강제수단은 강제수단의 확정에 따라서 사용된다(행정집행법 제15조). 조치의 목적이 달성된 경우에는 집행은 중지되어야 한다. 강제수단의 사용이 적법한 것이 되기 위한 개별적 전제조건은 투입된 강제수단에 따라 정해진다. 17

2. 직접강제와 사살의 의도로 행하는 총기의 사용

직접강제(Unmittelbarer Zwang)는 신체에 대한 실력행사, 그의 보조수단 및 무기를 통하여 사람이나 물건에 대하여 영향력을 행사하는 것이다(직접강제법 제2조 제1항). 직접강제를 행하는 것은 집행법의 최후의 수단(ultima ratio)이다.[28] 18

사 례: 19

경찰이 집회장소에서의 강제퇴거를 행하기 위하여 물대포를 투입하여 금지된 집회를 해산시킨다. 완전연소된 핵연료봉을 철도로 수송하는 것을 방해하기 위하여 철로 위에 쇠사슬을 감은 사람의 사슬을 끊고 다른 곳으로 옮긴다. 두 명의 경찰관이 잠겨 있는 주거로부터 의심이 가는 구조요청 소리를 듣고 집안으로 들어간다.

25) *Gusy*, POR, Rn. 452.
26) HessVGH, NVwZ-RR 1998, 154 (155).
27) BVerwG, DÖV 1996, 1046 (1047).
28) *Knemeyer*, POR, Rn. 361.

20 직접강제는 대체적 작위나 비대체적인 작위, 수인 또는 부작위의무를 관철하기 위하여 행해질 수 있다.[29] 대체적 작위와 관련하여서는 대집행이 우선한다. 대집행의 경우에는 경찰이 책임자를 대신하여 행위를 하는 반면에, 직접강제의 경우에는 책임자를 통한 의무의 이행이 강제된다.[30]

21 주의 법률들은 문제시되는 수단과 그를 사용하기 위한 전제조건에 관하여 자세하게 규정하고 있다. 그러한 수단으로는 특히 수갑, 총기 및 특별한 무기와 폭발물 등이 있다(예컨대 노르트라인-베스트팔렌주 경찰법 제62조, 제63조 이하).

22 경찰공무원은 지시권자가 명령한 직접강제를 행할 의무가 있다. 행정의 계층적 구조가 그것에 잘 표현되어 있다. 명령이 인간의 존엄에 위배되거나 직무상 목적을 위하여 발해진 것이 아닌 경우에는 이와 같은 공무원의 의무는 인정되지 않는다. 범죄행위를 명하는 것을 내용으로 하는 명령에 복종하여서는 아니 된다.[31]

23 직접강제의 형태로서 고문(拷問, Folter)을 행하는 것은 인간의 존엄에 반한다.[32] 직접강제는 일반적으로 진술의 강요를 위하여 행해지면 안 된다는 것을 법률은 명시적으로 규정하고 있다.[33] 고문은 헌법적으로 금지되며(기본법 제104조 제1항 제2문), 유럽인권협약 제3조상의 비인간적, 모멸적 행위의 금지규정에 반한다. 이와 같은 절대적 금지는 형량의 대상이 될 수 없다.[34]

24 지난 수십 년 동안 직접강제와 관련하여 '사살의 의도로 행하는 총기의 사용(gezielten Todesschusses)'의 문제가 논의되었다.[35]* 최후의 수단 중의 최후의 수단인 사살의 의도로 행하는 총기사용을 둘러싸고 국가권력에 의하여 사람을 사살하는 것이 허

29) *Schoch*, POR, Rn. 282.
30) *Gusy*, POR, Rn. 445; *Pieroth/Schlink/Kniesel*, POR, § 24, Rn. 14.
31) 예컨대 § 7 UZwG; § 59 PolG NW; § 59 POG RP.
32) *Haurand/Vahle*, NVwZ 2003, 513 (518); *Merten*, JR 2003, 404; *Schenke*, POR, Rn. 558a.
33) 예컨대 § 35 Abs. 1 PolG BW; § 55 Abs. 2 PolG NW.
34) 반대의 견해로는 *Brugger*, JZ 2000, 165 (167 ff.).
35) *Gusy*, POR, Rn. 450; *Schenke*, POR, Rn. 560 ff..
* 역주 총기사용 일반에 관한 법적 근거에 대한 우리나라에서의 논의로는 김재봉, 경찰관 총기사용과 정당화 근거 – 행정법(경찰법) 형법의 괴리와 그 해결방안, 경찰법연구 창간호, 2003, 1쪽 이하.

용될 수 있는지에 관한 논쟁이 행해지고 있다. 경찰활동의 목적은 책임자를 제거하는 것이 아니라 위험을 방지하는 것이므로, 사격은 우선적으로 (책임자의) 행위불능의 상태를 야기하는 것을 목적으로 하여야 한다. 책임자의 사살은 개념적으로는 단지 원치 않은 부수적 결과일 뿐이고, 총기사용의 주된 효과가 아니다.[36)]

사 례: 25

A가 은행에서 인질극을 벌이고 있다. 그가 이미 정차되어 있는 도주차량에 오르기 위해 그의 인질과 함께 은행을 떠날 때, 현장지휘관의 명령으로 경찰관 P가 그의 경찰무기로 A에 대한 사살의 의도를 갖고 사격을 하여 그를 사살한다. 인질을 구조하는 것이 목적이다. 이와 같은 목적을 달성하기 위하여는 인질범을 행위가 불가능하도록 만들어야 한다.

테러에의 대응을 위한 수단을 둘러싼 논의의 결과 '사살의 의도로 행하는' 총기의 사용이 다시 논쟁의 대상이 되었다.[37)] 항공안전법에 대한 연방헌법재판소의 판결이 '사살의 의도를 갖고 행하는' 총기사용의 허용성에 대한 판단에 영향을 미칠 수 있다.[38)] 연방헌법재판소는 사람의 생명을 해하기 위해 사용될 수 있는 무기로 항공기에 대하여 직접적 영향력을 행사하는 것을 허용하고 있던 항공안전법 제14조 제3항의 규정을 무효라고 선언하였다.* 의도적 사격의 목적(목표물)은 현재의 위험상황에 대하여 전혀 책임이 없는 사람들인데, 그들의 생명(즉, 테러리스트가 아닌 일반승객 및 승무원들의 생명)은 항공기의 추락으로 인하여 생명이 위험에 처하게 되는 사람들의 생명(즉, 비행기의 추락으로 인하여 사망하게 될지도 모르는 지상의 무고한 사람들의 생명)과 비교형량되어야만 한다. 그러므로 항공안전법 제14조 제3항은 기본법 제1조 제1항의 인간의 존엄의 보장과 연계된 기본법 제2조 제2항 제1문에 따른 생 26

36) *Gusy*, POR, Rn. 450.

37) *Bausback*, NVwZ 2005, 418; *Jakobs*, DVBl. 2006, 83.

38) BVerfGE 115, 118 (LS 3).

* **역주** 2001년의 9.11사태와 2003년의 독일 프랑크푸르트에서 일어났던 항공기조종사의 유럽중앙은행건물로의 추락위협사건 등의 영향으로 독일 내에서 항공안전에 관한 관심이 고조되고 있던 상황을 바탕으로 독일에서 항공안전법이 제정되었는바, 동법 제14조 제3항은 "제반 상황을 고려할 때 항공기가 사람들의 생명을 해할 목적이라고 판단될 수 있고, 무기를 사용하는 것만이 현재의 위험을 방지할 수 있는 유일한 수단인 경우에는 항공기에 대하여 직접적으로 무기를 사용할 수 있다"고 규정하고 있었다. 이 단락의 내용을 이해하기 위하여서는 이 규정의 내용에 대한 이해가 반드시 필요하다.

명권에 반한다.[39)*] 경찰법에 따른 '사살의 의도를 갖고 행하는' 총기의 사용은 이와 달리 책임자와 관련된다. 위험에 대해 책임있는 자를 사살하는 것은 헌법적으로 부정되지 않는다.

27 사살의 의도로 행하는 총기의 사용에 대한 규정이 헌법에 합치하는지 여부[**]에 대한 기준은 무엇보다도 기본법 제2조 제2항 제1문에 따른 생명권인데, 이러한 생명권(Recht auf Leben)은 법률에 근거하여 침해될 수 있다.[40)] 기본법의 다른 규정들 또한 국가기관이 사람을 사살하는 것을 절대적으로 금지하고 있지는 않다.[41)] 유럽인권협약 제2조 제2항 a에 따르면 그보다 덜 침해적인 수단이 존재하지 않는 경우에는 위법한 실력행사로부터 다른 사람을 방어하기 위하여 사람의 사살이 고려된다. 생명권은 예외적인 경우에 유럽인권협약에 따라서도 제한될 수 있다.

28 주의 법률규정은 공격능력 및 도주능력을 없게 만들기 위하여 사람에 대해 총기를 사용하는 것을 허용한다.[42)] 많은 주의 법률들은 이에 더하여 사살의 의도로 행하는 총기의 사용에 관한 명시적 규정을 갖고 있다.[43)] 그에 따르면

---

39) BVerfGE 115, 118 (LS 3); 이미 E. Klein, ZG 2005, 289 (294 f.)이 같은 입장을 취한 바 있다.

* **역주** 독일의 항공안전법 제14조 제3항에 관한 연방헌법재판소의 판결에 관한 국내에서의 논의로서는 정문식, 독일 항공안전법 제14조 제3항에 관한 독일 연방헌법재판소 판결(BVerfG, 1BvR 357/05)에 대한 분석과 평가, 전남대 법학논총 제26집, 71쪽 이하.

** **역주** 이와 같은 논의는 인질이나 무고한 사람의 생명을 구하기 위하여 인질범이나 폭탄 테러리스트 등에 총기를 사용하는 것을 허용하는 경찰법의 논리가 결국 국가, 특히 집행기관인 경찰이 재판절차를 거치지도 않고 사형을 집행하는 것과 마찬가지라는 비판이 제기되면서 본격화되기 시작하였다. 생각건대 그러한 비판론은 인질이나 무고한 사람의 생명을 구하기 위하여 그러한 위험을 야기한 책임자에게 총기를 사용하는 것은 형벌로서의 사형의 존폐문제와는 다른 차원의 논의라는 점을 간과하고 있는 것으로 생각된다.

40) Vgl. *Mußgnug*, Das Recht des polizeilichen Schusswaffengebrauchs, 2001, S. 194 ff.

41) *Jakobs*, DVBl. 2006, 83 (84 ff.).

42) 예컨대 § 63 Abs. 2 PolG NW; § 258 Abs. 1 LVwG SH.

43) § 54 Abs. 2 PolG BW; Art. 66 Abs. 2 Satz 2 BayPAG; §§ 66 Abs. 2 Satz 2 BbgPolG;§ 46 Abs. 2 BremPolG; § 25 Abs. 2 Satz 1 HbgSOG; § 60 Abs. 2 Satz 2 HessSOG; § 76 Abs. 2 Satz 2 NdsSOG; § 63 Abs. 2 Satz 2 PolG NRW; § 63 Abs. 2 Satz 2 POG RP; § 57 Abs. 1 Satz 2 SaarlPolG; § 34 Abs. 2 SächsPolG; § 65 Abs. 2 Satz 2 SOG LSA; § 64 Abs. 2 Satz 2 ThürPAG.

그것이 생명 또는 위험이나 신체의 불가침에 대한 중대한 침해가 발생할 현재의 위험을 방지하기 위하여 유일한 수단일 때에 사살의 의도로 행하는 총기의 사용이 허용된다. 지배적 견해에 따르면 이와 같은 규정은 허용되고 합헌적이다.[44)]

주법이 명시적 규정을 가지고 있는 않는 한[45)] 사살의 의도로 행하는 총기의 사용은 허용되지 않는다.[46)] 총기사용을 통하여 공격능력 및 도주능력을 없게 만들 수 있다는 규정이 그에 대한 근거가 될 수는 없다.[47)] 그러한 규정에는 그와 같은 중대한 침해를 정당화할 수 있는 명확성이 결여되어 있으며,[48)] 더욱이 연방헌법재판소의 본질성이론에 따를 때 그를 위하여는 입법자를 통한 규율이 반드시 필요한 것으로 보인다.[49)] 29

정당방위와 긴급피난에 관한 민법과 형법규정들은 경찰의 총기사용권을 정당화하지 못한다. 그러한 규정들은 단지 총기를 사용하는 경찰공무원의 개인적 책임과 관련되어 있을 뿐이다.[50)] 또한 적용될 수 있는 주의 경찰법이 사살의 의도로 행하 30

44) *Knemeyer*, POR, Rn. 374; Schenke, POR, Rn. 560.

45) 베를린, 메클렌부르크-포어포먼, 슐레스비히 홀슈타인 및 연방의 경찰(연방경찰, 연방수사청 및 독일의 연방하원경찰)은 독일의 많은 다른 주의 경찰법과는 달리 경찰의 사살의 의도로 행하는 총기의 사용에 관한 규정을 가지고 있지 않아서 사살의 의도로 행하는 총기의 사용이 허용되지 않는다.* vgl. *Drewes/Malmberg/Walter*, BPolG, § 10 UZwG, Rn. 62 a.E.

* **역주** 그러나 사살의 의도로 행하는 총기의 사용에 관한 규정이 없는 것으로 언급된 연방이나 베를린주 등에서도 실제 경찰실무에서는 헌법 및 경찰법, 직접강제법(Gesetz über die Anwendung unmittelbaren Zwangs bei der Ausübung öffentlicher Gewalt durch Vollzugsbeamte des Landes Berlin, 약어 UZwG Bln)의 해석을 근거로 이와 같은 직접강제 방식의 사살의 의도로 행하는 총기의 사용을 인정하고 있다. 특히 베를린의 경우 비록 직접적으로 사살의 의도로 행하는 총기의 사용을 허용하는 규정은 없지만 베를린 직접강제법 제2절 제8조 내지 제16조의 총기사용에 관한 규정(Vorschriften über den Gebrauch der Schußwaffen)을 적극적으로 해석하여 경찰실무상으로 이를 인정하려는 추세에 있음을 밝혀 둔다.

46) *Schenke*, POR, Rn. 561; *Pieroth/Schlink/Kniesel*, POR, Rn. 20; *Rachor*, in: Lisken/Denninger, F Rn. 557; *Arzt*, DÖV 2007, 230; *Buschmann/Schiller*, NWVBl. 2007, 249 (253).

47) 다른 견해로는 *Drews/Wacke/Vogel/Martens*, Gefahrenabwehr, § 28, Ziff. 8b; *Götz*, POR, Rn. 411 f.; *Lerche*, in: Festschrift für v.d.Heydte, 1977, S. 1033; *Gintzel*, Die Polizei 2009, 114.

48) Vgl. *Merten*, in: Festschrift für Doehring, 1989, S. 579.

49) *Denninger*, PolR Hessen, S. 347 f.; *Pieroth/Schlink/Kniesel*, POR, § 24, Rn. 20; *Rachor*, in: Lisken/Denninger, F Rn. 889; *Schenke*, POR, Rn. 561.

50) *Schenke*, POR, Rn. 562; *Pewestorf*, JA 2009, 43. 또한 § 9 Abs. 4 UZwG Bln 참조.

는 총기사용을 허용하는 경우에도 경찰공무원에게 발사가 강요되는 것은 아니다.[51)]

31 지배적이고 타당한 견해에 따르면 직접강제는 행정행위가 아니라 사실행위이다.[52)] 계고와 수단의 확정이 행정행위이다. 이처럼 계고되고 확정된 강제수단이 직접강제의 방법으로 실제로 행해진다. 직접강제가 수인(受忍)의 의무를 내용으로 하는 행정행위라는 연방행정법원의 견해는[53)] 설득력이 없다. 행정법원법 제43조에 따른 확인소송이란 소송상의 수단을 고려할 때, 그것은 권리구제의 관점에서도 필요하지 않다.

3. 대집행과 강제금

32 대집행(代執行, Ersatzvornahme)은 작위의무를 이행하여야 할 의무자를 대신하여 경찰 또는 제3자가 대체적 작위의무를 수행하는 것이다. 그것을 이행하는 것이 제3자를 통해서도 가능할 때, 그와 같은 행위는 대체가능한 것이다(행정절차법 제10조). 대체가능한 행위는 항상 작위(作爲)이다. 수인이나 부작위는 항상 비대체적인데, 왜냐하면 이러한 의무는 단지 당사자에 의해서만 수행될 수 있기 때문이다. 표준적 직무조치의 경우에 있어서는 책임자의 의무들은 비대체적이고, 그 집행은 직접강제를 통하여 이루어지게 된다.[54)]

33 **사 례:**
대집행의 전형적인 예는 —일련의 정식절차를 밟을 수 있는 상황이 존재하는 경우에는— 교통법규에 위반하여 주차된 차량의 견인이다(아래의 제11장 Rn. 51이하를 보라).

---

51) *Weßlau/Kutscha*, ZRP 1990, 169; 반대의 견해로는 *Sundermann*, NJW 1988, 3192 (3193).

52) *Götz*, POR, Rn. 422, *Schenke*, POR, Rn. 558.

53) 이른바 'Schwabinger Krawallen'*에 있어서 경찰봉을 사용하는 것에 관한 BVerwGE 26, 161 (164).

* 역주 'Schwabinger Krawallen'이란 1962년 뮌헨의 슈바빙(Schwabing, 뮌헨의 도시구역의 이름)에서 일어났던 폭동을 말하는바, 이에 관하여 자세한 것은 다음의 인터넷문헌 참조: http://de.wikipedia.org/wiki/Schwabinger_Krawalle.

54) *Knemeyer*, POR, Rn. 366.

이에 대하여 물건의 인도는 단지 책임자 스스로만 할 수 있는바, 왜냐하면 점유는 비대체적이기 때문이다. 퇴거명령 또한 단지 책임자에 대해서만 요구될 수 있고, 책임자만이 이행할 수 있다.

대집행은 경찰-질서관청을 통한 자기집행(自己執行, Selbstvornahme)의 형태로도 행해질 수 있고, 수탁자를 통한 타자집행(他者執行, Fremdvornahme)의 형태로도 행해질 수 있다.* 경찰관청과 제3자 사이의 관계는 구제적인 민법상의 기본원리에 따라 규율된다. 그것은 예컨대 도급계약(都給契約, Werkvertrag)과 관련될 수 있다. 사인인 제3자와 경찰법상의 책임자 간에는 원칙적으로 아무런 법적 관계가 존재하지 않는다.[55] 34

대집행의 가장 중요한 법적 효과는 당사자가 비용을 부담하여야 할 의무를 진다는 것이다. 이는 대집행이 행해지기 전에 존재하였던 경찰위반상태를 제거할 의무가 비용부담의무로 전환되는 것이다. 타자집행의 경우에는 제3자가 집행하였음에도 불구하고 경찰관청이 당사자로부터 비용을 징수한다. 35

대집행과는 반대로 강제금(强制金, Zwangsgeld)은 당사자로 하여금 의무이행을 하도록 하기 위한 수단이다(행정절차법 제11조). 원처분을 따라야 할 당사자의 의무가 경찰이나 제3자를 통하여 이행되는 것이 아니라, 의무의 이행에 대한 그의 저항이 깨어져야 한다.[56] 36

강제금의 부과는 대체적 행위뿐만 아니라 비대제척 행위의 경우에도 고려된다. 그러나 대체적 행위의 경우에는 일반적으로 대집행이 더 적합한 수단이다. 강제금은 비대체적 행위, 특히 수인이나 부작위를 관철하기 위한 중심적 수단이다.[57] 그것은 제제의 성격을 띠는 것이 아니며, 책임(고의, 과실)과는 무관하다.[58] 강제금의 최저한계와 최고한계는 개별법으로 정해진다.[59] 37

---

* **역주** 특히 타자집행에 대한 국내에서의 논의로는 이성용, 타자집행에 의한 대집행의 법적 문제, 경찰법연구 제8권 제1호(2010), 3쪽 이하.

55) *Gusy*, POR, Rn. 443; *Knemeyer*, POR, Rn. 367.

56) *Pieroth/Schlink/Kniesel*, POR, § 24, Rn. 11.

57) *Schoch*, POR, Rn. 280.

58) *Gusy*, POR, Rn. 444.

38 **사 례:**
질서관청이 A를 소환한다. 그는 나타나지 않았다. 이제 질서관청이 A가 출석하도록 강제금으로 경고한다.

39 강제금을 납부하지 않으면, 대체강제구류(代替强制拘留, Ersatzzwangshaft)가 부과될 수 있다(노르트라인-베스트팔렌주 경찰법 제54조). 대체강제구류는 단지 법관만이 명할 수 있다. 그것은 전적으로 비대체적 행위의 경우에만 고려되는데, 왜냐하면 대체적 행위의 경우에는 대집행이 덜 침해적인 수단이기 때문이다. 그 밖에도 직접강제와의 관계가 고려되는바, 직접강제는 종종 강제구류에 비하여 덜 침해적인 수단으로 사용될 수 있다. 대부분의 주에서는 강제구류는 독립한 강제수단으로 규정되어 있지 않고, 사전에 부과된 강제금을 대신하는 강제수단으로 규정되어 있다.[60]

4. 직접시행과 즉시집행

40 행정집행의 정식절차는 질서관청이나 위험방지관청이 우선적으로 취하는 행위수단인바, 왜냐하면 그러한 조치를 시행할 시간이 있기 때문이다. 그러나 특히 경찰(집행)관청을 통한 위험에의 신속한 대처와 제거 또한 집행적 성격을 가진 조치를 필요로 할 수 있다. 따라서 법률은 처분의 직접시행이나 즉시집행과 같은 법적 수단을 규정하고 있다. 여기서의 즉시집행을 독일어로는 sofortige Anwendung이나 sofortiger Vollzug라고도 하는데,* 이를 행정법원법 제80조 제2항 제4호의 즉시집행(sofortige Vollziehung)과 혼동하여서는 안 된다. 단지 즉시집행만을 규정하고 있는 법률도 있고,[61] 단지 직접시행만을 규정하고 있는 법률도 있으며,[62] 두 가지 행

---

59) 행정집행법 제11조 제항에 따르면 강제금은 최저 1,53€, 최고 1533,88€에 달한다.

60) 예컨대 § 14 hambVwVfG는 이와 다르다; *Pieroth/Schlink/Kniesel,* POR, § 24 Rn. 13.

* 역주 sofortige Anwendung이나 sofortiger Vollzug은 굳이 우리말로 번역하자면 즉시적용(sofortige Anwendung) 또는 즉시집행(sofortiger Vollzug)이라고 번역할 수 있겠지만, 그 자체가 여기서의 즉시집행과 다른 의미를 갖는 것은 아니고, 단지 용어상의 차이일 뿐이다. 독일인들이라면 이들 단어가 주는 뉘앙스상의 차이를 느낄 수 있겠지만 이를 우리나라 말로 번역해 놓았을 때 그런 뉘앙스의 차이가 없어져서 번역을 하는 것이 무의미하다고 생각되어 본문에서는 원어를 그대로 남겨 놓기로 한다.

61) 예컨대 § 50 Abs. 2 PolG NW.

위수단을 모두 규정하고 있는 법률 또한 있다.[63] 이들 두 가지 행위수단은 그 기능에 있어서는 동일하지만, 체계상으로는 그 각각의 특징을 보여주고 있다.[64]

직접시행(直接施行, Unmittelbare Ausführung)은 위험방지법상의 조치로서 책임에 대한 규율과 체계적 관련을 맺고 있다.[65] 그 조치의 목적이 책임자에 대하여 경찰권을 발동하는 것을 통하여 달성될 수 없는 경우에는, 직접시행은 경찰에게 경찰 스스로 또는 수탁자를 통하여 적법한 조치를 취할 것을 허용한다. 책임자는 그 조치에 소요된 비용을 부담하여야 하는바, 왜냐하면 그 스스로 그러한 조치를 행할 의무를 부담하고 있기 때문이다.[66] 직접시행은 사실행위이다.[67] 41

경찰처분의 수범자가 현장에 없는 상황에서 위험이 제거되어야만 하는 경우에 직접시행을 행할 수 있다. 이러한 경우에는 그에 의하여 행정행위의 효력이 비로소 발생하게 되는 행정절차법 제43조에 따른 통지가 생략될 수 있다. 위험의 효과적 방지를 보장하기 위하여 수범자가 현장에 없는 상태에서 조치가 행해질 수 있다. 42

사 례: 43

경찰은 이상한 소리가 새어 나오는 주거를 소유자가 없는 가운데 들어간다. 경찰은 개의 소유자가 보이지 않는 가운데 통행인을 공격하는 개를 붙잡아 둔다.[68] 사고로 기름이 유출되자 경찰이 책임자에게 물어보지 않고 즉시 오염된 토양을 퍼내어 운반한다.

즉시집행(卽時執行, Sofortvollzug)은 일반적인 행정집행법에 속하는바, 사전에 원행정행위를 발하지 않고 행정강제를 행하는 것을 가능하게 해준다.[69] 즉시집행은 집행 44

---

62) 예컨대 § 19 BPolG; § 8 PolG BW.

63) 예컨대 §§ 9, 53 Abs. 2 SOG LSA.

64) *Schoch*, POR, Rn. 287; 보다 자세한 것은 *Kugelmann*, DÖV 1997, 153.

65) § 19 BPolG; § 8 PolG BW; Art. 9 BayPAG; § 53 Abs. 2 BbgPolG; § 71 HbgSOG;§ 8 HessSOG; § 70a SOG MV; § 6 POG RP; § 9 SOG LSA; § 9 ThürPAG und § 12 ThürOBG; vgl. *Schmitt-Kammler*, NWVBl. 1989, 389 (391).

66) *Götz*, POR, Rn. 418.

67) *Drews/Wacke/Vogel/Martens*, Gefahrenabwehr, § 25, Ziff. 7b; *Götz*, POR, Rn. 422; *Maurer* Allgemeines Verwaltungsrecht, § 20, Rn. 26.

68) HessVGH, DVBl. 1995, 370.

을 위해서는 집행가능한 원처분이 있어야 한다는 원칙에 대한 예외이다. 경찰은 하나의 절차로부터 다른 절차로, 즉 정식절차에서 즉시집행으로 이행(移行)할 수 있으며, 그 반대의 경우도 가능하다.[70] 어떤 조치의 즉시집행은 다른 조치가 불가능하거나 (가능은 하지만) 적시에 행해지기 곤란한 경우 또는 목적을 달성할 수 없을 것으로 예견되는 경우에 필요하다. 즉시집행은 특히 집행가능한 처분을 발하거나 집행가능성을 발생시킬 경우 시간의 경과로 인하여 목적달성이 곤란해질 수 있는 상황과 관련된다.[71]

45 단지 적법한 조치만이 즉시집행될 수 있다. (조치의) 즉시집행의 전제조건은 일반적으로 현재의 위험(gegenwärtige Gefahr)이 존재할 것과 조치가 적법한 것이 되기 위한 전제조건이 존재할 것이다. 따라서 즉시집행에 있어 적법성은 책임자에 대하여 조치를 취하는 것이 법적으로 가능한 급박한 경우에만 존재한다.[72] 행정행위가 발해졌다는 것이 의제되지 않는 경우에도 충분한 권리구제가 보장된다면, 그 한도에서 가정적(假定的, hypothetisch)인 원처분의 구조를 요하지 않는다.[73] 그러나 권한규범의 전제조건은 존재하여야만 하므로 조치 자체의 법적 근거를 기준으로 하여 실제로는 발해지지 않았던 원처분이 심사되어야 한다. 이런 의미에서 가정적인 원처분의 적법성이 중요하다.[74]

46 주의 법률이 단지 직접시행 또는 즉시집행 중 어느 하나만 규정하고 있는 경우에는 효과적인 위험방지 임무를 위하여 관련사례를 모두 포섭할 수 있도록 각각의 개념은 넓게 이해되어야만 한다.[75] 주의 법률이 직접시행 또는 즉시집행이란 2가지의 법적 수단을 모두 규정하고 있다면 양자의 구분이 문제된다. 이러한 복잡한 문제는 원칙적으로 특별한 위험방지법상의 수단인 직접시행이 일반집행법상의 수단인 즉시집행보다 우선하도록 함으로써 해결될 수 있다.[76]

---

69) *Götz*, POR, Rn. 419; *Schoch*, POR, Rn. 287.
70) *Gusy*, POR, Rn. 441.
71) *Knemeyer*, POR, Rn. 359.
72) *Götz*, POR, Rn. 421.
73) *Schenke*, POR, Rn. 567; *Schoch*, POR, Rn. 290.
74) *Gusy*, POR, Rn. 441; *Pieroth/Schlink/Kniesel*, POR, § 24, Rn. 38.
75) *Schenke*, POR, Rn. 564.
76) *Kugelmann*, DÖV 1997, 153 (156); *Schoch*, POR, Rn. 288; VGH Kassel, DVBl. 1995, 370.

이에 대하여 양자를 의사의 왜곡(Willensbeugung)이란 징표를 기준으로 구분하려는 견해가 주장되고 있다. 즉, 직접시행이 책임자의 동의 없는 조치와 관련되는 것에 반하여, 즉시집행에 있어서는 그 조치가 당사자의 (추정적) 의사에 반하여 행해진다는 것이다.77) 그러나 현장에 없는 사람의 추정적 의사는 구분의 징표로서 적합하지 않으며, 법률 또한 그것을 기준으로 규정하고 있지 않다. 오히려 직접시행에 관한 규정의 문언은 직접시행이 우선적으로 행해져야 한다는 것을 지지하고 있다. 47

왜냐하면 문언에 따를 때 단지 책임자의 대체적 행위만이 직접시행을 통하여 대행될 수 있으므로 직접시행의 적용영역이 즉시집행의 그것보다 더 좁기 때문이다. 책임에 관한 규정에 있어서 직접시행의 체계적 위치로 인하여 비책임자에 대한 직접시행은 허용되지 않는다.78) 이에 반하여 즉시집행은 비책임자에 대하여도 허용된다. 직접강제가 고려되는 경우에는 —예컨대 영치의 경우— 단지 즉시집행만이 적용가능하다.79) 48

직접시행의 가장 중요한 법적 효과는 당사자가 그 조치의 비용을 부담할 의무를 짊어진다는 것이다.80) 앞에서의 설명에 따를 때 비책임자에 대한 조치의 직접시행은 허용되지 않기 때문에, 비책임자에게는 비용의 상환을 청구할 수 없다. 이러한 결과는 특히 실무상으로 엄격한 전제조건을 포기하도록 하는 결과를 가져온다. 그러나 직접시행에 관한 규정의 문언과 목적이 실질적 측면에 대한 고려에 우선한다. 직접시행의 목적은 위험의 방지이지 국고(國庫)의 절약이 아니다. 대인적 직접강제의 경우 비용상환이 불가능한 것에 반하여, 즉시집행과 관련하여서는 —특히 대집행의 경우 비용부담의무를 가져오는— 강제집행의 정식절차에 관한 일반원칙이 적용된다. 49

---

77) *Denninger*, in: Lisken/Denninger, E Rn. 145; *Knemeyer*, POR, Rn. 359; *Schenke*, POR, Rn. 564; 이에 반대하는 견해로는 *Götz*, POR, Rn. 420; *Pieroth/Schlink/Kniesel*, POR, § 24, Rn. 42; *Schoch*, POR, Rn. 288.

78) *Kugelmann*, DÖV 1997, 153 (157 f.); 다른 견해로는 *Enders*, Jura 1998, 365 (368); Schoch, POR, Rn. 569.

79) *Kugelmann*, DÖV 1997, 153 (158); 다른 견해로는 *Schenke*, POR, Rn. 568.

80) 직접시행에 대하여는 예컨대 § 19 Abs. 2 BPolG; § 8 Abs. 2 PolG BW; § 6 Abs. 2 POG RP.

5. 자동차의 견인

50 자동차의 견인이라고 하는 일상적인 사례가 법적으로 일련의 문제를 제공한다.[81] 이러한 문제는 특히 사례에 따라 미세한 차이가 있다는 것 때문에 발생하는바, 법적인 분류와 판단을 함에 있어서는 이러한 차이에 유의하여야 한다. '견인사례'에 관련된 핵심적 내용은 다음과 같은 근본적인 문제로 나타나다.[82] 자동차의 견인과 보관의 법적 근거, 견인비용의 부담 및 견인조치와 관련된 손해에 대한 책임 등의 구체적 문제에 관하여는 학설과 판례상으로 다양한 견해들이 주장되고 있다.

5.1. 법적 근거

51 견인은 영치, 개괄적 수권조항에 근거한 차량이동명령의 직접시행 또는 대집행의 방식으로 행해질 수 있다. 영치라는 표준적 직무조치는 특별한 전제조건을 가지며, 이러한 전제조건이 충족되어야만 가능하다. 직접시행은 책임자와 연락이 되지 않는 것을 근거로 하며, 필연적으로 비용문제가 뒤따른다. 이는 현재의 위험과 집행될 조치의 적법성을 그 전제조건으로 한다. 또한 대집행 역시 원처분의 적법성을 요구하며, 당사자의 비용부담문제를 가져온다. 주의 법률이 직접시행을 규정하고 있지 않은 경우에는 관련 상황은 대집행에 의해서도 행해진다.

52 조치의 대상자는 운전자가 될 수도 있고 문제차량의 현재의 소유자가 될 수도 있다.[83] 자동차를 옮기는 것이 문제되므로 제1차적 차원에서는 운전자에게 경찰권을 발동하는 것이 보다 효과적인 조치가 될 수 있는 경우가 종종 있으며, 따라서 운전자에 대한 경찰권발동이 우선적으로 고려된다. 비용이라는 제2차적 차원에서는 그 반대일 수도 있다. 자동차의 이전(以前) 소유자는 경찰조치의 상대방이 될 수 없다.[84]

---

81) *K. Fischer*, JuS 2002, 446; monographisch Schieferdecker, Die Entfernung von Kraftfahrzeugen als Maßnahme staatlicher Gefahrenabwehr, 1998.

82) *Schenke*, POR, Rn. 712 ff.; *Würtenberger/Heckmann*, PolR BW, Rn. 816 ff.

83) *Gusy*, POR, Rn. 292.

84) SächsOVG NJW 1997, 2253 (2254); 다른 견해로는 VGH BW, DÖV 1996, 1055.

(주정차)금지에 위반하여 자동차를 주정차시키는 것은 일반적으로 질서위반상태를 야기한다. 이와 같은 질서위반 상태를 저지하기 위하여는 먼저 가장 가까운 곳에 있는 주차장으로 단순히 이동조치를 하는 것이 고려될 수 있다. 이것은 아직까지 영치가 아니다[85](튀링엔주 질서관청법 제22조 제2항은 이를 명시적으로 규정하고 있다). 개괄적 수권조항에 근거한 이동조치의 목적은 단지 교통법규에 위반하여 주정차된 차량으로부터 직접적으로 발생하는 위험을 제거하는 것이다. 이러한 이동조치는 직접시행이나 즉시집행의 방법으로 이루어진다.[86] 53

주차된 차량이 경찰상 위험한 상태를 야기하고 있는 경우에는 행정관청은 영치를 할 수 있다.[87] 영치는 차량을 공공 견인차량보관장소로 견인함으로써 실현된다.[88] 자동차가 영치되는 경우 임치관계가 설정되는 근거를 영치에서 찾을 수 있다. 이동조치는 보다 적은 비용이 소요되므로 영치보다 덜 침해적인 수단이다. 영치를 인정하는 것에 대하여는 그것이 행정관청에게 독점적인 고권적 물적 지배권을 발생시키는 것은 아니라는 반론이 제시되고 있다.[89] 그러나 사실상의 지배권이 전적으로 행정관청에 있기 때문에 여기서 주장되는 시도에 따르면 물건(차량 등)을 행정관청이 지배하는 장소로 옮기는 것이 영치의 전제조건을 충족시킨다(튀링엔주 질서관청법 제22조 제2항이 이를 명시적으로 규정하고 있다).[90] 영치에 앞서 행정행위가 먼저 행해지지 않은 경우에는 영치가 견인에 대한 법적 근거로 고려된다. 54

사 례: 55

자동차가 어떤 교통표지판도 설치되어 있지 않은 인도에 주차되어 있다; 인도 위에 자동차를 주차하는 것이 금지되는 것은 일반적 교통법규(도로교통법 제1조 제2항)에 근거한다. 제3자가 주정차금지표지판 위에 위법하게 다른 것을 덧붙였다면, 그로 인하여 행정행위는 당사자에게 고지하지 않은 것이 된다.[91]

---

85) *Gusy*, POR, Rn. 290 a.E.

86) *Schenke*, POR, Rn. 717.

87) *Gusy*, POR, Rn. 290.

88) *Schoch*, POR, Rn. 240.

89) *Schenke*, POR, Rn. 715.

90) *Götz*, POR, Rn. 313; *Pieroth/Schlink/Kniesel*, POR, § 19, Rn. 4; *Schoch*, POR, Rn. 240; *Würtenberger*, in: Achterberg/Püttner, § 21, Rn. 177.

91) Vgl. VGH BW, VBlBW 1991, 434.

56 이와 달리 특히 교통표지판이나 교통시설이 주정차를 금지하고 있기 때문에 행정행위가 존재하는 경우에는 직접시행이나 즉시집행을 근거로 하여 견인이 이루어진다.[92] 주의 법률이 직접시행과 즉시집행을 모두 규정하고 있는 경우에는 직접시행이 먼저 고려된다. 주정차금지에 위반하여 주정차된 자동차의 견인은 현장에 있지 않은 책임자로서는 따를 수 없는 이동명령을 직접시행하는 것이다. 이동명령의 근거는 법질서, 즉 도로교통법위반을 제거하기 위한 수단을 제공하는 개괄적 수권조항이다. 이러한 개념에 따르게 되면 견인사례 가운데 다수는 직접시행으로 설명될 수 있다.[93]

57 특히 판례에 따르는 경우에도 적당한 법적 근거의 선택에 있어 결정적인 것은 견인에 앞서 행정행위가 발해졌었는지 여부이다. 교통표지판이나 교통시설물을 통하여 주차금지가 명령되었다면 일반처분형태의 행정행위가 존재한다.[94] 교통시설로서의 주차표시시계(Parkuhr)*(도로교통법 제43조 제1항) 또한 수정된 형태의 주정차금지가 창설되는바, 그러한 경우에는 단지 물건을 싣고 내리거나 주차표시시

92) *Schenke*, POR, Rn. 715; 그 한도에서 영치를 긍정하는 견해도 있는바, *Gusy*, POR, Rn. 290이 그러하다.

93) *Schoch*, POR, Rn. 289; *Knemeyer*, POR, Rn. 252 또한 결론에 있어 영치에 관하여 다른 시도를 하고 있다.

94) BVerwGE 27, 181; 59, 221.

* **역주** 독일어에서 주차표시시계(Parkuhr)는 자동차의 도착시간을 표시하기 위한 것을 말하는데, 이것에는 (1)과 같이 자동차에 소지하고 다니다가 주정차 시작시간을 표시하기 위하여 자동차의 대시보드에 올려놓는 것(이 경우 Parkscheibe라는 단어가 사용되기도 한다)과 (2)와 같이 도로상에 설치되어 있는 것이 있다. 한편 (2)와 같은 주차표시시계의 경우 사실상 주차권발매기의 기능을 수행하는바, 동전을 넣게 되면 구매시점을 주정차 시작시간으로 알리는 주차권이 발권되어 출력되는데 이를 자동차의 대시보드에 올려놓게 되어 있다.

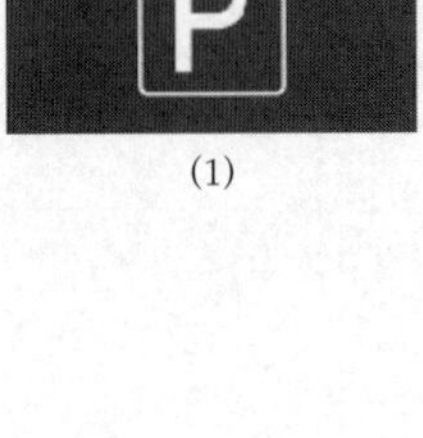

(1)

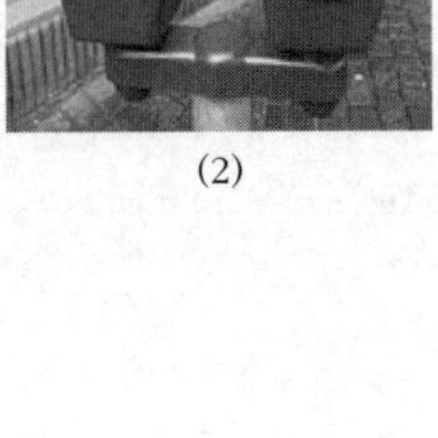

(2)

계를 통해 설정해 놓은 시간동안만 주정차가 허용된다. 판례의 견해에 따르면 이와 같은 일반처분은 주차할 수 있는 전제조건이 사라진 경우에는* 자동차를 이동시키라고 하는 명령을 내용으로 한다.[95]

사 례:
C는 교통표지판을 통해 절대적 주정차금지구역으로 지정된 지역에 그의 자동차를 주차시켰다. D는 필요한 주차권을 뽑지 않고 공용 주차장에 주차한다. E는 주차표시시계에 한시간 동안 주차할 수 있는 돈만을 집어넣고는 그의 자동차를 3시간 동안 주차시켰다. 질서관청이 자동차를 견인한다.

예컨대 노르트라인-베스트팔렌주와 같이 주법이 직접시행에 관한 규정을 갖고 있지 않은 경우에는 —그것이 영치에 해당되는 사례가 아니라면— 견인사례는 대집행을 통하여 해결될 수 있다. 원처분은 집행가능한 이동명령이다. 비용상환청구권은 집행법으로부터 도출된다. 58

비례의 원칙은 견인조치의 법적 근거와 상관없이 적용된다. 그럼에도 불구하고 판례에 따르면 구체적 장해나 다른 교통관여인에 대한 위험에 대하여는 심사가 이루어지지 않는다.[96] 교통시설의 기능을 침해하는 것만으로도 충분하다. 그러나 자동차가 교통법규에 위반하여 주정차되어 있기는 하지만 어느 누구에게도 방해가 되지 않는다면, 자동차를 견인하는 것이 상당성의 원칙에 위배될 수도 있다.[97] 반대의 견해는 그러한 경우에도 견인의 상당성을 인정하는바, 이는 그러한 경우에 자동차의 견인이 상당성의 원칙에 반하는 것이라고 하게 되면 교통법규에 위반하여 주정차를 시키는 것이 허용될 수도 있다고 하는 잘못된 인식을 불러일으킬 수도 있다는 것, 즉 그를 허용하는 것이 부정적인 선례로서 기능할 수 있다는 것(negative Vorbildfunktion)을 근거로 한다.[98] 이와 같은 일반예방적 주장은 도로교통 59

---

* **역주** 주차표시시계를 통해 설정해 놓은 시간이 경과한 경우 등이 그에 해당한다.

95) 주차표시시계에 대하여는 BVerwG, NVwZ 1988, 623.

96) *Gusy*, POR, Rn. 292 m.w.N.

97) BverwGE 90, 189 (193); OVG Hbg, NJW 2001, 168 (169)와 NJW 2001, 3647 (3649); *Pieroth/Schlink/Kniesel*, POR, § 10, Rn. 30a.

98) BVerwG, NJW 1990, 931; BayVGH, NJW 1996, 1979 (1980); OVG NW, NJW 1999, 1275, OVG RP, NVwZ 1988, 658 (659); *Schoch*, POR, Rn. 108가 여전히 이러한 입장을 취

법규의 목적을 교통교육에까지 확장하는 것이 된다. 그러나 견인의 목적은 어디까지나 구체적 위험을 방지하는 것이다.

60 **사 례:**

A가 그의 자동차를 제한된 주정차금지구역에 세우고서 시내에 거주하는 어머니의 집을 방문한다. 그는 그의 핸드폰의 전화번호가 적힌 메모지를 보기 쉽게 앞유리창 뒤에 놓아두었다. 질서관청은 전화를 하지 않고 차를 견인해 간다. 이와 같은 견인조치는 일정한 대기시간이 지난 후에는 어찌되었던 적법하다.[99] 적법한 상태의 회복이 목적이므로, 일반적인 경우에 우선 책임자와의 연락을 시도하여야 한다. 책임자(운전자나 차량소유주)가 자동차를 신속하게 이동시키는 것이 견인업체에게 위탁을 하는 것보다 선행되어야 한다.

P는 그의 자동차를 철도역사옆의 이면도로에 주차해 놓고 6일 동안 출장을 간다. 하루 뒤에 질서관청은 주정차금지 표지판을 세우는데, 왜냐하면 그 다음날부터 그곳에서 공사가 시작되기 때문이다. 주정차금지 표지판을 세운 4일 후에 질서관청은 P의 자동차를 견인하고 그에게 비용을 부과한다. 판례에 따를 때 이것은 비례의 원칙에 부합된다.[100] 이 경우 표지판을 세우는 것과 견인 사이에는 상당한 시간적 간격이 있어야 할 것이 요구된다.[101] 휴가철에는 그 기간이 더 길게 책정되어야 한다.[102] 이러한 차이들이 비용(부담)의 문제에도 영향을 미친다. P에게 확인의무 위반의 책임을 물을 수 없다면 그에게 비용이 부과되어서는 안 된다.

5.2. 견인비용

61 경찰이 지출한 비용과 견인업무를 위탁받은 사견인업체(私牽引業體)가 지출한 비용은 상환가능하다. 행위책임자로서의 운전자와 상태책임자로서의 소유주가 비용부담자이다. 법률에 명시적 규정이 있는 경우에는 양자가 연대채무자(連帶

하고 있다.

99) Vgl. BVerwG, DVBl. 2002, 1560.

100) BVerwGE 102, 316, 320.

101) OVG NW NWVBl. 1995, 475; Bertrams, NWVBl. 2003, 289 (291). 어느 정도의 시간이 정확히 상당한 것인지에 관하여는 판례상 다투어지고 있다: 48시간(OVG NW, NVwZ-RR 1996, 59가 그러하다), 3일(BVerwG 102, 316, 319; VGH Mannheim, NJW 2007, 2058, 2059; NJW 1991, 1698, 1699; VGH Kassel, NJW 1997, 1023, 1024가 그러하다); 3영업일과 추가적으로 인구밀집지역의 경우에는 일요일과 경축일(OVG Hamburg, DÖV 1995, 783, 784가 그러하다).

102) *Schenke*, POR, Rn. 716.

債務者, Gesamtschuldner)로서 책임을 부담할 수 있다.

비용상환청구에 대한 법적 근거는 견인 자체에 대한 법적 근거에 달려있다. 영치는 임치관계를 창설하게 된다. 영치와 임치에 소요된 비용은 책임자가 부담한다(노르트라인-베스트팔렌주 경찰법 제46조 제3항).[103] 단지 이동(Versetzung)이 있는 경우에는 이와 같은 규정이 적용되지 않는다. 62

견인이 직접시행으로서 행해진다면 직접시행에 관한 규정의 제2항 그 자체가 비용(상환)청구의 근거가 된다(예컨대 라인란트-팔츠주 경찰질서법 제6조 제2항*). 대집행의 경우에는 대집행에 관한 규정이 비용상환청구의 근거가 된다. 63

(견인되었던) 자동차의 인도는 비용이 사전에 납부되었는지에 따라 행해질 수 있는바, 이 경우에는 영치된 물건의 교부에 대한 법률규정이 그와 관련 있다. 이 경우 경찰-질서관청은 유치권에 관한 규정에 따르게 된다. 그러나 이것이 명시적으로 규정되어 있지 않은 경우에는 그러하지 아니하다.[104] 따라서 다양하게 주장되는 견해와는 달리 직접시행이나 즉시집행의 경우에는 민법 제273조의 유추적용에 따른 유치권은 존재하지 않는다. 64

급부하명(Leistungsbescheid)이 비용상환청구의 집행에 기여한다.[105] 이와 같은 행정행위에 근거하여 행정집행이 허용된다. 제3자, 특히 사견인업체에 의하여 견인이 이루어지는 경우에는 기본적으로 단지 한편으로는 행정관청과 책임자 65

---

103) *Gusy*, POR, Rn. 289.

* **역주** 라인란트-팔츠주 경찰법 제6조 제2항.

(2) Entstehen den allgemeinen Ordnungsbehörden oder der Polizei durch die unmittelbare Ausführung einer Maßnahme Kosten, so sind die nach den §§ 4 oder 5 Verantwortlichen zum Ersatz verpflichtet. Mehrere Verantwortliche haften als Gesamtschuldner. Die Kosten können nach dem Landesverwaltungsvollstreckungsgesetz beigetrieben werden.

(2) 조치의 직접시행을 통하여 일반질서관청이나 경찰에게 비용이 발생하게 되는 경우, 이 법 제4조나 제5조에 따른 책임자가 그 비용을 상환할 의무가 있다. 다수의 책임자가 있는 경우에는 그들이 연대채무자로서 책임을 지게 된다. 그 비용은 주 행정집행법에 따라 강제징수될 수 있다.

104) *Schenke*, POR, Rn. 726 m.w.N.

105) *Schenke*, POR, Rn. 725.

사이의 법률관계, 다른 한편으로는 행정관청과 사견인업체 간의 법률관계가 문제될 뿐이다.*

5.3. 손해에 대한 책임

66 견인하는 과정에서 차량이 손상된 경우에는 권한이 있는 자 및 소유자에게 손해배상청구권이 인정된다. 행정관청 스스로 그러한 손상을 가한 경우에는 행정관청이 그 청구의 채무자가 된다. 청구권의 근거는 직무상 불법행위를 원인으로 하는 국가배상청구권이다(민법 제839조와 연계된 기본법 제34조). 물건에 대한 손해가 임치관계에서 야기되었다면 공법상의 채무관계의 결과로서 민법 제280조 제1항의 준계약의무(準契約義務, quasi-vertraglichen Pflichte)** 위반을 근거로 하는 청구권이 추가된다.[106)]

67 사견인업체에게 견인을 위탁하는 것은 그와 경찰-질서관청 사이에 계약관계를 발생시킨다. 사견인업체가 자동차에 대한 손해를 야기한 경우에는 소유권자는 사견인업체에게 불법행위에 기한 손해배상청구권을 행사할 수 있다. 그에 더하여 소유권자는 경찰-질서관청의 주체, 즉 주(Land)를 상대로 배상청구를 할 수도 있다. 소유권자에게 사견인업체의 파산리스크를 감수하게 하는 것은 상당하지 못한 것이다. 소유권자에게는 주(州)와 같이 지불능력이 있는 채무자가 있어야 하는바, 이 경우 민법 제278조를 유추할 때 이행보조인의 고의/과실이 주에 귀속될 수 있다.[107)] 그러나 개별적 사항에 대하여는 논란의 여지가 있다.

---

* **역주** 이는 책임자와 사견인업체 간에는 아무런 직접적 법률관계가 발생하지 않는다는 의미를 강조한 것이다.

** **역주** 준계약(準契約, Quasi-vertrag)이란 계약은 아니나 법적으로 계약과 같은 효력을 내포하고 있는 것을 말한다.

106) *Schenke*, POR, Rn. 727; *Drews/Wacke/Vogel/Martens*, Gefahrenabwehr, § 32, Ziff. 5를 보라.

107) *H.J. Cremer*, VBlBW 1996, 241 (244 ff.); *Götz*, POR, Rn. 425.

6. 배상과 비용의 상환

68 경찰-질서관청의 조치로 인하여 비용이 야기될 수 있는바, 이 경우 그 비용은 먼저 경찰-질서관청 스스로 부담하여야 한다. 이들 관청이 이와 같은 비용을 완전히 그리고 영속적으로 부담하여야 한다고 하면, 그 비용은 일반 공중에게 전가되게 된다. 그러나 책임자가 적법한 상태를 회복시킬 의무를 가지기 때문에, 책임자가 그러한 상태의 회복을 위한 비용을 부담해야 하는 것이 마땅하다.[108] 의문이 있는 경우에는 당사자의 리스크영역과 일반 공중의 리스크영역의 조절이 중요하다는 것이 고려되어야 한다.[109]

69 위험방지라는 제1차적 영역에서 이미 책임이 밝혀져야 한다. 제2차적 영역에서의 비용상환청구권은 이러한 책임과 관련될 수 있다. 그러나 제2차적 영역은 위험방지를 그 목적으로 하는 것이 아니기 때문에 국가의 비용상환청구권이 인정되기 위하여는 고유한 법적 근거를 필요로 한다.[110] 왜냐하면 시민이 비용을 지불해야 한다면, 그에 관한 결정은 시민이 법적 지위를 침해하는 것이 되고 법률유보원칙의 적용을 받기 때문이다.[111] 때로는 경찰- 질서법에서, 때로는 다른 법률에서도 비용상환을 규율하고 있는 주법의 규정들은 이러한 점을 고려하고 있다.[112]

70 경찰-질서관청은 위험방지를 그의 임무로 한다. 경찰권발동에 매우 많은 비용이 든다고 할지라도 법률상의 근거 없이 그 비용을 사인에게 청구할 수는 없다. 임무수행에 있어 상업적 관점이 고려되어서는 아니 된다. 이와 같은 배경에서 일부에서는 사인을 책임자로 보아 그에게 비용을 부담시키기 위하여 의도적 간접원인제공자라는 법형식을 적용할 것이 주장되기도 하였다. 그러나 이와 같은 법형식은 부인되어야 한다(제8장 Rn. 43 이하). 그럼에도 불구하고 상업적 행사와 관련하여

---

108) *Gusy*, DVBl. 1996, 722; *Pieroth/Schlink/Kniesel*, POR, § 25, Rn. 1.

109) 자세한 사항에 대해서는 *Braun*, Die Finanzierung polizeilicher Aufgabenwahrnehmung im Lichte eines gewandelten Polizeiverständnisses, 2009, passim.

110) *Gusy*, POR, Rn. 458.

111) BVerwG, NJW 1992, 2243; *Schoch*, POR, Rn. 293.

112) 예컨대 비용법과 관련된 § 77 VwVG NW; 세부적 규정에 관하여는 *Gusy*, PolR, Rn. 458 mit Fn. 97; *Schoch*, POR, Rn. 294 mit Fn. 1502.

발생하는 개별비용은 수수료법을 근거로 사인에게 청구할 수 있다.[113]

71 **사 례:**

축구경기가 진행되는 동안 안전을 보장하기 위하여 경찰이 수백명의 공무원와 광범위한 기술적 장비를 투입한다. 그 비용을 축구경기의 주최자에게 요구할 수는 없다. 비용은 원칙적으로 일반 공중이 부담한다.[114] 야외 콘서트, 대규모 집회시위 또는 핵연료봉의 최종처리장으로의 수송 등의 경우도 마찬가지이다.

72 비용은 경비(經費, Auslagen) 또는 수수료(手數料, Gebühren)의 형태로 나타난다.[115]* 경비는 경찰이 제3자에 대한 조치, 예컨대 대집행의 수행을 위하여 지불하는 비용을 말한다. 이에 대하여 수수료는 개인에게 귀속될 수 있는 행정작용과 관련된 금전급부를 말한다. 수수료법은 수수료목록과 관련하여 개별적인 사항을 규율한다.

73 비용상환청구의 전제조건은 그 조치가 적법하였다는 것이다.[116] 위법한 행정작용은 시민에 대한 어떠한 (비용상환)청구권도 발생시키지 못한다. 경찰-질서관청은 급부하명(Leistungsbescheid)을 통하여 그의 비용상환청구권을 주장할 수 있다.[117]

74 비용채무자는 책임자이다. 모든 책임자는 비용 전부에 대하여 책임이 있다. 단지

113) *Pieroth/Schlink/Kniesel*, POR, § 25, Rn. 21 f.; *Sailer*, in: Lisken/Denninger, M Rn. 67. Die Schaffung eines Tatbestands, der die Veranstalter von Großveranstaltungen wie z.B. Fußballspielen zur Tragung der Polizeikosten verpflichtet, wird angesichts des mitunter großen Gewinns finanzieller oder ideeller Art, der bei derartigen Veranstaltungen zu erzielen ist, rechtspolitisch diskutiert, vgl. *Schmidt*, ZRP 2007, 120 (122 f.). 그러나 아직까지 (이러한 내용을 규정하고자 하는) 구체적인 입법시도는 는 없었다.

114) 몇몇 주의 수수료법이 특별한 내용을 규정하고 있다.

115) *Pieroth/Schlink/Kniesel*, POR, § 25, Rn. 5 f.

* 역주 독일의 경우 행정작용에 소요되는 비용을 다시 수수료와 경비로 구분하여 설명하는 것이 일반적이라고 할 수 있는데, 여기서 수수료는 공법상의 금전급부의무로서 개인에게 귀속될 수 있는 공적 활동을 이유로 징수하는 것을 의미하며, 경비는 경찰이 위험방지를 위하여 제3자에게 지출하거나 또는 자기집행, 직접강제, 직접시행을 위하여 경찰이 스스로 지출하는 비용을 말한다(이에 관하여 자세한 것은 서정범, 경찰비용법, 도서출판 Top, 13쪽 이하 참조 또한 김형훈, 경찰비용법 – 경찰법의 완성으로서, 좋은 땅, 2013 참조).

116) *Schenke*, POR, Rn. 699; *Schoch*, POR, Rn. 295.

117) *Pieroth/Schlink/Kniesel*, POR, § 25, Rn. 24.

자신의 부담부분에 따른 부분적 책임만이 인정된다는 견해가 주장되기도 하지만[118] 그러한 주장은 위험방지의 효율성이라는 기본원리에 반한다.[119] 비용부담이란 제2차적 영역에서는 때로 책임자 간에 '내부적 조절' (Ausgleich), 즉, 구상이 인정될 수 있다는 것이 지지를 받는다.[120] 민법 제426조의 연대채무에 관한 규정의 유추적용이 그 근거를 이룬다.[121] 그러나 연방최고법원은 이러한 연대채무를 부정하였다.[122] 일반적인 실질적 경찰의무는 책임의 분배에 기여할 수 없는데, 왜냐하면 그것은 구체화를 필요로 하기 때문이다. 따라서 비용의 분배는 일반 민법상 책임에 관한 기본원리에 따라서는 가능하지만 경찰법상의 원칙에 따르면 가능하지 않다.[123]

비책임자는 비용을 부담하지 않는다. 오히려 책임자가 비책임자의 재산적 손해도 75
보상하여야 하는데, 왜냐하면 비책임자는 행정관청을 상대로 금전적 가치가 있는 손실의 보상을 청구할 수 있기 때문이다.[124] 주법이 개별적인 사항을 규율한다.[125] 그 경우에는 경찰-질서관청이 비책임자에게 급부를 행한다. 비책임자가 적법한 경찰상 하명을 따르지 않을 경우에는 행정강제의 수단이 사용될 수 있다. 이 경우에는 행정집행의 비용이 비책임자에게 청구될 수 있다.[126]

몇몇 주의 법률들은 명시적으로 조치의 직접시행의 경우에 연대채무관계가 존재 76
한다는 것을 인정하고, 다수의 책임자가 이러한 조치의 비용에 대하여 연대채무자

118) *Giesberts*, Die gerechte Lastenverteilung unter mehreren Störern, 1990, S. 79 ff.; *Jochum*, NVwZ 2003, 526 (529 ff.).

119) *Schenke*, POR, Rn. 284; Schoch, POR, Rn. 170.

120) *Schenke*, POR, Rn. 289 f.

121) Vgl. *Pieroth/Schlink/Kniesel*, POR, § 25, Rn. 18.

122) BGH, DÖV 1981, 843.

123) 특별질서법에서는 때로 다수의 책임자 간의 비용조절에 관한 규정이 발견된다(예컨대 연방토양오염방지법 제24조 제2항 참조). 이것은 단지 특별법의 영역에서만 적용되는 특별규정이다. 그것은 일반화될 수 없다. 그와 같은 특별법은 입법자가 그 문제를 알고 있고, 따라서 일반 경찰-질서법에서 적당한 규정을 발견할 수 없다는 것에 근거하고 있다는 것을 보여준다. 따라서 일반 경찰-질서법의 규정이나 민법 제426조의 유추적용의 전제조건으로서의 (입법)계획에 위반한 규율의 흠결은 존재하지 않는다.

124) *Pieroth/Schlink/Kniesel*, POR, § 25, Rn. 17.

125) *Schenke*, POR, Rn. 707 m.N.

126) *Schenke*, POR, Rn. 698.

로서 책임을 질 것을 규정하고 있다.

77 대집행에 관한 규정은 명시적으로 경찰이 당사자의 비용으로 의무를 이행하거나 이행하도록 할 수 있다고 규정하고 있다.[127] 대집행을 근거로 자동차의 견인이 행해지는 경우에 이와 같은 비용규정에 커다란 실질적 의미가 부여된다(제11장 Rn. 50 ff.를 보라).[128]

78 직접강제는 일반적으로 비용상환의 문제를 야기하지 않는다.[129] 주법의 개별규정들은 예외적으로 주거의 명도나 연좌시위대의 이동조치와 같은 특별한 경우에 수수료와 경비의 징수를 규정하고 있다.[130] 그러한 규정은 합헌적이며, 따라서 기본권의 행사와 관련있는 경우에 한하여(기본법 제8조!) 제한적으로만 적용될 수 있다. 예측할 수 없는 비용부담의 리스크가 발생하여서는 아니되는바, 이러한 비용부담의 리스크는 기본권행사를 위축시키는 효과를 가져올 수 있다.[131] 직접강제가 형사소추에 기여하는 한 형사소송에 관한 연방법이 먼저 적용되고, 주법에 따라 그 비용을 징수할 수는 없다.[132]

79 책임자의 제1차적 의무로부터 발생하는 비용이라는 제2차적 영역에서는 시효의 문제가 발생할 수 있다. 책임자에 대한 경찰-질서관청의 공법상 비용상환청구권은 민법 제195조를 유추적용할 때 3년의 시효에 걸린다.[133] 시민을 위하여 유추적용을 하는 것은 법률에 명시적 규정이 없는 경우에도 허용된다. 경찰상 조치의 비용상환과 관련하여서는 제1차적인 위험방지가 중요한 것이 아니라 경찰관청의 공법상 비용상환청구권이 중요하다. 이러한 맥락에서 흠결을 메우기 위하여 민법 규정을 원용할 수 있다.

---

127) 예컨대 § 52 Abs. 1 PolG NW.

128) Vgl. OVG NW, DÖV 2000, 211 und 647.

129) *Pieroth/Schlink/Kniesel*, POR, § 25, Rn. 11.

130) 예컨대 §§ 7 f. BWVollstrO; 그의 합헌성을 지지하는 것으로는 *Schenke*, POR, Rn. 702 m.w.N.

131) *Pieroth/Schlink/Kniesel*, POR, § 25, Rn. 12; BVerfGE 69, 315, 344 f.

132) Vgl. BayVGH, BayVBl. 1986, 338; *Würtenberger/Heckmann*, PolR BW, Rn. 923.

133) *Schenke*, POR, Rn. 283; *Würtenberger/Heckmann*, PolR BW, RN. 470.

확인문제

1. 행정집행의 수단을 열거하여 보라. (Rn. 3)
2. 사살의 의도를 가진 총기의 사용은 헌법적으로 허용되는가? (Rn. 24 ff.)
3. 대집행은 왜 대체적 작위에 대해서만 허용되는가? (Rn. 32)
4. 자동차 견인을 위한 법적 근거로는 어떠한 것이 고려되는가? (Rn. 51)
5. 책임자는 왜 경찰의 조치에 대한 비용을 부담하여야 하는가? (Rn. 68)

제12장 시민의 손해전보청구권

1 국가기관이 위법한 행위로 손해를 야기한 경우에는 국가는 그 손해를 배상할 책임이 있다. 국가기관의 적법한 조치의 경우에 개인을 위하여 손실보상책임이 인정되기 위하여는 특별한 전제조건이 요구된다. 경찰-질서관청에 대한 시민의 (손해배상/손실보상)청구권은 국가의 손해전보법(損害塡補法, Recht der Ersatzleistungen)*의 일 영역으로서 특별한 규율을 받는다.[1)]

1. 위법한 경찰의 조치에 대한 국가배상청구권

2 시민이 위법한 경찰의 조치로 인하여 손해를 입은 경우에는 해당 경찰-질서관청이 속한 행정주체는 그 손해를 배상하여야 한다. 이것이 국가기관의 작용의 적법성과 위법한 국가작용의 결과에 대한 일반적 규칙에 부합하는 것이다. 대부분의 경찰-질서관청법에는 그와 같은 청구권이 명시적으로 규정되어 있다.[2)]

3 손해배상청구권이 인정되기 위한 가장 중요한 전제조건은 (인과관계에 관한 고찰을 행하였을 때) 손해를 야기할 것임에 틀림없다고 판단되는 조치의 위법성이다.

---

* 역주 국가기관의 행정작용으로 인하여 국민에게 손해나 손실이 발생한 경우에 그에 대한 금전적 구제방법과 관련하여 독일의 문헌에서 Schadensersatz와 Entschädigung이 사용되고 있는데, 여기서 Schadensersatz는 손해배상, Entschädigung은 손실보상을 의미하는 것이 보통이다. 한편 이들 양자를 포괄하는 개념으로 Ersatzleistung이란 용어가 사용되고 있는바, 통상적으로 Ersatzleistung은 손해전보(損害塡補)라고 한다. 다만 행정실무에서는 물론이고 학계에서조차도 가끔 용어가 혼용되는 경우가 있는데, 본 역서에서는 문장 내에서의 의미를 고려하여 적당한 용어를 사용하도록 하겠다.

1) *Pieroth/Schlink/Kniesel*, POR, § 26, Rn. 2.

2) § 59 Abs. 2 ASOG Bln; § 70 BbgPolG und § 38 Abs. 1 lit. b BbgOBG; § 56 Abs. 1 BremPolG; § 64 Abs. 1 Satz 2 HessSOG; § 80 Abs. 1 Satz 2 NdsSOG; § 67 PolG NW i.V.m. §§ 39 Abs. 1 lit. b OBG NW; § 68 Abs. 1 Satz 2 POG RP; § 68 Abs. 1 Satz 2 SaarlPolG; § 69 Abs. 1 Satz 2 SOG LSA; § 68 Abs. 1 Satz 2 ThürPAG und § 52 ThürOBG.

경찰법 규정에 따를 때 행위를 하는 공무원의 책임(고의, 과실)은 중요하지 않다.[3)]

Tip 시민의 손실보상청구권은 학생들의 사례연습에 좋은 계기를 제공하는데 왜나하면 조치의 적법성이 심사되어야 하기 때문이다. 4

손해배상청구권자는 원칙적으로 경찰의 위법한 작용으로 인하여 손해를 입은 모든 사람이다. 책임자나 비책임자 모두 손해배상청구권자가 될 수 있다. 아무런 관련없는 제3자에게도 청구권이 부여되는 것은 너무나도 당연하다.[4)] 5

행정관청의 모든 조치가 손해배상청구권을 발생시킬 수 있다. 행위의 형식은 중요하지 아니하다. 행정행위를 하는 것과 하지 않는 것은 사실행위를 하는 것과 하지 않는 것과 마찬가지로 손해를 초래하기에 적합하다.[5)] 경찰집행공무원의 현장에서의 행위의 경우, 그로 인하여 질서관청이나 위험방지관청의 서면에 의한 행정행위와 마찬가지로 손해가 발생할 수 있다. 정보의 수집이나 처리 또한 개인의 재산이나 인격권을 침해할 수 있고, 그것이 위법한 경우에는 손해배상청구권이 발생한다(메클렌부르크-포어포먼주 질서안전법 제76조가 이를 명시적으로 규율하고 있다).[6)] 6

주의 법들이 명시적으로 손해배상청구권의 근거에 관하여 규정하고 있지 않은 경우에는 국가책임법의 일반규정이 적용된다. 특별한 희생(Sonderopfer)에 대한 이해조절차원의 보상을 보장하고 있는 일반적인 희생보상청구권(allgemeiner Aufopferungsanspruch)이 그 법적 근거이다.[7)] 그러나 책임(고의, 과실)이 요구되지는 않는다. 비책임자의 손실보상에 관한 경찰법 규정을 유추적용하자는 일부 주장을 받아들일 필요는 없다.[8)] 7

일반적인 희생보상청구권 외에 책임(고의, 고실)을 전제로 하는 '공무원의 직무상 불 8

3) *Pieroth/Schlink/Kniesel*, POR, § 26, Rn. 20.
4) *Pieroth/Schlink/Kniesel*, POR, § 26, Rn. 21.
5) *Gusy*, POR, Rn. 477.
6) *Pieroth/Schlink/Kniesel*, POR, § 26, Rn. 24.
7) *Schenke*, POR, Rn. 683; 또한 *Rachor*, in: Lisken/Denninger, L, Rn. 69를 보라.
8) *Ossenbühl*, Staatshaftungsrecht, 5. Aufl. 1998, S. 405를 보라.

법행위를 원인으로 하는 국가배상청구권(Amtshaftungsanspruch)'이 고려된다(민법 제839조와 연계된 기본법 제34조).[9] 그것이 인정되기 위한 구성요건적 전제조건은 매우 엄격하지만, 국가배상청구권은 법적 효과 측면에서 민법 제249조 제1문의 의미에서의 완전배상을 보장한다.[10]

9 경찰-질서법상의 손해배상청구권은 손해를 적절하게 조절하는 것을 목적으로 한다. 따라서 원칙적으로 (현존하는) 재산상 손해만이 배상의 대상이 되고, 일실손실(逸失損失, Entgangener Gewinn)이나 정신적 손해는 배상의 대상이 되지 않는다.[11] 기대이익에 대한 손해와 관련하여 몇몇 법률들은 '선의의 피해를 방지하기 위한 조항'(Härteklausel)을 가지고 있다. 신체적 손해에 대해서도 정당한 배상이 보장되어야 한다. 손해배상액의 산정에 있어서는 피해자의 공동과실이 고려되어야 한다(예컨대 노르트라인- 베스트팔렌 주 질서관청법 제40조 제4항).[12]

10 손해배상책임자는 행위를 하는 공무원이 속한 공법인 및 비용부담자이다.[13] 권리주체의 원리(Rechtsträgerprinzip)* 에 따라 경찰-질서관청의 행위에 대하여는 일반적으로 주(Land)가 손해배상책임자가 된다. 시민은 그의 손해배상청구권을 일반법원에의 제소를 통하여 관철시킬 수 있다. 일련의 주법들은 이와 같은 내용을 선언적으로 규정하고 있다(예컨대 노르트라인-베스트팔렌주 경찰법 제43조 제1항). 손해배상청구권은 일반적으로 당사자가 손해가 있음을 안 날로부터 3년이 지나면 시효가 완성된다.[14]

---

9) 많은 경찰법이 이를 확인하고 있다. 예컨대 § 59 Abs. 4 ASOG Bln; § 40 Abs. 5 OBG NW; § 68 Abs. 3 POG RP; § 69 Abs. 4 SaarlSOG.

10) *Pieroth/Schlink/Kniesel*, POR, § 26, Rn. 4; Rachor, in: Lisken/Denninger, L, Rn. 78 ff.

11) *Schenke*, POR, Rn. 689.

12) *Gusy*, POR, Rn. 479.

13) 예컨대 § 42 Abs. 1 OBG NW; § 72 Abs. 1 POG RP.

* **역주** '권리주체의 원리'란 독일행정법에 그 기원을 두고 있는 것으로 행정행위에 대한 행정소송은 그 행정행위를 발한 행정청을 피고로 하는 것이 아니라 그 행정청이 속한 권리주체를 피고로 하여야 한다는 원리를 말한다. 행정법원의 견해에 따르면 이는 행정소송이 허용되기 위한 요건으로서 중요한 의미를 가지며, 대비되는 개념은 행정행위를 발한 행정청을 행정소송의 피고로 삼는 행정청주의(Behördenprinzip)이다. 우리나라 역시 경찰관의 위법한 직무행위를 원인으로 하는 손해배상을 청구할 경우 당해 경찰공무원이 소속되어 있는 경찰청 등 경찰기관이 아니라 국가(대한민국)를 피고로 삼도록 되어 있는바, 이 점에서 우리나라 역시 국가배상에 있어서는 권리주체의 원리에 따르고 있다고 할 수 있다.

2. 적법한 경찰의 조치에 대한 손실보상청구권

경찰-질서관청의 적법한 작용은 책임자와의 관계에 있어서는 손실보상청구권을 야기하지 않는다.[15] 이에 대하여 비책임자가 (경찰의) 적법한 조치를 통하여 손실을 입은 경우에는 그에게 손실보상청구권이 인정된다. 즉, 비책임자는 일반공중을 위하여 특별한 희생을 받게 되는데, 그에 대해서는 보상이 이루어져야 한다.[16] 이와 같은 희생보상의 사상은 경찰-질서법에 명시적으로 규정되어 있다.[17] 특별한 희생에 대한 보상이 특별법 규정을 통해 규율되는 경우, 그 한도에서는 특별법이 먼저 적용된다(예컨대 연방임미씨온보호법 제21조 제4항, 전염병예방법 제56조). 이와 같은 특별법규정은 경제적, 사회정책적 차원에서 예외적으로 책임자도 손실보상을 청구할 권리를 갖는 것을 인정할 수 있다.[18] 11

사 례: 12
조류독감의 사전예방을 위하여 관할관청이 농부 B의 동물을 살처분(殺處分)할 것을 명령한다. B에게는 동물보호법 제66조 이하에 따른 손실보상청구권이 인정된다.[19]

피해자의 손실보상청구권은 단지 그가 비책임자에 대한 경찰권발동을 인정하는 규정에 따라 경찰권발동의 대상이 되었고, 그로 인하여 —인과관계가 인정되는— 손실이 발생하였다는 것을 전제로 할 뿐이다. 이러한 손실은 행정행위 또는 사실행위를 통해서 발생할 수 있다.[20] 비책임자의 개념은 손실보상이라는 2차적 영역에서도 경찰상 위험에 대한 책임이라는 1차적 영역에서와 마찬가지로 해석되어야 한다. 13

---

14) 예컨대 § 41 OBG NW; § 71 POG RP.

15) Vgl. *Bockwoldt*, Rechtmäßigkeit und Kostentragungspflicht polizeilichen Handelns, 2003.

16) *Schoch*, POR, Rn. 298.

17) § 59 Abs. 2 ASOG Bln; § 70 BbgPolG und § 38 Abs. 1 lit. b BbgOBG; § 56 Abs. 1 BremPolG; § 64 Abs. 1 Satz 2 HessSOG; § 80 Abs. 1 Satz 2 NdsSOG; § 67 PolG NW i.V.m. §§ 39 Abs. 1 lit. b OBG NW; § 68 Abs. 1 Satz 2 POG RP; § 68 Abs. 1 Satz 2 SaarlPolG; § 69 Abs. 1 Satz 2 SOG LSA; § 68 Abs. 1 Satz 2 ThürPAG und § 52ThürOBG.

18) *Pieroth/Schlink/Kniesel*, POR, § 26, Rn. 13.

19) BGHZ 136, 172.

20) *Schenke*, POR, Rn. 684.

14 **사 례:**[21]

A가 그가 애완동물로 여기는 생후 3개월 된 사자를 줄에 매어 산책을 한다. 경찰은 전화로 사자가 자유롭게 돌아다닌다는 신고를 받게 된다. 경찰이 A로부터 그 사자는 전혀 위험하지 않다고 통보를 받은 연후에야 비로소 경찰의 대규모 투입이 끝났다. 경찰은 A에게 투입비용을 요구한다.

대규모 투입의 결정시점에 위험예측은 적합하였다. 외관상 위험이 존재했다. 그러나 A는 사자를 줄에 묶어 돌아다녔고, 그에게 그러한 외관을 야기한 것에 대하여 책임을 묻기 곤란한 다른 사정이 있기 때문에 A는 책임이 없다. A는 비책임자이다.

15 몇몇 법률은 행정관청의 임무수행에 자발적으로 조력했거나 자신의 물건을 사용할 수 있도록 해 준 제3자가 손실보상을 청구할 수 있다는 것을 규정하고 있다(예컨대 라인란트-팔츠주 경찰법 제68조 제2항). 그들이 행정관청의 처분을 통하여 경찰권 발동의 대상이 된 비책임자보다 더 불리한 지위에 놓여서는 아니 되는바, 왜냐하면 그들은 자발적으로 자신의 인력이나 물건을 제공하였기 때문이다.[22]

16 적법한 행위에 대한 손실보상청구권은 외관상 위험이 존재하는 경우에도 고려된다.[23] 외관상 위험은 사후적(事後的, ex post) 관점에서 보면 실제로는 위험하지 않았었다고 할지라도, 사전적(事前的, ex ante) 관점에서 객관적으로 관찰하였을 때 위험으로 보이는 것임에 틀림없는 상황을 말한다(위의 제4장 Rn. 122를 보라). 외관상 위험을 근거로 한 경찰-질서관청의 행위는 비록 그로 인하여 손해가 야기되었다 할지라도 적법하다. 따라서 직무상 불법행위를 원인으로 하는 국가배상청구권은 인정되지 않는다.

17 외관상 책임자가 비책임자의 희생에 견줄만 한 희생을 입은 경우에는 그에게도 손실보상청구권이 인정될 수 있다.[24] 제1차적 차원인 경찰작용의 차원에는 위험방지가 목적이 되며, 그로 인하여 사전적 관점이 정당화될 수 있다. 이에 대하여 손실보상의 관점에서는(즉, 제2차적 차원) 개인과 일반공중의 리스크영역을

21) OVG Hamburg, NJW 1986, 2005.

22) *Pieroth/Schlink/Kniesel*, POR, § 26, Rn. 8.

23) Vgl. *Erichsen/Wernsmann*, Jura 1995, 221.

24) *Rachor*, in: Lisken/Denninger, L, Rn. 42 ff.; *Würtenberger/Heckmann*, PolR BW,Rn. 866 ff.; 다른 시도로는 *Schenke*, POR, Rn. 685 ff.

구분하는 것이 중요하다. 행정관청의 효율적인 활동을 위한 시간적 압박은 더 이상 존재하지 않는다. 이 때문에 사후적 기준을 설정하는 것과 귀속의 관점을 덧붙이는 것이 허용될 수 있다. 따라서 위험이 존재하지 않았고 당사자가 그러한 외관을 만들어내는 상황을 야기하지 않았음이 밝혀진 경우에는, 판례에 따를 때 그는 자신이 입은 손실에 대하여 손실보상을 청구할 수 있다.[25]

외관상 책임자의 손실보상청구권을 규범적으로 확정하는 것은 비책임자에게 손실 보상청구권을 인정하는 규정의 유추적용에 근거한다.[26] 행정관청의 적법한 작용으로 인하여 피해를 입은 시민에게 손실보상청구권을 보장하는 경찰-질서법 규정이 시민의 이익을 위하여 준용되는바, 왜냐하면 그는 일반공중을 위하여 특별한 희생을 입었기 때문이다. 외관상 책임자가 외관을 야기한 경우에는 보상의 필요성이 감소하거나 완전히 부정될 수 있다. 그러한 한도에서 당사자의 공동과실이 고려될 수 있는 경찰법상의 규정이 적용된다(예컨대, 노르트라인- 베스트팔렌주 질서관청법 제40조 제4항). 18

기본사례 - 타임스위치가 부착된 시계(Zeitschaltuhr):[27]* 19

휴가기간 동안 A가 집에 타임스위치가 부착된 시계를 텔레비전과 거실조명에 연결시켜 매일 저녁 3시간동안 작동되게 하였다. 타임스위치가 부착된 시계에 대해 알지 못하는 이웃주민이 A의 집에 의심스러운 점과 소음을 인지하고 경찰에 알린다. 경찰이 문을 부수고 들어간다. 그로 인하여 발생한 손실에 대하여 A가 손실보상을 청구한다. A는 그 조치에 대하여 행위책임자로서 고려될 수 있다. 외관상 위험이 존재했었다. 그러나 손실보상청구권은 완전히 또는 부분적으로 부정되는바, 왜냐하면 A는 그의 이웃에게 그러한 사실을 알리지 않았고, 그로 인하여 문을 강제로 부수고 들어가게 된 원인을 공동으로 야기하였기 때문이다. 구체적 내용은 개별사례에 있어서의 구체적 사정에 따라 결정된다.

---

25) BGHZ 117, 103; 126, 279; BGH, DVBl. 1996, 1312.

26) *Pieroth/Schlink/Kniesel*, POR, § 26, Rn. 16; Schoch, POR, Rn. 302.

27) OLG Köln, DÖV 1996, 86; s. mit Variationen Gusy, POR, Anhang, 2. Fall; *Schenke*, POR, Rn. 677.

* **역주** 타임스위치가 부착된 시계(Zeitschaltuhr)란 미리 맞추어 놓은 시간에 전기기구를 자동으로 켜거나 끄는 스위치와 연결된 시계를 말하며, 클럭워치라고도 한다.

20 판례는 위험의 혐의를 외관상 위험과 마찬가지로 다루고 있다(이에 대하여는 위의 제5장 Rn. 125를 보라). 위험의 혐의의 경우 위험의 존재를 인정할 수 있는 근거가 명백하기는 하지만 행정관청이 위험존재의 불확실성에 대하여 인식하고 있기 때문에 위험예측을 위해서는 위험존재를 확인하기 위한 조사가 중요하다. 실제로 위험이 존재하였다면 손실보상은 고려되지 않는다. 이에 반하여 위험의 혐의가 확인되지 않는다면 당사자는 특별한 희생을 부담하여야 한다. 이익상황은 외관상 위험에 있어서의 그것과 동일하다.* 위험의 혐의, 그리고 그에 따른 위험존재를 확인하기 위한 조사의 결과 손실이 발생한 경우에는 비책임자에 대한 손실보상규정이 유추적용된다. 그러나 당사자가 단지 비책임자로서 경찰권발동의 대상이 될 수 있는지 여부에 대하여 매우 주의깊게 심사되어야 한다.[28)]

21 **사 례:**[29)]

S市가 지하수가 오염되어 있음을 확인한다. 감정사는 C의 토지가 그 원인이라고 추정한다. 이에 근거하여 S시는 행정행위를 통해 C에게 비용이 수반되는 시추를 행할 것을 요구한다. 시추결과 C의 토지의 오염이 지하수에 대한 손해를 야기할 수는 없었다는 것이 밝혀진다. 개별사례의 구체적 정황에 따를 때 C가 비책임자가 아니라면, 그는 어떠한 방식으로도 (위험의) 혐의에 기여하지 않았다. 그에게는 시추로 인하여 발생한 비용만큼의 손실보상청구권이 인정된다.

22 손실보상은 완전보상을 목적으로 하는 것이 아니라 특별한 희생에 대한 조절을 목적으로 한다. 따라서 신체에 대한 손실과 재산상 손실은 보상이 이루어지지만 기대이익에 대한 손실 또는 정신적 손실에 대해서는 보상이 이루어지지 않는다(노르트라인-베스트팔렌주 질서관청법 제40조 제1항을 보라).[30)] 주의 법률들은 구체적인 점에 있어서는 서로간에 차이가 있다.[31)] 몇몇 법률들은 기대이익에 대한 손실과 관련하여 '선의의 피해를 방지하기 위한 조항'을 갖고 있다(예컨대 라인란트-팔츠주 경찰질서

---

* **역주** 이 문장은 —외관상 위험의 경우와 마찬가지로— 위험의 혐의에 대한 외관을 당사자가 제공하였다면 보상의 필요성이 감소하거나 완전히 부정될 수 있다는 의미이다. 그 이유는 이 문단의 첫문장, 즉 "판례가 외관상 위험과 위험의 혐의를 마찬가지로 다루고 있다"는 것에서 찾을 수 있다.

28) *Gusy*, POR, Rn. 470.

29) VGH BW, DVBl. 1990, 1047 = DÖV 1991, 165.

30) *Schenke*, POR, Rn. 689.

31) *Pieroth/Schlink/Kniesel*, POR, § 26, Rn. 26 ff.

법 제69조 제1항). 손실의 발생에 대하여 비책임자의 공동과실이 존재하는 경우에는 보상액의 산정에 있어 그를 고려하여야 한다. 직무상 불법행위를 원인으로 하는 배상청구는 재량에 맡겨져 있다.

사 례:[32] 23

5명의 자녀를 가진 임차인이 임대차계약해지통보를 받았다. 행정관청은 그 가족을 당해 주거에 기한부로 재배정하기 위하여 그 주거를 압류한다. 기한이 경과한 후에 임대인은 집행관으로 하여금 주거를 비우게 하도록 하고 압류기간 동안의 손실보상을 요구한다.

상급지방법원은 일부인용판결을 하였다. 비책임자로서 경찰권발동의 대상이 된 임대인에게는 그에 대한 경찰권발동의 결과 발생한 모든 손실에 대한 보상이 행해져야 한다. 이것은 명도비용과는 관련 없는데, 왜냐하면 압류와의 인과관계가 결여되어 있기 때문이다. 그러나 그는 '사용이익상실에 대한 손실보상청구권(Nutzungsentschädigung)'을 가진다.

보상책임자는 경찰-질서관청이 속한 권리주체이다.[33] 이 경우 일반적으로 주(Land)가 책임자가 된다. 손실보상청구권의 실현을 위한 권리구제절차는 일반법원의 관할에 속한다. 일련의 주법은 이것을 선언적으로 확인하고 있다(예컨대 노르트라인-베스트팔렌주 질서관청법 제43조 제1항; 라인란트-팔츠주 경찰질서법 제74조). 청구권은 일반적으로 당사자가 손해를 안 날로부터 3년이 경과하면 시효가 완성된다.[34] 24

확인문제

1. 위법한 사실행위도 시민의 손해배상청구권을 발생시키는 원인이 될 수 있는가? (Rn. 6)
2. 비책임자의 손실보상청구권은 어떠한 일반원칙을 그 근거로 하고 있는가? (Rn. 11 이하)
3. 외관상 위험의 경우에 손실보상청구권이 고려되어야 하는 이유는 무엇인가? 그러한 청구권이 인정되는 근거는 어디에서 찾을 수 있는가? (Rn. 15, 17 이하)

---

32) 이 사례는 OLG Köln, NJW 1994, 1012을 고려하여 만들어진 것이다.
33) 예컨대 § 42 Abs. 1 OBG NW; § 72 Abs. 1 POG RP.
34) 예컨대 § 41 OBG NW; § 71 POG RP.

제13장 경찰-질서관청의 조치에 대한 권리구제

1 경찰-질서관청의 조치는 개인의 권리를 침해할 수 있다. 기본법 제19조 제4항에 근거할 때, 국가의 모든 위법한 조치에 대해서는 쟁송을 제기할 수 있는 길이 열려 있어야 한다.[1] 개인의 권리구제는 주관적 권리, 특히 기본권 보장의 핵심적 요소이다. 기본권은 그 내용이 효과적으로 관철된다고 하는 보장을 그 내용으로 하고 있다. 그러한 내용은 조직이나 절차를 통한 기본권보장과 마찬가지로[2] 개별 기본권적 보장으로부터 도출된다. 경찰관청과 질서관청의 조치에 대한 권리구제는 개인의 개별적 법적 지위의 보호에 기여한다. 소송 메커니즘의 구조와 해석은 그러한 점을 고려하여야만 한다.

2 질서관청의 조치와 관련하여서는 대부분의 경우 위험방지법의 구조로 인한 특수성은 나타나지 않으며 소송법상의 일반규정이 적용된다. 질서관청은 일반적으로 침해행정영역에서 활동하기 때문에 그의 조치에 대하여는 취소소송이 전형적 구제수단으로 고려된다(행정법원법 제42조 제2항).

3 경찰관청의 조치는 권리구제(Rechtsschutz)와 관련하여 매우 많은 특별한 문제를 제기한다.[3] 이러한 문제들은 무엇보다도 권리구제의 절차(Rechtsweg)와 적합한 권리구제의 방식과 관련된다. 경찰-질서법과 관련된 특수성은 특별히 법률로 규정되어 있지는 않다. 오히려 어떠한 점에서 행정소송법의 일반규정들이 경찰법에 있어서 특히 중요한 것인지에 기초하여 행정소송법의 일반규정들이 탐구되어야 한다. 구체적 내용은 행정소송법과 일반행정법으로부터 도출된다.

---

1) 자세한 것은 *Ehlers/Schoch*(Hg.), Rechtsschutz im öffentlichen Recht, 2009.

2) *Schmidt-Aßmann*, in: Merten/Papier (Hg.), Handbuch der Grundrechte II, 2006, § 45.

3) 경찰의 조치에 대한 권리구제에 관하여는 *Schoch*, Jura 2001, 628; 형사소송상의 조치에 대한 권리구제에 관하여는 *Kracht*, Jura 2001, 737.

1. 권리구제절차

1.1. 특별관할

경찰법상의 몇몇 규정들은 특정한 조치를 허용하는 결정에 관한 특별관할을 규정 하고 있다. 법관유보에 관한 관할권을 가진 법원은 법적 통제에 관해서도 관할권을 가질 수 있는바, 이 경우 구체적인 문제에 있어서는 논란이 있다.[4] 이것은 특히 기본법 제104조상의 권리보장의 경우에 고려되는 자유박탈적 조치의 적용영역과 관련 있다. 4

사 례: 5

어떤 사람이 보호조치를 받게 되면 지체없이 자유박탈의 허용성과 지속에 관하여 법관의 결정을 받아야 한다. 주의 법률들은 관할법원, 일반적으로 구법원(區法院, Amtsgericht: 예컨대 노르트라인-베스트팔렌주 경찰법 제36조)을 규정하고 있다. 동 법원은 사후적인 권리구제에 관하여서도 관할권을 갖는다는 것이 지배적 견해이다.

1.2. 법원조직법시행법률 제23조와 행정법원법 제40조의 구분

특별한 권리구제절차와 관련하여 가장 중요한 문제는 경찰의 진압적 작용과 예방적 작용의 구분과 관련하여 나타난다(위의 제1장 1.3.2를 보라). 「법원조직법 시행법률」(EGGVG*) 제23조에 따른 사법행정에 대하여는 일반법원, 특히 상급지방법원에 쟁송을 제기할 수 있는 길이 열려 있다(「법원조직법시행법률」 제25조). 형사소추에 관한 경찰의 권한은 형사소송법으로부터 도출된다. 경찰관청의 조치가 진압적 성격을 가진다면 그것은 형사소송법상의 시스템을 따르게 되고 검사가 결정적인 역할을 하게 된다. 이에 대하여 예방적 작용의 경우에는 행정법원법 제40조에 따라 행정쟁송을 제기할 수 있는 길이 열려 있다. 예방적 작용에 대한 법적 근거는 경찰-질서법에 확정되어 있다. 6

---

4) *Gusy*, POR, Rn. 481.

* **역주** EGGVG는 "Einführungsgesetz zum Gerichtsverfassungsgesetz"의 약어이다.

〈참고〉 독일의 법원조직법시행법률 제23조

Rn. 6 이하의 내용은 독일의 법원조직법시행법률 제23조의 내용을 모르고서는 이해하기 힘든 면이 있다. 따라서 이하에서 그 내용을 소개한다.

제23조

(1) Über die Rechtmäßigkeit der Anordnungen, Verfügungen oder sonstigen Maßnahmen, die von den Justizbehörden zur Regelung einzelner Angelegenheiten auf den Gebieten des bürgerlichen Rechts einschließlich des Handelsrechts, des Zivilprozesses, der freiwilligen Gerichtsbarkeit und der Strafrechtspflege getroffen werden, entscheiden auf Antrag die ordentlichen Gerichte. Das gleiche gilt für Anordnungen, Verfügungen oder sonstige Maßnahmen der Vollzugsbehörden im Vollzug der Untersuchungshaft sowie derjenigen Freiheitsstrafen und Maßregeln der Besserung und Sicherung, die außerhalb des Justizvollzuges vollzogen werden.

상법을 포함한 민사법, 민사소송법, 비송사건절차와 형사소송절차의 영역에서 개별적 사안을 규율하기 위하여 사법관청이 발하는 명령, 처분 또는 그 밖의 조치의 적법성에 관하여는 신청에 기하여 일반법원이 결정한다. 미결구금(Untersuchungshaft) 및 자유형과 교도소 밖에서 행해지는 교정처분과 보안처분을 위하여 집행관청이 발하는 명령, 처분 또는 그 밖의 조치의 경우도 그러하다.

(2) Mit dem Antrag auf gerichtliche Entscheidung kann auch die Verpflichtung der Justiz- oder Vollzugsbehörde zum Erlaß eines abgelehnten oder unterlassenen Verwaltungsaktes begehrt werden.

거부된 행정행위 또는 신청에 따른 행정행위가 발급되지 않은 경우 법원에의 제소를 통하여 당해 행정행위를 발할 사법관청이나 집행행정의 의무의 이행을 청구할 수 있다.

7 어떤 조치들은 예방적 목적뿐만이 아니라 진압적 목적에도 기여할 수 있는바, 이러한 조치를 이중기능적 조치(doppelfunktionale Maßnahmen)라고 한다(제1장 1.3.3을 보라). 그러나 자세히 들여다보게 되면 많은 경우에 있어서 그러한 조치들은 예방적 목적을 위한 조치와 진압적 목적을 위한 조치로 구분될 수 있다. 진정한 이중기능적 조치의 경우에는 형사소송법상의 수권근거와 경찰법상의 수권근거의 전제조건이 중첩적으로 충족되어야 한다. 단지 어느 하나의 행위의 위법성이 주장되는 경우에는 각각 관련된 권리구제를 거칠 수 있는 길이 열려 있다. 조치 전체를 묶어서

또는 (하나의) 특정한 이중기능적 조치에 대하여 사법절차를 취하는 경우에 밟아야 될 권리구제절차는 그 조치의 중점에 따라 결정된다. 형사소추의 관점에 중점이 두어지면 일반법원이, 위험방지의 관점에 중점이 두어지면 행정법원이 관할권을 가지게 된다.

이러한 구분에 대하여 법원은 일관성이 결여되어 있는 많은 판결을 행하여 왔다. 8
행정법원은 법원조직법시행법률 제23조(즉, 사법행정)를 좁게 해석하여, 동조의 적용범위를 경찰이 명백하게 형사사법과 관련된 특정한 임무를 수행하는 경우에 국한시키는 경향이 있다. 경찰이 법원이나 검찰이 발부한 영장을 집행하는 경우가 그러하다. 행정법원은 전술한 경우 이외의 다른 모든 경우에 있어서 의심이 있는 경우에는 행정법원법 제40조에 따라 행정소송을 제기할 수 있는 길이 열려 있는 것으로 본다.[5)]

법원조직법시행법률 제23조뿐만 아니라 행정법원법 제40조도 형사소송법에 따라 9
특별관할이 지정되어 있는 경찰상 조치, 예컨대 형사소송법 제98조 제2항 제2문에 따른 법원의 결정, 형사소송법 제304조 이하에 따른 항고(Beschwerde) 또는 형사소송법 제311조에 따른 즉시항고(sofortige Beschwerde)에 대해서는 적용되지 않는다.

대학의 행정법 시험문제에서는 몇몇 예외적인 경우를 제외하고는 행정구제절차가 10
개시되는 경우가 다루어지는 것이 대부분이다. 그러나 특히 이중기능적 조치에 있어서 (행정법원의 관할을 배척하는) 특별관할에 관한 규정인 법원조직법 시행법률 제23조나 형사소송법상의 규정이 언급되고 논의되어야 한다.

2. 적합한 권리구제방식

구체적인 경우에 있어서 어떠한 권리구제방식이 적합한 것인지의 문제는 권리구 11
제를 구하는 자의 청구내용과 소송상황에 따라 답해질 수 있다. 이 경우 행정관청

---

5) Vgl. 법원조직법 시행법 제23조와 행정법원법 제40조의 전반적인 구분과 대체적인 제안에 대해서는 Gusy, POR, Rn. 482 ff. 참조.

이 선택한 행위형식이 중요한 역할을 한다. 따라서 행정행위와 사실행위의 구분이 고려되어야 한다.

12 행정행위와는 달리 사실행위에 있어서는 '규율(Regelung)'로서의 효과가 결여되어 있으며, 그것은 단지 사실적 효과의 발생을 목적으로 한다.[6] 양자의 구분에 대해서는 일반적인 원칙이 적용된다. 이 경우 표준적 직무조치뿐만 아니라[7] 개괄적 수권조항에 기한 조치들도 대부분 이중적 성격을 가진다:[8] 그러한 조치들은 한편으로는 무엇인가를 명하고, 금지하고, 수인할 의무를 부여하기 때문에(규율로서의 효과) 행정행위이지만, 다른 한편으로는 그 시행에 있어 사실적 (집행)요소를 가진다. 그러나 이와 같은 사실적 요소가 이중기능적 조치를 사실행위로 만드는 것은 아니며, 행정행위의 집행과 혼동하여서도 아니 된다. 수색은 당사자에게 구체적인 수색조치, 즉 수색의 시행을 수인할 의무를 과한다는 점에서 규율의 효과를 갖는다. 그러나 수색의 시행은 동시에 사실적 요소를 갖는다. 그와 같은 조치의 규율적 요소와 사실적 요소는 통일체를 이루고 있다. 규율적 성격을 갖는다는 것에 근거하면 그것은 행정행위이고, 따라서 그에 대하여는 취소소송이 허용된다. 원고가 제3자에 대한 경찰의 개입을 청구하려고 하고, 이와 같은 개입이 행정행위적 성격을 갖는 경우에는 그에 상응하여 의무이행소송이 허용된다.

13 규율적 효과를 전혀 갖지 않는 몇몇 표준적 직무조치는 사실행위이다. 비디오 감시 및 모든 다른 은밀한 감시조치들이 그러한바, 이들 조치는 당사자에게 아무런 수인의무를 부과하지 않으며, 은밀하게 행해지는 것이 전형적이다.[9] 이와 같은 사실행위에 대하여는 일반이행소송(allgemeine Leistungsklage)이 고려된다.

14 경찰법에서는 행정법원법 제113조 제1항 제4문에 따른 계속적 확인의 소(Fortsetzungsfeststellungsklage)가 특히 중요한 의미를 갖는다.[10] 행정행위가 소멸되어 그의 규율내용이 이미 의미를 잃어버렸을 때 이러한 소송이 활용될 수 있다. 행정

6) *Schoch*, POR, Rn. 268.

7) '순수한' 행정행위로서 어떠한 사실적(집행적) 요소도 갖지 않고, 단지 작위의무를 명하는 것에 국한되는 소환은 예외이다.

8) *Schmidt*, Besonderes Verwaltungsrecht II, Rn. 119 ff.; *Schenke*, POR, Rn. 115.

9) *Schmidt*, Besonderes Verwaltungsrecht II, Rn. 120, 그곳의 Fn. 74.

10) *Schenke*, POR, Rn. 522 ff.

법원법 제113조 제1항 제4문*의 규율은 제소후 행정행위가 소멸된 것과 관련 있는데 그것은 제소 전에 행정행위가 소멸된 경우에도 유추적용된다.[11] 경찰관청의 행위가 신속한 또한 종종 긴급을 요하는 성질을 가지므로 많은 경우에 행정행위가 소멸된다.[12]

사 례: 15
수명자가 하명을 따르게 되면 퇴거명령은 소멸된다. 행정행위가 더 이상 규율적 내용을 갖지 않기 때문에 그것은 소멸된다. 수명자가 퇴거명령을 사법적(司法的)으로 다투려고 한다면 그는 계속적 확인의 소를 제기하여야 한다.
집회가 해산된다. 물건에 대한 수색이 행해진다. 전화통신감청이 종료된다. 개인관련정보를 내용으로 하는 당사자의 자료가 삭제된다.[13]

행정행위의 집행으로 인하여 침해가 지속되는 경우에 있어서는 행정법원법 제113조 제1항 제2문**이 원상회복의 가능성을 열어 놓게 된다. 지배적 견해에 따르면 그와 같은 규정은 일반적인 결과제거청구권을 전제로 한다.[14] 16

또한 경찰-질서법에서는 —시험이나 실무에 있어서— 행정법원법 제80조 제5항에 따라 집행정지효를 명하거나 집행정지효를 회복시켜 달라는 신청의 방식에 따른 가구제(假救濟, einstweilige Rechtsschutz)가 중요한 역할을 한다.[15] 즉, 경찰-질서법에서는 이의신청과 취소소송이 집행정지효를 갖지 않는 경우가 있는바, 법률에 의하여 집행정지효가 인정되지 않는 경우(예컨대 경찰공무원의 연기할 수 없는 하명이나 조치에 있어서의 행정법원법 제80조 제2항 제1문 제2호[16]) 또는 행정행위를 발하는 관청 17

* 역주 행정법원법 제113조 제1항 제4문은 "행정행위가 이미 직권으로 취소되었거나 다른 방식으로 소멸된 경우에도 법원은 신청이 있는 경우 원고가 그의 확인을 구할 정당한 이익을 갖고 있는 경우에는 판결로써 그 행정행위가 위법했었다는 것을 확인할 수 있다"고 규정되어 있다.

11) *Hufen*, Verwaltungsprozessrecht, § 18, Rn. 36 ff.; *Schenke*, Verwaltungsprozessrecht,§ 7.

12) *Gusy*, POR, Rn. 489.

13) 이미 행해진 행정청의 사실적 행위에 있어서의 적합한 소송유형에 관한 논란에 대하여는 *Hufen,* Verwaltungsprozessrecht, § 18, Rn. 7 참조.

** 역주 행정법원법 제113조 제1항 제2문은 "행정행위가 이미 집행된 경우 법원은 신청에 기해 행정관청이 집행을 원상태로 되돌려야 하는지 여부와 그 방법에 대하여 판단할 수 있다"라고 규정되어 있다.

14) 결과제거청구권에 대하여는 *Maurer,* Allgemeines Verwaltungsrecht, § 30.

15) *Schenke*, POR, Rn. 519 ff.

이 공익을 위하여 즉시집행을 명령하는 경우가 그러하다(행정법원법 제80조 제2항 제1문 제4호). 이와 같은 경우에 당사자는 경찰-질서관청이 그에게 해주지 않은 행위가 본안에 관한 결정이 있을 때까지 효력이 지속될 수 있도록 하기 위하여 집행정지효를 명하거나 집행정지효를 회복시켜 줄 것을 신청할 수 있다.*

18 대부분의 주는 관련규정을 제정하였기 때문에 **법규명령**에 대한 권리구제는 행정법원법 제47조 제1항 제2문에 따라 이루어진다.[17] 그러나 관련규정을 갖고 있지 않은 경우라도 권리구제는 보장된다. 법규명령에 근거하여 행해진 집행행위가 다투어진다. 취소소송에서는 법규명령의 유효성이 심사된다. 행정행위가 행해짐이 없이 법규명령이 시민에게 직접적으로 부담을 주게 된다면 행정법원법 제43조에 따른 확인소송이 고려된다. 이 경우 그 확인소송은 위험방지명령이 위법하여 무효라는 확인을 구하게 된다.[18]

확인문제

1. 경찰관청의 예방적 조치에 대하여는 어떠한 권리구제절차가 열려 있는가? (Rn. 5 이하)
2. 이중기능적 조치에 있어서는 권리구제가 어떻게 이루어지는가? (Rn. 6)
3. 경찰법에서 계속적 확인의 소가 중요한 의미를 갖는 것은 어떤 이유에서인가? (Rn. 12 이하)

---

16) 교통신호등과 교통표지판에 대하여도 유추적용되는바, 이에 관하여는 *Brühl*, JuS 1994, 57; BVerwG, NJW 1978, 656; DÖV 1988, 694 참조. 교통신호등과 교통표지판에 대한 권리구제에 관하여는 위의 제9장 Rn. 4 ff.를 보라.

* **역주** 신고된 집회에 대한 금지통고가 행해진 경우 그 금지통고의 위법성을 다투어 판결을 받기까지는 오랜 시간이 걸린다. 따라서 당장 예정된 기일에 집회를 개최하고 진행하기 위하여는 집회의 금지통고에 대한 집행정지신청을 통한 잠정적 권리구제가 필요하게 되는 것을 생각해 보면 이 문장을 이해하는 데 도움이 될 것이다.

17) 예컨대 Art. 5 BayAGVwGO; § 4 AGVwGO RP; § 4 ThürAGVwGO; 베를린, 함부르크, 노르트라인-베스트팔렌은 지금까지 이러한 규정을 갖고 있지 못하다.

18) 이러한 내용 전반에 관하여는 *Schenke*, POR, Rn. 630 ff.

사항색인

[ㄱ]

[ㄴ]

[ㄷ]

[ㄹ]

[ㅁ]

[ㅂ]

[ㅅ]

[ㅇ]

[ㅈ]

[ㅊ]

[ㅋ]

[ㅌ]

[ㅍ]

[ㅎ]

원저자 약력

Dieter Kugelmann

마인츠대학(Johannes Gutenberg-Universität in Mainz) 법학과 졸업
마인츠대학 법학박사(논문주제: 방송과 유럽공동체 협약에 있어서의 서비스제공의 자유)
마인츠대학 법학 교수자격심사논문(Habilitation) 통과(논문주제: 시민의 정보상의 법적 지위)
내무부 공공행정 아카데미 초빙교수
2008년부터 독일 연방경찰대학원(DHPol) 교수

역자 약력

서 정 범

고려대학교 법학과 졸업
고려대학교 대학원 석사과정, 박사과정수료(법학박사)
독일 Mannheim Uni.에서 Post Doc.(국비유학)
행정고시, 지방고시 시험위원
現 국립경찰대학 법학과 교수

『독일경찰법론』(1998), 세창출판사
『바이에른 집회법』(2010), 세창출판사
『경찰법연구』(2012), 세창출판사
『행정법총론』(2012), 세창출판사
『경찰비용법』(2012), 도서출판 TOP
경찰권발동의 규율원리로서의 헌법(2010)
경찰법상의 위험개념변화에 관한 법적 고찰(2011) 외 논문 다수

박 병 욱

국립경찰대학교 법학과 졸업
베를린 훔볼트대학교 법학석사(LL.M)
베를린 훔볼트대학교 법학박사(논문주제: Wandel des klassischen Polizeirechts zum neuen Sicherheitsrecht)
現 국립경찰대학 생활안전분과 교수요원

쿠겔만의 **독일경찰법**

초판 인쇄 2015년 3월 2일
초판 발행 2015년 3월 10일
–
지은이 Dieter Kugelmann
옮긴이 서정범 · 박병욱
펴낸이 이방원
–
펴낸곳 세창출판사
신고번호 제300-1990-63호
주소 120-050 서울시 서대문구 경기대로 88 냉천빌딩 4층
전화 723-8660 **팩스** 720-4579
이메일 sc1992@empal.com
홈페이지 www.sechangpub.co.kr
–
ISBN 978-89-8411-511-8 93360

값 32,000원